개정판

조직행태론

사람, 관리, 그리고 행정

진종순 · 김기형 · 조태준 · 김정인 · 권향원

도서출판 대영문화사

개정판 머리말

예기치 못한 여러 가지 상황으로 이 개정판이 나오기까지 5년이라는 긴 시간이 흘렀다. 그리고 그동안 우리의 일상 생활과 사회 전반에 큰 변화가 있었다. 무엇보다도 누구도 예상하지 못한 수준으로 코로나19 바이러스가 전 세계로 확산되며, 우리 사회의 패러다임에 큰 변화가 있었다.[1)] 코로나19 사태는 앞으로는 우리 사회가 난제(wicked problem)를 넘어 예측 불가능한 격변적 문제를 끊임없이 직면하게 될 것임을 보여주고 있다.

이러한 코로나19 사태는 우리 사회가 지닌 문제를 더욱 악화시키고 있다. 우선, 전 세계적으로 각종 불평등이 심화되고 있다. UN, OECD 등 주요 국제기구 보고서에서는 건강, 경제, 돌봄, 폭력 등 분야별로 코로나19가 불평등을 심화시키는 결과를 초래하고 있다고 보고하고 있다. 그리고 코로나19 사대로 인해 공공안선에 대한 관심이 증대됨에 따라 안전보장에 대한 사회적 요구가 증대되고 있다. 또한 코로나19 사태로 인해 디지털 전환이 급속히 이루어지면서 비대면 사회로의 전환이 급진전되고 있다.[2)] 결과적으로, 이러한 변화에 수반되는 불확실성으로 인해 이성적인 논리보다는 직관적으로 이해가 용이한 편견, 독단, 아집이 사람들에게 어필하고 사회적 갈등을 키우고 있다.

현재는 이러한 코로나19 사태로 인한 뉴 노멀(New Normal)에 대응하기 위해 공공조직이 새로운 비전, 목표와 해결방안을 마련해야 할 시기이다. 또한 연구자들이

---

1) 사실 21세기 이후 인류는 2002년 사스(SARS), 2015년 메르스(MERS), 그리고 지금의 코로나19까지 세 번의 감염병 유행을 경험해왔다.

2) 미래학자인 제레미 리프킨(Jeremy Rifkin)이 현대사회는 소유의 시대가 아닌 접속의 시대(age of access)라고 말했듯이, 일상 생활의 비대면화가 급진전되면서 사람 간의 물리적 거리는 유지하되, 언제 어디서든 서로 소통할 수 있는 연결의 필요성이 대두되고 있다.

논리에 바탕을 둔 검증된 이론을 통해 이러한 새로운 상황에 대처하기 위한 방향을 실무자에게 제시해야 할 시기이다.[3] 이 책에서는 실무자들이 공공조직을 관리하기 위해 가장 필요한 조직구성원에 대한 이해를 돕기 위해 다양한 중요한 주제들을 다루고 있다. 성격, 태도와 가치, 지각과 학습, 동기부여, 직무 만족, 스트레스와 소진, 커뮤니케이션, 리더십, 의사결정, 권력과 조직정치, 갈등관리, 조직문화 등이다.

이 개정판에서는 초판에서 다소 부족하였던 이론이나 개념에 관한 보다 다양하고 풍부한 설명을 추가하는 데 역점을 두었다. 또한 주제를 설명하기 위해 다양하고 새로운 이론을 첨부하였다. 따라서 각 장마다 보다 상세한 설명을 위해 원고 분량이 늘어났는데, 결과적으로 이 책은 독자들이 교과서만을 읽고 보다 쉽게 중요한 주제들을 이해하도록 하였다.

이 책의 각 장은 저자들이 역할을 분담하여 저술되었다. 우선, 조직 행태의 정의, 성격, 태도와 가치, 지각과 학습은 진종순 교수가 저술했으며, 동기부여(개념에의 적용), 동기부여(공공부문에의 적용), 스트레스와 소진, 그리고 이직은 김정인 교수가 저술했다. 그리고 직무 만족, 리더십의 이해, 리더십이론은 조태준 교수가 저술했다. 커뮤니케이션, 의사결정, 갈등관리는 김기형 교수가 저술했으며, 마지막으로 권력과 조직정치, 조직문화는 권향원 교수가 저술했다.

세상에 변하지 않는 것이 있을까? 지난 5년 간 우리 저자들 또한 5년 전 생각지도 못했던 인식의 변화를 겪어왔다. 그동안 더 발전한 연구자로서 축적한 경험과 노하우가 이 책에 녹아들어 있음을 확신한다. 부디 학생들과 실무자들이 이 책을 읽은 시간이 헛되지 않도록 뭔가 새로운 생각을 얻기를 간절히 기원한다. 이 책이 나오기까지 오랜 기간 많은 조언과 도움을 준 동료, 선배 교수님, 그리고 대영문화사 임직원 분에게 감사의 말씀을 드린다.

2022년 1월
저자들을 대신해서
진종순

---

3) 이론의 개발과 검증과 더불어, 실무자가 해결하기 어려운 문제에 대한 처방을 제시하는 것이 연구자의 또 다른 역할인 것이다.

초판 머리말

몇 년 전 화성의 표면에 사람 얼굴 모양의 건축물이 있다는 이야기가 유행했던 적이 있었다. 미국 항공우주국(NASA)에서 화성 표면을 촬영한 사진을 인터넷에 올렸는데, 그 중의 하나가 사람의 얼굴과 유사한 형태였다는 것이다.

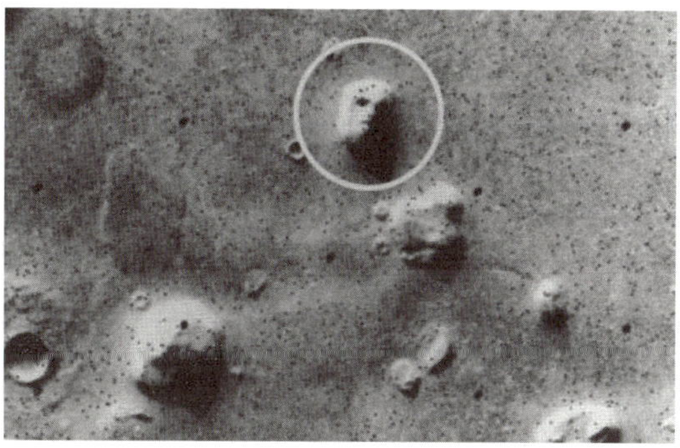

이 사진을 본 UFO 신봉자들은 흥분하기 시작했다. 드디어 외계문명의 구체적인 증거를 발견했다는 것이었다. 하지만 동시에 미국 NASA의 입장은 난처해졌다.

사진 한 장으로 음모론자들의 불필요한 논쟁과 주장이 난무하게 된 것이다. 이때 미국 NASA가 찾은 해결책은 그 해당 화성 표면을 좀 더 정밀하게 찍는 방법이었다. 몇 차례의 좀 더 세밀한 촬영의 결과, 해당 화성 표면은 전혀 사람의 얼굴 형태가 아니었고, 단지 흐릿한 화면으로 인해 사람의 얼굴과 같은 모양이 나타났음이 밝혀졌다. 물론 화성의 외계문명에 관한 논란은 잠시나마 잦아들었다.

이 사건은 부정확한 사실과 이로 인한 추측이 사람들에게 어떻게 영향을 주는가를 보여주는 좋은 사례다. 그리고 아마도 조직 행태에 대한 사람들의 생각도 마찬가지

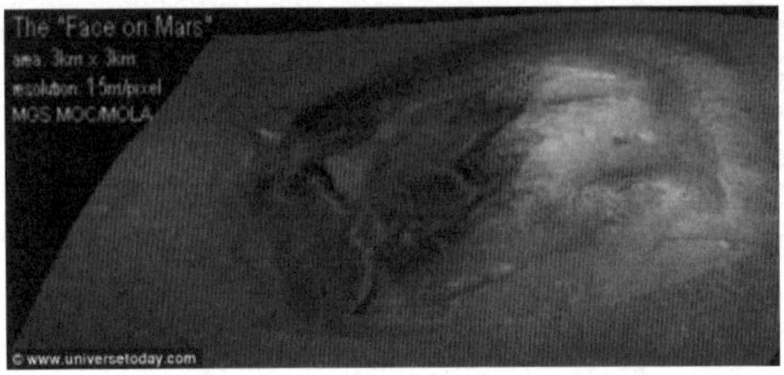

일 듯하다. 좀 더 세밀한 관찰 없이 조직과 조직구성원들은 비난이나 찬사의 대상이 되고 있는 것은 아닐까?

이 책의 주제는 공공조직에서 일하고 있는 조직구성원의 행태를 이해하기 위한 조직행태론이다. 이 책의 학습을 통해 조직의 관리자, 그리고 미래에 조직의 관리자가 되고자 하는 조직구성원들은 조직 행태에 관해 많은 이해를 얻을 수 있을 것이다. 이 책의 목표는 조직과 조직 행태, 행정, 조직관리 문제를 이해하기 위해 현존하는 조직 행태 관련 이론과 연구를 종합하고, 그 의미를 설명하는 것이다. 이 책에서 제시되는 '이론'들은 조직 행태와 관련된 문제를 분석하고 여러 가지 해결책을 평가하기 위한 인식적인 도구로 이해되어야 할 것이다. 물론 현실적인 한계가 있겠으나, 더 많은 수의 이론들, 그리고 더 다양한 이론적인 틀이 있을수록, 조직 행태의 다양한 측면을 볼 수 있으며, 우리가 조직에서 마주하는 상황을 해결하는 데 적합한 방법을 찾을 가능성(likelihood)은 높아진다. 관리자의 입장에서는 이론이라는 다양한 도구(tool)가 있을수록 이 가운데 유용한 도구를 선택하고, 조직을 관리하는 데 적합한 전략을 구상할 가능성이 높아질 수 있다.

그런데 조직 행태를 이해하기 위해 이론이 꼭 필요한 것일까? 자신이 지금까지 가진 경험으로 충분한 것은 아닐까? 물론 스스로의 경험과 노하우를 갖고 조직을 정확하게 이해하고 대처할 수도 있다. 하지만 조직, 그리고 조직 행태가 던져주는 주제들에 대해 과학적으로 해석하고 설명하는 이론을 활용한다면, 적어도 잘못된 판단을 할 가능성은 현저히 줄어들 것이다.

사람들은 나름대로의 렌즈를 통해 세상을 바라보게 된다. 이러한 렌즈를 준거틀(frame of reference)이라고 하는데, 준거틀은 마치 집안에서 밖을 바라보는 창문과 같은 역할을 한다. 마찬가지로 조직 행태를 바라보기 위해서도 어떤 준거틀이 필요

고문관(?)

군대에서 문제를 일으키는 병사를 뜻하는 단어 가운데 소위 '고문관'이라는 말이 있다. 조직 행태에 관한 이해가 없는 경우, 사람들은 고문관의 문제를 개인의 문제로 치부한다. 결과적으로 그 고문관의 개인 성격에 문제가 있으므로 이 사람을 어떻게든 개조해야 한다는 식의 개인적인 해결책을 찾기 마련이다. 하지만 조직 행태에 관한 이해가 있다면, 개인의 성격 이외에도 조직 내 의사소통 네트워크의 문제, 관리자의 리더십의 문제 등 여러 시각에서 이 문제를 해석해 볼 수 있다. 조직 행태에 관한 학습은 조직구성원의 행동을 다양한 시각으로 바라보도록 돕고, 이를 바탕으로 대안적인 분석과 관리를 할 수 있도록 해준다.

하다. 조직구성원의 행태와 관련된 현상을 좀 더 정확히 이해하기 위해 중요하지 않은 요인들을 생략하고 중요한 요인만으로 단순화시킨 이론들은 좋은 준거틀로 활용될 수 있다. 이 책은 행정학을 전공하는 학생들이 조직, 그리고 조직구성원의 행태를 바라보는 준거틀을 갖는 데 도움을 주고자 한다. 즉, 학생들이 조직 행태에 관해 좀 더 정확한 그림을 볼 수 있는 안목을 키우는 것을 목표로 한다.

이 책의 각 장은 저자들이 역할을 분담해 저술되었다. 우선, 조직 행태의 정의, 성격, 태도와 가치, 지각과 학습은 진종순 교수가 저술했으며, 동기부여(개념에의 적용), 동기부여(공공 부문에의 적용), 스트레스와 소진, 그리고 이직은 김정인 교수가 저술했다. 그리고 직무 만족, 리더십의 이해, 리더십이론은 조태준 교수가 저술했다. 커뮤니케이션, 의사결정, 갈등관리는 김기형 교수가 저술했으며, 마지막으로 권력과 조직정치, 조직문화는 임재진 교수가 저술했다. 하지만 이 책의 방향은 모두의 깊이 있는 상의에 의해 결정되었다.

이 책이 나오기까지 많은 분이 도움을 주었다. 어떻게 보면 이 책에 녹아들어 있는 저자들이 쌓아온 지식과 경험이 모두 여러 스승과 동료들의 도움에 바탕을 두고 있다고 봐야 할 것이다. 이 자리를 빌려 지금까지 도움을 준 여러분에게 감사의 마음을 전하고 싶다. 또한 이 책을 준비할 수 있는 좋은 환경을 만들어준 저자들의 가족과 재직 중인 학교, 그리고 세심한 편집을 해준 대영문화사 임직원분에게도 감사의 말씀을 드린다.

2016년 2월

저자들을 내신해서

진종순

Contents

차 례

PART 2 집단 수준

PART 01

개인 수준

Chapter 01

조직, 조직이론, 조직 행태란 무엇인가?

조직 행태(organizational behavior)를 이해하기 위해서는 우선 조직(organization)이 무엇인지 이해할 필요가 있다. 따라서 이 장에서는 우선 조직이 무엇인지 알아보고, 이어서 조직에 관한 연구인 조직이론이 무엇인지 설명한다. 그리고 마지막으로, 조직 구성원의 행태에 관한 연구인 조직 행태론이 무엇인지 설명한다.

제 1 절 조 직

조직은 인류가 함께 모여 살면서 자연스럽게 생겨난 무엇이다. 그런데 사람들은 왜 함께 모여 살면서 조직을 만들었을까? 이는 함께 일을 할 때 혼자서 하는 것보다는 훨씬 더 효율적이기 때문이다. 원시 시대에 혼자 사냥을 하려면 동물을 쫓아다니고, 활을 쏘고, 그물을 넌지는 등 여러 가지 일을 해야 한다. 하지만 여러 사람이 사냥을 하는 경우 동물을 모는 사람, 활을 쏘는 사람, 그물을 던지는 사람 등 일을 분담해서 훨씬 수월하게 사냥을 할 수 있을 것이다. 즉, 인류의 역사에서 조직은 필수불가결하게 함께 있어 왔다. 인류가 원하건 원하지 않건 조직은 우리 곁에 항상 함께하고 있다. 현대사회에서 대부분의 사람은 하나 이상의 조직에 속해 있다. 따라서 사람들은 조직을 삶을 구성하는 너무나 당연한 것으로 생각해 왔으며, 특별히 조직에 관해 깊이 생각해 보거나, 따로 연구할 필요가 있다고 생각하지 않았다(Gortner, Mahler, & Nicholson, 1997).

그러면 조직에 관해 연구하는 조직이론(organizational theory)은 언제, 왜 시작되었을까? 많은 이가 조직이론은 산업혁명으로 인해 시작되었다고 설명한다(Clegg & Dunkerley, 1980). 산업혁명으로 인해 대규모의 공장들이 등장하게 되었으며, "공장에서 상품을 최대한 효율적으로 생산하기 위해 직공들을 어떻게 구성할 것인가?"라는 질문이 조직에 관한 연구인 조직이론을 생겨나게 한 것이다. 따라서 조직이론의 가장 중요한 목표는 "조직의 목표를 최대한 효율적으로 달성하는 방법은 무엇인가?"라는 질문에 대한 해답을 찾는 것이라고 할 수 있으며, 이는 현재도 마찬가지다. 하지만 사람들의 목표를 효과적으로 달성하기 위해 만들어진 조직은 예상치 못한 역기능을 보여주기 시작했다. 목표를 최대한 효율적으로 달성하기 위해 만들어진 조직이 이에 속한 사람들의 행동과 자유를 오히려 구속하는 상황이 발생하기 시작한 것이다. 이는 어쩌면 너무나 당연한 결과다. 사람들이 자신들이 원하는 행동을 마음대로 한다면, 조직은 유지될 수 없을 것이기 때문이다. 아이들이 술래잡기를 하는 경우에도 규칙은 필요한 것이다.

조직이 사람들의 삶에서 차지하는 부분이 커짐에 따라 문제는 점점 더 심각해지기 시작했다. 가장 대표적으로, 대규모의 조직에서 일반적으로 나타나는 관료제의 문제점인 비인간화, 인간의 기계화와 같은 현상이 발생하기 시작한 것이다. 조직으로 인해 나타나는 문제는 사람들이 해당 조직에서 벗어난 경우에도 지속되었는데, 대규모 조직 내에서 권장되는, 그리고 이로 인해 익숙해진 인간성과 창의성의 상실, 수동적인 행태 등은 조직에서 벗어나 집, 가정으로 돌아왔을 때에도 그대로 지속되었다. 사람의 행태는 위치(locus)가 달라졌다고 180도 변할 수는 없는 것이다. 이러한 이유로 관료제는 심리적인 감옥(psychological prison)이라고 불리기도 한다. 따라서 많은 사람이 조직이 야기하는 문제점에 관해 생각하기 시작했다. 그 결과, "어떻게 조직이 주는 부정적인 효과에서 벗어날 것인가?"라는 질문에 대한 해답을 찾는 것이 조직이론의 또 다른 큰 주제가 되었다.

모든 사람은 조직 속에서 생활하거나 조직에 둘러싸여 살고 있다. 우리의 삶 가운데 조직의 영향을 받지 않는 부분은 거의 없다고 해도 과언이 아니다. 조직은 "다양한 목표들을 달성하기 위해 함께 일하며 상호 행동을 조정하는 사람들의 집합"이라고 정의된다. 이러한 목표들은 개인들이 조직의 구성원으로서 성취하고자 하는 무언가(예: 돈을 많이 벌음, 가치 있는 명분을 달성함, 권력과 지위를 얻음, 만족스러운 경험의 획득 등)와 조직 전체가 달성하고자 하는 무언가(예: 소비자가 원하는 혁신적인 상품과 서비스의 제공, 선거 후보자의 당선, 의학 연구를 위한 재원의 획득, 주주들에게 이익을 줌, 자연환경 보호를 위한 사회적 책임 등)를 모두 포함한다. 효과적인 조직은 개인과 조직의 목표를 모두 달성하는 조직이다. 공공조직을 예로 들어, 선량한 국민들에게 안전을 제공(조직의 목표)하고, 경찰관들이 그러한 서비스를 제공하는 동안 안정된 경력을 제공(개인의 목표)받을 수 있다면, 경찰청은 매우 효과적인 조직이다(George & Jones, 2012).

조직에 관해서는 여러 연구자들이 다양한 정의를 내리고 있다. 조직이 사회과학에서 가장 중요한 연구 주제의 하나라고 할 때 사실 셀 수도 없는 많은 정의가 존재한다.

조직에 관한 여러 학자의 정의

- Max Weber(1947): 폐쇄되어 있거나 규칙에 의해 외부인의 출입을 제한되는 사회적 관계
- Chester I. Barnard(1968): 사람들의 의식적이고 목표 지향적인 협동 행위
- James G. March & Herbert A. Simon(1958): 사람들의 상호작용의 집합체인 하나의 사회제도
- Amitai Etzioni(1964): 특정한 목표를 달성하기 위해 의도적으로 만들어진 사회적 단위(또는 인간들의 집합)

출처: Harmon & Mayer(1986).

앞서의 설명과 같이 조직이 우리들의 삶에 그렇게 중요하다면, 어떻게 조직이 형성되는지, 조직구조를 발전시키는지, 필요한 자원과 절차를 유지하는지, 그리고 조직의 목표를 달성하는지 이해하는 것은 매우 중요한 문제가 된다. 아마도 이런 문제들

에 대한 해답을 찾기 위해 여러분이 이 글을 읽고 있을 것이다.

가장 일반적으로 통용되는 조직(organization)의 정의는 "목표나 미션을 달성하기 위해 사람들이 특별한, 그리고 상호의존적이고도 계속적인 활동을 하는 것"으로 내려질 수 있다. 이러한 정의에는 목표 지향성과 계속적인 상호의존성이라는 두 가지 포인트가 있다.

- 목표 지향성: 조직은 목표를 가진 존재다. 조직과 그 구성원은 특정한 목적을 달성하려고 노력한다.[1)]
- 계속적인 상호의존성: 조직구성원들은 지속적으로 상호관계를 맺는다.

이러한 정의에 의하면, 정부부처나 민간기업은 조직이다. 좀 더 구체적으로는 걸스카우트, 우리나라의 우체국 등이 조직의 좋은 예가 될 수 있다. 하지만 우체국에서 우표를 사거나 소포를 부치기 위해 줄을 서 있는 사람들, 혹은 축구장의 관중은 조직이 아니다.[2)]

조직은 무엇인가?

- 조직: 걸스카우트, 우체국
- 조직이 아님: 우체국에서 우표를 사려고 줄을 선 사람들, 축구장의 관중

특정 대상이 조직인지, 조직이 아닌지는 "목표를 추구한다", "계속적인 상호관계를 맺는다"라는 앞서의 두 가지 기준에 따라 판단할 수 있다. 우체국에서 우표를 사려고 줄을 선 사람들은 목표를 추구한다는 점에서 첫 번째 기준을 충족한다. 이 사람들은 우표를 구입한다는 동일한 목표를 갖고 있다. 하지만 두 번째 기준인 계속적인 상호관계를 맺는다는 기준은 충족하지 못한다. 줄을 선 사람들이 잠깐 농담이나 담소를 하는 경우도 있겠지만 이들은 우표를 구입한 후에 각자 자신의 길을 갈 뿐, 계속적인

1) 조직은 목적 달성을 위한 도구라고 볼 수 있다. 실제로, organization에서 organ은 도구(instrument)라는 의미를 갖고 있다.

2) 물론 관중들이 지지하는 프로축구팀을 응원하기 위해 서포터즈 그룹을 조직했다면, 이는 조직이 될 것이다.

상호관계를 맺지는 않는다. 축구장의 관중의 경우에도 같은 팀을 응원한다면, 우리 팀이 이기기를 바라는 동일한 목표를 공유할 것이다. 하지만 이들도 경기가 끝나면, 각자 자신의 집으로 돌아갈 뿐 계속 상호관계를 유지하지는 않는다.

앞서의 두 가지 기준에 덧붙여 조직을 정의하기 위해 필요한 또 하나의 기준은 식별 가능한 경계다. 식별 가능한 경계는 조직과 주변의 환경을 구별하게 해주는데, 하나의 조직이 자원의 투입, 전환, 산출 과정을 독자적으로 수행할 수 있다면, 이를 개별 조직이라고 할 수 있다(Hall, 1991; 김병섭 외, 2008). 식별 가능한 경계는 조직 내에 있는 하위 조직을 확인할 때 유용한 개념이다. 예를 들어, 환경부가 하나의 조직이라고 판단하는 것은 어려운 일이 아니다. 그러면 환경부 내에 있는 기획조정실이나, 자연환경정책실은 하나의 조직인가? 자연환경정책실 내에 있는 녹색기술개발과나 환경교육팀은 하나의 조직인가? 만약 이러한 부서들이 독자적으로 자원의 투입, 전환, 산출 과정을 수행할 수 있다면, 하나의 조직이라고 판단할 수 있을 것이다.[3)]

그림 1-1 조직과 환경

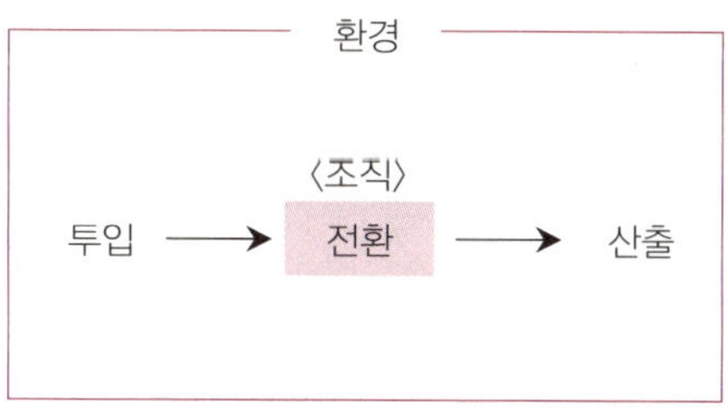

출처: Benevolo(1980: 22).

• 식별 가능한 경계: 조직이 자원의 투입, 전환, 산출 과정을 독자적으로 수행할 수 있다.

이러한 세 가지 기준에 의하면, 조직의 '규모'는 조직을 구성하는 기본 요소가 아

3) 물론 엄격하게 100% 독자적으로 자원의 투입, 전환, 산출 과정을 수행하는 정부기관은 존재할 수 없다. 이는 전적으로 상대적인 개념이며, 주관적으로 판단해야 한다. 그래서 동일한 대상을 보고도, 어떤 사람은 조직이라고, 또 다른 사람은 조직이 아니라고 판단할 것이다.

님을 알 수 있다. 하지만 그럼에도 불구하고 실제로 조직이론가들은 대규모의, 전문화된, 그리고 상호의존성이 매우 높은 복잡한 구조를 가진 조직에 주로 관심을 갖는다. 왜 그럴까? 아마도 대규모 조직의 경우에 연구할 만한 대상이 되기 때문일 것이다. 사실 조직의 규모는 매우 중요한 의미를 갖는다. 큰 규모의 조직에서 일을 잘 수행하기 위해서는 조직구성원들이 각자 자신의 분야를 담당하며 일을 전담해야 한다. 즉, 분업이 반드시 필요하다. 이렇게 자신의 분야에서 계속 업무를 보다 보면, 종종 조직구성원들의 전문성이 높아지게 된다. 또한 분업과 기능의 전문화는 조직의 효율성을 낳게 된다. 마지막으로, 조직구성원들의 분업과 전문화는 다양하고도 상호의존적인 업무를 조율할 통제 메커니즘에 대한 필요성을 높인다. 이렇게 이야기를 이어가다 보면, 결국 조직이 추구해야 하는 목표는 분업, 전문화, 효율성, 통제 등으로 이해될 수 있다.[4] 하지만 이들은 대규모의 조직에서 발생하는 현상일 뿐, 조직의 목표나 구성요소는 아니다. 예를 들어, 어떤 작은 조직에서 사용되는 기술은 너무 단순해서 업무의 전문화가 필요하지 않거나 가능하지 않을 수도 있다.

조직에 관한 연구에서 나타나는 또 하나의 주장은 "사람만이 중요하다"는 관점이다. 즉, 조직은 중요하지 않고, 정작 중요한 것은 조직 내의 사람들이라는 입장이다.[5] 왜 이러한 주장이 나온 것일까? 이는 아마도 조직은 무형의 것이고 생명이 없는 것이라는 생각에 바탕을 둘 것이다. 하지만 이러한 주장에 대해 다음과 같은 두 가지 반박이 가능하다.

첫째, 사람들은 생태적 · 사회적 · 교육적인 요인에 영향을 받듯이, 조직 내에서의 멤버십과 지위에 큰 영향을 받는다. 다시 말해서, 사람들이 삶에서 얼마나 성취하는가는 그들이 조직 내에서 가진 지위와 권위, 그리고 사용 가능한 자원의 영향을 받는다. 그리고 이러한 조직 내에서의 지위, 권위, 자원은 오직 조직만이 제공할 수 있다. 이는 왜 사람들은 조직 내에서 성취하는 만큼, 조직 밖에서 혼자서는 성취하지 못하는가를 잘 설명한다.

둘째, 조직은 그 조직구성원들과는 별개로 존재하는 하나의 실체다.[6] 조직은 그

---

4) 모든 조직구성원이 어떤 공식적 또는 추상적인 목표를 달성하기 위해 조직구성원이 된 것은 아니다. 어떤 조직구성원은 단순히 생계를 유지하는 것이 목표일 것이다.

5) 이러한 주장을 하는 학자들은 명목주의자(nominalist)라고 불린다. 이들은 조직을 실재하는 실체라고 보기보다는 명목에 불과하다고 본다. 조직이 개인들의 상호작용 이상의 그 무엇은 아니라는 입장을 취한다(Blau, 1964; Simon, 1964).

구성원들이 바뀐다고 하더라도 독자적으로 오랜 시간에 걸쳐서 존재한다. 그리고 조직은 단순한 무형의 것이 아니고 사람과 같이 태어나고, 성장하다 소멸하는 하나의 생애를 갖고 있다. 이는 조직의 생애주기(life cycle)라고 하는데, 사람이 유년기, 청년기, 장년기를 거치듯이 조직에도 유년기, 청년기, 장년기의 조직이 있다는 것이다. 사람들이 생애주기에 따른 공통점을 가지듯이, 조직들도 어떤 조직이건 생애주기에 따른 공통점이 있다.[7] 예를 들어, 유년기의 조직은 성장에 중점을 두고, 장년기의 조직은 안정성에 중점을 두는 식인데, 어떤 형태나 유형의 조직이건 생애주기에 따른 공통점을 찾을 수 있다.

제 2 절 조직이론

조직이론(organization theory)은 하나의 단일한 이론이 아니다. 조직이론의 주제, 연구 질문, 연구 방법, 그리고 바라보는 관점과 차원 등은 정말 다양하다. 조직이론은 피라미드, 혹은 다단 케이크와 같이 기존의 지식에 새로운 지식들이 질서 있게 더해진 모양이 아니다. 마치 피자와 같이 조직이라는 하나의 큰 틀에 다양한 토핑이 더해진 모양에 가깝다고 봐야 한다. 다시 말해서, 조직이론은 질서 있게 순차적으로 발전된 것이라기보다는 관련 학문 분야, 즉 대부분의 사회과학 분야의 다양하고도 새로운 아이디어들이 무작위로 더해진 것이다. 이들 아이디어는 때로는 상충되는 주장을 하기도 하며 통합된 하나의 아이디어로 정리된 것이 아니다.

조직이론의 내용에는 많은 유사점이 있다. 실제 학제적인 교환(interdisciplinary exchange)은 많은 개념, 발견, 질문의 상호간 차용(borrowing)의 산물이다. 종종 이러한 차용은 조직이론의 다양한 재해석, 의미의 변화, 재강조로 특징지어질 수 있을 것이다. 이 결과, 조직이론은 때때로 이론의 발전을 위한 학제적인 협력의 산물이 아니라 상호 복제(piracy)의 결과처럼 보이기도 한다. 이렇게 상반되고도 비슷한 주장

6) 이러한 주장을 하는 학자들은 실재론자(realist)라고 불린다.

7) 예를 들어, 흑인, 백인, 동양인에 관계없이, 아기들은 유사한 행동을 보여준다. 이는 노인들도 마찬가지이다.

그림 1-2 조직이론

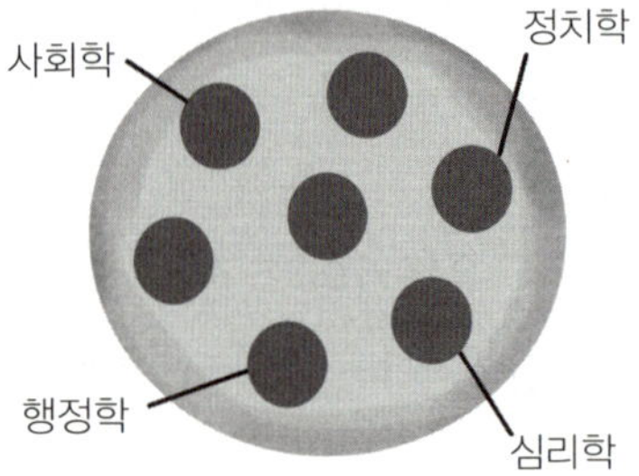

출처: Benevolo(1980: 22).

들로 구성된 조직이론은 어떻게 보면, 무질서하고 혼동된 상태로 이해될 수 있다. 하지만 이러한 조직이론의 학제적인 특성(interdisciplinary character)은 아마도 조직이론의 가장 중요한 자원(source)이자 장점일 것이다. 다양한 사회과학 분야가 조직이론의 풍부함과 다양성에 기여하고 있는 것이다(Gortner, Mahler, & Nicholson, 1997).

각 학문 분야에서 조직에 관한 연구 주제

- 심리학자(Psychologists): 리더십, 동기부여, 집단행위, 갈등과 같은 행태적인 연구에 기여
- 사회학자(Sociologists): 조직구조와 조직 간 협조에 관해 연구
- 경제학자(Economic analyses): 의사결정이론에 관해 연구
- 인류학자(Anthropologists): 언어학과 조직 생활의 문화 차원을 연구
- 시스템분석가(System analysts): 기획과 프로그램 관리를 위한 수학적 모델의 적용을 연구
- 행정학자와 정치학자(Public administrators and political scientists): 정책분석과 공공조직의 정치적, 전문적, 그리고 기술적 특징이 정부정책의 형성과 집행에 영향을 미치는 방식을 연구

출처: Gortner, Mahler, & Nicholson(1997) 재구성.

제 3 절 조직행태론

사람의 마음 속에서 일어나는 의식작용은 타인이 관찰할 수 없다. 따라서 만약 사람들의 의식작용 그 자체를 연구 대상으로 한다면, 물론 불가능한 것은 아니지만, 이러한 연구가 객관적인 학문으로 성립되기는 쉽지 않다.[8] 행동은 의식작용의 결과로 나타난다. 따라서 인간의 행동을 관찰함으로써 인간의 의식을 엿볼 수 있다. 심리학에서 이러한 연구방법을 적용하는 접근법은 행동주의적(behaviorism) 접근법이라고 불린다. 1900년대 초에 등장한 행동주의의 창시자인 왓슨(John B. Watson)은 정신, 의식과 같은 개념은 영혼과 마찬가지로 측정될 수 없는 것으로 보았다(Atkinson et al., 1987). 행동주의적 접근법에 의하면, 인간이라는 상자 속을 볼 필요는 없으며, 상자 속에 무엇이 들어가고(자극), 무엇이 나오는지(반응)만을 살펴보면 된다. 이는 '검은 상자' 접근이라고 불려지기도 한다(이수원 외, 1987).

1960년대 행동주의적 접근법 이후, 심리학에서는 인지심리학(cognitive psychology), 정신분석학(psychoanalysis), 현상학적 심리학(phenomenal psychology) 등 인간의 내적인 정신 과정이나 신경생리적 과정을 연구의 대상으로 삼은 여러 가지 연구방법이 제시되었다. 하지만 조직행태론에서 이러한 심리학의 여러 연구들을 모두 살펴볼 필요는 없다. 말 그대로 조직행태론은 "조직에서 일어나는 조직구성원의 행동"을 주된 연구의 대상으로 삼기 때문이다. 적절한 관리를 위해 관리자가 직원들의 심리 상태를 염두에 둘 필요는 있다. 하지만 그렇다고 해서 직원 심리의 내적 과정까지 살펴볼 필요가 있을까? 따라서 조직행태론(organizational behavior: OB)에서는 행동주의 학파의 연구결과를 바탕으로 누구나 동일하게 관찰 가능한 인간의 행동을 연구의 대상으로 삼는다.

조직행태론은 "개인과 집단의 행동, 사고, 느낌, 반응과 조직의 환경에 대한 대응에 영향을 주는 다양한 측면에 관한 연구"라고 정의된다. 즉, 조직행태론은 조직 내

8) 의식적 경험은 경험하는 당사자만이 알 수 있는 것이다. 자기 자신은 자신의 마음 속에 진행되는 여러 가지를 관찰할 수 있다. 하지만 다른 사람은 그것을 관찰할 수 없다. 이러한 점은 과학적인 관찰과는 차이가 있다. 과학에서의 관찰은 많은 사람에 의해 반복 가능하고 검증 가능해야 한다(이수원 외, 1987).

개인과 집단의 태도와 행태에 대한 이해, 설명, 그리고 최종적으로 개선을 위한 연구 분야다. "조직에서 사람들이 어떻게 행동하는가?"를 규명하는 것이 조직행태론의 목표인 것이다. 대부분의 사람들은 인생의 많은 시간을 조직에서 일하며, 조직 내에서의 경험으로부터 긍정적 혹은 부정적인 영향을 받는다는 점에서 사람들이 조직 내에서 어떻게 행동하는가를 이해하는 것은 중요하다. 조직 행태에 대한 이해는 사람들이 조직에서 일할 때 긍정적인 효과를 늘리고, 부정적인 효과를 줄이는 데 도움을 줄 수 있다(George & Jones, 2012).

다음의 [그림 1-3]은 사람의 행태는 인간과 환경의 함수라는 레빈(Kurt Lewin, 1951)의 주장에 근거를 둔다(Nelson & Quick, 2011). 레빈은 그의 아이디어를 다음과 같은 수식으로 표현한다. 이는 사람의 행태는 개인(인간)의 특성과 환경의 특성이 합쳐져서 일어난다는 의미이다.

$$B=f(P, E)$$

$$(B=\text{행태},\ P=\text{인간},\ E=\text{환경})$$

이러한 아이디어는 상호작용 심리학(interactional psychology)적인 접근법이라고 불리는데, 이 접근법은 인간의 행태를 이해하기 위해 인간과 환경 모두에 관해 설명할 필요가 있다고 주장한다. 즉, 상호작용 심리학적인 접근법에 의하면, 우리는 조직

그림 1-3 개인 행동에 영향을 미치는 요인들

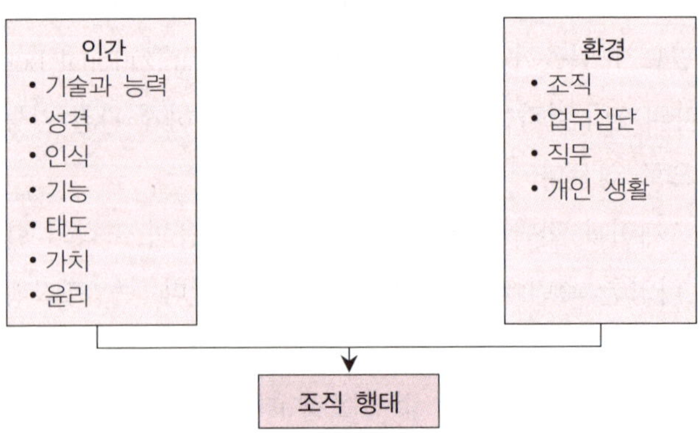

출처: Benevolo(1980: 22).

행태를 살펴보기 위해 인간과 상황을 모두 분석해야 한다(Endler & Magnusson, 1976).

상호작용 심리학적인 접근법의 네 가지 기본 가정은 다음과 같다(Nelson & Quick, 2011).

1. 행태는 인간과 환경 간의 계속되는 다방면의 상호작용의 결과다.
2. 인간은 이러한 과정에서 적극적인 역할을 한다. 그리고 상황을 변화시키고 상황에 의해 변화된다.
3. 개인들은 인지적인, 감정적인, 동기적인, 능력적인 요인을 포함하는 특성에서 매우 큰 차이가 있다.
4. 상황에 대한 두 가지의 해석, 즉 객관적인 상황과 상황에 대한 개개인의 주관적인 관점이 모두 중요하다.

조직 행태에 관한 전체적인 이해를 위해서는 개인과 집단, 두 가지 수준(level)에서 조직구성원의 행동에 영향을 주는 요인을 이해할 필요가 있다. 대부분의 조직행태론은 사람들이 얼마나 자신들의 업무를 잘하고 있는지, 그 업무를 좋아하는지 아닌지, 주변의 동료들과는 얼마나 좋은 관계를 유지하는지 등 개인의 특성(예: 성격, 감정, 동기부여 등)에서부터 설명을 시작하고 있다(George & Jones, 2012). 따라서 이 책의 제2장부터 제8장까지는 성격, 태도, 가치, 지각, 학습, 동기부여, 직무 만족, 조직 몰입, 스트레스와 같이 조직에서 조직구성원의 행태를 이해하고 관리하는 데 핵심적인 개인의 특성을 설명한다.

개인의 특성과 함께 조직 행태에 영향을 주는 집단의 효과 또한 이해될 필요가 있다. 집단은 "그들의 목표 달성을 위해 상호작용을 하는 두 명 또는 그 이상의 사람들"을 의미한다. 집단 내 사람들의 수, 사람들의 다양성, 해당 업무의 특성, 사람들의 집단에 대한 선호 등은 집단의 행태뿐만 아니라 집단 내에 있는 개개인의 행태에도 영향을 준다(George & Jones, 2012). 그러므로 이 책의 제9장부터 제15장까지는 커뮤니케이션, 의사결정, 리더십, 권력과 조직정치, 갈등관리, 조직문화와 같이 조직 내부의 상호작용을 포함해 주로 집단이 조직 내부의 개인들에게 영향을 미치는 방식과 과정을 설명한다.

조직 행태는 행정학, 경영학 등 다양한 사회과학 분야의 학자들에 의해 연구되고 있다. 그리고 앞서 조직이론과 같이 조직행태론에서 발견된 이론과 개념 또한 다양한 학문 분야에서 차용되고 있다. 예를 들어, 직무 성과와 개인 특성에 관한 연구는 산업심리학과 조직심리학 분야의 연구에서 차용되고 있다. 직무 만족, 감정, 팀 구성 등에 관한 연구는 주로 사회심리학 분야에서 차용되고 있다. 사회학의 연구들은 팀 특성과 조직구조에 관한 연구의 핵심이며, 고고학은 조직문화에 관한 연구에 도움이 되고 있다. 마지막으로, 경제학의 연구들은 동기부여, 학습, 의사결정을 이해하는 데 활용되고 있다. 이러한 학문적 다양성은 조직 행태에 관한 연구에 독특한 성격을 가져오고 있다. 그리고 연구 결과들은 조직의 관리자와 컨설턴트들이 처한 실제 상황에서 도움을 주기 위해 다양하게 활용되고 있다(Colquitt, Lepine, & Wesson, 2011).

Chapter 02

성 격

사람들은 자신만의 기술, 능력, 성격, 인지, 태도, 감정, 윤리 등을 갖고 있다. 하지만 이러한 것들도 한 개인을 다른 사람과 구별하는 일부분에 불과하다. 이와 같이 세상에는 똑같은 사람이 없다는 점에서 개인적인 차이는 관리자가 직면한 도전의 핵심이다. 즉, 관리자는 다양한 개인적인 특성을 지닌 조직구성원들과 함께 일해야 한다는 도전에 직면하고 있는 것이다. 따라서 관리자가 다양한 개인적 특성과 그 차이를 더 잘 이해할수록 여러 조직구성원들과 더 잘 일할 수 있을 것이다.

모든 조직구성원은 각자 자신만의 성격을 갖고 있다. 따라서 타인과 효과적으로 일하기 위해서는 그 사람이 어떤 성격적인 특성을 갖고 있는지 정확하게 이해할 필요가 있다. 관리자가 동일한 관리 방식, 예를 들어 권위적 리더십 방식을 보일 때, 직원들은 개인적인 성격 차이로 인해 다른 반응을 보이게 될 것이다. 어떤 직원은 권위적인 리더십을 따르는 데 전혀 문제가 없겠지만, 다른 직원은 심한 거부감을 느낄 수 있다. 따라서 효과적인 관리자는 직원들의 성격적인 특성을 파악하여 개개인의 특성에 맞는 관리방식을 적용할 것이다.

성격은 직원들의 감정, 사고, 행태에 영향을 줄 수 있다는 점에서도 관리자는 직원들의 개인적인 성격 차이를 반드시 이해할 필요가 있다. 예를 들어, 직원들의 개인적인 성격 차이는 직무 만족, 업무 성과, 직무 스트레스 등에 영향을 준다. 또한 조직의 구성원들은 매일매일 상호작용을 하므로, 서로 간에도 충분한 이해가 있을 때 그들 간의 상호작용은 높은 수준의 직무 만족과 업무 성과로 이끌 수 있을 것이다. 이 장에서는 조직구성원을 이해하기 위해 가장 기본적으로 요구되는 인간의 성격에 관해 설명하도록 한다(George & Jones, 2012).

제 1 절 성격의 정의

우리는 타인을 대할 때, 그 사람이 갖고 있는 성격이 무엇인지 이해하고 판단하려고 한다. 대부분의 사람들은 자신과 타인의 성격을 이해하기 위한 나름의 방식을 갖고 있다. 성격은 한 사람의 사회적 명성이나 평판, 즉 그 사람이 친구, 가족, 직장 동료, 상사 등에게 인식되는 방식에 큰 영향을 준다. 우리는 성격을 통해 "그 사람이 어떤 사람인가?"를 포착(capture)한다.[1] 이는 "그 사람이 무엇을 할 수 있는가?"를 포착하는 것과는 다른 의미이다(Colquitt, Lepine, & Wesson, 2011).

"무엇 때문에 사람들은 다양한 상황에 처했을 경우에도 일관되게 행동하는가?" 개인은 그들만의 사고 방식과 행동 방식, 독특한 스타일, 또는 성격을 갖고 있다. "개인에게 독특함을 선사하는 안정적인 물리적 · 정신적 특성의 총합"(Kreitner & Kinicki, 2008)으로 설명되는 성격에 대한 정의는 매우 다양하다. 실제로 성격을 정의하는 것의 거의 불가능하다고 봐도 될 것이다. 성격(personality)은 "한 사람의 행태에 일관성을 주는 개인적인 차이"(Nelson & Quick, 2011)라고 정의된다. 올퍼트(Gordon Allport, 1937)는 성격을 "한 개인의 환경에 대한 독특한 적응 방식으로서 개인의 심신 시스템 내부에 존재하는 동적인 체계"를 의미한다고 설명한다. 혹은 성격은 "한

1) 우리는 성격에 관한 자신의 견해는 정체성(identity)으로, 반면에 타인의 견해는 평판(reputation)이라고 칭하기도 한다. 정체성은 개인이 자기 스스로, 혹은 타인들에게 자신에 대해 이야기할 때 묘사하는 모습으로, 사회적 상호작용에서 개인의 행동을 결정하는 중요한 요인이다. 평판은 개인이 타인들과의 상호작용 속에서 보인 과거의 행동들에 대한 타인들로부터의 종합적 평가이다(Hogan, 2007).

개인이 타인에 대해 반응하고 타인과의 관계에서 상호작용하는 모든 방식의 총체"(Robbins & Judge, 2013)라고 정의되기도 한다. 그리고 "사람들의 특징적인 사고, 감정, 행태 패턴을 설명하는 심리적인 구조와 경향"(Colquitt, Lepine, & Wesson, 2011)으로 정의되기도 한다. 또한 "개인의 행태에 영향을 주는 상대적으로 안정적인 특성의 종합"(Nelson & Quick, 2011)이라고 정의된다. 혹은 "한 개인이 느끼고, 사고하고, 행동하는 상대적으로 지속적인 패턴의 방식"(George & Jones, 2012)이라고 정의되기도 한다(Hellriegel & Slocum, 2011). 이러한 성격에 관한 여러 정의를 바탕으로 성격은 다음과 같이 정의될 수 있다.

- 한 개인의 독특하고 일관된 행동을 가져오는 무엇

성격에 관해 이해할 때 주의할 점은 성격이 행동이나 사고 그 자체가 아니라 행동이나 사고에서 나타나는 특징적인 성향(性向), 다시 말해서 경향성(傾向性)을 뜻한다는 것이다. 성격은 직접 관찰되는 것이 아니라, 관찰되어진 행동이나 사고를 토대로 추리되어진 양식이나 경향성을 의미한다. 대체로 우리는 세 가지의 방법으로 타인의 성격을 추리한다. 첫째, 타인이 들려주는 자신의 성격에 대한 진술이나 묘사(self reports)이다.[2] 예를 들어, 성격검사 용지에 직접 작성한 타인의 응답을 본다면, 그의 성격을 유추할 수 있을 것이다. 둘째, 타인의 행위(action)이다. 예를 들어, 어떤 사람이 주먹을 불끈 쥐고 상대방에 욕설을 퍼붓고 있는 것을 본다면, 그의 성격을 유추할 수 있을 것이다. 셋째, 타인이 표출하고 있는 생리적 반응(physiological reaction)이다. 예를 들어, 어떤 사람이 어떤 특정 행동을 하면서 얼굴이 빨개지거나 땀을 흘리고 있는 것을 본다면, 그의 성격을 유추할 수 있을 것이다(이수원 외, 1987).

성격은 한 개인의 독특하고도 일관된 행동을 가져오는 것임과 동시에 "이 사람은 어떤 사람인가?"를 포착하여 이 사람의 미래 행동을 예측할 수 있도록 한다. 우리는 이러한 성격의 개념에서 공유와 독특함, 그리고 안정성이라는 두 가지의 관점을 도출할 수 있다.

---

2) 하지만 이 경우 그가 정말 솔직하게 얘기할 것인가의 문제가 있다. 그리고 때로는 그가 자신의 성격에 관해 정확히 알지 못하는 경우도 있을 것이다(이수원 외, 1987).

1. 공유와 독특함: 성격은 독특함만을 의미하는 것이 아니다. 한 개인이 다른 사람들과 '공유'하는 무엇인가와 그 사람이 갖고 있는 '독특함'을 모두 포함하는 것이다.
2. 안정성: 한 개인이 갖고 있는 성격은 어느 정도의 시간(대략 5~10년가량)이 지나더라도 동일하게 유지된다. 만약에 성격이 안정적이지 못하고 수시로 변한다면, 타인은 그 사람을 이해하기 어려운 이상한, 혹은 괴팍한 사람으로 생각할 것이다. 또한 어떤 사람을 이해하기 위해 굳이 성격을 이해할 필요도 없을 것이다. 물론 그렇다고 해서 성격이 절대로 변할 수 없다는 얘기는 아니다.

성격은 왜 조직행태론에서 중요한 의미를 갖는가? 왜냐하면, 성격은 개인의 행동을 예측하는 데 도움이 되기 때문이다. 조직에서 개인의 행태를 예측하기 위한 가장 기본적인 자료(source)가 바로 성격인 것이다. 성격은 "왜 한 조직구성원이 조직에서 이렇게 행동하는가?", 그리고 "왜 조직구성원이 그들이 속한 조직이나 업무에 대해 호의적, 혹은 적대적인 태도를 보이는가?"를 설명하기 위한 중요한 자료다. 이러한 성격은 사람들의 직업 선택, 직무 만족, 스트레스, 리더십, 직무 성과에도 영향을 준다(George & Jones, 2012).

제 2 절 무엇이 성격을 결정하는가?

그렇다면 무엇이 개인의 성격을 결정하는가? 왜 어떤 조직구성원은 꼼꼼하게 일처리를 하는 반면에, 다른 조직구성원은 실수투성이인가? 왜 어떤 조직구성원은 행복하고 느긋한 반면에, 다른 조직구성원은 과격하고 비판적인가? 오래전부터 성격이 어떻게 형성되는가에 관한 질문은 큰 논쟁거리였다. 근대 철학의 아버지라고 불리는 데카르트(René Descartes)는 어떤 관념은 선천적이라고 하였고, 17세기 영국의 철학자인 로크(John Locke)는 신생아의 마음은 아무것도 쓰여지지 않은 백지장(tabula rasa)과 같다고 하였다(Atkinson et al., 1987).[3] 이러한 질문에 대한 해답은 성격의 결정 요인을 살펴봄으로써 알 수 있다.

연구자들은 개인이 어떻게 보고, 생각하고, 행동하고, 느끼는가를 포함하는 성격이 유전(nature)과 환경적 영향(양육: nurture)의 상호작용으로 인해 생겨난다는 데 대체로 동의하고 있다(Kreitner & Kinicki, 2008). 유전인자가 표현되는 양식은 특정 환경에 좌우된다. 동일한 유전인자도 환경이 다르면, 다른 행동으로 나타난다. 반대로 동일한 환경도 유전인자가 다른 사람에게는 다르게 영향을 준다(이수원 외, 1987). 한 개인의 성격은 이 두 가지의 요인이 반반씩 영향을 준다고 설명된다. 즉, 대략적으로 한 개인의 성격 가운데 50% 정도가 부모로부터 물려받은 사고, 감정, 행태에 기인하며, 다른 50%가량의 성격은 환경적 영향, 양육, 혹은 삶의 경험에 기인한다는 것이다(George & Jones, 2012; [그림 2-1] 참조).

그림 2-1 성격에 영향을 미치는 두 요인

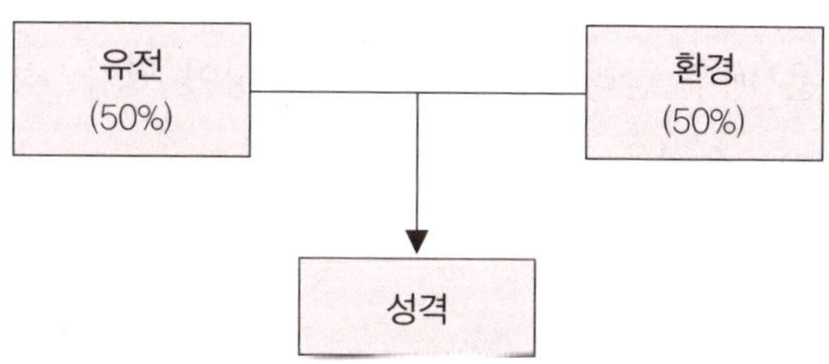

출처: Benevolo(1980: 22).

1. 유 전

성격은 부분적으로 유전적 요인에 의해 결정된다. 유전(nature)은 우리가 부모로부터 물려받은 원천(source)을 의미한다. 유전적인 정보는 우리의 눈의 색, 피부색, 신체적인 특성을 결정할 뿐만 아니라 우리의 태도, 의사결정의 성향, 행태에도 큰 영향을 미친다. 일부 연구는 한 개인의 행동 가운데 50%, 기질적인 성향 가운데 30%가 유전적인 요인에 기인하는 것으로 설명되기도 한다(McShane & Von Glinow, 2012).

3) 데카르트(1596~1650)의 가장 유명한 말은 "나는 생각한다. 그러므로 존재한다"이다. 그는 이 명제가 세상에서 가장 확실한 지식이라고 보았다.

비록 성격에 영향을 주는 정확한 유전자는 발견되지 않았지만, 연구자들은 유전으로 인해 물려받는 성격을 알아내기 위해 주로 일란성 쌍둥이(한 개의 난자로부터 분리되어 동일한 유전자를 갖고 있는 쌍둥이)를 대상으로 연구해 왔다. 출생 이후 다른 환경에서 살게 된 일란성 쌍둥이에 관한 연구에 의하면, 유전은 성격에 큰 영향을 미치는 것으로 나타났으며, 일란성 쌍둥이는 이란성 쌍둥이(서로 다른 난자로부터 발달한 쌍둥이)에 비해 정서적 반응성, 활동 수준, 사회성이 훨씬 더 유사한 것으로 밝혀지기도 했다(Buss, Plomin, & Willerman, 1973; McGue & Bouchard, 1984).

특히 유전은 개인의 성격이 발전되는 한계 범위(reaction range)를 결정한다. 예를 들어, 적극적인 행동을 요구하는 환경의 영향으로 인해 소심한 유전적 성향을 가진 사람이 적극적인 성격으로 변할 수 있을 것이다. 하지만 이렇게 변화된 성격은 그 사람이 갖고 있는 타고난 유전적인 한계 범위를 넘지는 못할 것이다. 즉, 소심한 유전적 성향을 가진 사람이 적극적, 외향적으로 변한다고 하더라도 극단적으로 외향적인 사람이 되기는 어렵다는 것이다. 이러한 사실에 비춰 본다면, 자신의 부모와 동일한 직업을 선택하는 것은 매우 합리적인 선택일 가능성이 크다. 적어도 다른 직업보다는 자신의 성격에 맞는 직업을 선택할 확률이 높다.

2. 환경적 영향(양육)

비록 개인의 성격이 유전적인 요인의 영향을 크게 받기는 하지만, 한 개인의 사회화, 일생의 경험, 다양한 환경과의 상호관계를 포함하는 환경(nurture) 또한 개인의 성격에 영향을 주는 중요한 요인이다. 환경은 성격이 발현되는 한계 범위에 접근할 수 있는지를 결정한다(이수원 외, 1987). 많은 연구들이 사람들의 연령이 30세, 때에 따라서는 50세에 도달함에 따라 개인의 성격이 고착화되는 것을 발견했다. "왜 시간이 지날수록 성격이 고착화되는가?"라는 질문은 사람들이 나이가 들수록 더욱 명백하고 고착화된 자기 이미지를 구축한다는 것으로 설명할 수 있다. 이는 성격의 변화가 대체로 사람들이 20세 이하의 비교적 젊을 시기에 일어난다는 것을 의미한다(McShane & Von Glinow, 2012). 특히 '어릴 때' 경험하는 환경적 영향은 한 개인의 성격에 매우 큰 변화를 준다. 이러한 환경적 영향으로는 문화, 가족, 소속 집단, 결정적인 사건과 경험을 들 수 있다.

1) 문 화

동일한 문화권 안에 사는 사람들은 어떤 공통적인 신념, 관습, 가치 등의 영향을 받는다. 아동은 성장하면서 그 문화가 기대하는 방식으로 행동하는 것을 배운다(Atkinson et al., 1987). 사회의 규범이 한 개인의 특정 행동을 허용하는 경우, 그 행동은 계속 반복해서 일어날 것이며, 그러한 행동은 후세에 전달될 것이다. 하지만 반대로 그 특정 행동을 허용하지 않는 경우, 그러한 행동은 지속되기 어려울 것이다. 가장 대표적인 예가 성역할(sex role)인데, 대부분의 문화에서는 남자와 여자에게 서로 다른 행동을 기대한다.

문화(culture)는 사회구성원들의 공통된 경험으로부터 도출되고 세대를 거쳐 전달된 공유된 가치, 믿음, 동기, 정체성, 해석을 의미한다(Colquitt, Lepine, & Wesson, 2011). 즉, 문화는 "특정 사회에서 수용되거나 혹은 수용되지 않는 사회구성원의 행동 규범"으로 정의될 수 있다.[4] 공유된 상징 및 의미 체계인 문화는 그 사회에 속한 사람들에게서만 독특하게 나타나는 특성이다. 문화로 인해 나타나는 사람들의 특성은 동일 문화권 내에서 보편적으로 나타나기 때문에 그 속에서 생활하는 사람들은 이를 인지하기 어려우며, 다른 문화권과 비교할 경우에만 그 차이가 드러나게 된다.

다시 말해서, 문화는 한 사회에 속한 개인들의 유사성을 설명하는 좋은 요인이다. 전통적인, 비공식적인, 위험 회피적인, 공격적인 등의 형용사는 한 사회의 문화를 요약할 수 있는 가치들의 좋은 예다. 문화는 성격 특성(trait)의 발전뿐만 아니라 이러한 특성들이 일상에서 어떻게 표현되는지에도 영향을 줄 수 있다. 문화로 인해 프랑스에 사는 '느긋한' 사람(환경에 대응하는 주체로서)이 우리나라에 사는 '느긋한' 사람과 다르고, 미국에 사는 '느긋한' 사람은 중국에 사는 '느긋한' 사람과 동일한 대상에 대해 다른 반응과 표현을 보일 것이다(Colquitt, Lepine, & Wesson, 2011).

---

4) 문화(culture)와 문화적 가치(cultural values)는 매우 유사한 의미를 갖고 있다. 문화적 가치는 주어진 문화에서 '바람직한' 목표 상태, 또는 행동 방식에 관한 공유된 믿음으로 정의된다(Colquitt, Lepine, & Wesson, 2011).

2) 가 족

한 가족의 구성원 수, 가족이 차지하는 사회적 위치, 인종, 종교, 지역적 위치, 자녀의 출생 순서, 부모의 교육 수준 등은 한 개인의 성격에 큰 영향을 준다. 아마도 우리가 어떤 사람을 처음 만났을 때, 외동아들인지, 첫째인지, 둘째인지, 막내인지 물어보는 것은 가족관계를 통해 그 사람의 성격을 엿볼 수 있기 때문일 것이다.

아이의 가장 최초의, 그리고 가장 빈번한 접촉자인 '부모'는 한 개인의 성격에 영향을 주는 제일 중요한 요인이다. 특히 아기의 사회적 접촉은 대부분 어머니와의 관계에서 시작된다. 어머니가 따뜻하고 관심있게 아기를 돌보는 경우, 그리고 이와 반대로 차갑고 매정하게 돌보는 경우, 훗날 타인을 대하는 아이의 행동은 분명히 다를 것이다. 특히 부모는 다음의 세 가지 방식으로 자녀에게 영향을 미친다(Hellriegel & Slocum, 2011).

1. 부모의 행동은 자녀의 행동을 유발하는 바탕이 된다. 즉, 부모가 부정적인 성격을 가진 경우, 자녀는 부정적인 가정에서 행동해야 한다.
2. 부모는 자녀가 모방하게 되는 가장 대표적인 역할모델(role model)이다. 자녀는 자신을 부모와 동일시(identification)하여 부모의 태도와 행동패턴, 정서 등을 복사한다.[5)]
3. 부모는 자녀의 특정한 행동에 대해 상벌을 줌으로써 특정한 행동을 유발하거나, 반대로 줄이는 데 영향을 준다. 즉, 부모의 상벌은 자녀의 행동에 강화작용을 하게 된다.

부모가 부유할수록 자녀의 성격은 외향적이다?

부유한 부모 밑에서 자란 자녀들이 '외향적인 사람(extrovert)'이 될 확률이 높다는 연구 결과가 나왔다. 또한 외향적 성격은 향후 수입에도 큰 영향을 미치는 것으로 나타났다. 2016년 1월 14일 영국 일간 데일리 메일(Daily Mail)은 개인의 성격 및 포부가 사회적 배경과 깊은 관련이 있음을 보여주는 연구를 보도했다. 부모가 전문직을 갖고 일하는 등 부유한 가정 출신의 아이들은 더욱 적극적이고, 말하

5) 프로이트(Sigmund Freud)에 의하면, 어린 자녀는 이를 통해 자신이 부모의 어떤 힘과 유용성을 흡수하였다고 느끼게 된다고 한다(Atkinson et al., 1987).

기를 좋아하며, 열정적인 경향이 있음을 영국 케임브리지대학 및 켄트대학 교수진들이 밝혀낸 것이다. 아울러 부유한 가정 출신의 아이들은 지적 호기심과 상상력을 비롯해 높은 개방성을 가지고 있는 것으로 나타났다. 이에 대한 원인은 다양하나 "부모 소득이 낮을수록, 가정에서 스트레스와 불안감을 겪을 가능성이 높다"는 점이 꼽히고 있다. 이번 연구 결과를 발표한 교육자선단체인 서튼트러스트(Sutton Trust)의 피터 램플(Peter Lample) 회장은 "해당 연구는 빈곤한 가정에서 자란 학생들이 포부를 갖도록 해주는 것이 중요함을 알려주고 있다"며 "직장에서 요구하는 자신감과 열정 등의 특질과 기술을 갖도록 해줘야 한다"고 지적했다.

출처: 뉴시스(2016.1.17, http://news.naver.com/main/read.nhn?mode=LSD&mid=shm&sid1=103&oid=003&id=0006988691).

3) 소속 집단

사람은 다른 사람들과의 교류를 기반으로 살아간다. 사람은 타인과 끊임없이 영향력을 주고받으며, 이러한 과정에서 성격이 형성된다. 한 개인이 속한 직장, 학교, 동아리 등의 집단 또한, 그 사람의 성격에 영향을 주게 된다. 예를 들어, 약간은 보수적인 성향을 띤 천주교 학교에서의 경험, 성과를 중시하는 영업직에서의 경험, 활동적인 댄스동아리에서의 경험은 한 개인의 성격에 분명히 영향을 줄 것이다.

이 가운데 특히 '어린 시절의 친구들'은 한 개인의 성격에 큰 영향을 준다. 아동들은 서로 간의 상호작용을 통해 사회적 기술을 배운다. 아동들은 함께 하면서 주고받기, 함께 협동하기, 함께 행동을 즐기기, 타인에 대한 감각 등을 배운다. 어린 시절의 친구들은 모방할 롤모델이 됨과 동시에, 상과 벌을 주는 사람이 된다. 또래의 행동을 관찰함으로써 아동은 새로운 기술을 배우거나, 자신이 한 행동의 결과를 배우게 된다(Atkinson et al., 1987). 그리고 서로 간의 비교와 모방을 통해 자신에게 맞는 행동을 선택하게 된다. 예를 들어, 4~5세의 아이들이 매우 관대하여 자신의 상을 기꺼이 나누어 갖는 아이를 보았을 경우, 그렇지 않았을 경우보다 자신이 상을 나누어줄 차례가 되었을 때, 훨씬 더 관대했다고 한다(Hartup & Coates, 1967; Atkinson et al., 1987). 또한 어릴 적 동네에서 또래 친구들과 놀이를 할 때, 개개인의 역할은 자연스럽게 주어지고, 구분이 된다. 이렇게 선택된 역할과 행동은 어른이 되어서의 행동에 영향을 미치게 되는 것이다.

4) 결정적인 사건과 경험

사람의 성격은 특수한 경험을 통해 형성된다. 오랜 기간 동안 회복을 요하는 질병을 겪은 사람은 보살핌을 받고 기다리는 것을 좋아하게 될 수 있다. 한 쪽 부모의 사망은 자녀에게 일반적인 성역할에 대한 혼란을 일으킬 수 있다(Atkinson et al., 1987). 즉, 특수한 경험은 성격에 깊은 영향을 주게 된다. 한 개인이 살아가면서 겪는 결정적인, 혹은 전환적인 사건은 그 사람의 성격에 큰 영향을 줄 수 있다. 예를 들어, 중·고교 시절의 소위 왕따 경험이나 어린 시절의 정신적·육체적 학대는 이후 한 개인의 성격에 지속적으로 영향을 끼친다. 청소년기에 왕따 경험을 했던 사람은 소심한 성격이 되거나, 오히려 중·고교 시절의 경험을 상쇄하기 위해 적극적인 성격이 될 수 있을 것이다. 혹은 공격적인 성향을 띨 수도 있을 것이다.

제 3 절 성격의 특성

우리가 성격의 특성을 살펴보는 것은 성격의 특성이 행동, 특히 직무 성과(job performance)에 영향을 준다고 가정하기 때문이다. 성격과 직무 성과 간의 인과관계를 명확히 설명하기 위해 특성이론(trait theory)을 활용할 수 있다. 특성적 접근(trait approach)은 성격의 발달보다는 성격의 기술(description)과 행동의 예언에 더 많은 관심을 두고 있다(Atkinson et al., 1987).

성격이 설명도구로 사용되기 위한 전제조건

성격이 직무 성과에 영향을 준다고 설명하기 위해서는 성격을 측정할 때, 다음 두 가지의 전제조건이 반드시 충족되어야 한다.[6)]

1. 측정도구의 신뢰성(reliability): 측정의 결과가 재생가능하고 일관성을 갖는지의 여부를 의미한다. 예를 들어, 저울은 동일한 대상의 무게를 측정할 때 항상 동일한 무게를 표시해야 한다. 그렇지 않다면, 이 저울은 측정도구로써 신뢰할 수 없다.

6) 이는 모든 측정도구에서 요구되는 조건이기도 하다.

2. 측정도구의 타당성(validity): 측정의 결과가 측정하려고 의도한 결과를 보여주는지의 여부, 즉 대표성을 갖는지의 여부를 의미한다. 예를 들어, 입사시험의 점수는 응시자가 회사에 입사하여 높은 성과를 낼지 측정해야 한다. 다시 말해서, 입사시험에서 높은 점수를 받은 응시자는 회사의 업무에서도 높은 성과를 내야 한다. 그렇지 않다면, 입사시험은 타당하지 못한 측정도구이다.

특성적 접근에 바탕을 둔 연구자들은 사람의 성격을 이해하기 위해 행동을 관찰 가능한 특성들(traits)로 나눠야 한다고 믿었다. 사람들은 여러 성격 차원이나 척도상에서 구분 가능한 차이가 있으며, 이러한 각 성격 차원이나 척도상의 차이는 각각 하나의 특성을 나타낸다고 가정한다(Atkinson et al., 1987). 즉, 성격에 대한 특성적 접근은 개인의 성격을 나누어서 기술하며, 이러한 다양한 특성들이 하나로 통합되어 한 개인의 성격을 형성한다고 본다. 예를 들어, 흔히 어떤 사람이 "좋은 성격을 갖고 있다"라는 식으로 묘사되지만, 사실상 성격은 여러 가지 다양한 요소, 혹은 특성들의 종합이라는 것이다(Colquitt, Lepine, & Wesson, 2011).

성격의 특성(trait)은 한 개인과 타인의 행동방식이나 사고방식을 비교적 영속적이고 일정한 방식으로 구별해주는 특징을 의미한다. 즉, 특성은 "사람들의 환경에 대한 반응들의 반복되는 규칙성, 또는 경향"(Colquitt, Lepine, & Wesson, 2011)으로 정의된다. 올퍼트(Gordon Allport)는 특성을 "행태에 일관성을 부여하는 광범위하고 일반적인 가이드라인"(Allport, 1961)으로 설명한다. 카텔(Raymond Cattell)은 개인의 행태에 차이를 가져오는 데 바탕이 되는 16개의 특성들을 주장한다(Cattell, 1973). 그는 이러한 특성들을 '자신있는–긴장하는', '주저하는–사교적인', '순종적인–지배적인'과 같이 양 극단적인 형용사들의 조합으로 묘사한다(Nelson & Quick, 2011).

성격에 관한 특성이론의 가장 독특한 점은 사람들이 고유의 특성들을 갖고 있다고 설명한다는 점이다. 그리고 성격 특성들은 계량적으로 기술할 수 있다고 주장한다. 사교적인, 우울한, 주의 깊은, 수다스러운 등 여러 성격 특성은 사람들을 구분하고 이해 가능하게 하는 생각, 감정, 행동을 대표한다(McShane & Von Glinow, 2012). 특성이론에 기반을 두고 지금까지 수천 개의 특성이 발견되었는데, 실제로 미국의 한 연구에 의하면, 성격의 특성을 묘사하는 1,710개의 형용사가 존재한다고 한다(Kreitner & Kinicki, 2008).[7] 성격의 특성에 관한 설명 가운데 가장 잘 알려진 모델은

7) 특성적 접근은 사람의 행동이 상황에 따라 전혀 다를 수 있다는 점에서 비판을 받고 있다. 예를 들

Big Five 성격모델이다.[8] Big Five 성격모델은 통계적 기법을 통해 특성들을 크게 다섯 가지로 구분하고 있다.[9]

성격과 이메일 주소

『스눕: 상대를 꿰뚫어보는 힘(*Snoop: What Your Stuff Says about You*)』(2010)의 저자인 텍사스 오스틴대학교의 샘 고슬링(Sam Gosling) 교수는 이메일 주소를 보고 사람의 성격을 예측할 수 있다고 설명한다. 'cute-rabbit(귀여운 토끼)', 'love-and-smile(사랑과 미소)'과 같은 아이디를 쓰는 사람들은 대개 사교적이고 외향적이다. 반면에, 내성적인 사람들은 이메일 주소에 특별한 의미 없이 숫자를 쓰는 경향이 있다. 자신의 이메일 주소이면서도 개인적 의미를 부여하지 않은 숫자의 나열은 다른 사람과의 결속감 부족을 뜻하는 것이라고 볼 수 있다. 심지어 'setting sun(지는 해)', 'distortional addic(왜곡된 중독)'과 같은 침울한 이메일 주소들도 있다.

출처: 조선일보(2010.9.18). "상대를 보지 않고도 속마음을 꿰뚫고 싶은가… '스누핑'하라."

1. Big Five 성격모델

코스타와 맥크래(Costa & McCrae, 1992)에 의해 제안된 Big Five 성격모델은 Five-Factor Model(FFM), 혹은 다섯 가지 성격 특성의 영문 스펠링의 첫 자를 따서 OCEAN으로 불리기도 한다. 수십 년 전 성격에 관한 연구자들은 『로제(Roget) 어휘사전(thesaurus)』과 『웹스터(Webster) 사전』에서 개인의 성격을 묘사하는 17,000개 이상의 단어를 찾아냈다. 이러한 단어들은 다시 171개의 집단으로 구분되었고, 그리고 나서 다섯 개의 추상적인 성격 요인으로 분류되었다. 더욱 복잡한 기법을 사용한 최근의 연구에서도 동일한 다섯 개의 성격 요인을 재확인하고 있으며, 영어뿐만 아니라 다른 언어들을 활용한 분석에서도 매우 유사한 결과를 보여주고 있다(McShane

어, '지배성' 특성에서 높은 점수를 받은 어린 소년은 자기의 학교 친구들에 대해서는 지배적인 역할을 취하겠지만, 부모나 교사들에게는 그렇지 않을 수 있다(Atkinson et al., 1987).

8) 오랜 기간 상업적으로 사용된 성격검사로는 1920년대와 1930년대에 만들어진 Bernreuter와 MMPI (Minnesota Multiphasic Personality Inventory)가 있다(Butcher et. al., 1989).

9) 이러한 자기보고식의 검사 이외에 투사법(projective technique)이 성격을 측정하기 위해 사용되고 있다. 투사법은 대상자에게 비교적 애매한 자극을 제시하고 그에 대해 반응하게 하여 결과를 분석함으로써 성격을 진단하는 방법이다. 이는 대상자의 무의식 깊이 숨어있는 성격적 측면을 알아내기 위한 방법이다(이수원 외, 1987).

& Von Glinow, 2012).

Big Five 성격모델에 의하면, 개인의 성격은 다음의 다섯 가지 특성에 의해 예측될 수 있다. 그리고 이러한 특성은 조직구성원의 성과에도 영향을 준다(Colquitt, Lepine, & Wesson, 2011).

1. 성실성(conscientiousness): 자기절제, 책임감 있는 행동, 스스로의 행동을 통제하는 것에 관심이 있다. 성실한 사람은 제시된 목표를 성취하고자 하는 강한 열망을 보여주며, 성취를 위한 노력을 중시한다.
2. 사교성(agreeableness): 다른 사람과 잘 지내는 능력을 의미한다. 사교적인 사람은 인간관계에서 인정을 받기 위한 강한 욕망을 보여주며, 타인과의 교류를 위해 노력한다.
3. 신경증적인 경향(neuroticism): 신경증적인 경향은 높은 불안, 호전성, 우울, 낮은 자의식을 가진 사람을 묘사한다. 신경증적인 경향은 사람들이 높은 스트레스 상황에 대처하는 방식에 영향을 준다. 신경증적인 경향을 가진 사람은 하루하루를 많은 스트레스를 주는 상황으로 표현한다. 또한 이들은 스트레스를 주는 원인을 자신이 이겨낼 수 없을 것으로 믿는 경향이 있다. 신경증적인 경향은 사람들이 사건의 원인을 스스로에게서 찾는지, 아니면 외부 환경에서 찾는지를 반영하는 통제의 위치(locus of control)와 관련이 깊다. 신경증적인 경향을 가진 사람은 그의 주변에서 일어나는 상황이 주로 행운, 기회, 운명에 기인한다고 믿는 '외부통제의 위치'를 갖는 경향이 있다. 신경증적인 경향의 반대인 감정적 안정성(emotional stability)은 개인이 차분하고, 안전을 느끼며, 지속적인 부정적 느낌이 없는 정도를 의미하는데, 감정적 안정성이 높은 사람은 스스로의 행동이 사건을 일으킨다고 믿는 '내부통제의 위치'를 갖는 경향이 있다.
4. 경험에 대한 개방성(openness to experience): 한 개인의 상상력과 창의성을 설명한다. 경험에 대한 개방성이 높은 사람은 풍부한 상상력과 창의성을 갖게 된다.
5. 외향성(extraversion): 한 개인이 다른 사람과 함께하는 것을 선호하는 정도를 의미한다. 외향성을 이해할 때 주의할 점은 어떤 사람의 외향성이 낮다고 해서 그것을 그 사람이 부끄럼이 많은 것으로 반드시 해석해서는 안 된다는 점이다.

한 개인의 외향성은 두 사람이 방금 처음 만난 상황에서 가장 쉽게 판단될 수 있다. 병원에서 주변에 낯선 사람들과 있을 때, 혹은 슈퍼마켓이나 공항터미널에서 줄을 서 있을 때를 생각해 보면, 어떤 사람이 외향적인지 내향적인지 5분 정도면 알 수 있을 것이다. 스스럼없이 옆 사람에게 말을 거는 사람은 틀림없이 외향적인 사람일 것이다.

구조화된 성격 테스트를 통해 Big Five 성격모델에서 설명하는 개인의 성격 요인을 알 수 있다. 예를 들어, '외향성'에서 낮은 점수를 받은 사람은 나서지 않고 소극적인 행태를 보이기 쉬운 내향적인 사람일 것이다. '신경증적인 경향'에서 높은 점수를 받은 사람은 신경질적이고, 쉽게 긴장하고, 화내고, 근심이 많은 사람일 것이다. 대체로 신경증적인 경향에서 가장 높은 점수를 받은 사람은 노이로제(neurose) 증세가 있다고 평가된다(Kreitner & Kinicki, 2008; [표 2-1] 참조).

Big Five 성격모델의 구조화된 성격 테스트에서 개인의 점수는 마치 그의 지문과

표 2-1 Big Five 성격모델

성격 요인		이러한 성격 요인을 가진 사람의 특징
성실성 (conscientiousness)	높음	기댈 수 있는, 책임 있는, 성과 중심적인, 끈기 있는, 조직적인, 야망 있는, 열심히 일하는
	낮음	부주의한, 되는 대로의, 비효율적인, 태만한, 게으른, 무책임한
사교성 (agreeableness)	높음	신뢰할 만한, 협력적인, 친절한, 상냥한, 도움을 주는, 따뜻한
	낮음	비판적인, 적대적인, 냉담한, 이기적인, 거만한, 무신경한
신경증적인 경향 (neuroticism)	높음	신경질적인, 변덕스러운, 감정적인, 불안한, 시샘하는
	낮음	편안한, 안전한, 평온한, 안정된, 만족한
경험에 대한 개방성 (openness to experience)	높음	지적인, 창의적인, 호기심 많은, 관대한, 차분한, 정교한
	낮음	탐구적이지 않은, 관습적인, 순응적인, 단순한, 비예술적인, 전통적인
외향성 (extraversion)	높음	외향적인, 말 많은, 적극적인, 사회적인, 열정적인, 대담한, 지배적인
	낮음	조용한, 내성적인, 수줍은, 마음을 털어놓지 않는, 주저하는, 복종적인

출처: Barrick & Mount(1993: 111-118); Kreitner & Kinicki(2008); Schermerhorn, Hunt, Osborn, & Uhl-Bien(2010); Colquitt, Lepine, & Wesson(2011) 재정리.

같이 고유한 성격을 나타낸다. 그리고 개인의 성격 요인은 대체로 지속적으로 유지된다. 초등학교에서 중년까지 40년 간 799명을 대상으로 한 햄슨과 골드버그(Hampson & Goldberg, 2006)의 연구에 의하면, 외향성과 성실성은 Big Five 성격모델에서 가장 안정적인 성격 요인으로 설명된다(Kreitner & Kinicki, 2008). 또한 로버트, 월튼과 비크바우어(Roberts, Walton, & Viechtbauer, 2006)에 의하면, 상대적으로 외향성이 가장 안정적인 성격 요인으로 분석되었다. 성실성과 사교성은 나이가 듦에 따라 전체적으로 높아지는 경향을 보였으며, 경험에 대한 개방성 또한 50대 중반까지 서서히 높아졌다. 신경증적인 경향은 나이가 듦에 따라 꾸준히 감소하였다([그림 2-2] 참조). 이러한 분석의 결과는 우리가 일반적으로 생각하는 상식이나 이해와 대체로 일치한다. 하지만 한 가지 흥미로운 점은 50대 중반까지는 나이가 듦에 따라 경험에 대한 개방성이 오히려 높아진다는 것이다. 즉, 나이가 든다고 해서 반드시 소위 꼰대가 된다는 의미는 아니다.

그림 2-2 사람의 일생에서 Big Five 성격 요인의 변화

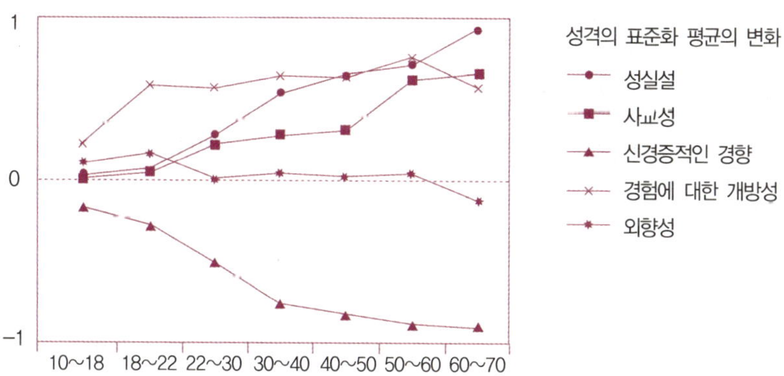

출처: Roberts, Walton, & Viechtbauer(2006: 1–25).

또한 여러 연구에 의하면, Big Five 성격모델은 문화의 영향을 거의 받지 않는 것으로 검증되고 있다(Kreitner & Kinicki, 2008). 즉, 여러 다양한 국가와 사회에서도 Big Five 성격모델은 유의미한 분석 결과를 보여준다(McShane & Von Glinow, 2012).

Big Five 성격모델의 다섯 가지 성격 요인이 서로 독립적인 것은 아니다. 여러 연

구에서는 성실성, 사교성, 감정적 안정성이 일반적으로 다른 사람들과의 '어울림'이라고 묘사되는 성격(성향)을 구성한다고 설명한다. 이러한 성격을 가진 사람들은 사회의 규칙과 관습을 잘 이해하고 받아들인다. 경험에 대한 개방성과 외향성은 '성공'이나 '출세'라는 성격을 구성한다고 설명된다. 경험에 대한 개방성과 외향성에서 높은 점수를 얻은 사람들은 목표의 달성, 그들 주변 상황의 관리, 팀에서 리더가 되는 것과 관련된 행동을 보여주는 경향이 있다.

그렇다면 Big Five 성격모델은 조직구성원의 업무 성과를 예측하는 데 어떤 도움을 주는가? 만약 Big Five 성격모델과 업무 성과가 유의한 긍정적인[정(+)의] 혹은 부정적인[부(−)의] 상관관계를 갖고 있다면, 직원의 선발, 훈련, 평가에 큰 도움을 줄 수 있을 것이다. 23,994개의 다양한 주제에 관한 117개의 연구 결과를 종합 분석한 메타분석(meta−analysis) 결과에 의하면, 성실성은 업무 성과, 그리고 훈련 성과와 가장 높은 정(+)의 상관관계를 보여준다(Kreitner & Kinicki, 2008; McShane & Von Glinow, 2012). 연구에 의하면, 강한 목표 의식, 책임성, 끈기 등의 성향을 가진 사람들은 이런 것이 없는 사람들보다 더 나은 성과를 낸다. 쉽게 예상할 수 있듯이, 기업가는 성실성에서 높은 점수를 얻는다. 그리고 어쩌면 당연한 결과로서, 신경증적인 경향은 낮은 경력 만족도와 관련성이 높다고 설명된다(Kreitner & Kinicki, 2008).

성실성과는 달리 사교성은 대체로 직업이나 직무에서의 성과와 관련성이 낮다. 사교적인 사람(agreeable people)은 다른 사람을 이기는 것이 아니라 다른 사람과 잘 지내는 데 관심을 둔다. 인간관계에서 인정을 받기 위한 욕구는 어떤 업무에서는 유익하지만, 다른 업무에서는 오히려 불이익이 될 수 있다. 예를 들어, 관리자는 부하 직원들의 인정을 받는 것보다 조직 업무의 효과성을 우선시할 필요가 있다. 이런 상황에서 관리자는 높은 업무 성과를 내기 위해 부하 직원의 비이성적인 요구를 무시하고 지시를 내려야 할 것이다.

사교성과 같이 외향성도 모든 직업이나 직무에 걸쳐 성과와 반드시 관련된 것은 아니다. 하지만 외향적인 사람들은 권력을 얻고 사회관계에서 영향력을 높이기 위한 강한 욕망을 반영하는 '지위'에 관한 욕구를 우선시한다. 높은 외향성을 가진 사람은 성공과 영향력을 갖는 것에 큰 관심을 두며, 승진과 명성을 얻기 위해 자신의 업무에 노력을 쏟는다. 실제로 연구 결과들은 외향적인 사람들이 사회집단이나 회사에서 리더로 부각될 가능성이 높음을 보여준다. 이들은 또한 주변 사람들에게 리더로서의 역할에 어울리는 사람으로 이해될 가능성이 높다. 어떤 사람이 외향적일 때 사람들은 그 사람을 흔히 리더의 이미지가 보여주는 활기차고 사교적인 사람이라고 이해한다는 것이다(Colquitt, Lepine, & Wesson, 2011). 최근의 연구 결과에 의하면, 외향성은 업무 성과는 아니지만 승진, 봉급 수준, 경력 만족도 등과 긍정적으로 연관되어 있는 것으로 나타난다.

사교성이나 외향성과 같이 경험에 대한 개방성도 어떤 직업에서는 바람직하지만 모든 직업에서 반드시 바람직한 것은 아니다. 즉, 경험에 대한 개방성은 모든 직업에 걸쳐 업무 성과와 밀접하게 관련된 것은 아니다. 연구에 의하면, 학습과 교육훈련을 받는 상황에서 경험에 대한 개방성은 효과적이다. 또한 경험에 대한 개방성이 높은 사람들은 오래된 기존의 업무 방식이 더 이상 효과적이지 못할 때, 새롭고 더 나은 접근방법을 찾고 이를 더욱 빨리 받아들이는 경향이 있다. 실제로 이러한 환경에서 성실한 근로자는 개방적인 근로자보다 오히려 더 비효과적이다. 왜냐하면, 성실한 근로자의 끈기 있는 성향이 지금까지 효과를 가져왔던 기존의 업무전략을 버리는 것을 방해하기 때문이다. 경험에 대한 개방성은 조직구성원이 새롭고 유용한 아이디어나 해결책을 찾아야 하는, 그리고 높은 수준의 창의적인 성과를 요구하는 직무에서 가치가 있을 가능성이 크다. 따라서 경험에 대한 개방성이 높은 사람들은 예술이나 과학 분야의 직업을 선택할 가능성이 높다(Colquitt, Lepine, & Wesson, 2011).

역대 미국 대통령의 성격

루벤저, 패쉬바우에르와 오네스(Rubenzer, Faschingbauer, & Ones, 2000)는 하나 혹은 그 이상의 미국 대통령에 관한 자서전을 쓴 41명의 작가들로 하여금 미국 대통령의 성격을 Big Five 성격모델에 따라 구분하도록 요청했다. 그 결과, 일반인을 50이라고 할 때, 미국의 대통령들은 성실성 56점, 사교성 43점, 감정적 안정성 48점, 경험에 대한 개방성 45점, 외향성 55점의 점수를 받았다. 특히 조지 워싱턴은 매우 높은 성실성을 갖고 있었으며, 에이브러햄 링컨은 상대적으로 높은 신경증적인 경향(neuroticism: 특히 우울증과 불안)과 경험에 대한 개방성(특히 감정에 대한 개방성)을 보여줬다(McShane & Von Glinow, 2012).

2. 마이어스와 브릭스 성격 유형 검사(MBTI)

비록 Big Five 성격모델이 가장 검증된 모델이긴 하지만 업무환경과 경력 카운셀링 등 현장에서 가장 많이 활용되는 모델은 아니다. 현재 가장 널리 사용되는 모델은 분석심리학(analytical psychology)의 창시자인 융(Carl Gustav Jung)의 『심리적 유형(*Psychological Types*)』(1921)에 바탕을 두고, 브릭스(Katharine Cook Briggs)와 마이어스(Isabel Briggs Myers)가 보다 쉽고 일상 생활에 유용하게 활용될 수 있도록 고안한 MBTI(Myers-Briggs Type Indicator)이다. 1975년 이래로 MBTI는 가장 널리 판매되는 심리검사이다(Hogan, 2007).

융은 성격은 집단무의식과 그것의 활동에 의해 영향을 받는다고 설명한다. 다시 말해서, 인간은 생물학적 유전뿐만 아니라 문화적, 정신적 유전을 우리의 선조로부터 물려받았다고 주장한다. 집단무의식을 통해 인간이 갖는 기본적인 정신이 유전된다고 본 것이다. 그는 이러한 자각, 정서, 행동에 대한 생득적인 정신적 소인을 원형(原型, archetype)이라고 부른다. 원형은 타고난 생각이나 기억으로, 개인이 어떤 특정한 방식으로 자신이 접하는 세계를 지각하고, 경험하고, 반응하게 하는 정신적 소인이다. 집단무의식에는 페르소나(persona), 그림자(shadow), 아니마(anima)와 아니무스(animus), 자기(self) 등 다양한 원형이 있다. 또한 융은 성격의 성숙은 평생에 걸쳐 진행된다고 본다(노안영, 2019).[10)]

융의 심리유형론은 인간의 행동이 그 다양성으로 인해 종잡을 수 없는 것 같아 보여도, 사실은 아주 질서정연하고 일관된 경향이 있다는 전제에 출발하였다. 그리고 인간행동의 다양성은 개인이 지각하고 판단하는 특징이 다르기 때문이라고 설명한다. 융의 심리유형론은 외부로부터 정보를 수집하고, 자신이 수집한 정보에 근거하여 행동을 위한 결정을 내리는 데 있어서 각 개인이 선호하는 방법이 근본적으로 다르

---

10) 페르소나(persona)는 환경의 요구에 조화를 이루려고 하는 적응의 원형이다. 즉, 페르소나는 개인이 사회에 대한 이해를 바탕으로 사회에서 가정하는 자신의 역할을 의미한다. 그림자(shadow)는 인간의 어둡거나 사악한 측면을 나타내는 원형이다. 즉, 인류 역사를 통해 의식에서 억압되어 어두운 무의식에 있는 자료 및 인간의 원초적인 동물적 욕망에 기여하는 원형이다. 남성의 내부에 있는 여성성은 아니마(anima)라고 하고, 여성의 내부에 있는 남성성을 아니무스(animus)라고 한다. 남성성의 속성은 이성이고 여성성의 속성은 사랑이다. 융은 인간이 실현하기 위해 타고난 청사진을 자기(self)로 보았는데, 이는 전체로서 인간 성격의 조화와 통합을 위해 노력하는 원형이다. 자기는 중년에 나타나는데, 개인의 자기실현은 자신에 대한 정확한 지각과 미래의 계획 및 목표를 수반한다.

다고 주장한다(노안영, 2019). 즉, 융은 성격을 "정보를 인지하고 판단하는 개인의 선호에 의해 설명될 수 있다"라고 정의내린다. MBTI에서 개인의 성격은 보다 구체적으로 다음과 같이 설명된다(McShane & Von Glinow, 2012; [그림 2-3] 참조).

첫째, "사람들은 어디에서 정신적인 에너지를 얻는가"에 따라 외향성(extraversion: *E*)과 내향성(introversion: *I*)의 정도에 차이가 있다. 즉, 외향성과 내향성은 개인이 내면적 세계 또는 외부적 세계에 대하여 관심과 에너지를 투여하는 방향성을 의미한다. 외향성은 외부세계에 관심을 지니는 객관적 태도이며, 내향성은 내면세계에 관심을 두는 주관적 태도이다. 물론 한 개인은 상황에 따라 외향적일 수도 내향적일 수도 있다. 하지만 대부분의 경우 한쪽의 태도가 우세하다(권석만, 2012).

둘째, "사람들이 어떻게 정보를 습득하거나, 주변 환경을 인지하기를 선호하는가"를 구성하는 인지(perceiving)는 감각(sensing: *S*)과 직관(intuition: *N*)의 두 가지 본능을 통해 발생한다. 오감(시각, 청각, 후각, 미각, 촉각)을 통해 정보를 획득하는 감각(*S*)은 감각기관의 자극에 의해 생기는 모든 의식적 경험을 포함한다. 즉, 감각은 실제적이고 계량적인 세밀함을 얻기 위해 조직화된 구조에 의존한다. 이와 반대로, 직관(*N*)은 갑자기 나타나며 그 근원과 과정을 설명할 수 없다(권석만, 2012). 따라서 변수들 간의 관계를 알기 위해 통찰과 주관적인 경험에 의존한다.

셋째, "사람들이 어떻게 그들이 인지하는가를 이해하고 정보를 수집하거나 의사결정을 하는가"를 의미하는 판단(judging)은 두 개의 경쟁적인 과정인 사고(thinking: *T*)와 감정(feeling: *F*)으로 구성된다. 사고(*T*)는 사물을 이해하고자 하는 지적 기능으로서 여러 관념을 연결시켜 문제를 해결하는 기능을 한다. 사고적인 사람은 의사결정을 위해 논리적인 인과관계와 체계적인 자료 수집에 중점을 둔다. 반면에, 감정(*F*)은 평가의 기능을 말하며 어떤 관념이 긍정적 감정 또는 부정적 감정을 일으키는지에 따라 그 관념을 받아들일 것인지 말 것인지를 결정한다(권석만, 2012). 감정적인 사람은 제시된 대안뿐만 아니라, 그러한 대안의 선택이 다른 사람들에게 어떤 영향을 미치는지 다른 사람들의 정서적인 반응에 중점을 둔다.

넷째, "사람들이 어떻게 외부 환경에 대응하는가"를 보여주는 포괄적인 카테고리인 심사(judging: *J*)와 지각(perceiving: *P*)이 있다. 심사(*J*)적인 사람은 질서와 구조를 선호하고 문제를 신속하게 해결하기를 원한다. 지각(*P*)적인 사람은 개방적이고 호기심이 많으며 유연하다. 그들은 눈앞에 펼쳐진 사건에 즉흥적으로 반응하는 것을

그림 2-3 융의 성격이론과 MBTI

외향성(*E*): 주변 사람들이나 사회적 상호작용에서 에너지를 얻음. – 말 많은 – 외부에 중점을 두는 – 자기 주장이 강한	← 정신적 에너지를 얻음 →	**내향성(*I*)**: 개인적인 시간이나 사색에서 에너지를 얻음. – 조용한 – 내부에 중점을 두는 – 협상하는
감각(*S*): 명백하고 구체적인 사실이나 자료를 선호함. – 구체적인 – 현실적인 – 실제적인	← 인지(perceiving) →	**직관(*N*)**: 이론과 상상에 바탕을 둔 직감과 추측을 선호함. – 상상적인 – 미래 지향적인 – 추상적인
사고(*T*): 논리와 비판적인 분석을 바탕으로 의사결정을 함. – 논리적인 – 객관적인 – 비인간적인	← 판단(judging) →	**감정(*F*)**: 타인의 요구와 감정을 강조하며 의사결정을 함. – 공감적인 – 보살피는 – 감정 중심적인
심사(*J*): 계획과 목표 설정에 의해 임무를 수행함. – 조직적인 – 스케줄에 따르는 – 결과 중심적인	← 외부 환경에 대한 대응 →	**지각(*P*)**: 임무를 수행할 때 융통성과 즉흥성을 갖는 것을 선호함. – 즉흥적인 – 융통성 있는 – 기회주의적인

출처: Colquitt, Lepine, & Wesson(2011); McShane & Von Glinow(2012) 재구성.

좋아하고, 대안의 선택에 개방적이다.

MBTI에서는 앞서 8가지 기준을 바탕으로, 사람들을 16가지 성격 유형 가운데 하나로 구분한다. 예를 들어, ISTJ는 내향성(*I*), 감각(*S*), 사고(*T*), 심사(*J*)에 선호를 두는 사람이다([표 2-2] 참조). 상이한 성격 유형을 가진 사람들은 사실, 논리, 계획에 대해 각기 다른 강조점을 갖고 의사결정과 업무를 하는 경향이 있다(Colquitt, Lepine, & Wesson, 2011). MBTI에 관한 연구 결과들은 관리자들이 사고(*T*)와 심사(*J*)를 선호하고 있음을 보여주기도 한다.

MBTI는 융의 심리적 유형을 측정하는 데 매우 좋은 수단이며, 경력 개발에 관한 조직구성원 스스로의 이해와 관리자와 조직구성원 간의 상호이해를 높이는 데 큰 역

표 2-2 16가지 유형의 성격

ISTJ 조용, 심각, 철저함과 신뢰성에 의한 성공. 실제적, 사실, 현실적, 책임을 맡는. 실현되어야 할 것을 논리적으로 결정하고 방해가 있더라도 이의 실현을 위해 끊임없이 노력함.	*ISFJ* 조용, 친절, 책임성 있는, 성실한. 철저한, 근면한, 정확한, 충성스러운, 이해심 많은, 주의깊은, 의무를 이행할 준비가 되어 있음. 그들에게 중요한 사람들을 세세하게 기억함. 타인의 감정에 관심을 가짐.	*INFJ* 아이디어, 관계, 물질적 소유에서 의미와 연관성을 찾음. 무엇이 동기를 부여하고 영감을 주는지 알고 싶어함. 그들의 확고한 가치를 달성하기 위해 진지하고 헌신적임.	*INTJ* 독창적인 생각과 아이디어를 집행하고, 목표를 달성하기 위한 추진력을 가짐. 외부 사건의 패턴을 쉽게 파악하고 장기적인 관점을 발전시킴. 헌신적으로 일할 때 일을 조직하고 끝까지 실행함.
ISTP 문제가 드러날 때까지 참을성 있고, 유연하고, 조용한, 관찰하는, 그리고 실현 가능한 해결책을 찾기 위해 신속하게 움직임. 일이 진행되도록 하는 점을 분석하고 문제의 실제 핵심을 찾기 위해 많은 자료를 기꺼이 검토함.	*ISFP* 조용, 친절한, 민감한. 현재와 주변에서 일어나고 있는 일을 즐김. 자신만의 공간을 갖고 스스로의 시간계획 내에서 일하는 것을 선호함. 충성스럽고 그들의 가치와 그들에게 중요한 사람들에게 헌신적임.	*INFP* 이상적이고 그들의 가치와 그들에게 중요한 사람들에게 충성함. 그들의 가치에 부합하는 형식적인 삶을 원함. 호기심 많고, 가능성을 쉽게 보며, 아이디어를 집행하는 데 촉매가 될 수 있음.	*INTP* 관심 있는 모든 것에 대한 논리적인 설명을 발전시키기를 원함. 이론적이고, 추상적이며, 사회적인 관계보다는 아이디어에 더욱 관심을 가짐. 조용하고, 침착하며, 유연하고, 융통성 있음.
ESTP 유연하고 관대함. 단기적인 결과에 중점을 두고 실용적인 접근법을 가짐. 이론적이고 개념적인 설명은 이들을 지루하게 함. 열정적으로 문제를 풀기 위해 행동하기 원함.	*ESFP* 외향적, 친절하고, 솔직함. 열정적으로 삶, 사람들과 물질적인 안락함을 사랑함. 일을 실현하기 위해 타인과 함께 일하는 것을 즐김. 일빈상식, 현실적인 접근법, 일을 흥미있게 만드는 것을 착안함.	*ENFP* 매우 열정적이고 창의적임. 삶을 가능성이 충만한 것으로 봄. 사건과 정보 간의 연결을 매우 신속하게 만듦. 그들이 보는 패턴에 바탕을 두고 자신 있게 업무를 진행함.	*ENTP* 신속, 독창적, 자극적인, 조심성 있는, 솔직한. 새롭고 도전적인 문제를 해결하는 아이디어가 풍부함. 개념적인 가능성을 발전시키는 데 숙달되고, 이를 전략적으로 분석함.
ESTJ 현실적, 실질적, 사실적임. 단호하고 신속하게 의사결정을 내림. 일을 성사시키기 위해 프로젝트와 사람들을 조직함. 최대한 효율적인 방식으로 결과를 얻는 데 집중함.	*ESFJ* 따뜻한 마음, 양심적, 협조적. 환경과 조화를 이루기 원함. 일을 성취하기 위해 결심하고 시행함. 일을 기한 내에 꼼꼼하게 끝내기 위해 타인과 함께 일하기를 선호함.	*ENFJ* 따뜻하고 열정적, 민감하고 책임 있음. 타인의 감정, 욕구, 동기에 잘 적응함. 모든 사람에게서 가능성을 찾음. 사람들이 그들의 가능성을 실현하는 것을 돕기 원함.	*ENTJ* 솔직한, 단호한, 리더 역할을 기꺼이 떠맡음. 논리적이고 비효율적인 절차와 정책을 쉽게 파악함. 조직의 문제를 해결하기 위해 종합적인 시스템을 발전시키고 집행함.

참고: *E*=외향성, *I*=내향성, *S*=감각, *N*=직관, *T*=사고, *F*=감정, *J*=심사, *P*=지각.
출처: Nelson & Quick(2011: 92–93) 재구성.

할을 하고 있다. 하지만 MBTI는 업무 성과의 예측, 직원 선발, 승진 결정 등에는 실제로 큰 도움을 주지 못하고 있다(McShane & Von Glinow, 2012). MBTI는 Big Five 성격모델과 중복되는 부분도 있으며, Big Five 성격모델만큼 만족스러운 연구 결과를 보여주지 못하고 있다(McShane & Von Glinow, 2012). 다시 말해서, MBTI가 직무 만족, 동기부여, 성과, 업무에서의 권한위임 등을 예측하는 데 유용한 도구라는 증거는 지금까지 거의 발견되지 않았다(Colquitt, Lepine, & Wesson, 2011).[11] 대부분의 성격심리학자들은 MBTI를 포춘쿠키(중국 식당에서 후식으로 제공되는 운세가 쓰인 종이가 들어있는 과자)보다 못하다고 말한다(Hogan, 2007).

따라서 MBTI를 직원 채용이나 선발을 위한 도구로 사용하는 것은 적절하지 않다. 하지만 MBTI는 대인관계로 인한 갈등에서 서로 다른 성격 유형을 상호이해하고 상대방의 독특성을 수용하게 함으로써 해결의 실마리를 제공할 수 있다(노안영, 2019). 그러므로 MBTI의 가장 적절한 활용법은 팀빌딩(team building) 상황에서 팀원들이 다른 팀원들의 다양한 성격 유형을 상호이해하고, 다양한 접근방법들을 파악함으로써 조직의 목표를 달성하기 위해 사용하는 것이다(Colquitt, Lepine, & Wesson, 2011).

스위스 북동부 작은 마을에서 목사의 아들로 태어난 카를 구스타프 융(Carl Gustav Jung, 1875~1961)은 분석심리학(analytical psychology)의 창시자이다. 그는 바젤대학교와 취리히대학교에서 의학을 공부해 정신과 의사가 되었다. 취리히 연방 공과대학교(ETH Zürich)의 심리학 교수, 바젤대학교의 의학심리학 교수로 재직했으며 85세의 나이로 세상을 떠났다. 그는 단어연상검사를 연구하여 '콤플렉스' 학설의 기초를 마련하였고, 정신분열증의 심리적 이해와 이에 대한 정신치료를 처음으로 시도했다. 융은 1907년 프로이트(Sigmund Freud, 1856~1939)와의 만남 이후 한때 프로이트 정신분석학파의 핵심인물로 활동하였으나, 『무의식의 심리학(*Psychology of Unconscious*)』을 발간한 후에, 둘 사이에 불화가 생겨났고 1914년에 프로이트와 결별하였다.

융은 프로이트가 평생을 통해 주장한 심리성적 발달과 인생 초기에 성격이 결정된다는 결정론에 반대하여, 인간 정신에 대한 분석을 주관적 체험과 현상학을 바탕으로 체계화하였다. 융의 분석심리학과 프로이트의 정신분석의 기본적인 차이는 리비도(libido, 성본능, 성충동)와 연관된다. 프로이트는 리비도를 성적 에너지라고 주장했고, 반면에 융은 일반적인 생활에너지로 간주했다. 또한 프로이트는 어린

11) 그렇다면 왜 MBTI가 이렇게 광범위하게 활용되고 있는가? 아마도 그것은 MBTI에는 나쁜 유형이 없기 때문일 것이다. MBTI의 분석표를 보면, 부정적인 평가를 받는 응답자는 거의 없다(Hogan, 2007).

시절의 영향으로 성격이 결정된다고 주장한 반면, 융은 성격은 생활 속에서 후천적으로 변할 수 있고, 미래의 목표와 열망에 의해 형성된다고 주장했다.

융의 학설은 병리적 현상의 이해와 치료뿐 아니라 이른 바 건강한 사람의 마음의 뿌리를 보다 깊고 넓게 이해하고 모든 인간의 자기통찰을 돕는 데 이바지하고 있으며, 시대적 문화, 사회적 현상의 심리적 배경을 이해하는 기초로서 정신의학이나 심리학, 신학, 민담학, 민족학, 종교심리학, 예술, 문학은 물론 물리, 수학 등 자연과학에 이르기까지 깊은 영향을 끼쳤다. 융은 심혼(心魂)의 의사(Seelenarzt)로서 자기실현의 가설을 몸소 실천하였을 뿐 아니라 20세기 유럽이 낳은 정신 과학자 중에서 동양사상(東洋思想)을 누구보다도 깊이 이해함으로써 동서(東西)에 다리를 놓았다.

출처: 위키백과(https://ko.wikipedia.org/wiki);
한국융연구원(http://junginstitute.net/?page_id=444); 노안영(2019).

제 4 절 성격의 활용

여러분들이 관리자라면, 성격에 관해 지금까지 학습한 내용을 어떻게 활용할 것인가? 성격이 어떻게 결정되는지에 관한 지금까지의 설명에서 알 수 있듯이 개인의 성격은 유전적 요인(nature)과 환경적 영향(nurture)에 의해 결정된다. 성격은 특히 환경 가운데에서도 어린 시절의 환경에 큰 영향을 받는다. 이는 관리자가 성인인 조직구성원의 성격을 바꿀 가능성이 거의 없다는 것을 의미한다. 즉, 관리자는 조직 목표를 달성하기에 적합하도록 조직구성원이 성격을 개조하기를 기대해서는 안 된다. 어떤 조직에서든 관리자는 조직구성원의 성격을 고정된 것으로 간주해야 한다.

그렇다면 성격상 조직에 적응하지 못하고 성과를 내지 못하는 조직구성원은 관리자가 어떻게 관리해야 할까? 관리자의 입장에서 이러한 직원을 그대로 놔둘 수도 없는 일이다. 조직구성원의 성격을 바꾸는 것이 불가능하다면, 남은 해결방법은 그 조직구성원에게 적합한 업무를 부여하는 것이다. 즉, 조직구성원의 성격에 맞는 업무를 찾아주는 것이 관리자의 주요한 임무가 되어야 한다. 그리고 이를 위해 관리자는 무엇보다도 조직구성원 개개인의 성격을 정확하게 판단, 평가하는 능력을 갖출 필요가 있다.

이와 함께 관리자는 성격이 한 개인의 행동에 영향을 주는 일부분에 불과하다는 것을 이해할 필요가 있다. 한 개인의 행동은 성격과 함께 그 사람이 처한 상황(contexts)의 영향을 받는다. 성격이 조직 내에서 개인의 행동을 예측하고 해석하는 중요한 요인이기는 하지만, 상황적 요인이 큰 영향을 미치는 경우에는 성격에 대한 해석이 무용지물이 될 수도 있다. 예를 들어, 건물에 불이 나 대피해야 하는 상황에서 성격이 행동에 큰 영향을 줄 수 있을까? 개개인의 성격이 어찌되었건 모든 사람들의 행동은 빨리 건물 밖으로 대피하는 것으로 동일하게 나타날 것이다.

슈나이더(B. Schneider, 1987)는 조직구성원들의 성격이 조직의 특성을 결정한다는 흥미로운 주장을 한다. 그는 이를 매력-선발-감소 체계(attraction-selection-attrition: ASA)라고 부르는데, 조직의 성격은 그 조직에 속한 구성원들의 성격들의 산물, 혹은 총합이라고 주장한다. 그는 유사한 성격을 가진 개인들이 특정 조직에 끌리며(attraction) 선발되고(selection), 반대로 다른 성격을 가진 개인들은 해당 조직을 나갈(attrition) 경향이 높다고 설명한다. 결과적으로 지속적인 이러한 작용에 의해 조직 내에는 매우 유사한 성격을 가진 조직구성원들만이 남게 되며, 이러한 조직구성원들의 '전형적인(typical)' 성격이 조직 그 자체의 특성으로 이어진다는 것이다(Schaubroeck, Ganster, & Jones, 1998). 예를 들어, 한 조직이 새로운 직원을 뽑을 때, 자연스럽게 조직에 잘 어울릴 만한 신입사원, 즉 현재의 직원들과 잘 어울릴 만한 신입사원의 숫자는 증가하게 된다. 이러한 동일한 성격을 가진 조직구성원 수의 증가는 특히 소규모의 조직에서 더욱 빈번하게 일어난다(George & Jones, 2012).

ASA 과정이 관리자에게 주는 시사점은 무엇인가? 예를 들어, 창의적이고 위험을 즐기는 사람들은 기업가 정신(entrepreneurship)을 강조하는 조직에 끌릴 것이고, 이러한 조직에 입사하게 될 것이다. 시간이 지남에 따라 이 기업가 정신을 강조하는 조직은 많은 수의 창의적인, 그리고 위험 지향적인 직원들로 가득 차게 될 것이고, 그 조직은 그런 특성을 보다 더 강하게 띠게 될 것이다. 또한 이 조직은 기업가 정신을 강조하는 이러한 성향을 직원들의 감정, 사고, 행태에 반복해서 불어넣을 것이다. 이러한 ASA 과정의 결과, 조직은 의도하는 방향으로 좀 더 효과적으로 변화할 수 있다. 하지만 반대로 이러한 과정은 조직의 실패 가능성을 높일 수도 있다. 대다수의 직원이 조직이 처한 기회와 문제점을 동일한 관점과 방식으로 해석, 해결하려고 할 때, 그 조직은 새로운 아이디어와 관점을 인정하지 않으려 할 것이며, 변화를 거부하게 될 것이다(George & Jones, 2012). 따라서 관리자는 자신의 조직이 유사한 성격을 가진 사람들로 채워지지 않도록 항상 주의를 기울여야 한다.

스티브 잡스는 어떤 성격이었나?[12)]

애플(Apple)의 창립자이자 픽사(PIXAR)의 CEO였던 스티브 잡스(Steve Jobs)는 1955년에 태어나 2011년 췌장암으로 사망했다. 잡스는 친아버지의 반대로 양부모에게 입양되었는데, 그가 생물학적 부모에게 버림받고 입양되었다는 사실은 그의 정체성을 형성하는 데 큰 몫을 하였다. 잡스는 누군가가 양부모를 진짜 부모가 아니라는 식으로 이야기하면 날카롭게 반응했다고 한다. 반면에, 친부모에 대한 언급을 할 때에는 퉁명스러웠다. 잡스는 그의 양부모에 대해서 "그분들은 1,000퍼센트 제 부모님입니다"라고 말한 적도 있다.

잡스는 초등학교 시절부터 학교를 자주 빼먹는 비행 청소년이자 사고뭉치였다. 그는 1972년 리드 칼리지에 다니다 1학기만 수강한 후 중퇴하였으며, 1974년에는 캘리포니아로 돌아와 아타리[13)]에서 일을 하였다. 아타리의 관리자는 잡스에게 브레이크아웃(Breakout)이라는 벽돌 깨기 게임용 기판을 설계할 것을 지시했는데, 칩을 50개 미만으로 사용하면 줄어든 칩에 비례해 보너스를 주겠다고 약속했다. 잡스는 동료이자 친구인 워즈니악(Steve Wozniak)에게 보너스를 반씩 나누는 조건으로 도움을 청하고, 워즈니악은 불과 4일만에 45개의 칩만으로 게임을 설계해냈다. 잡스가 아타리로부터 받은 돈은 5,000달러였다. 하지만 잡스는 워즈니악에게 350달러만 주었다. 그나마도 잡스는 기판 제작을 잘 몰랐기 때문에 워즈니악이 일을 다했고, 4일 뒤에 개인적으로 할 일이 있었기 때문에 아타리에서 빨리 끝내라고 했다며 워즈니악에게 거짓말로 재촉하였다.

그는 사무실에서 잘 보인다는 이유로 번호판이 없는 벤츠를 몰고 회사의 장애인용 주차구역에 주차했다. 또한 애플에서 배달 운반용 차를 대량 구입했는데 이 차의 색이 애플 회사건물의 색과 잘 매치되지 않는다는 이유로 그가 떼를 쓰는 바람에 상당한 금액을 다시 들여 차의 색을 모조리 바꾸었다고 한다. 픽사 인수 직후, 잡스는 직원들을 통보나 퇴직금도 없이 대량 해고시켰고, 갑작스런 해고는 곤란하니 2주의 유예기간을 주는게 어떻냐고 픽사측에서 애원하자 그럼 2주 전에 통보했다고 생각하라며 무시해버렸다.

그는 공공연하게 애플의 경쟁자들을 이류다, 악미디, 취향이 낮다 등의 말을 퍼부으며 조롱했다. 애플의 직원들은 예고 없이 한 부서에서 다른 부서로 순식간에 전출될 수 있다는 것을 알고 있었다. 그는 직원들을 회의에서 눈물 흘리게 만들었으며, 화나면 해고해버렸다. 애플의 대외관계 담당자였던 클래버(Laurence Clavere)는 잡스와 회의를 하러 가기 전에 죽느냐, 죽이느냐 식의 링에 들어가는 투사의 마음가짐을 가져야 했다고 말했다.

출처: 나무위키(https://namu.wiki/); 위키백과(https://ko.wikipedia.org/wiki/);
Isaacson, Walter(2011). *Steve Jobs.*

12) 용이한 파악을 위해, 성격의 일부만을 설명하고 있다.
13) 1972년에 설립된 미국의 비디오게임 개발사.

Chapter 03

태도와 가치

태도(attitude)와 가치(value)를 구분하는 것은 매우 어려운 일이다. 태도와 가치는 모두 무형의 것이다. 어느 누구도 태도나 가치를 보거나 만져본 적이 없다. 즉, 태도와 가치는 사람들의 말이나 행동으로부터 추측되는 것이다. 사람들의 말이나 행동은 태도와 가치뿐만 아니라, 친구, 선생님, 부모, 역할모델, 문화 등 다양한 요소의 영향을 받는다. 따라서 어떤 사람의 태도와 가치를 정확하게 아는 것은 쉽지 않다.

태도는 가치와는 다른 수준(level)에서 사람들의 행태에 영향을 준다. 태도는 단지 특정한 사람, 상황, 대상에 대한 행태와 관련이 있다. 하지만 가치는 모든 상황에서 행태에 영향을 주는 전체적인 믿음이다. 즉, 가치는 태도의 아래에 깔려 있는 보다 일반적이고 포괄적인 개념이라고 볼 수 있다. 앳킨스 외(Atkinson et al., 1987)는 가치도 일종의 태도이지만, 이는 수단이 아닌 목적을 뜻한다고 설명하기도 한다. 주주가 사장의 연봉을 결정하기 위한 의사결정권을 가져야 한다는 것은 가치다. 하지만 여러분이 사장의 연봉이 너무 높다고 생각하기 때문에 특정한 회사에 대해 긍정적 혹은 부정적 인식을 갖는다면, 이것은 그 회사에 대한 여러분의 태도다. 태도와 가치는 대체로 비슷한 행태로 나타나지만 항상 그런 것은 아니다. 예를 들어, 남을 돕는 행태에 매우 높은 가치를 두는 사람이라도 비윤리적인 특정인을 돕는 데에는 부정적인 태도를 보일 수 있다. 이 장에서는 이러한 인간의 태도와 가치에 관해 설명하도록 한다.

제 1 절 태 도

올포트(Floyd Allport, 1924)가 개인의 사회행동을 태도(attitude)를 통해 설명하려고 시도한 이래, 태도는 사회심리학(social psychology)의 중요한 연구주제가 되어 왔다(이수원 외, 1987). 여러분이 어떤 사람이나 사물(대상)을 좋아하거나 싫어한다고 말할 때, 여러분은 하나의 태도를 표현하고 있는 것이다(Schermerhorn, Hunt, Osborn, & Uhl－Bien, 2010). 태도는 한 개인의 가치관, 경험, 성격 등 다양한 요소의 영향을 받아 형성된다.

1. 태도의 정의

태도는 조직구성원의 행동에 영향을 주는 개인 차이를 의미하는데, “특정한 사람, 집단, 아이디어, 이슈, 대상물에 대한 비교적 지속적인 느낌, 믿음, 성향”(Hellriegel & Slocum, 2011)을 의미한다. 또는 “사람, 사물, 사건에 대한 호의직 혹은 적내적 평가”(Robbins & Judge, 2013)를 뜻하기도 한다. 혹은 “특정 상황 하에서 사람이나 사물에 대해 긍정적이나 부정적으로 반응하는 경향”, “특정한 대상에 대해 지속적으로 호의적이거나 적대적인 방식으로 반응하는 학습된 경향”(Kreitner & Kinicki, 2008), “어느 정도의 호감이나 비호감을 가지고 특정한 대상을 평가함에 따라 표현되는 심리적인 경향”(Nelson & Quick, 2011)을 의미하기도 한다.

만약 어떤 조직구성원이 자신의 일에 대해 긍정적인 태도를 가지고 있다면, 그는 시간외 근무를 하는 등 일을 매우 열심히 할 것이다. 이는 태도가 특정한 상황에서 특정한 방식으로 행동하도록 유도함을 의미한다. 태도에 관한 여러 정의를 바탕으로 태도는 다음과 같이 정의될 수 있다.

특정 대상에 대한 호의적, 혹은 적대적 평가

한 사람의 다른 사람이나 대상에 대한 태도는 인지, 감정, 행위적 요소들의 종합적인 작용이다(Kreitner & Kinicki, 2008). 비록 실제로는 구분하기 매우 어렵지만, 태도는 인지, 감정, 행위의 세 가지 요소로 구성되어 있다(Hellriegel & Slocum, 2011). 즉, 이들 셋은 상호밀접한 관계에 있다([그림 3-1] 참조).

첫째, 태도의 인지적 요소(cognitive component)는 개인이 어떤 구체적인 사람, 아이디어, 사건, 대상에 대해 갖는 사고, 의견, 지식, 정보를 의미한다. 이는 한 사람의 특정 대상에 대한 아이디어(가치)와 그로부터의 결론(믿음)을 나타내는데, "직무에서 책임은 매우 중요하다"라는 말은 근저의 가치(아이디어)를 나타내며, "나의 일은 책임이 없다"라는 말은 믿음(결론)을 나타낸다. 이 두 가지가 함께 한 개인의 일이나 직장에 대한 태도의 인지적인 요소를 구성한다.

둘째, 태도의 감정적 요소(affective component)는 개인이 어떤 구체적인 사람, 아이디어, 사건, 대상에 대해 갖는 느낌, 감회, 분위기, 감정을 의미한다. 인지적인 요소에서 명백하게 드러난 선행되는 상황에 대한 한 개인의 구체적인 느낌이다. 예를 들어, "나는 나의 일을 좋아하지 않는다"와 같은 감정은 실제로 태도가 되는데, 이 감정은 부정적인 태도를 묘사한다. 즉, "나는 나의 일을 좋아하지 않는다"는 "나는 나의 일을 좋아한다"와 전혀 다른 행동을 야기할 수 있다.

셋째, 태도의 행위적 요소(behavioral component)는 개인이 어떤 구체적인 사람, 아이디어, 사건, 대상에 대해 갖는 우호적이나 비우호적 평가에 기초해서 행동하려는 경향(behavioral tendency)을 의미한다. 태도의 감정적 요소에 바탕을 두고 어떤 특정 방식으로 행동하려는 의도다. 즉, 이는 행동하려는 경향인데, 실제 행동할 수도, 혹은 행동하지 않을 수도 있다. 이러한 세 가지 요소는 다음과 같이 정리할 수 있다(Robbins & Judge, 2013).

1. 인지적 요소: 특정 대상에 대한 아이디어(가치)와 그로부터의 결론(믿음). 인지

적 요소는 믿음과 근저의 가치 등 두 가지로 구성됨.

2. 감정적 요소: 인지적 요소에서 드러난 선행 상황에 대한 느낌
3. 행위적 요소: 감정에 바탕을 두고 행동하려는 의도

조직 내에서 태도가 중요한 이유는 바로 행위적 요소 때문이다(Allport, 1924; Atkinson et al., 1987; Robbins & Judge, 2013). 만약 태도에 행위적 요소가 없다면, 구지 태도에 관해 연구할 필요가 없을 것이다. 즉, 태도는 인지, 감정에서 끝나는 것이 아니라, 의도된 행동으로 나타나게 된다. 예를 들어, 낮은 업무 성과는 낮은 동기부여, 피드백의 부재, 관리자에 대한 신뢰의 부족 등 직원의 나쁜 태도로 인해 발생한다고 설명된다(Nelson & Quick, 2011). [그림 3-1]에서 행위적 요소는 "나는 나의 일을 그만두겠다"로 묘사된다(Schermerhorn, Hunt, Osborn, & Uhl-Bien, 2010). 예를 들어, 타인의 소지품을 무단으로 획득하는 것이 나쁘다는 인지는 소매치기에 대한 부정적인 감정을 가져오며, 결과적으로 주변에서 소매치기를 봤을 때 이를 신고하는 행위를 가져오게 된다는 것이다. 또 다른 예로, "나의 월급이 적다"라는 인지는 "화가 치민다"라는 감정을 가져오고, 결과적으로 "직장을 옮긴다"는 행위를 가져올 수 있다. 하지만 한 개인의 일을 그만두겠다는 태도와 그가 실제로 직장을 그만둘 것인지, 아니면 계속 직장을 다닐지(행동)는 전혀 다른 이야기다. 다시 말해서, 태도가 행동으로 100% 연결된다고 볼 수는 없다.

그림 3-1 태도의 세 가지 요소

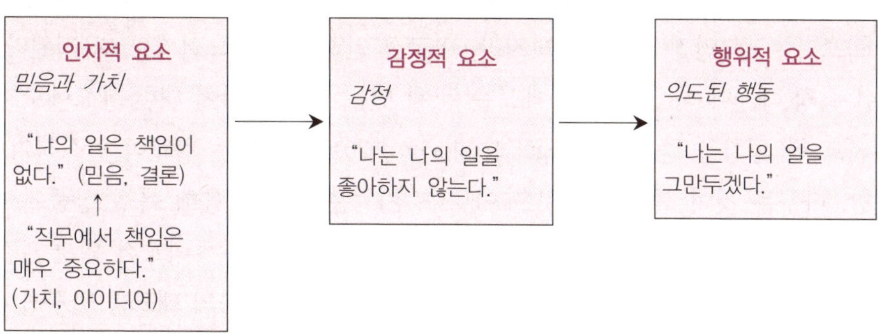

출처: Schermerhorn, Hunt, Osborn, & Uhl-Bien(2010) 재구성.

대체로 다음의 두 가지 경우에 태도가 행동으로 이어질 가능성이 크다고 설명된다. 첫째, 구체적인 태도는 최종 행동과 비교적 높은 관련성을 갖고 있다. 아마도 "나는 직장에서 나를 괴롭히는 상사 때문에 하루도 더 견딜 수 없다"라고 느끼는 사람은 "나는 나의 일을 좋아하지 않는다"라고 느끼는 사람보다 실제로 직장을 그만둘 확률이 높을 것이다. 둘째, 한 개인이 태도와 함께 의도하는 방향으로 행동할 수 있는 기회나 자유를 가질 때, 이것이 실제 행동으로 나타날 가능성이 높다(Schermerhorn, Hunt, Osborn, & Uhl−Bien, 2010). 예를 들면, 경제 상황이 좋지 않은 시기에는 자신의 직업을 싫어하는 많은 직장인들은 부정적인 직업 태도를 견지하면서도 더 나은 선택지가 없기 때문에 자신의 직장에 머물러 있을 것이다.

태도, 그리고 대인관계

조직의 관리자는 자신들이 사용하는 시간과 에너지의 절반 이상을 사람들을 상대하는 데 사용하고 있다. 카네기재단(Carnegie Foundation)의 연구에 의하면, 기술적 지식이 조직 내에서의 승진 등 개인적 성공의 15%밖에 기여하지 못하는 반면, 대인 관계는 85%를 기여하고 있다고 한다. 또한 직장인이 직장을 그만둔 원인의 35%가 기술적 지식인 반면, 65%가 대인 관계의 실패에 기인한다고 한다. 이러한 결과에 따라 IBM 등 외국의 많은 대기업에서는 교육훈련에서의 많은 부분을 대인관계 기술교육에 투자하고 있다.

2. 태도의 안정성과 영향력

조직행태론에서 태도가 중요한 이유는 크게 두 가지다. 첫째, 태도는 비록 가치(value)보다는 덜 안정적이기는 하지만, 비교적 안정적으로 오랜 기간 유지된다. 둘째, 한 특정 대상에 대한 일정한 태도는 관계 있는 다른 대상에 대한 태도에도 일관되게 유사한 영향을 준다(Hellriegel & Slocum, 2011). 태도는 비교적 안정적이기는 하지만, 바꾸는 것이 불가능한 것은 아니다. 기업은 광고를 통해 특정 상품에 대한 소비자의 태도를 바꿀 수 있으며, 이렇게 바뀐 소비자의 태도는 비교적 오랜 기간 유지될 수 있다. 이러한 이유로 기업은 특정 상품에 대한 소비자의 태도를 바꾸기 위해 광고에 많은 투자를 하고 있다. 예를 들어, 삼성전자는 휴대폰에 대한 꾸준한 광고를 통해 소비자의 삼성 휴대폰에 대한 태도를 호의적으로 바꿀 수 있다. 그리고 이렇게 바뀐 소비자의 삼성 휴대폰에 대한 호의적인 태도는 삼성전자에서 판매하는 모니터, 노트북 등에도 동일하게 적용될 것이다.

5,000명의 중년 남성 근로자를 대상으로 한 한 연구에서는 직무 태도가 5년 이상 매우 안정적으로 유지됨을 발견했다. 긍정적인 직무 태도는 오랜 기간 긍정적으로 유지되었으며, 부정적인 직무 태도는 오랜 기간 부정적으로 유지되었다. 자신의 직업을 바꾼 근로자조차도 그들의 이전 직업에 대한 직무 태도는 변하지 않았다(Staw & Ross, 1985). 좀 더 최근의 연구들은 이러한 과거의 연구 결과가 중년 남성 근로자만을 대상으로 함으로써 태도의 안정성을 과장하고 있다고 보았다. 따라서 최근의 연구들은 성인 모두를 분석의 대상으로 했는데, 그 결과 전반적인 태도가 성인기의 초기와 말기에 중기(중년)보다 더욱 고정되어 잘 변화하지 않음을 발견했다. 그러므로 사람이 나이가 들어감에 따라 전반적인 태도가 잘 변화하지 않는다는 일반적인 인식은 옳지 않은 것으로 보인다. 정말로 폐쇄적이고 독단적이지 않다면, 젊은이들과 마찬가지로 노인들도 전반적인 태도의 변화를 가져올 수 있다. 또한 중장년층은 본인의 선택에 따라 다양한 태도 변화가 가능하다([그림 3-2] 참조).

그림 3-2 연령에 따른 태도의 변화

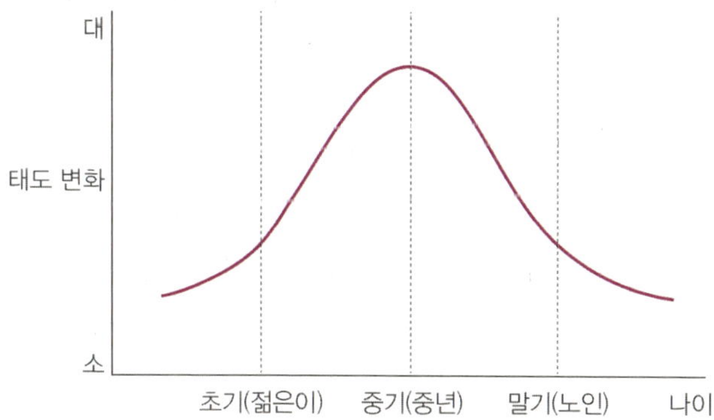

일반적으로, ① 강한 개인적 확신, ② 풍부한 지식, ③ 강인한 태도의 필요성 등 세 가지 요소가 존재할 때, 사람들이 보다 안정적인 태도를 갖는 것으로 설명된다 (Visser & Krosnick, 1998; Kreitner & Kinicki, 2008).[1)]

3. 태도의 유형

조직구성원에게 영향을 미치는 중요한 태도로는 희망, 직무 만족, 직무 몰입, 조직 몰입 등이 있다. 여기에서는 이 네 가지 태도의 유형을 간략히 살펴본다.

1) 희 망

희망(希望, hope)은 사전적으로 "어떤 일이 이루거나 하기를 바람"(국립국어원 표준국어대사전), "앞일에 대하여 좋은 결과를 기대함"(고려대 한국어대사전)이라는 의미를 갖고 있다. 『캠브리지 사전(*Cambridge Dictionary*)』에서는 희망을 "대개 그렇게 될 만한 충분한 이유를 갖고, 어떤 일이 일어나거나 실현되기를 원하는 것"이라고 정의하고 있다. 1921년 노벨 문학상을 수상했던 프랑스의 소설가이자 비평가인 아나톨 프랑스(Anatole France, 1844~1924)는 "위대한 성취를 이루려면 행동하는 것뿐만 아니라, 꿈꾸는 것도 반드시 필요하다"라고 언급하기도 했다. 이와 같이 희망은 목표를 달성하려고 하는 한 개인의 의지와 수단의 합으로 정의할 수 있다. 한 개인이 어떤 희망을 실현하기 위해서는 그것을 이루고자 하는 의지가 있어야 하며, 이를 실제로 달성할 수 있는 수단도 함께 갖고 있어야 한다. 의지와 수단을 둘 다 갖추어야 희망이 이루어질 수 있다.

희망=의지+수단

희망이 있는 사람은 도전적인 목표에 대해 긍정적인 태도를 보이며, 상황에 맞는 적절한 행동을 하는 경향이 있다. 또한 목표에 좀 더 집중하며, 목표 달성 과정에서 발생하는 스트레스 유발 요인을 도전으로 여긴다. 그리고 목표를 달성하지 못할 경우에도 유사한 제2의 다른 목표를 탐색한다. 반대로 희망이 없는 사람은 부정적인 결과를 미리 걱정하고, 스트레스를 많이 받으며, 목표 달성을 위한 궤도에서 쉽게 벗

---

1) 일반적으로 대상에 관해 많은 지식을 갖게 되면 태도가 강해진다. 그 반대 또한 성립되는데, 태도가 강하면, 대상에 관한 태도를 정당화시키기에 충분한 지식을 갖고자 한다. 캘그렌과 우드(Kallgren & Wood, 1986)의 연구에 의하면, 학생들이 환경보전에 대하여 다양한 지식을 갖고 있을수록, 환경보전을 지지하는 태도와 행위가 나타났다(한규석, 1995).

어나 탈선을 하는 경향이 있다(Hellriegel & Slocum, 2011).

2) 직무 만족[2)]

직무 만족(job satisfaction)은 직원의 직무 태도와 밀접한 관계를 갖고 있는데, 실제로 동일한 의미로 사용되기도 한다. 이러한 이유로 직무 만족은 중요한 연구 주제다(Robbins, 2005). 직무 만족은 "직무의 여러 요소에 대한 평가를 종합해서 지니게 된 직무에 대한 호의적인 감정"(Robbins & Judge, 2013)이라고 정의할 수 있다. 혹은 "자신의 직무가 갖고 있는 다양한 측면에 대한 감정적인 반응"(Kinicki & Fugate, 2012)이라고도 정의된다. 이러한 정의는 직무 만족이 단일한 개념이 아님을 나타낸다. 즉, 직무 만족은 여러 가지 직무 관련 태도의 총합이며 일반적인(포괄적인) 태도를 의미하는데, 개인들이 그들의 직무에서 만족감을 찾는 정도(Hellriegel & Slocum, 2011)를 반영한다. 다시 말해서, 높은 수준의 직무 만족을 지니고 있는 사람은 직무에 대해 좋은 감정을 지니고 있는 반면, 낮은 직무 만족을 지닌 사람은 부정적인 감정을 지니고 있는 것이다(Robbins & Judge, 2013).

직무 만족은 조직구성원의 이직률, 결근, 정신건강 등과 밀접한 관련이 있는 것으로 검증되고 있다. 이는 "낮은 직무 만족이 뭐가 그리 큰 문제인가?"라는 질문에 답을 줄 수 있다. 예를 들어, 한 직원의 직간접적인 교체 비용은 직원 연봉의 30~40%에 해당한다는 주장도 있는데, 이는 한 직원이 이직하는 경우에 회사에는 그만큼 많은 비용이 소요된다는 것을 의미한다. 결과적으로 낮은 직무 만족도는 조직의 성과를 높이는 데 도움이 되지 않을 것이다.

대체로 직무 만족은 직무 성과에 어떠한 영향을 미치는 것으로 설명된다. 하지만 아직까지 직무 만족과 직무 성과 간의 직접적인 인과관계는 검증되지 못하고 있다. 왜냐하면, 직무 성과는 직무 만족뿐만 아니라 개인의 성격(특히 성실성), 동기부여, 직무 몰입, 조직 헌신, 조직시민행동 등 다양한 조직 행태에 영향을 받는 것으로 검증되고 있기 때문이다(Kinicki & Fugate, 2012). 예를 들어, 한 직원의 직무 만족도가 아무리 높다고 할지라도, 성실성이 낮다면 지각이나 결근을 할 가능성이 높을 것이

2) 직무 만족에 관한 자세한 내용은 제7장 직무 만족에서 설명하고 있다. 따라서 여기에서는 간략하게 언급한다.

다. 또한 직무 만족은 일반적인 태도를 의미하며, 직무 성과는 특정한 행동에 해당된다. 따라서 일반적인 태도로 특정한 행동을 설명하는 것이 쉽지 않다는 문제도 있다.

코넬대학교의 연구진이었던 스미스, 켄달과 헐린(Smith, Kendall, & Hulin, 1969)은 직무기술지표(Job Descriptive Index: JDI)를 개발했는데, JDI에서는 업무, 임금, 승진, 동료관계, 감독 등 다섯 가지 요인으로 직무 만족을 측정한다. 바이스, 도위스, 잉글랜드와 로프퀴스트(Weiss, Dawis, England, & Lofquist, 1967) 등 미네소타대학교의 연구진은 직무 만족의 하위 요인을 더 구체화시켜 20가지로 제시하기도 한다. 또한 직무의 도전감, 직무가 주는 흥미, 육체적 요구, 작업조건, 조직이 주는 보상, 동료의 성격 등이 직무 만족 요인으로 제시되기도 했으며(Hellriegel & Slocum, 2011), 조직 내 동료들과의 관계, 조직과 관리, 부가급부 등이 주장되기도 한다(House et al., 2004).

3) 직무 몰입

직무 몰입(job involvement)은 스스로를 직무와 일체화(identification)하는 구체적인 신념을 의미한다(Brooke, 1988). 즉, 직원 참여의 구성요소로서 직무 몰입은 개인의 성격이 업무 역할과 연관되는 정도를 의미한다(Kinicki & Fugate, 2012). 직무 몰입에 관해서는 다양한 설명이 있으나, 대체로 유사하게 정의하고 있다. 블라우와 볼(Blau & Boal, 1987)은 개인이 직무를 심리적으로 동일시하는 정도라고 정의내렸다. 테트와 메이어(Tett & Meyer, 1993)는 자신의 직업에서 느끼는 심리적 동일시의 정도 또는 직업이 차지하는 중요성으로 정의내린다. 카눙고(Kanungo, 1982)는 자신의 직무에 대한 특별한 신념으로 자신의 직무가 자기 자신의 욕구를 만족시킬 수 있는 정도라고 정의내린다. 프리들랜더, 가렛, 친과 베이커(Friedlander, Garrett, Chin, & Baker, 2004)는 자신이 직무에 관해 관심을 갖는 정도, 직무가 개인 생활에 만족을 주는 영향력의 정도, 사회적 지위를 획득하는 데 있어 개인이 느끼는 직무의 가치라고 정의내린다.

즉, 직무 몰입은 사람이 스스로를 심리적으로 직무와 동일시하고, 직무에서 얻는 성과를 자신의 가치를 평가하는 데 중요한 요소로 여기는 정도이다. 직무 몰입이 높은 사람은 스스로와 자신의 직무 간의 일치감을 많이 느끼며, 직무가 자신의 삶에 매우 중요하다고 생각한다. 따라서 직무 몰입이 높은 사람은 일에 큰 관심을 갖고 열심히 일하며, 직무 만족을 느끼고, 조직에 헌신하고, 낮은 이직률을 보이는 경향이 있다(Brown & Leigh, 1996). 약 27,000여 명을 대상으로 한 메타분석(meta-analysis)에 의하면, 직무 몰입은 직무 만족과 어느 정도 연관되어 있다고 증명되었다. 따라서 관리자들은 직원들의 직무 몰입 수준을 높이기 위해 작업환경에서의 만족도를 높이도록 권고되고 있다(Kinicki & Fugate, 2012).

4) 조직 몰입

학문 분야와 산업 분야에서 조직 몰입(organizational commitment) 개념의 중요성이 점차 강조되고 있다(Cohen, 2003). 조직 몰입은 직무 만족, 직무 몰입과는 조금 다른 의미를 갖는다. 조직에 대한 몰입도가 높은 직원은 조직에 대한 충성도가 작동하므로 비록 담당 직무에 대한 만족도가 낮더라도 직무 이탈 현상이 잘 나타나지 않는다. 또한 조직 몰입도가 낮은 직원은 직무 만족의 수준이 대부분 낮다(Robbins & Judge, 2013). 결과적으로, 직무 만족이나 직무 몰입보다 조직 몰입은 더 근본적인 개념을 갖는다. 특정 직무에 불만족하다고 해서, 조직 전체에 불만족을 갖는 것은 아닌 것이다. 근무기간이 길어질수록, 첫째, 동료와의 결속력이 강화되며, 둘째, 나이가 늚에 따라 직무와 관련되어 보다 긍정적인 태도를 갖게 되며, 셋째, 구직 시장에서의 기회가 줄어듦에 따라 대체로 직원의 조직 몰입도는 강해진다고 설명된다.

조직 몰입은 조직이 추구하는 목표를 조직구성원이 자신의 목표에 내재화하여 조직을 위해 헌신과 충성을 다하고자 하는 의지이다(Mowday, Porter, & Steer, 1982; 박천오 외, 2001). 지금까지 많은 연구자들이 조직 몰입에 관한 정의를 내렸는데, 마치와 사이먼(March & Simon, 1958)은 개인에게 주어진 과업을 성실히 수행하는 것은 물론 그 이상의 업무 수행에 대한 동기라고 정의하였고, 와그너와 홀렌백(Wagner & Hollenbeck, 1992)은 개인이 조직에서 최선을 다하고 조직에 남으려는 의지를 조직 몰입이라 하였다.

포터, 스티어스, 모데이와 불리언(Porter, Steers, Mowday, & Boulian, 1974)은 조직 몰입을 "조직에 남아 있고자 하는 조직에 대한 애착, 조직의 가치와 목표에 대한 동일시, 조직의 목표를 위해 추가의 노력을 기꺼이 하고자 하는 의지"라고 정의한다.

오라일리(O'Reilly, 1989)는 "직무 몰입, 충성, 조직의 가치에 대한 믿음을 포함하는 조직에 대한 개인의 심리적인 연계"라고 주장한다. 코헨(Cohen, 2003)은 "조직의 목표와 관련된 일련의 행동에 개인이 연계되도록 만드는 몰입"이라고 정의하며, 밀러(Miller, 2003)는 "조직구성원이 특정한 조직과 조직 목표와 자신을 동일시하는 상태이며, 조직에 남고자 하는 희망"이라고 정의한다(진종순, 2014).[3)]

조직 몰입에 관한 초기의 연구에서는 조직 몰입을 태도적인 관점, 동일시, 참여, 충성심 등에 바탕을 둔 단일의 개념으로 간주했다(Porter, Steers, Mowday, & Boulian, 1974). 하지만 우리가 앞서 태도(attitude)의 정의에서 살펴본 바와 같이, 태도의 일종인 조직 몰입 또한 인지적 요소, 감정적 요소, 행위적 요소의 세 가지로 이루어져 있다.[4)] 모데이, 스티어스와 포터(Mowday, Steers, & Porter, 1979)는 조직 몰입을 특정 조직에 대한 일체감과 관여의 상대적인 강도로 정의하고 있는데, 조직 목표와 가치에 대한 강한 믿음과 수용도, 조직을 위해 많은 노력을 하려는 의사, 조직구성원으로 남아 있으려는 강한 희망 등 세 가지 요소가 합쳐진 개념이라고 주장한다(진종순, 2014).

알렌과 메이어(Allen & Meyer, 1991)는 조직 몰입의 개념을 다원화한 대표적인 연구자들이다. 이들은 조직 몰입을 정서적 몰입, 지속적 몰입, 규범적 몰입의 세 가지 차원으로 개념화하여 각 차원별 조직 몰입 수준을 측정하기 위한 도구를 개발하였다.[5)] 첫째, 정서적 몰입(affective commitment)은 최근 가장 많이 논의되고 있는 조직 몰입의 한 측면으로써 조직구성원의 조직에 대한 애착과 헌신적인 심리적 상태를 의미하며, 충성심, 소속감, 기쁨 등 정서적 측면에 초점을 두고 있다(Allen & Meyer,

3) 베커(Beker, 1960), 앨러토, 레브니악과 앨론소(Alluto, Hrebiniak, & Alonso, 1973)는 교환관계(exchange)에 바탕을 두고 조직 몰입에 대한 정의를 내렸는데, 그들이 어떤 직위에 있다면 개인들은 조직 몰입을 하게 된다고 주장한다. 하지만 더 나은 이익을 얻을 기회가 있다면, 조직구성원은 미련없이 조직을 떠날 것이라고 본다. 이렇게 보면, 조직 몰입은 조직구성원이 개인적 이익과 조직의 목표, 가치와의 관련성 때문에 조직에 머물고자 하는 의지의 정도라고 말할 수 있다.

4) 조직 몰입에 관한 많은 연구는 조직에 대한 감정적 애착과 조직의 가치에 대한 믿음에 초점을 두고 있다. 즉, 조직 몰입을 통해 조직의 구성원으로 남아 있으려는 의사를 확인할 수 있다는 것이다(Wagner & Hollenbeck, 1992; Robbins & Judge, 2013).

5) 이는 조직 몰입의 세 가지 요소 모델(three component model of commitment)이라고 불린다. 이 밖에, 일반적으로 사용되는 조직 몰입의 측정 도구는 포터, 스티어스 모데이와 불리언(Porter, Steers, Mowday, & Boulian, 1974)이 개발한 설문서(Organizational Commitment Questionnaire)가 있다.

1991). 둘째, 지속적 몰입(continuance commitment)은 조직구성원으로 남아 있겠다고 느끼도록 하는 개인적 경험의 정도를 의미한다. 이것은 조직을 떠날 때 잃게 될 수도 있는 축적된 투자나 여러 이해관계 요소들을 인지함으로써 지속적으로 조직구성원으로 남아 있으려는 심리적 상태라고 할 수 있다(Becker, 1960). 셋째, 규범적 몰입(normative commitment)은 조직구성원이 조직의 목표, 가치, 사명의 내면화를 통해 조직에 대해 개인적으로 느끼는 심리적 애착의 정도를 의미한다. 알렌과 메이어(Allen & Meyer, 1991)는 구성원이 조직에 대해 갖는 도덕적 의무감, 책임감, 조직을 위한 희생정신 때문에 조직으로부터 부여된 책임을 충실히 수행해야 한다는 내재적 가치관을 규범적 몰입이라고 설명한다(김호선 · 진종순, 2013).

1. 정서적 몰입: 직무에 대한 애정
2. 지속적 몰입: 상실의 두려움
3. 규범적 몰입: 조직에 머물러야 한다는 당위적인 느낌

롬젝(Romzek, 1990)은 재정적 제약으로 외재적 유인을 제공하기 어려운 공공부문에서는 내재적 유인의 전략적 활용을 통해 정서적 몰입을 유도하려는 노력이 필요하며 이것은 보다 바람직한 결과를 가져올 수 있다고 주장한다. 실제로, 정부소식에서는 다른 두 개의 차원보다 정서적 몰입이 더 긍정적인 결과를 가져올 수 있음이 경험적 연구를 통해서도 확인되고 있다(Nyhan, 1999; 박천오 외, 2000; 김호선 · 진종순, 2013).

4. 태도와 현실의 충돌: 인지부조화

한 사람이 가진 태도가 현실과 충돌할 때 어떤 일이 일어나는가? 보다 구체적으로, 한 사람이 가진 하나의 태도와 그가 가진 또 다른 태도가 충돌할 때 어떤 일이 일어나는가? 또는 한 사람이 가진 태도와 행동이 충돌할 때 어떤 일이 일어나는가? 당신이 에이즈(AIDS)에 감염되는 것을 극도로 두려워하고 있다고 가정하자. 당신은 AIDS의 감염이 혈액을 통해 이뤄진다고 믿고 있다. 그런데 당신은 불행하게도 AIDS 감염

률이 높은 국가를 여행하다가 생명을 위협하는 큰 사고를 당했고 수혈(신뢰할 수 없는 혈액은행의 관리로 인해 아마도 AIDS에 감염된 혈액이 수혈될 가능성이 충분히 있는)과 함께 수술을 받아야 하는 상황이다. 당신은 AIDS의 감염 가능성에 대한 염려 때문에 수혈과 수술을 거부하겠는가? 아니면, 수혈과 함께 시급한 수술을 받겠는가? 페스팅거(Leon Festinger)에 의하면, 당신은 지금 인지부조화(cognitive dissonance) 상황에 처한 것이다(Kreitner & Kinicki, 2008).

인지부조화는 한 개인이 둘 이상의 태도 사이에, 또는 태도(믿음)와 행동(해야 하는 현실) 사이에 불일치를 지각하는 것이다(Robbins & Judge, 2013). 다시 말해서, 인지부조화는 한 개인의 태도나 믿음이 그의 다른 태도나 행동과 충돌할 때, 그 사람이 경험하는 심리적인 불편함을 의미한다. 페스팅거(Festinger, 1957)는 사람들은 그들의 태도, 믿음, 행동 간에 일관성을 유지하도록 동기부여를 받는다고 설명한다(Kreitner & Kinicki, 2008). 사람들은 누구나 일관적이지 않은 것에 대해서는 불쾌감과 불편함을 느끼게 되므로 이를 감소시키려고 노력한다. 즉, 누구든 인지부조화의 상태가 최소화되는 안정된 상태를 추구한다(Robbins & Judge, 2013).

사람들은 내적인 균형뿐만 아니라, 외적으로도 태도와 행동이 일치하는, 즉 언행이 일치하는 합리적인 사람으로 보이고 싶어한다(Robbins, 2005). 사실은 이렇게 태도를 통해 행동을 예측할 수 있기 때문에 우리가 태도를 공부하고 있는 것이다. 사람들은 이러한 인지부조화, 또는 심리적 긴장감을 다음의 세 가지 방법을 통해 줄이려고 노력한다(Kreitner & Kinicki, 2008).

1. 태도를 바꾸거나 행동을 바꾼다. 혹은 때에 따라서는 둘 다를 모두 바꾼다: 이것은 인지부조화 상황을 해결하는 가장 단순한 방법이다. 앞서 수혈을 받아야 하는 상황의 사례로 다시 돌아가면, 당신은 ① 혈액을 통해서 AIDS에 감염되지 않는다고 되새기고 수혈을 받거나("수혈받는다고 꼭 AIDS에 감염되는 것은 아닐 거야, 그러니 수술받아도 괜찮아"－태도를 바꿈), ② 단순히 수혈을 거부할 것이다("수혈받으면, 100% AIDS에 걸려 죽을 테니까 수술받지 않겠어"－행동을 바꿈).
2. 부조화된 행동의 중요성을 낮춰 생각한다: 이러한 방법은 사실 거의 일상적으로 사용된다. 앞서의 사례에서 당신은 외국의 혈액은행에서 AIDS에 감염될 수

있다는 믿음을 과소평가하거나 무시할 수 있다("여기 병원이라고 그렇게 엉망이겠어", "수혈이 뭐 별거겠어").

3. 부조화되는 요소보다 조화되는 요소들을 더 많이 찾는다: 이러한 방법은 부조화를 합리화시키는 것을 포함한다. 앞서의 사례에서 당신은 다른 대안이 없기 때문에 수혈을 받는다고 마음속으로 되새길 것이다. 수술을 받지 못한다면, 당신은 죽을 수도 있다는 점을 스스로 강조할 것이다("어쩔 수 없이 수혈받는 거야. 수술 안 받으면 죽잖아").

페스팅거(Festinger, 1957)는 다음의 세 가지 조절 요인(moderating factors)에 따라 사람들의 인지부조화를 감소시키고자 하는 노력의 강도가 결정된다고 설명한다. 첫째, 인지부조화를 일으키는 요소들의 중요도(importance) 수준이 높을 때, 사람들은 인지부조화를 감소시키려는 강한 동기를 갖게 된다. 즉, 태도나 행동이 중요할 때, 사람들은 인지부조화를 감소시키려는 강한 동기를 갖게 된다. 둘째, 개인이 미칠 수 있다고 생각하는 영향력(influence)의 정도가 클 때, 사람들은 인지부조화를 감소시키려는 강한 동기를 갖게 된다. 즉, 부조화를 스스로 통제할 수 있다고 믿을 때, 사람들은 인지부조화를 감소시키려는 강한 동기를 갖게 된다. 셋째, 인지부조화에 따른 보상(reward)도 영향을 미치는데, 인지부조화가 크더라도 보상이 크거나 그 보상이 개인적으로 의미 있는 것이라면 인지부조화 상태에서 오는 불편함은 줄어든다(Robbins & Judge, 2013). 이러한 내용은 다음과 같이 정리될 수 있다(Robbins, 2005).

1. 중요도(importance): 인지부조화를 일으킨 요소가 상대적으로 중요하지 않다면, 이를 감소시키고자 하는 노력이 적어진다(예: 제주도에 여행을 가서 렌터카를 빌려야 하는데, 평소에 내가 좋아하지 않던 브랜드의 차만 있는 경우, 대부분은 그냥 그 차를 빌린다).
2. 영향력(influence): 스스로의 영향력이 없이(외부의 힘으로 인해 어쩔 수 없이) 인지부조화가 발생한다면, 이를 감소시키고자 하는 노력이 적어진다("시키니까 해야지, 내가 무슨 힘이 있어").
3. 보상(reward): 인지부조화에 따른 보상이 크다면, 이를 감소시키고자 하는 노력이 적어진다("이렇게 돈을 많이 준다는데, 당연히 해야지").

제 2 절 가 치

부모, 친구, 선생님, 친척, 교육, 경험, 사회집단 등은 개인의 가치(value)에 영향을 주는 원천이다. 사람들의 가치는 그들이 속한 문화에 존재하는 다양한 원천으로부터 얻는 학습과 경험의 산물로서 발달하게 된다. 학습과 경험은 개인마다 다르기 때문에 각 개인들의 가치에는 차이가 있다. 그리고 이러한 개인적인 차이는 깊이 자리 잡아 바꾸기 매우 어렵다. 많은 가치는 한 개인의 유아기, 그리고 성장해 온 방식에 뿌리를 두고 있다. 이러한 가치는 태도와 행동의 동기를 이해하는 근간이다. 사람들의 가치, 즉 옳고 그름에 대한 판단은 그들의 태도와 행동에 큰 영향을 준다.

1. 가치의 정의

가치는 "어떤 특정한 행동 양식이나 존재 목적은 다른 행동 양식이나 존재 목적보다 개인적 또는 사회적으로 더 바람직하다는 기초적 신념"(Hellriegel & Slocum, 2011; Robbins & Judge, 2013)을 의미한다. 혹은 가치는 "적절한 행동이나 결과에 관한 일반적인 선호"(Kreitnert & Kinicki, 2008), "선호하는 행동 방식이나 마지막 목표"(Schermerhorn, Hunt, Osborn, & Uhl−Bien, 2010)로 정의된다. 가치는 "인생에서 무엇을 위해 노력해야 하고 어떻게 행동해야 하는지에 관한 개인적인 확신"(George & Jones, 2012)이다. 그리고 가치는 어떤 폭넓은 행위 양식(예: 용감, 정직, 우정 등)이나 어떤 최종적인 실존의 상태(예: 평등, 구원, 자유, 자기실현 등)에 대한 하나의 기본적 태도라고 정의될 수 있다(Rokeach, 1973). 이러한 다양한 정의를 바탕으로 가치는 다음과 같이 정의될 수 있다.

> 무엇이 옳은지(혹은 옳지 않은지),
> 무엇이 바람직한지(혹은 바람직하지 않은지)의 판단 기준

"사형제도는 옳은 것인가, 그른 것인가?"에 관한 의견", "모든 사람은 동등한 권리

를 가져야 한다" 혹은 "인간은 최소한의 존엄이 보장되어야 한다"는 가장 대표적인 가치의 예이다. 결국 사람들은 가치가 있다고 생각되는 것을 선택하고, 가치가 없다고 생각되는 것은 무시, 회피하는 행동을 보이는 경향이 있다. 우리는 흔히 "이 일이 할 만한 가치가 있어?"라고 표현한다. 바로 이 말이 가치가 갖는 의미를 적절하게 나타낸다. 우리는 가치를 통해 어떤 사람이 하는 행동의 동기를 이해하고 예측할 수 있다.

가치는 내용, 강도, 안정성 등 세 가지의 특징을 갖고 있다. 첫째, 가치의 내용(content)은 행동 양식이나 존재 목적이 '왜' 중요한지 알려준다. 둘째, 가치의 강도(strength)는 이것이 '얼마나' 중요한지 알려준다. 상대적인 중요성에 따라 가치에 서열을 매기는 강도가 있으므로 가치 체계(value system)라는 표현이 있는 것이다. 가치 체계는 "상대적인 중요성의 연속과 함께, 선호하는 행동 방식이나 최후 상태에 관한 지속적인 믿음의 구성"(Kreitnert & Kinicki, 2008)을 의미한다. 셋째, 가치는 매우 안정적이다. 우리의 부모님은 어떤 가치가 옳고, 어떤 가치가 그른지 어릴 때부터 가르쳐 왔다. 그러므로 가치는 흑백 논리에 지배되며, 중간의 회색지대는 존재하지 않는다(Hellriegel & Slocum, 2011).[6] 이런 이유로 두 사람(더 나아가 두 집단, 사회, 국가)의 가치가 충돌할 때, 이를 중재하고 해결하기는 매우 어렵다. 모두 자신이 옳다고

생활 수준과 가치

페터 노일링(Peter Neuling)은 생활 수준이 향상됨에 따라 가치가 진화한다고 주장한다. 그는 이러한 관점을 국가에도 적용하여 풍요로운 사회(선진국)에 사는 사람들과 빈곤한 사회(후진국)에 사는 사람들의 가치 체계가 전혀 다르다고 설명한다. 그는 부가 증가할수록 삶을 즐기기 위한 지출이 늘어나며, 함께 사는 사람들에 관한 관점도 보다 우호적으로 바뀐다고 본다. 페터 노일링은 부유한 사회에 사는 사람들은 일반적으로 널리 퍼져 있는 견해와는 달리 매우 착하다고 주장하며, 그 근거로 독일의 여론조사 결과를 제시한다. "독일 사회에는 선한 사람이 많은가, 악한 사람이 많은가?"라는 질문에 1951년에는 선한 사람이 많다가 30%대, 악한 사람이 많다가 40%대였는데, 경제 상황이 좋아지면서 1972년에는 선한 사람이 많다가 60%대, 악한 사람이 많다가 10%대로 역전되었으며, 2000년대까지 비슷한 수치를 기록하고 있다는 것이다.

출처: 페터 노일링/엄양선 역(2009). 『부의 8원칙: 왜 빈부의 차이가 모든 것을 좌우하는가』.

---

6) 대부분의 부모들은 자녀들에게 "다른 이들에게 친절해라"라고 얘기하지, "다른 이들에게 어느 정도까지만 친절해라"라고 가르치지는 않는다.

생각하고, 누구도 양보하려 하지 않기 때문이다. 대표적으로, 종교갈등, 종교전쟁을 예로 들 수 있다. 즉, 가치는 사건이나 사물에 대한 객관성(objectivity)과 합리성(rationality)을 흐리면서 사람들의 태도와 행동에 영향을 미친다(Robbins & Judge, 2013).

2. 가치의 유형

세계 평화, 아름다운 세상, 안락한 삶, 사회적 인정 등 실제로 다양한 유형의 가치가 언급될 수 있다. 이 가운데 조직 행태와 관련이 깊은 가치의 유형으로는, 특히 업무 가치(work values)와 윤리적 가치(ethical values)를 들 수 있다.

첫째, 업무 가치는 사람들이 업무에서 갖는 일반적이고 장기적으로 유지되는 감정과 믿음이다. 즉, ① 어떤 업무 결과를 기대할 수 있는가와, ② 직장에서 어떻게 행동해야 하는가에 관한 조직구성원의 개인적인 확신을 의미한다. 조직구성원이 업무를 통해 얻기 기대하는 결과들은 가족의 안녕, 성취감, 자존감, 인정, 활기찬 삶 등이 있다. 조직구성원이 직장에서 행동해야 하는 방식으로는 적극적, 창의적, 공손함, 자기통제, 타인에 대한 존중 등이 있다(George & Jones, 2012).

왜 조직 행태에서 업무 가치를 이해하는 것이 중요한가? 우리는 업무 가치를 통해 사람들이 직장에서 무엇을 성취하려 하는지 알 수 있다. 그리고 업무 가치는 사람들이 실제로 직장에서 어떻게 일하는지에 영향을 준다. 예를 들어, 직장에서 뭔가 새로운 것을 배워야 한다고 생각하는 직원은 고속도로 톨게이트에서 통행료를 받는 단순한 업무를 하는 직장에서는 큰 행복을 느끼지 못할 것이다. 왜냐하면, 어떻게 통행료를 받는지 배운 후에는 더 이상 배울 것이 많지 않기 때문이다. 이러한 그의 불만은 통행료를 받으면서 운전자들에게 불친절하게 대하거나 다른 직업을 찾는 결과를 가져올 가능성이 높다(George & Jones, 2012; [그림 3-3] 참조).

조직 행태에서 업무 가치는 크게 내재적 업무 가치와 외재적 업무 가치의 두 가지로 구분된다. 내재적 업무 가치는 업무 그 자체의 특성과 관련이 있다. 업무에서 새로운 일에 도전하고, 새로운 일을 배우고, 중대한 기여를 하고, 잠재력을 최대한 발휘하고자 하는 근로자는 내재적 업무 가치를 갖고 있는 것이다. 외재적 업무 가치는 업무의 결과와 관련이 있다. 돈을 버는 것이 일을 하는 이유인 근로자는 외재적 업무

그림 3-3 업무 가치

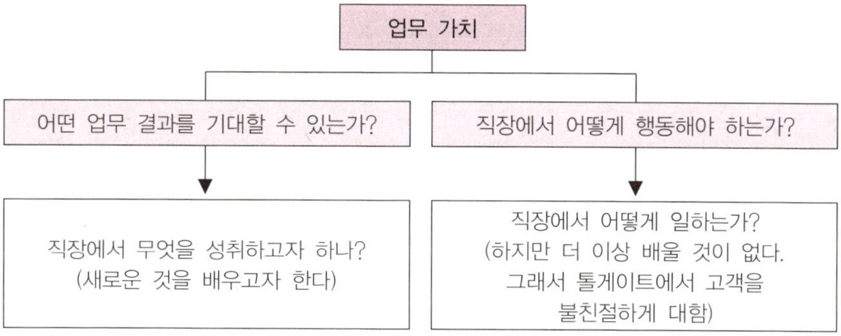

표 3-1 내재적 업무 가치와 외재적 업무 가치의 비교

내재적 업무 가치	흥미있는 일, 도전적인 일, 새로운 것을 습득, 큰 업무 기여를 함, 업무에서 잠재력을 최대한 발휘함, 책임과 자율성, 창의성 등
외재적 업무 가치	높은 임금, 직업 안정, 직장 혜택, 사회에서의 지위, 사회적 접촉, 가족과의 시간, 취미 생활 등

출처: George & Jones(2012).

가치를 갖고 있는 것이다(George & Jones, 2012).

둘째, 윤리적 가치는 "무엇이 도덕적으로 옳고 그른지에 관한 개인적인 확신"을 말한다. 윤리적 가치는 조직구성원이 그들의 의사결정과 행동에서 도덕적으로 옳은 선택을 하도록 방향을 제시하는 역할을 한다. 특히 어떤 상황에서 어떠한 행동이 적절한지 명확하지 않을 때, 윤리적 가치는 조직구성원이 윤리적인 결정을 내리는 것을 돕는다. 몇몇 윤리적인 가치는 개인의 행동이 옳은지 아닌지, 정직한지, 믿음이 있는지 등에 중점을 둔다. 또 다른 종류의 윤리적 가치는 사람들이 다른 사람들이나 집단에 이익을 주거나 불이익을 줄 가능성이 있는 의사결정을 어떻게 내릴 것인지 방향을 제시하는 역할을 하게 된다. 이러한 윤리적 가치는 한 개인이나 집단에 이익을 주고 다른 개인이나 집단에게는 불이익을 주는 의사결정을 할 때, 조직구성원의 행태를 인도하는 중요한 기준이다(George & Jones, 2012).

그렇다면 어떤 기준에 따라 결정을 내릴 것인가? 결정을 위한 기준으로는 실용적 가치, 윤리적으로 옳은 가치, 정의적 가치를 들 수 있다. 이 세 가지는 의사결정과 행

어떤 윤리적 가치를 따를 것인가?

"먼저 온 환자에게 치료 우선권을 주는 선착순(first come, first served) 원칙은 이미 무너졌다."

지난 9일 미국 매체 폴리티코가 인터뷰한 이탈리아 크레모나 지역 한 의사의 발언은 전 세계에 충격을 줬다. 코로나19 감염 환자 가운데 먼저 온 80대 환자와 뒤늦게 온 30대 환자 중 누구에게 병상과 산소호흡기 자원을 우선 제공하느냐에 대해 이탈리아 의료진들이 심각한 윤리적 갈등에 봉착했다는 것이다. 전쟁터에서 한정된 군의관들이 생존율이 높은 군인에 의료자원을 우선 투입하는 극단의 윤리적 선택이 코로나19 사태로 신음받는 이탈리아에서 현실화했다는 뜻이었다. 이 같은 참혹한 현실은 비단 이탈리아에 국한된 문제가 아닌 것으로 보인다. 미국과 영국이 이탈리아의 비상 상황을 자국 의료 시스템에 시뮬레이션해 의료윤리 선택이 발생하지 않도록 대응책을 준비하고 있기 때문이다. …(중략)… 정부 입장에서는 '차별적 조처'라는 욕을 먹더라도 선제적으로 고령자 보호를 위해 자가격리 카드를 뽑는 게 한정된 의료자원과 국민생명 보호 관점에서 최선의 대안이 될 수 있기 때문이다.

…(중략)… 이는 지역사회 감염이 들불처럼 퍼지고 있는 미국에서도 예외가 아니다. 미국 공영라디오(NPR)는 최근 미국의 심장부인 워싱턴 D.C. 내 유명 병원인 '메드스타 워싱턴센터'마저 이탈리아 의료계의 윤리적 선택 사례를 참고해 "가장 최악의 시나리오에 대해 대응책을 마련했다"고 전했다. 이 비상대응책을 담당하고 있는 병원 인사는 NPR과 통화에서 "이탈리아의 경우 누가 (자동방식의) 인공호흡기를 쓸지, 아니면 (의료진이 손으로 주물러야 하는 럭비공 모양의) 앰부백을 쓸지, 아니면 둘 중 하나도 쓰지 못하는 환자는 누구일지에 대해 의료적 선택이 이뤄졌다"며 "미국에서 이런 극단적 사례가 나와서는 결코 안 되겠지만 (이 극단적 사례에 대응한) 계획이 있는 것은 사실이다"고 공개했다. 미국 내 최고의 의료기관마저 코로나19 환자 폭증 국면에서 의료자원이 부족해지면 젊고 생존가능성이 높은 환자를 우선 치료하는 비상계획을 수립했다는 뜻이다.

출처: 매일경제(2020.3.17). "누구에게 산소호흡기 우선권을 줄 것인가"…의료계에서 커지는 윤리선택 갈등.

태를 위한 보조적인 가이드라인(guideline)이다. 첫째, 실용적 가치(utilitarian values)에 의하면, 의사결정은 가장 많은 사람들에게 최고의 이익을 주도록 정해져야 한다. 둘째, 윤리적으로 옳은 가치(moral rights values)에 의하면, 의사결정은 자유, 안전, 사생활의 보호와 같은 사람들의 기본권과 혜택을 보장하도록 정해져야 한다. 셋째, 정의적 가치(justice values)에 의하면, 의사결정은 사람들에게 공정성, 공평성, 형평성 있는 이익을 주도록 정해져야 한다. 이러한 가치들은 일련의 행동이 윤리적인지 아닌지 평가할 때, 고려되어야 하는 것이다. 하지만 이러한 세 가지의 윤리적 가치들을 가이드라인으로 갖고 있다고 하더라도 의사결정에 의해 영향을 받는 사람들의 이익 간에 갈등이 일어나기 때문에 조직구성원은 종종 윤리적인 딜레마를 겪게 되며, 어떤 결정을 내려야 할지 불명확한 상황에 놓이게 된다(George & Jones, 2012).

선물 수수 관련 공무원행동강령 사례

□ 우리나라의 공무원행동강령

- 직무 관련자로부터 금전, 부동산, 선물, 향응의 수수를 금지함.
- 다만, 통상적인 관례(3만 원)의 범위 안에서 제공되는 음식물 또는 편의는 허용함.
- 직무와 관련된 공식적 행사에서 주최자가 참석자에게 일률적으로 제공하는 교통, 숙박 또는 음식물은 허용함.
- 불특정 다수인에게 배포하기 위한 기념품, 또는 홍보용 물품은 허용함.

□ 싱가포르의 공무원복무지침

- 공무원은 직무관련성 유무와 상관없이 시민으로부터 금전, 상품, 자유이용권 등 어떤 형태든지 선물을 받을 수 없음(개인적인 친구의 일상적인 선물은 제외).
- 공무원은 자신의 직무의 실질적인 관할 하에 있는 시민으로부터 초대 또는 접대를 수락해서는 안 됨(개인적인 친구로부터의 초대 또는 접대는 응할 수 있음).

□ 미국의 연방규정(Code of Federal Regulation)

- 공무원은 '금지된 출처'로부터 공적임무 수행에 영향을 미칠 수 있는 선물의 수수를 금지함.
- 다만, 20달러 이하의 선물에 대하여는 예외를 인정하나, 이 경우에도 동일 출처로부터 연간 50달러를 초과할 수 없음.

□ 홍콩의 이익 및 향응수수에 관한 총독령

- 공무원은 배우자나 부모 등 아주 가까운 사람으로부터 제공되는 선물만 수취할 수 있음.
- 예외적으로 이 범주 밖에 있는 사람으로부터도 선물을 받을 수 있으나, 자신의 직무와 부관해야 하며 선물 또한 통상적 수준이어야 함.

출처: 부패방지위원회(2004).

3. 가치의 연구

1) 로키치의 가치조사(RVS)

저명한 심리학자인 로키치(Milton Rokeach)는 두 가지의 큰 유형으로 구분되는 가치 체계를 주장한다(Rokeach, 1973; [표 3-2] 참조). 18개의 설문 문항으로 구성된 로키치의 가치조사(Rokeach Value Survey: RVS)는 궁극적 가치(terminal values)와 수단적 가치(instrumental values)의 두 가지 가치 유형으로 구성되어 있다. 궁극적

표 3-2 로키치의 가치조사(RVS)

궁극적 가치(terminal values)	수단적 가치(instrumental values)
안락한 삶(과 번영)	야심적인(열심히 일하는)
활기찬 삶(자극적인)	관대한(개방적인)
성취감(장기적인 기여)	능력 있는(유능한, 효과적인)
평화로운 세상(전쟁과 갈등이 없는)	즐거운(쾌활한, 기쁜)
아름다운 세상(아름다운 자연과 예술)	깨끗한(깔끔한, 정돈된)
평등(형제애, 공평한 기회)	용기 있는(믿음을 위해 일어서는)
가족의 안전(사랑하는 사람을 배려)	용서하는(기꺼이)
자유(독립, 선택의 자유)	도움을 주는(타인의 이익을 위하는)
행복(만족)	정직한(진정한, 진실한)
내적 화합(내적 갈등이 없음)	상상하는(창의적, 대담한)
성숙한 사랑(육체적·정신적 친근함)	독립적인(자립적인)
자연적인 안전(방어)	지적인(대응하는)
기쁨(안락하고 즐거운 삶)	논리적인(일리 있는)
구원(구원받은 영생)	사랑하는(애정의, 친절한)
자기만족(자존감)	공손한(충실한, 존경하는)
사회적 인정(갈망, 존경)	친절한(정중한, 좋은 매너의)
진정한 우정(친밀한 동반자)	책임 있는(믿을 만한, 의존할 만한)
지혜(삶에 대한 성숙한 이해)	자기통제적인(자제하는)

출처: Schermerhorn, Hunt, Osborn, & Uhl-Bien(2010: 41).

가치는 개인이 인생에서 달성하려 하는 궁극적인 목표를 의미하는데, 무엇(what)을 달성할 것인가와 관련이 있다. 수단적 가치는 이러한 궁극적 가치를 달성하기 위한 수단을 의미한다. 수단적 가치는 어떻게(how) 궁극적 가치를 달성할지에 관한 것인데, 이는 개인이 선호하는 상대적인 중요도에 달려 있다.

궁극적 가치와 수단적 가치 간의 상호 관련성이 높고 일관성이 있을수록, 한 개인의 가치관은 보다 건전하다고 할 수 있다. 예를 들어, 어떤 사람이 로키치의 가치조사에서 궁극적 가치가 "진정한 우정", 수단적 가치가 "독립적인(자립적인)"이라고 응답하였다면, 그의 가치관은 상대적으로 건전하지 못하다고 평가할 수 있다. 데비코 외(Devico et al., 1984)에 의하면, 미국인들은 궁극적 가치로 "행복"과 수단적 가치로 "사랑하는"을 가장 많이 언급하였다.

집단(예: 관리자, 일반 근로자, 노동조합 가입 근로자, NGO 활동가 등)에 따라 추구하는 궁극적 가치와 수단적 가치에는 차이가 있다. 프레드릭과 베버(Frederick & Weber, 1990)에 의하면, 경영자는 궁극적 가치로 "자기존중, 가족안전", 수단적 가치로 "정직, 책임"을 들었으며, 노동조합원은 궁극적 가치로 "가족안전, 자유", 수단적 가치로 "책임, 정직"을 들었다. NGO 활동가는 궁극적 가치로 "평등, 평화로운 세상(세계 평화)", 수단적 가치로 "정직, 도움"을 들었다. 집단 간의 이러한 선호 차이는 상호이해를 할 때 장벽이 될 수 있으며, 갈등을 야기할 가능성을 높이게 된다(Schermerhorn, Hunt, Osborn, & Uhl-Bien, 2010). 앞서 언급한 바와 같이 가치 갈등은 타협의 가능성이 낮기 때문이다.

2) 홉스테드의 문화적 가치

1967년부터 약 6년 간 이뤄진 홉스테드(Geert Hofstede)의 연구(Culture's Consequences: International differnences in work-related values, 1980)에서 도출된 문화적 가치는 가장 널리 알려진 가치의 유형 체계 가운데 하나다(Hofstede, 2001). 그는 다국적 기업인 IBM에 근무하는 72개국 20개의 언어를 사용하는 약 88,000명의 근로자를 대상으로 자료를 분석했다. 그의 연구는 다른 국가에서 일하는 근로자들이 서로 다른 가치를 가지는 경향이 있음을 보여준다. 그리고 이러한 가치들은 몇 가지 유형으로 구분될 수 있다. 즉, 홉스테드의 문화차원이론(cultural dimensions theory: CDT)은 다양한 국가에 해당하는 문화적 가치를 보여주는데, 이를 통해 연구자들은 다양한 국가, 사회의 문화적 가치를 비교하기 위한 척도를 제공받고 있다(Colquitt, Lepine, & Wesson, 2011).

홉스테드는 설문 결과를 분석하여 이들 응답을 다섯 가지 문화적 가치 유형으로 구분하였는데, 국가별로 설문 대상자의 응답에 차이가 있음을 알게 되었다(Hellriegel & Slocum, 2011). 최초의 연구에서 그는 개인주의 대 집단주의(individualism vs. collectivism), 권력 거리(power distance), 성취 지향 대 관계 지향(혹은 남성다움 대 여성다움, masculinity vs. femininity), 불확실성 회피(uncertainty avoidance) 등 네 가지의 문화적 가치를 추출했으나, 1988년에 단기 지향 대 장기 지향[short-term vs. long-term orientation, 혹은 유교 동적 차원(confucian dynamism)]이라는 다섯 번째의 문화적 가치를 추가했다([표 3-3] 참조).[7]

7) 이 책에서는 다루지 않지만, 2010년 발간된 개정판(Culture and Organizations: Software of the Mind)에서는 방종 대 절제(indulgence vs. restraint)라는 여섯 번째 문화적 가치가 추가되었다. 이

첫째, 개인주의 대 집단주의에서 개인주의는 조직 전체보다는 개인의 활동을 선호하는 정도를 의미한다. 즉 개인주의는 개인 간의 연대가 느슨한 사회에서 사람들이 자신과 자신의 직계가족만을 돌보는 경향이다.[8] 이와 반대로, 집단주의는 개인보다는 평생 동안 소속되는 집단이나 조직의 구성원으로서 활동을 중요시한다. 집단주의는 사람들이 변치 않는 충성의 대가로 평생 동안 보호받는 응집력이 강한 집단의 성원으로 살아가는 사회의 특성이다.

둘째, 권력 거리는 권력이 불균등하게 배분되어 있는 것을 사회가 받아들이는 정도를 의미한다. 권력 거리가 큰 조직에서는 상사와 부하가 서로를 같지 않은 존재로 인식한다. 부하는 상사에 완전히 복종하고 동시에 권력 불평등에 대한 저항을 보이게 된다. 권력 거리가 작은 조직에서는 부하와 상사가 서로에 대해 동등한 존재로 인식하며, 이들 간에는 상호의존관계가 형성된다.

셋째, 성취 지향 대 관계 지향은 사회가 성취, 경쟁을 중요한 가치로 여기는지, 아니면 화목한 대인관계의 유지를 중요하게 여기는지에 의해 구별되는 차원이다. 즉 성취 지향은 돈, 물질, 결과, 경쟁을 추구하는 것이고, 관계 지향은 타인의 행복, 복지에 관심을 갖고 인간관계, 사랑을 추구하는 것을 의미한다.

넷째, 불확실성 회피는 불확실하고 모호한 상황에 대해 사회가 받아들이는 정도를 의미한다. 즉 생활을 하면서 마주칠 수 있는 예기치 못한 상황에 대해 얼마나 준비하고 계획적으로 대처하는가에 따라 구분되는데, 불확실성 회피 정도가 높은 사회에서는 계획성과 규범, 규칙의 준수를 강조한다.

다섯째, 단기 지향 대 장기 지향(혹은 유교 동적 차원)은 사회의 시간 범위를 설명하는데, 단기 지향은 사회적 성공, 성취 등 빠른 성과를 중시하는 것이고, 장기 지향은 미래를 중시하여 장기적인 성취를 위해 더딘 결과를 인정하는 것, 즉 미래를 위해 현재를 희생하는 것을 의미한다.

홉스테드의 문화적 가치는 조직 몰입(organizational commitment), 조직시민행동

는 마음대로 쾌락, 욕망, 욕구를 추구하는가, 아니면 사회적 제약과 규범에 의해 이러한 행위가 규제되는가의 차원이다.

8) 홉스테드(Hofstede, 1980; 1991)의 연구에서는 국민소득과 개인주의 간에 상관관계가 있다고 주장한다. 즉, 소득이 높아지면, 국민들이 개인주의적 성향을 띠게 된다고 주장한다. 이는 소득이 증가하면, 국민들이 이전과 달리 스스로 원하는 바를 할 수 있는 경제력을 지니게 되고, 개인적 활동이 가능하게 되어 나타난다고 설명된다(한규석, 1995).

표 3-3 홉스테드의 문화적 가치 유형

개인주의 ↔ 집단주의(individualism vs. collectivism)	
개인주의	• 이 사회의 문화는 느슨하게 연계된 사회적 프레임워크다. 그 안에서 사람들은 자신과 직계 가족을 돌본다. • 미국, 네덜란드, 프랑스 등
집단주의	• 이 사회의 문화는 밀접하게 연계된 사회적 프레임워크다. 그 안에서 사람들은 넓은 집단 멤버들을 돌보고 신뢰한다. • 인도네시아, 중국, 서아프리카 등 • 우리나라는 집단주의가 강한 국가에 해당된다.
권력 거리(power distance)	
낮음	• 이 사회의 문화는 평등을 강조하고 가능한 한 권력이 균등하게 배분되어 있는 것을 선호한다. • 미국, 독일, 네덜란드 등
높음	• 이 사회의 문화는 조직 내에서 권력이 대개 불균등하게 배분되어 있다는 것을 받아들인다. • 러시아, 중국, 인도네시아 등 • 우리나라는 권력거리가 큰 국가에 해당된다.
불확실성 회피(uncertainty avoidance)	
낮음	• 이 사회의 문화는 불확실성과 모호한 상황을 용인한다. 그리고 색다른 아이디어와 행태를 높게 평가한다. • 미국, 인도네시아, 네덜란드 등
높음	• 이 사회의 문화는 불확실성과 모호한 상황에 위협을 느낀다. 그리고 안정성을 강조하기 위해 공식적 규칙에 의존한다. • 일본, 러시아, 프랑스 등 • 우리나라는 불확실성 회피가 높은 국가에 해당된다.
성취 지향 ↔ 관계 지향(masculinity vs. femininity)	
성취 지향	• 이 사회의 문화적 가치는 공격성, 재화와 물질의 획득과 같이 전형적으로 남성의 특성을 갖고 있다. • 미국, 일본, 독일 등 • 우리나라는 성취지향적인 국가에 해당된다.
관계 지향	• 이 사회의 문화적 가치는 다른 사람의 배려, 삶의 질의 고려 등 전형적으로 여성의 특성을 갖고 있다. • 네덜란드, 러시아, 프랑스 등
단기 지향 ↔ 장기 지향(short-term vs. long-term orientation) 혹은 유교 동적 차원(Confucian dynamism)	
단기 지향	• 이 사회의 문화는 전통에 대한 존중, 끈기, 호혜성, 책임의 이행과 같이 과거, 그리고 현재 지향적 가치를 강조한다. • 소비가 미덕, 사회적·신분적 의무를 무조건 존중, 즉각적인 결과를 기대, 진리와 옳고 그름이 관심사, 미래투자를 위한 자본 부족 • 미국, 러시아, 서아프리카 등

장기 지향	• 이 사회의 문화는 지속성, 적응 능력, 검소, 절약과 같이 미래 지향적 가치를 강조한다. • 인내 · 위계질서 · 전통을 시대에 맞추어 변화 · 적응시킴, 사회적 · 신분적 의무를 존중하지만 한계가 있음, 대를 위해 스스로를 희생하는 것을 감내, 실용성과 덕이 관심사, 미래투자를 위한 자본 축적[9)] • 중국, 인도, 일본, 네덜란드 등 • 우리나라는 장기 지향적인 국가에 해당된다.

출처: Hofstede(2001); Hellriegel & Slocum(2011); Colquitt, Lepine, & Wesson(2011), 한규석(1995) 등 재구성.

(organizational citizenship behavior: OCB), 팀워크(teamwork) 관련 태도와 강한 관계가 있음이 밝혀졌다.[10)] 예를 들어, 국가에 따라 문화적 가치의 차이로 인해 조직시민행동에 차이가 있다고 해석할 수 있다. 홉스테드의 문화적 가치는 다른 국가와 사회에 사는 사람들 간의 차이를 분석하는 매우 유용한 방법이며, 동일한 국가나 사회 내의 사람들을 분석하기 위한 방법은 아니다. 다시 말해서, 홉스테드의 문화적 가치를 한 국가 내의 집단이나 조직에 적용하는 것은 바람직하지 않다. 그리고 홉스테드의 문화적 가치는 하나의 국가의 국민은 모두 동일한 가치를 가진 것으로 가정하므로 해석할 때 주의가 필요하다(Robbins & Judge, 2013).

홉스테드의 문화적 가치는 몇 가지의 문제점을 갖고 있다고 지적된다. 첫째, 그의 연구는 IBM이라는 단 하나의 기업만을 대상으로 조사한 결과이므로, 일반화하기에는 어려움이 있다. 둘째, 홉스테드의 문화적 가치는 문화적 특성을 주어진 것으로 가정하고 가치에 맞는 조직구조를 설계해야 한다고 주장한다. 하지만 때로는 현재의 불합리한 가치를 바꾸기 위해 조직구조를 일부러 부조화되도록, 혹은 미래 지향적으로 설계해야 하는 경우도 있다. 셋째, 한 국가 내의 문화적 가치는 사실 매우 다양하다. 따라서 국가 전체에 동일한 수준의 문화적 가치가 있다고 가정하는 것은 과도한 단순화일 수 있다. 오히려 어떤 경우에는 미국의 국세청 직원들과 우리나라의 국세청 직원들이 더 유사한 문화적 가치를 가질 수도 있다.

9) 홉스테드와 본드(Hofstede & Bond, 1988)는 경제발전을 이룬 아시아 국가들이 절약, 검소, 위계질서의 중시 등 장기 지향적 가치를 중시해왔으며, 이들 가치가 경제성장에 긍정적인 영향을 주었다고 설명한다.

10) 조직시민행동(organizational citizenship behavior: OCB)은 공식적으로 주어진 과업 수행 이외에도 조직의 발전과 효율성 증진에 기여하는 자발적이고 자유재량적인 행동이다(Organ, 1990).

거트 홉스테드(Geert Hofstede, 1928~)는 네덜란드의 사회심리학자로서 마스트리히트대학교(Maastricht University)의 교수다. 그는 Delft 기술대학교에서 기계공학을 전공하고 네덜란드 기업의 기술경영분야에서 10년 간 일하다, Groningen 대학교에서 사회심리학 박사학위를 취득했다. 홉스테드는 IBM 인적자원 담당부서에서 일하던 당시 각 문화 환경에 따라 하급자들이 상급자들에게 눈치를 보지 않고 직접 의사전달을 할 수 있는 정도가 다르다는 점에 주목하여 연구를 시작하였다고 한다. 홉스테드는 개량하기 어려운 모호한 문화이론을 체계적으로 분석함으로써 문화심리학에 큰 기여를 했다. 그의 이론은 세계의 석학들의 저서에도 수차례 인용될 정도로 큰 반향을 일으켰고, 19개 언어로 번역되어 출간되었다.

출처: 위키백과(https://ko.wikipedia.org/wiki);
Geert Hofstede 외 지음, 차재호 · 나은영 편역(2014). 『세계의 문화와 조직: 정신의 소프트웨어』.

제 3 절 태도와 가치의 활용

관리자가 특정 태도가 발생하는 원인과 그 태도가 가져오는 결과를 이해하는 것은 조직의 효과적인 관리를 위해 매우 중요하다. 또한 관리자는 태도의 다양한 구성요소, 이떻게 태도가 형성되는지, 업무 행태에 영향을 주는 주요 태도, 태도를 바꾸기 위해 어떻게 설득할 것인가 등을 잘 이해할 필요가 있다(Nelson & Quick, 2011: 116). 조직구성원의 태도는 직접 혹은 간접적으로 업무에 영향을 미치기 때문에 매우 중요하다. 직원들의 태도, 표정, 말은 고객의 태도에도 큰 영향을 준다. 한 연구에 의하면, 호텔 직원들이 고객에게 도움이 되는 친절한 서비스를 제공할 때, 호텔 고객은 그 호텔에 다시 투숙하고 싶어하거나, 더 나아가 더 많은 돈을 기꺼이 지불할 의사를 갖게 된다고 한다. 이러한 고객의 긍정적인 태도는 기업의 성공에 필수적인 것이다.

조직구성원의 태도에 변화를 주는 것은 매우 어렵지만, 그럼에도 불구하고 관리자는 조직구성원의 태도에 많은 관심을 기울이고, 바람직한 방향으로 태도를 변화시키기 위해 노력해야 한다. 특히 인지부조화 이론은 관리자가 조직구성원의 행태를 예측하고 변화를 주는 데 도움을 줄 수 있다. 예를 들어, 직원이 자신의 태도에 반하는 업무(행동)를 해야 한다면, 그는 자신의 행동과 태도를 양립시키기 위해 자신의 태도를 변화시켜야 할 것이다. 그리고 관리자는 중요도, 영향력, 보상 등의 요소를 적절히 조절하여 이 부하 직원이 태도를 특정 방향으로 변화시키도록 유인해야 할 것이다.

직원들의 희망(hope)을 높이기 위해 관리자는 어떻게 해야 할까? 희망의 정의에서 알 수 있듯이 관리자는 직원들이 의지와 수단을 갖도록 도움을 주어야 한다. 첫째, 직원의 의지(결심)가 생기도록 돕기 위해 모호한 목표보다는 분명하고 구체적인 목표를 설정하고, 이전보다는 약간 높은 달성 가능한 목표를 제시하는 것이 바람직하다. 또한 최종 목표를 달성하기 위한 하위 목표, 즉 목표 달성 절차를 설정, 제시해야 한다. 예를 들어, 수영을 배우기 위해서는 팔을 젓고, 숨을 쉬고, 발을 차는 연습을 해야 한다. 그리고 연습을 통해 각각의 동작(하위 목표)에 숙달될 때, 모든 동작이 자연스럽게 이어져 능숙한 수영(최종 목표)이 가능하게 되는 것이다. 둘째, 직원의 적절한 수단을 갖도록 도움을 주기 위해 충분한 교육훈련의 기회를 부여하는 것이 바람직하다.

홉스테드의 이론을 관리자는 어떻게 활용할 수 있을 것인가? 예를 들어, 권력 거리가 낮은 미국에서는 직원들을 의사결정에 참여시키는 것이 효과적이다. 하지만 권력 거리가 높은 중국에서는 참여적 관리는 효과를 갖기 어려울 것이다. 또한 불확실성 회피가 낮은 미국에서는 매트릭스 조직(matrix organization)이 효과적일 것이다.[11] 하지만 불확실성 회피가 높은 일본에서는 매트릭스 조직은 효과를 갖기 어려울 것이다. 이는 조직의 성과를 높이기 위해서는 해당 국가의 문화적 가치에 맞는 조직설계와 관리가 이루어져야 함을 의미한다.

11) 매트릭스 조직은 조직 활동을 기능부문으로 전문화시키고 동시에 전문화된 부문들을 프로젝트로 통합시킬 필요로 인해 만들어진 조직 형태이다. 기능 중심의 조직은 전문성이 높으나, 통합에 어려움이 있으며, 프로젝트 중심의 조직은 통합은 용이하나, 비용이 과다하게 소요된다는 문제점을 해결하기 위해 제시되는 조직 형태이다(진종순, 2017).

Chapter 04

지각과 학습

제 1 절 지 각

지각(perception)은 우리가 주변 세계를 보는 방식이다. 지각은 사람들이 자기 자신과 주변 환경을 이해하기 위한 기본적인 도구이다. 환경의 자극은 촉각, 후각, 청각, 시각, 미각 등 다섯 가지의 감각기관(오감, sensory organ)을 거쳐 전기화학적 에너지로 변환되며, 이렇게 변환된 전기화학적 에너지는 신경충동(nerve impulse)의 형태로 뇌로 전달된다.[1] 이러한 신경충동 형태의 부호는 뇌에 저장되어 있는 인지구조(cognitive schema)에 의해서 해석되어 지각이 이루어진다(이수원 외, 1987). 사람들은 지각을 통해 수집한 정보에 의미를 부여한다.[2] 그렇다면 지각은 왜 중요한가? 그

1) 오감 이외의 감각으로는 신체의 균형을 유지하는 평형감각(vestibular sensation)과 걸을 때 무의식적으로 자연스럽게 다리를 굽히거나 물건을 들 때 자연스럽게 적당한 힘을 사용하는 고유감각(proprioceptive sensation)이 있다(이수원 외, 1987).

2) 우리의 감각기관이 자극을 알아채기 어려울 정도로 경미하지만, 무의식적으로는 인식하는 지각을 식역하 지각(subliminal perception)이라고 한다. 한 극장에서 영화의 자막에 5초마다 1/3,000초 동

것은 바로 사람들의 행동은 객관적인 현실 자체가 아니라 사람들이 인식하는 현실에 바탕을 두고 일어나기 때문이다. 행동에 영향을 주는 세계는 인식된 세계(혹은 주관적 실재)이다. 다시 말해서, 세상 그 자체가 아니라 사람들이 인식하는 세상, 즉 지각된 세상이 그들의 행동에 영향을 주는 것이다. 그리고 많은 경우 개인이 지각하는 것은 객관적 실재와 다를 수 있다.

베버의 법칙(Weber's law)

차이식역(difference threshold)은 두 자극 간의 차이를 알아챌 수 있는 정도만큼의 자극 차이를 의미한다. 우리가 어떤 차이를 인식하는가는 초기 자극의 강도에 달려 있다. 차이를 인식할 수 있는 상수 K가 고정되어 있다고 할 때, 초기 자극의 강도가 크면, 지각할 수 있는 변화의 수준도 그에 비례해 커야만 사람들은 그 변화를 인식할 수 있다. 반대로 초기 자극의 강도가 작으면, 지각할 수 있는 변화의 수준이 작아도 사람들은 그 변화를 인식할 수 있다. 예를 들어, 초기 자극이 100일 경우, 차이식역이 4였다면, 초기 자극이 1,000일 경우, 차이식역이 40이 되며, 초기 자극이 10일 경우, 차이식역은 0.4가 된다. 이러한 사실은 1834년 에른스트 베버(Ernest Weber)에 의해서 발견되어 베버의 법칙(Weber's law)이라고 불린다.

$$K = \frac{\Delta I}{I}$$

K = 차이를 인식할 수 있는 상수(고정된 값)

ΔI = 지각할 수 있는 변화의 수준

I = 초기 자극의 강도

마케팅에서는 실제로 베버의 법칙이 활용되고 있다. 상품의 가격을 인상할 경우에는 가격이 인상되었다는 것을 소비자들이 지각하지 못하도록 가격을 조금씩 여러 번에 걸쳐 인상한다. 이와 반대로, 상품의 가격을 할인할 경우에는 할인되었다는 것을 소비자들에게 확실히 인식시키기 위해 K보다 큰 가격 변화를 준다.

출처: 이수원 외(1987) 재정리.

안 “Drink Coca Cola and Eat Popcorn”이라는 문구를 투사해서 보여 주는 실험을 실시하였다. 실험의 결과, 영화 관객들이 실제로 팝콘과 코카콜라를 더 많이 사 먹어 각각의 매출액이 58%, 18%씩 증가했다. 다른 한 실험에서는 젊은 여성의 일상 생활을 슬라이드로 실험대상자들에게 보여준 후, 평가하도록 하였다. 한 집단에게는 슬라이드를 보여주기 전에 순간적으로 고양이의 사진을 비추었으며, 다른 집단에게는 화상을 입은 얼굴을 비추었다. 실험 결과, 고양이의 사진에 노출된 집단이 젊은 여성에게 더욱 호감을 보여주는 태도를 보였다(Krosnick et al., 1992).

1. 지각의 정의

지각이란 "개인이 주변 환경에 의미를 부여하기 위해 자신이 감각적으로 느끼는 인상들을 조직하고 해석하는 과정"(Robbins & Judge, 2013)을 의미한다. 혹은 "한 개인이 다른 사람에게 특징 또는 특성을 귀인하는 과정"(Hellriegel & Slocum, 2011)으로 정보를 선택하고, 구조화하고, 해석하고, 반응하는 과정을 의미한다. 지각은 "사람들이 그들 주변 상황으로부터 얻은 정보에 대해 선택하고, 조직하고, 해석하고, 회수하고, 반응하는 과정"이라고도 정의된다(Schermerhorn, Hunt, Osborn, & Uhl-Bien, 2010). 즉, 지각은 경험에 의미와 해석을 부여하는 과정이라고 볼 수 있는데, 이러한 지각에 관한 여러 정의를 바탕으로 지각은 다음과 같이 정의될 수 있다.

> 자극을 감각기관을 통해 받아들이고,
> 이 자극에 대해 의미를 부여, 해석하는 심리적 과정

지각은 자기 자신, 타인, 일상 생활의 경험에 대한 인상을 형성하는 방식이다. 이렇게 지각은 정보가 사람들에게 영향을 미치기 전에 통과하는 스크린이나 필터로써 작용한다. 지각은 여러 가지 다양한 요소의 영향을 받기 때문에 동일한 대상이라고 할지라도 다른 사람들은 다른 지각을 하게 된다. 또한 사람들은 그들의 지각에 따라 행동하게 되므로, 이러한 지각의 차이는 결과적으로 다음에 어떤 행동의 차이가 생길지에 매우 큰 영향을 미친다(Schermerhorn, Hunt, Osborn, & Uhl-Bien, 2010). 사람들이 다른 지각을 가짐에 따라 결과적으로 다른 행동을 하게 되는 것이다.

누구나 각자의 고유한 신체적 특징, 지식, 기술, 취미, 성격, 가치 등을 갖고 있듯이, 사람들은 어떤 사물이나 사건에 관해 각자 고유한 지각을 갖고 있다. 또한 지각은 선택적이다. 주위 환경으로부터의 모든 자극에 자신의 주의를 기울이는 것은 불가능하므로, 사람들은 대부분의 정보를 걸러서 그들 중 가장 중요한 것을 처리한다. 이는 선택적 여과(selective screening)라고 불린다.

2. 지각의 형성

왜 사람들은 똑같은 대상을 보면서 서로 다르게 지각하는가? 내부적 요인(개인적 특성), 외부적 요인(자극의 특성), 그리고 상황적 요인에 따라 사람들의 지각에는 차이가 나타난다. 또한 이러한 요인들은 지각의 차이뿐만 아니라 지각의 왜곡을 가져오기도 한다.

1. 내부적 요인(the perceiver): 지각자(perceiver)의 개인적 특성을 뜻한다. 즉, 성격, 욕구, 가치, 동기, 학습, 경험, 자아, 태도, 흥미, 현재의 기분 등을 포함하는 지각자의 특성을 의미한다. 예를 들어, 티비나 영화에서 방영되는 권위적인 교수의 모습을 많이 보았던 대학 신입생은 교정에서 지나가는 교수를 보면, 권위적이라고 지각할 것이다.
2. 외부적 요인(the perceived): 지각, 혹은 관찰 대상(target)의 특성을 뜻한다. 즉, 대상의 강도, 크기, 대조, 반복, 움직임, 새로움과 친숙함 등을 의미한다. 사람의 경우, 얼굴 표정, 일반적인 모습, 피부색, 자세, 나이, 성별, 목소리, 성격적 특성, 행동 등이 외부적 요인이 될 수 있다. 이러한 요인들 가운데 하나 혹은 여러 요인이 조합되어 지각에 영향을 미친다. 예를 들어, 키가 2m인 사람은 길거리에서 일반인보다 잘 지각될 것이다. 피부색이 검은 색인 사람은 우리나라의 길거리에서 보다 쉽게 지각될 것이다.
3. 상황적 요인(the setting): 지각이 형성되는, 혹은 사물이나 사건을 바라보는 상황(situation)을 뜻한다. 즉, 주변의 환경을 의미하는데, 동일한 자극이라고 할지라도 그 자극이 주어진 시간, 위치, 빛, 열 등에 따라 지각에 차이가 나타나게 된다. 예를 들어, 아침이나 저녁(시간)에 한강 둔치(위치)에서 조깅복을 입은 사람을 본다면, 크게 주목하지 않을 것이다. 하지만 대낮(시간)의 대학 강의실(위치)에서 조깅복을 입은 사람을 본다면, 모든 사람이 주목할 것이다.

다음의 [그림 4-1]은 지각이 형성되는 과정을 보여준다. 지각의 왜곡은 뒤에서 좀 더 자세히 살펴보기로 한다.

그림 4-1 지각모델

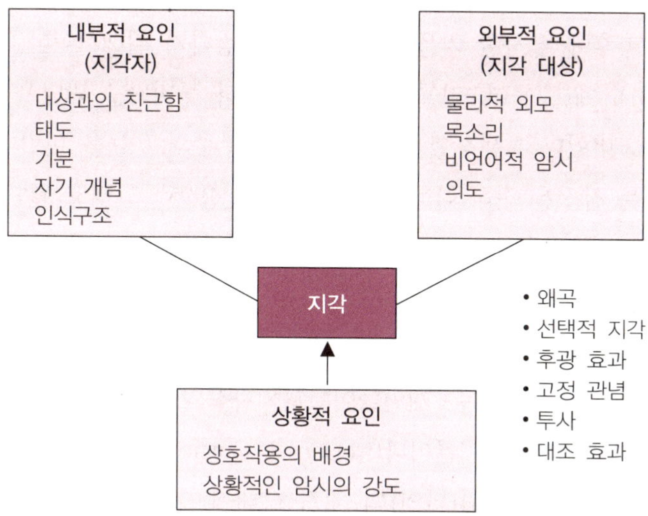

출처: Nelson & Quick(2011: 96) 재구성.

3. 귀인이론

우리의 사람에 대한 지각과 무생물에 대한 지각은 다르다. 그 결정적인 차이는 추론의 유무인데, 우리는 다른 사람들의 행동에 대해 추론을 하지만, 무생물(예를 들어, 산에 있는 바위나 자갈)에 대해서는 거의 추론을 하지 않는다. 산중턱에 바위가 하나 놓여있을 때, 대부분의 사람들은 "왜 여기 돌이 있을까?"라고 의문을 갖지는 않는다. 사람들이 특정 행동을 할 때, 그들은 어떤 이유가 있기 때문에 그 행동을 한다. 다시 말해서, 사람들은 어떤 행동을 하도록 하는 원인인 동기, 의지, 믿음이 있기 때문에, 그러한 행동을 한다. 그러므로 우리들은 다른 사람의 행동을 이해하려고 할 때, 그 행동 자체뿐만 아니라 "그 사람이 왜 그렇게 행동했을까?", "그 사람이 어떤 동기, 의지, 믿음이 있어서 그렇게 행동했을까?"를 알고 싶어하고, 그 행동의 원인을 추론한다(Robbins, 2005).

하이더(Fritz Heider, 1958)에 의하면, 타인이 한 행동의 원인이 무엇인지 파악하는 것은 지각자에게 주변 세계를 파악하고 통제하고 있다는 인식을 가져다준다. 이러한 하이더(Heider, 1958)의 아이디어는 사회심리학에서 귀인(歸因)에 관한 연구가 중요한 주제가 되는 데 기폭제가 되었다. 예기치 않았던 불행한 일이 발생할 때, 원인을 탐색하는 것은 추후에 유사한 일을 예측하거나 예방하기 위해서이다(Pyszczynski & Greenberg, 1981). 예를 들어, 건물 아래를 지나가다 물벼락을 맞았을 때, 상대방이 의도적으로 물을 버렸다고 생각했을 때와 순전히 부주의로 물을 버렸다고 생각했을 때 당신이 느끼는 감정은 전혀 다를 것이다(한규석, 1995). 그리고 원인을 어떻게 보는가에 따라 당신의 미래 대비책은 전혀 다를 것이다. 혹은 어떤 사람이 나를 보고 웃었다고 할 때, 이를 호의의 표시로 볼 때와 비웃음으로 볼 때 여러분의 다음 행동은 전혀 달라질 것이다.[3)]

귀인이론(attribution theory)은 개인들이 그들 자신의 행동과 타인의 행동의 원인을 어떻게 찾는지 설명하는 이론이다(Nelson & Quick, 2011). 타인의 행동에 대한 우리의 지각과 판단은 그 사람(타인)의 내적 상태에 대해 어떻게 생각하는가에 큰 영향을 받는다. 귀인이론에 의하면, 사람들은 우선 타인의 행동을 관찰할 때, 그 행동의 원인이 내재적인지 외재적인지 판단한다. 내재적 원인(internal attributions)에 의한 행동은 그 행동이 사람들의 개인적 통제 하에 있다고 믿는 것이다. 이와 반대로, 외재적 원인(external attributions)에 의한 행동은 외부 환경이 개인의 행동을 강제하는 것으로 본다. 즉, 쉽게 말해서 내재적 원인은 타인이 스스로 원해서 행동한다고 판단하는 것이고, 외재적 원인은 타인이 어떤 강요로 인해 원치 않지만 그런 행동을 한다고 판단하는 것을 의미한다. 예를 들어, 직원이 회사에 늦게 출근을 했다고 할 때, "게을러서 늦잠을 잤다"라고 한다면 내재적 원인(자유 의지)에 해당되는 것이고, "교통사고가 나서 차가 막혔다"라고 한다면 외재적 원인(상황으로 인한 어쩔 수 없는 이유)에 해당되는 것이다.

타인의 행동이 내재적인지 외재적인지 판단하기 위한 기준으로는 차별성, 합의성, 일관성이 있다. 첫째, 차별성(distinctiveness)은 그 대상자가 다른 상황에서(in other settings) 동일한 방식으로 행동을 보이는지의 여부를 말한다. 즉, 어떤 행동이 보기 드문 행동인지의 여부다. 둘째, 합의성(consensus)은 동일한 상황에 직면한 다른 사

3) 일본의 거리에는 우리나라, 혹은 서구의 여러 선진국과 비교해도 정말 예외적으로 쓰레기가 없는 것을 알 수 있다. 그런데 일본 사람들은 원래 질서의식이 높아 쓰레기를 버리지 않는 걸까? 아니면, 다른 사람들의 눈총이 무서워서 쓰레기를 버리지 못하는 걸까?

람들이 동일한 방식으로 행동하는지의 여부를 말한다. 셋째, 일관성(consistency)은 그 대상자가 같은 상황에서 과거에(in the past) 얼마나 자주 이런 행동을 보였는지의 여부를 말한다(Robbins & Judge, 2013). 이러한 행동 원인의 판단 기준을 다시 정리하면, 다음과 같다(Hellriegel & Slocum, 2011).

1. 차별성(distinctiveness): 그 대상자가 다른 상황에서 동일한 방식으로 행동을 보이는지 여부
2. 합의성(consensus): 동일한 상황에 직면한 다른 사람들이 동일한 방식으로 행동하는지 여부
3. 일관성(consistency): 그 대상자가 같은 상황에서 과거에 얼마나 자주 동일한 방식의 행동을 보였는지 여부

예를 들어 보자. 한 직원이 오늘 회사에 늦게 출근을 했다고 하자. 관리자로서 당신은 다음과 같이 지각의 원인을 추론하게 된다. 첫째, "그 직원이 회의나 모임에서도 지각을 하나?"(차별성) 만약 지각을 한다면, 그 직원에게 문제가 있는 것이다(내재적 원인). 하지만 지각을 하지 않는다면, 교통사고나 다른 외부 요인이 있는 것이다(외재적 원인). 둘째, "오늘 같은 지역에 사는 다른 직원들도 지각을 했나?"(합의성) 만약 지각을 했다면, 그 지역에 공사가 있었거나 교통사고가 있었거나 다른 외부 요인이 있는 것이다(외재적 원인). 하지만 지각을 하지 않았다면, 그 직원에게 문제가 있는 것이다(내재적 원인). 셋째, "그 직원이 과거에 얼마나 자주 지각을 했었나?"(일관성) 만약 자주 지각을 했었다면, 그 지원에게 문제가 있는 것이다(내재적 원인). 하지만 지각을 거의 하지 않았다면, 교통사고나 다른 외부 요인이 있는 것이다(외재적 원인). 이를 도표로 나타내면 [그림 4-2]와 같다.

하지만 사람들이 항상 귀인이론에서 주장하는 방식으로 대상자가 행동하는 원인을 찾아보는 것은 아니다. 많은 경우, 사람들은 이러한 귀인과정을 따르지 않고, 귀인(attribution)을 왜곡시키는 오류(error)에 빠져든다. 대체로 사람들은 두 가지의 왜곡에 빠진다. 첫째, 사람들은 타인의 행동을 판단할 때 외재적 원인에 의한 영향력을 과소평가하고 내재적 원인의 영향력을 과대평가하는 경향인 근본적 귀인오류(fundamental attribution error)에 빠지기 쉽다(Ross, 1977). 다시 말해서, 타인이 실패를 한 경우에는 내재적 원인일 것이라고 추측한다. 다른 사람의 행동에 대해서는 "그 사람 자체에 문제가 있는거야"라고 해석하는 경향을 보인다.

그림 4-2 귀인 과정

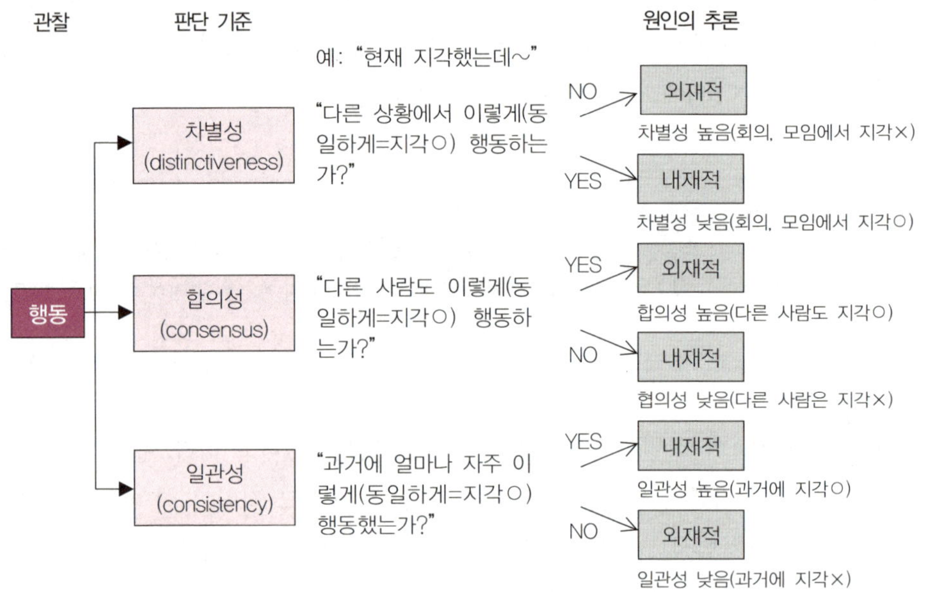

출처: Robbins(2005); Hellriegel & Slocum(2011); McShane & Von Glinow(2012) 재구성.

둘째, 이와 반대로 자신의 실패에 대한 책임을 나쁜 운이나 비협조적인 동료 등 외재적 요인으로 귀인하는 경향인 자기보호 오류(self-serving bias)를 보인다(Robbins & Judge, 2013). 자신이 실패를 한 경우에는 "난 단지 이번에 운이 좋지 않았어", "딴 사람 때문에 이렇게 된 거야"라고 해석하는 경향을 보인다.[4] 하지만 이는 문화에 따라 어느 정도 차이가 있는 것으로 생각된다. 특히 우리나라나 일본의 경우에는 자신의 실패를 내재적인 원인에서 찾는 경향이 있는 듯한데 이러한 결과, 어떤 큰 사고가 발생하였을 때, 관리자가 죄책감을 못이기고 자살하는 경우를 종종 찾아볼 수 있다.[5]

---

4) 이와 유사하게 타인이 성공한 경우에는 외재적 원인에서 그 이유를 찾으며, 자신이 성공한 경우에는 내재적 원인에서 그 이유를 찾는 경향도 보인다. 자기의 자존심(self-esteem)을 높이고 방어하는 방향으로 귀인하는 이러한 경향을 방어적 귀인(defensive attribution), 혹은 동기적 편향(motivational bias)이라고 한다(이수원 외, 1987).

5) 물론 죄책감만이 이의 원인이라고 보는 것은 사건을 너무 단순화시킨 것일 것이다.

4. 지각의 왜곡

누구의 지각이건 이것이 100% 정확한 것은 아니다. 비록 지각자가 자신의 지각을 정당하고 객관적인 것으로 생각한다고 할지라도, 지각에는 종종 왜곡이 일어나게 된다. 이러한 왜곡은 어찌 보면 당연한 것이다. 특정 대상을 지각할 때, 이러한 왜곡 기법이 없다면 지각 자체는 사람들에게 매우 시간이 소요되는 어렵고 힘든 일이 될 것이다. 왜냐하면, 환경으로부터의 모든 정보를 처리해 지각하는 것은 불가능하기 때문이다. 따라서 정보의 일부만을 선택해서 빠른 지각을 시도할 수밖에 없다. 다시 말해서, 비록 정확하지 않을 수는 있으나, 빠른 지각을 위해 왜곡은 의도적으로 반드시 일어나게 된다. 따라서 지각을 정확하게 이해하기 위해서는 어떻게(how) 지각의 왜곡이 일어나는지에 관해 이해할 필요가 있다. 다음의 [그림 4-3]을 보자. 막대기가 네 개인가? 아니면, 세 개인가? 두 사람은 같은 막대기를 보고 다른 지각을 하고 있다.

그림 4-3 막대기가 몇 개인가?

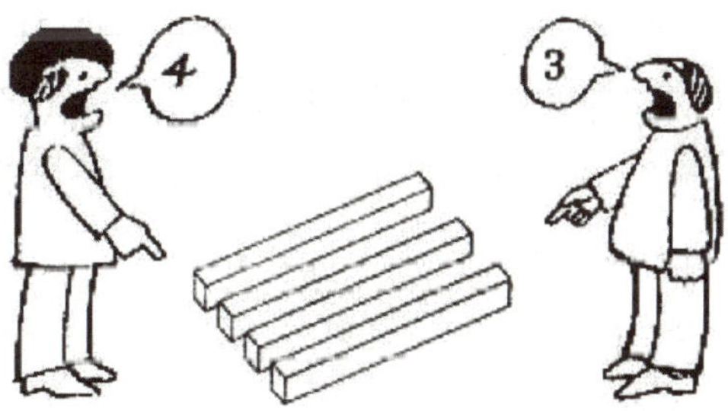

출처: http://wow10com.tistory.com/91

1) 선택적 지각

선택적 지각(selective perception)은 지각자가 자신의 관점에서 문제들을 정의하는 경향이다(Schermerhorn, Hunt, Osborn, & Uhl-Bien, 2010). 특정 대상의 눈에 띄는 특성은 사람들의 그것에 대한 지각 가능성을 높인다. 왜냐하면, 사람들이 특정 대상의 모든 것을 이해할 능력이 없기 때문이다. 사람들은 특정 대상의 일부 특성만을 선택적으로 지각할 뿐이다(Hellriegel & Slocum, 2011). 하지만 무작위로 이 대상의 특성을 선택하는 것은 아니다. 사람들은 자신의 관심사, 이전 경력, 태도에 따라 지각할 특성을 선택한다(Robbins & Judge, 2013). 예를 들어, 여러분이 붉은색의 자동차를 새로 구입한다면, 길거리에서 유난히 붉은색의 자동차가 눈에 많이 띌 것이다. 그렇다면 갑자기 붉은색의 자동차가 늘어난 것일까? 그렇지는 않을 것이다. 아마도 붉은색의 자동차를 구입한 후에 여러분들의 붉은색 자동차에 대한 지각이 선택적으로 크게 증가한 것일 것이다. 여러분이 새로 운전면허를 취득한 후에, 길거리에 유난히 '초보운전'이라고 붙여놓은 자동차가 눈에 많이 띄는 것도 같은 이치이다.

디어본과 사이먼(Dearborn & Simon, 1958)은 23명의 관리자에게 철강회사의 조직과 업무를 설명한 후, 이 철강회사에서 가장 중요한 기능을 선택하도록 하였다. 실험 결과, 개인의 이해관계(태도, 관심, 배경)이 응답에 많은 영향을 끼쳤음을 알 수 있었다. 전체 관리자 가운데 29%만이 판매기능이 가장 중요하다고 응답하였으나, 판매부서관리자의 83%가 판매기능이 가장 중요하다고 응답하였다(Robbins & Judge, 2013).

사람들은 타인을 판단할 때 비교적 제한된 정보만을 활용한다. 특히 상대방을 평가할 때, 첫인상(first impression)은 매우 중요한 기준으로 작용한다. 예를 들어, 누군가를 처음 보았을 때, 그가 담배를 피우고 있으면 폐와 기관지가 나쁠 것으로 생각하고, 그가 웃고 떠들고 있으면 매우 행복한 사람일 것으로 생각한다. 이러한 경향은 특히 채용 면접에서 많이 나타나는데, 면접관은 응시자의 부정적인 첫인상에 큰 영향을 받는다. 채용 면접에서 면접관은 응시자의 긍정적인 측면보다는 부정적인 측면에 중점을 두고 관찰하는 경향이 있다. 왜냐하면, 제한된 수의 응시자만을 합격시켜야 하는 경우, 좋은 응시자를 선택하기보다는 부적절한 응시자를 선택하는 것이 보다 수월하며 오류의 가능성을 낮출 수 있기 때문이다. 따라서 면접관은 첫인상이 나쁜 불합격자를 선별하는 데 더 많은 신경을 쓰게 된다.

채용 면접

채용 면접에서 첫인상은 매우 중요하다. 대부분의 면접관은 최초 4~5분 내에 응시자의 당락에 대한 결정을 내리며, 이러한 결정은 이후에 쉽게 변하지 않는다. 한 연구에 의하면, 사람들이 첫인상에 의거해 0.1초 이내에 타인에 대한 인상을 형성한다고 한다(Willis & Todorow, 2006). 실제로 면접관은 최초 4~5분 이후 나머지의 면접 시간을 그들이 가진 첫인상을 재확인하는 데 사용한다. 면접 초기에 주는 인상, 이 가운데에서도 부정적인 정보는 매우 비중 있게 다뤄지게 된다.

이렇게 타인에 대한 최초의 인상이 이후 지속되어 의견을 형성하는 경향은 첫인상 오류(first impression error)라고 불린다(Nelson & Quick, 2011). 채용 면접에서는 특히 "긍정적인 인상을 주는 후보자"보다는 "부정적이지 않은 인상을 주는 후보자"가 당락에 더 큰 영향을 주게 된다. 이는 무엇을 의미하는가? 면접 초기에 면접관들에게 소위 "꼬투리가 잡힐 만한" 실수나 허점을 보여서는 안 된다는 것이다. 채용 면접은 100% 객관적 · 합리적이기 어렵다. 채용 면접에서는 선택적 지각, 후광 효과, 고정 관념, 투사, 대조 효과 등 여러 가지 지각의 왜곡이 어쩔 수 없이 발생하게 된다.

2) 후광 효과와 뿔 효과

후광 효과(halo effect)와 뿔 효과(horns effect)는 "타인이 가진 한 가지 특성을 포괄적으로 해석함으로써 발생하는 오류"(Robbins & Judge, 2013)를 의미한다. 후광 효과와 뿔 효과는 지능, 사교성, 용모 등과 같이 하나의 특성을 기반으로 타인에 관한 일반적인 인상을 형성한다(Robbins, 2005). 즉, 이 두 효과에서는 사람이나 상황에 관한 전체적인 지각을 발전시키기 위해 하나의 특성을 사용한다(Schermerhorn, Hunt, Osborn, & Uhl-Bien, 2010). 후광 효과와 뿔 효과는 하나의 긍정적, 혹은 부정적 특징에 의해 타인에 관한 전반적인 지각이 지배될 때 일어난다(Hellriegel & Slocum, 2011). 이 두 효과는 타인이 갖고 있는 긍정적인 특성은 다른 긍정적인 특성과, 혹은 부정적 특성은 다른 부정적인 특성과 함께 짝을 지어 존재할 것이라고 추론하는 경향이다. 하지만 이러한 추론의 논리적인 근거는 전혀 없다(이수원 외, 1987).

후광 효과는 한 가지의 좋은 특징에 의거해 타인의 다른 모든 것들을 좋게 평가하는 것을 의미한다. 예를 들어, 말이 많은 사람을 보고, 이 사람이 리더십, 지식, 유머, 인기가 있다고 평가하는 경우, 혹은 값이 비싼 가방을 보고, 당연히 품질이 좋고 세련된 디자인이라고 생각하는 경우가 이에 해당된다. 반면에, 뿔 효과(horns effect)는 마치 사람에게 도깨비뿔을 그려놓으면 그 뿔로 인해 악마로 보이는 것처럼, 하나의 특성으로 인해 한 사람의 모든 것이 나쁘게 평가되는 것을 의미한다. 예를 들어, 말이 없는 사람을 보고, 이 사람이 리더십, 지식, 유머, 인기가 없다고 평가하는 경우가 이에 해당된다([표 4-1] 참조).

표 4-1 후광 효과와 뿔 효과

효 과	실제 모습	오 류
후광 효과	빼어난 용모, 고급차, 고급시계, 좋은 학벌	일을 잘할 것으로 생각하거나, 혹은 집안이 좋다고 생각함.
뿔 효과	떨어지는 용모, 작은 차, 싸구려 시계, 떨어지는 학벌	일을 잘하지 못할 것으로 생각하거나, 혹은 집안이 나쁘다고 생각함.

이러한 후광 효과와 뿔 효과는 무작위로 작동하지 않는다. 연구에 의하면, 세 가지의 경우에 후광 효과와 뿔 효과가 쉽게 나타난다. 첫째, 타인의 지각된 특성이 행동적으로 모호할 때, 둘째, 타인의 지각된 특성이 도덕적인 의미를 포함할 때, 셋째, 지각자가 제한된 경험에 바탕으로 두고 타인의 특성을 판단할 때, 후광 효과와 뿔 효과가 쉽게 나타난다(Hellriegel & Slocum, 2011).

앞서 살펴본 선택적 지각과도 관련이 있으며, 동시에 후광 효과와 관련된 내용으로 자기실현적 예언(self-fulfilling prophecy), 혹은 피그말리온 효과(Pygmalion effect)가 있다. 자기실현적 예언은 내가 타인에 대해 어떤 기대를 할 때, 이러한 기대가 확인되는 방식으로 나의 기대가 타인과의 상호작용에 실제로 영향을 미치는 것을 말한다(Nelson & Quick, 2011).[6] 즉, 자기실현적 예언은 내가 원하는 것을 타인에게서 찾거나 만들어 내는 경향을 의미한다(Schermerhorn, Hunt, Osborn, & Uhl-Bien, 2010). 자기실현적 예언은 나의 기대가 타인의 행동, 또는 성과를 결정하며(Robbins & Judge, 2013), 따라서 나의 기대를 실제로 실현하게 된다고 설명한다.[7]

교육학에서는 다음에서 설명된 피그말리온 효과와 같이 교사가 학생에 대해 어떤 기대를 갖는 경우, 교사가 기대하는 대로 학생이 변화할 수 있다고 설명한다. 로젠탈과 야콥슨(Rosenthal & Jacobson, 1968)은 한 초등학교의 학생들을 대상으로 지능(IQ)검사를 한 후, 교사들에게 무작위로 뽑은 일부 학생들을 지능이 높은 학생이라고 거짓으로 알려주었다. 이후 몇 개월이 지난 후에 그 무작위로 뽑은 학생들의 학업성취도를 측정한 결과, 다른 일반 학생들보다 학업성취도가 높아진 것을 알 수 있었

6) 기대(expectancies)는 타인이 업무와 활동을 얼마나 잘할 수 있을 것인가에 관한 믿음을 의미한다(Eccles & Vigfield, 2002).

7) 피그말리온 효과의 반대로는 골렘 효과(Golem effect)가 있는데, 예를 들어, 관리자의 낮은 기대 때문에 나타나는 직원의 업무 성과의 감소를 의미한다.

다. 즉, 교사들의 몇 달 간 지속된 믿음과 기대가 그 무작위로 뽑은 학생들의 실제 성적 향상을 가져온 것이었다. 여기에서 중요한 전제는 효과가 나타나기 위해서는 기대에 대한 기다림이 필요하다는 점이다. 믿음을 갖고 지속적으로 칭찬할 때, 피그말리온 효과가 나타날 수 있다.

피그말리온 효과(Pygmalion effect)

그리스 신화에서 피그말리온은 키프로스의 왕이자 뛰어난 조각가였다. 그는 세상의 여인들이 결점투성이에 볼품없다고 생각해서 여성에 대한 사랑을 포기하고 살고 있었는데, 어느 날 정성을 쏟아 아름다운 여인의 조각상을 만들었다. 시간이 지나 자신도 모르게 피그말리온은 자신이 만든 조각상에 대해 사랑의 감정을 갖게 되었고, 마치 사람인 것처럼 옷을 입히고 치장을 해주었다. 아프로디테의 축제에서 피그말리온은 여인의 조각상이 살아나 자신의 연인이 되게 해달라고 간절히 기도했다. 그리스 신은 이런 피그말리온을 가엾이 여겨 여인의 조각상을 사람으로 만들어주었고, 피그말리온은 소원대로 사람이 된 여인의 조각상과 결혼하고 자녀를 낳았다.

3) 고정 관념

고정 관념(stereotype)은 사람들이 범하는 대표적인 오류 현상으로 상동적(常同的) 태도(stereotyping)라고도 불린다. 상동적 태도라는 용어는 1922년 미국의 저널리스트인 리프만(Walter Lippmann)에 의해 최초로 사용되었으며, 고착된 편견을 따르는 지각을 의미한다. 이는 "특정 집단의 구성원들이 비슷한 특징과 행동을 공유하는 성향"(Robbins, 2005)을 뜻한다. 즉, 고정 관념은 한 개인에 대한 판단과 평가가 그 한 개인이 속한 집단(예: 성, 연령, 인종, 키, 체중, 도덕성 등)에 대한 지각을 기초로 하여 이뤄지는 것을 의미한다(Hellriegel & Slocum, 2011). 다시 말해서, 고정 관념은 집단과 연관된 특성을 그대로 개인에게 부여한다(Schermerhorn, Hunt, Osborn, & Uhl-Bien, 2010).

신속한 판단을 내리는 데 큰 도움을 주므로, 많은 상황에서 고정 관념이 활용되고 있다(Robbins & Judge, 2013). 고정 관념의 단순성은 판단의 시간을 단축하는 데 큰 도움을 준다. 하지만 동시에 매우 높은 오류의 가능성을 갖고 있다. 미국 9·11 사태 이후 "이슬람인은 테러리스트다"라는 식의 일부 미국인들의 인식이 고정 관념의 좋은 예가 될 수 있다. 혹은 "나이 든 사람은 새로운 것을 배우기 어렵다", "동양인은 서양인보다 운동을 못한다"라는 식의 지각도 고정 관념의 예다. 채용 면접에서 면접관이 인종, 성별, 나이에 대한 고정 관념을 가질 경우, 보다 부정확한 평가를 내릴 가능성이 커질 것이다. 예를 들어, 면접관이 "운동선수 출신은 일반인보다 근면하고 역경을 잘 이겨낸다"라는 고정 관념을 갖고 신입사원을 채용한다면, 잘못된 선택을 할 가능성이 크다.

무엇이 원인일까?

예를 들어, "키가 크면 소득이 높다"라는 통계가 있다고 하자. 이러한 결과를 별 생각 없이 해석하면, "키가 큰 사람이 많은 돈을 버니, 내 아이를 크게 키우자"라고 결론지을 수 있다. 그러나 이러한 단순한 생각은 오류일 가능성이 높다. 왜냐하면, 사회화 과정에서 큰 키가 아이에게 자신감을 심어줬고, 높은 자신감이 리더십을 함양하는 등 긍정적인 결과를 가져왔을 가능성이 높기 때문이다. 우리가 어떤 현상을 바라볼 때에는 무엇이 원인인가를 깊이 생각할 필요가 있다. 그리고 여러 각도에서 "왜(why)?"를 반복하는 습관이 필요하다.

출처: HR Institute(2003).

4) 투 사

투사(projection)는 유사성 가정(assumed similarity)이라고도 불리는데, 자신의 특성을 다른 사람에게 부여하는 것을 의미한다(Schermerhorn, Hunt, Osborn, & Uhl-Bien, 2010). 즉, 타인이 자신과 비슷하다고 판단하는 경향이다. 다른 사람들이 자신과 비슷한 특성을 갖고 있다고 생각하면, 타인을 이해하고 판단하는 것은 아주 쉬울 것이다. 다른 사람이 나와 같다고 생각하는 만큼 이해하기 쉬운 일이 있을까? 투사는 이렇게 다른 사람을 있는 그대로 객관적으로 보는 것이 아니라 자신의 갖고 있는 감정, 성격적 특성, 태도, 동기 등을 타인에게 귀인하는 경향이다(Hellriegel & Slocum, 2011).

즉, 투사는 사람들이 타인을 볼 때 자신과 동일한 특성을 눈여겨 보는 경향을 뜻한다. 우리가 흔히 얘기하는 "사람이 다 똑같지"라는 말은 사실 "사람이 다 나랑 똑같지"라는 의미를 담고 있다. 예를 들어, 부지런한 관리자는 모든 부하 직원들이 부지런하다고 보는 경향이 있다. 투사로 인해 사람들은 자신과 같은 믿음, 가치, 행태를 보이는 타인을 긍정적으로 과대평가하는 경향을 보인다(Nelson & Quick, 2011). 채용 면접의 경우, 면접관은 자신과 배경, 흥미, 취미, 외모 등이 비슷하다고 생각되는 응시자에게 높은 점수를 줄 가능성이 크다.8)

플라시보 효과(Placebo effect)

위약(僞藥) 효과라고도 불리는 플라시보 효과는 아무런 효과가 없는 가짜 약을 복용하는 경우에도 약효가 나타나 환자의 병이 호전되는 현상을 뜻한다. 플라시보는 라틴어로 "내가 기쁨을 줄 것이다(I shall please)"라는 뜻을 갖고 있는 단어이다. 1978년 한 연구팀에서 환자들의 사랑니를 뺀 후에 진짜 진통제와 가짜 진통제를 처방한 후, 환자들이 진통제의 효과에 관해 어떤 응답을 하는지 살펴봤다. 이러한 실험의 결과, 가짜 진통제를 복용한 환자들의 1/3가량이 통증이 정말로 없어졌다고 응답했다. 즉, 가짜 약이라고 할지라도, 환자들이 그 약이 진짜라고 믿은 결과, 실제 몸 안의 어떤 작용으로 인해 진통 효과가 생겼다는 것이다. 2007년의 뇌과학 연구에 의하면, 가짜 약을 처방한 후에 실제로 뇌 속에서 보상신호를 처리하는 측좌핵의 활동이 증가하는 화학적 변화가 일어난다고 한다(Science the Times, 2016.11.7). 이는 환자가 의사의 처방과 약의 효과를 신뢰한다면, 병의 치료 가능성이 훨씬 높아진다는 것을 의미한다. 환자가 약을 신뢰하는 경우, 130%의 효과가 나타날 수 있다는 것이다.

5) 대조 효과

우리는 어떤 사람을 평가할 때, 그를 주변의 환경과 떼어놓고 평가하지 않는다. 대조 효과(contrast effect)는 최근의 다른 사건이나 상황과의 대비에 바탕을 두고 현재 일어나는 어떤 일의 의미가 판단될 때 나타나는 현상을 말한다(Schermerhorn, Hunt, Osborn, & Uhl-Bien, 2010). 즉, 타인에 대한 사람들의 반응은 그들이 최근에 만났던 다른 사람들의 영향을 받는다(Hellriegel & Slocum, 2011). 공공장소에서 무례한 사람에게서 불편한 일을 겪었다고 하자. 집에 돌아온 후 바로 온화한 마음으로 떼를 쓰는 반려견을 대할 수 있을까? 물론 노력을 하겠지만, 쉽지 않을 것이다. 대조 효과

8) 이외에, 관대화 경향(lenient tendency)은 '치우침'의 정도를 뜻한다. 관대화 경향에는 긍정적인 관대화 경향과 부정적인 관대화 경향이 있다. 긍정적인 관대화 경향은 개인을 평가할 때 좋은 쪽으로 치우치는 것을 말하고, 부정적인 관대화 경향은 나쁜 쪽으로 치우치는 것을 의미한다. 또한 중심화 경향(central tendency)은 평가의 결과가 중간으로 치우치는 경향을 말한다. 이는 집단화 성향이라고도 불린다. 이것은 극단적인 평가를 피하고 보통 정도로 판단하려는 인간의 자연적인 성향으로 인해 일어난다.

는 여러 응시자들이 순차적으로 들어오는 채용 면접에서 특히 크게 나타날 가능성이 있다. 좋은 인상을 준 응시자의 바로 다음 차례로 면접장에 들어가게 된다면, 여러분이 면접관에게 좋은 인상을 줄 가능성은 줄어들게 된다. 반대로 좋지 않은 인상을 준 응시자의 바로 다음 차례로 면접장에 들어간다면, 면접관에게 좋은 인상을 줄 가능성은 높아질 것이다.

빌 게이츠의 인생 충고

MicroSoft사의 CEO였던 빌 게이츠(Bill Gates)는 미국 마운틴 휘트니(Mt. Whitney) 고등학교의 졸업식에서 다음과 같은 열 가지를 충고했다고 한다.[9)]

1. 인생이란 원래 공평하지 못하다. 그런 현실에 대하여 불평할 생각하지 말고 받아들여라(Life is not fair. Get used to it).
2. 세상은 네 자존감에 관심이 없다. 세상은 네가 스스로 만족하기 전에 무엇인가를 성취해서 보여줄 것을 기대한다.
3. 대학교육을 받지 않는 상태에서 연봉이 4만 달러가 될 것이라고는 상상도 하지 말라.
4. 학교 선생님이 까다롭다고 생각되거든 사회 나와서 직장 상사의 진짜 까다로운 맛을 한번 느껴봐라.
5. 햄버거 가게에서 일하는 것을 수치스럽게 생각하지 마라. 너희 할아버지는 그 일을 기회라고 생각하였다.
6. 네 인생을 네가 망치고 있으면서 부모 탓을 하지 마라. 불평만 일삼을 것이 아니라 잘못한 것에서 교훈을 얻어라.
7. 학교는 승자나 패자를 뚜렷이 가리지 않을지 모른다. 어떤 학교에서는 낙제제도를 아예 없애고 쉽게 가르치고 있다는 것을 잘 안다. 그러나 사회 현실은 이와 다르다는 것을 명심하라.
8. 인생은 학기처럼 구분되어 있지도 않고 여름 방학이란 것은 아예 있지도 않다. 네가 스스로 알아서 하지 않으면 직장에서는 가르쳐주지 않는다.
9. TV(시트콤에서 커피숍에 죽치고 앉아 잡담하는 모습)는 현실이 아니다. 현실에서는 커피를 마셨으면 일을 시작하는 것이 옳다.
10. 공부밖에 할 줄 모르는 '바보'한테 잘 보여라. 사회 나온 다음에는 아마 그 '바보' 밑에서 일하게 될지 모른다.

출처: 중앙일보(2004.1.28). 최대갑부의 인생충고 "인생은 불공평한 것."

9) 또 다른 일설에서는 찰스 시키즈(Charles J. Sykes)라는 미국의 교육자가 신문에 기고한 글이라고도 한다.

제 2 절 학 습

인간은 태어날 때 무력한 존재이지만 성장함에 따라 많은 것을 배우고 성인이 되면 지혜를 발휘하게 된다. 인간의 행동은 성숙함에 따라, 그리고 학습함에 따라 변하게 된다. 성숙(成熟, maturation)은 환경과는 별개로 날 때부터 결정된 성장이나 점진적인 신체변화(Atkinson et al., 1987)를 의미하며, 학습(學習, learning)은 경험이나 훈련에 따른 행동의 변화를 의미한다. 대부분의 행동은 학습의 결과 획득된다(이수원 외, 1987).[10)]

1. 학습의 정의

학습(learning)이란 "경험의 결과로 나타난 조직구성원의 지식이나 기술의 상대적으로 영속적인 변화"(Colquitt, Lepine, & Wesson, 2011)를 의미한다. 또는 "훈련, 연습이나 경험에서 오는 지식, 혹은 관찰 가능한 행동의 비교적 영속적인 변화"(Hellriegel & Slocum, 2011)를 뜻한다. 혹은 "경험을 통해 획득하게 되는 행태의 변화"(Robbins & Judge, 2008)를 뜻하는데, 하나의 주제에 관해 지식을 발전시키는 인식적인 활동과 함께 시작되고, 결과적으로 행태의 변화를 가져오게 된다(Nelson & Quick, 2011). 즉, 개인의 반복적인 훈련, 연습이나 경험에 의해 이뤄진 비교적 지속적인 행동의 변화를 의미한다. 진정한 학습은 행대의 변화가 상대적으로 영구적이고 계속 반복될 때에만 일어난 것이다(Robbins & Judge, 2008).[11)]

학습은 세 가지의 특징을 갖는다. 첫째, 학습을 위해서는 어떤 형태로든 경험이 필요하다. 경험은 직접적일 수도, 혹은 간접적일 수도 있다. 둘째, 학습은 변화를 포함한다. 이러한 변화는 좋을 수도, 혹은 나쁠 수도 있다. 셋째, 변화는 각인되어야 한

10) 성숙이란 말은 단지 신체적 · 생리적 변화만을 의미하는 것은 아니나. 성석, 정서적, 사회적 성숙과 같이 행동하는 능력의 변화를 의미할 때에도 많이 사용된다(이수원 외, 1987).

11) 학습과 관련된 개념인 지능(intelligence)은 "목적에 맞게 행동하고, 합리적으로 생각하고, 자신의 환경을 효과적으로 취급하는 개인의 총체적, 혹은 전반적 능력"이라고 정의된다(Wechsler, 1958; Atkinson et al., 1987).

다. 단기적, 일시적인 변화는 학습이 아니다(Robbins & Judge, 2008). 어떤 학습을 했는가에 따라 행동이나 지식, 기술, 가치관, 신념, 감정, 태도 등의 변화가 나타난다.12) 이와 같은 여러 학습의 정의에서 다음의 두 가지 핵심 요건을 뽑을 수 있다.

1. 학습을 위해서는 경험, 훈련, 연습이 필요하다.
2. 학습은 지속적인(혹은 계속되는) 행동의 변화이다.

마이클 폴라니(Michael Polanyi, 1962)에 의하면, 조직구성원은 명백한 지식과 암묵적인 지식 등 두 가지의 기본적인 지식(knowledge)을 학습한다. 우선, 명백한 지식(explicit knowledge), 혹은 형식지(形式知)는 우리가 책상에 앉아 공부할 때 얻을 수 있는 정보를 의미한다. 이러한 지식은 조직구성원들 간에 비교적 쉽게 전달될 수 있으며, 교육훈련을 통해 새로운 직원에게 학습시키는 것이 가능하다. 이와 달리, 암묵적인 지식(tacit knowledge), 혹은 암묵지(暗默知)는 단지 경험만을 통해 학습할 수 있는 무엇인가를 의미한다. 이는 조직구성원들 간에 쉽게 전달되지 않지만, 조직구성원으로서 학습해야 하는 가장 중요한 것이다. 실제로 조직 내 약 90%의 지식이 암묵적인 형태를 통해 발생, 전달된다고 주장되기도 한다(Colquitt, Lepine, & Wesson, 2011).

2. 학습의 방법

조직구성원은 어떻게 학습하는가? 이 장에서는 행동주의에서 주장하는 학습과 관련된 대표적인 연구인 강화이론(reinforcement theory)과 사회적 학습이론(social learning theory)을 살펴본다.13) 행동주의의 창시자인 왓슨(Watson, 1926)은 적절한

12) 교육(education)의 효과는 크게 학습 효과와 전이(transfer) 효과의 두 가지로 구분된다. 첫째, 학습 효과는 교육생이 교육 과정에서 무엇을 배웠는가를 의미하며, 둘째, 전이 효과는 교육생이 실제 직무수행에서 의식과 행동의 변화가 있는가를 의미한다. 교육의 목적이 의식과 행동의 변화에 있다고 할 때, 학습 효과보다 전이 효과가 훨씬 더 중요하다고 볼 수 있다.

13) 학습이론은 크게 20세기 전후반기에 나타난 행동주의와 인지이론으로 나뉜다(임규혁, 1996). 19세기 독일의 분트(W. Wundt)로부터 시작된 인지이론은 학습을 인간 내면의 인지능력으로 설명하는데, 조직행태론보다는 심리학에 가까운 설명이다. 따라서 이 책에서는 인지이론의 설명은 제외한다.

환경을 조성하고 강화를 제공한다면, 어떤 행동도 학습시킬 수 있다고 생각하였다. 그는 이렇게까지 주장했다.

> 나에게 건강한 유아 12명을 주시오. 그러면 잘 만들어진 나의 특별한 세계에서 그들을 키울 것이오. 그들의 재능, 기호, 버릇, 적성, 인종에 관계없이 의사, 변호사, 예술가, 상인, 대통령, 아니면 거지, 도둑이라고 할지라도 내가 선택한 전문가 중의 하나가 되도록 그를 훈련시킬 것을 약속합니다(Watson, 1926).

1) 강화이론

강화이론에서는 감정, 사고, 정신 상태 등은 학습의 원인이 아니라고 본다. 사람들은 자극과 반응 사이의 연계를 통해 자연스럽게 학습하는 것이지 자극과 반응 사이의 관계를 의식적·의도적으로 인지해 학습하는 것이 아니다(Robbins & Judge, 2008).

(1) 고전적 조건형성

학습자의 행동과 관계없이 사건의 계기가 일어나는 것은 고전적 조건형성(classical conditioning)이라고 불린다. 고전적 조건형성에서 생물은 "하나의 사건 뒤에 다른 한 사건이 따른다"는 것을 학습한다. 고전적 조건화에 관한 연구는 구소련의 생리학자인 파블로프(Ivan Petrovich Pavlov, 1849~1936)에 의해 이루어졌다.[14] 파블로프는 개의 소화 과정을 연구하던 중 단순히 음식(무조건 자극, unconditioned stimulus)을 보거나 냄새만 맡아도 개가 타액을 분비한다(무조건 반응, unconditioned response)는 것을 발견하고, 종소리나 빛과 함께 개에게 먹이를 제공하는 실험을 실시하였다.[15] 이러한 실험이 계속됨에 따라 개는 먹이가 없이도 종소리나 빛(조건 자극, conditioned stimulus)만을 듣거나 보고 타액을 분비하게 되었다. 이렇게 기존의 타액 분비와 전혀 관계없던 자극에 의해 일어난 반응을 조건반응(conditioned response)이

---

14) 그는 1904년에 소화(digestion)에 관한 연구로 노벨생리의학상을 수상하였다.

15) 실험 이전에, 먹이와 연계되지 않은 종소리나 빛은 중립 자극(neutral stimulus)이라고 한다. 개는 중립 자극에는 반응하지 않는다. 하지만 실험이 지속됨에 따라 중립 자극은 조건 자극으로 변화하게 된다.

라고 한다(이수원 외, 1987). 무조건 반응은 아무런 학습을 포함하지 않으며, 조건반응은 학습을 포함한다(Atkinson et al., 1987).

파블로프의 실험과 유사한 실험으로는 왓슨과 레이너(Watson & Rayner, 1920)의 Albert 실험이 있다. 11개월 된 아기인 Albert는 처음에 흰 쥐를 보았을 때 호기심만을 갖고 있을 뿐이었다. 이런 Albert가 쥐를 만지려고 했을 때, 실험자는 뒤에서 쇠막대기를 요란하게 두드렸다. 그리고 Albert는 쇠막대기의 큰 소리에 깜짝 놀라 움츠리게 되었다. 이러한 실험이 일주일 가량 지속된 후, Albert는 쥐를 보면 두려워서 숨게 되었으며, 쥐와 유사한 토끼도 두려워하게 되었다. 더 나아가 흰 털외투, 턱수염을 기른 노인, 산타클로스 가면까지도 두려워하게 되었다(이수원 외, 1987).

그림 4-4 파블로프의 조건반응 실험

출처: https://youtu.be/iM4SZjszQ2k/UCLA

조건형성과 무기 사용

제2차 세계대전 당시 전투병들을 면접 조사한 결과에 따르면, 전투에 참여한 병사 중 불과 15~20%만이 적을 향해 무기를 제대로 사용했다. 이와 같은 현상은 그 이전의 전쟁에서도 마찬가지였다. 미국의 남북전쟁 당시 게티즈버그 전투가 끝난 후 현장에서 2만 7,574정의 소총이 회수되었는데, 그 중 2만 4,000여 정이 장전이 된 상태, 즉 화약과 총알을 넣고도 쏘지 않은 상태였다. 『살인의 심리학(*On Killing*)』의 저자인 데이브 그로스먼(Dave Grossman)은 추론 가능한 결론은 대부분의 병사들이 적군을 죽이려는 시도조차 하지 않았다는 것이라고 말한다. 많은 전장에서 병사들이 적의 머리 위 허공을 향해 총을 발사하는 것도 마찬가지 이유이다.

하지만 적을 향해 자신의 무기를 사용한 비율은 6·25 전쟁 때 55%, 베트남 전쟁 때는 90%까지 치솟게 된다. 이 수치를 바꾼 것은 군대훈련기법의 변화였다. 미군의 경우, 제2차 세계대전 결과를 바탕으로 둔감화, 조건형성, 부인방어기제를 강화했다. '둔감화'는 살인에 대한 죄책감을 둔감화시키는 것이다. 예를 들어, 평소 행군 때 왼발에 '죽여'라고 구령을 붙이는 식이다. '조건형성'은 파블로프의 개와 같이 훈련시키는 것이다. 고정 표적이 아니라 갑자기 튀어오르는 표적을 향해 즉각 사격하도록 훈련받은 병사들은 실제 전장에서도 조건반사식으로 사격할 수 있기 때문이다. '부인방어기제'는 자신이 한 행위를 정당화시키는 것이다. '죽인다' 대신 '치고, 쓸고, 닦고, 제거하고, 발라낸다'라고 표현하거나, '교전했다'고 말하는 방식이다.

출처: 조선일보(2011.7.2). "발사 명령에 총 쏘는 건 본능? 훈련효과?"

(2) 조작적 조건형성

생물은 자극에 단순하게 반응만을 하는 것은 아니다. 이에 더해서, 생물은 의식적으로 행동하는 측면을 갖고있다. 스키너(Burrhus Frederic Skinner, 1953)는 생물은 "자신이 행한 어떤 반응 뒤에 어떤 특정한 결과가 뒤따르게 될 것이다"라는 것을 학습한다고 주장한다(Atkinson et al., 1987). 이러한 조작적 조건형성(operant conditioning)에서는 우리가 강화(보상과 벌), 관찰, 경험을 통해 자연스럽게 학습한다고 설명한다. 즉, 사람들은 자신이 원하는 결과를 얻을 수 있도록 행동하고, 원하지 않는 결과를 초래할 만한 행동은 회피하면서 학습한다는 것이다(Robbins & Judge, 2008).

스키너는 행동을 어떤 자극에 의해 유발되는 반응행동과 유기체가 자발적으로 하는 조작행동의 두 가지로 구분하였다. 첫째, 반응행동은 자극에 의해서 야기되는 반사 혹은 자동적 반응을 의미하는데, 이러한 행동은 학습된 것이 아니라 자동적으로 야기된다. 예를 들어, 밝은 불빛에 의한 눈의 동공수축, 무릎 정수리를 두드리면 나타나는 무릎반사, 뜨거운 냄비에 모르고 손을 댔다가 반사적으로 손을 빼는 행동 등이 이에 속한다. 둘째, 조작행동은 제시되는 자극이 없이 자발적으로 일어나는 반응이다(노안영, 2019). 즉, 조작행동은 선행 사건 자체가 아니라, 행동이 완성된 후에 나타난 결과에 의해서 일어나는 조건형성된 행동이다. 스키너는 이렇게 사람들이 자신의 자발적인 행동과 거기에 따라오는 결과 간의 관련성을 관찰함으로써 학습한다는 개념을 처음으로 주장하였다.

스키너(skinner, 1953)는 특정한 행동에 대해 긍정적인 결과가 제공되는 환경을 조성함으로써 그 행동의 빈도를 높일 수 있다고 주장했다. 이는 조작적 조건형성이라고 불리는데, 긍정적이거나 부정적인 자극이 주어졌을 때, 그러한 자극이 계속될 것이라는 기대에 의해 행동변화가 계속되는 현상을 말한다. 이와 반대로, 적절한 보상으로 강화가 이뤄지지 않으면, 향후 그 행동을 계속할 가능성은 낮아진다. 예를 들어, 어떤 사람이 복권에 1등으로 당첨되었을 때, 그 사람은 거기에서 멈추는 것이 아니라 또다시 복권에 당첨될 것이라는 기대를 가지고 복권을 계속 구입할 것이다. 만약 한 번 더 3등으로라도 당첨이 된다면, 그는 더욱 열심히 복권을 구입하게 될 것이다.

1928년 6월 스키너는 한 상자에 버튼을 설치하고 실험용 쥐를 집어넣는 실험을 실시하였다. 그는 실험용 쥐가 레버를 누르면, 다음의 세 가지 중 어느 한 가지의 결과가 초래되도록 상자를 만들었다(스키너 상자, the Skinner's box).

1. 레버를 누르면, 음식이 나오도록 함(긍정적 강화, positive reinforcement).
2. 상자 내에 약간의 전기가 흐르도록 한 다음 레버를 누르면, 전기가 흐르지 않도록 함(부정적 강화, negative reinforcement).
3. 처음에는 전기가 흐르지 않다가 레버를 누르면, 전기 충격이 오도록 함(처벌, punishment).

지속적인 실험 후 그는 보상으로 주는 경우나 횟수를 조정하여 쥐에게 레버를 누르는 법을 학습시킬 수 있음을 알게 되었다. 처음에 실험용 쥐는 호기심에서, 혹은 우연히 레버를 누를 수 있는데, 몇 번의 반복 끝에, 그 레버를 누르면, 어떤 결과가 초래된다는 것을 학습하고, 그 다음부터는 자발적으로 레버를 누르거나, 혹은 절대로 누르지 않게 되었다. 이 실험의 결과는 세 가지의 경우 각각 다르게 나타난다.

첫 번째의 경우는 레버를 누른 결과, 음식이 나옴으로써 실험용 쥐에게 만족을 주는 것으로 그 결과 실험용 쥐는 계속된 반응을 하게 된다. 이와 같이 자극에 대한 행동(레버를 누르는 반응)에 따라 긍정적 결과가 제공되는 것을 긍정적 강화(positive reinforcement)라고 한다. 다시 말해서, 긍정적 강화는 어떤 행동을 하도록 긍정적인 결과를 적용하는 방법이다. 예를 들어, 생산량이 많은 직원에게 성과급을 지급하는 것이 이에 해당된다. 긍정적 강화에 영향을 주는 원칙은 다음과 같다(Hellriegel & Slocum, 2011).

그림 4-5 스키너의 상자(Skinner's Box)

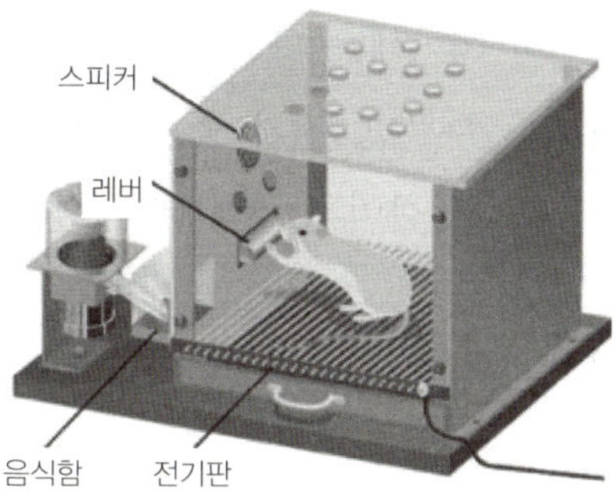

출처: https://t1.daumcdn.net/cfile/tistory/2037043F4E3E423121?original

1. 상황적 강화의 원칙(principle of contingent reinforcement): 강화물은 오직 바람직한 행동이 일어났을 때에만 주어져야 한다. 바람직한 행동이 일어나지 않았을 때 주어지는 강화물은 비효과적이다.
2. 즉각적 강화의 원칙(principle of immediate reinforcement): 강화물은 바람직한 행동이 일어난 직후에 주어지는 것이 가장 효과적이다. 행동이 일어난 후 시간이 지날수록 강화물의 효과는 점점 떨어지게 된다. 반응과 강화 간의 시간 간격인 강화의 지연(delayed reinforcement)은 조작적 조건형성에 큰 영향을 미친다(Skinner, 1948; Atkinson et al., 1987). 동물의 경우, 강화의 지연이 5초 이상이면, 조작적 조건형성이 거의 일어나지 않는다(이수원 외, 1987).
3. 강화 크기의 원칙(principle of reinforcement size): 바람직한 행동 뒤 제공된 강화물의 크기가 클수록, 이 강화물은 이후 바람직한 행동을 더 많이 유발할 수 있다.
4. 강화 박탈의 원칙(principle of reinforcement deprivation): 대상자가 강화물을 적게 갖고 있을수록 강화물은 미래의 바람직한 행동에 더 큰 영향을 미친다.

두 번째의 경우는 레버를 누르면 전기가 흐르지 않아 편안해지므로 실험용 쥐는 레버를 누르게 된다. 이와 같이 행동(레버를 누르는 반응)의 결과 부정적 자극이 중지되는 것, 혹은 앞서 기분 나쁜 사건이 바람직한 행동을 하게 됨으로써 제거되는 것을 부정적 강화(negative reinforcement)라고 한다. 즉, 부정적 강화는 어떤 행동을 하도록 부정적인 결과를 제거하는 방법이다. 예를 들어, 생산량이 많은 직원에게 기존의 벌점을 제거하는 방법이 여기에 해당된다.

세 번째의 경우는 레버를 누르면, 전기 충격이 오므로 실험용 쥐는 다음부터 그 레버를 누르지 않게 된다. 이와 같이 자극에 대한 행동(레버를 누르는 반응)을 함으로써 부정적인 결과가 발생하는 것을 처벌(punishment)이라고 한다. 처벌에는 부정적 결과가 발생하게 되는 부정적 처벌(negative punishment)과 긍정적 보상이 제거되는 긍정적 처벌(positive punishment, 혹은 소거 extinction)이 있다. 즉, 처벌은 어떤 행동의 다음에 오는 기분 나쁜 사건을 의미하며, 그 행동의 빈도를 감소시키게 된다.

부정적 처벌은 어떤 행동을 줄이거나 중지하도록 하기 위해 부정적 결과를 제공하는 방법이다. 예를 들어, 교통 법규 위반자에 대한 벌금이 이에 해당된다. 반면에, 긍정적 처벌, 혹은 소거는 강화받던 사건을 제거하는 것이다. 즉, 불필요한 행동을 줄이기 위해 긍정적 결과를 제거시키는 방법이다. 예를 들어, 생산량이 적은 직원에게 기존에 주던 보너스를 더 이상 지급하지 않는 경우, 혹은 생산성이 낮은 직원을 승진에서 제외시키는 경우가 여기에 해당된다. 강화가 바람직한 행동의 빈도를 증가시킨다면, 소거는 바람직하지 않은 행동의 빈도를 감소시킨다(Hellriegel & Slocum, 2011; [표 4-2] 참조).

강화계획(reinforcement schedule)은 바람직한 행동을 보였을 때 주어지는 강화물의 적절한 제공 시기와 방법에 관한 원칙을 뜻한다(임규혁, 1996). 스키너의 실험에서는 실험용 쥐가 요구되는 반응을 나타냈을 때마다 강화물이 주어졌다. 하지만 이러한 연속적 강화(continuous reinforcement)는 실제 상황에서 주어지기 어렵다. 따

표 4-2 강화이론의 학습 원리

행동 수정 목표		행동 수정 방법	결과의 조작
강화	기존의 행동을 더욱 강화	긍정적 강화	긍정적 결과를 제공(상을 줌)
		부정적 강화	부정적 결과를 제거(꾸중을 그침)
처벌	기존의 행동을 약화시키거나 중단	부정적 처벌	부정적 결과를 제공(벌을 줌)
		긍정적 처벌 (소거)	긍정적 결과를 제거(상을 줄임)

라서 실제 상황에서는 대부분 대상자 반응의 일부만을 강화하는 간헐적 강화(partial reinforcement)가 이루어진다(Atkinson et al., 1987). 스키너는 사람들의 미신적인 행동은 우연 수준에서 가끔씩 얻을 수 있는 간헐적 강화에 의해 지속되는 것이라고 설명한다.

이러한 간헐적 강화는 다음의 네 가지로 구성된다. 첫째, 고정간격강화는 처음 보상을 받은 후 일정한 시간마다 보상이 주어지는 경우이다. 예를 들어, 매월 일정한 날짜에 보수를 받는 것이 이에 해당된다. 둘째, 변동간격강화는 일정 시간마다 보상이 주어지나 그 시간 간격이 불규칙적인 경우이다. 셋째, 고정비율강화는 대상자가 일정수의 반응을 나타낼 때마다 보상을 받는 경우이다. 예를 들어, 10건당, 혹은 20건당 얼마씩의 일정한 품삯을 받고 일을 하는 것이 이에 해당된다. 넷째, 변동비율강화는 강화가 반응의 빈도를 기준으로 주어지나, 그 빈도의 기준이 불규칙적인 경우이다(이수원 외, 1987; [표 4-3] 참조).

고정비율강화에서 실험용 쥐는 처음에 열심히 반응을 보이지만, 보상을 받고 나면 곧 반응이 중단되며, 특히 보상을 얻는 데 많은 반응이 요구되는 경우 반응률이 떨어진다. 고정간격강화에서는 일단 경험을 쌓고 나면 일정 기간마다 반응을 중단하며 다음 보상이 나올 시점이 되어서야 반응을 보이게 된다. 하지만 변동간격강화와 변동비율강화에서 실험용 쥐는 지속적으로 반응을 보인다. 예를 들어, 카지노의 슬롯머신은 변동비율강화에 따라 상금이 제공되기 때문에 계속 고객이 붐비게 된다(이수원 외, 1987).

표 4-3 간헐적 강화의 유형

유 형	내 용	유 형	내 용
간격 강화계획	강화가 진행되는 동안 일정한 시간 간격에 기준을 두고 강화를 준다.	고정간격 강화	수학문제를 풀 때, 5분에 한 번씩 고정적으로 강화를 준다.
		변동간격 강화	5분 안에 아무 때나 한 번의 강화를 준다.
비율 강화계획	강화가 진행되는 동안 반응 횟수에 기준을 두고 강화를 준다.	고정비율 강화	학생이 10문제를 풀 때마다, 한 번의 강화를 준다.
		변동비율 강하	학생이 2문제를 풀면 한 번, 3문제를 풀면 또 한 번, 이런 식으로 정해진 기준없이 강화를 준다.

출처: Borich & Tombari(1995); 임규혁(1996) 재정리.

강화는 1차적 강화(primary reinforcement)와 2차적 강화(secondary reinforcement)로 구분될 수 있다. 1차적 강화는 음식이나 물, 피난처처럼 이전의 특별한 훈련이 없이도 학습자의 행동을 강화시키는 자극이다. 즉, 의 · 식 · 주와 같이 유기체의 생리적 동기와 관련이 있는 강화 요인을 제공함으로써 반응행동을 유발하는 방법이다. 2차적 강화는 원래 중성자극이던 것이 강화하는 능력을 지닌 다른 자극과 짝지어짐에 따라 강화능력을 얻게 된 자극이다. 이런 의미에서 2차적 강화물은 학습된 것이다. 즉, 2차적 강화는 경험으로 인해 가치를 갖게 된 것을 제공해 행동을 유발시키는 방법이다. 예를 들어, 돈, 성취감, 도전 의식, 책임감을 주는 것이 이에 해당된다(Atkinson et al., 1987).[16)]

처벌은 바람직하지 못한 행동의 빈도를 감소시키는 데 매우 효과적이다. 하지만 강화와 달리 처벌은 몇 가지의 단점을 갖고 있다. 첫째, 처벌은 결과의 예언 가능성이 낮다. 보상은 하던 일을 계속하라는 지시가 되지만, 처벌은 "하지말라"는 지시일 뿐 대안을 제시하는 것은 아니다. 둘째, 처벌은 많은 부작용을 가져온다. 대부분 처벌 받은 사람은 처벌자에 대해 좋지 못한 정서를 갖게 된다. 셋째, 처벌은 처벌받는 행동의 원인을 근본적으로 제거하는 것이 아니라 일시적으로 억압할 뿐이다. 넷째, 처벌의 수단으로 사용된 고통스러운 경험은 처벌받은 사람에게 원래의 바람직하지 못한 행동보다 더 심각한 공격적인 행동을 초래할 수 있다. 하지만 처벌이 어떻게 운용되는가에 따라 이러한 단점은 달리 나타난다. 처벌이 일관성 있고 즉각적으로 제시될 경우, 효과가 강하며, 대상자의 심리상태, 처벌자와 대상자 간의 관계는 처벌의 효과에 영향을 준다(Atkinson et al., 1987).

20세기에 가장 영향력 있는 심리학자 중의 한 사람인 버러스 프레더릭 스키너(Burrhus Frederic Skinner, 1904~1990)는 미국 펜실베이니아 주 서스쿼해나(Susquehanna)의 부유한 가정에서 태어났다. 젊었을 때는 작가가 되고 싶어 뉴욕에 있는 해밀턴(Hamilton)대학에서 영문학으로 학사학위를 받았다. 하지만 작가로서의 소질이 없다는 것을 깨달은 뒤, 소설보다는 과학적 방법으로 인간을 연구하기로 결정하고 하버드대학의 심리학과 대학원을

16) 또한 강화는 내재적 강화와 외재적 강화로 구분될 수 있다. 내재적 강화는 반응행동의 만족감이 자기 자신의 마음으로부터 오게 되는 것이다. 예를 들어, 성취감, 도전 의식, 책임감을 제공하는 것이 내재적 강화에 해당된다. 반대로 외재적 강화는 외부 환경으로부터 오는 것이다. 예를 들면, 물질적인 보상을 제공하는 것이다.

다니게 된다. 그는 1936년까지 하버드대학에 머물러 연구를 한 후, 미네소타대학과 인디애나대학에 재직하였으며, 1947년 하버드대학으로 돌아와 1974년 은퇴할 때까지 심리학과의 교수로 재직하였다. 1930년대에 스키너는 흰쥐를 이용한 실험연구를 통해 학습 원리를 개발하는 데 노력하였으며, 이 연구의 결과는 『유기체의 행동(*The Behavior of Organism*)』이라는 책으로 출판되었다. 실험심리학에서 그의 가장 중요한 기여는 스키너의 상자(the Skinner box)라고 불리는 장치의 발명이었다. 이 실험에 의해 새로운 학습실험의 방식이 생겨난 것이다. 추후에 스키너와 다른 연구자들은 이 장치를 비둘기, 원숭이, 인간 등 다양한 생물에 적용하였으며, 이 장치는 지금도 다양한 학습 원리를 실험하는 데 사용되고 있다. 스키너는 죽을 때까지 급진적인 행동주의자의 입장을 고수하였다. 그는 인간행동의 연구에서 철저하게 객관적인 접근을 주장하였으며, 관찰할 수 없는 무의식, 자유의지, 인지 등을 강조하는 정신분석, 인본주의, 인지심리학의 입장에 반대하였다.

출처: 위키백과(https://ko.wikipedia.org/wiki); 노안영(2019).

2) 사회적 학습이론

반두라(Bandura, 1977)는 행동주의 이론이 지나치게 행동의 결과에만 집착하고 있다고 지적하며 사회적 학습이론(social learning theory)을 주장한다. 사회적 학습이론은 인간의 인지 과정과 상호작용을 강조한다는 점에서 앞서 설명된 강화이론과 차이가 있다. 사회적 학습이론에 의하면, 사람은 상징을 통해 여러 상황을 구체적인 형상으로 표현할 수 있으며, 자신의 행동의 결과를 예상하고 이에 따라 스스로의 행동을 바꿀 수 있다(Atkinson et al., 1987). 다시 말해서, 사회적 학습이론은 대리 학습(vicarious learning), 또는 관찰에 의한 학습을 강조한다는 점에서 엄격한 행동주의를 강조하는 강화이론과는 차이가 있다.

반두라(Bandura, 1977)에 의하면, 사회적 학습은 다른 사람을 관찰하고 모방해 수집된 정보의 심리적 사고 과정을 통한 지식의 획득을 의미한다. 사회적 학습에서 '사회적(social)'은 사람들이 사회의 구성원이 됨으로써 학습한다는 것을 의미하며, '학습(learning)'은 사람들이 의사결정을 하기 위해 사고 과정을 사용한다는 것을 뜻한다(Hellriegel & Slocum, 2011).

즉, 사회적 학습은 사람이 직접 보상을 경험하지 않고도 다른 사람(일종의 모델)이 하는 행동과 그 결과를 관찰하거나, 또는 상상력을 발휘해 어떤 행동의 결과를 예상함으로써 동일한 행동을 하는 것을 말한다. 관찰자는 모델이 행동을 한 후에 좋은 결과를 얻었다고 판단하면, 이 모델의 행동을 모방하게 되고, 그렇지 않다면 그러한 행동을 하지 않도록 학습하게 된다. 한마디로, 사회적 학습은 "모델의 결과를 보고(관찰, 상상, 예상), 좋으면 이 행동을 따라하는 것"을 의미한다. 예를 들어, 어렸을 때 위인전을 읽는 것, 혹은 화장품 광고의 아름다운 배우를 보고, 그렇게 되고 싶어 화장품을 구입하는 것이 이에 해당된다.

실제로 다른 사람의 행동을 관찰한 사람들은 다른 사람의 행동을 관찰하지 못한 사람들보다 더 빠르게 학습하는 경향이 있다. 왜냐하면, 그들은 행동을 기억하며, 다른 사람들의 시행착오에 관한 간접 경험을 통해 불필요한 실수를 피할 수 있기 때문이다(Hellriegel & Slocum, 2011). 하지만 이러한 사회적 학습은 반드시 사회적으로 바람직한 결과에만 해당되는 것은 아니다. 스튜어, 애플필드와 스미스(Steuer, Applefield, & Smith, 1971)는 한 아동집단에게 매일 일정 시간 폭력적인 만화를 시청하도록 하고, 다른 아동집단에게 매일 비폭력적인 만화를 시청하도록 한 후, 아동들의 행동을 비교하는 실험을 하였다. 아동들이 생활에서 보여주는 공격적인 행동을 기록한 결과, 폭력적인 만화를 시청했던 아동집단은 점점 더 공격적인 행동을 보여주었으며, 비폭력적인 만화를 시청한 아동집단에서는 아무런 행동변화가 없었다. 또한 9세 아동 시기에 폭력적인 티비 프로그램을 선호하였던 것은 19세 청소년 시기의 공격적인 행동과 상관관계가 있다고 연구되기도 하였다(Eron, Huesmann, Lefkowitz, & Walder, 1972; Atkinson et al., 1987).

특히 사회적 학습이론은 특정한 정서반응과 행동을 전달하는 모델(model)의 역할을 강조한다. 어떤 형태의 모델이 가장 효과적이며, 어떤 요인들이 모델을 통해 학습된 행동의 실제 수행 여부를 결정짓는지가 연구의 초점이다(Bandura, 1973; Atkinson et al., 1987). 또한 사회적 학습이론에 의하면, 행동의 객관적인 결과 그 자체보다, 관찰자가 그 결과를 어떻게 정의하고 인식하는가가 그 관찰자의 행동에 더 큰 영향을 준다. 다시 말해서, 관찰자 스스로가 환경자극의 인지적 선택이나 행동변화에 있어서 주도적인 역할을 한다. 사회적 학습에서는 특히 다음의 네 가지 과정이 중요하다(Robbins & Judge, 2008).

1. 주목 과정(attentional process): 모델의 행동을 관찰하지 않으면 학습은 일어날 수 없다. 모델에 대한 주의집중은 모델의 특징과 관찰자의 감각 능력과 같은 여러 가지 요인에 의존한다. 사람들이 인식하고, 주목하는 특정한 측면에 대해서

만 모델을 통한 학습이 일어난다. 그래서 사람들은 매력적이고, 반복적으로 접근 가능하며, 중요하고, 자신과 유사한 상황에 놓여 있는 모델에게서 가장 큰 영향을 받는다.

2. 유지 과정(retention process): 상상과 언어를 통해서 관찰자는 관찰 내용의 인지적 표상(관찰 내용에 대한 해석을 바탕으로 마음속에 이미지를 그리는 것)을 구성한다. 모델이 사라진 뒤에도 그의 행동을 얼마나 오랫동안 사람들이 기억할 수 있는가에 따라서 모델의 영향력은 달라진다.
3. 동작 재생 과정(motor reproduction process): 관찰자는 인지적 표상을 행동으로 변화시킨다. 모델을 통해 새로운 행동을 보고 나면, 그 행동은 실행으로 옮겨져야 한다. 이 과정은 관찰자가 모델의 행동을 실제로 재연할 수 있는가에 따라 달라진다.
4. 강화 과정(reinforcement process): 사람들은 모델의 행동에 의해 긍정적인 보상이나 인센티브가 제공될 때 더욱 그 행동을 하게 된다. 긍정적인 강화가 제공되는 행동은 더욱 관심을 끌고 신속하게 학습되며 더 자주 반복된다.

사회적 학습이론은 상징화, 사전고려, 대리학습, 자기통제, 자기효능감의 다섯 가지 차원을 갖고 있다. 이러한 다섯 가지 차원은 상호연계되어 있으며, 순차적으로 나타난다. 또한 이들 다섯 가지 차원 때문에 같은 상황에 처한 사람들이 다른 행동을 하게 된다(Hellriegel & Slocum, 2011).

1. 상징화(symbolizing): 한 개인의 행동을 가이드하기 위한 심리적인 이미지를 만드는 과정이다. 사람들은 부모, 친구, 선생님, 영웅 등과 동일시될 수 있기 때문에 타인을 모방한다. 즉, "나도 나중에 크면 선생님처럼 될 수 있어"라고 생각하기 때문에 선생님의 행동을 따라 하는 것이다.
2. 사전고려(forethought): 사람들은 자신이 바라는 성과 수준에 기초해서 자신의 행동을 계획한다. 즉, "나는 꼭 부모님처럼 될 거야"라고 생각한다면 부모님의 세세한 행동까지도 모방하려 하겠지만, "나는 부모님의 이런 점이 좋다고 생각해"라고 생각한다면, 부모님의 일부 행동만을 모방할 것이다.
3. 대리학습(vicarious learning): 다른 사람의 행동과 그 행동의 결과를 관찰하는

것을 의미한다.

4. 자기통제(self-control): 새로운 행동을 학습하기 위해 자신의 목표와 목표를 달성하는 방법을 선택하는 것을 의미한다. 자기통제를 통해 학습할 때, 스스로 학습에 대한 책임을 지고 바람직한 행동을 하므로 관리자들은 이들을 통제할 필요가 적어진다.
5. 자기효능감(self-efficacy): 특정한 상황에서 구체적인 직무를 수행 가능한지에 대한 스스로의 평가를 의미한다. 한 개인이 직무를 수행할 수 있는 능력이 크다고 스스로 지각할수록, 그 사람의 자기효능감은 높아진다.

사회적 학습이론은 고전적 조건화와 조작적 조건화의 원리만으로 해결하기 힘들었던 현상에 대한 설명을 제시했다. 즉, 인간이 자극이나 보상이 없는 상황에서도 학습이 가능하다는 사회적 학습이론의 주장은 앞서 두 가지 이론에서 간과되었던 관찰학습을 부각시키는 계기가 되었다(Borich & Tombari, 1995; 임규혁, 1996). 예를 들어, 부모가 행한 사회봉사가 표창장 등 보상을 받는 것을 관찰할 수 있었던 아동들은 사회봉사 행위에 관하여 긍정적인 태도를 갖게 된다는 등의 연구가 이후에 실시되었

브레인스토밍은 효과적인가?

『유혹하는 심리학(*50 Great Myths of Popular Psychology*)』의 저자인 에모리대학교(Emory University) 심리학과의 스콧 릴리언펠드(Scott Lilienfeld) 교수는 일반적인 인식과 달리 브레인스토밍(brainstorming)이 사람들이 각자 아이디어를 내는 것보다 효과적이지 못하다고 주장한다. 사람들을 한 명씩, 소집단, 대집단 등으로 분류하고 문제에 대한 해결책을 내게 한 실험이 여럿 있었는데, 공통적으로 여러 사람이 모이는 브레인스토밍에서 판단의 질이 가장 낮았다는 것이다. 릴리언펠드 교수는 그 이유로 사회적 태만(social loafing)과 나쁜 아이디어의 전염을 들고 있다. 사람들은 집단으로 모여 있으면 책임감을 덜 느끼고 게으름을 부리게 된다. 그리고 집단사고(group think)에서 주장하듯이 사람들은 집단으로 모여 있으면 합의를 형성하는데 초점을 두기 때문에 비판적으로 생각하지 않게 된다.

소위 집단지능은 아이디어들이 서로 독립적일 때 제대로 작동한다. 즉, 스무 명을 한 방에 넣지 말고, 스무 명 모두를 다른 방에 넣고 서로 이야기할 기회도 주지 말아야 한다. 그리고 스무 개의 아이디어 중에서 가장 좋은 것을 추리는 것이다. 사람이 모이게 되면 전체가 부분의 합보다 작아진다. 스무 명이 모여 있다고 생각하겠지만, 실은 다섯 명밖에 없는 것과 마찬가지이다. 왜냐하면, 나머지 열다섯 명은 그냥 "그래, 나도 동의해!"하고 말기 때문이다.

출처: 조선일보(2010.7.10). "브레인스토밍은 알고 보면 노 브레인스토밍."

다(Petty & Cacioppo, 1981).

제 3 절 지각과 학습의 활용

아마도 우리가 새로운 사람들을 만날 때 가장 큰 관심사는 그들이 나를 좋아할 것인지와 내가 그들을 좋아할 것인지일 것이다. 인상관리(impression management)는 타인이 자신에게 갖는 인상을 통제, 관리하려 하는 것을 의미한다(Nelson & Quick, 2011). 혹은 인상관리는 "한 개인에 대해 다른 사람이 형성하는 인상을 조정하거나 통제하려는 시도"를 의미하는데, 말하는 방식, 옷 입는 방식, 손동작, 걸음걸이 등 모든 것을 포함한다(Hellriegel & Slocum, 2011).[17] 예를 들어, 바텐더들은 왜 테이블에 손님에게 잘 보이도록 투명한 유리그릇을 놓아두는 것일까? 그리고 왜 그 안에는 항상 많은 돈이 넣어져 있을까? 종종 바텐더들은 다른 손님들이 자신에게 팁을 많이 줬다는 인상을 주기 위해 유리그릇 안에 자신의 돈을 넣어둔다. 또 다른 예로, 오래전 우리나라에는 상갓집에서 울어주는 사람(곡비, 혹은 통곡비라고 불렸었다)이 있었다. 이들은 구슬프게 울수록 상갓집에서 더 많은 돈을 받을 수 있었다. 에콰도르에는 아직도 이런 직업이 있다고 한다(Hellriegel & Slocum, 2011). 왜 상갓집에는 구슬피 울어주는 사람이 필요할까?

모든 조직구성원은 상관, 동료, 하급자들과의 상호작용에서 인상관리를 시도한다. 조직구성원들의 인상관리는 너무도 당연한 것이다. 그리고 인상관리는 실제로 효과를 갖는 것으로 알려져 있다. 그러나 인상관리는 분명히 의도적으로 관찰자의 지각왜곡을 일으키고자 하는 시도이며, 조직구성원의 인상관리는 특히 성과평가를 해야 하는 관리자에게 어려움을 줄 수 있다. 게다가 관리자는 채용 면접에서 응시자의 인상관리에도 적절히 대응해야 한다. 그러면 관리자는 어떻게 이러한 조직구성원, 혹은 채용 응시자의 인상관리 시도에 현혹되지 않을 것인가? 비록 정답은 없으나, 관리자가 항상 지각의 왜곡 가능성을 염두에 둬야 한다는 점은 분명하다. 그렇다고 해서 인

17) 인상관리에는 자기 판촉, 비위 맞추기, 협박, 애원, 모범 등의 전술이 있다(Harris et al., 2007).

상관리를 반드시 부정적인 것으로 이해할 필요는 없다. 인상관리를 시도하는 사람의 의도를 잘 파악한다면, 오히려 이는 조직관리를 위해 효과적으로 활용될 수 있다.

초과 근무

왜 회사의 직원들은 크게 할 일이 없는데도 상사가 퇴근할 때까지 책상 앞에 앉아 있는 것일까? 퇴근시간 전에 자신이 맡은 일을 마쳤다면, 집으로 돌아가도 되지 않을까? 아마도 이는 지각의 왜곡, 특히 후광 효과 혹은 뿔 효과와 관련이 있을 것이다. 직원들의 성과에 대한 상사의 평가는 객관적인 업무성과 그 자체에만 바탕을 두지 않는다. 직원의 노력 정도, 그리고 이에 대한 상사의 지각 또한 큰 영향을 주게 된다. 비록 실제 성과가 크지 않다고 할지라도, 그 직원이 노력하는 것을 상사가 인정한다면, 좀 더 긍정적으로 평가를 하게 될 것이다. 아마도 대부분의 직원은 이를 무의식적으로, 혹은 학습을 통해 알고 있을지 모른다.

Chapter 05

동기부여

조직은 조직이 추구하는 목표를 달성하기 위해 조직구성원들로 하여금 각자가 담당하는 임무를 지속적으로, 최선을 다해 수행할 수 있도록 유도하고자 한다(유민봉 외, 2012). 이미 다양한 연구를 통해(예: 박순애, 2006; 이근주 · 이혜윤, 2007) 조직구성원들의 직무동기가 직무 몰입 및 조직 성과에 중요한 영향을 미친다는 점이 증명된 만큼 조직에서는 적절한 동기부여 방법을 모색하고자 노력하고 있다. 이러한 조직의 행태를 이해하기 위해, 이 장에서는 동기 및 동기부여의 개념에 대해 살펴보고, 다양한 동기부여이론 및 이를 활용할 수 있는 방안에 대해 논의하도록 한다.

제 1 절 동기부여 개념

1. 동 기

1) 동기의 개념과 의의

동기부여에 대한 논의를 살펴보기 이전에 동기(motive)의 개념에 대해 먼저 살펴볼 필요가 있다. 동기는 “행동을 일으키게 하는 내적인 직접요인의 총칭”이다(두산백과, 2015). 동기는 동인(drive)이라는 말과 거의 같은 뜻으로 사용되나 동인이 기계론적 의미로서 사용되는 반면, 동기는 목적론적 의미로 사용된다. 동인은 생리적이고 기계론적인 관점을 중심으로 하지만, 동기는 목적 및 목표와 관련하여 발생된다는 목적론적인 관점을 중심으로 하고 있다(두산백과, 2015). 동기는 동기부여의 기본 단위가 되지만 동기 자체가 아닌 동기부여(motivation)가 인간이 행동하는 기본적인 원인이 된다. 하지만 동기는 인간 행동 반응에 구체적인 방향을 제시해 주고 행동 반응을 초래하는 보이지 않는 내면적 힘이 된다. 이처럼 동기는 동기부여를 논의하기 위해 필수적으로 이해되어야 하는 것이기에 동기부여와 관련된 본격적인 논의에 앞서 맥과이어(McGuire, 1974)의 심리적 동기(psychological motive)를 먼저 살펴보도록 한다.

2) 맥과이어의 심리적 동기

맥과이어(McGuire, 1974)는 인간의 기본적 동기를 16개 범주로 나누고 다시 이를 크게 네 그룹으로 나누었다. 이러한 구분의 기준은 동기부여 모드(mode of motivation)와 초점(focus on)이다. 첫 번째 기준은 동기부여 모드가 인지적(cognitive)인지 또는 감정적(affective)인지로 구분된다. 인지적 동기는 한 사람이 어떤 일에 대해 의미를 부여하고 이를 달성하는 정도 혹은 환경 지향성에 대한 욕구 정도를 의미한다. 감정적 욕구는 만족 정도의 상태를 의미한다. 두 번째 기준은 어디에 초점을 두는 가인데 동기가 현재 상태(status quo)와 성장(growth) 중 어디에 초점을 두느냐로 구분된다. 현재 상태에 초점을 두는 것은 보존 동기(preservation motive)를 의미하며, 이는 균형을 달성하는 데 초점을 둔다(achieving a stated of equilibrium). 이에 반해, 성장 동기(growth motive)는 개발을 강조한다(emphasize development). 이러한 기준들을 바탕으로 맥과이어(McGuire, 1974)의 심리적 동기를 [표 5-1]과 같은 네 가지로 분류할 수 있다.

표 5-1 McGuire의 심리적 동기

		동기 모드(mode of motivation)	
		인지적(cognitive)	감정적(affective)
초점 (focus on)	현재 상태 (status quo)	인지적 보존 동기 (Cognitive Preservation Motive) ① 일관성 동기(need for consistency: active, internal) ② 귀속 동기(need for attribution: active, external) ③ 범주화 동기(need for categorization: passive, internal) ④ 객관화 동기(need for objectification: passive, external)	감정적 보존 동기 (Affective Preservation Motive) ① 긴장해소 동기(need for tension reduction: active, internal) ② 표현 동기(need for expression: active, external) ③ 자아방어 동기(need for ego defense: passive, internal) ④ 보강 동기(need for reinforcement: passive, external)
	성장 (growth)	인지적 성장 동기 (Cognitive Growth Motive) ① 자치성 동기(need for autonomy: active, internal) ② 다양성 동기(need for variety: passive, external) ③ 목표 지향 동기(teleological needs: passive, internal) ④ 실리추구 동기(utilitarian needs: passive, external)	감정적 성장 동기 (Affective Growth Motive) ① 우월 동기(need for assertion: active, internal) ② 관계 동기(need for affiliation: active, internal) ③ 정체성 동기(need for identification: passive, internal) ④ 타인모방 동기(need for modeling: passive, external)

출처: McGuire(1974)를 참고로 구성.

각각의 심리적 동기에 대한 보다 자세한 설명은 [표 5-2]와 같다.

표 5-2 구체적 심리적 동기 내용

구체적 동기	동기 내용
일관성 동기(need for consistency: active, internal)	- 내부적 균형을 유지하려는 욕구 - 조직구성원인 자신이 가지고 있는 기존의 신념이나 태도와 일치하지 않는 외부적 자극과 정보를 회피하고 일치하는 것들만 받아들이도록 작용
귀속 동기(need for attribution: active, external)	- 문제를 일으키는 원인을 찾으려는 욕구 - 자기 자신의 행동, 타인의 행동, 환경적 사상에 대한 원인을 발견하도록 작용함으로써 자아지각(self perception), 타인지각(person perception), 대상지각(object perception)을 야기 - 조직구성원들은 어떤 현상의 원인을 파악
범주화 동기(need for categorization: passive, internal)	- 다양한 자극을 분류하는 욕구 - 간단히 분류하여 의사결정과 정보 처리를 신속하게 하려는 욕구
객관화 동기(need for objectification: passive, external)	- 사물을 객관화하고 표준화하려는 동기 - 구성원들은 자신의 태도나 행동을 결정하기 위하여 객관적이고 외부적인 정보를 사용하고자 함. - 다른 사람들의 행동을 객관적으로 관찰하고 비교하려는 행동
자치성 동기(need for autonomy: active, internal)	- 자신의 성장 동기욕구 - 자아실현 욕구로 자신을 개발
다양성 동기(need for variety: passive, external)	- 새로운 변화를 적극적으로 모색하려는 욕구 - 알지 못하는 것에 대한 탐구와 다양성을 추구하려는 욕구
목표 지향 동기(teleological needs: passive, internal)	- 목표 지향적 행동을 취하고자 하는 욕구 - 구성원들은 자신의 상태를 개선하고 기회를 발견하려고 노력함.
실리추구 동기(utilitarian needs: passive, external)	- 외부 환경으로부터 자신의 문제를 해결할 단서를 찾으려는 욕구
긴장해소 동기(need for tension reduction: active, internal)	- 긴장을 극소화하기 위한 행동 욕구
표현 동기(need for expression: active, external)	- 자아 표현의 기회와 표현 수단을 모색하고자 하는 욕구 - 구성원들이 자신의 이미지와 비슷한 것을 찾으려고 하는 욕구
자아방어 동기(need for ego defense: passive, internal)	- 자아를 위협하는 여건에서 벗어나려는 욕구 - 사회적 비난을 회피하고 체면을 유지하려는 욕구
보강 동기(need for reinforcement: passive, external)	- 다른 사람들이 자신에게 보상해주기를 원하는 욕구 - 과거 타인으로부터 충분한 보상을 받았을 때와 같이 행동하는 욕구
우월 동기(need for assertion: active, internal)	- 자존감을 증가시키려는 욕구 - 타인과의 경쟁 우위를 통해 성취를 지향하는 욕구
관계 동기(need for affiliation: active, internal)	- 타인과의 상호관계를 통해 만족을 증진시키려는 욕구 - 다른 사람들과의 인간적 교류, 상호인정, 동료 의식을 매우 중요하게 고려함.

정체성 동기(need for identification: passive, internal)	- 새로운 역할을 채택하고자 하는 욕구 - 자신만의 독특한 정체성을 개발하고자 하는 욕구
타인모방 동기(need for modeling: passive, external)	- 타인의 행동을 모방하고자 하는 욕구 - 구체적으로 타인을 닮아가고자 하는 욕구

출처: McGuire(1974)를 참고로 구성.

2. 동기부여

1) 동기부여의 개념과 의의

동기부여(motivation)는 "어떤 생명체가 활동하도록 자극하여 의도하는 목표로 향하게 하는 것"이다(행정학용어 표준화연구회, 2010). 동기부여는 인간이 행동으로 실행하여 목표를 달성하고자 하는 의지와 행동을 말한다. 이러한 측면에서 앞서 제시한 동기(motive)가 존재할 때 동기부여가 발생한다고 할 수 있다. 동기부여는 동기(motives), 욕구(needs), 결핍(wants), 동인(drives), 바램(wishes), 인센티브(incentives)를 포함하는 개념으로서 동기와 동기부여의 관계는 [그림 5-1]과 같이 제시될 수 있다.

그림 5-1 동기부여 과정

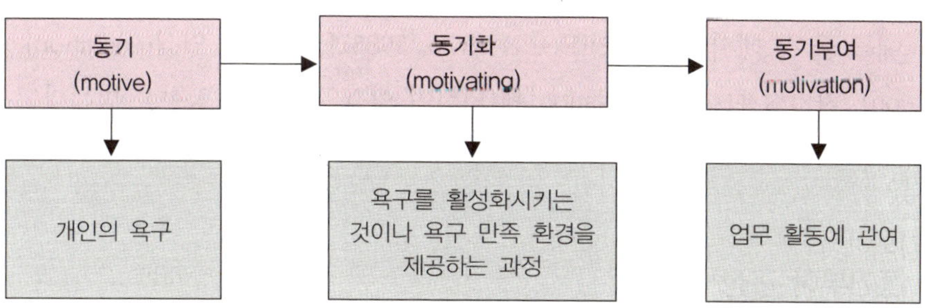

출처: http://www.slideshare.net/himanshusingh2191/motivation-12305674

2) 동기부여의 중요성

그렇다면 조직구성원의 동기부여가 왜 중요할까? 동기부여가 중요한 이유는 다음과 같이 제시될 수 있다. 첫째, 동기부여는 인간의 학습행동을 설명하는 중요한 원인이 된다. 조직에서 구성원들이 성과달성을 위해 왜 적극적으로 행동하는가에 대한 설명 원인으로 동기부여를 제시할 수 있다. 대부분의 동기부여 학자들은 동기부여가 모든 학습된 성과물의 달성에 기여할 것이라고 가정하였다.[1] 즉, 동기부여가 활성화되지 않는다면 학습된 행동도 달성될 수 없다는 것을 가정한다. 물론 동기부여가 행동에 영향을 미치는 주요 원인인지, 아니면 부가적 요인인지에 대한 논의는 학자들마다 다를 수 있지만, 동기부여는 조직구성원들의 성과 달성을 위한 행동에 매우 중요한 영향을 미친다는 것을 부인할 수는 없다.

둘째, 동기부여이론은 인간 행동의 원인을 내재적 동기와 외재적 동기와 같이 다양한 관점에서 제시함으로써 인간의 행동을 설명하는 데 이론적 틀을 제공하였다. 동기부여의 가장 중요한 요인이라고 할 수 있는 환경적 영향, 인식, 기억, 인식 발달, 감정, 성격 등이 인간 행동변화의 중요한 요인이 된다. 예를 들어, 인간의 행동을 '거꾸로 U자형 곡선(inverted-U-shaped curve)'으로 설명하는 이론에 의하면, 인간의 행동은 외부 환경의 새로운 자극이 발생하면 긍정적으로 반응하지만, 어느 시점이 지나면 반응하는 속도가 줄어든다는 것이다. 그러나 이 역시 인간의 행동 원인을 설명하는 하나의 설명방법일 뿐, 외재적 동기와 내재적 동기에서는 이를 다르게 설명한다. 예를 들어, 데시와 라이언(Dec & Ryan, 1985)은 인간의 인식(cognition), 감정(emotion), 자기절제(self-regulation)에 의하여 인간의 행동이 영향을 받는다고 설명한다.

3) 동기부여 구성

동기부여는 조직구성원들이 목표를 달성하고자 하는 원인이 되기에 동기부여가 어떻게 구성되는지를 살펴볼 필요가 있다. 동기부여의 구성을 살펴보기 위해서는 동기잠재점수(The motivating potential score: MPS)에 주목할 필요가 있다. 동기잠재점

---

1) http://www.edpsycinteractive.org/topics/motivation/motivate.html

수 공식에 의하면, 동기부여는 조직환경에서 자신의 업무 자치성(autonomy), 평가환류(feedback), 그리고 업무 특성(기술의 다양성, 업무 명확성, 업무 중요성)에 의해서 영향을 받는다.

그림 5-2 동기잠재점수

$$MPS = Autonomy \times Feedback \times \frac{Skill\ Variety + Task\ Identity + Task\ Significance}{3}$$

동기부여가 높은 조직구성원들은 자신들의 조직 내에서 매우 높은 업무 자치성(high level of autonomy)을 가지며, 자신의 업무에 대한 평가가 원활하게 이루지고(high level of feedback), 또한 기술의 다양성(skill variety), 업무 명확성(task identity), 업무 중요성(task significance)을 높게 인식하는 경향이 있다(Steel, 2012).

4) 동기부여와 타 개념과 관계

(1) 동기부여와 감정(The relationship of motivation and emotion)

감정(emotion)은 각성(arousal) 상태에서 경험하는 주관적 인식이다. 감정은 환경의 자극에 대한 인식과 감정에 대한 주관적 인식 사이의 상호작용으로 발생되는 것이다(Kleinginna & Kleinginna, 1981). 감정은 주로 생물학적으로 나타나는 반응이라고 할 수 있는데, 이러한 차원에서 감정은 동기부여와 차이를 나타낸다. 동기부여는 분명한 목표의식을 가지고 목표를 달성하기 위한 인간의 의도적인 행위이지만, 감정은 목표 지향성과 관련성이 없는 비의도적인 행위라는 점에서 동기부여와 차이가 있는 것이다(Huitt, 2003).

(2) 각 성

각성(arousal)은 각종 신경이 활동 중인 상태이다. 신체와 정서 상태가 안정적인 수면 상태일 때 각성이 가장 낮게 나타난다. 각성의 수준이 높아지면 뇌파의 주파수가 높아지는 등 신체적 반응을 보이기 때문에, 학습과 관련된 각성이 너무 높거나 낮으면 학습활동에 장애를 일으키게 된다(특수교육학 용어사전, 2009). 이처럼 각성은 신경의 활동, 신체의 반응과 관련된 것이기에 이는 의도적으로 이루어지는 행동이 아니라 즉각적이고 반응적인 행위를 말한다. 따라서 어떤 목적 달성을 위하여 의도적으로 행동하는 동기부여와는 차이를 나타낸다.

제 2 절 동기부여 유형

1. 기본적 방향

동기부여를 구분할 때 다양한 기준을 제시할 수 있다. 이 책에서는 동기부여를 발생시키는 구성요소의 성격이 인간의 본질적, 내재적 특성과 관련된 것인지, 아니면 인간의 내면적 특성과는 관련이 없는 것인지에 따라 동기부여를 외재적 동기부여(extrinsic motivation)와 내재적 동기부여(intrinsic motivation)로 분류하여 살펴보고자 한다. 내재적 동기부여와 외재적 동기부여는 동기부여를 발생시키는 원인이 다르다는 점에서는 차이를 나타내지만, 둘 사이에는 유사한 점도 존재한다.

여러 실험연구에서도 알 수 있듯이(예: Deci, 1975), 내재적 동기부여는 인간이 업무 목표를 달성하는 이유가 다른 외재적 보상을 획득하기 위한 것이 아니라 목표 달성 자체를 목적으로 하기 때문에, 상황에 따른 보상(contingent reward)을 원하는 외재적 동기부여와 차이가 있다고 본다(Benabou & Tirole, 2003: 490). 이러한 차이로 인하여 내재적 동기부여와 외재적 동기부여는 갈등을 일으킨다.

그럼에도 불구하고 외재적 동기부여와 내재적 동기부여에는 상호 관련성이 존재한다. 사람의 외면을 자극하는 외재적 동기부여와 사람의 내면을 자극하는 내재적 동기부여는 사회적 인식과 연결되어 있는 것이다(Huitt, 2011). 보다 자세한 내용은 다음에서 살펴보도록 한다.

2. 구체적 동기부여

1) 내재적 동기부여

내재적 동기는 인지적, 감정적, 의욕적 동기와 관련된 정신적인 요인과 인간을 초월하는 영적인 요인으로 분류될 수 있다. 내재적 동기부여는 행위 자체의 즐거움이 존재하기 때문에 행위 또는 행동을 수행하게 되는 것을 말한다.[2] 일을 하고자 하는 욕망이 발생하는 이유는 업무를 수행함으로써 얻게 되는 즐거움 때문이고, 이를 내재적 동기부여라고 한다. 즉, 내재적 동기부여는 업무를 수행하면서 발생하는 즐거움과 기쁨 때문에 발생하는 것이다.

내재적 동기부여를 발생시키는 구성요소는 자존감(autonomy), 소속(belong), 호기심(curiosity), 사랑(love), 배움(learning), 정복(mastery), 의미(meaning) 등을 포함한다. 내재적 보상은 업무를 수행하는 인간과 업무 사이의 직접적인 관계에 초점을 둔다. 즉, 업무에 대한 인간의 관심과 업무를 통한 자신의 능력에 대한 자신감 및 인정에 초점을 두는 것이다. 보다 구체적으로 내재적 동기부여를 유발시키는 요인은 자존감(self−esteem)이 된다.[3] 인간이 어떻게 자존감을 갖느냐가 행복 선택의 중요한 기준이 된다(Moynihan et al., 2015).

내재적 동기부여는 인간의 행동이 인간이 지닌 기본적이고 내면적인 욕구 충족과 내적 동기를 실현시키기 위해 발생한다는 자기결정이론(Self−Determination Theory: SDT)의 중요한 근간이 되었다(Deci & Ryan, 1985). 자기결정이론은 인간의 이상 추구와 같은 성장 지향적 인간관을 바탕으로 내적 동기의 중요성을 설명하는 동기부여 이론이다.

2) 외재적 동기부여

이에 반해서, 외재적 동기는 행동과 관련된 결과가 무엇인가와 관련성이 있다. 조직구성원들은 그들의 행위에 대해 어떤 보상이 주어지는지에 대해서 관심을 갖는

2) http://study.com/academy/lesson/intrinsic−motivation−in−psychology−definition−examples−factors.html

3) 그러나 머슬로(Maslow, 1943)의 욕구계층론에 의하면 이는 내재적 동기인 동시에 외재적 동기이다.

표 5-3 내재적 동기부여와 외재적 동기부여 비교[4]

내재적 동기부여	외재적 동기부여
① 인간 내면에서부터 발생 ② 책임감의 감정을 느낌 ③ 무언가를 달성한다는 그 목적 자체 때문에 업무 수행 ④ 자존감(self-esteem)과 관련된 업무 수행 ⑤ 업무 수행 자체를 즐김 ⑥ 개인 자체의 성장에 초점 ⑦ 개인이 행위의 주체가 됨	① 인간 외면에서부터 발생 ② 더 높은 보상, 위치, 상태를 유지하려는 감정 ③ 그들의 위치 또는 상태를 확인하려는 감정 ④ 상급자로부터의 인정을 중요시함 ⑤ 업무 수행을 완성한 후 주어지는 보상에 초점을 둠 ⑥ 인간이 통제할 수 없는 외부적인 것 ⑦ 개인이 행위의 주체가 됨

출처: https://www.smore.com/uwpt-motivation-why-we-do-what-we-do의 내용을 수정.

다. 즉, 외재적 동기부여는 외재적 보상 또는 결과를 수여하기 위하여 인간이 행동 또는 행위를 수행하는 것을 의미한다. 외재적 동기부여는 인간의 내면적 동기와 직접 관련된 것은 아니며 업무외적인 환경과 관련이 있다. 따라서 외재적 동기부여는 업무를 수행할 때 스스로 발생되는 것이 아니라 타인으로부터 발생된다.[5] 구체적인 외재적 동기부여의 예로는 규칙적인 보상, 부대 혜택(fringe benefit), 성과급과 같은 현금 보상 등이 있다. 그러나 외재적 동기부여는 금전적인 보상과 같이 긍정적인 측면만 존재하는 것이 아니라 처벌(punishment)과 같은 부정적 보상도 존재한다. 특히 외재적 동기부여는 조직구성원들이 자신들의 업무 수행을 성공적으로 이끌기 위한 중요한 수단이 된다.

제 3 절 동기부여의 주요 이론

동기부여이론은 다양하게 제시될 수 있지만,[6] 여기서는 어떻게 동기부여가 발생되고 실현되는가? 무엇이 동기부여 발생에 영향을 미치는 요인인가? 등의 기준에 따라서 동기부여이론을 설명하고자 한다. 동기부여를 발생시키는 요인들에는 무엇이

4) http://www.edpsycinteractive.org/topics/motivation/motivate.html
5) http://b2bdiagram.com/tag/hr－courses/
6) 대표적인 동기부여이론의 구분 기준은 내용론과 과정론이다.

있는지, 그리고 이러한 동기부여를 통해 업무 달성이 어떻게 이루어지는가를 우선적으로 살펴보도록 한다. 보다 구체적으로 동기부여이론을 ① 욕구와 관련된 동기부여이론, ② 보상과 관련된 동기부여이론, ③ 절차와 관련된 동기부여이론으로 나누어 설명하고자 한다.

1. 욕구와 관련된 동기부여이론

인간의 욕구(needs)와 관련된 동기부여이론은 "동기부여는 인간의 욕구가 충족되었을 때 발생"한다고 주장한다. 인간 모두가 지닌 보편적인 욕구가 충족될 때 동기부여가 발생한다는 것이다. 인간이 지닌 욕구의 충족이 동기유발의 근원이 된다는 것이다. 욕구와 관련된 주요 동기부여이론으로는 머슬로(Abraham H. Maslow)의 욕구계층론(hierarchy of needs), 앨더퍼(Clayton P. Alderfer)의 ERG(Existence, Relatedness, Growth)이론, 허즈버그(Frederick Herzberg)의 2요인 동기부여이론(two-factor motivation theory) 등이 있다.

1) 머슬로의 욕구계층이론

욕구이론 중 가장 기본적이고도 대표적인 이론이 머슬로의 욕구계층이론이다(한국행정학회 행정학전자사전특별위원회, 2020).

에이브러햄 머슬로(Abraham H. Maslow, 1908~1970)는 욕구계층론으로 유명한 미국의 심리학자다. 그는 동기이론에서 인간의 기본 욕구를 생리적 욕구 · 안전 욕구 · 사회적 욕구 · 존중 욕구 · 자아실현 욕구의 다섯 가지로 나누고, 이들 욕구는 충족 여부에 따라 아래위로 움직이는 계층을 이루고 있다고 가정하였다(이종수, 2009).

머슬로(Maslow, 1943)는 인간의 욕구를 중요도에 따라 생리적 욕구, 안전 욕구, 사회적 욕구, 존중 욕구, 자아실현 욕구로 분류하였다. 이 중에서 생리적 욕구와 안전 욕구는 신체적 욕구와 관련된 저차원의 욕구이지만, 사회적 욕구, 존중 욕구, 자

그림 5-3 Maslow의 욕구계층론

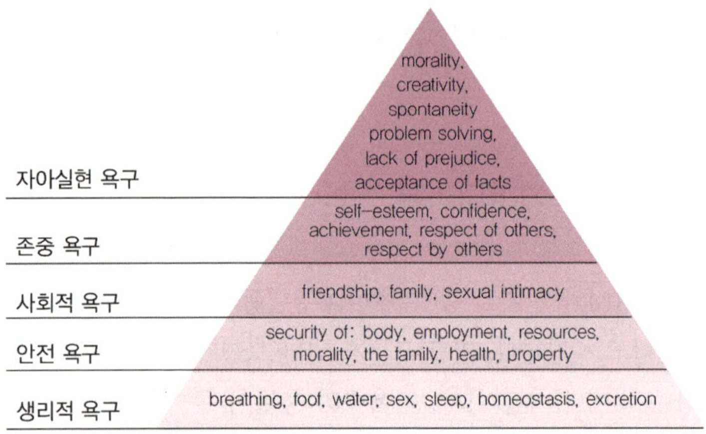

출처: https://en.wikipedia.org/wiki/Abraham_Maslow

아실현 욕구는 인간의 심리적 욕구와 관련이 있고 이는 고차원적 욕구에 속한다.

첫 번째로, 생리적 욕구(physiological needs)는 가장 낮은 단계의 욕구로서, 가장 기본적인 욕구이다. 생리적인 욕구에는 대표적으로 음식, 갈증, 잠, 건강과 관련된 욕구들이 포함되어 있다.

두 번째로, 안전 욕구(safety needs)는 생리적 욕구가 충족되면 물리적, 그리고 감정적인 위협으로부터 벗어나기 위하여 안전 욕구를 추구하게 됨을 강조한다.

세 번째로, 사회적 욕구는 생리적 욕구와 안전 욕구가 충족이 되면 관심을 갖게 되는 것으로 다른 사람들과의 관계와 관련된 욕구이다. 대표적인 사회적 욕구로는 우정, 그룹 종속감, 사랑이 있으며 사회구성원들과의 상호작용을 강조한다.

네 번째로, 존중 욕구(esteem needs)는 사회적 욕구가 달성된 후에 추구되는 욕구로서 이는 집단에서 자신의 존재를 중요하게 인식하는 것이다. 이러한 존중 욕구는 자기 자신에 대한 욕구와 타인으로부터의 인정과 존중을 포함한다. 이러한 욕구는 인식(recognition), 주의(attention), 사회적 지위(social status), 성취(accomplishment), 자기존중(self-respect)으로 구성된다.

다섯 번째로, 자아실현 욕구(self-actualization)이다. 자아실현의 욕구는 머슬로가 제시한 욕구 중 가장 높은 단계의 욕구로서 인간이 달성할 수 있는 가장 이상적인 단계를 말한다. 하위 계층의 욕구와는 달리 자아실현의 욕구는 충족되기가 매우 어려운 것으로 나타난다.

머슬로(Maslow, 1943)는 이러한 욕구 충족이 저급 단계 욕구 충족에서 고급 단계 욕구 충족으로 일방향성을 띠게 되며, 하나의 욕구가 좌절되었을 때 이전 욕구를 충족하기 위한 회귀는 발생되지 않는 것으로 보았다.

2) 앨더퍼의 생존–관계–성장(ERG)이론

앨더퍼(Alderfer, 1969)는 허즈버그와 머슬로의 욕구이론을 개선시킨 인물이다. 머슬로와 마찬가지로 앨더퍼도 인간은 욕구를 지니고 있다는 것을 강조하면서, 이러한 욕구는 계층성을 지닌다고 설명하였다. 또한 이러한 욕구들은 낮은 수준의 욕구와 높은 수준의 욕구로 구분할 수 있으며, 욕구 사이에는 근본적인 차이가 존재한다고 주장하였다. 따라서 욕구가 조직구성원들의 동기부여를 결정하는 가장 중요한 요인이라는 측면에서 앨더퍼의 이론 역시 욕구와 관련된 동기부여이론이라고 할 수 있다.

그러나 그는 머슬로의 5단계 욕구계층론을 3단계, 즉 생존 욕구(existence needs), 관계 욕구(relatedness needs), 성장 욕구(growth needs)로 구분하였다는 점에서 차이를 보인다. 뿐만 아니라 머슬로는 하위 단계 욕구가 충족되면 상위 욕구로 이동한다는 데 초점을 맞추었지만, 앨더퍼는 이 뿐만 아니라 어느 단계 욕구가 충족되지 않으면 하위 단계 욕구로 퇴행할 수 있다고 주장하였다. 머슬로와 달리 앨더퍼는 각 욕구들은 각각 단계별로 하나씩 증진하는 것이 아니라 세 욕구를 동시에 달성할 수 있다

클레이턴 폴 앨더퍼(Clatton Paul Alderfer, 1940~현재)는 미국의 심리학자이다. 그는 에이브러햄 머슬로의 인간 욕구 단계설을 확장한 ERG 이론을 주창한 것으로 유명하다. 1969년 'An Empirical Test of a New Theory of Human Needs: Organizational Behaviour and Human Performance'라는 논문에서 이 이론을 발표하였다. 그는 생리적, 안전에 대한 하위 욕구를 존재의 영역에 통합하고, 머슬로의 개인 간 사랑과 존중에 대한 욕구를 관계성으로 분류하였다. 성장의 영역은 자기실현과 자기존중의 욕구를 포함하고 있다.

출처: https://ko.wikipedia.org/wiki/%ED%81%B4%EB%A0%88%EC%9D%B4%ED%84%B4_%EC%95%A8%EB%8D%94%ED%8D%BC

그림 5-4 Maslow의 욕구계층론과 Alerfer의 ERG이론 비교

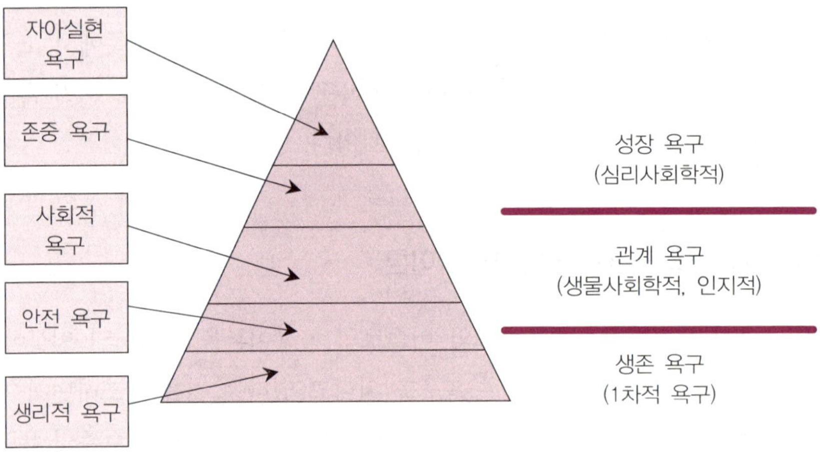

출처: www.emeraldinsight.com/content_images/fig/2300130108007.png

는 것을 강조하였다. 또한 앨더퍼는 반드시 하위 단계의 욕구가 충족되지 않아도 상위 욕구를 충족할 수 있다고 주장하였다.

보다 구체적으로 생존 욕구는 인간의 생존을 위해 필요한 욕구로서, 이는 머슬로의 생리적 욕구와 안전 욕구에 해당하는 직업안정성과 작업환경 등을 포함한다고 보았다. 관계 욕구는 사회적 존재로서 다른 사람들과의 인간관계를 중요하게 고려하는 욕구로서 이는 사회적 욕구와 관련성이 있다. 뿐만 아니라 대인관계와 애정, 소속감 등과 같은 욕구뿐만 아니라 자존심 역시 포함된다고 보았다. 마지막으로, 성장 욕구이다. 이는 개인의 잠재적 능력을 발전시키기 위한 노력이라고 할 수 있으며, 머슬로의 자아실현 및 자기존종 욕구와 관련성이 높다.

3) 허즈버그의 2요인 동기부여이론: 위생요인론과 동기요인론

욕구 충족이 동기부여와 관련성이 있다는 점에서 허즈버그의 2요인이론 역시 욕구충족이론으로 볼 수 있다. 특히 허즈버그는 직무 만족(job satisfaction)과 관련된 두 가지 요인을 연구했다는 점에서 의의가 있다(Herzbeg, 1987). 허즈버그는 직무에 만족을 주는 요인과 불만족을 주는 요인들이 따로 존재한다고 주장하였다. 예를 들

어, 만족을 주는 요인은 성취감(achievement), 인식(recognition), 업무의 본질(nature of work), 책임감과 발전(responsibility and advancement)이며, 불만족과 관련된 요인은 회사정책(company policy), 나쁜 행정(bad administration), 능력 없는 감독자(incompetent supervisor), 부족한 업무 환경(poor working condition) 등이라는 것을 제시하였다.

프레드릭 허즈버그(Frederick Herzberg, 1923~2000)는 동기위생이론(motivation-hygiene theory) 또는 2요인이론(two-factor theory)으로 유명한 조직이론가로, 직무설계, 특히 직무다양화(job enrichment)의 개념화에 큰 영향을 미쳤다. 주요 저작으로는 *The Motivation to Work*(1959, 공저), *Work and the Nature of Man*(1966), *The Managerial Choice*(1976) 등이 있다(이종수, 2009).

이전까지 욕구와 관련된 이론들은 만족 및 불만족 관련 요인들이 같은 연속선상에 있어 완전히 반대되는 개념이라고 보기는 어렵다고 생각하였지만, 허즈버그는 만족과 불만족의 요인은 완전히 배타적이고 서로 다른 차원이라고 보았다. 그는 완전히 다른 차원의 두 요인인 위생요인(hygiene factors)과 동기요인(motivation factor)을 구분하면서, 위생요인은 중요한 동기부여 원인이 될 수 없음을 밝혔다. 그러나 만약

그림 5-5 직무 만족과 관련된 위생요인과 동기요인

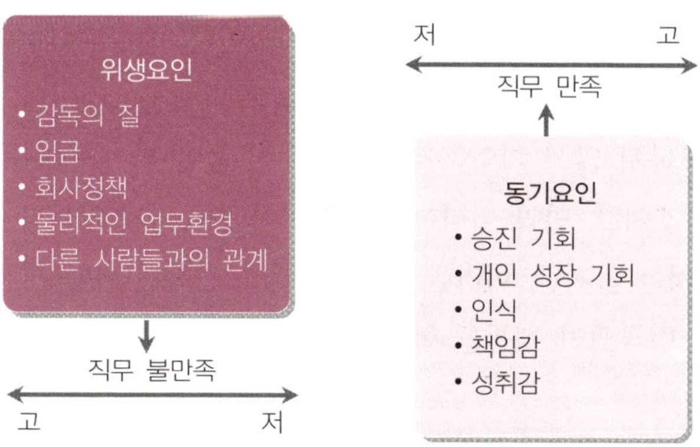

출처: https://www.linkedin.com/pulse/herzbergs-two-factor-theory-applying-workplace-jaimee-whitehead

위생요인들이 존재하지 않는다면 위생요인이 동기부여를 낮출 수는 있다고 주장하였다. 즉, 위생요인과 동기부여 모두 직무 만족을 낮추는 요인이 될 수 있지만, 이는 위생요인과 동기요인이 같은 차원이 아니라는 점에서 욕구의 단계설을 주장한 머슬로의 의견과 차이를 보인다.

(1) 위생요인: 직무맥락(job context)

[그림 5-5]에서 제시되었듯이 위생요인의 주요 구성요소는 감독의 질, 임금, 회사 정책, 물리적인 업무환경, 다른 사람들과의 관계, 직업의 안정성 등을 포함한다. 위생요인에 의해 구성원들이 직무에 대해 불만족을 인식하는 경우는 구성원들이 직무 외부 환경 요인들에 만족하지 않는 경우이다. 직무맥락은 가장 중요한 위생요인이 된다. 위생요인이 충족되지 않는 경우, 구성원들은 자신들의 직무에 불만족을 느낀다. 즉, 이러한 위생요인은 직무 불만족을 감소 또는 제거하기 위한 기본적인 요인일 뿐이지, 이들 위생요인이 만족을 충족시키는 요인은 아니라는 것이다. 예를 들어, 직업의 안정성(job security)이 증가되면 이는 위생요인으로서 직무에 대한 불만족을 제거하기 위한 요인은 될 수 있지만 이것이 증가한다 하더라고 직무에 대한 만족도가 증가하는 것은 아니라는 것이다(Herzberg et al., 1959).

(2) 동기요인: 직무내용(job content)

동기요인은 승진기회, 개인성장 기회, 인식, 책임감, 성취감 등을 포함하는데, 이는 주로 직무와 직접적으로 관련되는 요인을 포함한다. 만약 조직구성원들이 동기요인에 불만족을 느낀다면 그들이 직무내용 자체에 만족하지 못하다는 것을 의미한다. 직무내용 그 자체가 동기요인의 핵심이 된다는 것이다. 즉, 직무내용 자체에 대한 만족과 관련이 있는 것은 위생요인이 아니라 동기요인이라는 것이다. 예를 들어, 직무내용 자체가 단조롭지 않고 다양해지고 자립성이 높을 때 구성원들은 직무에 높은 만족을 느낀다는 것이다. 만약 이러한 동기요인이 충족되지 않는다고 하더라도 구성원들은 불만족하지는 않지만, 이러한 동기요인들을 충족된다면 구성원들은 자신들의 직무에 만족하고 적극적인 행동을 한다는 것이다.

2. 보상과 관련된 동기부여이론

다음으로 보상과 관련된 동기부여이론이 있다. 보상과 관련된 동기부여이론의 기본 가정은 보상이 중요한 동기부여 원동력이 된다는 것이다. 보상을 어떻게 살펴보는 가에 따라서 보상이론이 욕구이론과 높은 관련성을 지니기도 한다. 특히 경제적 보상 관점에서는 욕구이론의 생리적 욕구와 관련성이 높을 뿐만 아니라, 내재적 보상이라는 관점에서는 욕구이론의 존중 욕구 및 자아실현 욕구와 높은 관련성을 가진다. 그러나 여기서 보상과 관련된 이론은 무슨 보상이 주어지는가에 초점을 맞추기보다는 어떤 과정을 통하여 보상이 이루어지고, 이를 통해 동기가 부여되는지에 대한 과정을 중점적으로 논의하기로 한다. 따라서 여기서는 대표적으로 기대이론(expectancy theory)과 만족이론(satisfaction theory)을 살펴볼 것이다.

1) 기대이론

기대이론(expectancy theory)은 인지적 관점에서의 동기부여이론이다. 조직 내 개인이 어느 정도 노력을 하는가에 관심을 가지고, 이러한 노력의 결과가 어떻게 성과와 연결될 수 있는지를 개인이 인지하여 이를 바탕으로 개인의 행동을 설명하는 동기부여이론이다(한국심리학회, 2014). 이는 욕구충족이론과는 달리 개인이 왜 업적달성을 위해 노력하는가를 설명하는 인지적 직무동기이론들을 포함한다. 이 이론에 따르면, 인간의 행동은 결과에 따른 인지적 기대 때문에 발생한다. 이는 인간이 어떻게 궁극적으로 의사결정에 이르는지에 대한 인지적 과정을 설명한다(Oliver, 1974). 기대이론은 브룸(Victor Vroom)에 의해 제안되었으며, 조직 현장에 관한 이론으로 포터(Lyman W. Porter)와 롤러(Edward E. Lawler Ⅲ)에 의해 발전되었다.

브룸(Vroom, 1964)은 『일과 동기부여(*Work and Motivation*)』에서 기대이론을 설명하였다. 그는 왜 사람들이 특정한 직업을 선택하며, 그들이 선택한 직업에서 그들의 만족과 성과에 영향을 주는 요인들이 무엇인가를 연구하였다. 연구 결과 인간은 자신들의 행동으로 인하여 자신들이 원하는 보상이나 결과물을 얻을 수 있을 것이라고 인식할 때 동기부여가 된다고 주장하였다. 인간의 기대에 영향을 주는 변수는 기대감(expectancy), 도구성(instrumentality), 유인가(valence) 등이 있다. 인간은 이들에 대해 각기 다른 주관적 인식을 가지기 때문에 각 개인에게 동기부여가 다르게 나타난다고 한다.

1932년 출생인 빅터 브룸(Victor Vroom)은 동기이론 및 리더십이론 분야에 권위 있는 사회심리학자다. 주요 저작으로는 기대이론(期待理論)을 다룬 *Work and Motivation*(1964)이 있다(이종수, 2009).

이들의 관계는 다음과 같다.

$$\text{동기} = \text{기대감} \times \Sigma(\text{유인가} \times \text{도구성})$$

표 5-4 Vroom의 기대이론 주요 변수 설명

변 수	설 명
① 기대감(expectancy) (0≦ E≦ 1)	– 행동을 수행할 수 있는 개인의 능력에 대한 믿음. – 개인행동이 자기 자신에게 가져올 결과에 대한 기대감으로써, 이것은 수치로 표현할 때 행동과 결과 간에 전혀 관계가 없는 0의 상태로부터 시작하여 행동과 결과 간의 관계가 확실한 1의 사이에 존재함.
② 도구성(instrumentality) (0≦ I ≦ 1)	– 행동이 특정한 보상을 가져올 것이라는 주관적인 확률 – 개인이 지각하는 1차적 결과와 2차적 결과와의 상관관계로서 수치적으로 표현할 때, 예를 들어 높은 성과가 항상 승급을 가져오는 1.0의 관계로부터 성과와 보상 간에 전혀 관계가 없는 0의 관계로 나타남.
③ 유인가(valence) (–1≦ V ≦ 1)	– 개인에게 주어지는 결과물이나 보상의 가치 – 개인이 원하는 결과에 대한 강도로서 개인의 욕구를 반영시키며 보상, 승진, 인정과 같은 긍정적 유인가(positive valence)와 과업 과정에서의 압력과 벌 등의 부정적 유인가(negative valence)로 구분됨.

출처: https://wikispaces.psu.edu/display/PSYCH484/4.+Expectancy+Theory

기대감은 [그림 5-6]과 같이 노력(effort)에서 성과(performance)로 이어지는 과정이다. 이는 바라는 성과를 초래하기 위하여 개인이 행하는 노력에 대한 믿음으로서 성과에 대한 기대를 의미한다. 이를 결정하는 요인은 인간의 자기 효능감(self efficacy),[7] 목표 어려움(goal difficulty),[8] 인식된 통제 (perceived control)[9] 등이다.

---

7) 자기 효능감은 특별한 행동을 성공적으로 수행할 것이라는 믿음을 말한다.

이에 반해, 도구성은 성과 기대가 충족된다면 인간은 보상을 받을 것이라는 믿음이다. 성과에 대한 충분한 보상이 주어질 때 도구성은 높아지며, 모든 평가에 대한 보상이 같은 수준일 때 도구성은 낮아진다. 즉, 도구성은 보상에 대한 기대이다. 이에 반해, 유인가는 결과(보상)에 대한 인간의 주관적인 가치로서 이는 보상에 대한 선호의 정도, 매력의 정도를 의미한다. 이는 어떤 보상에 대한 개인의 주관적 가치로서 개인이 평가하는 중요 정도를 일컫는다. 따라서 개인마다 가치와 중요성은 다르게 인식된다.

그림 5-6 기대이론

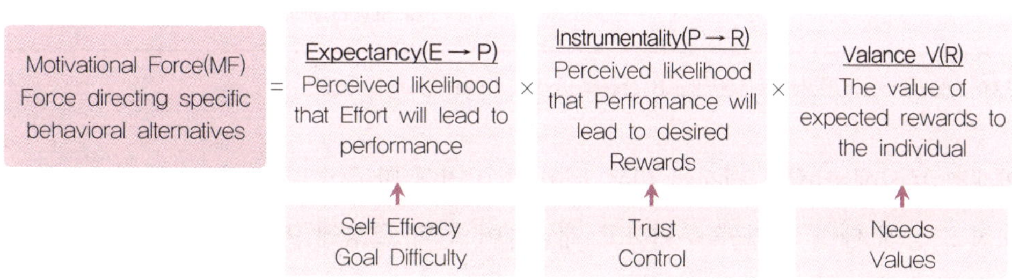

출처: Scholl(2002).

2) 만족이론

브룸의 기대이론에 근간을 두고, 포터와 롤러(Porter & Lawler, 1968)는 만족이론을 발전시켰다. 브룸의 기대이론에 직무와 관련된 변수를 추구하여 보다 통합적인 모형으로 계승한 것이다(한국심리학회, 2014). 업무를 성취하기 위한 인간의 동기부여는 업무를 완성할 때 그들이 수여하게 될 것이라고 기대하는 보상에 의해 영향을 받는다는 점에서는 만족이론이 브룸의 기대이론과 유사한 측면이 있다. 그러나 포터와 롤러는 브룸의 기대이론과는 달리 직무라는 변수를 추가하여 개인의 만족이 왜 발생하는가를 설명하였다. 개인들의 직무 만족은 높은 성과에 대한 내재적 보상과

8) 목표가 너무 높을 때 목표를 달성하기 힘들다는 논의이다.
9) 개인은 기대되는 결과를 어느 정도 통제할 수 있다는 것이다.

그림 5-7 Porter-Lawler 만족이론

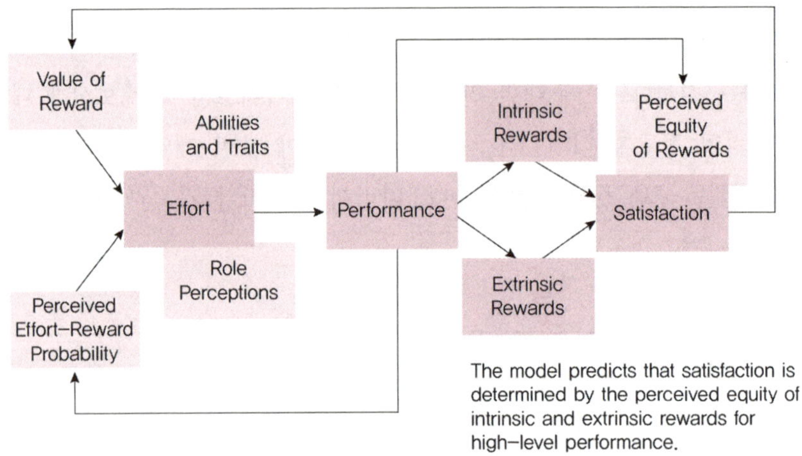

출처: http://www.slideshare.net/rithiklovebov4u/porter-and-lawler-model

외재적 보상에 의해서 결정이 되는 것이고, 이러한 만족이 다시 환류 기능을 거쳐 잠재적 보상에 대한 가치를 부여하고 개인들이 성과 달성에 어느 정도 영향을 주는가를 결정하게 되는 것이다. 개인의 성과 달성에 미치는 노력은 개인의 노력과 함께 잠재된 보상에 의해서도 영향을 받는다는 것이다.

조직 내 구성원들이 구체적인 만족에 이르는 과정은 다음과 같다. 첫째, 조직구성원들은 잠재적 보상의 가치가 높다고 인식할 때 노력(effort)한다. 둘째, 이러한 노력은 개인의 능력과 특성, 역할에 대한 인식과 상호작용하여 성과(performance)를 달성한다. 셋째, 성과에 따라 만족이 결정되는 데 이때 보상은, 내재적 보상과 외재적 보상 모두 조직구성원들의 만족(satisfaction)에 영향을 미친다. 이때 보상의 공정성(fairness of reward)에 따라서 구성원들의 만족은 달라질 수 있다. 넷째, 이러한 만족은 다시 구성원들의 미래에 대한 잠재적 보상에 영향을 미쳐 노력에 영향을 주는 순환구조를 지닌다.

포터와 롤러(Porter & Lawler, 1968)의 만족이론은 브룸의 기대이론을 바탕으로 이루어진다. 브룸의 기대감(expectancy)을 노력(effort)－성과(performance)의 기대라고 간주하였으며, 도구성(instrumentality)을 성과(performance)－보상(reward)의 기대로 구분하였다. 그러나 포터와 롤러는 여기에 보상(reward)과 만족(satisfaction)의 관계를 추가 설명하였다는 점에서 브룸의 기대이론과 차이를 보인다. 특히 만족이론은 내재적 보상과 외재적 보상의 중요성 모두를 강조하고 있다는 점, 업무 요구사항(task requirements)과 능력(ability)을 강조하였다는 점, 보상의 공정성을 중요하게 고려하였다는 점에서 브룸의 기대이론을 발전시켰다고 할 수 있다.

3. 절차와 관련된 동기부여이론

절차와 관련된 동기부여이론은 절차와 관련된 공정성의 문제를 주로 다루게 된다. 인간이 행위 또는 행동을 하는 원인이 절차의 공정성과 관련이 있다는 것이다. 조직 내에서 구성원들이 어느 정도 절차와 관련하여 공정성을 인식하느냐에 따라서 인간의 동기부여는 달라질 수 있다. 여기서는 애덤스(John S. Adams, 1963; 1965)의 형평이론(equity theory)을 중심으로 논의하도록 한다.

형평이론은 조직구성원들이 자신의 투입(input)에 대해 자신이 받게 되는 산출(output)의 비율이 동일한 상황에 있는 다른 조직구성원들의 비율과 동등해야 한다고 인식하는 것을 전제로 한다. 만약 타인이 자신보다 높은 투입 대비 산출 비율을 가진다면 공정성에 불만을 느껴 자신의 투입요소를 낮춰 업무에 있어 노력을 하지 않거나, 더 많은 편익을 요구하게 된다는 것이다. 즉, 조직구성원들이 자신들의 투입 대비 산출의 비율이 타 구성원들과 일치하지 않을 때 불공정을 줄이기 위하여 동기를 유발시킨다는 것이다. 이때 투입요소는 개인의 노력, 기술, 지식, 시간, 능력, 참을성, 유연성, 정직성, 헌신, 개인희생 등 조직의 생산요소와 관련된 것이며, 산출은 임금, 보너스, 승진, 인정, 지위, 개발, 평판, 즐거움 등 조직구성원들에게 주어지는 대가를 포함한다(Adams, 1963; 1965).

토끼 역량 끌어내려면 '공정룰' 필수

이솝우화 하면 가장 먼저 떠오르는 이야기 가운데 하나가 바로 '토끼와 거북이'다. 그런데 어쩌다가 토끼와 거북이가 시합을 하게 되었을까? 다시 한 번 이야기의 첫 페이지를 들춰 보자.

토끼가 먼저 거북이를 놀리며 자존심을 건드린다. "넌 어쩌면 그렇게 다리가 짧니? 그래서 걸어가기나 하겠니?" 지존심이 상한 거북이가 발끈해서 이렇게 말한다. "그래? 좋아. 그렇다면 달리기 시합 한 번 하는 게 어때?"

거북이는 발끈해서 경주를 해보자고 한다. 숲 속 마을 친구들이 모인 앞에서 토끼와 거북이의 경주는 시작된다. 토끼는 거북이를 압도하면서 저 멀리 앞서 나간다. 그리고 우리 모두가 알고 있듯이, 토끼가 너무 앞서가다 낮잠을 자 버린다. 그리고 최종 승리는 거북이였다. 그렇다면 토끼는 왜 낮잠을 잔 것일까? 여기서는 '불공정함'이란 부분에 주목하고자 한다. 토끼와 거북이의 경주는 누가 보더라도 불공정한 경기였다.

기업 내에서도 간혹 이런 불공정함이 드러난다. 매년 있는 인사평가와 보상 등의 측면에서도 발생할 수 있다. 조직학자 애덤스는 이를 공정성 이론으로 표현했다. 공정성 이론(Equity theory)이란 주고받는 인간관계에서 공평과 정당함을 추구하는 인간 본능을 기초로 하는 동기부여이론이며, 인간은 자기가 알고 있는 바와 자신의 행동이 다를 때 부조화를 느끼고 이를 조화시킬 수 있는 방향으로 행동하려고 한다는 인지부조화이론에 근거하고 있다.

즉, 각 개인은 상대방으로부터 자신의 공헌에 대한 공정한 대가를 받고 있다고 지각할 때, 조직의 목표 달성을 위한 긍정적인 행동을 하게 된다. 만약 불공정하다고 느낄 경우, 그에 불공정한 느낌을 줄일 수 있는 행동을 보이게 된다. 예를 들어, 어떤 직원이 동료들보다 더 많은 시간 동안 더 많은 업무를 수행하였지만 회사로부터 동료와 동일한 보상을 받았다면, 이 직원은 자신이 느끼는 불공정성을 줄이기 위해 공헌(노력)을 줄이거나, 더 많은 보상을 요구하게 되는 것이다.

토끼와 거북이에서 토끼가 낮잠을 잔 이유도 상대와 비교하여 충분히 이길 수 있다(보상을 받을 수 있다)는 생각 때문에 자신의 노력을 줄인 것으로 해석할 수 있다.

많은 경영자는 토끼와 거북이와 같은 직원들의 능력에 집중하면서, 또한 그들의 능력을 어떻게 끌어내느냐에 대해 고민한다. 즉, 능력 있는 사람의 채용 및 육성뿐만 아니라, 그들의 동기부여에 많은 관심을 기울인다. 성과 공식(성과 = 동기 × 능력)을 알고 있다면 능력만큼이나 동기부여가 중요하기 때문이다.

사람들의 능력을 최대한 이끌어 낼 수 있도록 동기를 부여하기 위해서는 공정한 시스템이 요구된다. 많은 경영자들이 동기 부여라 하면 많은 급여나, 복리후생, 조직 활성화 이벤트 또는 상사의 관심을 이야기할 뿐, 공정성에 대해서는 간과하는 경우가 많다. 달리기 경주라는 기업 환경에서 토끼와 같은 역량 있는 직원을 보유하고 있다면, 그들의 능력을 충분히 발휘할 수 있도록 경쟁 상대나 경기의 룰을 바꾸어 줄 필요가 있는 것이다.

즉, 선의의 경쟁을 할 수 있는 환경을 만들어 주는 것이 경영자의 역할인 것이다. 공정하지 않다고 느끼는 순간, 그들은 자신의 동기를 낮출 가능성이 크기 때문이다. '공정성'은 직원들의 동기를 부여하는 기본적인 요소이며, 절대로 간과해서는 안 되는 부분이다.

출처: 한겨레, 2012년 12월 5일자 기사 발췌.

제 4 절 동기부여의 활용

데시(Deci, 1975)라는 학자는 대학생들이 흥미로운 퀴즈를 풀 때 일부에게는 경제적 보상을 해 주고, 어떤 대학생들에게는 경제적 보상을 해 주지 않는 실험을 시행하였다. 이러한 연구에서의 흥미로운 발견은 처음부터 퀴즈에 대해 보상을 받지 못한 학생들이 나중에는 오히려 처음부터 경제적 보상을 받은 학생들보다 더 흥미롭게 퀴즈 시간을 즐기고 있음을 발견하였다. 이러한 현상이 발생하는 이유는 경제적 보상을 받는 사람들은 처음에는 업무 목표 달성에 순응하는 것 같이 보이지만, 어느 정도의 시기가 지나면 경제적 보상을 받은 개인들은 결국 경제적 보상을 받지 않고 즐기면서 일을 하는 사람들보다 업무에 대한 불응이 커지기 때문이다. 이처럼 동기부여는 다양한 방식으로 활용될 수 있다. 다음의 사례에서 볼 수 있듯이 게임 개발사에서

천태만상 게이머 세계, '동기부여'는 어떻게?

게임 개발사는 게이머의 플레이 동기 부여를 위해 갖은 노력을 가한다. 좋은 그래픽, 매끄러운 콘텐츠 플로우, 독창적인 시스템, 심지어 간판으로 세워둔 연예인 모델에 이르기까지 게임의 모든 부분은 플레이어가 게임을 플레이하게끔 만들기 위한 장치가 된다. 숫공작이 화려한 꼬리깃을 세우듯, 어떻게든 게이머의 시선을 끌고, 게임을 플레이하게끔 만든다. 아무리 게임을 잘 만들어 봐야, 하는 이가 없다면 말짱 헛것일 뿐이니까.

문제는 '게이머'의 속성이다. 게이머는 정의할 수 없는 군중의 집합이자, 수없이 많은 삭을 가진 원과 가까운 모습을 가진 그룹이다. 선호하는 것도, 혐오하는 것도, 흥미를 느끼는 것도 모두 다르다. 게임 산업에서 방귀좀 뀌는 이들이라면, '게이머는 ○○을 좋아한다'라는 일반화가 굉장히 위험할 수 있다는 것을 익히 알고 있을 것이다.

그렇기에 모두를 만족시킬 수는 없다. 전체 유저 중 CS를 이용하는 게이머는 3~5%에 불과하다. 대다수 게이머는 지표에 의존해 파악할 수 있을 뿐이다. 결국 대부분의 경우, 그 중 가장 구매력이 높거나 뚜렷한 호불호를 보여주는 그룹에게 포커스를 맞춰 라이브 서비스를 이어가게 된다.

하지만 대부분의 게이머들이 뭘 원하는지 파악하고, 그들을 만족시킬 수 있는 방법이 있다면 어떨까?

'텐투플레이'는 게임 운영 솔루션을 개발하는 업체이자, 경제학자들로 이뤄진 팀이다. 이들의 목적은 꽤 단순하다. '어떻게 하면 게이머들이 게임을 더 즐겁게, 오래 즐길 수 있을까?' 좀 더 세속적으로 말하면, 재미와 만족을 줌으로써 게이머 잔존율을 높이고, 궁극적으로는 게임의 수명과 매출을 긍정적 방향으로 잡는 것이다. 그리고 이에 대한 텐투플레이의 전략은 각 게이머에게 맞는 동기를 부여하는 것이다.

출처: 인벤, 2020년 8월 11일자 기사 발췌.

도 게이머 각각의 특성에 맞게 동기부여를 하고 있는 것이다.

최근 기업을 비롯한 많은 조직에서 젊은 직원들(MZ 세대)에 대한 동기부여에 많은 어려움을 겪고 있다. 한 취업포털에서 조사한 결과에 따르면, MZ 세대 직원들의 경우 장기근속 의지 및 애사심이 약하고(1위), 보상 수준이 높으며(2위), 성취 의욕이 강하지 않고(3위), 수직적 조직문화에 적응하지 못하는(4위) 등의 이유로 동기부여가 어렵다는 것이다(파이낸셜뉴스, 2021). MZ 세대에 대한 동기부여 어려움으로 젊은 직원들의 퇴사가 증가하고, 조직의 협력이 저해되며, 업무성과도 저하되는 경향이 발생하고 있다고 한다(파이낸셜뉴스, 2021). 이처럼 동기부여는 중요성을 지니며 많은 조직에서 동기부여 활용에 고심을 하고 있는 것이다. 많은 기업에서는 MZ 세대 니즈 충족, 수평적이고 개방적인 조직문화 구축, 직원 케어 증진, 업무 목적 명확화 및 공유, 정보공유 및 소통 강화 등을 통해 동기부여하고자 노력하고 있다고 한다(파이낸셜뉴스, 2021).

Chapter 06

공공부문에서의 동기부여

동기부여이론은 공공부문에 어떻게 적용될 수 있을까? 앞서 제시된 동기부여이론은 대부분이 조직심리학에서 발전하여 민간부문 또는 교육 영역에 활용되어 왔다. 과연 동기부여 및 이와 관련된 동기부여이론이 공공부문에도 적용될 수 있을까? 이 장에서는 앞 장에서 제시된 동기부여와 동기부여이론이 공공부문에 어떻게 적용될 수 있는가를 설명하고, 공공부문 적용 시 발생할 수 있는 한계를 살펴본다. 그리고 공공부문에 적용될 수 있는 특수한 동기부여이론인 공공봉사동기(Public Service Motivation: PSM)를 살펴보도록 한다.

제 1 절 동기부여이론의 공공부문 적용

1. 전반적 논의

산업심리학을 바탕으로 발전한 동기부여이론은 공공부문에서도 적용될 수 있다. 욕구 관련 동기부여, 보상 관련 동기부여, 절차 관련 동기부여이론 모두 공공부문에 적용이 가능하다는 것이다. 그러나 공공부문에 적용되는 동기부여이론은 공공부문과 민간부문의 차이로 인하여 민간부문 적용과는 다르게 접근할 필요가 있다. 동기부여에 있어서는 조직 성과 향상이라는 조직 목표를 달성하기 위해 개인을 잘 이해하는 것이 무엇보다도 중요하다. 또한 조직구성원들의 동기부여를 적극적으로 활용한다면 조직 성과를 달성할 수 있을 뿐만 아니라, 다른 장에서 이후에 논의될 조직구성원의 이직 의도를 줄이는 데 기여할 수 있을 것이다. 이러한 차원에서 동기부여이론은 조직성과 향상이라는 조직 목표를 달성하기 위한 필수적인 요소이며, 동시에 인사관리 전반에서 다루어져야 할 중요 요소가 된다. 따라서 조직구성원들의 동기부여를 인사관리 단계와 연계하여 제시할 수 있을 것이다.[1)]

이 책에서는 동기부여이론을 공공부문에 적용할 때 공공부문의 특수성을 감안하여 논의하고자 한다. 또한 인사관리 단계, 즉 확보(모집 · 선발), 개발(교육훈련 · 보직 이동), 유지 · 활용, 평가(근무성적평정 · 실적평가), 보상(승진, 임금 인상, 보너스, 휴가 등) 단계에서 어떻게 조직구성원들을 동기부여시킬 수 있는지를 살펴보도록 한다.

2. 인사관리 단계와 동기부여 논의

보다 구체적으로 각 인사관리 단계에서 동기부여이론을 적용시켜 보면 다음과 같다. 첫째, 인적자원 확보와 관련된 모집 · 선발과 관련하여 욕구 관련 동기부여이론

1) 그러나 이 책에서는 인사행정의 자세한 내용을 다루고 있지는 않기 때문에 인사관리 단계별 추가 설명은 생략하도록 한다.

이 적용될 수 있다. 모집과 선발은 구직자들에게 어떤 유인 체계를 제공할 수 있는가가 구직자들의 동기부여에 직접적인 영향을 미칠 수 있다. 특히 경제적 보상 및 직업 안정성과 같은 욕구는 구직자들이 직업을 선택하는 데 있어서 중요한 요인이 되기 때문에 공공부문 인적자원을 확보할 때 욕구 관련 동기부여가 어떤 역할을 하는지를 살펴볼 필요가 있다.

둘째, 인적자원 개발은 교육훈련과 보직 이동을 통해 이루어진다. 교육훈련은 조직에서 요구하는 직무 역량에 비해서 조직구성원들의 역량이 기대에 미치지 못할 경우 이를 보완하기 위해서 시행되는 것이다. 이에 반해, 전보, 특히 보직 이동과 같은 인사이동은 조직에서 주어지는 직무(보직)에서 요구되는 능력보다 개인의 능력이 더 높을 때 발생한다(유민봉, 2015). 이와 관련해서는 자아실현 및 자기 개발과 관련된 욕구 동기부여 및 절차 관련 동기부여이론(예: 보직 이동의 공정성)을 살펴볼 필요가 있다.

셋째, 인적자원 유지·활용과 관련하여 공공부문의 구성원들의 행동규범과 권리가 논의될 수 있다. 인적자원을 유지·활용함에 있어서 특히 공무원에게는 높은 윤리적 규범이 요구되고, 이것이 지켜지지 않을 경우에는 징계가 주어진다. 그리고 이들의 권리를 보장하기 위하여 공무원 노동조합 활동이 보장된다. 이와 관련해서도 욕구와 관련된 동기부여(자아실현, 자기존중, 성취 등의 욕구)와 절차와 관련된 동기부여(공정한 징계 절차 등)가 논의될 수 있을 것이다.

넷째, 인적자원의 평가 단계에서는 근무성적평정이 중요하다. 근무성적평정은 주로 공직 종사자들의 직무 수행 능력을 평가하게 되는데, 최근에는 근무 실적이 매우 중요한 평가요소가 되고 있다. 인적자원에 대한 평가가 얼마나 잘 수행되고 있느냐는 평가의 공정성과 밀접한 관련성이 있다. 따라서 절차와 관련된 동기부여가 논의될 필요가 있다.

다섯째, 인적자원의 보상은 승진, 임금, 보너스, 휴가 등 다양한 형태로 나타난다. 가장 일반적인 보상 수단으로 경제적 보상을 제시할 수 있는데, 이 중에서도 보수가 중요한 경제적 보상이 된다. 이러한 보수는 주로 기본급과 성과급으로 구성되는데, 최근 공공부문의 성과급 도입은 매우 중요한 논의사항이 되고 있다. 성과급의 타당성은 보상과 절차 관련 동기부여 관점에서 논의될 필요가 있다. 특히 보상과 관련해서는 내재적 보상과 외재적 보상, 즉 내재적 동기와 외재적 동기를 중심으로 살펴보

그림 6-1 인사관리 과정과 동기부여

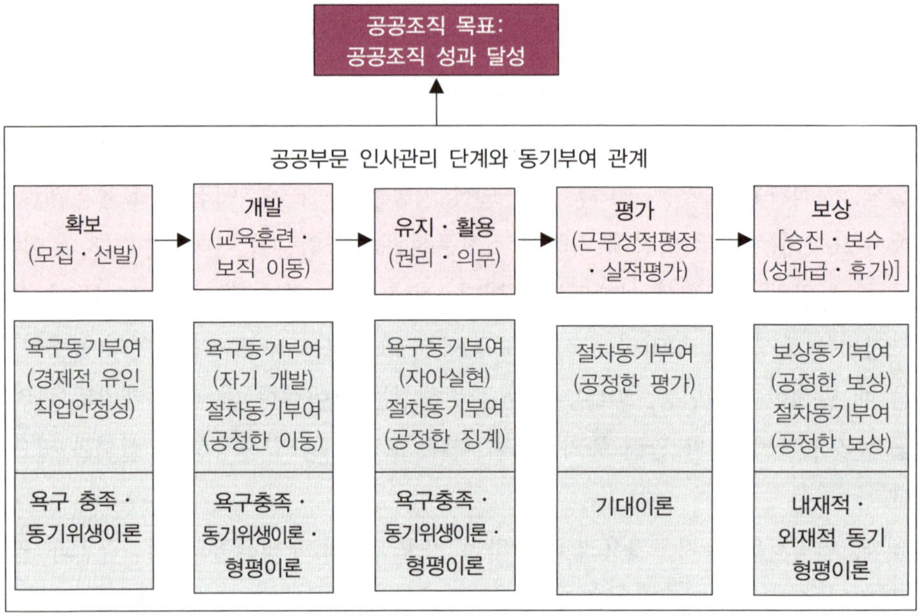

도록 한다.

제 2 절 인사관리 단계에 적용되는 동기부여이론의 공공부문 적용과 한계

1. 인적자원확보 단계: 욕구 관련 동기부여이론

1) 경제적 보상

인사채용 단계에서 가장 중요하게 고려될 수 있는 동기부여이론은 욕구 관련 동기부여이론이라고 할 수 있다. 욕구 관련 동기부여이론, 즉 머슬로의 욕구계층론, 앨더퍼의 ERG이론, 허즈버그의 2요인 동기부여이론 모두 공통적으로 욕구가 충족되면 동기부여가 발생한다고 가정하고 있다. 특히 인적자원확보 단계에서는 머슬로의 욕구계층론과 허즈버그의 2요인 동기부여이론을 살펴볼 필요가 있다.

욕구계층론에 의하면, 하위 계층의 욕구가 충족되면 상위 계층의 욕구가 발생하고 이것이 동기부여에 영향을 미치게 된다고 한다. 하위 계층의 생리적 욕구 중 경제적 보상에 대한 욕구는 공공부문에도 적용될 수 있다. 공공부문 종사자들에게 기본급이 충분히 지급될 때 그들도 기본적인 생활을 유지할 수 있기 때문이다. 경제적 보상은 허즈버그의 위생요인이 되기도 한다. 충분한 경제적 보상이 주어지지 않을 때 공공부문 구성원들의 충분한 동기요인이 발생하지 않기 때문에 경제적 보상은 중요한 요인이 될 수 있다.

특히 공직에 종사하는 근무자들에게 어느 정도의 경제적 보상이 주어질 수 있느냐는 유능한 공직종사자를 선발할 수 있느냐의 여부와도 깊은 관련이 있다. 직업안정성 때문에 많은 구직자들이 공직을 선호하지만 이들이 공직을 선택하지 않는 가장 중요한 이유 중 하나는 공직 종사자들에게 충분한 보상이 주어지지 않기 때문이다. 물론 과거보다 민간부문 임금의 80~90% 수준으로 보수가 증가하여 이제는 공공부문의 보수가 민간부문의 보수보다 많이 부족한 것은 아니다([그림 6-2] 참조).

그림 6-2 공무원 보수와 민간 보수의 비교

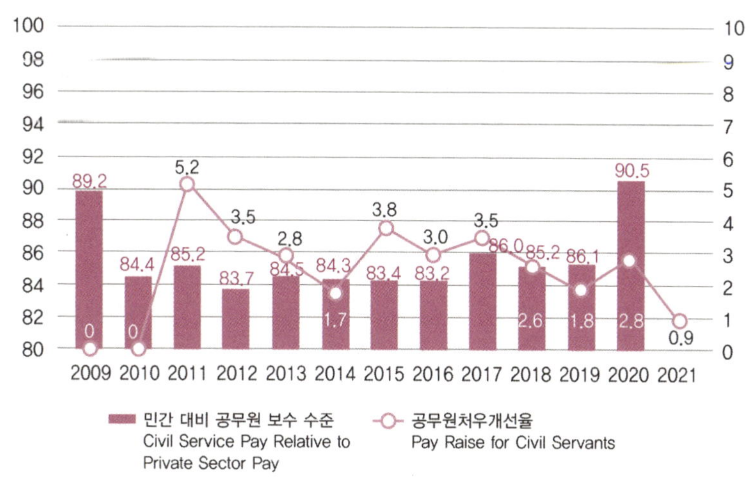

출처: 인사혁신처(2021: 89).

그러나 우리나라 공직자의 평균 임금이 이전보다는 향상이 되었다고 하지만, 국가 예산의 제약으로 인하여 아직까지도 다른 민간부문에 비해서 공공부문 임금이 높은 경쟁력을 가지는 것은 아니다. 따라서 공공부문에서 경제적 보상은 유능한 인재를 공직으로 유입하는 데 충분한 유인책이 된다고 할 수 없다. 따라서 젊고 유능한 인재를 적극적으로 공직 분야에 유치하기 위해서는 어느 정도의 경제적 보상을 마련해 주는 것이 필요하다.

표 6-1 우리나라 일반직공무원과 일반직에 준하는 특정직 및 별정직공무원 등의 봉급표

(2021.1.5 기준) (월지급액, 단위: 원)

계급 / 호봉	1급	2급	3급	4급/ 6등급	5급/ 5등급	6급/ 4등급	7급/ 3등급	8급/ 2등급	9급/ 1등급
1	4,122,900	3,711,600	3,348,600	2,870,000	2,564,700	2,115,800	1,898,700	1,692,800	1,669,500
2	4,267,400	3,849,300	3,472,500	2,987,200	2,688,400	2,214,200	1,985,300	1,775,100	1,682,300
3	4,415,600	3,988,800	3,600,100	3,106,300	2,776,000	2,315,800	2,077,000	1,861,800	1,720,400
4	4,567,100	4,129,700	3,728,600	3,228,200	2,887,800	2,419,500	2,173,400	1,950,300	1,773,600
5	4,722,300	4,272,500	3,859,200	3,351,800	3,002,500	2,526,400	2,273,200	2,042,300	1,842,100
6	4,879,400	4,415,500	3,991,100	3,476,500	3,119,600	2,636,200	2,375,400	2,136,600	1,928,200
7	5,038,800	4,560,400	4,124,500	3,602,400	3,238,500	2,746,300	2,478,300	2,231,200	2,013,800
8	5,199,600	4,705,100	4,258,300	3,728,900	3,358,900	2,856,700	2,581,900	2,322,100	2,096,400
9	5,362,600	4,850,800	4,393,300	3,855,900	3,479,600	2,967,500	2,680,400	2,408,800	2,175,400
10	5,526,500	4,996,400	4,528,100	3,982,600	3,601,200	3,071,400	2,774,400	2,490,800	2,251,400
11	5,690,200	5,142,700	4,663,100	4,110,500	3,714,800	3,170,000	2,863,100	2,570,300	2,324,000
12	5,859,300	5,293,900	4,803,100	4,230,900	3,824,400	3,267,100	2,950,300	2,647,900	2,396,100
13	6,029,400	5,446,200	4,933,200	4,343,500	3,928,400	3,358,400	3,033,000	2,722,500	2,465,200
14	6,200,000	5,583,900	5,054,000	4,448,500	4,025,400	3,444,600	3,112,100	2,793,700	2,532,400
15	6,349,000	5,711,000	5,165,300	4,547,400	4,117,000	3,527,500	3,187,600	2,826,200	2,596,400
16	6,481,300	5,827,400	5,269,100	4,640,700	4,203,200	3,605,100	3,259,100	2,928,300	2,668,500
17	6,998,700	5,934,600	5,365,600	4,727,400	4,284,300	3,679,100	3,327,700	2,990,000	2,719,100
18	6,703,200	6,032,500	5,455,200	4,808,300	4,360,900	3,749,100	3,393,300	3,049,900	2,775,500
19	6,796,800	6,123,100	5,538,100	4,883,900	4,433,000	3,815,600	3,455,100	3,107,300	2,831,100
20	6,880,700	6,205,600	5,615,800	4,954,500	4,500,600	3,878,100	3,513,900	3,162,100	2,884,100
21	6,958,000	6,281,100	5,687,600	5,020,600	4,564,200	3,938,200	3,570,100	3,214,400	2,934,100
22	7,026,800	6,350,400	5,754,300	5,082,500	4,623,900	3,994,800	3,623,100	3,264,600	2,982,000
23	7,085,000	6,413,700	5,815,700	5,140,600	4,680,400	4,047,900	3,674,400	3,312,400	3,027,700

24		6,465,500	5,873,100	5,195,400	4,733,000	4,098,400	3,723,000	3,358,600	3,071,500
25		6,515,000	5,920,200	5,245,500	4,782,900	4,146,600	3,769,100	3,402,300	3,113,400
26			5,965,200	5,287,900	4,829,900	4,192,000	3,813,400	3,444,800	3,151,300
27			6,006,900	5,327,100	4,868,800	4,235,100	3,850,700	3,480,200	3,183,800
28				5,364,500	4,906,100	4,271,300	3,885,500	3,514,200	3,215,200
29					4,940,500	4,305,200	3,919,200	3,546,500	3,245,400
30					4,973,900	4,338,600	3,951,300	3,577,700	3,274,800
31						4,369,600	3,981,500	3,608,000	3,303,700
32						4,398,900			

※ 비고: 다음 각 호의 공무원의 봉급월액은 해당 계급 및 호봉 상당액으로 한다. 다만, 제8조, 제9조 및 제11조(제51조에 따라 제8조, 제9조 및 제11조를 준용하는 경우를 포함한다)에 따라 확정한 호봉이 높은 경우에는 유리한 호봉을 적용한다.

1. 교섭단체 정책연구위원 중 4급 상당: 4급 21호봉
2. 국회의원 보좌관: 4급 21호봉, 국회의원 비서관: 5급 24호봉, 국회의원 비서 중 6급 상당: 6급 11호봉, 7급 상당: 9호봉, 8급 상당: 8호봉, 9급 상당: 9급 7호봉

※※ 고위공무원단 및 2급 또는 2급 상당 이상의 공무원에 대해서는 공무원보수규정 부칙 제3조 제4항에 따라 종전의(2020년도) 봉급표를 적용한다.

출처: 인사혁신처(2021: 79).

2) 직업 안정성

머슬로의 욕구계층론에 따르면 직업 안정성(job security)은 안전 욕구에 해당한다고 볼 수 있다. 공공부문에 지원하고자 하는 공직 지원자들은 직업의 안정성, 특히 신분보장을 가장 중요한 직업 선택요인 중 하나로 간주하고 있다. 특히 우리나라와 같이 법(공무원임용령)으로 신분을 보장하고 있으며, 신분보장이 정년보장형으로 해석될 때 직업 안정성은 매우 중요한 공직선택의 유인기제가 된다. 앞서 논의한 바와 같이 공직 분야가 낮은 보수로 인해 경제적 보상 유인 체계는 강하지 않지만, 직업 안정성이 다른 직업보다 월등히 높기 때문에 인적자원 확보에 중요한 유인기제로 작용하고 있다.

공직 분야는 신분보장으로 인하여 직업 안정성이 높기 때문에 공직 지원자들은 높은 신체적, 심리적 안전 욕구를 충족하기 위해 공직을 선호한다고 할 수 있다. 또한 위생요인 차원으로서의 직업 안정성 역시 직접적인 동기요인은 아니지만, 동기요인을 달성하기 위한 기본적 욕구로서 간주될 수 있다. 즉, 머슬로의 욕구계층론과 허즈버그의 동기·위생요인에 따르면, 직업 안정성을 공공부문의 인적자원 확보에 가장

중요한 동기부여 요인으로 고려할 수 있다. 다음의 [표 6-2]는 최근 10년 간(2011~2020년) 공무원 시험의 경쟁률을 나타낸 것이다. 이에 의하면 특히 우리나라 공직 분야의 지원률은 매우 높다고 할 수 있다. 특히 5급에 비해서 7급과 9급의 경쟁률은 매우 높은 편이다. 이러한 높은 경쟁률은 공직에 대한 높은 선호도를 반영하는 것이라 할 수 있다. 이는 높은 직업 안정성 때문이라고 할 수 있다.

표 6-2 공무원 시험 경쟁률

(단위: 명)

시 험		선발 예정	접수 인원	경쟁률
5급(행정)	2011년	255	14,078	55.2:1
	2012년	259	10,348	40:1
	2013년	262	10,004	38.2:1
	2014년	298	11,401	38.3:1
	2015년	264	10,797	40.9:1
	2016년	262	12,722	48.6:1
	2017년	263	11,888	45.2:1
	2018년	267	10,669	40.0:1
	2019년	263	9,953	37.8:1
	2020년	249	9,069	36.4:1
5급(기술)	2011년	72	2,191	30.4:1
	2012년	78	1,207	15.5:1
	2013년	82	1,353	16.5:1
	2014년	93	1,812	19.5:1
	2015년	79	1,950	24.7:1
	2016년	84	2,944	35:1
	2017년	75	2,495	33.3:1
	2018년	71	2,323	32.7:1
	2019년	67	2,180	32.5:1
	2020년	71	2,105	29.6:1
5급(외무)	2011년	30	1,659	55.3:1
	2012년	32	969	30.3:1
	2013년	36	973	27:1
	2014년	39	599	14.3:1
	2015년	37	844	22.8:1

	2016년	36	1,287	35.8:1
	2017년	45	1,342	29.8:1
	2018년	45	1,285	28.6:1
	2019년	40	1,345	33.6:1
	2020년	50	1,421	28.4:1
7급(국가행정직)	2011년	364	49,598	137.2:1
	2012년	441	54,159	122.8:1
	2013년	500	63,487	126.9:1
	2014년	582	53,978	92.7:1
	2015년	578	52,287	90.4:1
	2016년	718	57,187	79.6:1
	2017년	562	40,941	72.8:1
	2018년	566	31,558	55.8:1
	2019년	550	30,310	55.1:1
	2020년	562	29,826	53.1:1
9급(국가행정직)	2011년	1,379	129,330	98.7:1
	2012년	2,014	143,163	71:1
	2013년	2,553	189,380	74.1:1
	2014년	2,793	178,140	63.7:1
	2015년	3,408	173,895	51:1
	2016년	3,756	196,992	52.4:1
	2017년	4,508	200,596	44.5:1
	2018년	4,504	180,038	40.0:1
	2019년	4,350	171,562	39.4:1
	2020년	4,209	160,830	38.2:1

출처: 인사혁신처(사이버국가고시센터) 자료 재구성.

2. 인적자원개발 단계: 욕구 및 절차와 관련된 동기부여이론

1) 자기 개발과 자아실현

인적자원 개발은 주로 교육훈련을 통해 이루어진다. 교육훈련의 목적은 조직의 업무 성과를 향상시키기 위하여 개인의 능력을 고취시키는 것이라고 할 수 있다. 이러한 교육훈련은 궁극적으로 조직구성원들의 능력 향상, 즉 자기 개발 및 자아실현 달성을 위한 것이다. 이는 머슬로의 욕구계층론 중 고차원의 욕구인 존중 욕구 및 자아실현 욕구와 관련성이 있다. 동시에 이는 허즈버그의 2요인 동기이론 중 중요한 동기요인이 된다. 인적자원 개발을 통해서 공공부문의 종사자들은 그들의 능력을 더욱 고취시키고자 하며, 동시에 조직의 성과 향상을 달성시키고자 한다. 따라서 인적자원 개발은 공공부문 구성원들에게 그들의 욕구를 충족하도록 하는 중요한 동기부여 요인이 될 수 있다.

2) 능력을 고려한 인사이동

인사이동은 조직구성원들이 담당하는 업무에서 요구되는 능력과 구성원들의 능력이 일치하지 않을 때 발생하게 된다. 특히 능력과 자질이 높은 공공부문 종사자들이 너무 쉬운 일을 한다면 아마 조직구성원들은 자괴감을 느낄 가능성도 있을 것이다. 이런 경우 인사이동을 통해 그들의 능력에 맞는 업무를 부여하고, 그들이 더욱 열심히 일하는 계기를 마련해 줄 필요가 있다. 즉, 인사이동을 통해서 머슬로의 욕구계층 중 자아실현과 자기 개발 욕구를 성취할 수 있도록 하는 것이다.

그러나 우리나라 공직의 현실은 이와 같지 않다. 1~2년을 주기하는 순환보직 변경으로 인해 공직자들은 자신들의 능력과 적성에 적합한 업무를 담당하기가 쉽지 않다. 또한 순환보직 변경이 너무 자주 발생하다 보니 구성원들은 보직 부여가 공정하다고 인식하지 않는다. 인사이동의 절차가 투명하게 공개되지 않고, 보직에서 요구되는 역량과 개인의 역량 매칭이 잘 이루어지지 않기 때문에 보직 이동의 공정성이 쉽게 확보되지 못하는 한계가 발생한다.

3. 인적자원유지·활용 단계: 욕구 및 절차와 관련된 동기부여이론

1) 공공부문 종사자 권리 확대

공공무문 종사자 특히 공무원들은 민간조직 근무자들보다 높은 제약조건을 가진다. 공직자윤리법, 부정청탁 및 금품 등 수수의 금지에 관한 법, 국가공무원법 등에서 공무원들에게 정치적 중립의무 및 높은 청렴·윤리의무를 요구하고 있다. 또한

2014년 12월 공직자윤리법이 개정되면서 '퇴직공직자의 관련 사기업체 등 취업제한'의 조건이 강화되어 대통령령으로 정하는 직급이나 직무 분야에 종사한 공무원과 공직 유관단체의 임직원은 퇴직일부터 3년 간 퇴직 전 5년 동안 소속하였던 부서의 업무와 밀접한 관련이 있는 사기업체 등에 취업할 수 없게 되었다. 이러한 윤리적 규범 강화는 공공부문 종사자 개개인의 근무 의욕을 낮추어 동기부여를 저해할 수 있다. 그럼에도 불구하고 공공부문 종사자들은 민간부문과 달리 공공성 강화와 공익 달성이라는 특수 목적을 추구하기 때문에 그들에게는 높은 윤리의식이 요구되는 것이다.

그러나 공직자 역시 인간으로서의 기본적 권리를 향유 할 수 있을 뿐만 아니라 이를 적극적으로 실현시킬 수 있는 장치를 필요로 한다. 이러한 차원에서 공무원노동조합이 제시된다. 비록 공무원 정치행위 금지로 인하여 공무원들에게 단체행동권이 허가되는 것은 아니다. 하지만 공무원노동조합의 단결권과 단체교섭권은 법적으로 허가되어 공공부문 복무 과정에서 발생될 수 있는 여러 문제 상황에 보다 적극적으로 대응할 수 있도록 하였다. 특히 공무원노동조합은 공무원 근무환경 개선을 위해 노력하고 있으며, 공무원노동조합이 단체교섭권을 바탕으로 공무원의 의사전달 및 요구사항 전달 등을 원활하게 할 수 있도록 하였다. 공무원노동조합을 통해 공무원들의 하위 욕구(또는 위생요인)부터 상위 욕구(또는 동기요인) 모두를 달성할 수 있도록 한 것이다.

2) 공정한 징계 절차 확보

공직자들은 민간 조직구성원들보다 높은 윤리의식과 준법정신을 요구받는다. 따라서 이를 위반하였을 경우 징계를 받게 된다. [표 6-3]에서 제시되듯이 공무원에 대한 징계는 2016년까지 지속적으로 증가하다 최근 들어 감소하고 있음을 알 수 있다. 또한 이와 관련된 구제율은 초기에는 약 40% 정도였으나 점차 하락하고 있는 추세이다. 물론 구제율이 높은 수치는 아니지만 약 28%(2019년 기준)에 이르는 구제율은 징계에 대한 공정성과 객관성이 낮다는 것을 반증하는 지표가 되기도 한다. 이는 무조건적으로 징계를 하고 보자는 행정편의주의 때문에 발생되는 현상이라고 볼 수도 있을 것이다. 하지만 공직자에 대한 관대한 구제 여부도 문제가 될 수 있다. 원인이 무엇이든 공직자 징계에 있어서 공정한 절차가 수반되지 않는다는 것은 공직자들

표 6-3 연도별 징계와 소청 현황

연 도	징계합계 (건)	접 수	처리(이월건수 포함)						구제율 (%)
			처리 건수	취 소	변경 (무효 포함)	기 각	각 하	취하 및 기타	
2005	1,469	709	694	79	227	347	24	17	44.1
2006	1,584	486	505	52	130	293	4	26	36
2007	1,643	371	364	41	98	211	4	10	38.2
2008	1,741	672	648	70	187	358	19	14	39.7
2009	3,155	949	752	66	246	386	5	49	41.5
2010	2,858	878	952	40	327	520	20	45	38.6
2011	2,653	1,166	946	22	322	507	3	92	36.4
2012	2,614	940	1,017	24	363	550	16	64	38.1
2013	2,375	835	967	45	331	502	10	79	38.9
2014	2,308	864	831	21	283	457	4	66	36.6
2015	2,518	881	876	35	305	486	12	38	38.8
2016	3,015	885	860	40	271	504	9	36	36.2
2017	2,344	872	869	46	251	462	23	87	34.2
2018	2,057	712	830	44	181	467	37	101	27.1
2019	1,952	763	797	49	173	462	48	65	27.9

※주: 구제율 = (취소 + 변경(무효포함)) / 처리건수
출처: 인사혁신처(2020: 70–71) 재구성.

의 절차와 관련된 동기부여 기제를 약화시키는 요인으로 작용하게 될 것이다.

4. 인적자원평가 단계: 보상 및 절차와 관련된 동기부여이론

1) 객관적인 근무성적평정

공무원들의 인적자원평가는 근무성적평정으로 이루어진다. 평가대상에 따라 근무성적평정의 평가요소는 달리 적용되지만 근무성적평정은 매우 중요한 인적자원평가 방법이 된다. 근무성적평정이 얼마나 객관적이고 공정하게 이루어지는가에 따라서 평가를 바탕으로 한 교육훈련 및 보상의 객관성과 공정성 여부가 판단된다. 그러나 아무리 객관적이고 표준화된 근무성적평정 방법이 존재한다고 하더라도 이를 공공

부문에 적용하기는 매우 힘들다. 따라서 공공부문에서의 인적자원평가는 주로 상급자와 차상급자의 주관적인 평가로 이루어지기 마련인데, 이 때문에 근무성적평정의 객관성을 확보하기가 쉽지 않다. 실제 근무평정 시 평가의 관대화, 집중화, 엄격화 경향 등 평정오류가 나타날 수 있어 평가의 공정성 확보가 어렵다.

이러한 문제점은 브룸(Victor Vroom)의 기대이론으로 설명이 가능하다. 기대이론에 의하면, 조직구성원들의 노력이 실적으로 이루어지기 위해서는 구성원들의 기대감(expectancy)을 높일 필요가 있다. 조직구성원들의 기대감을 높이기 위해서는 평가의 공정성이 확보되어야 하지만, 공공 업무의 추상성, 공동적이고 상호연계성이 강한 업무의 특징, 업무 측정의 추상성 문제로 인하여 평가의 공정성이 확보되기 어려운 측면이 있다. 이러한 상황에서 공공부문 구성원들의 기대감은 낮아질 수밖에 없으며, 이로 인해 형평성과 관련된 동기부여에도 어려움을 겪게 된다.

2) 공정한 실적평가

특히 공무원의 근무성적평정에 있어서 그들이 어느 정도 실적을 냈는지를 정확하게 파악하는 것은 매우 중요하다. 일 잘하는 공직자들에게 더 많은 보수와 혜택을 주는 것은 분배적 공정성 차원에서도 타당하다. 이를 위해서는 정확한 실적평가가 이루어져야 한다. 조직구성원이 달성한 실적을 객관적이고 공정하게 평가받을 수 없다면 구성원들의 사기는 떨어질 수밖에 없다. 그러나 공공부문의 업무 특성 중 하나가 노동가치의 산출이 어렵다는 것에 있는 만큼, 민간부문과는 달리 공공부문의 실적이 명확하게 드러나지 않는다는 어려움이 있다. 또한 공공부문에서는 공동으로 수행하는 업무도 적지 않아 각 개인들이 달성한 실적을 정확하게 평가하기가 힘들다. 이 때문에 절차 및 보상 공정성과 관련된 동기부여에 어려움을 겪게 된다.

5. 인적자원보상 단계: 보상 및 절차와 관련된 동기부여이론

1) 내재적 동기와 외재적 동기

공공부문의 인적자원보상 단계와 관련해 보상 및 절차와 관련된 동기부여이론을 고려해 볼 필요가 있다. 특히 보상과 관련해서는 데시와 라이언(Deci & Ryan, 1985)의 외재적 동기(extrinsic motivation)와 내재적 동기(intrinsic motivation)를 중점적으로 논의하도록 한다. 보상은 내재적 보상과 외재적 보상으로 분류될 수 있으며, 이러한 보상은 내재적 동기부여와 외재적 동기부여의 주요 원인이 된다(Deci & Ryan, 1985). 인간의 본질적이고 내재적 특성과 관련이 있는 내재적 동기부여 요인인 자존감(autonomy), 소속(belong), 호기심(curiosity), 사랑(love), 배움(learning), 정복(mastery), 의미(meaning) 등은 공공부문 조직구성원들에게 동기를 부여하는 중요 요인이 된다. 공공 업무를 수행하는 공공부문의 조직구성원 역시 업무 자체가 주는 즐거움 때문에 공공부문 업무를 수행하게 된다. 내재적 동기부여가 주어지지 않고 단순히 외재적 동기부여만이 존재할 때 외재적 동기부여는 긍정적인 효과를 초래하지 못한다고 한다(Benabou & Tirole, 2003).

데시와 라이언(Deci & Ryan, 1992)의 실증연구에 의하면, 외재적 동기보다는 내재적 동기부여가 조직의 효과성을 증가시키는 데 더욱 유용한 것으로 나타났다. 특히 불확실한 환경에서는 조직구성원들에게 더 높은 자존감과 효능감을 부과하는 것이 단순히 외재적 보상을 부여하는 것보다 장기적인 조직발전이라는 측면에서는 더욱 효과적인 것으로 나타났다.

그러나 공공부문 업무의 즐거움 또는 행복만으로 공공부문 조직구성원들이 업무를 수행하는 것은 아니다. 공공업무를 수행함으로써 사회에 공헌하고 자기실현을 달성할 수 있다고 하더라도 외재적 동기부여가 기본적으로 주어지지 않는다면 공공부문 종사들에게 동기부여가 발생되지 않을 것이다. 예를 들어, 충분한 보수가 공직자들에게 주어지지 않는다면 그들의 적극적인 동기부여를 유도하기 힘들다. 특히 신공공관리(New Public Management: NPM)가 공공부문에서 중요한 패러다임으로서 등장함으로써 성과급과 같은 경제적 보수는 중요한 외재적 동기부여 요인이 되고 있다.

내재적 동기가 외재적 동기보다 장기적 관점에서는 긍정적 효과를 나타낸다는 주장(예: Deci, 1975)은 공공부문에서도 역시 타당성이 존재하지만, 외재적 동기부여의 중요성을 고려하지 않을 수 없다. 그러나 최근 공공부문에서 성과급을 비롯한 외재적 동기부여가 지나치게 중요하게 고려되면서 내재적 동기부여와 외재적 동기부여가 충돌할 뿐만 아니라, 외재적 동기부여의 강조가 내재적 동기를 감소시키는 구축효과(crowding-out effect)를 나타낸다는 우려의 목소리가 커지고 있다. 특히 보상이 성과와 연계성이 낮을 때 조직구성원들은 어떻게 자신의 업무를 수행해야 하는지에 대한 정보가 부족하게 되고, 자신의 역량을 발휘하는 데 있어 문제가 발생하게 된다. 이러한 경우 조직구성원들은 왜 자신이 업무를 수행해야 하는지 알지 못하기 때문에 업무 성취에 대한 즐거움과 행복을 느끼지 못한다(Deci et al., 2001). 외재적 동기와 내재적 동기는 충돌할 수 있기 때문에 외재적 동기보강이 성과와 연계될 때 내재적 동기가 증가하는 것이다.[2)]

2) 공공부문 성과급의 타당성과 동기부여

최근 공공부문의 인적자원보상에서 가장 중요하게 고려되는 논의는 성과급(pay-for-performance)과 관련된 것이다. 성과급은 근무연수에 따라 지급되는 연공급과는 달리 조직구성원들의 실적(merit)에 기초로 두고 실적에 따라 보상을 달리하는 제도라고 할 수 있다. 조직에 성과급을 도입하는 가장 중요한 이유는 성과급이 도입되면 조직의 성과가 향상될 수 있을 것이라는 가정 때문이다. 이러한 성과급 도입의 기본적 가정은 조직의 이익과 구성원들의 이익이 상호충돌하기 때문에 고용주와 구성원들의 욕구 갈등을 해결하기 위해 성과급이 필요하다는 것이다(Bowman, 2010: 81). 즉, 대리인이론(agency theory)에 의하면, 정보 비대칭성으로 인해 고용주들은 구성원들을 완전히 통제할 수 없으며, 조직의 성과를 향상시키기 위해서는 구성원들에게 성과급을 지급하는 것이 타당하다는 것이다.

그러나 공공부문의 성과급 도입 효과에 대해서는 이견이 많다. 성과급이 공공조직의 성과를 향상시킨다는 연구도 존재하지만, 다른 연구에서는 성과급은 오히려 공공조직에 부정적인 영향을 미친다고 주장한다(예: Kellough & Lu, 1993; Nigro et al., 2007). 그럼에도 불구하고 성과급은 여전히 우리나라를 비롯한 대부분의 공공조직에서 도입을 시도하고 있는 제도이다. 따라서 성과급의 영향을 동기부여와 관련하여 논의할 필요가 있다.

먼저, 보상 및 절차와 관련된 기대이론과 형평이론을 중심으로 성과급의 공공부문

2) 그러나 한국의 공무원을 대상으로 한 경험적 연구(예: 전미선 · 이종수, 2014)에 의하면, 성과와 연계된 경제적 보상은 내재적 동기에 직접적인 영향을 주지 못하고, 자기결정감과 역량감의 매개 효과를 통해서 간접적인 영향을 미치는 것으로 나타났다.

도입에 대한 긍정적인 영향을 설명하도록 한다.

첫째, 브룸의 기대이론에 따르면, 성과급이 공공부문에 주어진다면 공공부문 구성원들은 그들에게 더 많은 보상을 받을 기대감과 도구성을 증가시키기 때문에 성과급이 구성원들의 동기부여를 증가시키고 이를 통해서 정부조직의 성과가 향상될 것이라는 점이다. 즉, 조직구성원들은 성과급과 같은 보상을 중요하게 고려하며 그들의 노력을 통해 그러한 보상을 받을 수 있다고 생각하면 더 열심히 일하게 된다는 것이다(Van Eerde & Thierry, 1996).

둘째, 형평이론에 의하면, 구성원들은 자신들의 투입과 산출 비율이 다른 구성원들의 비율과 같다고 인식할 때 공공조직 내부에서 공정한 보상이 이루어진다고 판단한다. 만약 어떤 구성원들이 다른 구성원보다 더 많은 노력을 투입함에도 불구하고 자신에게 주어지는 보상이 충분하지 않다고 판단한다면 그 구성원의 동기부여는 낮아져 향후 조직에 대한 헌신도를 낮출 것이다. 특히 공공부문과 같이 공동 업무와 연계 업무가 많을 때 보상의 공정성 인식은 더욱 중요하게 다루어질 필요가 있다. 성과급은 이러한 문제를 극복하는 데 긍정적인 역할을 할 수 있을 것이다.

그러나 공공부문에 성과급을 도입하는 것은 적절하지 않다는 주장도 있다. 첫째, 공공부문 특히 정부조직에 성과급을 도입한다면 조직구성원들 사이에 지나친 경쟁을 유발하여 오히려 이는 조직구성원들 간 협력과 협업을 저해시켜 결국 조직 성과의 저해요인이 될 수 있다는 것이다(예: Kellough & Lu, 1993).

둘째, 데시와 라이언(Deci & Ryan, 1985)이 주장하듯이 성과급과 같은 외부적 통제(external control)는 오히려 공공부문 구성원들의 자기 개발, 자기존중, 효능감, 자아실현 등의 내적 동기부여를 저해시킬 가능성이 높고(구축 효과: crowding-out effect), 이는 결국 개인에게 부정적인 영향을 발생시킬 수 있다. 특히 경제학 연구에서 처음 논의되기 시작한 구축 효과는 더욱 뚜렷한 성과급의 한계를 나타낸다(Frey, 1997). 구성원들이 성과급과 같은 경제적 보상을 달성하기 위하여 더 많은 노력을 할 때, 성과급은 구성원들의 자기결정(self-determination)을 위한 욕구를 위협하게 된다는 것이다(Deci & Ryan, 1985).

셋째, 머슬로(Maslow, 1943)의 욕구계층이론에 비추어볼 때 성과급 역시 경제적 보상의 일부로 간주될 수 있기 때문에 성과급의 효과는 이중적으로 나타날 수 있다. 욕구계층론에 의하면, 성과급과 같은 경제적 보상은 하위 욕구에 속하며, 경제적 보상이 인간이 지닌 기본적인 욕구라는 사실은 중요하게 고려될 필요가 있다. 이는 허즈버그의 2요인 동기부여이론에서도 같은 맥락으로 이해될 수 있다. 하지만 성과급과 같은 경제적 보상은 중요한 위생요인의 하나로서 동기부여에 직접적인 영향을 미치는 것은 아니지만 조직구성원들에게 불만족 요인으로 작용할 수 있다는 것이다.

넷째, 성과급을 공공부문에 적용하기 어려운 이유는 성과급에 대한 공공부문 구성원들의 저항이 크기 때문이라고 할 수 있다. 예를 들어, 젊고 유능한 공공부문 종사자들은 적극적으로 성과급이 도입되기를 바라지만, 그렇지 않은 종자사들은 성과급 도입을 찬성하지 않는다(Bellé, 2015). 뿐만 아니라 성과급이 성공을 거두지 못하는 또 다른 이유는 성과급에 대한 저항의 주요 원인이 조직구성원들이 성과급과 같은 외부적 통제를 인정하지 않는 데(disapproval of external control) 있기 때문이라고 할 수 있다(Brehm & Gates, 1997).

특히 공공부문의 성과급 적용 한계는 다음과 같은 이유로 나타난다(Bowman, 2010: 74). 첫째, 성과급이 장기적 관점보다는 단기적 관점에만 초점을 맞추기 때문이다. 둘째, 성과급으로 인해 다른 사람들의 이익보다는 자신의 이익을 더 중요시하게 된다. 셋째, 성과급은 개인 성과를 중요하게 고려하기 때문에 팀워크를 저해한다. 넷째, 보상 시스템을 정치화(politicization)시킬 가능성이 존재한다.

따라서 공공부문에서의 성과급이 조직에 긍정적 영향, 즉 성과에 긍정적인 영향을 미치기 위해서는 무엇보다도 각 개인의 공헌이 명확하게 구분되어 있으며, 평가가 객관적으로 이루어질 수 있어야 한다(Rynes et al., 2005). 첫째, 개인이 어느 정도 성과에 기여를 했는지를 명확하게 판단할 수 있을 때 성과급은 성공을 거둘 수 있다. 둘째, 성과에 대한 평가가 객관적으로 이루어질 때 성과급은 성공적으로 이루어질 수 있다. 성과급은 개인에 대한 객관적인 평가가 이루어지고 성과에 대한 평가가 공정하게 이루어지는 팀제도(self-directed team)에서 주로 운영이 되지만(예: Rynes et al., 2005) 이상적인 팀제는 현실에서 특히 공공부문에서는 존재하기 어렵다. 따라서 공공부문은 가능한 한 개인의 성과를 정확하게 평가하고, 상호연계성이 강하거나 공동 업무가 많은 부분에 대해서는 개인의 기여분을 정확하게 평가할 수 있어야 한다.

이러한 논의는 공공부문에서는 성과급이 성공적으로 이루어지기 어렵다고 주장하는 세 가지 연구와 관련이 있다(Bellé, 2015). 첫째, 성과급은 디자인하기 어렵다는 한계를 가진다. 둘째, 성과급에 영향을 미치는 여러 제도적 장치가 부족하기 때문에

그림 6-3 성과급 성공의 핵심 변수

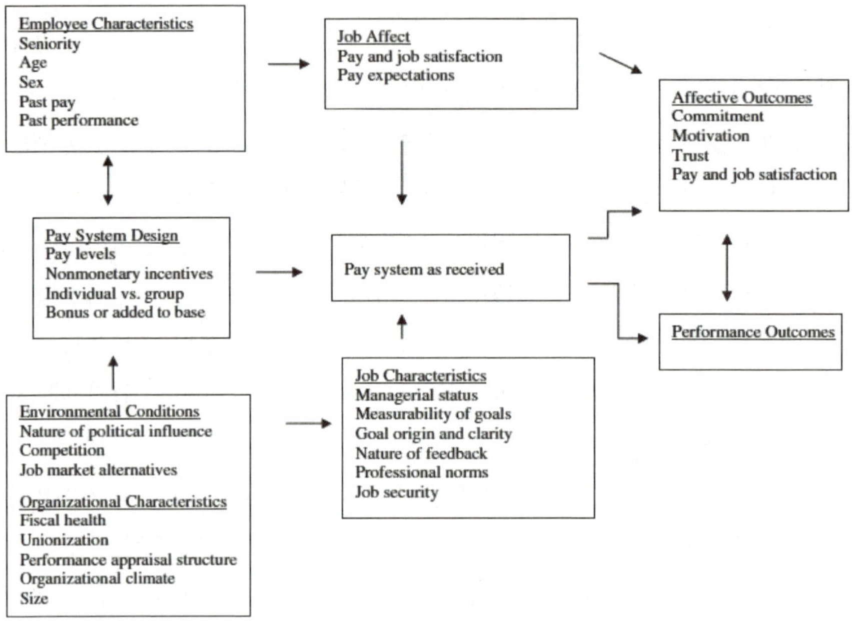

출처: Perry et al.(2009: 41).

성과급이 성공적으로 운영이 되지 않는다는 것이다. 셋째, 공공조직은 민간조직보다 내재적 동기부여를 중요시하기 때문에 성과급이 공공부문에서 성공적으로 운영되기 어렵다는 것이다. 성과급이 관리자의 통제 하에 공정하고 적절하게 운영될 수 있을 것이라는 것을 가정할 때 성과급은 조직 성과에 긍정적인 영향을 미칠 수도 있다(Perry et al., 2009: 46).

교사 성과급 갈등 다시 불붙나…교사 96.2% "반대"

교육부가 올해 교원에 대한 차등적 성과급제를 유지하기로 하자 일선 교사들이 강력 반발하고 나섰다. 상반기 중 교육부와 교사들 간 차등적 성과급제를 놓고 충돌이 예상된다. 30일 실천교육교사모임에 따르면 지난 23일부터 27일까지 5일 간 실시한 교사 7,199명에 대한 긴급 온라인 설문 결과 96.2%(6,919명)가 차등적 성과급제에 반대한다고 답했다. 교육부는 인사혁신처와 개선방안을 협의 중이라고는 밝혔지만, 오히려 내년에도 보직과 학교폭력 등 기피 업무를 맡는 교사에 대한 성과급 우대 방침을 세웠다. 교육부는 지난달 각 시도교육청과 학교에 올해 성과급 지침을 전달해 최소 50% 이상 등급별로 차등지급하도록 했다. 최고 등급인 S등급(상위 30%)의 성과급(460만 4,820원)과 B등급(하위 30%)의 성과급(327만 8,330원) 간 차액은 132만 6,490원 수준이다.

이 같은 교원성과급 제도를 반대하는 이유로는 교사의 업무인 수업과 생활교육, 상담 등을 성과로 측정하기 어렵다는 답변이 84%(5,850명)로 가장 높았고, 교사 간 갈등을 야기한다는 답변이 57.5%(3,979명)로 나타났다. 행정업무로 교사를 평가하는 것은 부당하다는 답변은 39.5%(2,737명), 학년 난이도로 교사 평가를 측정하는 것은 불합리하다는 응답은 15.6%(1,081명)였다. 찬성하는 이유로는 행정업무와 각 학년 난이도가 다르고, 보직과 담임 업무에 대한 보상 차원에서 필요하다는 답변이 주를 이뤘다.

성과급제를 유지한다면 차등 비율이라도 현행 50%에서 20% 이하로 낮춰야 한다는 답변이 94.1%(6,755명)였다. 등급 비율은 S등급과 B등급을 각각 최소한인 10%로 정하고 성과급을 지급해야 학교현장의 피해가 최소화된다는 답변은 63.4%(4,561명)였다.

출처: 동아일보, 2019년 4월 30일자 기사 발췌.

제 3 절 특수한 공공부문 동기부여: 공공봉사동기(PSM)

1. PSM의 의의

1) PSM 개념과 의의

공공부문 종사자의 동기부여는 민간부문 종사자의 동기부여와 어떠한 차이를 보이는가? 공공선택론자들의 연구에 의하면, 공공부문 관리자들의 공직의식이 민간부문 관리자들의 윤리의식보다 오히려 더 낮다고 분석하기도 하고(Buchanan & Bush, 1974), 일부 경험적인 연구들(예: Goodsell, 1985; Lewis, 1990)에 의하면, 공무원 집단은 일반국민들과 크게 다를 바가 없기 때문에 공직자들과 일반국민들 역시 정부에 대한 기대와 역할에 있어서 유사성을 지닌다고 주장하기도 한다. 그러나 이러한 연구들은 대부분 공직자 개인의 보상 체계에 대한 인식과 태도, 또는 만족요인 등과 같은 공직자들의 인사관리에 대한 직접적 동기부여를 연구하지 않았기에 공직자들이 일반국민들과 같은 윤리의식과 동기부여를 가진다고 볼 수 없으며, 공직자들은 민간종사자들 또는 일반국민들과는 다른 동기구조를 지녔다는 것이 공공봉사동기(public service motivation: PSM) 연구의 시작이 되었다(이근주, 2005: 83).

PSM 이론(예: Perry & Wise, 1990)에 의하면, 공직자는 일반적인 사람들, 특히 민간부문에 종사하는 구성원들과 다른 직업동기를 가진다고 가정한다. 공공부문에 지원하는 공직자들은 민간부문 종사자들과는 달리 정책 과정에 직접 참여함으로써 즐거움을 누린다고 가정하고 있는 것이다. 또한 개인 혼자의 이익추구보다는 사회 전체의 이익, 즉 공익을 추구하는 것이 공직자가 민간부문의 종사자들과 차이를 나타내는 부분이라고 보았다. 또한 공공부문 종사자들은 민간부문의 종사자들이 직업을 선택하는 데 있어서 중요하게 고려하는 경제적 보상 체계에 대해서는 상대적으로 덜 중요하게 여겼다. 이러한 차원에서 PSM은 민간부문과는 차이를 보이는 공공부문의 특수한 동기부여 기제라고 할 수 있다. 페리와 와이스(Perry & Wise, 1990), 그리고 페리(Perry, 1996)도 PSM을 공공부문 특유의 동기부여 방식으로 정의하였다.

2) PSM 등장배경

PSM 이론이 페리(J. L. Perry)에 의해서 재조명되기 이전에도 공직 분야의 동기부여와 민간부분의 동기부여를 비교하는 연구가 수행되었다. 워너 외(Warner et al., 1963)의 연구에 의하면, 연방공무원 13,000명을 대상으로 설문조사를 한 결과 공공부문 종사자들이 민간부문의 종사들에 비해서 위엄(prestige)을 높게 인식하며, 업무의 중요성에 있어서도 높은 신념을 지니고 있었다. 킬패트릭 외(Kilpatrick et al., 1964)의 연구에서도 공공부문 종사자들은 민간부문 종사들과 비교하였을 때 금전적인 보상을 상대적으로 덜 중요하게 고려하였으며, 오히려 사회적, 그리고 정치적 봉사의 가치를 더 중요하게 고려하였다. 그러나 1970년대 이후 이러한 공사부문의 차이 연구는 1980년대 레이니(Rainey, 1982)의 연구가 나오기 이전까지 활발히 연구되지는 않았다(이근주, 2005: 83).

레이니(H. G. Rainey, 1982)는 공공부문에 종사하는 공직자들이 민간부문의 종사자들보다 상대적으로 타인을 돕거나 사회 전체의 이익을 위하는 이타적인 행동을 더 가치 있게 고려한다는 것을 입증하였으며, 카치오프와 모크(Cacioppo & Mock, 1984)에 의하면 공공부문 관리자들은 민간부문의 관리자들보다 경제적 보상과 인센티브를 더 중요하게 고려하지 않았다. 윤리 차원에서도 윤리적 의식이 높은 사람들이 공직에 근무할 가능성이 높다고 주장하였다(Crewson, 1995).

PSM에 관한 논의를 이론적으로 발전시킨 연구는 페리와 와이스(Perry & Wise, 1990)의 연구이다. 그들의 연구에 의하면, 공직부문의 특유한 동기부여를 PSM이라고 명명하면서 이는 공공부문 종사자들과 민간부문 종사자들의 동기부여를 구분하는 중요한 기준이 된다고 가정하였다. 공공부문은 민간부문의 종사자들과 다른 동기부여 기제를 지니고 있기 때문에 공직자들의 특유한 동기부여 방식을 인식해야 한다고 주장한다(Perry & Wise, 1990).

3) PSM의 구성요소

페리와 와이스(Perry & Wise, 1990)와 페리(Perry, 1996)에 의해서 제시된 PSM은 크게 합리적 차원, 규범적 차원, 감성적 차원 등 세 가지 차원에서 제시될 수 있다.

첫 번째 PSM의 차원은 합리적 차원이다. 합리적 차원은 공직자들이 공공정책에 대해 어느 정도 호감도와 매력을 지니고 있느냐에 관한 것이다. 공공정책의 전반적인 과정에서 공직자들이 적극적으로 참여하는 것이 공직자들의 효용을 극대화시키는 행위라는 것이다(Perry, 1996). 여기서는 정책 과정에 참여하고 희소한 자원을 배분하는 과정에 적극적으로 참여하는 것이 사회적 선을 실현시키는 과정이라고 인식한다. 공직을 선호하는 공직자들은 다른 사람, 특히 민간조직 종사자들보다 정책 과정 참여에 대해 더 높은 효용을 느낀다는 것이다.

두 번째 차원의 PSM은 규범적 차원이다. 규범적 차원의 PSM은 공익을 실현하는데 공직자들이 어느 정도 노력하는가와 관련된 동기부여 기제이다. 공직을 추구하는 공직자들은 개인의 사익보다 더 큰 사회의 이익과 공공의 이익에 관심을 지니고 적극적으로 이를 달성하고자 노력한다는 것이다.

세 번째 차원은 감성적 차원이다. 감성적 차원은 하위 차원으로 동정(compassion)과 자기희생(self-sacrifice)을 두고 있다. 동정은 사회적 약자에 대한 측은지심 또는 공감으로 이해되며, 자기희생은 금전적 보상과 직접적인 관련 없이 공직자들이 공익과 관련된 문제를 해결하기 위하여 자신을 희생하면서까지 해결하려는 노력을 말한다. 각 차원에 따른 설명은 다음 [표 6-4]의 PSM 개념과 측정 차원에서 제시된다.

표 6-4 PSM 개념과 측정 차원

개념 차원	내 용	하위 차원
합리적 차원	– 정책 과정에 참여 – 공공정책에 대한 동일시 – 특정 이해관계에 대한 지지	공공정책에 대한 호감도(attraction to public policy making)
규범적 차원	– 공익봉사의 욕구 – 정부 전체에 대한 충성과 의무 – 사회적 형평의 추구	공익몰입(committment to public interest)
감성적 차원	– 정책의 사회적 중요성에 기인한 정책에 대한 몰입 – 선의의 애국심	동정(compassion) 자기희생(self-sacrifice)

출처: 이근주(2005: 90).

표 6-5 PSM 측정 문항 예

측정 차원	측정 문항
합리적 차원	– 정치에 대하여 부정적 인상을 갖고 있다.* – 정책 과정에서 발생하는 거래관계를 받아들일 수 없다.* – 정치인들을 별로 좋아하지 않는다.*
규범적 차원	– 지역사회에서 벌어지고 있는 일에 대하여 별 관심이 없다.* – 사적인 이득과 무관하게 지역사회에 봉사한다. – 의미 있는 공공봉사를 중요하게 생각한다. – 공무원은 사익에 반할지라도 사회 전체적으로 최선의 공익을 위하여 일해야 한다. – 공공봉사는 시민의 의무이다.
감성적 차원	〈동정〉 – 사회적 혜택을 받지 못한 사람들의 어려움에 별로 가슴 아파하지 않는다.* – 대부분의 사회정책은 중요하다. – 곤경에 처한 사람들을 보면 불쌍하다는 생각이 든다. – 애국심은 타인의 복지를 돌보는 것을 포함한다. – 내가 개인적으로 알지 못하는 사람들의 복지에 대하여 별로 생각하지 않는다.* – 사람들은 서로에게 의지하고 산다. – 자신의 문제 해결을 위하여 스스로 노력하지 않는 사람은 동정할 필요가 없다.* – 내가 지지하는 사회정책은 별로 없다.*
	〈희생〉 – 개인적인 성취보다 사회에 대한 공헌이 중요하다. – 개인적인 일보다 의무가 중요하다. – 선행을 하는 것보다 돈을 많이 버는 것이 중요하다.* – 내가 하는 일의 대부분은 사회적 대의를 위한 것이다.

	- 타인을 위한 봉사는 금전적 보상과 무관하게 내 기분을 좋게 한다. - 사회로부터 받을 것보다 많은 것을 사회에 환원해야 한다. - 다른 사람을 돕기 위해 손해를 감수한다. - 사회의 선을 위하여 자신을 희생한다.

* 표시된 문항은 역코딩.
출처: Perry & Wise(1990)와 Perry(1996)를 바탕으로 이근주(2005: 91) 재구성 .

보다 구체적인 PSM에 대한 측정 내용은 [표 6-5]와 같다. 합리적 차원의 공공정책에 대한 호감도와 관련된 질문은 "정책 과정에서 발생하는 거래관계를 받아들일 수 없다"라고 제시하면서 공직자들이 어느 정도 적극적으로 정책 과정에 참여하는가를 측정하였다. 반면에, 규범적 차원의 공익 몰입과 관련해서는 "사적인 이득과 무관하게 지역사회에 봉사한다"는 봉사정신을 측정하고 있다. 감정적 차원의 동정과 자기희생 역시 이와 비슷하게 측정할 수 있다.

2. PSM과 관련된 변수

PSM은 어떤 변수와 관련성이 높은가? 공공부문 종사자들에게 중요한 동기부여인 PSM은 첫째, 조직구성원들의 특성변수와 관련성이 높다. 그러나 이것은 일관적으로 나타나는 현상은 아니다. 예를 들어, 남성보다는 여성이, 교육을 많이 받을수록, 관리자일수록, 근무기간이 짧을수록 PSM이 높아질 가능성이 크다는 것이다(Bright, 2008: 151).

둘째, 공공부문의 동기부여인 PSM은 소식변수에 영향을 받는다. 높은 PSM을 소유한 공직자일수록 명령과 통제에 의한 계층제적 관료제 조직의 특성에 잘 견디는 경향이 있다고 한다(Scott & Pandey, 2005).

3. PSM이 공공부문에 미치는 효과

공공부문 종사자들에게 특이하게 나타나는 PSM은 공공부문에 어떤 영향을 미칠까? 만약 PSM이 공공부문에 긍정적인 영향을 미친다면 공직사들이 지닌 PSM을 적극적으로 개발하고 이를 양성하는 것이 필요하지만, 만약 PSM이 업무성과와 무관하거나 오히려 부정적인 영향을 미친다면 공직자가 지닌 PSM은 의의가 없다고 할 수 있다.

1) PSM의 긍정적 역할

공공부문에 PSM이 긍정적 영향을 미친다면, 정부는 높은 PSM을 소유한 공직자들을 충원하는 데 노력해야 하며, 내부의 공직자들에게 PSM을 증진시킬 수 있는 교육훈련을 실시하는 것이 필요하다(이근주, 2005). 과거 경험적 연구들에 의하면, PSM은 업무성과에 긍정적인 영향을 미친다(Naff & Crum, 1999; 이근주, 2005). PSM이 높은 공공부문 근로자들은 적극적으로 공직업무에 임하기 때문에 이들의 직무 만족이 높으며, 이로 인해 업무성과가 높게 나타난다는 것이다. 또한 PSM이 높은 공공부문 종사자들의 이직 의도(turnover intention)는 낮게 나타났다.

2) PSM의 부정적 역할

PSM이 공공부문에 긍정적인 역할, 예를 들어 공직자들의 직무 만족을 높이고 업무성과를 증진시키면서 이직 의도를 낮춘다면(Naff & Crum, 1999), 대부분 공공부문에 남아 있는 공직자들의 PSM은 높을 것이고, 공직자의 경력이 오래될수록 PSM이 높게 나타날 것으로 예측할 수 있다(Bright, 2008). 그러나 실증연구에 의하면, 공직자의 근무 경력과 PSM은 반비례하는 것으로 입증되었다(Moynihan & Pandey, 2007).

뿐만 아니라 공공부문과 민간부문의 직접적인 PSM을 비교했을 경우에도 공공부문 종사자들이 반드시 민간부문 종사자들보다 PSM이 높게 나타나는 것이 아니며(Jurkiewicz et al., 1998), 공공부문 종사자들 역시 금전적인 보상에 높은 관심을 가지고 있었다. 또한 금전적 보상에 대한 동기는 오히려 PSM보다 공직자들에게 더 중요하게 인식되었다. 그리고 앨론소와 루이스(Alonso & Lewis, 2001)의 연구에서도 공공부문 종사자들의 PSM과 업무성과가 긍정적인 관계가 나타나는 것이 아니며, 오히려 높은 금전적 보상이 높은 업무성과를 달성하는 데 긍정적인 역할을 한다고 주장하였다.

3) PSM이 공공조직에 미치는 영향: 인사관리 차원을 중심으로

PSM이 공공조직에 긍정적인 영향과 부정적인 영향을 동시에 제공하기 때문에 공공조직에 긍정적 기여를 하는 PSM을 인사관리 단계에 적극적으로 활용할 필요가 있다. 첫째, 채용 단계에서 PSM을 적극적으로 활용할 필요가 있다. 일반적으로 PSM이 높은 공공조직 종사자들은 이타성과 높은 봉사정신을 가지기 때문에 PSM이 높은 공공조직 지원자를 확보하는 것이 필요하다. 현실적으로 PSM이 높은 공직 후보자를 선발하기 위해서는 공직관을 판단할 수 있는 면접제도를 강화하는 것이 필요하다.

9급 공무원 선발 면접전형 '5분 스피치 평가' 도입…공직관-윤리관 강조된다!

9급 공무원 선발 면접전형에서 '5분 스피치 평가'가 도입될 전망이다.

16일 인사혁신처는 다음달 21~25일 9급 공무원 선발 면접전형에서 공직가치와 직무능력 평가를 강화하기로 했다고 전했다. 김진수 혁신처 인재개발국장은 "올해 9급 공채를 시작으로 인사혁신처가 주관하는 모든 면접시험이 공직가치와 직무능력 평가를 확대하는 방향으로 강화된다"고 밝혔다. 혁신처가 사이버국가고시센터에 공개한 전형방식에 따르면, 이번 면접전형 응시자의 1인당 면접시간은 기존 30분에서 50분으로 늘어난다. 이는 면접전형의 실효성을 높이기 위한 조치라고 혁신처는 설명했다. 특히 면접전형에 도입되는 '5분 스피치 평가'가 주목을 받고 있다. '5분 스피치 평가'를 통해 공직가치에 대한 이해, 의사발표의 정확성 및 논리성 등을 평가할 수 있다고 혁신처는 전했다. 국가관과 공직관, 윤리관과 관련된 의견을 개진하는 형식으로 진행될 전망이다. 또 면접은 응시자의 과거 행동·경험·사례 등을 묻는 '경험형 질문'과 특성 업무 상황에서의 대처방식을 파악하는 '상황형 질문' 등을 주로 묻는 방식으로 진행될 예정이다.

출처: 동아일보, 2015년 6월 16일자 기사 발췌.

둘째, 인적자원 개발과 관련해서도 PSM을 강화하는 윤리교육이 시행될 필요가 있다. 직무와 관련된 교육훈련도 필요하지만 PSM을 강화할 수 있는 교육훈련 프로그램을 정기적으로 시행하는 것이 필요하다는 것이다. 또한 인적자원 유지·활용에 있어서도 PSM을 증진시키기 위한 법적·제도적 장치인 윤리규범을 강화시키는 것이 필요하다. 특히 공익을 위배한 경우 이에 대한 징계 절차를 강화하는 것이 필요하다.

셋째, 인적자원 평가와 보상 차원에서도 PSM을 고려할 필요가 있다. 근무성적평정요소에 봉사정신, 공익강화, 희생정신에 대한 평가요소를 포함시키고, 이를 근무성적에 반영하여 승진과 보수를 결정하는 중요한 요소로 인식할 수 있도록 해야 한다.

4. PSM의 연구 방향

공공부문 종사자들은 민간부문 종사자들과 서로 다른 동기부여 기제를 지니고 있기 때문에 PSM은 공공부문에서 중요하게 고려될 필요가 있다. 그러나 PSM이 불충분한 경제적 보상을 대변하는 도구로서 활용되면 안 된다. 성과급이 공공조직에 성공으로 도입되기 위해서는 충분한 예산 확보가 우선되어야 하지만(Bellé, 2015), 현실적으로 이는 불가능하다. 불충분한 경제적 보상을 보완하는 차원에서 공직자들에게 높은 PSM을 요구하는 것은 오히려 PSM이 지닌 긍정적 효과를 감소시킬 수 있다.

따라서 앞서 논의한 바와 같이 무조건적으로 PSM을 증진시키거나 줄이는 것은 바람직하지 않다. PSM이 공공조직 내에서 긍정적인 역할을 할 수 있는 제도적 조건을 마련해 주는 것이 중요하다. 브라이트(Bright, 2008)의 연구에 의하면, PSM이 공공조직에서 긍정적인 영향을 미치기 위해서는 개인과 조직 일치(Person－Organization Fit)를 고려할 필요가 있다. PSM은 직접적으로는 공무원들의 직무 만족도를 높이고 이직 의도를 줄이는 긍정적인 역할을 하지만, 개인과 조직의 일치 변수를 고려하였을 경우 그 효과는 유의미하지 않게 나타났다. 이러한 결과는 PSM이 공공조직에 미치는 직접적인 영향을 연구하는 것도 중요하지만 공공조직의 제도적 조건이 잘 갖추어져 있을 때 PSM의 영향이 더욱 강화될 수 있다는 것을 보여준다. 예를 들어, 개인의 목표와 조직의 목표가 일치하거나, 개인의 가치와 조직문화가 조화를 이룰 때 PSM 역시 조직 성과 향상에 긍정적인 영향을 미친다는 점을 고려해 볼 때, PSM 역시 조직 행태의 중요한 연구 분야가 될 수 있을 것이다.

제 4 절 공공부문 동기부여의 활용

공공부문 종사자들, 특히 공무원 동기부여를 증진시킬 수 있는 방안은 다양하다. 앞에서 설명한 인사관리 방안들이 효과적으로 수행된다면 공무원들의 동기부여는 강화될 수 있을 것이다. 공정한 공무원 인사채용, 공무원 개인의 능력과 자질을 고려한 직무배치 및 교육훈련, 공정한 평가 등 모두가 공무원의 동기부여를 증진시키는 중요한 수단이다. 특히 공정한 보상 체계 마련은 공무원들의 동기부여를 증진시키는 데 긍정적인 역할을 한다(Kellough & Lu, 1993). 다음 사례에서도 살펴볼 수 있듯이 공무원들에게 동일노동, 동일보수가 적용된다면 공무원의 동기부여는 강화될 수 있을 것이다(이데일리, 2020). 물론 공직사회의 특수성으로 인하여 공무원들에게 충분한 보상이 이루어지는 데에는 제약이 존재한다. 그럼에도 불구하고 공무원의 고성과 달성을 위해서는 합리적이고 공정한 보상 체계 마련이 우선적으로 고려될 필요가 있을 것이다.

선별진료소 근무한 모든 공무원 비상근무수당 받아…평일 대체휴무도 가능

코로나19 선별진료소에서 근무하는 임기제 지방공무원도 일반직공무원과 같이 비상근무수당을 지급받을 수 있게 된다. 또 평일에 8시간 이상 초과 근무한 경우에는 대체휴무를 사용할 수 있고 자녀·부모 등 가족을 돌봐야 할 때 연간 10일까지 가족돌봄휴가를 사용할 수 있다.

행정안전부는 이 같은 내용을 담은 지방공무원 수당 등에 관한 규정과 지방공무원 복무규정 개정안을 오는 7일 입법예고한다고 6일 밝혔다. 이번 개정안은 코로나19 대응이 길어지면서 선별진료소 비상근무자 등에 대한 사기진작을 위해 직종 간 형평성 있는 수당 지급 근거를 만들기 위해 마련되었다.

먼저, 임기제공무원이 코로나19와 같은 재난 상황에서 선별진료소 등 재난발생현장이나 지역재난안전대책본부 등에서 근무하는 경우 비상근무수당을 지급받을 수 있게 된다. 그동안 임기제공무원은 특수한 업무에 종사할 것을 전제로 채용되어 수당 지급 대상에 포함하지 않았다.

하지만 비상근무수당은 업무 분야와 관계없이 재난 발생으로 비상근무 시 지급하는 수당이고 임기제에도 형평성 있게 지급할 필요성이 있는 점을 고려해 지급대상을 확대하기로 했다. 이에 재난발생현장에서 일일 4시간 근무시 하루 8,000원, 월 최대 6만 5,000원이 지급되고, 지역재난안전대책본부에서 일일 8시간 근무 시 하루 8,000원, 월 최대 5만 원이 지급된다.

이어 지방공무원 대체휴무제도가 평일에도 적용된다. 지금까지는 토요일이나 공휴일에 8시간 이상 근무한 경우에만 대체휴무를 사용할 수 있었다. 개정 이후에는 밤샘 근무 등 평일 16시간 이상 근무한 공무원이 다음 근무일에 쉴 수 있도록 대체휴무를 부여한다. 장기간 비상근무로 다수 발생한 대체휴무를 원하는 시기에 필요한 만큼 사용할 수 있도록 대체휴무 사용기한도 1주에서 6주로 늘린다.

또 원활한 재해복구를 지원하기 위해 대규모 재난이 발생한 경우 최대 10일까지 재해구호휴가를 사용할 수 있다. 이전까진 지방자치단체별 조례에 따라 재난 규모에 관계없이 재해를 입은 공무원과 재해지역에서 재해복구활동을 하려는 공무원에게 최대 5일의 재해구호휴가가 부여되었다. 그러나 중앙재난안전대책본부가 설치될 정도의 대규모 재난으로 본인, 배우자, 부모, 자녀가 피해를 입어 장기간 피해수습이 필요한 경우 지방자치단체장의 판단에 따라 10일 범위에서 재해구호휴가를 사용할 수 있게 된다.

연간 10일까지 사용할 수 있는 가족돌봄휴가도 신설한다. 돌봄휴가를 사용할 수 있는 대상도 현행 자녀뿐만 아니라 배우자와 부모, 조부모, 손자녀까지 확대한다. 가족돌봄휴가는 연간 10일까지 무급휴가로 운영하지만 자녀돌봄을 위한 경우 현행과 같이 최대 3일까지 유급휴가를 부여한다.

또 자녀가 다니는 어린이집 · 유치원 · 학교가 휴업하거나 코로나19 등 비상 상황으로 인해 개학 연기, 온라인 개학 등 휴업에 준하는 경우에도 돌봄휴가를 사용할 수 있다. 현재는 자녀가 다니는 어린이집 · 유치원 · 학교의 공식행사 또는 교사와의 상담에 참석하거나, 자녀의 병원 진료에 동행하는 경우에만 돌봄휴가를 사용할 수 있었다. 아울러 한부모 가족이거나 장애인 자녀를 둔 공무원은 자녀가 한 명이더라도 유급 가족돌봄휴가를 연간 3일까지 사용할 수 있도록 하는 등 사회적 배려가 필요한 가족에 대한 돌봄지원도 강화한다.

이재관 행정안전부 지방자치분권실장은 "코로나19 대응이 장기화됨에 따라 피로도가 누적된 지방공무원들에게 인사상 보상과 충분한 휴식을 보장하기 위하여 이번 법령 개정을 추진한다"며 "앞으로도 열심히 일한 지방공무원에 대해 동기를 부여하고 사기를 진작할 수 있는 방안을 지속적으로 발굴 · 추진하겠다"고 강조했다.

출처: 이데일리, 2020년 7월 6일자 기사 발췌.

Chapter 07

직무 만족

일상의 삶을 살아가면서 개인은 순간마다 특정 행동과 사건, 그리고 경험 등에 대해 자신만의 태도(attitude)를 지닌다. 이와 같은 개인의 태도는 궁극적으로 어떤 대상이나 사람, 혹은 사건에 대해 호의적 또는 비호의적인 평가와 연결된다(Jex & Britt, 2008; Robbins & Judge, 2011).[1] 개인의 태도를 조직 행동과 연결하면 태도는 우리가 조직에서 수행하는 직무에 대해 좋거나 혹은 싫다는 선호 체계 또는 느낌을 형성하게 한다. 즉, 조직구성원은 태도를 바탕으로 자신이 속해 있는 조직과 자신이 수행하고 있는 직무에 대해 긍정 또는 부정의 견해를 갖게 된다(Jex & Britt, 2008). 직무와 관련된 태도는 구성원이 조직, 동료 및 상사, 그리고 직무 자체 등에 대한 지속적인 평가를 통해 형성되는 특징을 지닌다는 점에서 조직행태론 및 산업 · 조직심리학에서 주요 주제로 연구되고 있다(Robbins & Judge, 2011; Schleicher et al., 2001).[2] 이하에서는 조직구성원이 수행하는 직무에 대한 전반적인 만족의 정도를 의

1) 제3장 태도와 가치에서 자세히 설명하고 있다.

2) 직무 만족 이외에 기존 문헌에서 활발하게 연구되는 직무와 관련된 태도는 다음과 같다(이인석, 2014; Munchinsky, 2012; Robbins & Judge, 2011). 첫째, 직무 몰입(job involvement)은 구성원이

미하는 직무 만족(job satisfaction)의 개념적 정의, 측정의 도구, 그리고 직무 만족의 선행요인과 결과변수 등에 대해 논의한다.[3)]

미국 사우스플로리다대학교의 산업・조직심리학과 교수로 재직 중인 스펙터(Paul E. Spector)는 직무가 구성원의 직무 만족, 직무 스트레스, 그리고 이직 의도 등과 같은 개인의 행동과 안녕 등에 미치는 영향을 연구하고 있다. 또한 스펙터는 심리학 분야의 변수 및 구성 개념의 측정 항목 개발, SAS 언어, 그리고 연구방법론 등에도 많은 관심을 기울이고 있다. 특히 1997년에 발간된 *Job satisfaction: Application, assessment, causes, and consequences*는 조직행태론 분야에서 가장 활발하게 연구되는 직무 만족을 광범위하게 연구한 책자로 평가받는다(S. Jex, University of Wisconsin, Oshkosh). 스펙터는 해당 교재에서 직무 만족의 특성, 기존 문헌 연구의 결과 분석, 측정 도구 및 방법에 대한 평가 및 개발, 그리고 직무 만족의 선행요인과 결과 등 직무 만족과 관련된 대부분의 쟁점에 대해 논의했다.

출처: Spector(1997)의 저자 소개 및 서평을 참조.

스스로 자신을 직무와 동일시하는 정도, 또는 직무 성취를 중요한 가치로 생각하는 정도를 의미한다. 둘째, 종업원 몰입(employee engagement)은 자신이 수행하는 업무에 대한 개인의 몰입과 만족 등을 의미한다. 해당 개념은 직무 및 조직에 대한 열정 등으로 측정할 수 있다. 셋째, 조직 지원 인식(perceived organizational support: POS)은 조직이 구성원의 기여와 헌신 등을 높게 평가할 뿐만 아니라, 구성원의 행복과 지원 등에 관심이 있다고 인식하는 정도를 의미한다. 넷째, 조직 몰입(organizational commitment)은 구성원이 자신이 속한 조직에 충성과 헌신하는 정도를 의미한다. 조직 몰입은 구성원이 조직에 대해 느끼는 정서적 애정과 일체감을 의미하는 정서적 몰입(affective commitment), 조직에 근무해야 한다는 구성원의 의무감을 의미하는 규범적 몰입(normative commitment), 구성원이 조직을 떠나면 손해라는 생각에 조직에 남아 있고 하는 정도를 의미하는 지속적 몰입(continuous commitment) 등으로 구분한다(Meyer & Allen, 1997). 직무 몰입과 조직 몰입은 제3장 태도와 가치에서도 설명하고 있다.

3) 직무 만족은 직무에 대한 조직구성원의 감정적 반응으로 이해할 수 있으며, 이와 동시에 개인이 기대하는 바와 결과의 비교를 통해 결정되는 주관적인 개념으로 이해할 수 있다(김영재 외, 2011).

제 1 절 직무 만족의 기초 논의

1910년대 등장한 과학적 관리론(scientific management)은 조직구성원이 외재적 보상 체계(예: 임금 등)에만 관심을 기울일 뿐, 자신의 정서·행복·만족 등에는 관심을 기울이지 않는다고 주장하였다(House, 1927). 그러나 1930년대에 등장한 인간관계론(human relations)은 조직구성원의 동기부여에 내재적 요인(예: 정서와 직무만족 등)의 중요성을 주장하였다. 즉, 호폭(Hoppock, 1935)의 직무 만족에 관한 연구를 시작으로 로슬리스버거와 딕슨(Roethlisberger & Dickson, 1939)의 호손(Hawthorne) 연구를 통해 비공식 집단과 구성원의 지각이 작업 환경(예: 작업장의 조명 등)보다 생산성에 영향을 크게 미치는 요인임을 제시하였다(김원형, 2011에서 재인용).[4] 위에서 언급한 연구 등을 통해 조직행태론 및 산업·조직심리학 분야에서 조직구성원의 정서에 관해 관심을 기울이기 시작했으며, 이를 통해 구성원의 태도(예: 직무 만족 등)에 대한 학문적 관심을 증대하였다(김원형, 2011에서 재인용).

인간관계론 등이 구성원의 내적(internal) 특성의 중요성을 주장했다는 점에서 의미를 지니지만, 해당 특성이 조직의 결과(예: 생산성 등)에 긍정적인 영향을 미치는지에 대한 논의는 아직도 논쟁 중이다. 특히 직무 만족이 생산성과 구성원의 사기(morale) 등을 증대하고 이직 의도 등을 감소시켰다는 결과가 일반적인 견해이지만, 직무 만족이 성과와 반사회적 조직 행동(예: 결근 등)과 관련성이 없나는 연구 결과도 제시되고 있다(Iaffaldano & Muchinsky, 1985; Herzberg et al., 1957; Judge et al., 2001; Petty et al., 1984; Spector, 1997). 따라서 향후 연구에서는 직무 만족과 성과 간 관계에 영향을 미치는 매개변수 및 조절변수를 연구할 필요성이 있다. 조직구성원의 직무 만족만으로 성과에 긍정적인 영향을 주지 못한다면, 해당 인과관계에 영향을 미치는 매개 및 조절변수를 연구함으로써 직무 만족의 영향력을 체계적으로 연구할 필요가 있다.

직무 만족은 직무만족이론과 동기이론으로 이해할 수 있다(김원형, 2011). 특히 2요인이론(two-factor model)에서 직무 만족이 직무 자체, 또는 직무의 내적 특성에

4) 테일러(F. Taylor, 1911)는 직무 만족에 영향을 미치는 요인으로 임금과 낮은 피로도 등을 언급함으로써 내재적 요인의 영향력을 부정하였다.

서 기인한다고 주장한 반면, 직무 불만족은 직무의 외적 특성에서 발생한다고 주장한다(조경호 외, 2014; Herzberg et al., 1959; Herzberg, 1966). 즉, 2요인이론은 동기요인과 위생요인으로 구분한 후, 전자는 조직구성원의 동기에 영향을 줌으로써 직무 만족을 증가시키지만, 후자는 직무 불만족을 감소시키는 역할만을 수행한다고 주장하였다(Herzberg 1966). 해당 이론은 직무 만족에 관한 연구를 촉진하는 계기가 마련되었다고 평가받는다(김원형, 2011). 이후 가치인식이론(value-perception theory), 즉 직무가 조직구성원이 추구하는 가치를 충족시킬 때 만족의 정도가 높아진다는 이론을 통해 직무 만족에 관한 연구가 진행되었다(Locke, 1976). 해당 가치에는 보수, 승진, 감독, 동료와의 관계, 직무 자체, 이타주의, 위상(status), 환경 등이 포함되며, 가치인식이론은 조직구성원이 수행하는 직무가 자신이 가치를 두고 있는 욕구를 충족시켜 주는지, 혹은 아닌지에 의해 직무 만족이 결정된다고 주장한다(Dawis, 1991; Locke, 1976). 이와 같은 이론적 접근을 통해 직무 만족에 관한 연구가 진행 중이며, 해당 개념은 구성원이 직무를 수행하면서 느끼는 긍정적인 감정 및 태도 등과 연관된다는 점에서 조직행태론과 산업·조직심리학이 연구하는 태도 변수 중에서 중요하게 다뤄지는 연구 주제로 등장하였다.

제 2 절 직무 만족의 정의 및 특성

1. 직무 만족의 정의

직무의 특성에 대한 일반적인 평가에서 도출된 긍정적인 태도 또는 감정을 의미하는 직무 만족은 조직행태론 또는 산업·조직심리학 분야의 직무 태도와 관련한 여러 주제 중에서 가장 활발하게 연구되고 있다(Jex & Britt, 2008; Spector, 1997). 직무 만족은 직무 성과나 조직 몰입 등 조직 내 개인 단위와 집단 단위의 결과에 긍정적 영향을 미칠 수 있는 개인 차원의 태도 또는 조직 행동으로 이해할 수 있다(Colquitt et al., 2018). 또한 직무 만족은 조직구성원이 직무에 대해 갖는 태도와 연관되며, 이에 따라 개인의 인지(예: 신념), 정서(예: 감정), 그리고 행위의 복합체로 이해할 수 있다(신유근, 1996). 즉, 직무 만족은 조직구성원에게 정서적·심리적 안정과 만족감을 높일 뿐 아니라, 조직의 다양한 기능에 긍정적인 영향을 줄 수 있다는 점에서 인도주의적 시각과 공리주의적 관점에서 주요한 주제로 연구되고 있다(Spector, 1997).[5)]

직무 만족은 구성원이 수행하고 있는 직무에 대해서 만족하거나, 혹은 직무 수행을 좋아하는 정도, 즉 직무에 대한 평가적 체감을 의미한다(최도림 외, 2016; Locke, 1976).[6)] 또한 직무 만족은 조직구성원이 수행하고 있는 직무 또는 직무 경험에 대해 느끼는 긍정적이고 기분 좋은 감정의 상태, 또는 호의적인 직무 태도로 정의할 수 있다(Netemeyer & Maxham, 2007; Locke, 1976).[7)] 따라서 직무 만족은 개인이 담당하고 있는 직무를 수행하면서 느끼는 만족감, 행복, 그리고 긍정적인 감정 등의 정서적 상태를 의미할 뿐만 아니라(이인석, 2014; 한봉주, 2009; Hoppock, 1935; Munchinsky, 2012; Spector, 1997), 직무의 다양한 특성에 대한 일반적인 평가를 기반으로 구성원이 직무에 대해 가지는 긍정적 혹은 부정적 태도, 심리 상태, 그리고 감정적·정서적인 만족 상태를 의미한다(Eagly & Chaiken, 1993; Kirkman & Shapiro, 2001; Locke, 1976; Robbins & Judge, 2011; Smith et al., 1985; Spector, 1997).[8)] 이에 덧붙여, 직무 만족은 구성원이 직무 또는 직무에 영향을 미치는 상황과 맥락 등에 대

---

5) 직무 만족의 중요성을 개인과 조직의 관점에서 살펴보면 다음과 같다(김성국, 2010; Spector, 1997). 첫째, 조직구성원은 자신에게 부여된 직무와 직무 수행 과정에서 만족감과 행복 등을 느끼지 못하면 정신 및 신체 건강, 동기부여, 그리고 개인 단위의 결과(outcomes) 등에 부정적인 영향을 줄 수 있다. 둘째, 조직이 구성원에게 직무 만족과 관련한 만족의 정도를 유지하지 못한다면 궁극적으로 구성원의 성과, 결근, 이직 의도, 그리고 채용 등의 인사관리에 부정적인 영향을 주기 때문에 이에 대한 관심이 필요하다.

6) 직무 만족은 직무에 대한 현재 또는 과거 지향적인 정서적 반응을 의미하지만, 조직 몰입은 현재 불만이 있더라도 앞으로 좋아질 것이라는 기대심리가 전제되기 때문에 미래 지향적 반응으로 이해한다(이용규·두춘원, 2018; 전대성, 2019).

7) 직무 만족은 조직구성원이 직무에 대해 어떤 감정을 갖는지, 그리고 어떤 생각과 지각을 갖는지를 의미한다(Colquitt et al., 2018). 해당 이유로 직무 만족을 느끼는 구성원은 업무를 수행하는 과정에서 긍정적인 결과(예: 책임감 등)를 창출하는 데 비해, 직무 불만족을 느끼는 구성원은 반생산적 조직 행동(예: 결근 등)을 보일 가능성이 상대적으로 높다. 따라서 직무 만족은 개인 및 조직 단위의 다양한 결과에 영향을 미칠 수 있는 태도 변수 중 하나로 평가받는다.

8) 직무 만족은 구성원이 직무를 수행하는 과정에서 느끼게 되는 긍정적이고 우호적인 감정의 상태, 직무 수행 후에 얻게 되는 긍정적인 정서적 상태, 그리고 직무를 통해서 경험하는 좋고 싫은 감정의 조화로 정의한다(Locke, 1976; Smith et al., 1983). 즉, 직무 만족은 조직구성원이 직무 자체 또는 직무를 수행하면서 얻게 되는 감정적인 측면으로 이해할 수 있다.

한 신념을 의미하기 때문에 조직구성원은 자신의 직무를 '흥미롭다' 혹은 '지루하다' 등으로 평가를 할 수 있다(Fishbein, 1979; Jex & Britt, 2008).9)

위에서 논의한 바와 같이, 직무 만족에 대한 개념적 정의는 매우 다양할 뿐 아니라 다차원적 측면을 강조하고 있음을 알 수 있다. 따라서 직무 만족에 다양한 정의를 바탕으로 직무 만족의 특성을 이해하는 것이 의미가 있다. 다음 [표 7-1]은 직무 만족에 관한 개념적 정의를 학자별로 정리한 것이다.

표 7-1 직무 만족의 개념적 정의

학 자	개념적 정의
Hoppock(1935)	조직구성원이 인식하는 개인 차원의 생리, 환경, 심리 상태의 복합적 결과물
Alderfer(1972)	직무에 대해 갖는 일련의 태도이며, 직무 또는 직무 수행 결과로 인해 충족되는 유쾌하고 긍정적인 정서 상태
Porter & Steers(1974)	직무를 대하는 조직구성원의 일반적인 태도이며, 직무와 관련한 감정적 상태
Locke(1976)	조직구성원이 업무 경험을 통해 느끼는 긍정적 또는 부정적 감정의 상태
Woodward(2003)	조직의 웰빙(well-being)과 구성원의 삶에 대한 만족 또는 이직을 결정하는 기준
송민혜(2010)	구성원이 직무를 수행하는 과정에서 조직의 내·외적 환경요인에 대해 갖는 긍정적인 감정의 상태
김영재 외(2011)	직무에 대한 감정적 반응이며, 구성원이 기대하는 것과 실제로 획득한 결과와의 비교를 통해 결정하는 주관적인 감정 또는 태도
Diestel et al.(2014)과 Niu(2014)	직무에 대한 태도이며, 직무에 대한 흥미와 즐거움과 관련한 내적 동기
이대근·김용재(2014)	직무의 공정한 보상 및 보상에 대한 인식의 정도

이와 같이 직무 만족은 개인이 직무에 대해 갖는 자신의 인지, 정서, 그리고 행동 등과 연계되기 때문에 개인차(individual difference)가 발생하는 특징을 지닌다. 즉, 구성원은 자신이 수행하는 직무에서 기대하는 만족도와 실제로 경험하는 만족도 간

9) 직무 만족은 직무로부터 얻는 즐거움의 정도나 직무에 대한 긍정적인 정서 상태를 의미한다는 점에서 조직에 대한 헌신도를 의미하는 조직 몰입과 구분할 수 있다. 즉, 조직 몰입은 구성원이 속한 조직의 특성과 관련되는 반면, 직무 만족은 직무의 특성과 관련된다는 점에서 구분할 수 있다(김상아·조영일, 2013).

차이에 의해 직무 만족의 정도를 결정하게 된다(Locke, 1976). 직무 만족은 구성원이 직무 자체 또는 직무를 수행하면서 갖게 되는 개인의 감정과 인지 등을 통해 구체화한다는 점에서 단일의 관점 또는 접근방법으로 해당 개념을 이해하기 어려울 뿐만 아니라, 주관적 · 추상적 개념으로 이해할 수 있으므로 다양한 접근방법과 개념적 정의가 가능하다는 특징을 가지고 있다(송영선 · 이희수, 2009).

2. 직무 만족의 특성

위에서 논의한 직무 만족의 개념적 정의를 종합한 결과, 직무 만족은 구성원이 직무에 대해 갖는 감정, 사고, 그리고 행동과 연계됨을 알 수 있다.[10] 즉, 직무 만족은 직무에 대해 만족의 정도를 나타내는 생리적, 심리적, 환경적 결합으로 이해할 수 있다(Hoppock, 1935; Guo et al., 2005). 이와 같은 특성을 바탕으로 조직구성원의 직무 만족에 영향을 주는 요인을 살펴보면 다음과 같다(Jex & Britt, 2008).

첫째, 직무 만족은 구성원 자신이 담당하고 있는 직무에 대해 우호적 또는 비우호적 평가를 의미한다. 즉, 직무 만족은 구성원이 직무에 대해 갖는 감정적 · 정서적 측면을 통해 구체화할 수 있다는 점에서 가장 일반적인 요인으로 평가된다(Spector, 1997).

둘째, 직무 만족의 인지적 요소는 직무 또는 직무 상황에 대한 구성원의 신념과 관련된다. 즉, 직무가 흥미롭거나 지겨운 정도 등은 구성원의 인지 때문에 결정되며, 최근 연구에서는 이와 같은 직무 만족의 인지적 요인에 관한 관심이 증가하고 있다(Spector, 1997).

셋째, 직무 만족의 행동 또는 행동 경향(behavior tendencies)은 직무에 대해 만족하는 정도가 구성원의 행동으로 표현된다는 점에서 의미가 있다. 물론 구성원의 직무 태도가 행동과 언제나 일치하지 않지만, 직무 만족의 결과는 구성원의 행동으로

10) 직무 만족은 직무 자체와 관련된 구성원의 반응으로 이해할 수 있지만, 좀 더 시각을 넓히면 보상 체계, 동료 또는 상사와의 관계, 그리고 과업 및 조직에 대한 만족의 상태로 이해할 수 있다(Spector, 1997). 스펙디(P. E. Spector)는 직무 만족과 관련된 요인으로서 직무 만족은 의사소통, 동료 및 상사와의 관계, 보상 체계, 직무조건, 과업 및 조직의 특성, 개인 성장, 승진의 기회, 직업 안전성, 그리고 대외적 인식 등의 요인과 연계된다고 주장한다(Spector, 1997).

구체화한다는 점에서 주요 요인으로 평가된다(Fishbein, 1979).

제 3 절 직무 만족의 측정

산업 · 조직심리학 및 조직행태론 분야에서는 구성원의 직무 만족을 어떻게 측정할 것인가에 관해 지속적인 연구를 진행하고 있다(Jex & Britt, 2008).[11] 기존 연구는 직무 및 직무와 관련된 제반 사항에 대한 구성원의 만족도를 어떻게 측정할 것인지, 그리고 어떤 측면을 통해 측정할 것인지에 대해 관심을 기울이고 있다(Smith et al., 1969; Spector, 1985).[12] 특히 기존 연구에서는 설문 기법을 통해 직무가 가지고 있는 다양한 특성이나 측면을 고려한 전반적 직무만족척도(global satisfaction scale)와 직무의 특정 측면만을 측정하는 단면적 직무만족척도(facet satisfaction scale)를 활용하고 있다(Spector, 1997). 이하에서는 기존 문헌에서 제시된 여섯 개의 직무만족척도에 대해 논의한다.

1. 단면적 직무만족척도

단면적 직무만족척도는 직무 만족의 특정한 단면 또는 측면을 측정함으로써 구성원의 직무에 대한 만족도를 측정하는 방법을 의미한다. 이하에서는 기존 연구에서 제시한 직무만족조사, 직무기술지표, 미네소타 만족도 설문지, 그리고 직무분석설문

11) 해당 개념에 대한 측정은 호폭(Hoppock, 1935)이 직무 만족을 조직구성원이 직무로부터 만족을 느끼는 심리적, 생리적, 환경적 상태의 결합으로 정의하면서 체계화되기 시작하였다(이재용 외, 2013에서 재인용). 앨더퍼(Alderfer, 1972)는 직무 만족을 직무에 대해 갖는 일련의 태도로서 인간의 건강, 안정, 귀속, 존경, 성장 등의 욕구 차원으로 설명하였으며, 로크(Locke, 1976)는 직무를 스스로 평가하거나 혹은 직무 자체를 통해 얻어지는 유쾌함이나 긍정적인 감정 상태로 이해하였다.

12) 직무 만족을 측정하기 위한 대표적인 측정기법으로는 인터뷰와 설문분석기법을 들 수 있다. 인터뷰는 대상자에게 직무 만족과 관련해서 구성원의 구체적인 답변을 들을 수 있다는 점에서 긍정적인 평가를 받고 있지만, 시간과 비용의 제약 등이 문제점으로 제시된다. 따라서 설문분석이 가지고 있는 여러 가지 문제점에도 불구하고 문헌 대부분이 설문을 통해 직무 만족을 측정하고 있다(Spector, 1997).

등을 논의한다.

1) 직무만족조사

스펙터(Spector, 1985)가 개발한 직무만족조사(The Job Satisfaction Survey: JSS)는 직무 만족의 9개 영역과 더불어 전반적인 직무 만족의 만족도를 측정한다. 즉, 직무만족조사(JSS)에 포함된 직무 만족의 영역은 급여, 승진, 감독, 이익, 보상, 운영 절차, 동료, 과업의 특성, 그리고 의사소통 등이다([표 7-2] 참조). 또한 직무만족조사를 구성하고 있는 9개의 영역의 직무와 업무환경 등을 측정하는 4개씩의 측정 항목을 배정해서 총 36개의 문항으로 구성했으며, 각각의 측정 항목은 6점 척도를 통해 측정했다(Spector, 1985; 1997). 스펙터(Spector, 1985)가 제시한 직무만족조사를 구성하고 있는 측정 항목의 예는 다음과 같다(보상 영역의 측정 항목: "내가 수행하는 업무에 대한 보상은 적절하다").

직무만족조사는 구성원이 담당하고 있는 직무 및 직무 수행 과정에 영향을 미치는 직무 상황 등에 대해 만족하는지를 질문한 후, 해당 영역의 값을 합해서 전반적인 직무의 만족도로 활용하는 특성을 보인다(Jex & Britt, 2008; Spector, 1997). 또한 직무만족조사는 구성원의 직무와 직무 상황 등에 대한 심리적 상태를 측정할 수 있다는 점에서 긍정적인 평가를 받고 있다(Spector, 1997).

표 7-2 직무만족조사(JSS)의 영역

영 역	기 술
급여(pay)	급여와 급여인상률에 만족한다.
승진(promotion)	승진 기회에 만족한다.
감독(supervision)	조직의 감독관리에 만족한다.
부가급여(fringe benefits)	부가급여에 만족한다.
보상(contingent rewards)	성과에 대한 보상에 만족한다.
운영 절차(operating conditions)	규칙과 절차 등에 만족한다.
동료(coworkers)	동료에 만족한다.
과업의 특성(nature of work)	종료된 과업에 만족한다.
이사소통(communication)	조직 내 의사소통에 만족한다.

출처: Spector(1985: 8)에서 참조 후 재정리.

2) 직무기술지표

직무기술지표(The Job Descriptive Index: JDI)는 산업·조직심리학 분야에서 특정한 요인을 통해 직무 만족을 측정할 때 일반적으로 활용되는 직무만족척도이다(Kinicki et al., 2002; Spector, 1997).[13] 직무기술지표(JDI)는 업무, 급여, 승진, 감독, 그리고 동료 등 5개 영역에 대한 만족도를 측정할 수 있으며, 이와 동시에 5개 영역에서 측정된 척도를 합해 전반적인 직무만족지표로도 활용이 가능하다(Smith et al., 1969; Spector, 1997).

스미스(P. Smith)와 동료가 개발한 직무기술지표는 직무 만족의 각 영역에 9개 또는 18개의 측정 항목을 활용함으로써 총 72개의 측정 항목을 활용한다(Smith et al., 1969). 이와 같은 직무기술지표의 특성은 구성원의 직무 만족에 관한 심층적인 연구가 가능하다는 점에서 긍정적인 평가를 받고 있지만, 직무의 창의성과 다양성 등을 측정하는 데 문제가 있다는 비판도 함께 제기되고 있다(김원형, 2011). 이에 덧붙여, 직무기술지표는 각 측정 항목의 응답에 "긍정" 혹은 "부정"의 대답을 쉽사리 결정하

표 7-3 직무기술지표(JDI)의 측정 항목(예시)

당신의 현재 직무를 생각하시오. 당신이 현재 수행하고 있는 직무에 대해 잘 설명하고 있다면 선택지에 "예(Y)"에 표시하고, 그렇지 않다면 "아니오(N)"에 표시하시오. 결정하기 어렵다면 "?"에 표시하시오.

_Y_ 당신의 직무에 대해 적절하게 기술한다면 "예(Y)"
_N_ 당신의 직무를 적절하게 기술하지 못한다면 "아니오(N)"
_?_ 결정하기 어렵다면 "?"

현재의 보수
____ 충분 또는 적절하다.
____ 불안정하다.
____ 불충분하다.

출처: Smith et al.(1969) 및 Spector(1997: 13-14)에서 참조 후 재작성.

13) 직무기술지표(JDI)의 장점 중 하나는 수많은 연구 결과를 통해 해당 척도에 대한 광범위한 규범적 자료(normative data)가 축적되었다는 점이다(Cook et al., 1981). 또한 직무기술지표를 통해 직무 만족에 대한 연구를 진행하게 되면 기존의 연구 결과와의 비교가 가능하다는 점도 장점으로 평가된다(Spector, 1997).

지 못할 때 "?"를 선택하게끔 함으로써 응답을 유도한다([표 7-3] 참조). 그러나 이와 같은 응답은 중립적인 평가로 해석되기보다는 부정적인 반응으로 해석된다는 점에서 비판을 받고 있다(Hanisch, 1992).

3) 미네소타 만족도 설문지

미네소타대학교 연구팀에 의해 개발된 미네소타 만족도 설문지(The Minnesota Satisfaction Questionnaire: MSQ)는 직무 만족과 관련된 20개 영역을 도출해서 설문지를 구성했다(Weiss et al., 1967).[14] MSQ는 각 영역을 측정하기 위해 5개씩의 측정 항목을 개발해서 100개의 측정 항목을 활용했지만, 20개의 측정 항목으로 구성된 축약형 설문지도 함께 개발했다(Weiss et al., 1967). MSQ는 직무 만족의 다양하고 구체적인 영역을 설문에 포함했다는 점에서 긍정적인 평가를 받고 있다. 즉, MSQ는 기존 연구에서 직무 만족의 영역으로 연구하지 못했던 능력 활용성(ability utilization)과 성취(achievement) 등을 포함한 점에서 긍정적인 평가를 받는다(김원형, 2011; Spector, 1997). 이에 덧붙여, MSQ는 구성원의 직무에 대한 감정 및 직무의 내적 측면 등을 측정하는 내재적 직무 만족(intrinsic satisfaction), 그리고 직무 및 직무환경 등에 대한 만족도를 측정하는 외재적 직무 만족(extrinsic satisfaction)으로 구성되었다는 점에서 기존 연구와의 차별화가 가능하다(Spector, 1997).

4) 직무진단조사

직무진단조사(The Job Diagnostic Survey: JDS)는 직무 특성(job characteristic)이 개인에게 미치는 영향을 연구하기 위해 개발되었다(Hackman & Oldham, 1975). 직무진단조사(JDS)는 하위 척도로 직무와 직무 과업, 동기부여, 성격, 심리적 상태, 그리고 직무에 대한 반응 등을 포함하고 있으며, 직무 만족은 직무에 대한 반응의 하위요인 중 하나로 구성된다(Spector, 1997). 직무진단조사는 직무 만족의 다양한 영역,

14) MSQ를 구성하고 있는 직무 만족의 영역은 다음과 같다(Weiss et al., 1967). 즉, 활동성, 독립성, 다양성, 사회적 지위, 감독(인간관계), 감독(기술적 측면), 도덕적 가치, 안정성, 사회 서비스, 권위, 능력 활용, 조직 내 정책과 관습, 보상, 승진, 책임성, 창조성, 업무조건, 동료, 인정, 그리고 성취 등이다.

즉 성장, 보수, 안정성, 사회성, 감독, 그리고 전반적인 직무 만족 등을 포함하기 때문에 단면적 직무만족척도로 구분된다(Spector, 1997). 직무진단조사의 영역과 측정 항목의 예시를 살펴보면 [표 7-4]와 같다.

표 7-4 직무진단조사(JDS)의 영역 및 측정 항목(예시)

영 역	측정 항목
성장	직무 수행을 통해 상당한 성취를 이뤘다고 생각한다.
보수	내가 수령하는 보수와 부가급여에 만족한다.
안정성	직무에 대한 안정성에 만족한다.
사회성	직무를 수행하는 과정에서 동료와의 관계에 만족한다.
감독	직장 상사로부터 존경과 공정한 대우를 받는다.
일반적 직무 만족	해당 직무를 수행하는 대부분의 구성원을 만족감을 나타낸다.

출처: Spector(1997: 17).

2. 전반적 직무만족척도

단면적 직무만족척도는 직무 만족의 특정한 영역을 구체적으로 측정할 수 있다는 점에서 긍정적인 평가를 받는다. 그러나 단면적 직무만족척도는 직무 만족의 구체적인 영역에 대한 만족의 정도만을 측정할 수 있다는 점에서 실무의 수요가 제한적으로 반영된다는 비판이 제기되고 있다(김원형, 2011). 이와 같은 문제를 해결하기 위해 구성원이 직무 또는 직무를 수행하는 과정에서 느끼는 만족도를 측정하기 위해 전반적 직무만족척도에 대한 관심이 증가하고 있다. 이하에서는 전반적 직무척도와 미시간 조직평가조사 하위 척도를 중심으로 논의를 진행한다.

1) 전반적 직무척도

전반적 직무척도(The Job in General Scale: JIG)는 전반적인 직무 만족을 측정하기 위해 개발되었으며, 직무기술지표(JDI)의 양식을 이용했다는 특징을 지닌다(Ironson et al., 1989). 즉, 전반적 직무척도(JIG)는 직무기술지표를 개발한 연구진에 의해 개발된 까닭에 두 개의 직무만족척도는 유사한 설문기법을 활용한다. 그러나 18개의 측정 항목으로 구성된 전반적 직무척도는 형용사나 짧은 문장을 통해 직무에 대한 전반적인 만족도를 측정하려 했다는 점에서 직무 만족의 특정 영역을 통해 직무 만족을 측정한 직무기술지표와 구분된다(Spector, 1997). 또한 전반적 직무척도를 옹호하는 기존 연구에서는 직무 만족이 특정 영역에 대한 측정 결과의 합산을 통해 측정되기보다는 직무 만족에 대한 전반적인 척도를 통해 측정하는 것이 더 유용하다는 주장을 제시했다(Ironson et al., 1989). 전반적 직무척도의 예시를 제시하면 [표 7-5]와 같다.

표 7-5 전반적 직무척도(JGI)의 측정 항목(예시)

당신의 직무를 전반적으로 생각하시오. 당신이 수행하고 있는 직무는 어떠한가요? 각 단어 혹은 문장 옆에 표시하시오.

_Y_ 당신의 직무에 대해 적절하게 기술한다면 "예(Y)"
_N_ 당신의 직무를 적절하게 기술하지 못한다면 "아니오(N)"
_?_ 결정하기 어렵다면 "?"

현재의 전반적인 직무
____ 바람직하지 않음.
____ 좋음.
____ 형편없음.

출처: Ironson et al.(1998) 및 Spector(1997: 18)에서 참조 후 재작성.

2) 미시간 조직평가조사 하위 척도(MOAQS)

미시간 조직평가조사 하위 척도(Michigan Organizational Assessment Questionnaire Subscale: MOAQS)는 직무 만족에 대한 전반적인 평가가 가능한 세 개의 측정 항목을 활용한다. 해당 직무만족척도를 구성하고 있는 세 개의 측정 항목은 7점 리커트 척도(Likert scale)를 통해 측정했으며, 해당 측정 항목 간 내적 일관성(internal consistency reliability)은 .77로 제시되었다(Cammann et al., 1979). MOAQS를 구성하고 있는 세 개의 측정 항목은 [표 7-6]에 제시했다.

표 7-6 미시간 조직평가조사 하위 척도(MOAQS)의 측정 항목

1. 나는 내가 수행하는 직무에 만족한다.
2. 나는 내 직무를 좋아하지 않는다. (R)
3. 나는 현재의 직장에서 근무하는 것을 좋아한다.

출처: Spector(1997: 19).

제 4 절 직무 만족의 선행 요인

직무 자체 및 직무 수행 과정에서 조직구성원이 직무 만족에 영향을 미치는 요인은 다양하다. 따라서 어떤 요인이 구성원의 직무 만족 또는 직무 불만족을 유발하는지에 대한 논의는 직무 만족의 연구에서 기초적인 부분으로 이해할 수 있다. 기존 연구에서는 직무 만족에 영향을 미치는 요인을 다양한 관점에서 논의하지만, 가장 일반적으로는 두 개의 차원에서 논의한다(Dineen et al., 2007; Spector, 1997).[15] 즉, 외재적 요인으로는 직무환경 및 직무의 특성 등이 구성원의 직무 만족에 영향을 미칠 수 있으며,[16] 내부적 요인으로는 개인의 성격 · 특성 · 경험 등이 영향을 미칠 수 있다. 이하에서는 직무 만족에 영향을 주는 요인에 대해 논의한다.

1. 직무 만족에 영향을 주는 외재적 요인

직무 만족에 영향을 주는 외재적 요인으로는 직무 및 과업의 특성, 임금, 직무 스트레스, 그리고 역할에 대한 변수 등이 있다. 외재적 요인은 직무의 유용성과 도구적 기능에 관한 접근방법으로 설명할 수 있으며, 구체적으로는 경력 기회와 근무 조

15) 직무 만족에 영향을 미치는 요인으로 근무 여건, 사회적 영향요인, 개인의 성격, 가치관 등을 제시하기도 하며(김강희, 2016), 만족 요인과 불만족 요인으로 구분하기도 한다(Herzberg et al., 1959; Porter & Steers, 1973).

16) 직무 만족은 조직구성원이 직무를 수행하는 과정에서 조직의 내 · 외적 환경요인에 대한 긍정적인 감정을 의미하며, 이에 따라 직무 자체와 관련된 요소에서, 그리고 직무와 관련된 집단과의 관계에서 형성된다(송민혜, 2010).

건 등을 포함한다(Dineen et al., 2007). 즉, 직무 만족에 영향을 미치는 외재적 요인은 직무 수행의 결과에 따른 긍정적 · 부정적 측면을 강조함과 동시에, 과업 관련한 자원과 조직 내 규칙의 변화 등에 의해 발생한다(황춘호 · 김성훈, 2019; Weiss, 2002).[17] 이하에서는 대표적인 외재적 요인에 대해 논의한다.

1) 직무의 특성

직무 또는 직무의 수행 과정에서 발생하는 직무의 단조로움과 불만족 등은 직무재설계(job redesign)를 통해 흥미와 직무 만족을 높일 수 있다(Herzberg et al., 1959). 직무재설계는 구성원이 수행하고 있는 직무의 내용과 성질, 즉 직무 특성을 변경함으로써 구성원의 동기유발이 가능하다고 주장한다(Spector, 1997). 이와 같은 특성을 바탕으로, 해크먼과 올드햄(Hackman & Oldham, 1976)의 직무특성이론(job characteristics theory)은 구성원이 직무를 수행하면서 느끼는 내재적 만족에 따라 동기가 부여된다고 주장한다. 즉, 구성원이 직무를 수행하면서 즐겁거나 유의미하다고 느끼면 동기부여 및 성과의 향상이 가능하다고 전제한다(Hackman & Oldham, 1980). 따라서 직무특성이론은 핵심적인 직무 특성이 어떻게 구성원의 심리적 상태를 통해 직무 성과 및 만족, 동기부여, 그리고 이직 등에 영향을 미치는지에 대해 설명한다(Hackman & Oldham, 1976; 1980).

직무특성이론이 제시하고 있는 핵심적인 직무 특성의 차원은 기술 다양성, 과제 정체성, 과제 중요성, 자율성, 그리고 과제 피드백 등이다. 직무 특성의 차원에 대한 설명은 [표 7-7]에 정리했다(Hackman & Oldham, 1976, 1980; Robbins & Judge, 2011).

직무특성이론은 개인의 심리 상태(psychological state), 즉 작업의 의미에 대한 경험(experienced meaningfulness), 작업 결과에 대한 책임의 경험(experienced responsibility), 그리고 작업 활동의 실제 결과에 대한 지식(knowledge of results)을 통해 동기부여, 직무 성과 및 만족, 그리고 낮은 이직 등의 결과변수(outcomes)에 영향을 준다고 주장한다(Hackman & Oldham, 1976). 즉, 핵심 직무 특성 가운데 기술

17) 직무 만족에 영향을 미치는 외재적 요인에는 임금, 승진, 상사에 대한 만족, 복리후생, 성과급, 동료, 업무 절차, 의사소통, 직무 특성 등이 있다(Spector, 1985).

표 7-7 직무 특성의 차원

직무 특성의 차원	내 용
기능 다양성 (skill variety)	구성원이 다양한 능력과 기술을 사용할 수 있도록 직무가 다양한 활동을 필요로 하는 정도를 의미한다.
과업 정체성 (task identity)	직무가 과업의 전부와 부분의 완성을 필요로 하는 정도를 의미한다.
과업 중요성 (task significance)	직무가 타인의 인생이나 업무 등에 영향을 미치는 정도를 의미한다.
자율성 (autonomy)	직무가 구성원에게 해당 직무 수행에 필요한 여러 가지 절차와 내용 등을 결정하는 데 재량권을 주는 정도를 의미한다.
직무 피드백 (job feedback)	직무 수행이 구성원의 성과에 직접적이고 정확한 정보를 제공하는지 정도를 의미한다.

출처: Hackman & Oldham(1976); Robbins & Judge(2011); Spector(1997) 등을 참조 후 재작성.

다양성, 과업 정체성, 그리고 과업 중요성은 개인의 심리 상태인 '작업의 의미에 대한 경험'에 영향을 줌으로써 직무와 관련된 결과변수에 영향을 준다고 주장한다(Hackman & Oldham, 1978). 또한 핵심 직무 특성 중 자율성과 피드백은 각각 '경험에 대한 책임성'과 '결과에 대한 지식'이라는 개인의 심리 상태를 통해 결과변수에 영향을 준다고 주장한다(Hackman & Oldham, 1978).18) 마지막으로, 직무특성이론은 구성원 성장 욕구의 강도(Growth Need Strength: GNS)를 핵심 직무 특성과 결과 변수 간 관계를 강화(reinforcement)하는 조절변수로 제시했다. 즉, 성장 욕구의 강도는 자율성과 개인의 성장 등과 같은 상위 욕구에 대한 개인의 욕구 충족을 의미하며, 이에 따라서 성장 욕구의 정도가 강한 구성원일수록 직무 특성의 동기부여 효과가 강하게 발생한다고 주장한다(Spector, 1997).

직무특성이론은 도전적이고 복잡한 직무에 흥미가 높은 구성원일수록 직무 수행에 만족하고 높은 동기를 부여받는다고 주장한다(Hackman & Oldham, 1976). 또한 핵심 직무 특성은 직무 만족, 동기부여, 전반적인 만족도, 그리고 성장 만족도 등과

18) 직무특성이론은 다섯 개의 직무 특성 차원이 직무 수행에 대한 동기를 어떻게 부여하는지를 결정한다고 주장한다. 즉, 동기부여 잠재력 점수(Motivation Potential Score: MPS) 또는 직무점수(job score)는 직무의 복잡성 또는 범위를 결정하며, 점수가 높을수록 구성원의 동기와 직무 만족을 높인다고 주장한다(Hackman & Oldham, 1976; Spector, 1997). 해당 점수의 산식은 다음과 같다(Spector, 1997): MPS=[(기술 다양성+과업 정체성+과업 중요성)/3]×자율성×직무 피드백. 제5장 동기부여에서 자세히 설명하고 있다.

높은 상관관계 혹은 인과관계를 갖는 것으로 나타났다(Fried & Ferris, 1987; Lawler et al., 1973; Loher et al., 1985; Wall et al., 1990). 이와 같은 연구 결과 등을 중심으로, 기존 연구는 직무 특성이 도전적이거나 상위의 욕구와 관련될수록, 또는 권한과 책임의 동등성이 보장되는 직무일수록 직무 만족에 긍정적인 영향을 주는 선행 요인으로 논의하고 있다.

2) 임 금

임금 등을 포함한 금전적 보상 체계는 개인의 기본적인 욕구를 충족시킬 뿐만 아니라, 상위 욕구의 충족을 위한 기초적인 욕구 체계로 분류되기 때문에 욕구 충족의 중요한 수단으로 활용되고 있다(이인석, 2014; Robbins & Judge, 2011). 그러나 직무 만족과 임금 간 상관관계는 예상과는 달리 그렇게 높은 수준이 아니다. 즉, 기존 연구에서 임금과 성과급 등의 보상 체계는 직무 만족의 수준을 결정하는 요인이지만, 직무 만족에 직접적이고 강력한 영향을 주는 요인이 아니라는 주장이 제기되고 있다(박오수, 2014; Judge et al., 2010; Spector, 1985; 1997). 이와 같은 임금-직무 만족 간 관계가 상대적으로 약한 인과관계 및 상관관계이지만, 동기-위생요인의 주장과 같이 임금은 위생요인 또는 불만족 요인으로 직무 불만족을 예방하는 효과가 있다(박오수, 2014; Herzberg, 1966).

임금이 직무 만족에 미치는 영향력은 제한적이지만, 임금의 공정성(pay fairness)이 직무 만족에 미치는 영향력이 상대적으로 큰 것으로 나타났다(Spector, 1997). 즉, 구성원은 자신과 동일한 수준의 업무를 수행하는 여타의 구성원이 자기보다 더 많은 임금을 받는다면 직무에 대한 만족도가 낮다고 보고했다(Rice et al., 1990). 이에 덧붙여, 구성원은 임금의 차이보다 임금 정책의 절차적 정당성을 확보했는지에 따라서 직무 만족의 수준이 결정되는 것으로 나타났다(Spector, 1997). 즉, 직무 만족에 더 큰 영향을 미치는 요인은 임금의 수준보다 임금 결정의 공정하고 정의로운 절차인 것으로 나타났다(Spector, 1997).

3) 직무 스트레스

스트레스는 자극, 반응, 그리고 자극-반응의 개념을 통해 정의된다. 즉, 자극 정의는 스트레스를 개인에게 작용하는 부정적인 환경의 특성 또는 힘으로 정의하는 반면, 반응 정의는 스트레스를 긴장감과 불편함 등을 유발하는 특정 요구·자극·업무조건에 대한 반응으로 정의한다(Hellriegel & Slocumm, 1986; Jex & Britt, 2008; Selye, 1976). 또한, 자극-반응 정의는 환경과 개인 간 관계가 부정적일 때, 혹은 과업 및 환경 등의 요구가 개인의 능력 범위를 벗어날 때 발생하는 반응으로 스트레스를 정의한다(김호섭 외, 2011).

직무 스트레스(job stress)는 조직구성원이 직무의 특성, 직무조건, 그리고 직무 및 업무환경 등에서 느끼는 부정적인 반응을 유발하는 스트레스원(stressor)을 의미한다. 기존 연구에서는 구성원이 자신의 직무를 수행하는 과정에서 부정적인 감정이나 기분 등을 의미하는 직무 스트레스를 경험한다는 연구 결과를 발표했다(Warr & Payne, 1983). 즉, 직무 스트레스를 경험한 구성원은 우울감과 불안한 감정, 그리고 신체 건강 등에 부정적인 감정적·정서적 반응을 나타내는 것으로 연구 결과가 제시되었다(Cooper & Cartwright, 1994; Spector et al., 1988). 젝스와 비어(Jex & Beehr, 1991)는 스트레인(strain)을 행동 반응, 신체적 반응, 그리고 심리적 반응으로 구분했으며, 직무 불만족은 가장 빈번하게 연구되는 심리적 반응 중 하나라고 주장했다(Spector, 1997).[19] 따라서 직무 스트레스는 궁극적으로 구성원의 직무 불만족을 발생케 하는 요인으로 평가한다(Spector, 1997).

4) 역할 변수

캐츠와 칸(Katz & Kahn, 1978)은 구성원-직무 간 상호관계를 이해하는 방법으로 역할(role)의 중요성을 주장했다. 역할은 조직 내 구성원에게 기대 및 요구되는 일련의 행동 유형을 의미하며, 이에 따라서 역할을 통해 개인의 행동을 예측할 수 있다는

---

19) 스트레인(strain)은 개인이 스트레스원(stressor)에 반응해서 나타날 수 있는 비적응적인 방식을 의미한다(Jex & Beehr, 1991; Jex & Britt, 2008). 젝스와 비어(Jex & Beehr, 1991)는 스트레인의 유형으로 이직 등의 행동 반응(behavioral reaction), 혈압 상승 등의 신체적 반응(physical reaction), 혼란스러움 등의 심리적 반응(psychological reaction) 등을 제시했다.

점에서 중요성을 지닌다(Jex & Britt, 2008). 또한 개인은 단일의 역할만을 수행하기보다는 다중 역할을 요구받고 수행하는 특징도 지닌다(Spector, 1997). 산업・조직심리학에서 논의하는 조직 역할(organizational role)은 직무와 관련된 직위 또는 직책 등과 연결되는 개념으로 이해된다(Spector, 1997).

역할이론은 역할 모호성, 역할 갈등, 그리고 역할 과부하 등의 변수가 직무 만족에 영향을 준다고 주장한다. 역할과 관련된 주요 변수를 살펴보면 다음과 같다.

첫째, 역할 모호성(role ambiguity)은 구성원이 직무와 관련된 기능과 책임 등을 명확하게 인지하지 못하는 정도를 의미한다(Spector, 1997). 따라서 역할 모호성은 상사가 부하 직원에게 수행해야 할 역할을 명확하게 제시하지 못했거나, 또는 역할과 관련된 분명하고 일관된 정보를 제공하지 않을 때 발생한다(Jex & Britt, 2008; Kahn et al., 1964).

둘째, 역할 갈등(role conflict)은 구성원이 직무의 기능과 책임 등에 대해 양립하지 못하는 요구를 동시에 받을 때 발생한다(Kahn et al., 1964; King & King, 1990; Spector, 1997). 즉, 역할 갈등은 조직 내 다른 구성원이 전혀 다른 역할을 기대할 때, 혹은 업무와 일상 생활에서 요구하는 역할 및 가치 등이 충돌할 때 발생한다.[20]

셋째, 역할 과부하(role overload)는 특정한 시간 및 기간 내에 구성원이 직무를 수행할 수 있는 적절한 업무량보다 더 많은 것을 요구함으로써 업무 요구가 지나치다고 생각할 때 발생한다(Jex & Britt, 2008; Jones et al., 1995). 양적(quantitative) 역할 과부하는 직무의 분량이 단순히 증대될 때 발생하는 반면, 질적(qualitative) 역할 과부하는 구성원이 가지고 있는 능력과 기술 등에 비해 요구하는 직무 수행의 수준이 높아질 때 발생하는 특징을 지닌다(Jex & Britt, 2008).

조직구성원의 역할과 관련된 변수는 대체로 직무 만족에 부정적인 영향을 미치는 것으로 나타났다. 즉, 기존 연구에서는 역할 모호성, 역할 갈등, 그리고 역할 과부하는 직무 만족과 부정적인 상관관계를 각각 갖는 것으로 나타났다(Jackson & Schuler, 1985; Spector & Jex, 1998). 따라서 구성원의 직무 만족을 높이기 위해서는 조직 내 구성원의 역할과 관련된 다양한 변수에 대한 고려가 필요하다고 할 수 있다(Spector,

20) 일-가정 갈등(work family conflict)은 업무(work)와 비업무(non-work) 사이에서 발생하는 대표적인 역할 갈등으로 이해할 수 있다. 기존 연구에서는 일-가정 갈등을 겪는 구성원은 대체로 직무 만족이 낮은 것으로 보고되었다(Lewis & Cooper, 1987; Rice et al., 1992).

1997).

5) 기타 요인

기존 문헌에서는 조직의 제약 요인, 요구와 통제, 그리고 근무 형태 등이 구성원의 직무 만족에 영향을 미치는 요인으로 연구되고 있다(Spector, 1997).

첫째, 조직의 제약 요인(organizational constraints), 즉 직무 관련 정보, 도구와 장비, 재료와 공급, 예산 지원, 요구된 서비스와 타인으로부터의 도움, 과업 준비, 시간 가용성, 그리고 업무환경 등과 같이 직무환경의 여러 조건이 개인의 직무 성과에 늘 긍정적인 영향을 미치지 않는 것으로 나타났다(Peters & O'Connor, 1980; Peters et al., 1980).[21] 물론 조직의 제한 요인은 개인의 직무 성과에 영향을 미치는 변수로 연구되었지만, 해당 요인은 구성원의 직무 불만족과도 깊은 연관성을 갖는 것으로 나타났다(Peters & O'Connor, 1980). 즉, 직무의 제약 요인과 직무 불만족은 연관성을 지니는 것으로 나타났다(Keenan & Newton, 1984; O'Connor et al., 1984; Spector et al., 1988). 특히 오코너(E. J. O'Connor)와 그의 동료들은 조직의 제약 요인이 동료, 임금, 승진, 감독, 그리고 직무 등과 같은 직무 만족의 다섯 가지 영역과 부정적인 상관관계가 있다는 연구 결과를 발표했다(O'Connor et al., 1982).

둘째, 요구-통제모형(Demand/Control Model)은 통제와 직무 스트레스원(stressor) 간 상호작용이 직무 불만족 등을 포함하는 직무 스트레인(strain)에 부정적인 영향력을 행사한다고 가정한다(Karasek, 1979). 요구-통제모형은 요구(demand)를 직무 스트레인을 유발하는 스트레스원으로 이해하는 한편, 통제(control)는 이와 같은 요구의 효과를 감소시키는 완충재(buffer)로 이해한다. 따라서 해당 모형은 통제를 강화함으로써 요구의 부정적인 효과가 감소하는 반면, 낮은 수준의 통제와 높은 수준의 업무 과부하는 구성원의 직무 불만족을 높인다고 주장했다(Karasek, 1979). 즉, 조직에서 통제 또는 직무 결정 재량권(job decision latitude)의 수준이 낮게 허용될 때, 구

21) 피터스(L. H. Peters)와 오코너(E. J. O'Connor)는 조직의 제약 요인을 11개 범주로 좀 더 구체화한 연구 결과를 발표했다. 즉, 조직의 제약 요인은 직무 관련 정보, 예산 지원, 요구되는 지원, 시간과 자원, 타인으로부터의 지원, 과제의 준비, 시간의 가용, 업무환경, 일정, 교통, 그리고 직무와 관련된 권위 등으로 분류했다(Peters & O'Connor, 1988).

성원의 직무 만족은 낮아진다고 주장한다.

셋째, 구성원이 채택한 근무 형태에 따라서 직무 만족에 영향을 주는지도 주요한 연구의 주제다(Spector, 1997). 즉, 기존 연구에서는 비정규적 근무 형태인 유연근무제, 초과근무제, 야간근무제, 그리고 비상근(part-time) 근무제 등이 직무 만족에 영향을 미치는지 연구했다. 각 근무 형태에 따른 직무 만족과의 연관성은 다음과 같다. 유연근무를 시행하고 있는 구성원은 대체로 직무 만족의 정도가 높은 것으로 나타났지만(Pierce & Newstrom, 1982), 몇몇 연구에서는 두 변수 간 연관성이 없는 것으로 나타났다(Krausz & Freibach, 1983; Spector, 1997). 이에 비해, 초과근무제와 직무 만족 간 관계는 긍정적인 것으로 나타났다. 비록 초과시간 근무제를 채택한 구성원은 피로감 등에 노출되지만, 초과수당 등의 유인 체계 등으로 인해 직무 만족의 정도가 대체로 높게 나타났다(Ronen & Primps, 1981). 야간근무의 경우, 야간근무-직무 만족 간 연관성은 낮은 것으로 나타났다. 즉, 야간근무 자체가 직무 만족에 부정적인 영향을 미치기보다는 주간-야간근무의 순환이 구성원의 직무 만족에 부정적인 영향을 주는 것으로 나타났다(Barton & Folkard, 1991; Jamal & Baba, 1992). 마지막으로, 비상근 근무제로 채용된 구성원의 직무 만족은 대체로 낮을 것으로 예상한다. 그러나 기존 연구에서는 비상근 근무자의 직무 만족도가 상근(full-time) 근무자의 직무 만족에 비해 낮지 않다는 연구 결과를 발표했다(Eberhardt & Shani, 1984; Jackofsky & Peters, 1987).

2. 직무 만족에 영향을 주는 내재적 요인

1980년대 이후부터는 직무 만족에 영향을 주는 내재적 요인에 관한 관심이 증가했다. 즉, 개인의 내적 요인도 직무를 좋아하거나 싫어하는 데 영향을 미치는 요인이라는 주장이 제기되었다(Arvey et al., 1989; Schneider & Dachler, 1978). 내재적 요인은 직무 수행 과정에서 조직구성원의 심리적·정서적 측면의 만족감을 의미하고, 해당 요인은 구성원의 성장 등에 영향을 미친다(황춘호·김성훈, 2019). 또한 해당 요인은 구성원이 조직에서 느끼는 소속감, 동료 및 상사와의 관계에서 발생하는 긍정적인 상호작용, 친숙함 등과 관련된다(Dineen et al., 2007). 이하에서는 개인 수준에서 직무 만족에 영향을 미치는 요인인 성격과 개인-직무 간 적합도(person-job fit) 등을 논의한다.

1) 개인의 성격

통제의 위치와 부정적 정서 등은 직무 만족에 영향을 주는 개인의 성격변수로 연구되고 있다. 이하에서는 두 개의 성격변수와 직무 만족 간 관계에 대해 논의한다.

첫째, 개인의 인식변수(cognitive variable)인 통제 위치(locus of control)는 개인이 긍정적 혹은 부정적 강화물(reinforcement)을 스스로 통제할 수 있는지에 대한 신념으로서 성격의 개인차(individual difference)를 의미한다(Rotter, 1966). 즉, 내적 통제 위치에 있는 개인(an internal)은 강화물에 대한 자신의 통제력이 크다고 생각하는 반면, 외적 통제 위치에 있는 개인(an external)은 강화물에 대한 통제력이 약하다고 생각한다. 따라서 외적 통제성을 가진 개인은 삶이 자신의 의지 등과 같은 강화물에 의해서 결정되기보다는 운명 등과 같은 외재적 요인에 의해 결정된다고 믿는 특성을 보인다(Spector, 1997). 개인의 성격 차이와 직무 만족 간 관계를 연구한 기존 문헌에서는 내적 통제성이 강한 개인일수록 자신의 직무에 대한 만족도가 상대적으로 높다는 연구 결과가 발표되었다(Spector, 1982; Staw et al., 1986; Waddell, 1983). 즉, 기존 연구에서는 내적 통제성이 강한 구성원이 외적 통제성이 강한 개인에 비해 직무 수행 결과 등이 높으며, 이에 따라서 개인의 성격은 직무 만족에 영향을 주는 요인이라고 주장한다.

둘째, 부정적 정서(negative affectivity) 또는 부정적 감정 상태 등도 직무 만족에 영향을 주는 개인의 성격 요인 중 하나로 평가된다(Spector, 1997). 부정적 정서는 공포감과 우울증 등과 같은 부정적 감정을 경험한 개인의 상태를 나타내는 성격변수로 이해할 수 있다. 따라서 부정적 정서가 높은 구성원일수록 직무 불만족의 정도가 높은 것으로 나타났다(Brief et al., 1988; Schaubroeck et al., 1994; Watson et al., 1986). 즉, 부정적 정서가 높은 구성원은 자신이 속한 직무환경을 부정적으로 해석하며, 이에 따라서 궁극적으로 직무 불만족을 경험할 가능성이 높다(Moyle, 1995).

2) 개인–직무 간 적합도

개인–직무 간 적합도는 개인의 능력과 흥미, 그리고 기술 등이 특정 직무가 필요로 하는 요구와 어느 정도 조화로운지를 측정할 때 활용되는 개념이다(Lauver & Kristof–Brown, 2001). 기존 연구에서는 개인의 특성과 직무의 특성 간 연계성에 관심을 기울이지 않았지만, 개인이 직무의 유형 및 특성 등에 따라서 직무를 다르게 수행한다는 점에 주목하면서 개인–직무 간 상호작용에 관심을 기울이기 시작했다(Spector, 1997). 즉, 개인–직무 간 적합도가 높다고 인지한 구성원의 직무 만족도는 개인–직무 특성 간 차이가 크다고 느낀 구성원의 만족도보다 높은 것으로 나타났다(Edwards, 1991).

제 5 절 직무 만족의 결과

직무 만족에 관한 연구뿐만 아니라, 직무 만족과 결과변수와의 관계에 관한 연구는 산업·조직심리학 분야에서 흥미로운 연구 주제로 평가받고 있다(Jex & Britt, 2008). 직무 만족의 결과변수로는 직무 성과와 이직률 등의 업무변수로부터 건강 등의 비업무변수에 이르기까지 다양하다(Spector, 1997). 이하에서는 직무 만족의 일반적인 결과물로 이해할 수 있는 직무 성과, 조직시민행동, 이직률, 그리고 결근 등을 중심으로 논의한다.

직무를 수행하면서 긍정적인 감정과 행복감 등을 느끼는 구성원은 일반적으로 생산적인 구성원이 될 가능성이 높다(Robbins & Judge, 2011; Spector, 1997). 따라서 직무 성과를 높이기 위해서는 구성원의 직무에 대한 만족도를 높이는 한편, 불만족 요인 등을 제거할 필요가 있다는 논의가 지속해서 제기되어 왔다. 그러나 직무 만족과 직무 성과 간 관계는 일반적인 예상과는 달리 큰 연관성을 갖지 못하는 것으로 나타났다(Iaffaldano & Muchinsky, 1985; Petty et al., 1984). 즉, 직무 만족과 직무 성과 간 관계의 연구 결과에 대한 메타분석 결과, 두 변수 간 상관관계가 예상보다 높지 않은 것으로 나타났다.[22] 이에 덧붙여, 기존 문헌에서는 직무 만족–직무 성과 간

인과관계의 방향성에 대한 논란도 지속하고 있다(Spector, 1997). 일반적으로 직무 만족이 높은 구성원은 직무 성과도 높을 것이라는 인과관계가 주장되지만, 직무 성과가 높은 구성원은 직무 만족도 높을 수 있다는 연구 결과가 발표되면서 직무 성과가 직무 만족의 결과변수인가에 관한 논란도 제기되고 있다(Caldwell & O'Reilly, 1990; Jacob & Solomon, 1977).

조직시민행동(organizational citizenship behavior: OCB)은 조직의 공식적인 직무 기술서 및 역할 등에서 요구하는 행동이 아닌 자발적 · 자유재량적 행동을 의미한다(Katz & Kahn, 1978). 즉, 조직시민행동은 타인을 도와주거나 조직 활동에 적극적으로 참여하는 개인의 친사회적 · 자발적 성향임과 동시에, 공식적인 보상 체계와 관련이 없는 양심적 · 헌신적 행동이기 때문에 직무 성과와 구분되는 특징을 지닌다(Organ, 1988; Williams & Anderson, 1991). 직무 만족과 조직시민행동 간 관계의 경우, 기존 연구에서는 직무 만족이 조직시민행동을 높이는 원인변수의 역할을 수행하거나(Schnake, 1991), 또는 두 변수 사이에는 높은 상관관계가 나타난다는 연구 결과가 제시되었다(Becker & Billings, 1993). 특히 오건과 라이언(Organ & Ryan, 1995)의 메타분석에서 조직시민행동을 구성하고 있는 두 개의 하위변수인 이타 행동(helping)과 순응 행동(compliance)은 직무 만족과 각각 0.24와 0.22의 상관관계를 갖는 것으로 나타났다.

결근(absence)은 노동비용을 증가시킴으로써 조직의 효과성과 효율성을 감소시키는 특징을 지닌다(Spector, 1997). 조직 내 직무 만족과 결근 간 관계를 연구할 때, 대부분의 연구에서는 직무에 만족하는 구성원일수록 결근의 확률 등이 낮지만, 직무에 대한 선호도가 떨어지는 구성원은 결근의 횟수가 많다고 가정한다(Robbins & Judge, 2011; Steers & Rhodes, 1978). 그러나 직무 만족-결근 간 관계가 늘 부정적이지 않다는 연구 결과도 발표되고 있다(Spector, 1997). 즉, 직무 만족과 결근 간 부정적인 상관관계의 정도가 매우 미약하다는 연구 결과가 발표됨으로써 기존 연구의

22) 두 편의 메타분석 결과, 직무 만족과 전반적인 직무 성과 간 평균 상관관계는 0.25인 것으로 나타났다(Iaffaldano & Muchinsky, 1985; Petty et al., 1984). 이아팔다노와 머친스키(Iaffaldano & Muchinsky, 1985)는 직무 만족의 각 영역과 직무 성과 간 메타분석을 실시한 결과, 급여 만족 및 업무 만족의 본질과 직무 성과 간 상관관계가 각각 0.054와 0.196인 것으로 나타났다. 그러나 최근의 메타분석에서는 직무 만족과 직무 성과 간 높은 상관성이 나타나고 있음을 발견했다(Judge et al., 2001).

가정을 비판하고 있다(Farrell & Stamm, 1988; Hackett & Guion, 1985). 이와 같은 연구 결과에 대해서 퀼러와 매튜(Kohler & Mathieu, 1993)는 결근을 유발하는 원인이 너무 다양하므로 직무 만족과의 관계를 해석하는 데 유의해야 한다고 주장한다. 즉, 구성원의 결근은 직무 불만족에서 유발할 수 있을 뿐만 아니라, 질병과 피로, 그리고 단순히 직장에 가기 싫다는 생각 등에서도 원인을 찾을 수 있다고 주장한다. 따라서 직무 불만족의 결과로서 결근을 예상할 수도 있지만, 양육 등의 여타 변수에 의해서도 결근이 발생할 수 있다는 점을 고려할 필요가 있다(Goff et al., 1990).

이직률(turnover)은 구성원의 직무 불만족과 연계된다고 주장한다(Bluedorn, 1982). 즉, 자신의 직무에 만족을 느끼지 못하는 구성원은 지속해서 다른 직장을 구하려는 노력을 기울이기 때문에 직무 만족과 이직률 또는 직장을 그만두고자 하는 의도 간 상관관계는 높게 나타났을 뿐만 아니라, 직무 불만족이 이직률의 원인변수라는 연구 결과도 발표되었다(Blau, 1993; Hulin et al., 1985; Mobley et al., 1979). 이에 덧붙여, 직무 만족과 이직률 간 메타분석의 결과도 부정적인 것으로 나타났다(Tett & Meyer, 1993).

제 6 절 직무 만족의 활용

직무 만족은 중요한가? 직무 만족은 직무 그 자체, 또는 직무 수행 과정에서 조직구성원이 느끼는 정서적 상태, 감정, 또는 태도 등을 의미한다. 따라서 직무 만족은 조직구성원이 업무 경험을 통해 느끼는 긍정적 또는 부정적 감정의 상태, 또는 직무를 대하는 조직구성원의 일반적인 태도이며, 직무와 관련한 감정적 상태 등으로 정의할 수 있다(Locke, 1976; Porter & Steers, 1973). 직무 만족은 조직의 성과와 반생산적 조직 행동에 일정한 영향을 줄 수 있으므로 관리의 필요성이 지속해서 제기되고 있다. 그렇다면 조직의 관리자는 조직구성원의 직무 만족을 높이기 위해 다양한 관리기법을 적용할 수 있을까? 그리고 조직구성원의 개인적인 정서적 상태와 태도인 직무 만족에 관리자가 개입하는 것은 적절한 것일까?

직무 만족은 조직구성원의 감정적 · 심리적 상태, 그리고 태도와 관련되기 때문에 조직의 외재적 · 내재적 요인에 의해 영향을 받는다. 직무 만족에 영향을 주는 다양한 요인 중, 외재적 요인은 조직의 관리자에 의해 어느 정도 관리가 가능하다. 예를 들어, 임금의 공정성을 확보하기 위해 성과 관리 체계를 체계적으로 확립할 뿐 아니라 절차적 공정성과 정당성을 확보한다면 조직구성원의 직무 만족을 관리할 수 있다. 또한 조직구성원이 직무를 수행하는 과정에서 발생하는 역할 모호성은 업무 지시 등을 명확하게 제시하는 등의 노력을 통해 직무 만족을 높일 수 있다. 또한 조직의 운영 과정과 동료와의 협업 체계 등을 변경함으로써 구성원의 정서와 감정 상태 등에 긍정적인 영향을 줄 수 있다.

이에 비해, 내재적 요인인 성격은 개인의 태생적 · 유전적 특성 등, 내적 특성과 환경적 요인 등에 의해 결정되기 때문에 관리자가 개입할 수 있는 여지는 상대적으로 적다. 그러나 조직구성원의 통제 위치(locus of control)에 따라 적합한 직무를 부여하거나, 또는 개인-직무의 적합도 등을 높이려는 노력을 통해 내재적 요인에 대한 관리도 어느 정도 가능할 것으로 기대한다.

직무 만족은 직무 성과와 조직 몰입 등을 높이는 선행 요인(antecedents)이기 때문에 조직 또는 관리자는 구성원의 직무 만족을 높이기 위한 노력은 불가피하다. 직무 만족은 조직 몰입에 강한 긍정적 효과를 미친다는 연구 결과가 제시되고 있다. 즉, 직무 만족이 높은 사람일수록 정서적 몰입과 규범적 몰입이 높아서 구성원의 높은 직무 만족은 중요한 요인으로 평가받는다. 또한 직무 만족이 높은 구성원은 직무 성과와 조직시민행동에 긍정적인 영향을 미칠 뿐만 아니라, 반생산적 조직 행동이 낮추는 것으로 나타났다. 따라서 조직의 관리자는 구성원의 직무 만족이 조직의 결과에 일정한 영향을 미친다는 점을 고려한다면 더욱 적극적으로 구성원의 직무 만족을 높이려는 노력이 필요하다고 판단한다. 다만, 조직구성원의 직무 만족은 전반적으로 만족의 정도가 높다 하더라도 특정 시점에는 만족의 정도가 낮아질 수 있는 등, 개인의 내적 특성, 동료와의 관계, 그리고 직무 수행의 결과와 직무환경 등에 의해 직 · 간접적으로 영향을 받는다는 점에서 구조적인 문제와 단기적으로 해결이 가능한 문제 등을 구분해서 접근할 필요가 있다. 또한 관리자와 조직이 활용할 수 있는 재원과 대안 등을 고려해서 직무 만족의 정도가 낮은 구성원에게 '맞춤형' 대안을 제공할 필요가 있다. 이에 덧붙여, 조직의 관리자는 직무 만족과 관련한 다양한 측정 도구를 조직 및 구성원 관리에 활용할 필요가 있다.

직무 만족의 중요성에 대해 인식하고 있지만, 조직구성원은 어떤 이유와 요인 때문에 직무 만족의 정도가 높고 낮은지를 체계적으로 파악하는 노력은 상대적으로 미흡한 것이 현실이다. 직무 만족을 측정하는 다양한 측정 도구를 활용해서 조직구성원의 직무에 대한 만족을 측정하거나, 또는 어떤 요인이 직무 만족의 정도를 낮추는지 등을 체계적으로 분석한다면 조직을 관리하는 데 있어 기초 자료로 활용할 수 있으리라 기대한다.

공공 부문의 직무 만족 및 불만족 요인

정부의 A부처 B기획조정실장은 지난 1월에 전 직원을 대상으로 직무 만족 및 직무 불만족 요인에 대한 설문조사를 진행했다. 기획조정실장은 부처 내 직무 불만족 요인을 방치할 경우, 구성원의 이탈(exit) 또는 방관(neglect)이 심화함에 따라서 궁극적으로 개인 및 조직 성과에 부정적인 영향을 미칠 수 있다고 판단했다. 이에 비해 직무 만족이 높을수록 구성원의 충성(loyalty)과 주장(voice) 등이 긍정적으로 작용할 것으로 기획조정실장은 판단하고 있다. 설문을 분석한 결과, A부처의 직원이 느끼는 직무 불만족에 영향을 주는 요인으로는 직무 스트레스(30%), 임금(25%), 승진(27%), 직무 자체(10%), 상사 및 동료 관계(7%), 그리고 기타(1%) 등으로 나타났다. 이에 비해, 직무 만족에 영향을 미치는 요인으로는 직무 자체(30%), 급여(20%), 승진(15%), 상사 및 동료 관계(18%), 공공봉사동기(15%), 그리고 기타(2%) 등으로 보고되었다.

[질문 1] 구성원의 직무 만족과 직무 불만족은 개인의 이탈, 방관, 충성, 그리고 주장 등에 실제적인 영향을 미치는 요인일까?

[질문 2] 기획조정실장이 직무 불만족 요인을 감소시기기 위해 취할 수 있는 조치는 무엇이 있는가? 또한, 해당 과정에서 기획조정실장의 역할에 제한적일 수밖에 없다면 그 이유는 무엇일까?

[질문 3] 직무 불만족 요인 중 가장 높게 평가된 직무 스트레스를 줄이는 현실적인 방안에는 무엇이 있는가? 그리고 직무 만족 요인에서 공공서비스 동기가 비교적 낮은 순위에 위치한 이유는 무엇인가?

Chapter 08

스트레스와 소진, 그리고 이직

조직구성원들은 어떤 경우에 조직을 떠날까? 조직구성원들의 이직(turnover)에 영향을 주는 요인은 다양하게 논의될 수 있으나 이 장에서는 조직구성원들이 인식하는 스트레스(stress)와 소진(burnout)이 어떻게 그들의 이직에 영향을 미치는가를 살펴보고자 한다. 이직은 실제 발생하는 이직과 이직 의도(turnover intention)로 나누어 살펴볼 수 있다. 그러나 이 연구가 공공부문에 초점을 맞추고 있기 때문에 실제 발생하는 이직보다는 이직 의도가 더 적절한 논의의 대상이 될 수 있을 것이다. 그리고 스트레스와 소진은 일반인이 인식하는 스트레스와 소진이 아니라 조직구성원들이 직무와 관련하여 인식하는 직무 스트레스(job stress)와 직무 소진(job burnout)을 중점적으로 다루도록 한다. 따라서 다음에서는 조직구성원들의 직무 스트레스, 직무 소진, 이직 의도 내용을 먼저 논의하고, 직무 스트레스와 직무 소진이 이직 의도에 미치는 영향을 살펴보고자 한다.

제 1 절 직무 스트레스

1. 직무 스트레스의 개념

일반적으로 스트레스는 ① 자극으로서의 스트레스, ② 반응으로서의 스트레스, ③ 자극-반응 상호작용으로서의 스트레스와 같이 세 가지로 구분될 수 있다(장철영·권영주, 2006: 158). 첫째, '자극으로서의 스트레스'는 힘 또는 자극으로 인하여 파괴적으로 개인에게 작용하는 스트레스를 의미한다. 둘째, '반응으로서 스트레스'는 외부 환경적 요인에 의해서 스트레스가 발생하는 것이다. 신체적·심리적 반응으로 스트레스가 발생된다. 셋째, '자극-반응 상호작용으로서의 스트레스'는 스트레스가 단순히 외부 환경의 자극에 의해서 발생되는 것이 아니라 개인이 외부 환경 자극에 반응함으로써 발생하는 것으로 본다. 이러한 반응은 개인의 심리적 조절 과정을 통해서 스트레스를 유발시킨다.

이러한 스트레스 원인이 직무와 관련하여 발생할 때 조직구성원들에게 직무 스트레스가 발생한다고 본다. 조직구성원들은 직무와 관련된 다양한 원인에 의해 스트레스를 경험한다. 이러한 관점에서 직무 스트레스를 "직무와 관련하여 조직 내에서 상호작용하는 과정에서 조직의 목표와 개인의 욕구 사이에 불균형이 생길 때 발생하는 스트레스"라고 정의내릴 수 있다(한국기업교육학회, 2010). 즉, 직무 스트레스는 조직구성원들이 근무하는 조직에서 요구되는 직무 요건과 그들의 능력, 역량, 자원, 바램 등에 불일치 현상이 발생할 때 일어나는 부정적인 신체적·정서적 반응이라고 할 수 있다.

2. 직무 스트레스의 원인

직무 스트레스의 주요 원인은 외부 환경, 조직, 개인 차원에서 살펴볼 수 있다. 따라서 이 장에서는 외부 환경으로부터 발생하는 직무 스트레스의 원인변수, 조직과 직무와 관련된 직무 스트레스 원인변수, 개인의 욕구 불만족으로 발생하는 직무 스

그림 8-1 직무 스트레스의 원인 모형

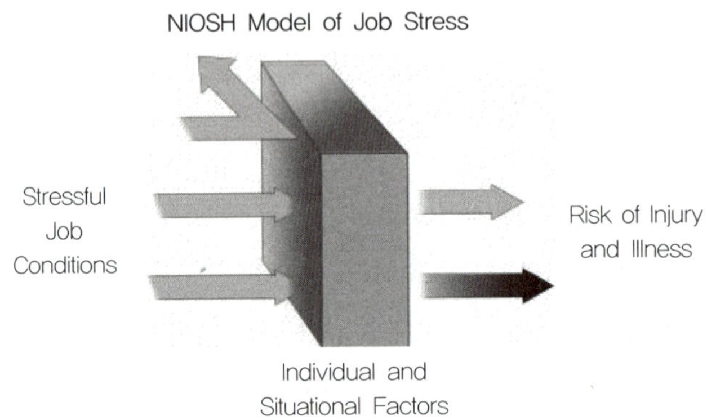

출처: http://www.cdc.gov/niosh/docs/99-101/

트레스 원인변수를 구분하여 논의하도록 한다. 이러한 세 가지 차원의 직무 스트레스 요인은 국립 직업안전위생연구소(National Institute for Occupational Safety and Health: NIOSH)에서 제시하는 [그림 8-1]의 모형과도 관련이 있다. 스트레스를 유발하는 직무환경 및 개인과 조직의 상황적 요인으로부터 조직구성원들은 직무 스트레스를 느끼는 데, 이러한 직무 스트레스가 심해지면 결국 부상과 질병의 위험 요인으로 작용할 수 있다는 것이다. 보다 구체적으로 다음에서는 직무 스트레스의 원인을 ① 조직 외부 환경 차원, ② 조직과 직무 차원, ③ 개인 욕구 불만족 차원에서 설명하도록 한다.

1) 조직 외부 환경으로 인한 직무 스트레스

조직구성원들의 직무 스트레스는 외부 환경과 관련되어 발생되기도 한다. 조직 외부 환경은 조직 상황 및 직무와 직접적인 관련성은 없지만 조직구성원들에게 직·간접적으로 영향을 미치기도 한다. 조직 외부 스트레스의 주요 요인으로는 고용 관련 경제지표(예: 실업률), 고용 관련 법적·정치적 환경(예: 노동개혁법) 등이 대표적으로 논의될 수 있다. 뿐만 아니라 직무와는 직접적인 관련성이 낮지만 가족관계를 비롯한 개인사적 요인도 직무 스트레스의 중요한 원인이 될 수 있다. 특히 개인 및 가족과 관련된 요인은 직무 스트레스의 주요한 요인이 된다. 예를 들어, 심각한 가족 갈등은 조직구성원들의 직무 수행 과정에 심각한 방해요소로 작용하여 결국 이는 중요한 직무 스트레스의 원인이 된다(Hurrell et al., 1988).

직무 스트레스에 영향을 미치는 조직 외부 환경 요인으로 사회적 지원(social support)과 같은 간접적 지원도 고려될 수 있다. 특히 사회적 지원은 장애인과 같이 사회적 배려와 고려가 필요한 조직구성원들의 직무 스트레스에 중요한 원인이 된다. 실제 장애인들의 직무 스트레스를 연구한 실증연구(예: 양지숙 외, 2011)에 따르면, 업무 수행 시 장애인에 대한 도움과 배려, 충분한 복리후생 수준 제공, 근로시간 조정 등의 사회적 지원이 있을 때 장애인들의 직무 스트레스가 현저히 낮아짐을 확인할 수 있었다.

2) 조직과 직무의 특성으로 인한 직무 스트레스

조직과 직무 차원의 변수들은 직무 스트레스에 영향을 미치는 가장 중요한 요인이 된다. 먼저, 조직 전반적 차원(예: 조직문화)에서 직무 스트레스의 원인들을 살펴보기로 한다. 조직문화가 어떻게 형성되느냐, 조직문화의 유형이 무엇인가에 따라서 조직구성원들이 인식하는 직무 스트레스는 달라진다. 보다 구체적으로, 조직문화와 직무 스트레스의 관계를 실증적으로 연구한 강종혁(2010)에 따르면, 관계 지향 문화에서는 가족적인 인간관계를 저해하는 요인에 의해서 직무 스트레스가 발생하였으며, 혁신문화에서는 구성원들의 혁신 동기부여를 좌절시키는 요인에 의해서 직무 스트레스가 발생하였다. 시장문화에서는 보상에 대한 객관성과 공정성이 확보되지 못할 때, 마지막으로 위계 지향적 조직문화에서는 조직 내에서 상급자, 하급자, 동료, 그리고 타 부서 동료들과의 관계가 좋지 않을 때 직무 스트레스가 증가하는 것으로 나타났다(강종혁, 2010: 161).

다음으로, 직무 특성과 관련해 직무 스트레스를 유발시키는 원인은 조직구성원의 능력(ability) 및 역량(capability)과 조직의 직무 요구(demand) 수준의 불일치(mismatch)로 나타났다(Hobfoll & Vaux, 1993). 첫째, 업무 과다(work overload)는 직무 스트레스의 주요 원인이 되었다. 조직구성원들이 처리할 수 있는 능력에 비해 양적으로 너무 많은 업무가 주어질 때, 촉박한 시간 내에 업무를 수행해야 하는 등 시간 제약이 있을 때, 구성원들의 능력과 역량에 비해 너무 높은 질적 수준의 업무를 달성해야 할 때 업무 과다로 인한 직무 스트레스가 발생하였다(옥원호 · 김석용, 2001).

둘째, 조직구성원의 역할(role)과 관련하여 직무 스트레스가 발생할 수 있다. 특히 역할 모호성(role ambiguity)과 역할 갈등(role conflict)은 직무 스트레스의 주요 원인이 된다(Kahn et al., 1964). 조직구성원들이 무엇을 해야 하는지 역할에 관한 충분한 정보가 주어지지 않을 때 역할의 불확실성은 높아지고, 불확실성을 제거하려는 인간의 습성 때문에 직무 스트레스는 더욱 증가한다는 것이다(Kahn, 1978). 또한 역할 갈등은 모순되는 역할에 대한 사람들의 상반된 기대로 인해 발생되는 것인데, 어느 한 쪽의 역할기대에 충실하면 다른 한 쪽의 역할기대를 충족시키지 못하기 때문에 역할 갈등이 발생하고, 이러한 역할 갈등은 조직구성원들의 중요한 직무 스트레스 원인이 된다(Kahn et al., 1964).

3) 개인의 욕구 불만족으로 인한 직무 스트레스

앞에서 제시한 '자극－반응의 상호작용' 관점에서 스트레스를 살펴본다면 직무 스트레스는 개인의 심리적 조절 과정, 특히 직무와 관련된 욕구 불만족 때문에 생성되는 것이다. 욕구 불만족과 관련된 직무 스트레스 원인은 머슬로(Maslow, 1943)의 욕구계층론으로 설명될 수 있다. 즉, 욕구와 욕구 충족 간의 불일치 때문에 직무 스트레스가 발생한다는 것이다(예: Male & May, 1997; Sutherland & Cooper, 1988; Traver & Cooper, 1996). 생리적 욕구, 안전 욕구, 사회적 욕구, 존중 욕구, 자아실현 욕구가 충분히 충족되지 않을 때 조직구성원들의 직무 스트레스는 크게 증가한다.

이러한 욕구 불만족 현상은 단순히 민간부문 종사자뿐만 아니라 공공부문 종사자들에게도 중요한 직무 스트레스 원인으로 작용된다. 생리적 욕구인 경제적 보상이 교사들에게 충분히 보장되지 않을 때, 이러한 경제적 욕구 불만족은 직무 스트레스의 주요한 원인이 되었다(Male & May, 1997). 안전 욕구와 관련하여 실직의 두려움이나 감원으로 인한 직업 불안정성은 조직구성원들에게 높은 직무 스트레스로 나타났다. 이러한 생리적 욕구와 안전 욕구로부터 발생하는 직무 스트레스는 소방관, 경찰과 같이 위험한 직무를 수행하는 공직자들에게 더욱 뚜렷하게 발생한다. 실제 경기도 내 소방공무원을 조사한 연구(김전수, 2015)에 의하면, 소방공무원의 직무 불규칙성, 위험성, 긴급성 등이 가장 중요한 직무 스트레스 원인으로 나타났다. 또한 불규칙한 식사로 인한 소화장애, 생활리듬 혼란, 비번 시 정상적인 휴식 곤란으로 발생하는 직무생활 불규칙성과 같은 생리적 욕구 불만족은 가장 높은 직무 스트레스의 원인이 되었다.

욕구 불만족으로 인한 직무 스트레스 증가는 욕구 하위 단계에서만 발생하는 것은 아니다. 조직구성원들에게 존중 욕구와 자아실현 욕구가 충분히 충족되지 못할 때 직무 스트레스는 더욱 강하게 발생될 수 있다. 조직구성원들이 타인 특히 다른 조직구성원들로부터 존경을 받지 못하거나, 자신의 잠재력을 적극적으로 발휘하여 자신을 개발할 수 있는 여건이 마련되지 못한다면, 조직구성원들은 욕구 불만족을 느끼게 되고 이로 인해 직무 스트레스는 증가하게 된다. 특히 공직에 대한 사회적 평판이나 명성이 예전보다 높지 않게 되면서 공직자들은 일할 의욕이 감퇴되는 등 높은 직무 스트레스를 경험하게 되었다(Hill, 1992). 또한 최근 공직자들의 부패와 무능력으로 인해 공직에서 근무하는 것이 예전보다 명예롭지 않게 인식되면서 공무원들의 직무 스트레스는 더욱 증가하고 있다. 특히 공직사회의 조직문화는 권위주의와 위계주의 문화 특성이 강하고, 계층제를 기초로 하고 있어 직무에 수행에 명령과 통일의 원칙을 적용받고 있어 공직자들의 자아실현 기회는 더욱 줄어들게 되었다. 이는 공직자들의 직무 스트레스 증가에 대한 주요 원인으로 작용하고 있다(장철영 · 권영주, 2006).

3. 직무 스트레스의 측정

직무 스트레스는 다양하게 측정될 수 있으나 이 장에서는 직무 스트레스를 측정하는 방법으로 파커와 데코티스(Parker & DeCotiis, 1983)의 측정도구를 소개하고자 한다. 또한 위험성 평가지원시스템(Korea Risk Assessment System)에서 만든 한국인의 직무 스트레스 측정도구를 제시하도록 한다.

1) 파커와 데코티스의 직무 스트레스 측정

파커와 데코티스(Parker & DeCotiis, 1983: 169)의 직무 스트레스 척도(Job Stress Scale)에 의하면, 15개의 직무 스트레스 문항을 요인 분석한 결과 13개의 항목이 의미 있게 분류되었는데, 이는 '시간 압력과 관련된 직무 스트레스(feelings of being under substantial time pressure)'와 '걱정과 관련된 직무 스트레스(job−related feelings of anxiety)'로 구분되었다. 구체적인 항목은 다음의 [표 8−1]과 같다.

표 8-1 직무 스트레스 설문 문항

구분	문항
시간 압력과 관련된 직무 스트레스	직장일로 인하여 가족과 보내는 시간을 충분히 할애하기 힘들다.
	나는 너무 많은 시간을 업무에 할당하여 창밖의 가로수를 볼 겨를이 없다.
	업무 때문에 다른 여가활동을 할 시간이 없다.
	나는 때때로 회사와 결혼했다고 느낄 때가 있다.
	내가 해야 할 일이 너무 많아 그것을 제때에 할 시간이 없다.
	나는 집으로 전화가 올 때 그것이 업무와 관련될까 봐 때론 놀란다.
	나는 업무를 종료할 수 없을 것 같이 느낀다.
	나와 비슷한 위치의 많은 직장 동료들이 직무 요구량 때문에 지친다.
걱정과 관련된 직무 스트레스	나는 직무로 인하여 불안감을 느낀다.
	나는 요구된 시간보다 더 많은 시간을 업무에 할애한다.
	나는 일로 인하여 화가 날 경우가 많다.
	나는 때때로 직무를 생각할 때 가슴이 답답함을 느낀다.
	나는 업무 중 휴식을 취할 때 죄책감을 느낀다.

출처: Parker & DeCotiis(1983: 169).

2) 한국인의 직무 스트레스 측정

다음으로 한국인의 직무 스트레스는 [표 8−2]에서 제시하는 바와 같이 측정해 볼 수 있을 것이다. 이는 위험성 평가지원시스템에서 제공하는 한국인 직무 스트레스 측정도구이다.

표 8-2 한국인 직무 스트레스 측정도구

구 분	내 용	전혀 그렇지 않다	그렇지 않다	그렇다	매우 그렇다
물리 환경	1. 근무 장소가 깨끗하고 쾌적하다.	4	3	2	1
	2. 내 일은 위험하며 사고를 당할 가능성이 있다.	1	2	3	4
	3. 내 업무는 불편한 자세로 오랫동안 일을 해야 한다.	1	2	3	4
직무 요구	4. 나는 일이 많아 항상 시간에 쫓기며 일한다.	1	2	3	4
	5. 현재 하던 일을 끝내기 전에 다른 일을 하도록 지시받는다.	1	2	3	4
	6. 업무량이 현저하게 증가하였다.	1	2	3	4
	7. 나는 동료나 부하 직원을 돌보고 책임져야 할 부담을 안고 있다.	1	2	3	4
	8. 내 업무는 장시간 동안 집중력이 요구된다.	1	2	3	4
	9. 업무 수행 중에 충분한 휴식(짬)이 주어진다.	4	3	2	1
	10. 일이 많아서 직장과 가정에 다 잘하기가 힘들다.	1	2	3	4
	11. 여러 가지 일을 동시에 해야 한다.	1	2	3	4
직무 자율	12. 내 업무는 창의력을 필요로 한다.	4	3	2	1
	13. 업무 관련 사항(업무의 일정, 업무량, 회의시간 등)이 예고 없이 갑작스럽게 정해지거나 바뀐다.	1	2	3	4
	14. 내 업무를 수행하기 위해서는 높은 수준의 기술이나 지식이 필요하다.	4	3	2	1
	15. 작업시간, 업무 수행 과정에서 나에게 결정할 권한이 주어지며 영향력을 행사할 수 있다.	4	3	2	1
	16. 나의 업무량과 작업스케줄을 스스로 조절할 수 있다.	4	3	2	1
관계 갈등	17. 나의 상사는 업무를 완료하는 데 도움을 준다.	4	3	2	1
	18. 나의 동료는 업무를 완료하는 데 도움을 준다.	4	3	2	1
	19. 직장에서 내가 힘들 때 내가 힘들다는 것을 알아주고 이해해 주는 사람이 있다.	4	3	2	1
	20. 직장생활의 고충을 함께 나눌 동료가 있다.	4	3	2	1
직무 불안정	21. 지금의 직장을 옮겨도 나에게 적합한 새로운 일을 쉽게 찾을 수 있다.	4	3	2	1
	22. 현재의 직장을 그만두더라도 현재 수준만큼의 직업 (직장)을 쉽게 구할 수 있다.	4	3	2	1
	23. 직장 사정이 불안하여 미래가 불확실하다.	1	2	3	4
	24. 나의 직업은 실직하거나 해고당할 염려가 없다.	4	3	2	1
	25. 앞으로 2년 동안 현재의 내 직업을 잃을 가능성이 있다.	1	2	3	4
	26. 나의 근무조건이나 상황에 바람직하지 못한 변화(예: 구조조정)가 있었거나 있을 것으로 예상된다.	1	2	3	4

조직 체계	27. 우리 직장은 근무평가, 인사제도(승진, 부서배치 등)가 공정하고 합리적이다.	4	3	2	1
	28. 업무 수행에 필요한 인원, 공간, 시설, 장비, 훈련 등의 지원이 잘 이루어지고 있다.	4	3	2	1
	29. 우리 부서와 타 부서 간에는 마찰이 없고 업무협조가 잘 이루어진다.	4	3	2	1
	30. 근로자, 간부, 경영주 모두가 직장을 위해 한마음으로 일을 한다.	4	3	2	1
	31. 일에 대한 나의 생각을 반영할 수 있는 기회와 통로가 있다.	4	3	2	1
	32. 나의 경력개발과 승진은 무난히 잘 될 것으로 예상한다.	4	3	2	1
	33. 내 현재 직위는 나의 교육 및 경력에 비추어볼 때 적절하다.	4	3	2	1
보상 부적절	34. 나의 직업은 내가 평소 기대했던 것에 미치지 못한다.	1	2	3	4
	35. 나의 모든 노력과 업적을 고려할 때 내 봉급/수입은 적절하다.	4	3	2	1
	36. 나의 모든 노력과 업적을 고려할 때, 나는 직장에서 제대로 존중과 신임을 받고 있다.	4	3	2	1
	37. 나는 지금 하는 일에 흥미를 느낀다.	4	3	2	1
	38. 내 사정이 앞으로 더 좋아질 것을 생각하면 힘든 줄 모르고 일하게 된다.	4	3	2	1
	39. 나의 능력을 개발하고 발휘할 수 있는 기회가 주어진다.	4	3	2	1
직장 문화	40. 회식자리가 불편하다.	1	2	3	4
	41. 나는 기준이나 일관성이 없는 상태로 업무 지시를 받는다.	1	2	3	4
	42. 직장의 분위기가 권위적이고 수직적이다.	1	2	3	4
	43. 남성, 여성이라는 성적인 차이 때문에 불이익을 받는다.	1	2	3	4

출처: http://kras.kosha.or.kr/health/health_tab02.do?left=08

위의 질문을 바탕으로 [표 8-3]과 같은 기준에 따라 각 개인의 직무 스트레스를 평가해 볼 수 있다.

표 8-3 한국인 직무 스트레스 기본형 참고치

〈남자용〉

항 목	본인 점수	회사 평균	참고치				점수의 의미
			하위 25%	하위 50%	상위 50%	상위 25%	
물리환경			33.3 이하	33.4~44.4	44.5~66.6	66.7 이상	점수가 높을수록 물리환경이 상대적으로 나쁘다.
직무 요구			41.6 이하	41.7~50.0	50.1~58.3	58.4 이상	점수가 높을수록 직무 요구도가 상대적으로 높다.

직무 자율			46.6 이하	46.7~53.3	53.4~60.0	60.1 이상	점수가 높을수록 직무 자율성이 상대적으로 낮다.
관계 갈등			–	33.3 이하	33.4~50.0	50.1 이상	점수가 높을수록 관계 갈등이 상대적으로 높다.
직무 불안정			44.4 이하	44.5~50.0	50.1~61.1	61.2 이상	점수가 높을수록 직업이 상대적으로 불안정하다.
조직 체계			42.8 이하	42.9~52.3	52.4~61.9	62.0 이상	점수가 높을수록 조직이 상대적으로 체계적이지 않다.
보상 부적절			55.5 이하	55.6~66.6	66.7~77.7	77.8 이상	점수가 높을수록 보상 체계가 상대적으로 부적절하다.
직장문화			33.3 이하	33.4~41.6	41.7~50.0	50.1 이상	점수가 높을수록 직장문화가 상대적으로 스트레스 요인이다.
기본형 총점			45.0 이하	45.1~50.7	50.8~56.5	56.6 이상	점수가 높을수록 직무 스트레스가 상대적으로 높다.

〈여자용〉

항 목	본인 점수	회사 평균	참고치				점수의 의미
			하위 25%	하위 50%	상위 50%	상위 25%	
물리환경			33.3 이하	33.4~44.4	44.5~55.5	55.6 이상	점수가 높을수록 물리환경이 상대적으로 나쁘다.
직무 요구			41.6 이하	41.7~54.1	54.2~62.5	62.6 이상	점수가 높을수록 직무 요구도가 상대적으로 높다.
직무 자율			53.3 이하	53.4~60.0	60.1~66.6	66.7 이상	점수가 높을수록 직무 자율성이 상대적으로 낮다.
관계 갈등			–	33.3 이하	33.4~41.6	41.7 이상	점수가 높을수록 관계 갈등이 상대적으로 높다.
직무 불안정			38.8 이하	38.9~50.0	50.1~55.5	55.6 이상	점수가 높을수록 직업이 상대적으로 불안정하다.
조직 체계			42.8 이하	42.9~52.3	52.4~61.9	62.0 이상	점수가 높을수록 조직이 상대적으로 체계적이지 않다.
보상 부적절			55.5 이하	55.6~66.6	66.7~77.7	77.8 이상	점수가 높을수록 보상 체계가 상대적으로 부적절하다.
직장문화			33.3 이하	33.4~41.6	41.7~50.0	50.1 이상	점수가 높을수록 직장문화가 상대적으로 스트레스 요인이다.
기본형 총점			49.5 이하	49.6~51.1	51.2~56.6	56.7 이상	점수가 높을수록 직무 스트레스가 상대적으로 높다.

제 2 절 직무 소진

1. 직무 소진 의의

1) 직무 소진과 직무 스트레스

직무 소진(job burnout)과 관련된 연구는 1976년 매슬랙(Christina Maslach)의 연구에서부터 시작되었다. 직무 소진은 직무 스트레스와 유사한 개념으로 이해되기도 하지만, 다음과 같은 차원에서 차이를 나타낸다.

첫째, 생성 과정과 관련하여 직무 스트레스는 보다 단기적으로 나타나는 증상이지만 직무 소진은 장기적으로 나타나는 증상이다. 직무 스트레스의 원인들은 일시적으로 나타나고 단기적인 차원에서 직무 스트레스를 유발시키지만, 이러한 단기적인 직무 스트레스가 축적되고 오랫동안 지속되면 장기적인 측면에서의 직무 소진으로 이어질 수 있다(Densten, 2001: 833; Maslach & Schaufeli, 1993: 10).

그림 8-2 직무 스트레스와 직무 소진의 관계

둘째, 직무 스트레스에 비해서 직무 소진은 마지막 단계에 나타나는 증상으로 이해될 수 있다. 즉, 직무 스트레스가 원인이 되어 결국 직무 소진이 발생할 수 있다는 것이다. 직무 스트레스가 원인이 되어 직무 소진이 발생하고, 직무 스트레스 문제를 결국 해결하지 못했을 때 부정적인 결과로 직무 소진이 나타난다고 할 수 있다(Farber, 2000). 조직 내 구성원들의 직무 스트레스가 해결되지 못하고 지속적으로 진행될 때 발생될 수 있는 부정적인 결과가 직무 소진이 된다고 할 수 있다.

2) 직무 소진 개념

직무 소진은 다양한 개념으로 정의될 수 있으나 이 책에서는 "조직 내 구성원들에게 장기적으로 발생하는 정서적, 정신적, 신체적 탈진 및 고갈 현상"으로 정의하도록 한다(Maslach & Jackson, 1981; 박근우, 2012). 직무 소진은 주로 조직구성원들의 직무와 관련된 탈진과 피로감을 의미한다(Cordes & Dougherty, 1993: 622). 직무 소진과 관련된 연구로는 매슬랙과 잭슨(Maslach & Jackson, 1981)의 매슬랙 직무 소진 목록(Maslach Burnout Inventory: MBI) 연구가 대표적이며, 이는 직무 소진의 주축이 되는 연구이다. 이 연구 이후 직무 소진 연구는 주로 정서적 고갈, 자아성취, 비인간화의 세 영역으로 구분되어 진행되었다(예: 김병섭, 1995).

3) 직무 소진의 구성요소와 측정: 매슬랙 직무 소진 목록(MBI)

직무 소진의 구성요소는 크게 정서적 고갈(emotional exhaustion), 자아성취(personal accomplishment), 비인간화(depersonalization)로 구분될 수 있다(Maslach & Jackson, 1981: 99). 첫째, 정서적 고갈은 조직구성원들의 심리적 불안으로 인해 발생되는 것으로 조직구성원들의 감정이 불안정한 상태를 일컫는다. 둘째, 자아성취 측면에서의 직무 소진은 조직 내 구성원들이 조직에서 요구하는 기대만큼 직무 성과가 높게 나타나지 않을 때 나타나는 직무 소진이다. 셋째, 비인간화는 구성원들이 자신에게 주어진 임무를 수행하는 과정에서 인간성을 잃어가는 상태를 말한다.

직무 소진의 구성요소 간 관계는 다음과 같다. 조직 내 구성원들에게 과도한 업무가 주어질 때 정서적 고갈이 먼저 발생한다. 이로 인해서 비인간화가 발생되고 그 결과로 개인의 능력과 조직 요구 차이로 발생되는 자아성취 관련 직무 소진이 나타나게 된다(Maslach & Jackson, 1981). 즉, 정서적 고갈이 비인간화와 자아성취 직무 소진의 중요 원인이 된다는 것이다. 그러나 비인간화가 다른 직무 소진의 원인이라는 주장도 존재한다(Golembiewski, 1989). 조직 내 구성원들에게 상당한 비인간화가 발생하면 그들의 자아성취는 줄어들 수밖에 없으며, 조직구성원들의 자아성취가 쇠퇴하면 결국 그들의 정서적 고갈은 높게 나타난다는 것이다. 이와 같이 직무 소진의 세 가지 구성요소들의 선후관계는 명확하지는 않지만 분명한 것은 정서적 고갈, 자아성취, 비인간화로 인한 직무 소진은 상호밀접한 관련성이 있다는 것이다.

[표 8-4]는 직무 소진의 정서적 고갈, 자아성취, 비인간화와 같은 세 가지 구성요소에 대한 세부적 항목을 나타낸다. 구체적인 직무 소진 항목은 조직구성원들이 직무로부터 어느 정도 탈진을 느끼는지, 그들의 직무 피로감은 어느 정도인지, 직무에 대한 중압감과 압박감은 어느 정도인지, 직무 수행 정도가 어느 정도인지, 인간관계에서 어느 정도 비인간화되어 있는지를 평가한다.

표 8-4 직무 소진 구성요소

세 가지 요인	직무 소진 항목
정서적 고갈	나는 업무에서 좌절감을 느낀다.
	나는 업무가 끝날 때쯤 완전히 소진되어 지친다.
	나는 아침에 일어나 업무 관련 하루 일과를 생각하면 피로감을 느낀다.
	하루 종일 다른 사람들과 일하는 것이 나에게는 큰 중압감이다.
	나는 업무에 소진된다고 생각한다.
	나는 업무 때문에 탈진되는 경우가 많다.
	사람들과 일하는 것은 나에게 너무나 큰 스트레스이다.
	나는 업무 중 진퇴양난에 빠졌다고 느낄 때가 많다.
	나는 나의 업무로 인해 정서적으로 각박해지고 있음을 걱정한다.
자아성취	나는 나의 직무를 충실히 수행한다고 생각한다.*
	나는 고객들의 감정을 쉽게 알아차릴 수 있다.*
	나는 고객들의 문제를 효과적으로 다룬다.*
	나는 나의 업무를 통하여 다른 사람들의 삶에 긍정적인 영향을 준다고 느낀다.*
	나는 내가 매우 열정적이라고 생각한다.*
	나는 고객들과 쉽게 친밀한 관계를 형성할 수 있다.*
	나는 고객과의 긴밀한 업무를 마치고 난 후에 희열감을 느낀다.*
	나의 업무와 관련해서 많은 가치 있는 일들을 수행해 왔다.*
비인간화	나는 고객을 비인격적으로 대할 때가 있다.
	나는 나의 업무를 수행하고 난 후로 사람들에게 더욱 냉담해지고 있다고 생각한다.
	나는 주위 사람들이 그들 자신의 문제에 대해 나를 비난하는 것 같다.
	나는 고객들의 문제에 너무 깊이 관여하고 있다고 생각한다.
	나는 내가 고객들을 다루는 방법에 문제가 있다고 생각한다.

*는 역코딩.

** Maslach & Jackson(1981)의 Maslach Burnout Inventory(MBI) 설문문항을 바탕으로 김정인(2014)의 연구결과 항목 제시.

2. 직무 소진의 원인

어떤 요인에 의해서 조직구성원들의 직무 소진이 발생할까? 직무 소진에 영향을 주는 선행변수들은 직무 스트레스 원인변수와 상당한 유사성을 지닌다. 매슬랙 직무목록(MBI)을 비롯한 기존의 선행연구에 의하면 직무 소진에 영향을 주는 변수는 크게 조직과 개인 차원의 변수로 나누어 볼 수 있다. 조직과 관련된 변수로는 직무 및 역할 특성변수(job and role characteristics)와 조직 특성변수(organizational characteristics)를 제시할 수 있으며, 개인 차원의 변수로는 개인 특성변수(personal characteristics)가 직무 소진에 주요한 영향을 주는 변수가 된다(Cordes & Dougherty, 1993: 628-637). 물론 직무 소진에 영향을 미치는 변수로 개인 차원의 특성도 중요하지만 조직관리 차원의 조직 내 직무와 조직 특성변수가 조직구성원들의 직무 소진을 결정하는 중요 변수로 작용하게 된다.

1) 조직 차원의 직무 소진 원인

조직 차원에서 직무 소진에 중요한 영향을 미치는 변수는 직무 및 역할 특성과 관련된 변수로서 이는 대인관계, 역할 갈등 및 모호성, 역할 과중 등을 포함한다(Cordes & Dougherty, 1993). 조직 내 구성원들의 대인관계가 어떻게 형성되느냐에 따라서, 그들에게 기대하는 역할 차이와 역할 명확성에 따라서, 개인의 능력에 비해 역할 부담이 어느 정도 주어지느냐에 따라서 직무 소진은 달라질 수 있다. 또한 성과와 연계된 보상 및 처벌 가능성, 직무 맥락변수들이 중요한 직무 소진의 원인변수가 된다. 성과 보상의 공정성 여부와 이와 관련된 처벌 가능성 정도도 조직구성원들의 직무 소진을 결정할 수 있다(Cordes & Dougherty, 1993).

공공부문에서도 조직 차원의 주요 변수들은 직무 소진의 중요 원인이 된다. 직무의 전문성 및 근무환경에 따른 조직구성원들의 스트레스 정도에 따라 직무 소진은 달라진다. 예를 들어, 사회복지사들의 직무 소진을 실증 조사한 엄과 해리슨(Um & Harrison, 1998)의 연구에 의하면, 직무 갈등 및 역할 갈등에서 발생하는 스트레스가 직무 소진에 중요한 원인이 된다는 것이다. 또한 사회복지공무원들에게 높은 승진기회가 주어지고, 업무 만족감이 높으며, 민원인과의 대외적 관계가 좋을수록 그들의 비인간화 가능성이 낮아져 직무 소진은 줄어드는 것으로 나타났다(박미선, 2008). 이러한 조직 관련 직무 스트레스 원인은 경찰공무원에게서도 발견된다. 경찰공무원들을 대상으로 설문조사를 실시한 결과 경찰공무원의 직무 소진을 발생시키는 중요한 요인은 직무와 관련된 스트레스와 외상 스트레스라는 것이다(황인희 · 이영호, 2012).

조직 근무환경뿐만 아니라 조직구성원들의 조직정치(organization politics)적 요소 역시 구성원들의 직무 소진에 중요한 영향을 미친다. 즉, 구성원들의 관계 형성과 그들의 정치적 행동에 따라서 직무 소진 여부가 결정된다고 할 수 있다. 특히 경찰관과 같이 관료제 규율과 규칙이 강하게 적용되는 조직에서 조직구성원들 사이에 조직정치 행동이 발생한다면 그들의 직무 소진은 더욱 증가될 것이다(임운식 · 김무형, 2011).

2) 개인 차원의 직무 소진

개인 차원의 특성인 성별, 연령, 경험 등 인구통계학적 요인도 직무 소진에 영향을 준다. 특히 개인의 심리적 조건과 개인의 기대는 직무 소진을 결정하는 중요 변수가 될 수 있다. 특히 개인의 직업에 대한 소명의식은 직무 소진에 영향을 미치는 중요한 변수가 된다. 예를 들어, 여성복지 전담 공무원들은 그들이 인식하는 직업 소명의식이 높을수록 직무 소진이 낮아지는 것으로 나타났다(이형렬 · 송경민, 2010). 뿐만 아니라 개인의 욕구에 따라 직무 소진이 달라질 수 있었다. 자기존중감 및 통제 역시 직무 소진을 낮추는 주요 원인이 될 수 있다. 사회복지공무원들을 연구한 실증연구에서 공무원들이 자기 존재 가치를 높게 지각하고 있을 때 그들의 직무 소진은 낮게 나타났다(박미선, 2008). 따라서 조직구성원들이 지닌 욕구와 그들의 욕구 충족 사이에서 발생한 불일치와 부적합, 그리고 개인의 능력과 조직에서 요구하는 직무 역량의 차이로 인하여 직무 소진이 발생하게 된다(김병섭, 1995).

제 3 절 이직과 이직 의도

1. 이 직

조직구성원들이 직무와 조직에 만족하지 못하고 불만이 증폭된다면 조직구성원들은 자신의 조직을 떠나 새로운 조직을 찾으려고 할 것이다(Houkes et al., 2003: 429). 이직(turnover)은 조직구성원들이 불만을 해결하는 최후의 수단이 될 수 있다. 그러나 이직은 조직구성원들이 실제로 조직을 떠나 다른 조직으로 직장을 바꾼 것을 의미하는 것이기에 이는 실제 발생하지 않은 이직 의도와는 다른 개념으로 이해될 수 있다(Price, 1977). 이직은 크게 이직을 고려하는 행위자들의 의지에 따라 이루어지는 '자발적 이직(voluntary turnover)'과 본인의 의지와 관계없이 정년퇴직, 해고, 질병이나 사망에 의해서 발생하는 '비자발적 이직(quit, resignation)'으로 구성된다(Price, 1977). 비자발적 이직보다는 조직구성원들의 의지에 이루어지는 자발적 이직이 조직에 더 큰 문제점으로 부각될 수 있다.

이직을 결정하는 중요한 두 가지 요인은 '이직의 용이성(ease of movement)'과 '이직의 바람직성(desirability of movement)'이다(Jackofsky, 1984: 77; Direnzo & Greenhaus, 2011: 567). 첫 번째, '이직의 용이성'은 이직이 일어날 가능성이 얼마나 높은가인데, 이는 실업률, 외부 경기 현황, 대체 직장 여부, 직무 이용가능성 등과 관련된 조직 외부적 환경에 의해 좌우된다. 반면에, '이직의 바람직성'은 이직을 하는 것이 어느 정도 바람직한가에 대한 것인데, 이는 직무 불만족을 포함한 직무 관련 요인에 영향을 받으며 조직 내부요인에 의해 결정될 수 있다(Direnzo & Greenhaus, 2011: 569).

앞에서 논의한 바와 같이 자발적 이직과 비자발적 이직 중에서 자발적 이직이 조직에 미치는 영향이 더 크게 나타나고, 실제 공공조직에서는 이러한 자발적 이직 발생빈도는 낮지만 자발적 이직 의도가 증가한다면 이는 조직에 더 큰 문제를 야기할 수 있다. 일반적으로 공공부문에서는 정년보장과 같은 신분보장에 대한 제도적 장치가 존재하기 때문에 현실적으로 이직은 높지 않지 않지만 이직 의도의 증가는 실질적 이직으로 발생될 수도 있어 조직에 큰 문제를 야기시킬 가능성이 있다. 따라서 공공조직에서 중요하게 고려되어야 하는 것은 실제 발생한 이직보다는 직장을 옮기려는 의지와 관련된 '이직 의도(turnover intention)'이다.

우리나라 국가공무원의 경우 정년퇴직으로 인하여 퇴직하는 비율은 약 36%(2019년 기준)정도이다(인사혁신처, 2020). 정년퇴직 비율은 2017년까지 증가하다 최근 들어 다시 감소하고 있다. 전체 공무원 퇴직자 중 공무원 이직 비율을 정확하게 파악하기는 어렵지만, 퇴직 규모에서 정년퇴직 비율이 상대적으로 낮은 측면을 고려한다면, 정년을 채우지 못하고 공직을 떠나는 공무원의 수가 많음을 알 수 있다.

그림 8-3 행정부 국가공무원 퇴직 규모 및 정년퇴직 비율

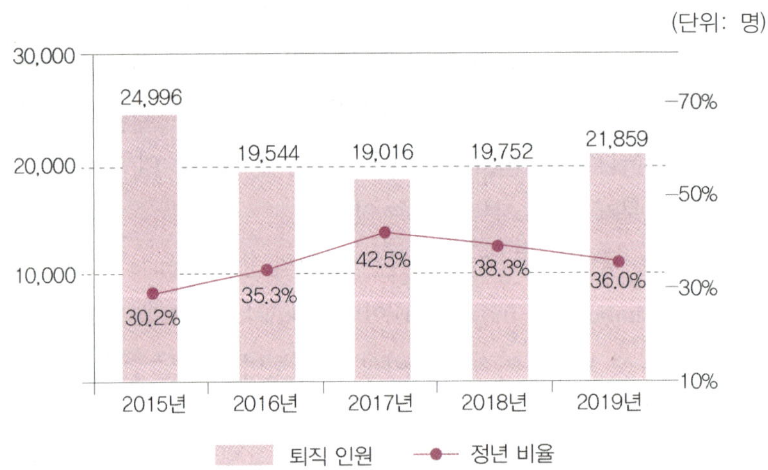

출처: 인사혁신처(2019: 8).

2. 이직 의도

1) 개 념

이직 의도는 조직구성원이 조직을 떠나려고 하는 의향이라고 정의할 수 있는데, 이직 의도의 증가를 무조건적으로 조직 위기 상황으로 간주할 수는 없다. 그러나 조직구성원들의 이직 의도가 축적이 된다면 이는 조직의 위기 상황을 유발시킬 수도

있다(Jackofsky, 1984). 특히 조직구성원들의 이직 의도가 더욱 문제시 되는 이유는 이직을 즉흥적이고 단기적으로 결정하는 것이 아니라, 이직의 비용과 편익을 고려하여 합리적인 의사결정을 내리려 하기 때문에 이직은 장기간에 걸쳐 준비된다는 것이다(Steel, 2002: 347).

2) 이직 의도에 영향을 미치는 요인

공공부문에서 이직과 관련된 연구는 주로 직무 관련 요인들과 관련이 있다. 업무 과부하, 역할 모호성, 승진 불만족 등의 직무환경과 직무 긴장감은 이직 의도의 주요 원인이 된다(예: 성희자 · 권현수, 2013; Hassan, 2013; Wynen et al., 2013). 보다 구체적으로 미국 주정부 공무원들의 인식을 조사한 연구에서 공무원들이 인식하는 직무 역할이 명확할수록 그들의 직무 만족도는 증가하고, 이로 인해 이직 의도가 줄어드는 것을 확인하였다(Hassan, 2013). 조직구성원들의 직무 몰입과 직무 만족을 증가시키면 그들의 이직 의도를 줄일 수 있다는 것이다(Pitts et al., 2011). 실제 경찰공무원들을 대상으로 조사한 연구에 의하면, 그들의 높은 직무 만족은 이직 의도를 낮추고, 직무 몰입은 이직 의도 감소에 긍정적인 조절효과 작용을 하는 것으로 나타났다(이강훈, 2008).

성별, 근무기간, 인종 등과 같은 개인적 특성에 따라서도 이직 의도는 달라졌다. 미국의 연방공무원들을 대상으로 한 연구(Wynen et al., 2013)에서는 성별, 소수인종 여부, 근무기간 등의 개인적 특성과 승진 불만과 같은 직무환경 특성 모두가 이직 의도에 중요한 영향을 미쳤다. 경기도 기초자치단체 사회복지공무원을 조사한 연구에서(이영균 · 최인숙, 2013)도 학력, 자격증 수준 등의 개인적 특성에 따라서 이직 의도가 유의미하게 달라지는 것으로 나타났다. 이러한 결과를 바탕으로 살펴볼 때 공공부문 종사들의 이직 의도는 주로 '이직의 바람직성(desirability of movement)'에 의해서 결정된다는 것이다. 이직의 바람직성은 다양한 직무 관련 변수(예: 직무 몰입, 역할 모호성, 역할 갈등 등)들에 의해서 영향을 받는다. 이처럼 이직 의도에 영향을 주는 변수는 개인의 인구통계학적 특징들과도 관련이 있지만 주로 조직과 직무와 관련된 개인적 심리적 상태와 주관적 인식변수(예: 직무 스트레스와 직무 소진)로 구성된다. 따라서 다음에서는 직무 스트레스와 직무 소진이 이직 의도에 어떠한 영향을 주는지를 살펴보도록 한다.

제 4 절 직무 스트레스와 직무 소진이 이직 의도에 미치는 영향

1. 직무 스트레스와 이직 의도

충분한 직무환경이 지원되지 않을 때, 조직 내 역할 갈등이 존재하거나 역할이 모호할 때, 조직문화가 개인과 적합하지 않을 때, 개인의 욕구 충족에 있어 불만족이 발생할 때, 직무 스트레스가 발생한다. 그러나 직무 스트레스는 직무 소진과 달리 장기적이고 만성화된 구성원들의 태도가 아니기 때문에 직무 스트레스가 발생한다고 해도 그것이 이직 의도 증가로 바로 나타나는 것은 아니다.

그럼에도 불구하고 직무 스트레스는 결국 이직 의도를 증가시키는 요인이 된다. 직무 스트레스와 관련된 외부 환경, 조직과 직무, 개인적 요인들이 증가할수록 이직 의도는 높게 나타난다. 장례지도사들의 직무 스트레스와 이직 의도 관계를 조사한 실증연구에 따르면 장례지도사들의 업무량이 많을수록, 역할이 모호할수록, 직무가 다양하게 인식될수록 직무 스트레스는 증가하고 이로 인해 그들의 이직 의도는 증가하였다(박원진 · 전주상, 2015). 또한 상사와의 관계에서 직무 스트레스가 발생할수록 직장을 떠나려는 의지는 강하게 나타났다. 교정공무원 역시 직무 스트레스가 높을수록 그들의 이직 의도는 높게 나타났다(라광현 · 이윤호, 2011).

직무 스트레스는 이직 의도에 직접적으로 영향을 주기는 하지만, 직무 스트레스는 직무 불만족과 같은 구성원들의 부정적 근무태도를 발생시키고 이로 인해 결국 이직 의도가 증가하게 된다는 것이다. 예를 들어, 경상북도 경찰공무원들을 조사한 결과 직무 만족이 높은 환경에서는 직무 스트레스가 낮아져 그들의 이직 의도도 낮아지는 것으로 나타났다(이환범 · 이수창, 2006).

2. 직무 소진과 이직 의도

직무 소진은 사기 저하 및 직무 불만족과 같이 구성원 개개인에게 부정적인 영향을 미치고 조직에게도 부정적인 영향을 준다. 조직구성원들의 직무 소진이 증가될수록 조직 내 업무 성과가 낮아진다. 직무 소진이 증가할수록 구성원들의 결근율과 이직률이 높아지는 등 그들의 근무태도에 부정적인 영향을 미치는 것으로 나타났다(Cordes & Dougherty, 1993: 621). 또한 직무 소진이 증가한 지방자치단체 복지공무원들은 업무를 적극적으로 처리하지 않아 그들의 업무 성과가 저하되었다(염영배 · 장인봉, 2012). 이를 바탕으로 조직구성원들의 만족, 그들의 업무성과 증진, 그리고 조직 생산성을 향상시키기 위해서는 구성원들의 직무 소진을 줄이는 것이 필요하다. 즉, 직무 소진의 세 가지 구성요소인 정서적 고갈, 자아성취, 비인간화를 낮추는 관리전략이 필요하다는 것이다.

무엇보다도 구성원들의 직무 소진이 증가할수록 이직 의도가 증가한다. 병원에 근무하는 원무행정 근무자들의 직무 소진을 조사한 결과 그들의 직무 소진이 높을수록 이직 의도가 높게 나타났다(남진영, 2011). 또한 제조업 근무자들을 조사한 오성길(2012)의 연구에 의하면, 직무 소진이 높을수록 직장을 떠나려는 이직 의도는 높게 나타났다. 대부분의 선행연구에서는 직무 소진이 높을수록 조직구성원의 이직 의도가 증가하는 것으로 나타났다.

정서적 고갈, 자아성취, 비인간화 등 세 가지 직무 소진 구성요소가 이직 의도에 미치는 영향은 다음과 같다. 첫째, 정서적 고갈의 직무 소진으로 인하여 구성원들의 감정적 자원이 고갈되면 그들은 심리적 안정을 유지하지 못한다. 이러한 정서적 고갈이 높을수록 그들은 자존감을 상실하게 될 가능성이 높으며, 무기력해지고 의기소침해지는 경향을 나타내게 된다(Jackson & Maslach, 1982). 정서적 고갈이 지속되면 피로감 및 불면증과 같은 신체적 부작용이 강하게 나타난다. 구성원들의 정서적 고갈은 더욱 심해지고 이로 인해 다른 구성원들과의 대면 접촉을 삼가고 일정한 거리를 유지하는 등 부정적인 행동이 나타나게 된다(Cordes & Dougherty, 1993: 624). 즉, 잭슨과 매슬랙(Jackson & Maslach, 1982)에 의하면, 정서적 고갈은 직장 동료들과의 관계 소원과 부정적인 사회화 현상을 불러일으킨다. 이러한 부정적 영향이 강해질 때 결국 직장을 떠나려는 이직 의도는 더욱 증가하게 될 것이다.

실제로 공공부문에서도 이러한 현상이 발생한다. 경찰관(Jackson & Maslach, 1982)과 학교 교사들(Jackson et al., 1986)을 대상으로 직무 소진과 이직 의도의 관계를 조사한 결과 정서적 고갈이 증가할수록 이직 의도가 증진되었다. 더 나아가 정서적 고갈은 이직 의도를 증진시킬 뿐만 아니라 실제 이직을 유발시키는 것으로 나타났다. 공공부문의 구성원들이 과중한 업무 부담으로 인해 정신적 · 신체적 피로감을 경험하고 이로 인하여 정서적 고갈이 증진될수록 그들은 이직이 필요하고, 또 이는 바람직한 것이라고 인식하게 된다(Direnzo & Greenhaus, 2011: 569). 이직의 높은 바람직성과 필요성으로 인해 그들은 기존 조직에 머무르기보다는 조직을 떠나려고 한다.

둘째, 조직구성원들이 업무 성취감을 조직에서 충분히 발휘하지 못할 때 자아성취에 관한 직무 소진이 발생한다(Maslach & Jackson, 1981: 99). 공직 구성원들은 조직이 요구하는 업무 수준을 달성하지 못할 때 자신의 능력에 대한 회의를 느끼게 되고 이로 인해 직무 소진이 높아지게 된다. 직무 수행의 성취감이 낮을 때 구성원들은 직무를 수행하지 않고 조직을 떠나려고 한다. 특히 자아성취가 중요하게 고려되는 경찰관과 사회복지공무원들은 직무 소진으로 인해 직장을 떠나고자 하는 이직 의도가 높은 것으로 나타났다(Jackson & Maslach, 1982; Samantrai, 1992).

셋째, 비인간화가 증가할수록 인간적인 감정을 잃어가는 경향이 높다(Maslach & Jackson, 1981: 99). 공공부문에서는 대민 업무를 담당하는 공무원들에게 비인간화의 감정이 발생할 가능성이 높다(Vigoda－Gadot & Meisler, 2010). 뿐만 아니라 공조직은 사조직보다 법적 경직성과 비정의성(impersonality)의 관료제적 성격이 강하기 때문에 구성원들의 비인간화는 더욱 강하게 나타난다. 특히 법규의 안정성과 규정 우선행위는 구성원들의 비인간화를 촉진시킨다. 이처럼 비인간화가 심화될 때 공직자들은 적극적이고 능동적으로 공직 봉사를 할 수 없기 때문에 조직을 떠나려는 경향을 나타낸다.

3. 직무 스트레스, 직무 소진, 이직 의도의 관계

앞에서 논의하였듯이 직무 스트레스와 직무 소진 모두 이직 의도에 유의미한 영향을 미친다. 공공조직에서도 구성원들의 직무 스트레스와 직무 소진이 증가할수록 직장을 떠나고자 하는 경향은 증가한다. 그러면 직무 스트레스, 직무 소진, 이직 의도 이 세 변수의 관계는 무엇인가? 이는 직무 스트레스와 직무 소진의 차이에서 알 수 있다. 일반적으로 직무 스트레스는 단기적 과정이고, 직무 스트레스가 지속적으로 유지되어 부정적인 결과로 나타난 것이 직무 소진이다(Farber, 2000). 직무 스트레스는 직무 소진의 원인이 될 수 있다. 실제 홍콩 학교 사회복지사들을 조사한 경험적 연구(Tam & Mong, 2005)에서도 그들의 직무 스트레스가 증가할 때 정서적 고갈과 비인격화라는 직무 소진을 발생시킨다는 것을 확인하였다.

다음의 [그림 8-4]와 같이 공공부문에서 직무 스트레스가 직무 소진의 주요 원인이 되고, 직무 스트레스의 결과로 발생한 직무 소진이 증가하면서 구성원들은 직장을 떠나려는 의도가 증가한다는 것이다. 즉, 직무 소진이 직무 스트레스와 이직 의도의 매개변수로서 작용할 수 있다는 것이다.

그림 8-4 직무 스트레스, 직무 소진, 이직 의도와 관계

제 5 절 스트레스, 소진, 이직 의도의 활용

최근 들어 공무원들의 이직이 점차 증가하고 있다. 신분의 안정성이 보장됨에도 불구하고 공무원들이 공직을 떠나는 비율이 증가하고 있는 것이다(이투데이, 2019). 이러한 이유는 개인적인 사유를 포함하여 다양하게 제시될 수 있지만(Direnzo &

Greenhaus, 2011), 공직문화의 폐쇄성, 보상의 불충분성, 공무원의 사기 저하 등으로 인해 공무원들의 직무 스트레스와 직무 소진이 높아진 원인도 있는 것이다. 특히 능력 있는 공무원들이 공직사회를 떠나는 것은 국가에 엄청난 비용으로 작용할 뿐만 아니라, 사회적 차원에서도 적합하지 않다. 공무원이 공직에 남아 일할 수 있는 좋은 업무환경(예: 공정한 보상 체계 마련, 사기 증진)을 만들어 주는 것이 공무원들의 직무 스트레스와 소진을 줄여 그들의 이직을 줄일 수 있는 적절한 방안이 될 것이다.

"공직, 비전 없다"…과장급 공무원들 '이직 도미노'

경제부처에서 25년 근무한 A과장은 올해도 국장(2급) 승진에서 고배를 마셨다. 같은 부처의 동기가 이미 국장으로 승진한 터라 이번에는 승진자 명단에 오를 것이란 기대감을 가졌던 A과장은 허탈감이 컸다. 이런 상황에서 한 대기업에서 A과장을 임원으로 모시겠다며 이직을 제의해왔다. 공직생활에 비전이 없다고 판단한 A과장은 얼마 후 사표를 내고 그 대기업으로 갔다. 중앙정부의 허리인 과장급(3~4급·행정고시 출신) 공무원들의 퇴직이 줄을 잇고 있다. 여러 가지 이유로 과감히 사표를 던지고 민간 기업행을 택한 것이다.

29일 정부부처에 따르면, 산업통상자원부 신재생에너지보급과 B 과장(4급·서기관)은 올해 4월 사표를 낸 뒤 지난달 대기업에 입사했다. B과장을 포함해 올해 상반기(1~6월)까지 산업통상자원부 과장급 공무원 중도퇴사자(명예퇴직·의원면직)는 7명이다. 지난달에는 자유무역협정협상총괄과 C과장(서기관)이 이직했으며, 기계로봇과 D과장(3급·부이사관)은 사모투자펀드(PEF) 운용사인 K사로 자리를 옮겼다.

산업통상자원부뿐만이 아니다. 올해 1~9월 국토교통부에서 11명, 농림축산식품부에서 5명, 중소벤처기업부에서 5명이 공직을 떠났다. 보건복지부에서도 퇴사자가 나오고 있다. 보건의료정책 등을 담당했던 E서기관(의사 출신)은 모 병원장으로 가기 위해 지난달 말 사직서를 냈다. 사회서비스정책과 F과장도 최근 사표를 내고 법무법인으로 이직했다. 환경부 산하 지방청인 한강유역환경청에서 일해온 G환경관리국장(본부 과장급)은 올해 초 자동차회사로 자리를 옮겼다. 이처럼 퇴사가 줄을 잇는 것은 인사 적체와 무관치 않다는 지적이다.

인사혁신처에 따르면, 작년 말 기준으로 중앙정부 3~4급 공무원(일반직) 수는 7,029명이다. 이 중 고위공무원(1~2급)은 1,064명이다. 그만큼 3~4급 공무원의 승진 경쟁이 치열할 수밖에 없고, 승진 대상에 오르려면 오랜 시간을 기다려야 한다. 정부 한 관계자는 "고위직 자리가 한정되어 있다 보니 과장급 공무원들이 위로 올라가는 게 쉽지 않다"며 "동기 또는 후배 중에서 고위직으로 승진한 자가 있을 경우 승진에 뒤처지고 있다는 자괴감에 퇴사하는 공무원이 적지 않다"고 전했다. 다른 관계자는 "자신의 성장을 위해 민간 기업으로 새로운 도전에 나선 퇴직자들도 있다"며 "연차가 대개 20년이 넘는 과장급 공무원은 공무원연금 대상자로 노후를 보장받기 때문에 공무원 월급보다 돈을 많이 주는 대기업 등으로의 이직이 매력적으로 다가올 수밖에 없다"고 말했다. 잦은 야근과 격무, 부당한 지방 좌천에 따른 불만 등도 퇴사의 배경이 되고 있다고 한다. 중견 공무원인 과장급 인사들이 민간기업으로 자리를 옮기는 것은 정부 입장에서는 큰 손실인 만큼 인사 적체 해소와 적정한 보상 등을 위한 당근책 마련이 필요하다는 지적이 나온다.

출처: 이투데이, 2019년 9월 30일자 기사 발췌.

'코로나 탓' 일 그만둔 보건소 공무원 지난해에만 470여 명

'위드 코로나(단계적 일상회복)' 전환을 위해 전국 보건소 역학조사 인력을 증원해야 한다는 지적이 나오고 있다. 하지만 지난해에만 보건소 공무원 퇴사자가 470여 명으로 집계되는 등 신종 코로나바이러스 감염증(코로나19) 사태 이전에 비해 퇴직률이 오히려 증가한 것으로 나타나 대책 마련의 필요성이 제기되었다.

…(중략)… 최근 4년 간 보건소 공무원 퇴사율 현황을 보면 충북, 전남 등 5개 시 · 도를 제외하고 신종 코로나바이러스 감염증(코로나19)이 발생한 2020년의 퇴사율이 전년 대비 크게 증가했다. 코로나19 확산으로 보건소 업무에 과부하가 걸리기 시작한 2020년에는 전국적으로 470여 명의 보건소 공무원이 퇴사했고, 휴직을 신청한 인원은 1,730여 명에 달했다.

퇴사율이 가장 빠르게 늘어난 지역은 세종시였다. 2019년 퇴사율이 1.2%였던 것에 반해, 2020년에는 2.3%로 2배 수준으로 증가했다. 증가율만 192%였다. 세종에 이어 부산(180%)과 강원(175%)의 증가율이 그 뒤를 이었다. 코로나19 대유행 여파를 겪은 대구 지역의 2020년 퇴사율도 2.6%였던 전년 대비 약 1.5배 수준인 3.9%로 확인되었다. 증가율은 150%였다. …

출처: 헤럴드경제, 2021년 10월 17일자 기사 발췌.

PART 02

집단 수준

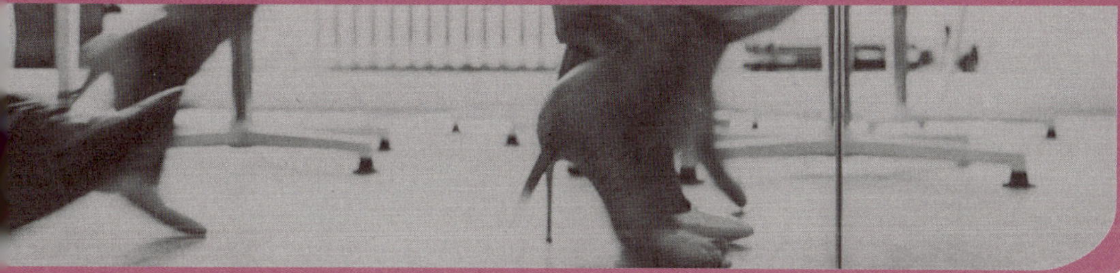

Chapter 09

커뮤니케이션

제 1 절 커뮤니케이션의 의의

1. 커뮤니케이션의 정의와 중요성

일반적으로 커뮤니케이션(communication)이란 “전달자(송신자)와 피전달자(수신자) 간의 정보 교환”, 또는 “정보나 의사의 전달 및 감정과 정서의 교류” 등으로 이해되고 있으며, 조직 차원에서는 “한 구성원이 지닌 생각이나 경험, 노하우 등의 정보를 다른 구성원에게 전달하고 설득하는 일체의 행위” 또는 “개인, 집단, 조직과 같은 사회적 주체들 간에 특정 의미가 담긴 메시지나 정보를 상호교환해 공유하는 동태적 과정”(김호섭 외, 2011: 260)이라고 정의되고 있다.

communication이란 단어는 일반적으로 의사전달 또는 의사소통이라고 번역되고 있는데, 공통성을 뜻하는 라틴어 communis를 어원으로 하고 있는 바, 일방적인 의사전달이 아니라 상호작용적 의사전달 및 의사소통의 의미까지 포함하고 있다고 봐야 할 것이다(오세덕 외, 2007: 204; 이창원 외, 2012: 296–297; 김호섭 외, 2011: 260).

커뮤니케이션에 대한 개념은 학자들에 따라 다양하게 정의되고 있다. 사이먼(Simon, 1957: 154)은 커뮤니케이션을 "상징에 의해 정보·생각·감정을 전달하는 것이며 결정의 전제가 되는 정보를 전달하는 과정"으로 봤다. 바너드(Barnard, 1938: 8)는 커뮤니케이션을 "조직의 공통 목표 달성을 위해 구성원들의 협력 의지를 이끌어내는 것"이라고 정의했다. 캐츠와 칸(Katz & Kahn, 1966: 244)은 "커뮤니케이션은 어떠한 집단, 조직 혹은 사회적 기능에 가장 광범위한 관련을 맺고 있는 사회적 과정"이라고 언급했다. 슈람(Schramm, 1971: 17)은 "커뮤니케이션이란 인간과 인간, 개인과 집단 또는 집단 간에 의사결정의 전제가 되는 사실과 의견들이 전달·교환되는 것"이라고 정의했다.

전술한 개념 정의들이 커뮤니케이션의 인간적 과정(human process)을 강조한 것이라면, 커뮤니케이션의 결과인 행태적 변화 측면을 강조한 학자들도 적지 않다. 피셔(Fisher, 1974: 23)는 "커뮤니케이션이란 다른 사람에게 영향을 미칠 수 있는 행태(행동)들의 교환"이라면서 어느 누구나 특정 의미의 의사를 전달받게 되면, 그 이전과는 다른 결정과 행동을 하게 된다고 주장했다(김호섭 외, 2011: 260).

양 입장을 균형적으로 종합한 학자들도 있다. 바다만과 할터만(Vardaman & Halterman, 1968: 3–4)은 "커뮤니케이션이란 구성원들 간에 의견, 정보, 감정 등의 교환을 통해 공통적 이해를 도모하고, 이를 바탕으로 수신자 측의 의식과 태도, 행동 등에 변화를 일으키려는 일련의 행동"이라고 정의했다(김호섭 외, 2011: 260).

이상의 논의를 토대로 커뮤니케이션의 정의를 종합해 보면, 커뮤니케이션이란 "2인 이상의 사람들 사이에 의견·정보·감정 등의 교환을 통해 공통적 이해를 이룩하고 수신자 측의 의식·태도·행동 등에 변화를 일으키게 하는 일련의 행동"이라고 할 수 있다(박연호, 2000: 283).

대부분의 인간은 다른 사람과 끊임없이 상호작용을 하며 살아가는데, 커뮤니케이션은 사람들 사이에서 일어나는 상호작용 중 가장 근본적인 현상 중의 하나다. 조직 내 인간의 행동도 커뮤니케이션을 매개로 해서 끊임없이 상호작용을 한다. 따라서 조직 내의 다른 과정들도 커뮤니케이션에 의존하고 있으며, 커뮤니케이션의 형태와 기술은 조직의 활동 범위와 조직구조, 조직구성원의 만족도 및 태도, 의사결정과 동기부여 등에 영향을 주는 주요 요소다(이창원 외, 2012: 297).

바너드(Barnard, 1938: 8)는 조직의 3대 요소로서 공통의 목표와 구성원의 협력 의지 및 커뮤니케이션을 들고 있는데, 이 중에서 커뮤니케이션이 가장 중심적인 위치를 차지하고 있다고 보았다. 커뮤니케이션은 조직구조에 활력을 주고 조직구조는 커뮤니케이션에 안정성(stability)과 예측성(predictability)을 주어 과업 성취를 촉진하는 상호 영향관계에 있을 뿐 아니라, 나아가 조직이 환경에 적응하는 도구로서 작용한다(Guetzkow, 1965: 534). 따라서 커뮤니케이션이 멈추게 되면 조직화된 행위는 존재하지 않으며, 조직에서 커뮤니케이션의 중요성은 아무리 강조해도 지나치지 않을 것이다(Luftman et al., 2004: 329). 결국 조직의 효과성을 높이는 데 합리적인 커뮤니케이션은 필수적인 것이라고 할 수 있으며, 조직관리자에게도 효과적 커뮤니케이션은 필수적 역할이라 할 수 있다(오세덕 외, 2007: 204; 이창원 외, 2012: 297).

2. 커뮤니케이션의 기능

커뮤니케이션이 조직 내에서 수행하는 주요 기능은 다음과 같이 정리할 수 있다(Scott & Mitchell, 1976; 이창원·명승환·임영제, 2004: 462; 김호섭 외, 2011: 261－262; 이창원 외, 2012: 297－298; 조경호 외, 2014: 150).

첫째, 조정(통제) 기능이다. 조직은 커뮤니케이션을 통해 구성원들이 준수해야 할 각종 조직 규범을 구성원들에게 전달함으로써 구성원들의 조직 내 행동에 통일성을 기하고, 질서를 확보·유지한다.

둘째, 조직구성원들의 동기유발을 촉진하는 기능이다. 커뮤니케이션은 구성원들이 해야 할 일은 무엇이며, 자신이 일을 잘하고 있는지를 알려줄 뿐만 아니라 자신의 직무 성과를 개선하기 위해서는 어떻게 해야 하는지를 알려준다. 구체적인 목표를 설정해 주고 진전 상황을 환류(feedback)시켜 줌으로써 바람직한 행동을 강화시키는 것은 동기부여의 기본 과정이라고 볼 수 있는데, 이러한 과정에서 커뮤니케이션은 촉매제의 역할을 수행한다.

셋째, 사회적 욕구의 충족 기능이다. 조직구성원들은 커뮤니케이션을 통해 자신의 감정을 표출하고 다른 사람과의 교류를 넓혀 나가며, 사회적 욕구를 충족시킨다.

넷째, 의사결정의 합리화 기능이다. 커뮤니케이션은 개인과 집단에 정보를 제공함으로써 의사결정에 촉매제 역할을 한다. 커뮤니케이션은 메시지의 내용이 정확・신속・적절하고 질이 우수하게 전달되도록 하는 정보 전달 기능 및 정보의 수집・분석・보관 기능 등을 수행함으로써 의사결정이 합리적이고 효율적으로 이뤄지도록 한다.

다섯째, 조직체의 유지 기능이다. 조직은 조직을 구성하는 구성원이나 조직 내에서 활동하는 다양한 하부집단의 상호작용과 협동을 통해 유지된다. 이러한 유지가 지속적으로 되기 위해서는 하부집단의 의사와 정보를 전달하는 기능이 원활하게 이뤄져야 한다.

여섯째, 효과적인 리더십 발휘 기능이다. 효과적 리더십은 적절한 권위 유지와 부하들의 수용에 의해 이뤄진다. 부하들의 수용은 커뮤니케이션의 활성화에 의해 가능해진다. 훌륭한 리더로서의 자질을 겸비한 사람이라도 그를 따르는 부하들이 리더의 의견이나 지도력을 잘 수용하지 못한다면 효과적인 리더십은 발휘될 수 없을 것이다.

제 2 절 커뮤니케이션의 과정과 원칙

1. 커뮤니케이션의 과정모형

커뮤니케이션의 실세계를 표현하려는 모형들은 아리스토텔레스(Aristoteles)의 구성요소별 구분(연설자 → 연설 → 청중)으로부터 비롯해 학자들에 따라서 다양하게 제시되어 왔다. 여기에서는 주요 학자들의 모형만을 중심으로 살펴보기로 한다(이창원・최창현, 2005: 356; 오세덕 외, 2007: 205-206; 김호섭 외, 2011: 265-267; 조경호 외, 2014: 153-156).

정보이론의 선구자로서 수학자인 섀넌(Claude Elwood Shannon)과 전자공학자인 위버(Warren Weaver)는 커뮤니케이션 과정을 정보원(information source), 송신기

(transmitter), 잡음(noise), 수신기(receiver), 목적지(destination) 등의 다섯 가지 요소로 나눠 설명하고 있다(Shannon & Weaver, 1949). 여기서 정보원은 전달될 메시지가 생성된 곳을 의미하며, 송신기는 생성된 메시지를 전달 통로인 채널에 적합한 신호로 전환시키는 곳을 말한다. 그리고 잡음이란 전달된 메시지를 올바르게 수용하지 못하도록 방해하는 것을 가리킨다. 수신기는 전달받은 신호를 메시지로 다시 환원시키는 역할을 하는 것을 말하며, 목적지는 수신된 메시지가 최종적으로 도달되는 곳을 의미한다. 섀넌과 위버의 수학적 모형은 최초로 개발된 커뮤니케이션 모형으로 후속 연구에 지대한 영향을 미쳐 왔으며, 역기능적 요소인 잡음(noise)이란 개념을 처음으로 고안・소개하고 있다는 점에서 긍정적인 평가를 받고 있다. 그러나 커뮤니케이션을 선형적이며 일방향적인 과정으로 이해하고 있다는 비판을 받고 있다.

클로드 엘우드 섀넌(Claude Elwood Shannon, 1916~2001)은 미국의 수학자이자 전기공학자다. 정보 이론의 아버지라고 불리며, 논문인 A Mathematical Theory of Communication은 정보이론의 시초가 되었다. 또한 불 논리(Boolean logic)를 전기회로로 구현할 수 있는 방법을 발명해, 디지털 회로이론을 창시했다.

출처: 위키백과(https://ko.wikipedia.org/wiki).

라스웰(Lasswell, 1956)은 커뮤니케이션의 주요 요소를 "누가(who), 무엇을(say about what), 어떤 채널을 통해(in which channel), 누구에게(say to whom), 어떤 효과를 가져왔는가(with what effect)?"라는 질문 형식으로 제시한 뒤, 커뮤니케이션 요소들을 단계별로 기술한 모형(formula)과 함께 각 단계별 요소에 대한 분석방법을 제시한 바 있다.[1)]

벌로(Berlo, 1960: 24)는 커뮤니케이션 과정이 송신자(sender or source), 전달 내용(message), 통신 수단(channel), 수신자(receiver)라는 네 가지 요소로 구성되어 있다며 S－M－C－R 모형을 제시했다. 즉, 그는 커뮤니케이션을 "송신자(전달자)가 메

1) 라스웰(Lasswell, 1956)은 그의 커뮤니케이션 행위 공식(formula) 또는 모형에서, '누가'는 통계분석, '무엇을'은 내용분석, '어떤 채널을 통해'는 매체분석, '누구에게'는 수용자분석, '어떤 효과를'은 효과분석 등으로 각 단계별 요소에 대한 분석방법을 제시했다.

시지를 특정 채널을 통해 수신자에게 전달하는 것"으로 설명하고 있다. 그리고 송신자로부터 수신자에게로의 일방향적 방식이 아니라 송신자와 수신자 간의 쌍방향적인 방식을 취한다고 했다.

이러한 주요 학자들의 커뮤니케이션 과정모형에 대한 논의를 토대로, 여기에서는 시스템 이론에 입각해 커뮤니케이션 과정모형을 설명하기로 한다. 시스템 이론에 입각할 때 과정이라는 개념은 정보를 단순히 전달하고 수신한다는 선형적 · 정태적 개념이 아니라 과정 내의 구성요소들이 상호작용해 서로 영향을 주고받는다는 동태적 개념으로 이해해야 하며, 이를 위해서는 환류요소도 포함되어야 한다. 이러한 내용을 도식화하면 [그림 9-1]과 같으며, 모형을 구성하고 있는 핵심요소들에 대해 간략히 설명하면 다음과 같다(오세덕 · 여윤환, 2000: 247-248; 이창원 · 최창현, 2005: 357-359; 오세덕 외, 2007: 206-208; 김호섭 외, 2011: 263-264).

1) 전달자

전달자 또는 송신자(sender)란 전달하고자 하는 내용(자료, 정보, 의견, 감정 등)과 아울러 전달하려는 특정 의도(목적)를 가지고 있는 주체를 말한다. 전달자는 한 사람일 수도 있고 복수의 사람일 수도 있으며, 조직이나 제도일 수도 있다. 커뮤니케이션은 정보를 보유하고 있는 전달자의 의도에서 시작되며, 전달하고자 하는 내용을

그림 9-1 커뮤니케이션의 과정모형

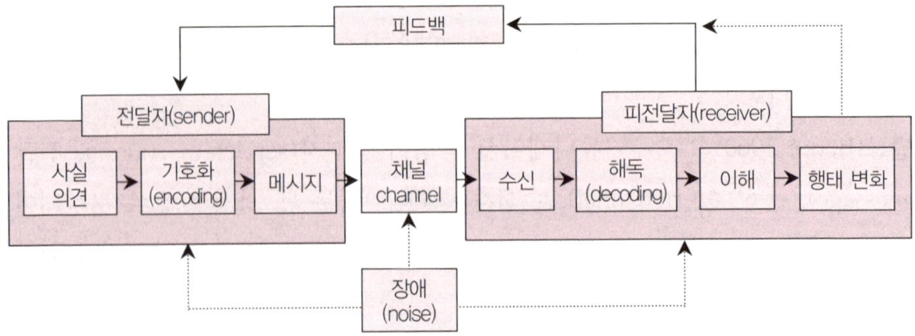

출처: 김호섭 외(2011: 263).

송신에 적합한 메시지 형태로 변환시키는 상징화, 또는 기호화(encoding)의 과정을 거치게 된다. 여기서 메시지란 전달자가 수신자에게 송신하는 일종의 자극으로서 특정 의미를 가지고 있고 구체적인 형태를 지닌 상징(symbol)들로 구성된다.

2) 채널과 매체

채널(channel)이란 메시지가 전달자에게서 수신자에게로 물리적으로 전송되는 통로를 말한다. 통로는 직접적 통로와 간접적 통로, 공식적 통로와 비공식적 통로 등으로 분류될 수 있는데, 조직에서 공식적 채널은 조직의 구조가 된다. 이러한 통로를 거치는 수단을 매체(media)라고 하는데, 이에는 면대면 대화, 메모, 공문, 보고서, 전화, 팩스, 문자 메시지, 이메일, 회의, 게시판, 방송 등이 망라적으로 포함된다. 이와 같은 채널의 선택과 매체의 선정을 위해서는 메시지의 내용, 전달자의 의도 등은 물론 수신자의 교육, 흥미 등의 수준, 전달되는 상황 등도 종합적으로 고려되어야 한다. 한편, 커뮤니케이션 과정에 끼어들어 말썽을 일으키는 것이 장애 또는 잡음(noise)이다. 장애는 커뮤니케이션의 모든 과정에 걸쳐서 발생할 수 있지만, 특히 채널을 거칠 때 빈번히 발생함으로써 커뮤니케이션의 정확도를 감소시키는 방해요소로 작용한다.

3) 수신자 또는 피전달자

수신자(receiver)란 상징 형태로 자신에게 도달한 발신자의 메시지를 해독화(decoding)하는 과정을 거쳐 원래 형태의 메시지로 전환시킨 뒤, 그 내용을 해석하고 거기에 의미를 부여하는 주체를 가리킨다. 송신자의 의도를 수신자가 정확하게 이해하려면 전달자와 수신자 모두가 일정 수준 이상의 공동 경험을 통해 해당 메시지에 대해 동일 내지는 유사한 의미를 부여할 수 있어야 한다. 왜냐하면, 사람들은 자신들이 보유하고 있는 지식, 경험, 태도 등에 의해 동일한 메시지에 대해서도 서로 다른 의미로 받아들일 수 있기 때문이다.

4) 효 과

커뮤니케이션의 효과(effect)란 메시지의 수신 결과로 수신자의 지식(knowledge), 태도(attitude), 행동(behavior) 등에서의 변화를 말한다. 변화라는 변수는 협의의 커뮤니케이션 과정에는 포함시키지 않을 수도 있겠으나, 커뮤니케이션의 궁극적 목적은 행태적 변화 유도이기 때문에 커뮤니케이션 개념을 광의로 해석할 경우에는 당연히 포함시켜야 한다.

5) 환 류

환류(feedback)는 전달자의 메시지에 대한 수신자의 반응으로서 커뮤니케이션의 효과성을 평가할 수 있는 기본적 요소다. 여기에서 효과성이란 커뮤니케이션 과정을 거치면서 메시지의 내용이 왜곡되지 않았는가, 송신자의 의도는 제대로 성취되었는가 등을 의미한다. 이러한 내용을 파악함으로써 메시지의 내용 변경 및 재발송 필요 여부, 기호화 수단의 교체, 채널 또는 매체의 변경 여부 등에 대한 판단을 하게 된다. 그러므로 환류는 커뮤니케이션을 역동적이고 쌍방향적 과정으로 만드는 중요성을 갖는다.

2. 커뮤니케이션의 원칙

효율적인 커뮤니케이션을 위해서는 커뮤니케이션 과정에서 나타나게 되는 왜곡이나 장애를 사전에 예방할 수 있도록 최소한의 기본 요건을 충족시켜 주는 것이 필요하다.

첫째, 전달할 메시지 내용과 커뮤니케이션의 목적을 명확히 하는 것이 필요하다.

둘째, 메시지 전달 대상이 누구인가를 파악해야 한다.

셋째, 전달하고자 하는 메시지의 분량, 전달 방식이나 채널 등에 대한 선택이 이뤄져야 한다(김호섭 외, 2011: 267-268; 조경호 외, 2014: 150-151).

레드필드(Redfield, 1958: 29-45)는 커뮤니케이션의 일반 원칙으로 다음과 같은 일곱 가지를 들고 있다(김규정, 1984: 478-479; 박연호, 2000: 283-285; 김호섭 외,

2011: 268-269; 조경호 외, 2014: 151-153).

첫째, 명료성(clarity)의 원칙이다. 이상적인 커뮤니케이션이 이뤄지려면 전달자가 의도한 의미를 피전달자가 정확하게 이해해야 한다. 성공적인 커뮤니케이션을 위해서는 수용자가 이해하기 쉽도록 간결한 문장과 평이한 용어를 사용해야 하고, 메시지의 내용이 일정한 구조를 갖추고 있어야 한다. 가능한 어려운 단어나 정확성을 결여한 어구, 불필요한 전문용어 등은 사용하지 않는다.

둘째, 일관성(consistency)의 원칙이다. 최초의 커뮤니케이션 내용과 그 이후의 내용이 서로 모순되어서는 안 된다. 또한 상위 차원의 내용과 하위 차원의 내용도 논리적으로 부합되어야 한다. 어떤 커뮤니케이션이든 당초 커뮤니케이션 전달자의 목표와 부합되어야 한다.

셋째, 적기적시성(timing and timeliness)의 원칙이다. 커뮤니케이션은 너무 이르거나 너무 늦어서는 안 되며 알맞은 시기를 택해서 행해져야 한다. 아무리 좋은 커뮤니케이션 내용이라 할지라도 적절한 시기와 시간을 맞추지 못하면 불필요한 것이 되고 만다.

넷째, 배포성(distribution)의 원칙이다. 전달하고자 하는 메시지가 어떠한 커뮤니케이션 수단과 기법을 통하든 명확하게 피전달자에게 전달되어야 한다. 메시지를 전달받아야 할 대상을 정확히 파악한 뒤 이들 모두에게 빠짐없이 전달되어야 하며, 피전달자가 파악·확정되어야만 그에 적합한 전달 매체를 선택할 수 있다.

다섯째, 적절성(adequacy)의 원칙이다. 커뮤니케이션에서는 피전달자의 수용 또는 이해 능력이나 상황 등을 고려한 적당량이 전달되어야 한다. 만약 그 양이 너무 많거나 너무 적은 경우에는 피전달자의 이해를 방해하게 된다.

여섯째, 적응성(adaptability)과 통일성(uniformity)의 원칙이다. 적응성이란 커뮤니케이션의 융통성·개별성·현실 합치성 등을 말하며, 통일성이란 각 커뮤니케이션이 전체로서 통일된 정책이나 목표로 표현되게 하는 것을 말한다.

일곱째, 관심(interest)과 수용성(acceptance)의 원칙이다. 커뮤니케이션은 피전달자가 관심을 가지고 그것을 받아들일 수 있는 가능성이 있을 때 비로소 가치가 있고 능률적으로 이뤄질 수 있다. 어떠한 커뮤니케이션도 피전달자의 적극적인 반응을 얻는 데 그 목적이 있는 것이다.

제 3 절 커뮤니케이션의 유형

커뮤니케이션의 유형은 크게 조직 커뮤니케이션과 개인 차원의 커뮤니케이션으로 구분해 검토할 수 있으나, 기본 과정이나 원칙에서는 크게 다르지 않다. 다만, 조직에서는 조직구조라는 사전에 결정된 커뮤니케이션 통로가 있다는 점에서 다를 뿐이다. 커뮤니케이션을 유형화하자면 전달 경로, 흐름의 방향, 전달 대상, 목적, 수단(매체) 등의 기준에 따라 여러 가지로 분류할 수 있으나, 통상적으로 조직 커뮤니케이션은 그 경로를 기준으로 공식적 및 비공식적 커뮤니케이션으로 나눈 뒤, 다시 공식적 커뮤니케이션을 방향성을 기준으로 하향식, 상향식, 그리고 수평적 커뮤니케이션으로 구분하는 절충식 분류법을 사용한다(이창원 · 최창현, 2005: 366−367; 오세덕 외, 2007: 213−214; 김호섭 외, 2011: 269−270; 조경호 외, 2014: 156).

1. 공식적 커뮤니케이션

공식적 커뮤니케이션은 공식적인 권한과 계층제를 통해 공식적으로 조직마다 제도적으로 마련되어 있는 특정한 요건이나 양식을 갖추고 있는 수단에 의존해 정보가 유통되는 것을 의미한다. 공식적 커뮤니케이션에는 크게 하향식, 상향식, 그리고 수평적 커뮤니케이션이 있다(조경호 외, 2014: 156).

1) 하향식 커뮤니케이션

하향식(downward) 커뮤니케이션은 조직의 계층구조를 따라 상급자로부터 하급자에게로 명령이나 지시 · 방침 · 성과 표준 등이 전달되는 커뮤니케이션을 말하며, 다른 유형에 비해 가장 빈도가 높다(이창원 외, 2012: 300). 문서명령과 구두명령을 포함하며, 하향식 커뮤니케이션은 명령 외에도 조직의 각종 규정이나 절차 등을 담은 편람이나 핸드북을 제작 · 배포하거나, 일시적 또는 긴급한 정보를 제공하기 위해 게시판, 구내 방송 또는 사내 기관지 등을 활용하기도 한다(조경호 외, 2014: 157). 공식조직의 모든 계층은 여러 가지 긍정적인 측면을 가지지만 동시에 지위나 권한의 차이 때문에 부정적인 측면(예: 상급자의 잘못을 하급자가 말하지 못하는 경향 등)도 많다(Wilensky, 1967: 42–48; 오세덕 외, 2007: 214).

2) 상향식 커뮤니케이션

상향식(upward) 커뮤니케이션은 하급자가 상급자에게 의사를 전달하는 방식으로, 보고를 비롯해 결재(또는 품의) 제도, 면접, 의견조사, 제안제도 등이 포함된다(조경호 외, 2014: 157). 상향식 커뮤니케이션은 조직에서 상하급자 간에 쌍방적 커뮤니케이션을 가능하게 하고 상의하달의 오류를 시정하는 장점이 있는 반면, 여과효과(filtering effect)에 의해 그 정확성이 훼손될 가능성이 있다. 즉, 하급자들은 상급자의 질책을 우려해서, 또는 상사의 귀를 즐겁게 하기 위해 중요한 부정적 정보들 중 상당량을 걸러내고 전달하는 경우가 많다(Thompson, 1967: 125; 이창원 외, 2012: 300).

3) 수평적 커뮤니케이션

수평적(horizontal) 커뮤니케이션은 조직에서 위계 수준이 같은 구성원이나 부서 간의 커뮤니케이션을 의미하는 것으로 상호작용적 커뮤니케이션이라고도 한다(이창원 외, 2012: 300). 이에는 사전심사제도, 회람 또는 통지, 회의 또는 위원회제도 등이 있다(조경호 외, 2014: 157–158). 하향적인 메시지의 흐름이 대개 권위적인데 비해 수평 흐름에 의한 메시지의 내용은 주로 협력적인 성격을 띠며 그 왜곡의 정도도 덜하다. 근래에 와서 수평적 커뮤니케이션의 중요성이 크게 인식되어 왔는데, 그 이유는 각 구성원 간 및 부서 간의 갈등을 관리하고 조정 활동을 강화해야 조직 목표를 달성할 수 있기 때문이다. 특히 계층이 많은 대조직의 경우 서로를 경쟁관계 또는 적대관계로 인식하거나 이른바 할거주의(sectionalism) 경향으로 인해 수평적 커뮤니케이션이 원활히 이뤄지지 못하는 경우가 많다(오세덕 외, 2007: 215).

2. 비공식적 커뮤니케이션

커뮤니케이션이란 인간의 가장 기본적 욕구 중의 하나이므로, 조직에서 공식적으로 정해진 통로나 방법만으로 이뤄지지 않는다. 다시 말해서, 구성원들은 조직에서 공식적으로 부여한 역할과 임무에서 벗어나 지연·혈연·학연을 비롯한 각종 인연이나 신뢰의 수준 등에 따라 형성된 자생적 통로에 의해 커뮤니케이션을 하는데, 이를 비공식적 커뮤니케이션이라고 일컫는다. 한마디로 조직 내 비공식적 커뮤니케이션 통로를 따라 확인되지 않은 소문 혹은 풍문(grapevine)이 퍼져 나가는 현상을 의미한다. 소문 혹은 풍문은 이를 통해 흐르는 정보의 내용이 루머(rumour)의 형태인 데다가 커뮤니케이션 과정에서 왜곡의 소지가 많아 관리자들에게는 경원시되어 왔다(김호섭 외, 2011: 273; 이창원 외, 2012: 301).

그러나 소문 혹은 풍문은 조직에서 필연적이고 자연적인 현상임을 인정해야 할 것이다. 비공식적 커뮤니케이션은 공식적 커뮤니케이션에 비해 매우 전달 속도가 빠르고 융통성을 겸비하고 있다. 관리 목적에 이바지할 수 있는 비공식적 커뮤니케이션의 장점으로는 ① 관리자로 하여금 일반직원들의 동태 파악을 용이하도록 하고, ② 일반직원들의 정서적 긴장을 해소하며, ③ 관리층에서 발하는 딱딱한 명령이나 지시를 인간적이고 부드러운 것으로 옮겨놓는 역할을 하고, ④ 공식적 커뮤니케이션 체계가 공급하지 못하는 유익한 정보를 전달하는 역할을 하는 것 등이 있다. 반면, 비공식적 커뮤니케이션의 단점으로는 ① 풍문을 유포시킬 가능성을 내포하고 있다는 점과, ② 책임성이 없다는 것 등이 있다. 비공식적 커뮤니케이션 체계는 정보 전달 시에 오류를 범한다 하더라도 책임 추궁의 대상이 없기 때문에 편의에 따라 마음대로 사실을 왜곡할 수 있다(이창원 외, 2012: 301).

공식적 커뮤니케이션과 비공식적 커뮤니케이션의 상대적 장·단점을 간략히 정리하면 [표 9−1]과 같다. [표 9−1]에서 알 수 있듯이, 공식적 커뮤니케이션의 장점과 단점은 비공식적 커뮤니케이션의 단점과 장점이 된다는 점에서 공식적 커뮤니케이션과 비공식적 커뮤니케이션은 상호보완적 관계에 있음을 확인할 수 있다(김호섭 외, 2011: 274).

표 9-1 공식적 · 비공식적 커뮤니케이션의 상대적 장 · 단점

공식적 커뮤니케이션	장점	상관의 권위를 유지 · 향상시키는 데 도움 의사전달이 확실하고 편리함 객관적인 의사전달이 가능 … 피전달자에게 정확성과 기대감 제공 전달자와 피전달자가 명확하기 때문에 책임 소재가 분명 정보를 사전에 확보해 의사결정에의 활용 용이
	단점	융통성이 없고 형식적으로 흐리기 쉬움 … 설득력이 낮음 배경에 대한 설명이 곤란 복잡하고 다양한 인간의 의사를 너무 단순하게 표현하는 경향 의사전달이 느리기 때문에 새로운 환경 변화에 즉각적 대처가 어려움
비공식적 커뮤니케이션	장점	부하 직원들의 동태 파악 용이 부하 직원의 정서적 긴장 해소 딱딱한 명령이나 지시를 인간적이고 부드럽게 전환 가능 공식적 커뮤니케이션 체계가 제공하지 못한 유익한 정보 전달
	단점	왜곡된 사실들의 유포 가능성 … 구성원들의 불만 또는 불안 자극 책임 소재 불분명

출처: 김호섭 외(2011: 274).

제 4 절 커뮤니케이션의 장애와 극복

커뮤니케이션의 과정에 여러 가지 원인으로 다양한 유형의 장애(noise)가 발생할 수 있다. 커뮤니케이션 메시지가 전달되는 과정을 거치면서 메시지의 내용은 물론 전달자의 의도 등이 제대로 전달되지 않은 경우에는 커뮤니케이션의 정확성(accuracy)이나 효과성(effectiveness)을 떨어뜨린다. 이러한 커뮤니케이션의 장애요인은 구조적 측면에서는 계층제, 전문화, 집권화를 들 수 있으며(조석준, 1993: 398-402), 과정적 측면에서는 왜곡, 누락, 정보의 과부하, 수용의 거부 등을 들 수 있다(이창원 외, 2012: 301-304; 조경호 외, 2014: 160).

1. 장애요인

1) 구조적 장애요인

효과적인 커뮤니케이션을 저해하는 구조적 요인으로는 계층제, 전문화, 집권화 등을 들 수 있다(조석준, 1993: 398－402; 오세덕 외, 2007: 217－219; 이창원 외, 2012: 301－302; 조경호 외, 2014: 160－161).

(1) 계층제

아지리스(Chris Argyris)에 의하면, 조직은 조직 목표 달성을 위한 계층제(hierarchy)를 강조하고, 개인은 심리적 성공과 개인적 욕구 충족을 추구하는 데, 이러한 양자의 불일치에서 정보의 왜곡 현상이 생기고, 이런 과정이 반복됨에 따라 정보 왜곡은 더욱 심해진다고 한다. 특히 조직이 많은 계급을 만들고, 계급성을 강조하며, 이에 부수된 상징을 강조할수록 정보의 왜곡과 단절 현상은 심해지고, 이에 대처하기 위해 상부에서는 더욱 충성심 · 세뇌 등을 강조하게 되며, 따라서 직원들은 '보수형의 조직인'이 되고, 창의성은 없어지며, 정보는 그 질이 더욱 낮아진다(오세덕 외, 2007: 217－218; 이창원 외, 2012: 301－302).

(2) 전문화

조직은 그 내부구조의 분업의 필요에 의해 소관이 다른 각 부서를 설치해 분야별로 전문화시키고 있는데, 이로 인해 각 부서는 경쟁관계에 놓이게 되고 정보는 왜곡되거나 단절된다(이창원 외, 2012: 302). 기본적으로 조직은 그 내부구조의 분업과 소관 부서의 전문화를 통해 조직의 효율화를 도모하는데, 이로 인해 각 부서가 경쟁관계에 놓이게 되어 원활한 커뮤니케이션을 방해하거나 왜곡시켜 정보의 내용과 질을 왜곡시키는 요인으로 작용한다(조경호 외, 2014: 161).

(3) 집권화

소수의 전문가집단이나 조직의 최고위층에 제한된 정보가 집중되는 경우에 커뮤니케이션의 왜곡과 장애가 발생한다(조경호 외, 2014: 161). 만일, 정보 활동이 조직의 최고위층에 집중되어 있으면 너무 적은 수의 전문가 및 인원이 너무 적은 양의 유관한 정보를 갖게 되어 실정에 어둡게 되며, 너무 많은 양의 업무 때문에 제대로 기능할 수 없게 된다. 또 커뮤니케이션 체제가 집권화되면 단순 문제에 대해서는 신속하고 능률적으로 처리하기에 유리하지만, 복잡한 문제에 대해서는 분권화된 구조 쪽이 더 효과가 크며 직원의 사기도 더 높다(이창원 외, 2012: 302).

2) 과정적 장애요인

(1) 왜 곡

왜곡(distortion)이란 메시지의 의미나 내용을 변화시켜 올바른 정보를 전달하지 않는 현상을 말하는데, 왜곡이 발생하는 것은 대개 다음과 같은 이유들 때문이다(이창원 외, 2012: 302−303).

첫째, 개인들은 상이한 경험으로 인해 준거 체제가 서로 다르므로, 동일한 커뮤니케이션을 다르게 해석할 수 있다(Gibson, Ivancevich, & Donnelly, 1991: 553).

둘째, 어의상의 문제로서 전달자가 모호한 말을 사용하거나 수신자에게 생소한 전문적 용어를 사용할 경우 언어의 부적절한 사용으로 해석의 오류를 낳는다.

셋째, 감각적 정보를 조직화하는 지각 과정에서 발생하는 오류로서, 고정 관념(stereotypes), 후광효과(halo effect), 투사(projection), 선택적 지각(selective perception) 등을 들 수 있다.[2)]

넷째, 시간에 쫓기다 보면 적시성을 놓치거나 당연히 포함해야 할 사람을 커뮤니케이션 경로에서 제외시키는 등 시간 압박(time pressure)이 요인이 된다.

(2) 누 락

누락(omission)은 전달자가 의도한 메시지의 일부만이 수신자에게 전달됨을 뜻한다. 누락 현상은 전달자가 고의로 커뮤니케이션의 내용을 여과(filtering)할 때라든가 전달자가 모든 메시지를 파악하지 못함으로써 불충분한 정보를 수신자에게 전달할 때 발생한다. 그리고 고의는 없더라도 조직이 고층구조를 지녀 커뮤니케이션 단계가 길어지게 되면 이러한 누락 현상이 발생할 수 있다(이창원 외, 2012: 303; 조경호 외, 2014: 161−162).

---

2) 제4장 지각과 학습에서 자세히 설명하고 있다.

(3) 정보의 과부하

과부하(overload)란 메시지의 흐름이 그 체제의 처리 용량을 초과해 유입되는 상황을 나타내는 평가적 용어다. 정보의 홍수에 휩쓸리다 보면 적절한 조치를 강구해야 할 중요 문제를 가려내지 못하거나 합리적인 의사결정을 못할 때가 많다(오세덕 외, 2007: 220; 이창원 외, 2012: 303).

(4) 수용의 거부

메시지 수신자가 전달자의 말이나 행동을 신뢰하지 않거나, 메시지에 대한 선입견을 갖는 경우 수용(acceptance)의 거부 현상이 나타나게 되며, 이러한 경우 커뮤니케이션의 원래 의도는 제대로 전달되지 않거나 장애가 발생한다. 선입견을 가지고 다른 사람의 주장이나 의견을 평가해서는 안 된다는 의미이며, 자기의 주장과 선입견을 내려놓고 주의 깊은 청취가 원활한 커뮤니케이션을 이루는 데 중요하다는 것을 알려준다(조경호 외, 2014: 162).

2. 커뮤니케이션 장애의 극복

커뮤니케이션의 장애를 극복하기 위해서는 구조적 측면에서의 극복방안과 과정적 측면에서의 극복방안을 검토해 볼 수 있는데, 이하에서는 과정적 측면에서의 커뮤니케이션 장애를 극복할 수 있는 방안을 중심으로 살펴보기로 한다. 물론 구조적 측면에서도 계층제, 전문화, 집권화 현상을 궁극적으로 커뮤니케이션의 효과성과 정확성을 달성할 수 있도록 수정하거나 보완해야 할 것이다(조경호 외, 2014: 162).

1) 왜곡과 누락 방지

왜곡과 누락이라는 커뮤니케이션 장애에 대처하는 방법으로는 다음과 같은 몇 가지가 사용되어 왔다(오세덕 · 여윤환, 2000: 258-259; 이창원 · 최창현, 2005: 375-376; 오세덕 외, 2007: 221).

첫째, 가외성(redundancy)의 방법으로서 하나의 메시지를 이질의 채널을 통해 서로 다르게 자주 되풀이하는 것이다. 만일 한 공직자가 그의 권한 하에서 보고되었던 사실들에 대해 정확성을 의심한다면 둘 혹은 그 이상의 채널을 설정해(때로는 경쟁을 통해) 같은 사실을 보고하게 할 수 있다.

둘째, 확증(verification)의 방법으로서 이전의 메시지에 대해 그 정확도를 보장하는 것이다. 메시지 내에 편파가 개재되었다고 보일 때 그에 맞서는 편파를 모색하도록 해서 차이 있는 해석을 뽑아낼 수 있는 것이다.

셋째, 통과(bypassing)의 방법으로서 커뮤니케이션 흐름에서 중개자(intermediary)를 제거하는 것이다. 통과는 계층 수를 줄여 평면조직화하거나, 고위층이 현업 부서를 직접 조사하는 방법, 건의함이나 옴부즈만(Ombudsman) 방법 등을 통해 성취될 수 있다.

넷째, 사후검사(follow-up)와 환류(feedback)를 이용해서 메시지의 내용이 실제로 어떻게 해석되고 있는가를 확인하거나, 정기적 회의처럼 구체적인 메시지의 시기를 표준화함으로써 시간 압박을 해소하는 등도 커뮤니케이션의 왜곡과 누락을 극복하는 방안이 될 것이다.

2) 정보 과부하 방지

원래 조직구조(특히 관료제 구조) 자체는 수신자의 정보 접근을 제한할 수 있고, 그 결과 정보 과부하를 줄여준다고 볼 수 있다(Rogers, 1973: 333). 좀 더 구체적인 방법으로는 시기적 조절에 의해 정보량을 표준화하는 방법, 정보에 대해 우선순위를 설정하고 순위가 낮은 것은 타인에게 처리시키는 방법, 조직을 분권화함으로써 상위층에 집중되는 정보를 중간층 이하에 분산시키는 방법, 비서나 참모와 같은 문지기(gatekeeper)를 확충하는 방법 등이 주로 사용된다(이창원 외, 2012: 304; 조경호 외, 2014: 163).

3) 수용 거부 방지

커뮤니케이션의 개선을 위해서는 조직 내 구성원들 간의 신뢰 형성이 무엇보다도 중요하다. 이를 위해 전달자는 행동으로 메시지를 뒷받침하는 신뢰를 보여야 하며, 수신자는 자신의 편견이나 선입견을 버리고 객관적으로 메시지를 판단하며 전체적인 의미를 신뢰하는 태도를 갖춰야 한다. 감정이입적 청취(listening with empathy) 내지 역지사지적(易地思之的) 청취(projective listening)가 필요하다. 수용자는 이러한 청취 태도를 가지고 사전적 비판이나 단정과 같은 심리적 경향을 의식적으로 자제한 채, 전달자의 메시지를 신중히 들으며, 그의 의도와 입장 및 특성을 이해하려고 노력한 후 평가하려는 이성적 태도를 지녀야 한다(오세덕 외, 2007: 222; 조경호 외, 2014: 163).

지도자의 커뮤니케이션 방식

이명박 대통령이 정치에 갓 입문한 1990년대 초 김동길 교수, 박찬종 의원과 좌담을 하는 자리에 갔다. 이 대통령은 가장 과묵한 쪽이었다. 다른 두 참석자가 장안에서 둘째가라면 서러울 달변가인 데다 좌담 참여 경력으로 봐도 '선수'들이라 이 대통령에겐 좀처럼 말할 기회가 오지 않았다. 그로부터 15년쯤 지난 후 이 대통령이 서울시장 임기를 마치기 직전 인터뷰를 하게 되었다. 그 땐 한 시간 반 동안 얼마나 빠른 속도로 이야기를 쏟아냈는지 손이 저리도록 받아써야 했다.

며칠 전엔 이 대통령이 지난 주 뉴질랜드 · 호주 · 인도네시아 순방을 마치고 귀국하는 비행기 안에서 녹음한 주례 라디오 연설을 들어봤다. 이 대통령은 "비행기 안에서 녹음해 소음이 많으니 양해해 달라"면서 연설을 시작한다. 그리고는 피곤한 목소리로 연설문을 읽어나간다. 내용이 재미있는 것도 아니고 놀랄 만큼 중요한 정보가 있는 것도 아니다. 조금 듣다 보면 지루해져서 금방 딴 생각을 하게 된다. 대통령과 국민들 간의 원활한 소통엔 '장치'가 필요하다.

민주당 전당대회 연설 한번으로 전국적인 스타 정치인이 되었던 오바마도 대통령 취임 후엔 연설의 마법이 서서히 풀리고 있다. 백악관 웹사이트와 유튜브에 올린다고 해서 화제였던 주례 라디오 연설 동영상도 요즘엔 인기가 시들하다. 처음엔 일주일 만에 60만 명이 봤다고 하더니 이젠 수백 명이 볼 뿐이다.

단순히 정기적인 소통 창구를 열어놓는 것만으론 부족하다는 걸 소통의 달인이라는 레이건 전 미국 대통령은 잘 알고 있었다. 그는 "주말에 데이트하는 연인들이 화제로 삼을 수 있는 내용이 한 가지쯤은 들어 있어야 한다"는 마음으로 주례 라디오 연설을 했다고 한다. 또 대통령 자신의 이야기가 아니라 국민들의 이야기를 하는 것을 원칙으로 삼았다. 그러나 레이건은 또 한편으론 '멍청한' 실수를 잘하기로 유명했다. 연설문을 읽다가 '다음 페이지로'라고 쓰인 지문까지 읽어 청중이 폭소를 터뜨리게 만들었다. 주례 라디오 연설을 할 땐 방송이 시작된 것도 모르고 소련에 폭격을 할 계획이라고 엉뚱한 이야기를 해서 참모들을 기절초풍하게 만들기도 했다. 당연히 '머리가 나쁘고 뭘 잘 몰라서 저런 실수까지 한다'는 평이 따라 붙었다. 훗날 평가는 좀 달라졌다. 대본을 보는 데 익숙한 배우 출신이 지문까지 읽는 실수를 했을 리가 없다는 것이다. 영화배우 출신이라고 해서 '딴따라 대통령'이라 불렸던 레이건이지만 그는 '쇼맨십'이 얼마나 효과적인 정치적 재능인지를 보여줬다.

귀국행 비행기 안에서 연설을 마치며 이 대통령은 "어렵지만 우리 모두 희망을 가집시다"라고 말한다. 인터넷에 올려 있다뿐 발상은 1930년대식인 이 일방적인 연설을 듣다 보면 대통령과 그 참모들이 정말로 소통의 중요성을 이해하는 것인지 의문이 든다. 리더십의 핵심은 국민들의 어려움에 공감하고 있다는 걸 '보여주는' 능력이라는 것도 이해하지 못하는 것 같다.

출처: 조선일보(2009.3.13); 이창원 외(2012: 311-312).

제 5 절 조직의 커뮤니케이션 네트워크[3)]

커뮤니케이션 네트워크라 함은 "조직구성원들 간에 이뤄지고 있는 반복적이며 제한적인 상호작용의 패턴"을 말한다. 따라서 네트워크란 개인과 조직 사이의 중간 크기에서 매개하는 묶음(grouping)이라 할 수 있다. 커뮤니케이션 네트워크에 대한 연구는 다양하나, 여기에서는 가장 기본적이라 할 수 있는 소집단 네트워크에 대한 실험실 훈련과 사회성 측정법을 살펴보기로 한다.

1. 소집단 네트워크에 대한 실험실 훈련

집단의 구조를 반영하는 커뮤니케이션 네트워크가 그 집단구성원의 행태에 어떤 영향을 미치는가 하는 주제에 관해서는 1950년대 이후 사회학자들에 의해 이뤄진 소집단 연구가 그 효시를 이룬다. 바벨라스와 바렛(Bavelas & Barrett, 1951: 366-370), 리비트(Leavitt, 1951: 38-50)는 원탁을 칸막이로 분할해 놓고 다섯 사람을 그 탁자에 둘러앉게 해서 물리적으로 서로 격리시킨 채, 각 칸막이에 뚫어놓은 작은 구멍을 통해서 메시지를 서로 주고받도록 실험을 조작했다. 그리고는 다섯 사람 모두가 함께 참여해야 할 공동 과제를 부여한 후 [그림 9-2]와 같은 각 네트워크에 따라 나타나는 조직 행태상의 차이를 밝혀내고 있다.

이들은 '거리(네트워크 내의 개인의 위치)'와 '중심도(centrality)' 및 '주변도(peripherality)'라는 새로운 개념을 제시하고 있는데, 그 의미와 계량적 측정을 간단히 살펴보면 다음과 같다. 우선, 거리에는 개인거리와 집단거리가 있는데, 개인거리는 한

3) 이 부분은 이창원 · 최창현(2005: 377-382)과 오세덕 외(2007: 222-228)의 내용을 중심으로 요약 · 정리했다.

그림 9-2 커뮤니케이션 네트워크의 형태

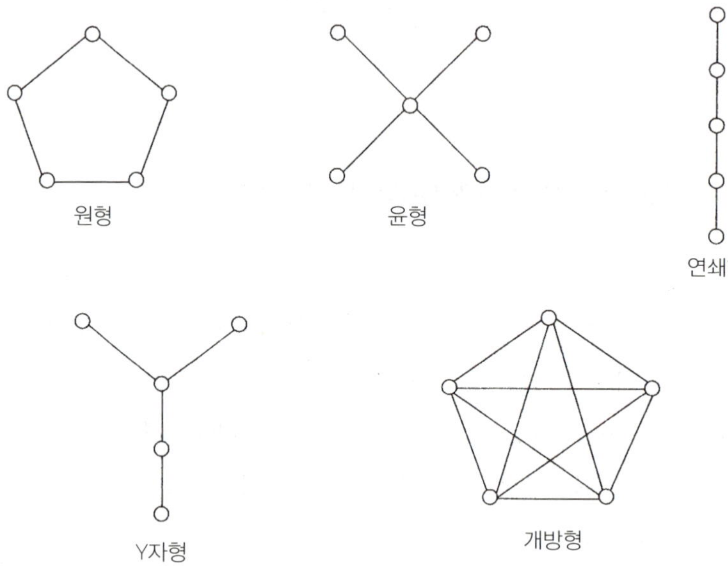

출처: 이창원 · 최창현(2005: 379).

성원이 집단 내의 다른 성원과 접촉하는 데 거쳐야 할 연결 수(link)를 말하며, 집단거리는 모든 개인거리의 합을 말한다. 그리고 가장 긴 개인거리는 그 집단의 '지름'이라 불린다. 여기에서 개인거리가 짧다는 것은 다른 성원과 쉽게 메시지를 주고받을 수 있다는 뜻이고, 집단거리가 짧다는 것은 성원들 간의 접촉관계가 원활하다는 것을 나타낸다. 중심도란 그 집단 내의 각 성원이 어느 정도 중심적인 위치를 차지하고 있는가를 나타내는 상대적인 평가 개념으로서 집단거리를 그 성원의 개인거리로 나눠 얻게 된다. 끝으로, '개인의 주변도'란 각 성원의 개인 중심도와 그 집단의 최대 중심도와의 차이를 말하고, '집단경사도'란 집단성원 개개인의 중심도를 모든 합한 것으로, 그 집단성원들이 얼마나 균형을 유지하면서 커뮤니케이션에 참여하는가를 나타낸다.[4)]

[그림 9-2]에 나타난 커뮤니케이션 네트워크 형태별 개인거리, 집단거리, 지름,

4) 집단경사도가 클수록 집단구조의 정보망은 특정 개인에게 집중되어 있음을 나타내고, 집단경사도가 작을수록 집단구조의 정보망은 개방적이어서 집단구성원이 골고루 커뮤니케이션에 가담하고 있음을 나타낸다.

중심도, 개인의 주변도, 집단경사도는 다음과 같다. 원형의 경우, 각 개인거리는 6이고, 집단거리는 30이며, 지름은 6이다. 중심도는 각 개인별로 5이며, 개인의 주변도는 0이고, 집단경사도는 25이다. 윤형의 경우, 가운데 있는 개인의 거리는 4이고, 나머지 4인의 개인거리는 7이며, 따라서 집단거리는 32이고, 지름은 7이다. 중심도는 가운데 있는 개인의 중심도는 8이고, 나머지 4인의 중심도는 4.6이다. 개인의 주변도는 가운데 있는 개인의 주변도는 0이고, 나머지 4인의 개인주변도는 3.4이다. 집단경사도는 26.4이다. 연쇄형의 경우, 각 개인거리는 위에서부터 10, 7, 6, 7, 10이고, 집단거리는 40이며, 지름은 10이다. 중심도는 위에서부터 4, 5.7, 6.7, 5.7, 4이고, 개인의 주변도는 위에서부터 2.7, 1, 0, 1, 2.7이며, 집단경사도는 26.1이다. Y자형의 경우, 각 개인거리는 위에서부터 좌 8, 우 8, 5, 6, 9이고, 집단거리는 36이며, 지름은 9이다. 중심도는 위에서부터 좌 4.5, 우 4.5, 7.2, 6, 4이고, 개인의 주변도는 위에서부터 좌 2.7, 우 2.7, 0, 1.2, 3.2이다. 집단경사도는 26.2이다. 개방형의 경우, 각 개인거리는 4이고, 집단거리는 20이며, 지름은 4이다. 중심도는 각 개인별로 5이며, 개인의 주변도는 0이고, 집단경사도는 25이다.

이후에도 미시적 네트워크에 관한 연구들이 계속되었는데, 미시적 네트워크의 형태에 따른 조직 행태의 여러 측면에 미치는 영향을 요약하면 [표 9-2]와 같다.5)

표 9-2 커뮤니케이션 네트워크와 조직 행위

네트워크 조직 행위	연쇄형	윤 형	원 형	개방형
권한의 집중도	높음	중간	낮음	매우 낮음
의사전달의 속도	중간	단순 과업: 빠름 복잡 과업: 늦음	모여 있는 경우: 빠름 떨어져 있는 경우: 늦음	빠름
의사전달의 정확성	문서: 높음 구도: 낮음	단순 과업: 높음 복잡 과업: 낮음	모여 있는 경우: 높음 떨어져 있는 경우: 낮음	중간
집단의 만족도	낮음	낮음	높음	높음
의사결정의 속도	빠름	중간	늦음	–
결정에 대한 집단의 몰입 정도	낮음	중간	높음	–

출처: 신유근(1990: 351).

5) 여기에서 Y형은 명령통일의 조직 원리에 위배되며 일상 조직에서 흔치 않은 형태이므로 논의하지 않기로 한다.

그러나 이와 같은 연구 결과들은 주로 실험실이라는 인위적 상황에서 이뤄진 것이고 사용된 독립변수의 수가 제한되어 있으므로, 이것을 그대로 규모가 큰 조직 현장에 적용해 일반화시킬 수 없다는 비판이 있어 왔다(Burgess, 1968: 324−337). 그러나 커뮤니케이션 네트워크 내에서 구조의 영향력에 관한 정보를 제공해 줌으로써 대규모 조직 내의 소집단을 분석적으로 연구할 수 있는 정형적 실마리와 통찰력을 제공해 준 공헌은 크다고 하겠다(오세덕 · 여윤환, 2000: 265).

2. 사회성 측정법

커뮤니케이션 네트워크에 대한 또 하나의 유력한 연구방법으로는 시카고대학교의 모레노(J. L. Moreno) 교수가 개발한 사회성 측정법(sociometry method)을 들 수 있다. 조직도표가 조직의 공식성을 보여준다면 사회성 측정법은 비공식적 구조를 보여주며, 전자가 커뮤니케이션 경로를 사전에 지시해 주는 것이라면, 후자는 이미 형성된 비공식적 관계를 사후적으로 파악한 것이라 하겠다(이창원 · 명승환 · 임영제, 2004: 488).

집단 내 개인 간의 거리, 즉 집단구성원의 호−불호(好−不好) 관계를 파악할 수 있다면 좀 더 실제적인 커뮤니케이션 네트워크를 발견할 수 있을 뿐만 아니라 집단 응집성의 정도도 측정할 수 있을 것이다. 물론 공식적 네트워크와 비공식적 네트워크 간에는 어느 정도 중복될 수도 있고, 전혀 별개일 수도 있다. 이러한 불일치를 발견했을 때 관리자로 하여금 커뮤니케이션 구조상의 문제점을 확인하고 그 개선책을 촉구하게 할 수도 있다.

소시오메트리 구조를 도식화한 것이 소시오그램(sociogram)인데, [그림 9−3]과 [그림 9−4]는 가상적 집단의 소시오그램을 예시한 것이다. 숫자나 문자가 적힌 원은 집단구성원을 표시하고, 선 끝에 있는 화살표는 좋아하는 방향, 혹은 커뮤니케이션을 하는 방향 표시로서 일방적인 관계 혹은 쌍방적인 관계를 표시한다.

그림 9-3 소시오그램의 예시 1

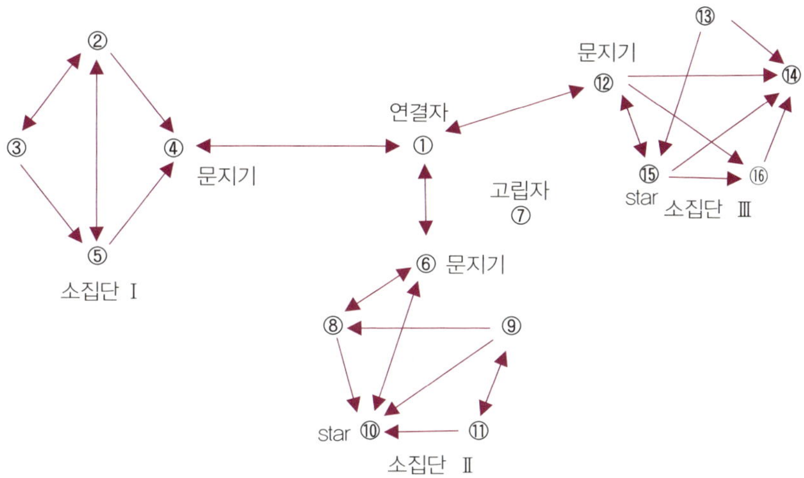

출처: 이창원 · 최창현(2005: 382) 수정.

그림 9-4 소시오그램의 예시 2

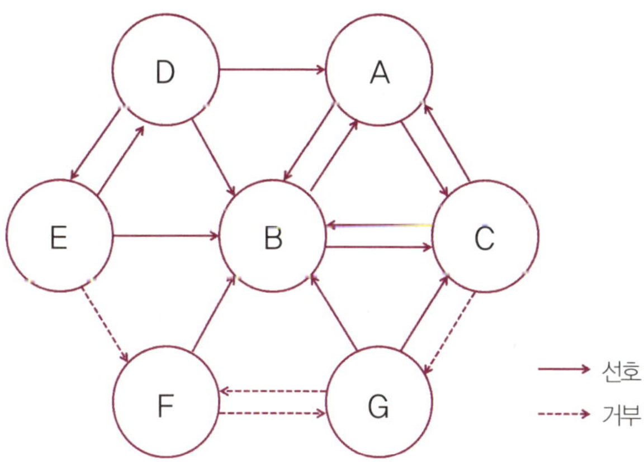

소시오그램과 병행해 조직의 커뮤니케이션 구조를 분석할 수 있게 도와주는 것이 [표 9-3]과 같은 소시오메트릭스(sociometrics)다. [표 9-3]의 경우 선호 신분 지수가 제일 큰 B가 중심인물이고, F와 G 같은 경우 집단 내에서 소외받고 있는 인물이라는 것을 알 수 있다. 또 집단구성원이 7명이라는 작은 숫자임에도 불구하고 응집

표 9-3 소시오메트릭스의 예

선호 거부 / 구성원	A	B	C	D	E	F	G	신분 서열 (선호 신분 지수)
A	×	①	①					정규 신분 A(0.50)
B	①	×	①					B(1.00)
C	①	①	×				−1	C(0.50)
D	1	1		×	①			주변 신분 D(0.17)
E		1		①	×	−1		E(0.17)
F		1				×	−1	고립 신분 F(−0.33)
G		1	1			−1	×	G(−0.33)
선호 계층	3	6	3	1	1	−2	−2	응집성 지수: $\frac{4}{{}_7C_2}=\frac{4}{21}=0.190$
선호 신분 지수	0.50	1.00	0.50	0.17	0.17	−0.33	−0.33	선호: 1 거부: −1 상호 선호: ○

※ 선호 신분 지수 $= \frac{\text{어느 개인이 선택된 수}}{\text{구성원수}-1}$, 응집성 지수 $= \frac{\text{실제 상호 선호관계의 수}}{\text{가능한 상호 선호관계의 수}}$

출처: 이창원 · 최창현(2005: 382) 수정.

성 지수가 0.2에도 못 미친다는 점을 감안할 때 응집성이 상당히 낮은 집단임을 알 수 있다. 집단 응집성이란 구성원들이 서로 매력적으로 끌리어 그 집단 목표를 공유하는 정도라고 할 수 있다. 집단 응집성 지수는 집단 내에서 가능한 상호 선호관계의 수와 실제 상호 선호관계의 수를 비교하여 계산한다. [그림 9−4]와 [표 9−3]에서 집단 응집성 지수는 실제 상호 선호관계의 수가 4이고, 7명으로 구성된 집단에서 가능한 상호 선호관계의 총수(${}_7C_2$)는 21이므로, 4를 21로 나눈 값인 0.19가 된다.

제 6 절 커뮤니케이션의 활용[6)]

커뮤니케이션은 사람들 사이에서 일어나는 상호작용 중 가장 근본적인 현상 중의 하나이며, 조직 내 인간의 행동도 커뮤니케이션을 매개로 끊임없이 상호작용한다. 따

6) 이 부분은 최현아 · 김태영(2010)의 내용을 중심으로 요약 · 정리한 것이다.

라서 조직 내의 다른 과정들도 커뮤니케이션에 의존하고 있으며, 커뮤니케이션의 형태와 기술은 조직의 활동 범위와 조직구조, 조직구성원의 만족도 및 태도, 의사결정과 동기부여 등에 영향을 주는 주요 요소이다. 조직의 목표를 효과적으로 달성하기 위해서는 합리적인 커뮤니케이션이 필수적이며, 커뮤니케이션은 조직 내에서 조정(통제), 동기유발 촉진, 사회적 욕구 충족, 의사결정의 합리화, 조직체의 유지 등의 기능을 수행한다(Scott & Mitchell, 1976; 이창원 · 명승환 · 임영제, 2004: 462; 김호섭 외, 2011: 261-262; 이창원 외, 2012: 297-298; 조경호 외, 2014: 150). 이하에서는 커뮤니케이션의 이러한 특성을 잘 보여주는 연구를 하나 소개하여 조직 내에서 커뮤니케이션이 왜 중요하고 어떻게 활용되고 있으며, 또 어떻게 활용되어야 하는지에 관한 정보를 제공하고자 한다.

관리자들은 사업성과가 높은 조직들을 부러워하며 그들의 성공요소를 찾기 위해 분주한 시간을 보낸다. 또한 사업성과와 조직 내 커뮤니케이션 역량 사이에 어떤 관계가 있는지도 궁금해한다. 글로벌 인사조직 컨설팅사인 타워스왓슨(Towers Watson)은 지난 2003년부터 2010년까지 2년 단위로 전 세계 264개 기업들의 커뮤니케이션 역량을 진단하고, 이들 기업의 커뮤니케이션 역량과 사업성과가 어떠한 관계가 있는지를 연구하였다.

연구 결과 조직 내 커뮤니케이션을 효과적으로 수행하는 기업들은 경영성과도 높은 것으로 나타났으며, 특히 커뮤니케이션에서 탁월한 역량을 지닌 기업들은 다음과 같은 특징을 갖고 있었다. ① 모든 직원 커뮤니케이션 프로그램은 고객을 우선적으로 강조한다. ② 직원을 몰입시킬 수 있는 커뮤니케이션 프로그램을 기업 경영 일상에서 적용할 수 있도록 설계한다. ③ 관리자들의 커뮤니케이션 역량 강화를 강조한다. ④ 변화를 효과적으로 관리하기 위해 내부 커뮤니케이션 전문가를 활용한다. ⑤ 직원 커뮤니케이션의 효과성이 주요 사업성과 지표 중 하나로 포함되어 있다. ⑥ 직원들의 경험을 브랜딩한다.

전술한 6가지 커뮤니케이션 비결을 실무에 적용하여 조직 내 커뮤니케이션에 강한 기업을 만들기 위해서는 다음과 같은 접근방식을 도입해야 한다. ① 현장 관리자들이 변화를 잘 헤쳐나갈 수 있도록 필요한 정보와 도구, 교육을 충분히 제공한다. ② 직원들의 삶에 영향을 주는 사안에 대해서는 직원들의 의견을 수렴하고 반영할 기회를 제공한다. ③ 정보 공유를 권장하는 조직문화를 조성한다. ④ 고객의 소리를

그림 9-5 효과적 커뮤니케이션을 위한 9가지 베스트 프랙티스

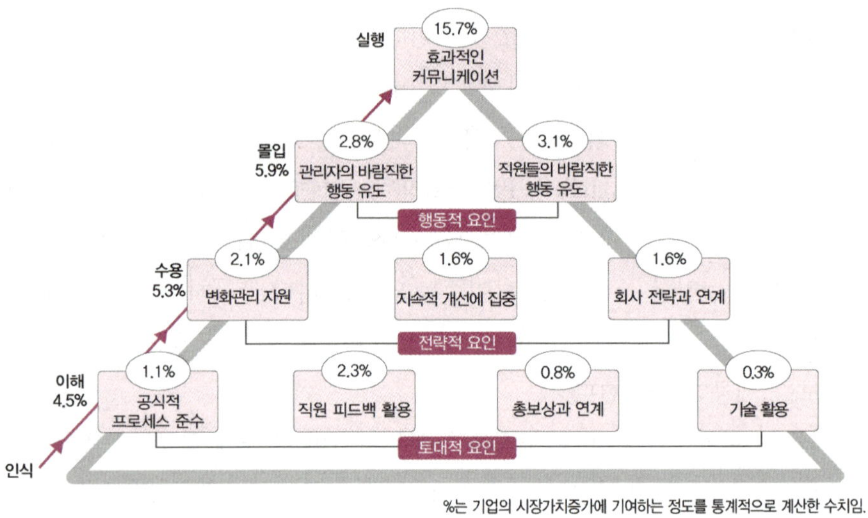

출처: 최현아 · 김태영(2010).

공유한다.

타워스왓슨은 수년 간의 커뮤니케이션 연구를 통해 9가지의 커뮤니케이션 베스트 프랙티스를 파악하였다. 이를 유형별로 토대적 요인, 전략적 요인, 행동적 요인의 3가지 계층으로 재분류하고, 각 베스트 프랙티스가 최고의 수준에 도달할 경우 해당 기업의 시장가치 증가에 기여하는 정도를 통계적으로 계산할 수 있다.[7)]

9가지 프랙티스의 맨 밑단에 존재하는 토대적 요인(foundational area)은 커뮤니케이션의 일관성과 효율성을 의미한다. 여기에는 공식적이고 체계적인 커뮤니케이션 프로세스가 준수되는지, 직원들의 피드백을 수렴하는지, 총보상의 관점이 반영되어 있는지, 커뮤니케이션 기술을 적절히 활용하고 있는지 등이 포함된다. 이러한 요소들을 아주 잘 수행한다고 해도 실제로 기업의 시장가치 증가에 기여하는 수준은 상대적으로 낮은 편이다. 그러나 이러한 토대적 요인이 없다면 기업은 커뮤니케이션을 전략적으로 활용할 수 없을 뿐만 아니라, 직원들의 바람직한 행동을 유발하는 데 실

7) 물론 하나의 프랙티스만 잘한다고 해서 시장가치가 오르는 것은 아니다. 다른 요인들까지 포함하는 균형 잡히고 조화로운 개선이 필수적이다.

패하게 된다.

전략적 요인(strategic area)은 커뮤니케이션을 회사의 전략과 변화관리에 연계하는 것이다. 여기에는 변화관리 전반에 대한 조정자(facilitator) 역할이 수행되고 있는지, 또 회사의 전략이 담긴 메시지나 프로그램이 얼마나 효과적으로 커뮤니케이션되고 있는지 등이 포함된다.

행동(행태)적 요인(behanioral area)은 실제 관리자나 일반직원들의 일상 생활에서 회사가 지향하는 바람직한 행동들이 얼마나 발현되고 있는지를 커뮤니케이션을 통해 모니터링하고 개선하는 것이다. 즉, 직원의 몰입을 관리하는 이 영역은 커뮤니케이션이 기업가치 증가에 기여하는 데 있어 가장 중요한 역할을 한다.

물론 이러한 연구 결과는 민간부문의 조직(기업)을 대상으로 연구하여 도출한 결과이나 정부와 공공기관을 비롯한 공공부문의 커뮤니케이션 활용에도 시사하는 바가 크다고 할 수 있다. 커뮤니케이션에서 탁월한 역량을 지닌 기업들의 특징과 조직 내 커뮤니케이션에 강한 기업을 만들기 위한 접근방법들은 모두 공공부문에 적용할 수 있는 내용들이다. 다만, 국민을 수동적 존재로 전락시킬 우려가 있는 고객이라는 개념과 용어를 주체적·능동적 존재로서의 시민이라는 개념과 용어로만 전환하면 될 것이다. 효과적 커뮤니케이션을 위한 9가지 베스트 프랙티스 역시 대부분 공공부문에 적용할 수 있는 내용들이며, 다만 공공부문임을 고려하여 공공봉사동기(PSM)적 측면 등을 강화하면 될 것이다.

Chapter 10

의사결정

제 1 절 의사결정의 의의

1. 의사결정의 정의

의사결정(decision making)이란 바람직한 목표를 달성하기 위해 이용 가능한 여러 대안(alternatives) 중에서 최선의 대안을 선택하는 과정이다(Griffin & Moorhead, 2008: 205). 이러한 의사결정의 개념 속에는 다음과 같은 세 가지 핵심 내용이 내포되어 있다(박연호 · 오세덕, 2000: 460).

첫째, 의사결정은 선택 행위를 포함한다. 만약 가능한 행동 대안이 한 가지밖에 없다고 한다면 의사결정이란 존재할 수 없다.

둘째, 의사결정은 의식적인 수준에서 행해지는 정신적 과정을 내포하고 있다. 의사결정에는 논리성이 강조되나, 그 과정에는 논리적인 측면 이외에도 감정적 · 비합리적 · 보수주의적 요소들이 작용하고 있음을 간과해서는 안 된다.

셋째, 의사결정은 목표 지향적이다. 즉, 그것은 어떤 구체적인 목표를 달성하기 위해 이뤄지는 행동 내지 과정인 것이다.

2. 의사결정의 유형

의사결정의 유형은 다양하다. 의사결정의 주체에 따라 개인적 의사결정과 집단적 의사결정, 과정에 따라 정형적 의사결정과 비정형적 의사결정, 권한의 분산 정도에 따라 집권적 의사결정과 분권적 의사결정 등으로 구분할 수 있다.

개인적 의사결정(individual decision-making)은 조직을 관리하는 개인의 판단에 따라 선택 행위를 하는 것을 말한다. 개인적 결정이 이뤄지는 조건은 대체로 조직의 규모가 작은 경우, 논쟁의 문제가 없는 경우, 관리자가 타인을 믿지 않으며 자신이 유능하고 우수하다고 생각하는 경우, 의사결정에 소요되는 시간과 비용을 절약하고자 하는 경우, 관리자 자신이 위신과 권력욕 등을 추구하는 경우 등을 지적할 수 있다. 집단적 의사결정(group decision-making)은 의사결정에 관련된 사람들이나 전문가들의 의견을 종합해서 대안의 선택 행위를 하는 것으로, 조직이 당면한 문제를 협동해 결정하는 데 의의가 있다. 참여 의식을 고취시킬 필요가 있는 문제, 결정 능력의 향상을 도모할 필요성이 있는 문제, 고도의 전문성과 기술성이 요구되는 문제의 결정에 적합한 방법이다(오세덕 외, 2007: 71-72).

정형적 의사결정(programmed decision)은 이미 확립된 선례, 계획, 절차에 따라 결정을 하는 것으로 반복적·관례적 특성을 나타낸다. 비정형적 의사결정(non-programmed decision)은 확립된 선례나 계획 및 절차가 없는 새로운 결정으로, 쇄신적·비반복적인 특성을 가진다(Simon, 1960: 5-8). 정형적 의사결정은 의사결정 규칙이 개발될 수 있을 정도로 빈번히 되풀이되는 의사결정이다. 의사결정 규칙이란 의사결정 상황에 관한 정보를 미리 제시하고 어떤 대안을 선택할 것인가에 대해 규정해 두는 것을 말한다. 비정형적 의사결정은 조직이 이전에는 직면하지 못했던 문제와 의사결정 상황을 해결해야 하고, 의사결정자가 이전에 규정해 두었던 의사결정 규칙에 의존할 수 없을 때 이뤄진다(이창원 외, 2012: 315). 일반적으로 정형적 의사결정은 단순성, 확실성, 일상적인 일, 구조적인 업무와 관련되며, 비정형적 의사결정은 복잡성, 불확실성, 비일상적인 일, 비구조적인 업무와 관련된다.

집권적 의사결정은 의사결정의 권한이 조직의 상위 계층, 최고관리층에 집중된 형태를 말하고, 분권적 의사결정은 의사결정의 권한이 조직의 중간관리층과 하위 계층에 골고루 위임된 형태를 말한다(김호섭 외, 2001: 326).

이 장에서는 의사결정 이론 또는 모형을 개인적 의사결정과 집단적(조직적) 의사결정으로 구분하여 설명한 후, 최근 강조되고 있는 공론화와 참여적 의사결정에 대해 학습하기로 한다.

3. 의사결정의 과정

일반적으로 개인이나 조직이 자신의 문제를 해결하기 위해 합리적으로 의사결정을 하려면 다음과 같은 절차를 거쳐야 한다. 그래서 이러한 과정을 합리적 의사결정의 단계라고 부른다. 의사결정의 가장 첫 번째 단계는 문제의 인지 및 정의 단계이다. 의사결정자는 문제가 있다는 것을 인지한 후, 문제의 핵심을 파악해 명확히 정의한다. 둘째, 목표 설정 단계로, 문제를 해결해 달성하고자 하는 목표를 명확히 규정하고 이들 간의 우선순위를 결정한다. 셋째, 대안 탐색 단계로, 문제를 해결할 수 있는 또는 목표를 달성할 수 있는 여러 가지 대안을 광범위하게 탐색한다. 넷째, 결과 예측 단계로, 각 대안들이 선택되었을 때 나타날 결과들을 예측한다. 다섯째, 비교·평가 단계로, 각 대안들의 예측되는 결과들을 달성하고자 하는 목표나 일정한 기준에 비춰 비교·평가한다. 여섯째, 대안을 선택하는 단계로, 목표를 달성할 수 있는 최선의 대안을 선택한다.

제 2 절 개인적 의사결정론

1. 합리모형

합리모형(rational model)이란 의사결정자가 이성과 고도의 합리성에 근거해 결정하고 행동하며, 목표 달성의 극대화를 위한 합리적 대안의 탐색과 선택을 추구하는 규범적 · 이상적 모형이다. 합리모형은 인간을 합리적 사고 방식을 따르는 경제인으로 전제하면서, 의사결정자는 의사결정에 필요한 모든 지식과 정보를 파악할 수 있고 활용할 수 있다는 전지전능의 가정 하에, 최적화 기준에 따라 문제와 목표를 명확히 파악 · 정의 · 설정하고, 대안을 포괄적으로 탐색하고 그 결과를 예측 및 비교 · 평가해 가장 적합한 대안을 선택할 수 있다고 본다.

합리모형의 장점으로는 다음과 같은 내용들이 제시되고 있다. 첫째, 합리모형을 규범적 · 이상적 모형으로 간주하되, 현실에서 완벽하게 충족될 수 없다는 것을 수용한다면, 의사결정자가 합리모형을 따르려고 노력하는 것은 더 나은 의사결정에 기여할 수 있게 된다. 즉, 시간, 비용, 정보, 지식 등의 제약 하에서도 의사결정자가 전술한 합리적 의사결정의 과정을 따르면서 의사결정을 합리적으로 하려고 최대한 노력하는 것은 그렇지 않은 경우보다 의사결정의 성공 가능성을 높이게 된다. 둘째, 합리성을 저해하는 요인들을 파악할 수 있게 함으로써 의사결정의 합리성을 높이는 데 기여할 수 있다. 셋째, 대안의 선택 결과에 대한 좀 더 포괄적이고 객관적인 평가가 가능하다.

단점으로는 다음과 같은 내용들이 제시되고 있다. 첫째, 인간의 문제 해결 능력의 한계다. 합리모형은 의사결정자가 전지전능한 것으로 가정하고 있으나, 실제 인간은 전지전능하지 못하다. 문제 해결 능력의 한계로 인해 철저한 분석과 종합을 수행하기가 어렵다. 둘째, 분석비용의 제약이다. 합리모형에서는 자료나 정보의 수집, 광범위한 대안의 탐색, 대안 간의 비교 · 평가 및 선택 등이 필수적인데, 이러한 과정에서 많은 시간과 인적 · 물적 자원 등이 필요할 것이다. 현실적으로 인적 · 물적 자원과 시간이 무한정이지 못한 상황에서 완전 합리적인 의사결정이 이뤄지기는 어렵다. 셋째, 지식 · 정보의 부족이다. 합리모형은 완전한 정보 · 지식을 갖고 있다고 전제하고 있으나, 현실적으로 필요한 지식 · 정보를 충분히 수집할 수 있는 경우는 드물다. 넷째, 합리모형에서는 목표가 합의되고 고정된 것으로 가정하고 있으나, 실제 조직의 목표는 완전한 합의가 이뤄지지 않는 경우도 많으며, 목표나 가치가 유동적인 경우도 존재한다. 다섯째, 가능한 모든 대안을 탐색할 수 없으며, 각 대안의 발생 가능한 모든 결과를 정확하게 예측할 수 없다. 여섯째, 비교 · 평가 기준의 다양성이다. 여러 가지 대안 및 결과들을 비교 · 평가할 때 사용할 평가 기준에 대한 합의가 쉽지 않다.

일곱째, 이러한 단점들로 인해 합리모형은 실제 현실에서 달성하기 어려운 비현실적인 이상적 모형이라 볼 수 있다.

합리모형은 가정하고 있는 전제조건이나 제시하는 분석 절차가 지나치게 이상적이기 때문에 현실 세계에서 실제로 행해지는 의사결정 과정을 적절히 설명하지 못한다. 사이먼(Herbert A. Simon), 사이어트(R. M. Cyert), 마치(James G. March), 린드블롬(Charles E. Lindblom), 윌다브스키(Aaron Wildavsky) 등 합리모형을 비판하는 학자들은 주로 합리모형의 현실성 결여를 비판하고 있다. 한편 규범적 · 이상적 측면에서 대부분의 학자는 합리모형의 절차를 성실히 따르면 바람직한 정책결정이 이뤄질 수 있다고 본다. 최소한 현재는 분석 작업이 어렵더라도 정책분석, 관리과학 등의 학문을 발전시키면 어느 정도 가능해지리라 기대하고 있다. 그러나 린드블롬 같은 점진주의자들은 규범적 · 이상적 측면에서도 바람직하지 않은 모형으로 평가하고 있다. 왜냐하면, 과중한 과업을 정책결정자에게 강요함으로써 바람직한 정책결정을 오히려 방해할 수도 있으며, 시간, 비용, 자원의 낭비를 초래할 수도 있다는 것이다.

2. 만족모형

만족모형(satisficing model)[1]은 사이먼과 마치가 주로 주장하는 의사결정모형으로서 의사결정자의 사회심리적 측면을 중요시하는 현실적 · 실증적 모형이다. 만족모형은 현실의 의사결정자가 제한된 능력을 가지고 있다는 것을 전제로 해서, 의사결정 과정을 지배하는 것은 최적화의 기준이 아니라 만족화의 기준이라고 인식한다(Simon, 1957: 204–205). 사이먼은 인간이 가지고 있는 인지 능력의 한계, 지식 · 기술의 불완전성, 시간 · 비용 · 자원 등의 제약 때문에 최적의 대안을 선택하는 것은 비현실적이라 비판하면서 제한된 합리성(bounded rationality)을 주장했다. 즉, 현실적으로 인간이 갖고 있는 제약 때문에 모든 문제를 파악하고 정책 목표를 설정하며, 가능한 모든 대안과 각 대안의 결과를 탐색해 최선의 대안을 선택할 수 없다는 것이다. 더욱이 복잡하고 불확실하며 동태적인 상황에서는 최선의 대안을 선택하기 더욱

1) 여기에서 satisficing은 satisfy(만족시키다)와 suffice(충분하다)를 합해 만든 말이다. 따라서 만족모형에서는 그 정도면 만족하고 충분하다고 생각하는 대안을 선택하게 된다.

어려워진다. 결국 인간은 제한된 범위 내에서 합리성을 추구할 수밖에 없다는 것이다(Simon, 1972: 161-176).

이러한 제한된 합리성 하에서는 최선의 대안을 선택하기보다는 만족할 만한 대안을 선택하게 된다. 즉, 최선의 대안을 선택하는 것은 현실적으로 불가능하기 때문에 만족할 만한 대안을 선택하며, 가능한 모든 대안을 탐색하는 것이 아니라 소수의 대안만을 무작위적으로 하나씩 탐색하며, 각 대안의 결과들 중에서 중요하다고 생각되는 것들에 대해서만 예측하려고 한다. 이러한 의사결정모형을 만족모형이라고 한다.

만족모형은 실제의 의사결정을 비교적 정확하게 설명할 수 있어 현실적·실증적 측면에서 상당히 좋은 평가를 받고 있다. 그리고 합리모형의 비현실성을 체계적으로 지적한 이론으로 평가받고 있다. 특히 대안을 탐색·분석하는 데 드는 비용을 강조함으로써 의사결정 과정 자체의 경제적 합리성을 강조했다. 다시 말해서, 대안 하나를 더 탐색하고 분석하는 데 드는 비용이 이러한 작업의 결과로 얻을 수 있는 추가적인 편익보다 적어야 합리적이라는 것이다.

반면, 만족모형은 규범적 측면에서 평가해 볼 때 몇 가지 단점이 지적된다. 첫째, 만족할 만한 대안을 찾았을 때 더 이상의 대안을 탐색하지 않게 되는데, 이런 경우에 훨씬 훌륭한 대안이 있을 수 있는데도 대안 탐색을 중단하게 된다. 둘째, 만족할 만한 대안이라는 판단은 주관적인 것인데, 그 기대 수준이 의사결정자마다 다를 수 있고 유동적이다. 셋째, 중대한 문제를 다루는 데는 미흡하다. 이를테면 전쟁 같은 중

허버트 알렉산더 사이먼(Herbert Alexander Simon, 1916~2001)은 독일계 미국인으로 제한된 상황에서의 의사결정 모델에 관한 이론으로 1978년 노벨 경제학상을 수상한 미국의 심리학자/경제학자 및 인지과학자다. 그는 인간 인지 능력의 한계(제한적 합리성)라는 관점을 가지고 주류 경제학이 가정하는 합리성에 대해 그 체계를 비판한 최초의 사회학자였다. 그가 처음 합리성에 의문을 제기한 당시에는 그의 논점이 아직 개념적 단계에 머물렀고, 모델화가 어려웠기 때문에 대다수의 경제학자에게 인정받지 못했다. 사이먼의 주장은 후에 경제학과 심리학이 결합하는 행동 경제학으로 꽃을 피우게 된다. 또한 그는 디지털 컴퓨터는 단순한 숫자 조작 기계라기보다 '범용 목적의 상징(기호) 조작 체계(general purpose symbol manipulation system)'인 튜링 기계로 간주할 수 있다고 주장했다.

출처: 위키백과(https://ko.wikipedia.org/wiki).

요한 문제에 대처할 때 쉽게 만족할 만한 대안에 이르겠는가 하는 문제이다. 이런 경우 좀 더 신중하고 좀 더 분석적인 결정을 하려고 노력할 것이다. 넷째, 대안의 탐색이 현실에 만족하는 것이므로 보수주의에 빠지기 쉽고, 쇄신적 · 창의적 탐색 활동을 기대하기 어렵다.

3. 점진모형

점진모형(incremental model)은 린드블롬과 윌다브스키 등이 주장한 현실적 · 실증적 모형이다. 린드블롬(Lindblom, 1959)이 발표한 "The Science of Muddling Through(진흙 속을 헤쳐 나가는 학문)"라는 논문 제목에서도 알 수 있듯이, 린드블롬은 의사결정자의 분석 능력 및 시간 · 정보의 제약, 평가 기준의 불분명성 등으로 인해 기존의 정책을 조금씩 수정 · 보완해 나가는 수준에서 연속적인 의사결정을 하는 것이 가능하면서도 바람직한 의사결정 방법이라고 주장하였다.

린드블롬이 제시한 점진주의의 주요 내용은 다음과 같다. 첫째, 기존의 정책에서 적절치 못한 부분만을 수정 · 보완해 나가는 것이기 때문에, 소폭적 변화만을 증감한 것을 대안으로 결정한다. 둘째 소수의 대안만을 제한적으로 탐색하고 결과 중에서도 일부만을 제한적으로 예측한다. 셋째, 한꺼번에 획기적인 정책대안을 선택하는 것이 아니라 시간을 두고 조금씩 정책을 수정 · 보완하는 계속적(successive) 의사결정 과정이다. 넷째, 정책대안의 탐색과 분석이 의사결정 체제의 여러 하위 체제 혹은 구성원들 사이에서 부분적 · 분산적 혹은 분절적(disjointed)으로 이뤄지는 의사결정이다. 다섯째, 목표와 수단의 상호의존성으로 인해 추구해야 할 목표를 선정하는 것과 그 목표를 달성하기 위한 수단을 선정하는 것이 분명하게 구별되지 않고 밀접하게 관련되어 있다(Lindblom, 1959: 79-88; 정정길, 1989: 406-411).

점진모형의 가장 큰 공헌은 현실에서 이뤄지는 의사결정의 실상을 정확하게 기술하고 있다는 것이다. 점진모형은 또한 다원성을 가진 정치적 · 사회적 구조와 안정된 사회의 의사결정을 설명하는 데 적실성을 가진다. 반면, 점진모형은 제한된 합리성과 정태적 불확실성을 가정하고 조금씩 변화하는 것만을 강조함으로써, 지나치게 보수적이며 특히 급격한 변화를 설명하지 못한다는 비판을 받는다. 이로 인해 점진모형은 안정된 사회라 할지라도 급격한 변동이 나타날 경우에는 이를 설명하지 못하는 약점을 가지게 된다. 또한 점진모형은 소폭적 변화를 강조하는 데 얼마만큼의 변화를 소폭적 변화로 볼 것이냐 하는 문제도 있다.

4. 혼합탐사모형

에치오니(Etzioni, 1967; 1968)는 규범적 · 이상적인 합리모형과 현실적 · 실증적인 점진모형을 절충해 상호보완적으로 혼용함으로써 현실적이면서도 합리적인 결정을 할 수 있다는 혼합탐사모형(mixed-scanning model)을 제시했다. 이 모형은 합리모형이 요구하는 이상적인 합리성을 현실화시키는 동시에 점진모형이 갖는 보수주의적 성격을 극복함으로써 단기적 변화에 대처하면서 장기적 안목을 동시에 가질 수 있는 장점을 지니게 된다.

혼합탐사모형에서는 의사결정을 근본적 결정(fundamental decision)과 세부적 결정(bit decision)으로 구분해 설명한다. 의사결정자는 근본적 결정에 대해서는 목표를 달성하기 위한 주된 대안을 모색하나 합리모형에서 요구되는 고도의 합리성에 따르는 비현실성을 감소시키기 위해 전체적 · 개괄적 고찰을 할 수 있도록 세부적 사항은 제외한다. 그리고 점진모형의 보수적 경향을 극복하기 위해 세부적 결정은 근본적 결정의 테두리 안에서 이뤄진다(Etzioni, 1967: 385-392).

혼합탐사모형은 모든 의사결정을 동일한 수준으로 보지 않고 근본적 결정과 세부적 결정으로 구분한 후, 이 두 수준의 여러 가지 조합으로 의사결정의 수준을 분리해서 각 수준에 적절한 전략을 모색했다는 점에서 높이 평가할 만하다. 무엇보다도 이 모형은 합리모형의 비현실적인 측면과 점진주의의 보수적인 측면을 극복할 수 있는 전략을 제시한 것이 큰 장점일 것이다.

그러나 혼합탐사모형은 합리모형과 점진모형을 결합했다고 하나, 사실상 이 두 모형에서 제시된 것 이상의 특별히 새로운 것이 없다는 비판이 있다. 또한 현실적 · 실증적인 측면에서는 이 모형은 현실세계의 의사결정을 잘 설명한다고 보기 힘들다. 이는 에치오니가 이 모형을 제시할 때 의사결정 과정을 설명하려고 의도한 것이 아니라, 주로 어떻게 하면 의사결정을 좀 더 합리적으로 행할 수 있느냐의 문제를 다뤘기 때문이다. 마지막으로, 이 모형의 핵심인 근본적 결정과 세부적 결정의 구별이 쉽지 않다는 점이다. 그 개념은 이해가 되지만 구별의 기준이 명확하게 제시되지 않고 있다.

5. 최적모형

드로(Yehezkel Dror)는 점진주의의 보수적 성격과 합리모형의 비현실성을 비판하면서, 현실주의와 이상주의를 포함한 일종의 규범적·이상적 모형으로 최적모형(optimal model)을 제시했다. 그는 경제적 합리성과 함께 직관·판단력·창의력과 같은 초합리적 요인을 고려하는 의사결정모형으로 최적모형을 제시했다. 그는 점진모형에 불만을 표시하면서 특히 과거에 선례가 없는 문제이거나, 매우 중요한 문제의 해결을 위한 비정형적 결정에서는 경제적 합리성 이외에 이러한 초합리성을 중요시해야 한다는 입장을 취하고 있다. 최적모형은 의사결정자가 자원의 제약, 불확실한 상황, 지식과 정보의 부족 등으로 합리성의 정도를 높이는 데 제약이 따르므로 초합리적 요인도 중시해야 한다고 주장한다(Dror, 1968: 154-196). 최적모형의 주요 내용은 다음과 같다.

첫째, 경제적 합리성의 제고다. 린드블롬이 제시한 점진주의는 무사안일한 정책을 정당화시킨다고 비판하는 드로는 무엇보다도 합리성을 제고하는 노력을 강조한다. 목표의 좀 더 명확한 정의, 새로운 대안들의 광범위한 탐색, 각 대안의 비교·분석 등을 통해 의사결정의 합리성을 제고하기 위한 노력이 필요하다고 주장한다. 그러나 합리모형은 인간의 능력 부족으로 불가능한 것을 요구할 뿐만 아니라 가능하더라도 지나치게 많은 시간과 노력 및 경비가 소모되므로, 합리적 결정의 효과가 합리적 결정의 비용보다 큰 경우에만 이를 적용해야 한다. 즉, 이상적인 측면과 함께 현실적인 측면을 강조하는 드로는 합리성을 중요시하지만 시간과 자원 등 분석 비용의 제약을 감안해 그 범위 내에서 최대한의 합리성을 추구해야 한다고 주장했다.

둘째, 초합리성의 강조다. 합리적인 요소뿐만 아니라 직관, 통찰력과 같은 초합리적 요소의 중요성도 강조한다.

셋째, 질적 측면의 강조다. 그러나 드로가 질적인 측면을 강조했다고 하여 계량적인 측면을 완전히 무시하는 것은 아니다. 계량적인 모형들이 개선되어야 한다고 생각하는 것이다.

드로는 최적모형과 관련해 정책결정 체제 전반을 검토하고 있다. 그는 크게 정책결정 과정을 기본 정책결정 단계(meta-policy making stage), 정책결정 단계(policy making stage), 정책결정 이후 단계(post-policy making stage)로 나누고 다시 세분해 18개 세부 단계(phase)로 나눈다. 이 중에서 기본 정책결정 단계가 최적모형의 가장 큰 특징이고, 다른 학자들이 주의를 기울이지 않은 부분이다. 기본 정책결정 단계는 '정책결정을 위한 결정'으로 가치 · 문제 · 자원 · 전략 등 바람직한 정책결정을 위한 큰 틀을 결정하는 단계다.

드로의 최적모형은 대체로 합리모형의 염원을 계승한 것이라고 할 수 있으며, 따라서 점진주의의 타성과 보수성을 타파하고 의사결정의 질적 수준을 향상시킬 수 있는 지침을 제공하려고 노력했다. 이 모형의 가장 큰 공헌은 의사결정 과정에서 초합리성을 강조한 점과 의사결정 체제 전반을 검토할 것을 강조한 점이다. 그러나 초합리적 요소를 너무 강조하다 보면 신비주의에 빠질 위험이 있다. 그리고 가치 · 목표 · 평가 기준을 명확히 하기 위한 노력을 강조하는데, 이를 위한 실질적인 방안을 제시하지 못하고 있다.

제 3 절 집단적 의사결정론

1. 회사모형

1) 의 의

회사모형(firm model)은 연합모형(coalition model)이라고도 불리며, 사이어트와 마치(Cyert & March, 1963)가 주장한 모형이다. 이 모형은 개인적 차원의 만족모형을 한층 더 발전시켜 그것을 조직의 의사결정 과정에 적용시킴으로써, 만족모형으로 설명할 수 있는 현상의 범위를 넓혔다는 데 가장 큰 의의가 있다(Cyert & March, 1963;

조석준, 1977: 266-268; 김규정, 1984: 183).

회사모형은 고전경제학에서 기업이 합리모형에 따라 의사결정을 하는 것으로 전제하는 데 대한 비판에서 출발한다. 합리모형에서는 사기업의 목표가 이윤 극대화에 있으며, 이러한 목표를 달성하는 데 필요한 수단의 탐색과 관련된 모든 것에 대해 완전한 지식을 가지고 있다고 가정한다. 그러나 사이어트와 마치에 의하면, 기업은 복잡한 조직으로 첫째, 기업의 목표는 이윤만이 아니라 다른 목표들도 있고, 목표의 극대화가 아니라 만족할 만한 수준의 달성만 있으면 충분하며, 둘째, 제한된 합리성 때문에 최선의 대안을 선택할 수 없으므로, 실제 회사의 결정은 고전파 경제학자의 가정과는 다르다는 것이다(정정길 외, 2010: 482).

2) 특 징

(1) 갈등의 준해결(quasi-resolution of conflict)

회사모형에서는 회사조직이 서로 다른 목표들을 지닌 구성원들의 연합체(coalition)라고 가정한다. 이러한 경우 목표들 간에 갈등이 일어날 수가 있는데, 이들 갈등·모순되는 목표들을 하나의 차원이나 기준으로 통합하는 방법이 없다. 그래서 갈등의 완전한 해결은 불가능하며 준해결에 머물고 만다(Cyert & March, 1963: 117-118; 정정길, 1989: 439-442).

① 독립된 제약조건으로서의 목표: 회사모형에서는 조직을 여러 개인 및 하위 부서들의 연합체로 여기고 있기 때문에, 이들 구성 부분이 갖는 다양한 목표가 결합되어(때로는 상충되기도 하면서) 조직의 전체 목표를 이루고 있다. 이때 각 하위 부서들은 다른 목표를 제약조건으로 전제한 후 자기들의 목표를 추구한다(Cyert & March, 1963: 117).

② 국지적 합리성: 조직은 문제를 여러 하위 문제로 구분하고 하위 조직에 분담시킨다고 가정한다. 그리고 하위 조직들은 자신의 관할 내에 속하는 하위 문제와 하위 목표에만 전념한다. 이렇게 해서 복잡하게 서로 관련되어 있는 문제의 요소들을 분해해 독립적인 단순한 문제로 전환시켜서 처리하도록 한다. 사이어트와 마치는 이처럼 조직은 국지적 합리성(local rationality)을 도모함으로써 전체적 합리성을 도모하

려는 속성을 지니게 된다고 전제하고 있다.

③ 받아들일 만한 수준의 의사결정: 국지적 최적화의 총계가 전체적 최적화(over-all optimization)가 되기 위해서는 국지적 결정들이 일관성(consistency)을 지녀야 한다. 그러나 조직은 이러한 일관성이 비교적 약한 상태에서 운영될 수 있는데, 만약 국지적 결정들이 불일치할 가능성이 있으면 그것이 심각할 경우 조직의 여유(slack)를 이용해 이를 극복한다.

④ 목표에 관한 순차적 관심: 동시에 여러 목표를 고려하는 것이 아니라 실제의 회사는 한 순간에는 이쪽 목표를, 다른 순간에는 저쪽 목표를 달성하는 데 관심을 기울임으로써 모순되는 목표들이 있어도 큰 갈등 없이 행동하게 된다.

(2) 문제 중심의 탐색(problemistic search)

합리모형에서는 의사결정이 순차적으로 이루어지므로 목표나 해결할 문제를 확인한 후에 대안 탐색이 이루어진다고 가정한다. 그러나 회사모형에서는 문제의 해결책을 찾기 위한 의도로 탐색이 시작되어 문제 주위를 맴도는 단순한 탐색을 하고 조직이 갖고 있는 편견에 따라 탐색이 이루어지기도 한다고 가정한다.

(3) 불확실성의 회피(uncertainty avoidance)

문제 상황의 복잡성과 동태성 때문에 조직이 직면하는 불확실성은 대안들이 가져올 결과에 대한 예측을 어렵게 하고, 회사가 앞으로 취급할 문제 상황 자체의 예측도 어렵게 한다. 이러한 불확실성 속에서 의사결정을 하기 위해 실제 회사에서는 다음과 같은 방법으로 불확실성의 회피를 꾀한다. 첫째, 단기적 환류에 의존하는 의사결정 절차를 이용한다. 둘째, 환경과의 타협으로, 예를 들어 거래 관행을 수립하거나, 장기 계약을 맺거나, 카르텔을 형성하여 불확실성을 회피한다.

(4) 조직의 학습(organizational learning)

조직도 그 구성원의 학습을 통해 조직 전체로서 학습을 할 수 있다. 구체적으로 조직은 경험에 의해 그들의 목표를 변화시키며, 관심의 대상을 변화시키고, 탐색을 위한 절차도 수정하게 된다. 그래서 시간이 흐름에 따라 적응적인 행태를 보이게 된다.

(5) 표준운영절차(Standard Operating Procedure: SOP)

표준운영절차는 조직이 장기적인 적응 과정에서 학습한 결과이며, 구성원 통제의 수단이 되고 장기적인 의사결정을 좌우한다. 조직은 결정을 할 때 지켜야 할 절차나 규칙을 개발·발전시키고 이에 따라 결정을 한다. 표준운영절차는 ① 단기적으로는 이들을 변화시키지 않고 주어진 것으로 보면서 장기적인 환류에 따라서 서서히 변화하게 함으로써 장기적 합리성(long-run rationality)을 도모하는 일반적 선택절차와, ② 이러한 일반적 선택절차가 구체적 상황에 적용된 구체적 표준운영절차로 나눌 수 있다. 일반적 선택절차에는 불확실한 상황에 대해 예측할 필요성을 최소화함으로써 회피하기, 어쩔 수 없는 상황이 아닌 한 가능하면 규칙을 준수하기, 규칙을 적용할 때 개인이 판단할 수 있도록 융통성의 여지를 두는 단순한 규칙 사용하기 등이 있다. 구체적 SOP에는 ① 과업 수행 규칙(task performance rules), ② 기록과 보고(records and reports), ③ 정보처리 규칙(information-handling rules), ④ 계획과 기획에 관한 규칙(plans and planning rules) 등이 있다.

3) 평 가

회사모형의 내용 중에서 조직적 결정 현상을 설명하고 이해하는 데 계속적으로 기여하고 있는 내용은 다음과 같이 요약될 수 있다(정정길, 1989: 446-447). 첫째, 조직은 유기체와는 달리 서로 다른 하위 목표를 지닌 여러 하위 집단으로 구성되며 선호뿐만 아니라 현실에 대한 인지에서도 많은 차이가 있다. 따라서 갈등과 의사전달상의 왜곡이 불가피하다. 둘째, 인간의 제약된 능력으로도 어느 정도 만족스러운 의사결정을 할 수 있도록 조직은 여러 가지 장치를 학습하거나 개발한다. 셋째, 불확실한 장기적 전망보다 단기적 환류에 의존하는 의사결정 방법을 택하고, 문제 파악과 대안 탐색 등도 관련된 소관 업무에 한정시킨다.

회사모형 역시 몇 가지 한계가 지적되고 있는데 그 내용은 다음과 같다(안해균, 1983: 254-255; 김규정, 1984: 184). 첫째, 민간부문의 회사조직을 대상으로 하고 있으므로 공공 부문의 의사결정에 적용하는 데 한계가 있다. 둘째, 표준운영절차에 따르는 결정 방식은 안정적 상황을 전제로 하므로 급격한 변동 상황에서는 적합하지 않다. 셋째, 권한이 광범위하게 위임되어 있고 자율성이 강한 조직을 전제하고 있으므로 권위주의적 조직의 의사결정에는 그 적용에 한계가 있다.

2. 쓰레기통모형

1) 의 의

쓰레기통모형(carbage can model)은 조직구성원 사이의 응집력이 아주 약한 혼란 상태, 즉 '조직화된 무정부 상태(organized anarchies)' 속에서 조직이 어떠한 결정 행태를 나타내는가를 설명하는 모형이다. 이 모형은 복잡하고 혼란스러운 상황에서 의사결정이 어떻게 이루어지는지를 기술하고 설명하고자 하였으며, 전문화되고 분권적인 대학조직에서 이뤄지는 의사결정이 이러한 특성을 가지고 있다고 보았다(Cohen, March, & Olsen, 1972: 1-25).

2) 기본 전제

쓰레기통모형의 전제가 되는 조직화된 무정부 상태의 구체적 특성을 살펴보면 다음과 같다(Cohen, March, & Olsen, 1972: 16).

첫째, 문제성 있는 선호(problematic preferences)이다. 결정에 참여하는 사람들 간에 무엇을 선택하는 것이 바람직한지에 대해 합의가 없다는 점과 참여자 한 개인을 놓고 보더라도 스스로 자신이 무엇을 좋아하는지조차 모르면서 결정에 참여하는 경우가 있음을 말한다.

둘째, 불명확한 기술(unclear technology)이다. 의사결정에서 달성하려는 목표와 이를 달성하기 위한 수단 사이에 존재하는 인과 관계인 기술이 불명확하다는 것이다. 결정에 참여하는 사람이 목표를 명확히 알더라도 무엇을 수단으로 선택해야 하는지 잘 모르는 경우가 많으며, 이 경우에는 시행착오를 통해 운영되는 것이 보통이라는 것이다.

셋째, 일시적 참여자(part-time participants)이다. 의사결정 과정에 참여하는 사람들은 그 자신의 시간적 제약 때문에 어떤 경우에는 결정에 참여하기도 하고, 어떤 경우에는 참여하지 않기도 한다는 것이다.

3) 의사결정의 네 가지 요소

쓰레기통모형에서는 의사결정이 이뤄지기 위해서는 해결해야 할 문제(problem), 해결방안(solution), 참여자(participants), 의사결정 기회(choice opportunity) 등 네 가지 요소가 모두 구비되어야 한다고 본다. 이 모형에 의하면 의사결정은 문제, 해결방안, 참여자, 의사결정 기회라는 네 가지의 독자적인 흐름(streams)이 존재하다가 극적 사건이나 정권의 변동 등 점화 계기(triggering event)가 있을 때 우연히 결합되어 이뤄진다(Cohen, March, & Olsen, 1972: 1−25; 정정길 외, 2010: 491−493).

(1) 문제의 흐름

결정이 이뤄지려면 우선 해결을 요하는 문제가 있어야 한다. 일상 생활에서 발견되는 무수한 사회 문제가 여기에 해당할 수 있다. 사회 문제가 등장했다고 해서 바로 그 문제를 해결하기 위한 의사결정 기회를 만들어 의사결정을 하는 것은 아니다. 의사결정 기회와는 별개로 문제는 자체적으로 등장·변화하면서 존재한다(정정길 외, 2010: 492). 예를 들어, 조직의 의사결정 과정에서 어떤 문제가 의사결정 기회를 만나려면, 많은 경우 해결해야 할 문제가 공식적인 의제로 선정되어야 하는데, 이 과정에서 상당한 시간이 걸리거나 공식 의제로 선정되지 못하는 경우도 있다. 공식적인 의제로 선정되더라도 해결방안이 없는 경우에는 의사결정이 이뤄지지 못한다. 해결방안을 찾아내어 의사결정을 하더라도 이러한 시간이 소요되는 동안 조직이 해결해야 할 문제는 혼자서 흘러 다닌다.

(2) 해결방안의 흐름

결정이 이뤄지기 위해서는 문제의 해결방안 또한 있어야 하는데, 실제로는 해결방안이 먼저 발견되고, 이것이 오히려 해결해야 할 문제를 찾으려고 하는 경우도 있다(김병섭 외, 2008: 261). 조직에는 특정 문제의 해결에 초점을 둔 꼭 필요한 대안은 아니지만 무수히 많은 아이디어와 해결방안들(solutions)이 있다. 그리고 그러한 해결방안들이 조직의 도처에 흘러다닌다(김호석 외, 2011: 299). 조직의 의사결정자들은 문제에 대한 해결방안을 준비한 후, 문제가 공식의제화되어 의사결정의 기회가 올 때까지 기다리는데 그동안 해결방안은 혼자 흘러다닌다(정정길 외, 2010: 492).

(3) 참여자의 흐름

결정이 이뤄지기 위해서는 참여자가 있어야 하는데, 이들은 문제와 해결방안을 알고 있는 경우도 있고 모르고 있는 경우도 있다. 참여자들은 의사결정의 모든 과정에 계속해서 참여하는 것이 아니고, 자신의 시간 사정, 관심도, 문제의 성격 등에 따라 참여하기도 하고 않기도 한다(김병섭 외, 2008: 261).

(4) 의사결정의 기회

의사결정의 기회란 개인의 경우에는 결정을 하는 순간, 집단의 경우에는 의사결정을 하기 위해 회의를 가지는 것을 의미한다(김병섭 외, 2008: 261).

4) 의사결정의 방식

의사결정이 이뤄지려면 앞에서 설명한 네 가지 의사결정 요소들의 흐름이 합쳐져야 한다. 여기에서 나타날 수 있는 선택의 유형으로는 순수한 무정부 상태(pure anarchy), 완전한 통제(organized control), 조직화된 무정부 상태(organized anarchy) 등이 있다. 순수한 무정부 상태는 네 가지 요소의 흐름이 만나는 것이 순전히 우연하게 이뤄지는 경우다. 완전한 통제는 네 가지 흐름이 등장하면 즉시 의사결정이 이뤄지는 경우다. 쓰레기통모형이 전제하는 조직화된 무정부 상태는 극적 사선이나 정치적 사건 등 점화 계기가 있을 때, 앞의 네 가지 요소가 합쳐지면서 의사결정이 이뤄지게 된다.

조직화된 무정부 상태에서는 인적·물적 자원의 여유가 있느냐 없느냐에 따라 의사결정 방식을 크게 두 가지로 나눌 수 있다. 첫째, 인적·물적 자원의 여유가 있는 경우에는 문제를 해결하거나 준해결(quasi-solution)하게 된다. 둘째, 문제 해결을 위한 인적·물적 자원의 여유가 없는 경우, 진빼기 결정(choice by flight)이나 날치기 결정(choice by overnight) 등의 의사결정 방식이 나타난다. 진빼기 결정은 해결해야 할 주된 문제와 함께 이와 관련된 다른 문제들이 있어서 결정이 이루어지지 않을 때, 관련된 문제들이 스스로 다른 선택 기회를 찾아 떠날 때까지 기다려서 결정하는 방식이다. 날치기 결정은 관련된 다른 문제들이 제기되기 전에 재빨리 의사결정을 하는 방식이다.

5) 평 가

쓰레기통모형은 조직화된 무정부 상태를 전제로 현실의 결정 문제를 더욱더 적실하게 분석하였다는 점에서 의의가 있다. 첫째, 기존 이론들은 조직화된 무정부 상태를 인식하면서도 그러한 현상을 병리적이고 고립되어 있는 것으로 여겨 왔으나, 쓰레기통모형은 이를 긍정적인 측면에서 체계적으로 분석해 그들 사이의 상호 관련성을 설명하려고 노력했다(Cohen, March & Olsen, 1972: 16). 둘째, 쓰레기통모형은 결정 과정을 체계적으로 설명해 줌으로써 결정이론의 일반화에 공헌해, 결정이론이 사회과학 내에 융합되는 데 필요한 요건을 구비해 줬다. 셋째, 쓰레기통모형은 사회 내의 가치나 신념의 무정부 상태 내지 변동 상태 속에서의 결정 상태를 분석하는 데도 도움을 준다(김병섭 외, 2008: 264).

반면, 쓰레기통모형은 대부분의 조직이 쓰레기통모형에서 전제로 하는 조직보다 훨씬 더 체계적이며, 여러 가지 의사결정과 관련된 요소들이 무질서하게 쓰레기통 속에 들어가 있으면 언젠가는 의사결정으로 전환된다는 것은 가능성이 희박하다는 비판을 받는다(이창원 외, 2012: 321).

3. 앨리슨모형[2)]

앨리슨(Graham T. Allison)은 쿠바 미사일 사건과 관련된 미국의 외교정책 과정을 분석한 후 정부의 의사결정 과정을 설명하고 예측하기 위한 분석틀로서 합리모형, 조직모형, 정치모형 등 세 가지 의사결정모형을 제시했다(Allison, 1971). 그의 모형은 국가나 정부 수준의 정책결정을 설명하고 있으므로, 여기에서는 조직 수준의 의사결정으로 변형해서 설명하기로 한다. 그는 조직 내 의사결정에 참여하는 사람이나 집단들의 응집성 수준에 따라 조직의 의사결정 방식이 서로 달라질 수 있다고 본다. 합리모형은 집단이나 조직을 잘 조정된 하나의 유기체로 간주하고, 조직모형은 집단이나 조직을 반독립적인 하위 조직들이 느슨하게 연결되어 있는 집합체로 간주하며, 정치모형에서는 집단이나 조직을 서로 독립적인 정치적 참여자들의 집합체로 취급

---

2) 앨리슨모형의 내용은 앨리슨(Allison, 1971)의 주요 내용을 토대로 정정길 외(2010: 495–501)의 내용을 참조해 작성했다.

한다.

(1) 합리모형(제1모형)

앨리슨의 제1모형은 개인적 차원의 합리적 결정을 설명하는 합리모형의 논리를 집단적으로 결정되는 국가정책에 유추한 것이다. 이러한 합리모형의 특징을 조직을 중심으로 정리하면 다음과 같다.

첫째, 조직은 자신의 목표를 극대화하는 대안을 선택한다. 따라서 조직은 합리적이고 단일적인 의사결정자이며, 일관된 선호와 목표 및 평가 기준을 지니고 있다. 따라서 의사결정의 참여자들은 국가나 조직 전체의 이익과 목표를 위해 개인의 이익과 목표는 전혀 고려하지 않는 것으로 가정하며, 조직의 목표를 달성하기 위해 응집성 있게 행동한다.

둘째, 참여자들은 합리적인 의사결정을 하기 위해 최선의 노력을 기울일 것으로 가정하며, 참여자의 능력 또한 합리적인 의사결정을 하기에 충분하다고 가정한다. 이러한 가정 하에 의사결정이 합리적으로 이뤄지면 조직 전체적으로 상호모순되거나 충돌하는 하위 결정이나 목표들도 있을 수 없으며, 장기적으로 봐도 의사결정의 일관성이 유지된다.

(2) 조직모형(제2모형)

앨리슨의 제2모형은 사이먼, 마치, 사이어트 등의 조직모형과 회사모형의 개념과 논리들을 이용해 모형을 구성했다. 조직모형의 특징을 정리하면 다음과 같다.

첫째, 국가나 정부 또는 조직은 단일적 의사결정 주체가 아니라 준독립적인 하위 조직들이 느슨하게 연결된 집합체다. 조직의 최고책임자는 이러한 집합체의 정점에 자리하고 있지만 의사결정은 하위 조직들의 내부 절차에 의해 이뤄지는 조직의 산물이다. 정부나 조직의 하위 조직들은 수평적으로 서로 독립적이며, 수직적으로도 하위 조직이 그 분야에 관해 지식 · 정보를 보유함으로써 전문적 권위를 가지기 때문에 준독립적이다.

둘째, 조직은 준독립적인 하위 조직들로 구성되어 있기 때문에 하위 조직들은 각각 상이한 목표을 지니고 의사결정에 임하게 된다. 서로 다른 목표를 지닌 하위 조직들이 참여해 의사결정을 하려면 이들 간의 갈등은 불가피하며, 많은 경우 주관 하위 조직의 주장대로 의사결정이 이뤄지지만, 이해관계의 대립이 심한 경우에는 타협이 불가피하다. 타협에 의해 표면상으로는 갈등이 해결된 듯 보이지만 어느 하위 조직의 입장에서 보더라도 완전한 해결은 아니며 준해결(quasi-resolution) 상태에 머물러 있다.

셋째, 조직 전체의 의사결정은 하위 조직들의 목표에 의해 크게 영향을 받는 동시에 그들의 의사결정 방법에 의해서도 크게 영향을 받는다. 조직은 학습을 통해 표준운영절차(Standard Operating Procedure: SOP)와 사업 목록(program repertory)을 만들고 이들에 의존해 의사결정을 한다. 극단적으로 보면 조직 전체의 의사결정은 하위 조직체의 상례화(routinized)된 절차에 따라서 이뤄진다. 이때 하위 조직들은 SOP와 사업 목록에서 문제에 상응하는 대안을 찾아내는 데 이것이 의사결정인 것이다.

(3) 정치모형(제3모형)

앨리슨의 제3모형은 정치모형으로, 정부의 정책결정을 참여자들 간의 타협과 흥정에 의해 이뤄지는 정치적 활동으로 본다. 정치모형의 특성은 다음과 같다.

첫째, 의사결정의 주체는 단일 주체로서의 조직 전체(정부)나 하위 조직으로서 부서(부처)들의 연합체가 아니라 참여자들 개개인이라고 본다. 따라서 의사결정은 단일 주체로서의 조직 전체나 하위 조직들의 연합체인 전체가 채택한 해결책이라기보

표 10-1 앨리슨의 세 가지 모형의 종합 · 비교

	합리모형(Ⅰ)	조직모형(Ⅱ)	정치모형(Ⅲ)
조직관	조정과 통제가 잘 된 유기체	느슨하게 연결된 하위 조직들의 연합체	독립적인 개인적 행위자들의 집합체
권력의 소재	최고지도자	준독립적인 하위 조직들에 분산	개인적 행위자들의 정치적 자원
행위자의 목표	조직 전체의 목표	조직 전체의 목표+ 하위 조직들의 목표	조직 전체의 목표+ 하위 조직의 목표+ 개별적 행위자들의 목표
목표의 공유도	매우 강함	약함	매우 약함
집단의 응집성	매우 강함	약함	매우 약함
의사결정의 방식	최고지도자가 조직의 두뇌와 같이 명령하고 지시	SOP와 사업 목록에 의한 결정	정치적 게임의 규칙에 따라 타협, 흥정, 연합, 지배
의사결정의 일관성	매우 강함	약함	매우 약함

출처: 정정길 외(2010: 498-500)의 내용을 수정.

다는 개별 참여자들 간의 타협과 흥정에 의한 정치적 결과다.

둘째, 구성원들 사이에 응집성이 약한 집단이 하나의 문제를 놓고 의사결정을 할 때는 구성원들 각자가 달성하고자 하는 목표가 각각 다르게 된다. 집단의 목표, 자신이 속한 하위 집단의 목표, 개인의 목표가 혼재된 상태에 있기 때문에 의사결정에 참여하는 구성원들 간 목표의 공유도는 낮다. 따라서 개개인은 자신이 지닌 정치적 자원을 이용해 정치적 게임규칙에 따라 목표 달성을 위해 노력하게 된다.

(4) 평 가

앨리슨모형은 독창적이라기보다는 기존의 집단적 의사결정에 관한 이론이나 모형들을 종합 · 정리한 것으로, 가정이 서로 다른 여러 가지 개념적 모형을 적용할 때 현실적인 의사결정을 보다 정확하게 설명하고 이해할 수 있다는 것을 알려준다. 앨리슨모형은 기존의 집단적 의사결정에 대한 이론과 모형들을 종합 · 정리하였기 때문에 이에 대한 종합적 평가는 너무 방대하므로 여기에서는 적용가능성을 중심으로 논의하기로 한다.

첫째, 조직계층의 측면에서 보면, 앨리슨모형은 각각 적용 계층이 다르다. 정치모형은 조직의 상위 계층에 적용 가능성이 높고, 조직모형은 하위 계층에 적용 가능성이 높다. 그리고 합리모형은 조직 계층에 따라 큰 차이가 없다고 볼 수 있다.

둘째, 실제의 의사결정에서는 어느 하나의 모형이 아니라 세 가지 모형 모두가 적용될 수 있다.

셋째, 앨리슨모형은 원래 쿠바 미사일 사건과 같은 국제정치적 · 위기적 사건에 대응하기 위한 정책결정을 설명하기 위한 모형으로 고안되었으나, 일반적인 의사결정의 경우에도 적용이 가능하다.

제 4 절 공론화와 참여적 의사결정

1. 공론화와 참여적 의사결정의 의의

1) 공론화의 개념[3)]

사전적인 의미에서 공론(公論)은 "여럿이 모여 공정하게 의논하는 것"을 말하며, "어떤 사안에 대하여 국민들 사이에서 모아지는 의견, 공공의 의견(집단지성의 공적 판단)"을 말한다(채종헌, 2017: 62). 공론이란 특정 사안에 대하여 여럿이 함께 논의하고 숙고하여 그 사회의 공적 이익에 가장 잘 부합하는 것으로 인정된 공공의 의견을 의미한다는 점에서 "집단지성의 공적 판단(public judgment)" 개념을 바탕으로 한다(은재호 외, 2018: 16).

공론화란 간략히 공론에 부친다는 뜻을 내포하고 있으며, 공론을 도출하기 위하여 여럿이 모여 함께 의논하는 것을 의미한다. 요컨대, 공론이 공익에 부합하도록 모아진 의견이라면 공론화는 이러한 공론을 형성해 가는 과정이라고 할 수 있다(Stiglitz, 1999). 공론화란 언로(言路), 즉 말길을 개방하는 일이라고 할 수 있으며, 현대적 의미에서 공론화란, 다음과 같은 의미를 가진다. 첫째, 이해당사자 간 직접(=참여적) 커뮤니케이션 채널의 구축과 채널의 안정성(=정당성) 확보를 바탕으로 한, 상호적인 의사의 송・수신을 목적으로 하는 활동으로서의 의미이다. 둘째, 반복적(=숙의적) 커뮤니케이션(소통) 프로세스를 가동하여 "잡음을 제거해 가는 과정"으로서 나의 입장을 상대에게 주입하고자 하는 설득을 목적으로 하는 것이 아니라, 나의 입장과 상대의 입장을 서로 이해하고, 이러한 상호이해를 바탕으로 공통의 공간을 구축해 가는 "상호주의적 과정"이라고 이해할 수 있다(은재호 외, 2018: 15).

3) 이 부분은 주로 은재호 외(2018: 15-17)의 내용을 요약・정리하여 작성하였다.

2) 공론화의 특성[4)]

공론화의 특성은 다양한데 이를 다음과 같이 정리할 수 있다.

① 시민참여: 직・간접 이해당사자는 물론 일반시민의 참여를 포괄

공론화의 첫 번째 특징은 정책결정과정에서 이해관계자들 뿐만 아니라 전문가 및 일반시민들을 포함시켜 이들과의 협의를 통해 의사결정을 이루어내고자 한다는 것이다. 이는 “전문가주의”의 한계를 뛰어넘고자 하는 협력적 의사결정의 양식이라고 할 수 있으며, 의사결정의 권한과 역할을 다수 시민과 공유함으로써 절차적 합리성과 민주성을 달성하고자 하는 목적 의식을 담고 있다. 한국 공공갈등의 대부분은 정부가 내부에서 의사결정을 완료하고, 일방적으로 통보(공보) 후, 사회부문의 반대에 직면하였을 때, 방어적인 입장에서 기존의 입장을 고착하고자 하는 DAD(Decide－Announce－Defend) 방식의 의사결정 방식에서 비롯하였다는 문제 의식이 자주 제기되어 왔다. 이러한 한계를 극복하기 위하여 시민배심원(citizens' jury), 시나리오 워크숍(scenario workshop) 등의 기법들에 대한 관심과 현실 정책에서의 적용가능성 탐색이 지속되어 왔다.

② 참여자의 학습과 숙의: 지속적이고 깊이 있는 정보제공과 학습

공론화는 구성주의의 관점에서 학습과 숙의를 통해 정서적 반응보다 합리적 추론에 기초한 판단으로 나아가는 것을 목적으로 한다. 이러한 접근방식은 공동의 의사결정에 있어서 '감정적 접근'을 지양하고, '논리적 접근'을 지향하는 방향성을 보여준다. 이러한 방향성을 토대로 논의 과정에서 나타날 수 있는 '포퓰리즘'이나 '오해', '몰이해' 등 사실판단을 저해하는 잡음(noise)을 제거하고자 한다. 합의회의(consensus conference), 공동사실조사(joint fact finding),[5)] 공론조사(deliberative polling) 등은 이러한 목적을 반영하여 모형화・설계되어 있다.

4) 이 부분은 주로 은재호 외(2018: 17－19)의 내용을 요약・정리하여 작성하였다.

5) 사실관계에 대한 인식의 차이로 발생하는 이견 조정을 위해 진행하는 사실확인 작업이다.

③ 다수결보다 합의에 의한 의사결정: 경청과 상호이해

공론화는 '집합적 의사결정'을 내리기 위한 수단으로 참여, 대화, 이해, 공감에 기초한 '사회적 합의 형성'을 지향하기 때문에 다수결(majority)에 의한 결의보다는 절대 다수의 동의(overwhelming agreement)로, 절대 다수의 동의에서 만장일치(unanimous agreement)를 지향한다(Bohman, 2000). 이는 단순 다수결의 원리에 의한 다수주의(majority rule)는 표결에 있어서 '소수의견'의 의미를 간과하게 되기 쉽고, 이로 인하여 '분열'을 야기할 수 있다는 데에 근거하고 있다. 타운 홀 미팅(Town Hall Meeting),6) 공공토론(Public debate), 합의회의(Consensus conference) 등의 기법들은 이러한 목적을 반영하여 모형화 · 설계되어 있다(Easton & Brown, 2004).

공론화는 경청과 상호이해를 중시한다는 점에서 공론의 절차가 반드시 어떠한 '합의'에 이르지 못하더라도, 과정상에 이루어진 상호간 이해와 학습의 효과가 중요한 의미와 목표를 지닌다고 보는 관점도 있다(Ercan & Dryzek, 2015).

3) 참여적 의사결정의 의의

민주주의 사회에서 공공조직은 시민의 참여 하에 의사결정을 해야 한다. 이러한 맥락에서 최근 공공조직의 참여적 의사결정이 주목을 받고 있다. 참여적 의사결정은 영국, 미국 지역사회를 중심으로 사용된 공동체 운영방식을 제도화한 것이다. 정책결정 과정에 이해관계자들뿐만 아니라 전문가와 일반시민들을 포함시켜 이들과의 협의를 통해 의사결정을 이루어내는 일련의 과정을 말한다. 시민사회의 다양한 행위자들이 결정 과정에 참여하는 것으로 숙의 민주주의(deliberation democracy)와 합의형성 강조로 민주주의 증진에 기여할 수 있다(서울특별시, 2018: 21).

참여적 의사결정의 필요성을 구체적으로 정리하면 다음과 같다. 참여적 의사결정은 불신과 사회갈등을 예방하고 정책결정의 질과 정당성을 향상하여 사회적 갈등 비용이 감소할 수 있다. 정책결정에 있어서 이해당사자들이 직접적으로 참여하는 정책결정 방식으로 이해당사자들 사이의 신뢰가 증가할 수 있으며, 개인과 조직 사이의 관계 혹은 네트워크를 구축한다. 정책에 대하여 대중의 합리적인 인식과 지식을 제

---

6) 다양한 배경의 시민들이 원탁에 둘러앉아 퍼실리테이터의 도움으로 주요 정책의제에 대해서 토론하는 기법이다.

고하며, 정책결정의 질과 정당성을 향상할 수 있다(이선우 외, 2017: 67).

2. 참여적 의사결정의 유형[7)]

참여적 의사결정의 방법은 다양한 데, 여기에서는 대표적인 참여적 의사결정 기법인 공론조사, 포커스 그룹, 시나리오 워크숍, 시민배심원, 합의회의, 규제 협상 등을 다루기로 한다.

1) 공론조사

1988년 미국에서 개발된 조사 방법으로 대표자를 선발해 해당 이슈에 대해 충분한 정보를 제공하고 토론한 후 의견을 조사하는 방식이다. 통상적 여론조사 방법이 시민대중의 피상적 태도조사에 그치는 약점이 있어, 여기에 숙의 과정을 덧붙여 보완한 방법이라고 할 수 있다. 1988년 미국의 제임스 피쉬킨(James Fishkin)이 처음 제안하고, 1994년 영국에서 처음 실시된 이래 세계 각국에서 20여 차례 이상 실시되었다. 우리나라의 경우, 한미 FTA(미래전략연구원), GMO(유전자재조합, 한국식품공업협회), 북항재개발(부산시), 북한문제(KBS) 등에 대해 공론조사를 실시한 바 있다.

2) 포커스 그룹

심층적인 이론을 확인하기 위한 특정 주제에 대해 소그룹 형태로 조직하는 토론집단을 포커스 그룹이라고 한다. 공공기관 또는 특정 정책의 목적에 적합한 대상자를 의도적으로 선택해, 심층적 문제에 대한 여론 확인을 목적으로 사용되는 것이 일반적이다. 그러나 정책의 내용과 방법을 선택할 목적으로 구성하여 단일안을 제시하는 경우도 있다.

7) 이 부분은 서울특별시(2015; 2018: 21－23)의 내용을 중심으로 작성하였다.

3) 시나리오 워크숍

관련 행위자들 간 밀도 있고 체계적인 대화를 통해 미래 전망과 행동계획을 공동 작성해 나가는 것으로, 주로 지역 차원의 개발과 지속 가능한 발전의 전망을 수립하는 데 효과적이다. 일반시민이 지역의 전문가로 참여한다는 특징을 갖고 있다. 미래를 예측할 수 없는 상황에서 미래 시나리오를 작성하는 방법 중 하나로 참여자는 지역주민, 공무원, 기업, 전문가 등 각 그룹별 4~6인이다. 국립서울병원 재건축과 관련된 갈등영향분석에서 활용되었다.

4) 시민배심원

미국 제퍼슨센터가 고안한 사회적 합의 형성을 위한 시민참여의 구조화된 프로그램이다. 이해당사자가 아닌 일반시민의 의견을 공공정책에 반영하고 사회적으로 중요한 공공문제에 대한 여론 형성을 목적으로 하는 참여적 의사결정 방법이다. 먼저, 무작위 전화 설문을 통해 관련 의제에 대한 추가 정보를 받기로 동의한 응답자 200~300인으로 시민배심원단 풀을 구성한다. 그 다음 지역사회 및 의제와 관련된 일반시민의 인식과 성향을 반영할 수 있는 표본 수집을 통해 18~24인으로 선별해 최종 배심원단이 구성된다. 한계로는 제한된 인원의 참여로 대표성 확보가 어렵다는 점이다. 그러나 울산시 북구청에서 음식물자원화시설 건립 당시 활용되어 성공한 경험이 있다.

5) 합의회의

선별된 일단의 보통 시민들이 논쟁적이거나 관심을 불러일으키는 과학기술적, 환경적 혹은 사회적 주제에 대해 전문가들에게 질의하고 대답을 청취한 다음, 이 주제에 대한 내부 의견을 취합하는 방법이다. 주로 전자주민카드나 방사능폐기물관리 등과 같은 전국적 관련성을 갖는 공공 쟁점에 적용이 용이하다. 지식이나 현상에 대한 인식 격차가 큰 문제에 적합한 방법이라고 할 수 있다. 우리나라의 대표적 사례로는 1999년 유네스코 한국위원회가 주최한 '생명복제기술 합의회의'와 2004년 시민과학

센터가 주최한 '전력정책의 미래에 대한 시민합의회의'가 있다.

6) 규제 협상

협상에 의한 규칙 제정이라고도 부르는 이 방법은 행정 규제로 인해 영향을 받은 이해당사자들의 대표들과 행정기관이 모여 협상을 통해 합의를 도출하고, 행정기관은 이를 바탕으로 규칙을 제정하는 제도이다. 보통 행정기관이 규칙 제정을 위한 공식적인 정책결정에 들어가기 전에 이뤄지는 협의 과정이다. 규제기관이 공식적인 정책결정에 들어가기 전에 규제로 인해 영향 받는 이해관계자들을 파악하고, 이들과의 논의와 협상을 통해 규제 내용에 대한 합의를 도출한다. 그리고 이 과정을 통해 작성된 정책대안을 규제기관이 수용하는 규제정책을 결정한다. 기업형 슈퍼마켓, 온실가스 배출 규제와 같이 이해관계자의 협조와 수용이 필요한 분야에 적합하다.

제 5 절 의사결정의 활용

인간은 매일매일 수많은 의사결정을 하고 있으며, 우리는 이를 개인적 의사결정론(모형)과 집단적 의사결정론(모형)으로 구분하여 살펴보았다. 개인적 의사결정론은 개인이 실제로 어떻게 의사결정을 하는지 연구하는 심리학적 의사결정론으로, 앞에서 본 사이먼(Hebert A. Simon) 등의 의사결정론이 가장 널리 알려져 있다. 반면에, 집단적 의사결정론은 여러 개인이 참여하여 이루어지는 의사결정을 말하며, 회의와 같이 참여자 개개인들이 각각 대등한 결정권을 가지는 경우도 있고, 행정조직이나 민간기업과 같이 하급자가 기안하여 올린 것을 상급자가 결재하는 경우처럼 참여자들이 서로 다른 권한을 지니고 참여하는 경우도 있다. 그러나 집단의 의사결정도 결국 개인에 의하여 이루어지는 것이며, 집단이라는 것도 개인의 집합이기 때문에 개인적 의사결정의 논리를 집단에도 유추·적용할 수 있을 것이다. 따라서 개인적 의사결정론과 집단적 의사결정론을 구분하기가 어려운 경우도 많으며, 우리는 의사결정이 이루어지는 집단의 특성에 적합한 의사결정 모형을 활용하는 것이 바람직할 것이다(정정길 외, 2010: 476).

현대 조직에서는 점차 집단적 의사결정의 비중이 높아지고 있는데, 위원회, 각종 팀, 회의 등이 모두 이러한 집단적 의사결정의 예에 속한다. 집단적 의사결정은 많은 장점을 가지고 있는데, ① 다양한 지식 · 정보 · 아이디어의 활용, ② 구성원 간의 상호자극, ③ 결정에 대한 수용도와 응집력 제고, ④ 문제 분담에 의한 전문화 가능, ⑤ 커뮤니케이션의 원활화 등을 들 수 있다.

그러나 집단적 의사결정은 장점 못지않게 다음과 같은 여러 문제점도 포함하고 있으므로, 그 활용에 있어 주의를 기울일 필요가 있다. ① 많은 시간과 에너지 소비, ② 집단사고(group think)의 위험, ③ 차선책 선택의 오류 가능성, ④ 결정이 특정인에 의해 좌지우지될 가능성, ⑤ 의견 불일치 시 갈등 발생 우려, ⑥ 신속하고 결단력 있는 행동 방해 등이다(박연호, 2000: 257-258; 백기복, 2014: 357; 오세덕 외, 2019: 327-329).

한편, 최근에는 숙의 민주주의(deliberative democracy)가 강조되면서 공론화 및 참여적 의사결정 방법이 많이 활용되고 있다. 프랑스의 국가공공토론위원회(Conseil National du Débat Public: CNDP), 영국의 방사선폐기물관리위원회(Committee on Radioactive Waste Management: CoRWM) 등이 대표적이며, 이들 위원회는 공론화 과정에서 다양한 참여적 의사결정 기법을 활용하고 있다. 우리나라의 경우에도 2017년 신고리원전 5 · 6호기 공론화위원회 이후 수많은 공론화 과정에서 다양한 참여적 의사결정 기법들이 활용되고 있다. 예를 들어, 신고리원전 5 · 6호기 공론화의 경우 공론조사, 대입제도개편 공론화(2018)의 경우 공론조사와 시나리오 워크숍 등을 활용하였다.

그러나 다른 의사결정 방법과 유사하게 공론화 및 참여적 의사결정 방법은 장점과 단점을 함께 가지고 있으므로 그 활용에 유의할 필요가 있다. 먼저, 공론화 및 참여적 의사결정 방법은 다음과 같은 장점을 가지고 있다. ① 갈등의 원인을 파악하고 상호이해를 통해 해결방안을 함께 모색하는 포럼의 기회를 제공한다. ② 의사결정 과정에서 이해관계자의 참여를 통해 사회적 수용성을 향상시킨다. ③ 다양한 시각과 아이디어의 조합을 통해 정책결정과 관리의 품질을 개선한다. ④ 참여자들에 대한 권한위임을 통해 관리 책임을 공유한다.

반면, 공론화는 다음과 같은 한계를 지니고 있다. ① 만족스럽지 않은 합의 결과를 도출할 가능성이 있다. 공론화는 반드시 어떠한 합의를 도출해야 한다는 '결과론적 사고'보다 과정적 측면을 중시하는 '절차론적 사고'에 무게 중심을 두고 있다. 따라서 공론화를 통해 도출된 합의 결과가 일부에게 만족스럽지 않을 수 있으며, 공론화의 절차가 오염되었을 경우에는 결과 자체의 수용성이 오히려 낮아지게 될 수 있다(Lind & Tyler, 1988). ② 악용 가능성이 있다. 전술한 ① 논의와 연계하여 만약 공론화의 기본원칙이 의도적으로 왜곡되어 공론화가 설계 및 운영되는 경우, 하버마스(Jürgen Habermas, 2006)가 지적한 바대로 오히려 특정 집단의 선행 결정을 정당화하는 수단으로 전락할 가능성이 상존한다는 점을 유의해야 한다.

Chapter 11

리더십의 이해

리더십(leadership)은 산업·조직심리학, 경영학, 사회심리학, 그리고 정치학 등의 다양한 학문 분야에서 연구되고 있으며, 각각의 시각에 따라서 리더십을 개인의 심리적 측면, 관리적 측면, 그리고 권력적 측면 등으로 이해하려는 노력이 진행되고 있다.[1] 리더십은 다양한 학문적 시각에 의해 정의되고 연구되는 까닭에 개념적 정의에 대한 합의가 어려울 뿐만 아니라, 리더십의 기능과 역할, 그리고 한계에 대한 합의가 어렵다는 특징을 지니고 있다. 리더십의 이와 같은 한계 등에도 불구하고, 집단 및 조직 활동 등을 이해하기 위해서는 리더십, 즉 조직의 성과를 높이고 구성원의 만족도 등에 영향을 주는 변수에 대한 이해가 필요하다는 점에서 조직행태론의 주요 주제로 등장하였다(Dinh et al., 2014).[2]

1) 행정학 분야의 리더십 연구는 1930년대 인간관계론이 등장함과 동시에 시작한 것으로 평가한다(김호섭 외, 2020). 즉, 과학적 관리론은 조직구성원이 합리적으로 행동한다고 가정했기 때문에 리더의 영향력에 별다른 관심을 기울이지 않았다. 그러나 인간관계론 등이 등장하면서 조직발전에 개인의 역량 등에 관심이 생기면서 리더십이 주목받았으며, 특히 환경의 급속한 변화와 조직 내 민주화 등으로 인해 행정학 분야에서 리더십의 수요가 증대된 것으로 평가한다(김호섭 외, 2020).

2) 리더십은 리더가 집단 활동 과정에서 구성원의 신념과 태도, 그리고 조직의 목표와 비전 등에 영향

이하에서는 리더십을 이해하기 위해서 리더십의 개념적 정의와 특징, 그리고 구성 요소 등을 살펴본다. 이와 같은 리더십의 기초적인 지식을 바탕으로 리더십의 기능, 그리고 리더십과 권력의 관계 등을 논의한다. 마지막으로, 리더십과 관리와의 유사점 및 차이점에 대해 논의한다.

제 1 절 리더십의 기초

리더십은 리더가 갖는 개인적 특성, 관리적 역량, 권력의 원천, 부하와의 관계 또는 상호작용, 그리고 환경과의 상호작용 등이 조직의 효과성에 어떠한 영향을 미치는지를 연구하는 데 초점을 두고 있다. 즉, 리더십은 개인의 심리적·관리적·권력적 특성뿐만 아니라, 집단 과정 또는 구성원과의 역학관계, 그리고 외부 환경과의 상호작용에 미치는 영향력에도 관심을 기울이기 때문에 다양한 측면에서의 접근이 가능하다는 특징을 지니고 있다. 따라서 리더십을 연구하기 위해서는 리더의 특성, 리더십의 대상인 집단, 리더와 상호작용을 하는 부하(follower), 상황 및 환경적 맥락, 그리고 집단 또는 조직의 공식적인 과업 등에 대한 이해가 필요하다(Gibb, 1974). 특히, 리더십의 기본적 기능인 조직을 운영하고 구성원과 협력하는 과정은 합리성과 객관성 등의 구조적 요인뿐만 아니라, 인간관계 및 심리적 요인 등도 일정한 영향을 미친다는 연구 결과가 제시됨에 따라서 리더십의 연구는 상대적으로 복잡성을 띠고 있다. 이와 같은 이유로 인해 리더십의 개념적 정의를 일률적으로 적용하는 데에는 한계가 있다(조경호 외, 2014; Stogdill, 1974). 이하에서는 리더십의 다양한 개념적 정의를 논의하고자 한다.

을 행사한다는 점을 가정한다. 따라서 리더십은 조직 활동에 영향을 미치는 과정 또는 행위로 이해할 수 있으며(김호섭 외, 2020), 조직의 공동 목적을 달성하기 위해 집단 내 구성원에게 동기를 부여하는 예술(the art of motivating)로 정의된다. 이에 비해, 리더는 타인과 집단에 영향력을 행사함으로써 자신이 원하는 방향으로 개인의 행동과 조직의 운영을 유도할 수 있는 능력을 갖춘 사람을 의미한다(김호섭 외, 2020).

1. 리더십의 정의

리더십은 효과적인 조직 운영에 영향을 미칠 수 있는 리더의 능력, 지식, 그리고 기술 등을 의미할 뿐만 아니라, 조직의 비전과 목표 등을 제시할 수 있는 역량 등을 의미한다. 이에 덧붙여, 리더십은 리더가 구성원을 설득할 수 있는 능력, 목표의 효과적인 달성을 위한 수단, 구성원의 추종을 유발할 수 있는 권력의 관계, 그리고 리더-부하 간 상호작용 등으로 정의된다(국승오, 2008; 김원형, 2011; Yukl, 2002). 또한 리더십은 집단의 목표를 결정하고, 해당 목표를 추구하는 과업 행동을 유발함으로써 집단을 유지하는 영향력을 행사하는 과정으로 이해한다(Yukl, 2002). 즉, 리더십은 리더 개인이 가지고 있는 특성, 부하-리더 간 관계 및 상호작용, 조직 목표에 미치는 영향력, 그리고 리더 역할에 대한 구성원의 지각 등의 측면에서 이해하는 개념이다. 리더십의 개념적 정의를 구체적으로 살펴보면 [표 11-1]과 같다.

표 11-1 리더십의 정의

학 자	개념적 정의
Hemphill & Coons(1957)	리더십은 공유된 목표를 달성하기 위해 구성원의 집단 활동을 유도하는 개인의 행동이다.
Jacobs(1970)	리더십은 구성원에게 영향을 미치고 동기를 부여함으로써 조직의 목표 및 성과를 달성하는 데 미치는 영향력이다.
Stogdill(1974)	리더십은 조직 내 의사소통 과정에서 구성원에게 영향력을 행사하는 권력이다.
Katz & Kahn(1978)	리더십은 조직의 일상적인 활동이나 지시 등에 대한 순응을 넘어서게 하는 영향력이다.
Yukl(2002)	리더십은 집단과 조직 내 활동을 구조화하고 촉진하기 위해 구성원에게 의도적으로 영향을 미치는 영향력이나 과정이다.
Northhouse(2007)	리더십은 목표를 달성하기 위해 리더가 집단의 구성원에게 영향을 미치는 과정이다.
Schermerhohn et al.(2008)	리더십은 공유된 목표의 달성을 위해 조직 내의 개인적·집단적 노력을 촉진하는 과정이다.
Robbins & Judge(2011)	리더십은 조직의 목표를 달성하기 위해 구성원을 관리하고 활동하게 하는 개인의 능력이다.
Quick & Nelson(2012)	리더십은 조직 목표와 비전을 달성하기 위해 특정 집단에 영향을 미치는 과정이다.

김호균(2019)	리더십은 리더가 개인으로 구성된 집단 또는 조직에 영향을 미쳐 집단이나 조직의 공동 목표를 달성하는 과정이다.
김호섭 외(2020)	리더십은 특정 상황에서 조직구성원에게 여러 유인을 제공하여 동기부여함으로써 조직 목표를 달성하는 기능이다.

위에서 논의한 바와 같이, 리더십은 다양한 학문 분야와 연구자의 관심 사항 등에 의해 정의된다는 점에서 합의된 개념을 정의하기란 쉽지 않다(Bennis, 1959; Stogdill, 1974). 그러나 리더십은 일반적으로 개인의 능력 및 역량 등과 관련된 개인적 특성, 부하와의 관계에서 영향을 미치는 권력 관계 및 상호작용, 그리고 조직 운영 및 목표 달성 등에 필요한 관리와 통제 등의 개념과 연결된다고 평가받는다. 특히 유클(Yukl, 2002)은 리더십을 개인의 특성과 행동, 부하 직원에 미치는 영향력, 그리고 조직관리 및 운영의 전문성과 권력성 등의 측면에서 정의된다고 주장한다. 따라서 리더십은 구성원의 행동과 동기에 대한 영향력, 집단 과정, 목표 달성과 조직 운영 등을 실행하도록 영향력을 행사하기 위한 기술(예: 설득기술), 그리고 조직 변화를 유발할 수 있는 영향력을 행사할 수 있는 지위에 있는 인물 등으로 구성된다(Vroom & Yago, 2007; Yukl & Van Fleet, 1992). 이와 같이 리더십은 단일의 요인과 개념 등에 의해 정의되기보다는 다양한 요소와 측면 등을 포함하는 개념으로 이해하는 것이 현실적이라는 주장이 제기되고 있다.

2. 리더십의 특성

리더십은 단일의 관점으로 이해하는 것보다 다양한 접근을 통해 이해하는 것이 더 현실적이다. 그러나 리더십에 대한 개념적 정의를 살펴보면, 각 개념이 갖는 공통적인 특성을 찾을 수 있으며, 이하에서는 개인의 특성 또는 역량, 집단 과정, 그리고 부하와의 관계라는 측면에서 리더십의 특성을 살펴보고자 한다.[3]

3) 리더십 연구는 대체로 리더, 부하, 영향력 과정, 직위상의 권한, 그리고 상황 등의 변수에 관심을 기울인다(김원형, 2011). 즉, 리더십은 리더의 특성이나 행동에 영향을 받는다는 점, 그리고 리더십은 부하 집단의 특성과 상호작용한다는 특징으로, 리더와 부하의 특성에 관한 연구에 관심을 보인다. 또한 리더십 연구는 리더와 부하 간 상호영향력을 연구함과 동시에, 상황과 맥락이 미치는 영향력을 적극적으로 고려한다. 마지막으로, 리더십은 직위상의 권한을 행사하는 행위로 이해하기 때문에 리더의 역할에 관심을 보인다.

첫째, 리더십은 개인의 특성 또는 개인적 측면에서 이해할 수 있다. 즉, 리더십을 조직 운영과 인간관계 등에서 리더가 가지는 개인적인 능력과 역량 등에 초점을 맞춤으로써 리더십을 개인의 영역으로 제한하려는 접근방법이다. 리더의 개인적 측면을 통해 리더십을 개념화한 정의는 다음과 같다. 리더십은 집단 및 조직의 구성원이 목표를 달성하는 과정에서 나타나는 개인의 행동(Hemphill & Coon, 1957), 또는 집단 과정에서 타인의 행동에 영향을 미치거나 동기를 부여함으로써 조직 효과성을 높이는 개인의 능력(House et al., 2004) 등으로 정의된다. 또한 리더십은 리더가 조직 목표와 비전 등을 이해하고 달성하기 위해 조직구성원이 직무에 몰입하게 할 수 있게 하는 능력으로 정의된다(하미승, 2015; Drath & Palus, 1994). 이와 같은 리더십의 개념적 정의를 바탕으로, 리더십은 조직 내 공유된 목표를 달성하기 위해서 비전과 조직 목표 등을 제시하고 구성원의 동기를 부여함으로써, 목표 달성 과정 등을 지도 및 통제하는 개인의 행동과 역량 등으로 정의할 수 있다.

둘째, 리더십은 조직 목표를 달성하는 활동에 영향을 미치는 과정으로 이해할 수 있다. 즉, 리더십을 목표 달성을 위해 집단 활동에 영향을 미치는 과정으로 이해하는 접근방법이다. 이와 같은 접근방법을 통해 리더십을 개념화한 정의는 다음과 같다. 라우쉬와 벨링(Rauch & Behling, 1984)은 리더십을 조직 목표를 성취하는 데 필요한 조직 활동에 영향을 미치는 과정으로 정의했다. 또한 리더십은 의미 있는 목적을 달성하기 위해 구성원이 노력을 기울이게 하는 과정(Jacobs & Jaques, 1990), 또는 구성원이 공유하는 목표를 달성하기 위해 리더가 조직구성원에게 영향을 미치는 과정으로 정의된다(김남현, 2008). 위에서 논의한 개념적 정의를 바탕으로 리더십은 조직 내 공유된 목표를 달성하기 위해 리더가 구성원에게 영향을 미치는 집단 과정으로 정의할 수 있다.

셋째, 리더십은 리더–부하 간 관계에서의 영향력 또는 권력관계로 이해할 수 있다. 즉, 이와 같은 시각은 리더십을 목표 달성 과정에서 부하에게 미치는 리더의 영향력 또는 권력관계로 이해하는 접근방법이다. 이와 같은 관점을 통해 리더십을 정의했을 때에 리더십에 대한 개념적 정의는 다음과 같다. 리더십은 조직 목표를 달성하는 과정에서 리더–부하 간 효과적인 의사소통을 통해 이뤄지는 대인관계의 영향력(Tannenbaum et al., 1961), 또는 리더–부하 간 상호작용을 통해 적절한 정보를 제공하고 이를 통해 조직 목표 달성에 기여하게끔 하는 영향력으로 정의된다(Jacobs,

1970). 또한 리더십은 조직의 공동 목표를 달성하는 과정에서 부하 직원에게 미치는 영향력, 또는 의사소통 과정에서 구성원에게 영향력을 행사하려는 권력으로 정의되기도 한다(Koontz & O'Donnell, 1964; Stogdill, 1974). 따라서 리더십은 리더가 조직 목표 및 비전의 달성 등을 위해 구성원을 일정한 방향으로 이끌어 갈 수 있는 권력으로 이해할 수 있다.4)

위에서 논의한 바와 같이, 리더십은 크게 세 가지 측면의 특성을 통해 이해한다. 그러나 리더십을 더욱 다양하고 구체적인 측면에서 접근도 가능하다(김원형, 2011). 즉, 리더십은 리더가 조직 내 부하를 자기가 원하는 방식대로 행동하게끔 하는 영향력으로 이해할 수도 있으며, 이와 동시에 설득을 통해 조직의 목표 등을 달성하는 능력으로도 이해할 수 있다(김원형, 2011). 이에 덧붙여, 리더십은 다양한 권력의 원천(예: 합법적 권력, 전문권 권력 등)을 통해 부하에게 권한을 행사하는 과정, 상호작용 과정에서 발생하는 역할 또는 지위, 또는 역할 구조를 유지·발전·변화시키는 과정으로도 이해할 수 있다(김원형, 2011).5)

리더십과 팔로워십(followership)

모든 사람, 예를 들어 조직의 CEO, 리더, 관리자, 중간관리자, 그리고 심지어 하위 관리자와 일반직원도 리더십에 관심을 기울인다. 모든 조직구성원은 리더십을 통해 자신이 역량과 능력을 발휘하고 인정받기를 원하며, 이와 동시에 성과를 높이기를 원한다. 그러나 모든 사람이 리더가 될 수는 없으며, 특히 공식적인 리더로서 리더십을 발휘하는 경우는 극히 소수에 불과하다. 그럼에도 불구하고 우리는 왜 리더십에 관심을 보일까? 집단, 조직, 그리고 사회에서 10%나 1%, 또는 이것보다 더 적은 사람만이

4) 리더십의 개념적 정의를 살펴볼 때, 리더십은 필연적으로 리더가 행사하는 권력 또는 리더-부하 간 관계에서의 권력관계 등과 연계된다(Robbins & Judge, 2011). 프렌치와 레이븐(French & Raven, 1959)은 쌍방향적 관계의 프레임워크를 기초로 권력을 개념화했으며, 권력을 준거적, 전문적, 합법적, 보상적, 강제적 권력 등으로 유형화했다. 프렌치와 레이븐이 제시한 권력의 유형은 조직적 형태의 권력과 개인적 형태의 권력으로 구분된다(박계홍 외, 2014). 즉, 권력의 형태 중에서 합법적 권력, 보상적 권력, 그리고 강압적 권력은 조직 차원에서의 권력으로 이해되는 반면, 전문적 권력과 준거적 권력은 개인 차원의 권력으로 이해된다.

5) 김원형(2011: 278)은 리더십을 12개의 접근을 통해 이해하고자 하였다. 즉, 집단 과정으로서의 리더십, 성격으로서 리더십, 부하의 순응을 유도하는 기법으로서 리더십, 영향력 행사로서의 리더십, 목표 지향적 행위로서 리더십, 설득의 한 형태로서 리더십, 세력 관계로서의 리더십, 목표 달성의 수단으로서 리더십, 상호작용 효과로서의 리더십, 역할로서의 리더십, 구조 주도의 리더십, 그리고 구성요소들의 조합으로서 리더십 등이다.

리더의 역할을 수행함에도 불구하고, 우리는 왜 리더십에 관심을 기울일 뿐 아니라, 자기계발서 등을 통해 리더십에 열광을 할까? 오히려 리더십과 함께 집단, 조직, 사회를 이끌어 가는 다수의 팔로워십(followership)에 더 많은 관심을 기울이는 것이 효과적이지 않을까? 팔로워십은 다수의 조직구성원이 조직의 규범과 리더의 권위 등을 인정하며 조직생활 및 업무활동을 하는 것을 의미한다. 즉, 팔로워십은 리더의 권위, 권한, 책임 등을 적극적으로 인정할 뿐 아니라, 리더의 창의적인 아이디어와 헌신 등을 수용하는 행동규범 등을 의미한다. 따라서 조직을 효과적으로 운영하고 성과를 높이기 위해서는 리더십과 팔로워십의 연계와 조합에 더 많은 관심을 기울여야 할 뿐 아니라, 다수 팔로워의 팔로워십을 교육하고 높이기 위한 다양한 방식에도 관심을 기울여야 할 때이다.

[질문 1] 조직의 성과를 높이기 위해서 우리는 리더십과 팔로워십 중, 어디에 더 많은 관심을 기울여야 할까? 또한 인사행정의 관점에서 볼 때, 직업공무원이 다수인 정부 부처는 장·차관 등의 정무직 공무원 리더십에 관심을 기울여야 할까, 혹은 직업공무원의 팔로워십에 관심을 기울여야 할까?

[질문 2] 조직의 관리자는 자신을 포함한 리더의 역량을 강화하는 데 더 많은 관심을 기울여야 할까, 혹은 다수인 조직구성원인 팔로워(follower)의 능력, 역량, 관계 형성 및 업무 능력 등을 향상하는 데 제한된 자원을 투자해야 할까?

3. 리더십의 특징 및 구성요소

1) 리더십의 특징

리더십의 개념적 정의에 대한 다양한 요인과 측면, 그리고 학문적 접근방법 등을 고려해서 이 연구는 리더십을 조직의 비전과 목표 등을 달성하는 데 필요한 개인적 능력, 그리고 구성원 및 집단 활동에 영향력을 미칠 수 있는 역량으로 정의하고자 한다. 그러나 리더 개인의 능력과 영향력은 집단이나 조직 내 구성원과의 상호작용을 통해 리더십으로 구체화된다는 점에서 영향을 미치는 과정이나 상황 등이 전제되어야 한다. 또한 리더의 영향력은 조직의 위계 구조 등과 같은 공식적인 권력관계에서도 발생하지만, 리더 개인이 가지고 있는 성품과 인격, 그리고 비전 등과 같은 비공식적인 원천에서도 발생함을 전제로 한다. 이와 같은 개념적 정의를 고려할 때, 리더십은 리더와 부하의 공동 목표 추구, 리더가 구성원에게 미치는 영향력, 구성원에게 부여된 공식적인 과업의 성격, 그리고 구성원의 자발성 등이 상호작용한 결과로 이해할 수 있다(하미승, 2015; Robbins & Judge, 2011). 또한 유클(Yukl, 2002)이 정의한 바와 같이, 리더십은 조직의 목표를 달성하는 과정에서 무엇을 해야 하는지를 이해하고 합의하도록 구성원에게 이해시키는 과정이며, 해당 목표를 달성하기 위해 개인적 · 집단적 노력을 촉진하는 과정으로 이해할 수 있다. 이와 같은 정의를 바탕으로 리더십의 특징을 살펴보면 다음과 같다(양원동 외, 2014).

첫째, 리더십은 관계의 개념이다. 좀 더 구체적으로 리더십은 리더－부하 간 상호작용을 전제로 형성된다. 즉, 리더십이 구현되기 위해서는 리더 개인의 특성과 능력도 중요하지만, 더욱 중요한 것은 리더의 역량과 영향력이 미칠 수 있는 부하의 존재 및 그들과의 상호작용이 전제되어야 한다. 따라서 리더십이 효과적으로 구현되기 위해 리더는 끊임없이 부하와 의사소통하고 협력할 필요가 있으며, 이에 덧붙여 부하의 동기부여를 제고할 수 있는 헌신과 비전 제시 등이 필요하다고 할 수 있다. 즉, 리더십은 조직 내 위계 질서에 의해 공식적인 권한과 권력 등을 바탕으로 부하에게 일방적으로 지시하는 관리와는 구분되는 특징을 갖는다. 따라서 리더십은 감정의 교류와 신뢰 등을 통해 부하와의 관계성을 구축하는 것을 전제로 하는 특징을 가지고 있다.

둘째, 리더십은 과정의 개념이다. 좀 더 구체적으로 리더십은 공유된 조직 및 집단 목표를 수립하고 수행하는 과정을 전제로 형성된다. 리더와 부하 간 상호작용을 전제로 조직 목표를 달성하는 과정에서 리더는 좀 더 역동적인 접근을 통해 부하의 동기를 부여할 뿐만 아니라, 자신의 비전과 목표의 방향성 등을 제시할 필요가 있다. 즉, 리더십은 조직구조의 객관적 · 합리적 접근방법을 통해 조직 목표를 달성하는 과정으로 이해할 수 있고, 이에 덧붙여 리더의 열정과 비전, 그리고 자발적 헌신 등을 바탕으로 구성원의 동기를 부여하는 감성적인 과정으로도 이해할 수 있다(Yukl, 2002). 이와 같은 두 개의 접근방법은 독립적으로 작동하기보다는 상호작용을 통해 리더십의 실체를 구체화할 수 있다는 점에서 리더십은 합리적 과정 및 감성적 과정의 연계물로 이해할 수 있다. 그러나 유클(Yukl, 2002)의 주장처럼 리더십은 개인보다는 과정에 더 많은 관심을 기울이는 특징을 가진다.

2) 리더십의 구성요소

리더십은 매우 다양한 관점에 의해 다양한 정의와 특징을 보인다. 따라서 해당 정의와 특징 등을 나열하는 것보다 특정 기준 등을 통해 몇 개의 유형으로 구분한다면 리더십을 이해하는 데 있어 어느 정도 도움이 될 것으로 기대한다. 리더십의 개념적 정의와 특징 등을 통해 리더십의 구성요소를 논의하면 다음과 같다(Northouse, 2007).

첫째, 영향을 미치는 과정으로서의 리더십이다. 영향력은 부하의 행동이나 태도 변화의 원인이 되는 행동의 실제적 사용으로 정의할 수 있다(Colquitt et al., 2018).[6] 즉, 리더십은 리더가 조직 및 집단 내 구성원에게 일정한 영향력을 행사함을 전제로 한다. 이와 같은 영향력은 리더 개인의 탁월한 지식·역량·능력·수단 등을 포함할 뿐만 아니라, 비전을 제시하거나 구성원을 관리하고 활동하게 함으로써 조직 목표를 달성하게 하는 개인의 능력과 다양한 권력의 원천(예: 보상적 권력)도 포함한다. 그러나 이와 같은 리더 개인의 능력, 역량, 권력 등이 존재한다고 해서 리더십이 직접 발휘되는 것은 아니다. 즉, 리더의 능력이 조직구성원에게 어떻게 영향을 미치는지에 대한 과정이 더욱 중요하며, 이와 같은 과정을 연구하는 것이 리더십의 구성요소로 평가받는다.

둘째, 과정으로서의 리더십이다. 리더십은 개별적인 리더가 가지는 개인적인 특성과 능력을 의미하기보다는 리더－부하 간 거래 과정에서 발생하는 하나의 거래적 사건(a transactional event)으로 이해된다. 이와 같은 접근방법은 리더십을 리더의 특성과 권한 등에 의해 일방적으로 통제 및 관리되는 과정으로 이해하기보다는 부하와의 상호작용을 통해 형성되는 과정으로 이해하는 특성을 보인다.[7] 또한 과정으로서의 리더십은 조직구조에 의해 임명되는 공식적인 상위 직급자만 리더로 이해하기보다는 비공식적인 리더도 부하와의 상호작용을 통해 리더십을 발휘할 수 있음을 전제한다.[8] 특히 리더십의 구성요소인 '과정'에서 주목할 부분은 집단 과정, 즉 집단 상황에

---

6) 리더가 부하에게 영향력을 행사하는 방법으로는 합리적 설득, 협의, 영감적 호소, 협력, 아첨(flattery), 개인적 호소, 교환, 통지, 압력, 그리고 연합 등이 있다(Colquitt et al., 2018). 김원형(2011)은 순응(compliance), 동일시(identification), 내면화(internalization), 그리고 개인적 수용(private acceptance) 등을 영향력 행사의 방식으로 제시하였다.

7) 개인의 선천적인 특성과 능력, 그리고 공식적 지위에서 발생하는 권력을 통해 영향력을 행사할 수 있지만, 리더는 부하의 필요와 욕구에 영향을 받고 그들이 원하는 방향으로 힘을 결집시키는 역할을 통해 리더십을 발휘한다. 즉, 리더십은 리더와 부하 간 상호작용을 통해 형성되는 과정으로 이해할 수 있다.

8) 권력은 공식적 지위에서 나온다. 조직의 공식적인 상위 직급자는 조직적 권력(예: 합법적, 보상적, 강압적 권력 등)을 통해 부하에게 영향력을 행사할 수 있다. 그러나 리더십은 꼭 공식적 지위 또는 조직적 권력에서만 나오지 않는다. 리더십은 공식적인 상위 직급을 갖고 있지 못한 개인, 즉 공식

서 발생하는 현상으로서의 리더십이다. 리더십이 발휘되는 최소 단위는 집단으로 이해된다. 즉, 리더십은 리더 개인의 능력과 권력을 통해서만 이해하기는 어려우며, 리더와 상호작용할 수 있는 구성원으로 구성된 집단 활동이 전제되어야 한다. 리더십은 공동의 목표를 가진 집단이 목표를 달성하는 과정에서 리더-부하 간 상호작용을 통해 발생한다.

셋째, 목표 달성 과정으로서의 리더십이다. 리더십은 구성원 사이에서 공유된 목표를 달성하는 과정에서 리더의 역할과 능력, 그리고 활동 등으로 구체화할 수 있다. 즉, 리더는 목표 달성이라는 집단 활동 또는 과정을 통해 자신의 능력과 영향력 등을 구성원과 목표 등에 행사함으로써 리더십을 구체화한다. 특히 리더십은 목표를 달성하는 과정에서 조직의 목표를 조정하고 구성원에게 동기를 부여하는 역할을 수행한다. 해당 과정에서 리더에게 부여된 조직적·개인적 권력을 활용하기도 하고, 이와 동시에 다양한 형태의 영향력 전술(예: 설득, 협력, 아첨, 압력 등)을 활용함으로써 목표를 달성하는 과정으로 리더십을 이해할 수 있다. 따라서 리더십은 리더-부하 간 공유된 목표를 지향하고 수행하는 과정과 상황 등에 영향을 미치는 현상으로 이해된다.

제 2 절 리더십의 기능과 권력

리더십은 리더의 특성, 리더-부하 간 관계, 집단 과정, 환경과의 상호작용, 그리고 권력관계 등을 전제로 해서 기능의 다양성을 예상할 수 있다. 즉, 리더십은 단순하게 조직의 성과와 생산성 등을 제고하려는 수단으로 활용되기도 하지만, 좀 더 넓은 차원에서 조직의 효과성을 증대시키는 데 초점을 맞추고 있기에 기능도 매우 다양하다고 할 수 있다. 또한 리더십은 리더의 권력과 권한, 그리고 부하와의 관계에서의 권력 관계 등에 따라서 다양한 권력의 원천을 활용한다는 특징을 지니고 있다. 이하에서는 리더십의 주요 기능 및 리더십-권력과의 관계에 대해 논의하고자 한다.

적인 직함을 갖지 못하더라도 그들의 개인적 권력(예: 전문적, 준거적 권력 등)을 통해 조직 내 구성원에게 영향력을 행사할 수 있다. 이와 같은 특성으로 인해 리더와 관리자는 구분될 수 있다.

1. 리더십의 기능

리더십의 개념과 특징, 그리고 구성요소 등을 살펴본 결과, 리더십을 연구하고 이해하기 위해서는 리더, 부하, 영향력, 과정, 권력관계, 그리고 상황 등과 같은 변수를 고려해야 한다(김원형, 2011; Yukl, 2002). 즉, 리더의 특성과 능력 등에 따라 리더십이 결정된다는 점에서 리더 개인에 관한 연구가 필요할 뿐만 아니라, 리더십은 부하와의 상호작용을 통해 이뤄진다는 점에서 부하 집단에 관한 연구도 요구받는다(김원형, 2011). 또한 리더는 목표의 수립과 달성이라는 집단 활동의 주요 요인으로 역할을 수행하기 때문에 집단 과정 및 상호작용 과정으로 리더십을 이해할 필요성이 제기된다. 마지막으로, 리더십을 이해하기 위해서는 리더-부하 간 관계에 영향을 주는 다양한 맥락과 환경 등을 고려할 필요가 있다.

리더십을 이해하기 위해서는 다양한 요인과 변수 등을 고려해야 하지만 리더십의 기본적인 기능은 전략적 방향성 및 비전의 제시, 동기부여 및 코칭, 조직의 내부 역학 관계의 조절, 그리고 조직설계의 불완전성 극복 등으로 구분할 수 있다(김원형, 2011; 김호섭 외, 2011; 하미승, 2015; Katz & Kahn, 1978; Selznick, 1957).[9] 리더십의 기능을 구체적으로 살펴보면 다음과 같다.

첫째, 리더십은 집단의 비전과 전략적 방향성을 설정하는 기능을 수행한다(Bass, 1960). 조직 내 관리자는 현상의 유지 및 수용 등을 통해서 단기적 업무를 효율적으로 수행하는 데 초점을 맞춘다. 또한 집단 및 조직구성원은 반복적인 일상 업무와 단기적 성과의 창출 등에 매몰되는 경향이 강하다. 이에 비해서, 리더는 집단과 조직이 나아가야 할 전략적 방향과 비전, 그리고 장기적 관점에서의 조직 운영 등에 관심을

9) 리더십은 최고관리자와 중간관리자 수준에서 수행될 수 있다는 점에서 기존 연구에서는 직급별로 리더십 기능을 제시했다(Day & Lord, 1988; Laird & Laird, 1958; Selznick, 1957). 최고관리자에게 요구되는 리더십으로는 목표 및 이념의 설정, 인재의 발굴 및 육성, 위기 관리적 의사결정 능력, 그리고 외부 환경과의 상호작용 능력 등이다(Selznick, 1957; Yukl, 2002). 셀즈닉(Selznick, 1957)은 조직관리 과정에서의 이념 확립을 최고관리자가 갖춰야 할 가장 중요한 기능으로 제시했다. 즉, 이념의 확립을 통해 구성원에게 조직의 일체감과 안정성을 제공하는 기능을 최고관리자의 주요한 리더십 역할로 제시했다(Giberson et al., 2005; Selznick, 1957). 이에 비해, 중간관리자는 구성원의 요구가 조직 목표에 반영될 수 있도록 지원하는 기능과 더불어, 조직 목표의 달성을 위해 구성원을 지원·지도·통제하는 기능을 요구받는다(Laird & Laird, 1958). 또한 중간관리자는 리더십을 통해 구성원과의 협력과 인간적 관계의 유지 및 발전 등의 기능 수행을 강조한다(김호섭 외, 2011).

기울인다(김원형, 2011). 특히 현대사회는 급격한 환경의 변화와 경쟁 등에 노출되어 있기에 환경 변화에 적응하고 경쟁에서 우위를 점할 수 있는 미래 지향적 전략과 비전 등의 제시가 필수적이라고 할 수 있다(하미승, 2015; Day & Lord, 1988). 따라서 집단과 조직이 생존 및 발전하기 위해서는 환경 변화에 적절하게 적응할 수 있는 전략과 비전을 제시할 수 있는 리더십이 필요할 뿐만 아니라, 집단과 조직을 환경 변화와 미래 가치 등에 적절하게 적응시킬 수 있는 리더의 역할도 중요하다고 할 수 있다.

둘째, 리더십은 집단 및 조직의 구성원에게 동기를 부여하고 그들의 발전을 위한 코칭(coaching) 기능을 수행한다(김원형, 2011; 하미승, 2015). 현대의 집단과 조직은 단순히 위계적인 권력관계 또는 조직구조 등에 의한 상명하복식의 관리를 통해서는 더 이상 구성원의 욕구를 충족시킬 수 없으며, 그들의 성과와 조직 몰입 등을 담보하지 못한다. 즉, 개인 및 집단 수준에서의 성과 등이 극대화되기 위해서는 공식적 · 위계적 관리 체계에 의해 구성원의 동기를 부여할 필요도 있지만, 더욱 중요한 것은 리더를 통해 부하에게 동기를 부여하고 자신의 경험 등을 전수하는 코칭 기능이 활성화될 필요가 있다(Laird & Laird, 1958). 집단과 조직 내의 공식적인 관계에서 형성되지 못하는 인간적인 관계를 리더십을 통해 활성화함으로써 궁극적으로 성과와 생산성, 그리고 조직 몰입과 헌신 등을 극대화하는 리더십의 기능이 요구된다. 이에 덧붙여, 리더는 기존의 문화적 정향성(orientations)을 강화하거나 변화시킴으로써 구성원

미국 매사추세츠공과대학교(MIT) 슬론(Sloan) 경영대학원의 명예교수이면서 현재에도 동 대학원의 선임강사(a senior lecturer)로 강단을 지키고 있는 샤인(Edgar H. Schein, 1928~)은 조직심리학의 태두로 평가된다. 샤인은 경력개발, 컨설팅 과정, 리더십, 그리고 조직문화 등의 조직발전 분야에서 탁월한 업적을 남겼을 뿐만 아니라, 미국 조직학습학회의 학회지인 *Reflections*의 초대 편집위원장 등을 역임했다. 또한 샤인은 1965년에 최초로 조직심리학의 교과서를 집필한 것으로도 유명하다. 샤인은 미국 시카고대학교와 스탠퍼드대학교에서 각각 학사(교육학) 및 석사학위(사회심리학)를 취득한 후, 하버드대학교에서 사회심리학 박사학위를 취득했다. 박사학위를 취득한 후, Walter Reed Army Institute of Research in David Rioch's Department of Neuropsychiatry에서 4년간 근무 후에 MIT에서 현재까지 후학을 양성하고 있다.

출처: Schein(1992)의 저자 소개 및 facebook의 프로파일 참조.

의 공유된 가치와 신념, 그리고 태도 등을 변화시키는 기능을 수행한다(Schein, 1992; Trice & Beyer, 1991). 이를 통해, 리더십은 집단과 조직의 목표와 가치, 그리고 리더의 비전 등을 구성원에게 내재화시키는 역할을 수행한다.

셋째, 리더십은 조직의 내부 역학관계를 조정하고 통합하는 기능을 수행한다(하미승, 2015). 집단과 조직은 외부 환경과의 지속적인 상호작용도 중요하지만, 내부 구성원 간 경쟁과 협력 등의 역학 관계에도 관심을 기울여야 한다. 이와 같은 내부 역학 관계는 일정한 방향으로 작용하기보다는 다양한 방면에서의 상호작용을 통해 복잡성을 키우는 특성이 있다. 따라서 리더는 목표 달성 과정에서 구성원 간 갈등을 예방할 뿐만 아니라, 경쟁과 협력을 촉진하는 역할을 수행하는 리더십을 요구받는다(황대규 외, 2011). 또한 리더는 리더십을 통해 집단 및 조직의 구성원을 통합하는 기능도 수행한다(하미승, 2015). 이에 덧붙여, 리더는 구성원의 목표와 가치 등을 집단 및 조직의 목표 등과 연계시키는 역할을 수행할 뿐만 아니라, 응집력을 유지하고 갈등을 조정하는 기능도 수행한다(김원형, 2011).

넷째, 리더십은 조직구조의 설계가 갖는 불완전성을 극복하는 기능을 수행한다(김원형, 2011). 조직구조는 합리적·객관적인 접근을 통해 효율성을 극대화하기 위한 메커니즘을 지향한다. 그러나 합리성에 기반한 조직구조라 하더라도 완벽한 운영 체계를 구축하거나 조직 운영의 효율성을 극대화하는 것은 현실적으로 불가능하다는 평가를 받고 있다(황대규 외, 2011). 이와 같은 공식적 조직구조 및 체계가 가지고 있는 한계를 극복하기 위해 리더십이 요구된다. 즉, 리더십은 공식적인 절차나 규범, 위계적 구조 및 과정, 그리고 합법적인 권한과 권위 등의 보완재 역할을 수행함으로써 집단 및 조직의 총효용을 극대화시키는 기능을 수행한다. 이에 덧붙여, 리더십은 구성원과의 인간적 관계 및 신뢰 등을 강조함으로써 공식적 조직구조가 갖는 한계를 일정 부분 보완하는 역할을 수행한다(하미승, 2015).

위에서 논의한 리더십의 기능 이외에도 기존 연구에서는 조직 정책의 이행과 해석, 자원의 획득과 통제, 의사소통 기법 및 과정의 구축, 역할모델, 그리고 임파워먼트와 팀 빌더(team builder), 권한위임 등의 기능을 수행한다고 주장한다(김원형, 2011; 김호섭 외, 2011).[10] 리더십의 주요 기능을 정리하면 [표 11－2]와 같다.

10) 김호섭 외(2011)는 리더십의 일반적인 기능을 다음과 같이 정리했다. 즉, 리더십은 조직 목표의 설정과 구체화, 인적·물적 자원의 동원 및 조작화(manipulation), 조직의 안정성 및 통일성의 유지,

표 11-2 리더십의 주요 기능

• 전략적 방향과 비전 제시	• 효과적인 조직 의사소통 구축
• 목표 설정, 문제 해결, 목표 달성의 지속	• 기술적 유능성과 전문가
• 부하에 대한 동기부여	• 위기관리와 갈등관리, 팀 빌더
• 부하에 대한 코칭, 훈련, 개발	• 역할모델
• 조직정책의 이행과 해석	• 임파워먼트와 자문
• 집단자원의 획득과 통제	• 조직 몰입과 조직의 대표

출처: 김원형(2011: 281).

2. 리더십과 권력

리더십은 리더가 구성원에게 동기를 부여하고 비전을 제시할 뿐만 아니라, 집단 활동 등에 긍정적인 영향을 미침으로써 목표의 달성 등을 촉진하는 영향력 또는 과정으로 정의할 수 있다. 이와 같은 리더십의 개념적 정의를 고려할 때, 리더십에는 구성원 및 집단 과정 등에 미치는 리더의 영향력에 권력의 요소 등이 일정 부분 포함되는 것으로 이해할 수 있다. 즉, 리더가 부하에게 적절한 직무 활동을 요구하고 집단이 목표 달성에 이바지하게 하기 위해서는 일정한 영향력이 필요하다(하미승, 2015). 물론 리더십의 권력적 요인은 관리의 권력 및 권한과는 차별성을 갖는다. 즉, 관리지는 조직구조의 공식적 · 위세적 체계에 따르는 공식적인 권력과 권한 등을 바탕으로 구성원에 대한 지시 및 통제 등에 더 많은 관심을 둔다. 이에 비해서, 리더십은 공식적인 측면의 권력도 중요하지만, 비공식적 측면의 권력적 요인도 중요하다는 차별성을 갖는다. 이하에서는 권력의 개념, 프렌치와 레이븐(French & Raven, 1959)의 권력 유형, 그리고 리더십과 권력 등에 대해 논의한다.

1) 권력의 개념과 특징

권력은 사람의 태도와 행태, 그리고 사물과 사건 등에 대한 잠재적인 영향력으로 정의된다(French & Raven, 1959; Yukl, 2002).[11] 또한 권력은 다른 사람의 행동에 영

그리고 조직의 환경 및 상황 변화에 대한 적절한 정보와 전략의 제공 등의 기능을 수행한다고 주장한다.

11) 권한(authority)은 "조직이나 사회적인 체계에서 특정 직위와 관련된 권리, 특권, 책임 및 의무"를

향력을 행사할 수 있으며, 혹은 원하지 않는 영향력을 거부할 수 있는 능력을 의미하거나(Colquitt et al., 2018), 또는 권력을 소유하고 있는 개인이 원하는 방향으로 다른 구성원이 행동하도록 영향력을 행사할 수 있는 정도를 의미한다(Robbins & Judge, 2011). 이와 같은 개념적 정의를 바탕으로, 권력은 특정 개인이 타인에게 영향력을 행사하는 과정 중 일부로 이해할 수 있으며, 해당 영향력은 권력의 주체가 가지고 있는 능력과 역량, 그리고 잠재 능력 등에서 기인한다(김남현, 2008; Robbins & Judge, 2011). 권력의 개념적 정의 등을 고려할 때, 권력은 다음과 같은 특징을 가진다.

첫째, 권력의 주체는 개인이 될 수도 있지만, 집단이나 조직도 일정한 권력을 행사할 수 있다. 권력은 대체로 개인이 소유하고 있는 영향력의 정도로 이해할 수 있지만, 집단이나 조직도 권력을 개인에게 행사할 수 있다는 점에서 권력의 주체로 이해된다(Robbins & Judge, 2011; Yukl, 2002).

둘째, 권력은 절대적인 개념 또는 일방향적인 접근방법으로 이해하기보다는 상대적 개념 또는 구성원의 상호관계라는 점에서 이해해야 한다(Burns, 1978; French & Raven, 1959; Yukl, 2002). 즉, 권력은 조직 내 구성원이 서로에게 미칠 수 있는 영향력으로 이해해야 하며, 이에 따라서 권력은 해당 영향력이 상대적으로 클 때 다른 구성원에게 미치는 영향력의 정도로 이해할 필요가 있다(Pfeffer, 1992; Yukl, 2002). 프렌치와 레이븐(French & Raven, 1959)은 권력을 양자 간 관계의 틀(the framework of a dyadic relationship)로 개념화했으며, 번스(Burns, 1978)도 권력을 상호간 관계로 이해했다.

셋째, 권력은 정태적인 개념으로 이해되기보다는 동태적 관점에서 이해할 필요가 있다(Yukl, 2002). 권력은 권력자와 피권력자 간 관계, 영향력의 소유 정도 및 기간, 권력의 조건, 그리고 영향력을 행사하는 목적 등에 따라서 변화하는 동태적 변수로 이해된다(Yukl, 2001). 또한 이와 같은 조건 등에 의해 권력의 정도가 강해지거나 약해질 수 있는 상대적인 개념이라는 특징도 지닌다.

의미한다(강정애 외, 2013: 274－275). 이에 비해서, 권력(power)은 특정 시점에서 한 사람 또는 그 이상에 대해서 영향력을 행사할 수 있는 잠재적 또는 현재적 능력으로 정의된다(강정애 외, 2013; 하미승, 2015: 422).

2) 권력의 유형

권력은 특정 시간이나 조건 아래에서 다른 사람이나 사건 등에 미치는 영향력을 의미하기 때문에 권력의 원천 또는 유형을 살펴볼 필요가 있다. 특히 리더가 부하 및 집단 활동 등에 미치는 영향력의 원천을 살핌으로써 리더십의 실체를 파악할 수 있다는 점에서 권력의 원천을 파악하는 일은 의미가 있다고 할 수 있다. 즉, 리더는 개인의 능력이나 비전 등을 통해 영향력을 행사할 수 있지만, 위계적인 조직구조를 통해서도 영향을 미칠 수 있다는 점에 주목하고자 한다. 리더의 권력을 이와 같이 개인적 측면과 조직적 측면에서 살펴볼 수 있다는 점, 그리고 이와 같은 유형이 프렌치와 레이븐이 주장한 권력의 유형과 일정 부분 맥락을 같이한다는 점에서 리더십과 권력 간 관계의 연구 필요성이 제기되고 있다(박계홍 외, 2014; Colquitt et al., 2018).[12] 이하에서는 권력의 원천과 유형 등을 프렌치와 레이븐(French & Raven, 1959)의 연구를 중심으로 살펴보고자 한다. 권력의 원천 및 유형을 살펴보면 다음과 같다.

첫째, 조직의 공식적인 업무 활동 및 직무를 수행하거나, 또는 특정한 위계적·구조적 지위에서 발생하는 합법적 권력(legitimate power)이다(French & Raven, 1959; Robbins & Judge, 2011). 즉, 합법적 권력은 공식적인 조직구조를 통해 발생하기 때문에 조직의 인적·물적 자원 등을 통제할 수 있는 공식적인 권한을 의미한다. 특히 합법적 권한은 조직의 위계구조상에서 승진할수록 더 많은 권력과 자원, 그리고 정보 등을 통제할 수 있기에 하위 직급의 구성원이 의무적으로 수용해야 하는 권력으로 인식된다(하미승, 2015; Robbinson & Judge, 2011). 즉, 합법적 권한은 직무 부여, 승진 및 인센티브, 그리고 경제적 보상 등과 직접 연결되는 공식적 권력으로 이해할 수 있다(박연호, 2000). 이처럼 합법적 권력은 위계적 선상에서 조직 내 계급과 직책 등에 의해 형성되는 권력의 형태로 이해할 수 있기에 대부분의 하위 직급자는 해당 권력의 원천에 순응하는 특징을 지닌다. 다만, 해당 권력은 권력 및 권한의 공식적인

---

12) 조직 내 권력은 다양한 원천에서 발생할 수 있지만, 일반적으로 조직적 권력과 개인적 권력으로 구분할 수 있다(Colquitt et al., 2018). 조직적 권력은 조직 내 개인의 공식적·위계적 지위에서 발생하는 공식적인 권력을 의미하는 반면, 개인적 권력은 공식적인 직함 등에서 발생하기보다는 인간적인 측면에서 발생한다. 프렌치와 레이븐(1959)가 주장한 권력의 유형 중에서 합법적·보상적·강압적 권력은 조직적 권력에 속하며, 이에 비해 전문적·준거적 권력은 인간적 권력으로 분류할 수 있다(Colquitt et al., 2018).

범위에서 벗어나는 구성원에게 권력에 대한 순응을 공식적으로 요구할 수 없다는 점은 한계점으로 평가받는다(박계홍 외, 2014). 이에 덧붙여, 합법적 권력을 자신의 사익을 극대화하는 일 등에 부당한 방법으로 행사한다면 해당 권력은 취약한 구조의 권력이 될 수 있다는 점도 유의할 필요가 있다(Colquitt et al., 2018).

둘째, 강압적 권력(coercive power)은 권력에 순응하지 않으면 해당 구성원에게 불이익과 부정적인 결과 등을 부과할 수 있는 능력을 의미한다(박계홍 외, 2014; 하미승, 2015). 즉, 강압적 권력은 특정 개인이 조직 내에서 처벌할 수 있는 권한, 즉 처벌에 대한 통제권을 가질 때 형성되며 피지배 계급은 두려움에 기반해서 해당 권력을 인정하는 특성이 있다(Colquitt et al., 2018; French & Raven, 1959; Quick & Nelson, 2013; Robbins & Judge, 2011). 따라서 강압적 권력은 조직에서 필요로 하는 정보와 지식 등을 적절하게 제공하지 않거나, 혹은 정직과 해고 등을 실행할 수 있는 권력을 통해 구체화함으로써 권력자에게 더욱 의존하게끔 하는 구조를 구축한다(Robbins & Judge, 2011). 이에 덧붙여, 강압적 권력은 권력을 가지고 있는 개인이 자신에게 타인을 처벌할 수 있는 능력을 갖추고 있음을 인식할 때 형성되는 특징을 지닌다. 이처럼 부정적 영향력으로 인식되는 강압적 권력은 일상적으로 사용되기보다는 부정기적으로 활용될 때에 파급력이 극대화된다. 다만, 강압적 권력을 통해서는 구성원 대부분에게 긍정적인 영향력을 행사할 수 없다는 점, 그리고 공포와 두려움 등을 기반으로 하는 권력이기 때문에 장기적으로 조직의 목표 달성 등에 부정적인 영향을 미칠 수 있다는 점은 한계점으로 평가받는다. 따라서 강압적 권력을 정기적으로 사용할 경우, 조직 내 긍정적인 효과보다는 부정적인 효과가 더 클 것으로 예상할 수 있다(Colquitt et al., 2018).

셋째, 보상적 권력(reward power)은 강압적 권력과 반대되는 개념으로 이해할 수 있다. 즉, 보상적 권력은 구성원 대부분이 희망하는 자원과 외재적·내재적 보상 등을 제공할 때 또는 약속을 이행할 수 있는 자원과 의지 등을 제시할 때 형성된다(박연호, 2000; Yukl, 2002). 또한 보상적 권력은 영향력을 받는 구성원의 지각, 즉 영향력을 행사하는 상위 계층의 구성원이 자원과 보상에 영향력을 행사할 수 있다는 인지적 측면에서도 발생한다(강정애 외, 2013). 따라서 보상적 권력도 자원과 정보, 그리고 지식 등을 통제하는 공식적인 권한에서 발생한다. 이와 같은 특징으로 인해 보상적 권력도 위계적 조직구조의 상위로 올라갈수록 통제력이 증가하는 특징을 보인다(Yukl, 2002). 보상적 권력은 강압적 권력과 같이 두려움과 공포 등에 의해 권력에 순응하기보다는 자신의 이해관계에 긍정적인 영향과 혜택 등을 주기 때문에 순응하게 하는 특징을 지닌다(French & Raven, 1959; Robbins & Judge, 2011).

넷째, 준거적 권력(referenet power)은 우월한 개인적 특성이나 특수한 자원 등을 소유하고 있을 때 발생한다(French & Raven, 1959). 즉, 준거적 권력은 특정인을 존경하거나 매력적인 특성 등을 지닐 때 발생하며, 특히 개인의 동일시(personal identification)가 발생할 때 극대화되는 특징을 지닌다(Yukl, 2002). 또한 준거적 권력은 특정인에 대한 존경과 충성심 등에 기인하며, 특히 해당 특성 등을 바탕으로 그와 함께 어울리고 싶은 욕망을 가질 때 극대화되는 특성이 있다(Colquitt et al., 2018). 이와 같은 준거적 권력은 조직의 공식적인 권력 체계에서 발생하기보다는 주로 개인의 특성, 인격, 카리스마, 그리고 매력 등에서 발생하는 특징을 갖는다. 따라서 준거적 권력은 조직 내 구성원에게 일정한 영향력을 행사하는 주요한 권력의 원천이기는 하지만, 해당 권력은 권력자에 대한 충성심과 존경 등에 의해 형성되기 때문에 권력의 안정성과 지속성 등을 담보하기가 상대적으로 어렵다는 한계를 지닌다. 즉, 준거적 권력은 대체로 인간관계에 의해 형성된다는 점에서 권력의 안정성 등이 취약할 수 있다는 평가를 받는다(Yukl, 2002).

다섯째, 전문적 권력(expert power)은 조직 내의 과업과 관련된 개인의 전문적 기술과 지식을 기반으로 형성되는 권력을 의미한다(French & Raven, 1959). 과업의 효과적인 수행에 필요한 지식과 정보, 그리고 기술 등의 전문성은 조직 내 다양한 구성원에게 긍정적인 영향력을 행사한다(Colquitt et al., 2018; Yukl, 2002). 이에 덧붙여, 과업과 관련된 전문성은 궁극적으로 전문성을 갖지 못한 구성원이 전문적 지식 등에 의존하게 함으로써 권력의 크기를 증대시킨다(Hickson et al., 1971; Patchen, 1974). 특히 정보 기반 및 지식 기반 사회로의 변화가 지속한다면 개인이 가지고 있는 전문적 권력은 다른 권력의 원천에 비해 오랫동안 유지된다는 특징을 지닌다(하미승, 2015). 그러나 개인이 가지고 있는 전문성의 정도가 대중화되면 전문적 권력의 정도는 약화할 수밖에 없어서 권력의 안정성 등은 유동적이라고 평가할 수 있다(하미승, 2015; Robbins & Judge, 2011; Yukl, 2002).[13] 이에 덧붙여, 전문적 권력은 영향력을

13) 프렌치와 레이븐(French & Raven, 1959)이 제시한 권력 유형 외에 추가로 정보 권력(information power)에 대한 논의가 진행되고 있다. 정보 권력은 정보의 비대칭성 등으로 인해 발생하는 권력으

받는 구성원이 해당 전문성을 인정할 때, 또는 해당 전문성을 지각할 때 실질적인 권력의 원천으로 작용할 수 있다(Yukl, 2002).

프렌치와 레이븐(French & Raven, 1959) 및 레이븐(Raven, 1965) 등이 논의한 권력 원천을 분류하는 방법으로는 직위적 권력(positional power)과 개인적 권력(personal power)이라는 기준이 활용된다(Bass, 1960; Yukl & Falbe, 1991). 즉, 권력은 조직 내 직위를 담당함으로써 발생할 뿐만 아니라, 개인이 가지고 있는 내재적 특성과 인간관계 등에서 발생한다는 점에서 두 가지 유형이 권력 원천의 기준으로 활용되고 있다(Yukl, 2002). 직위적 권력은 공식적인 조직구조의 위계성에서 발생하기 때문에 합법적 · 공식적 영향력, 자원 · 보상 · 처벌 등에 대한 통제, 그리고 정보에

직책에 의한 권력 vs. 지식에 의한 권력

직책(또는 직위)에 의한 권력은 합법적, 보상적, 강압적 권력과 연계된다. 즉, 조직 내 위계주의에 의한 직급 또는 직위에 따라 권한, 책임, 권위, 통솔의 범위 등이 부여된다는 점에서 해당 권력은 공식적인 권력으로 이해할 수 있다. 이에 비해, 지식에 의한 권력은 공식적인 직책과 직위 등에 의해 결정되기보다는 구성원 개인이 가진 전문적 지식의 정도 등에 의해 형성되는 권력으로 이해할 수 있다. 산업화 시대에는 공식적인 직위에 의한 권력을 통해 조직과 인력관리의 효율성과 생산성을 극대화하는 데 관심을 두었지만, 정보화 시대 및 지식사회에서는 직책에 의한 권력만으로는 효율적인 조직 운영이 어렵다는 점에서 지식에 의한 권력에 관심을 기울이고 있다. 즉, 조직구성원이 갖는 전문적 지식과 기술 등을 통해 특정 문제를 해결하고 효과적인 대안을 제시할 수 있다는 점에서 향후 조직 운영에 있어 지식에 의한 권력의 중요성은 점차 증대될 것으로 예상한다.

[질문 1] 현대의 조직을 운영할 때, 공식적 · 위계주의적 권력만으로 효과적인 관리가 불가능하다면 '개인적 권력'의 영향력이 불가피하게 증대할 수밖에 없을까? 해당 권력이 증대될 경우, 예상할 수 있는 장점과 한계는 무엇일까?

[질문 2] 조직적 권력(예: 합법적, 보상적, 강압적 권력)보다는 개인적 권력(예: 전문적, 준거적 권력)이 조직 몰입과 직무 성과 등에 긍정적인 영향을 미칠 수 있을까? 찬반주장의 논거는 무엇인가?

[질문 3] 조직을 운영하는 과정에서 리더의 영향력은 조직적 권력과 개인적 권력 중에서 어떤 원천이 더욱 강력한 힘을 발휘할까?

로 이해할 수 있으며, 해당 권력은 특정 정보를 소유한 개인에 대한 의존성이 커질수록 강해지는 특징이 있다(Raven, 1965; Robbins & Judge, 2011). 또한 정보 권력은 조직의 위계적 체계와는 상관없이 다양한 방향에서 영향력을 행사할 수 있는 권력의 원천이라는 특징도 지니고 있다(Yukl, 2002).

대한 통제 등으로 구성된다. 이에 비해, 개인적 권력은 개인이 과업과 관련된 전문성 및 잠재적 영향력, 그리고 개인적 친소관계 등에 의해 구성되는 특징을 지닌다(Yukl, 2002).

3) 영향력의 행사

리더는 권력의 원천을 실제적인 영향력으로 변경함으로써 조직 운영에 힘을 발휘할 수 있다. 영향력은 조직 내 구성원의 태도와 행동을 변경하는 힘, 또는 조직 운영과 관련한 다양한 제도와 과정 등을 변경하는 데 활용할 수 있는 행동의 실제적인 사용을 의미한다(Colquitt et al., 2018).[14] 리더가 조직구성원에게 행사할 수 있는 영향력의 전술은 열 개의 유형으로 구분할 수 있다(Yukl et al., 2005). 이를 정리하면 [표 11-3]과 같다(Colquitt et al., 2018). 다양한 영향력 행사의 전술 중, 효과를 평가한 결과는 다음과 같다(Johnson & Cullen, 2002).[15] 영향력을 행사하는 가장 효과적인 전술로는 합리적 설득, 영감적 호소, 협의, 그리고 협력인 것으로 나타났다. 이에 비해, 상황 등에 따라 영향력의 효과가 혼재한 전술은 아첨, 개인적 호소, 교환, 그리고 통지인 것으로 나타났다. 마지막으로, 영향력 행사에 좋은 효과를 창출하지 못한 전술은 압력과 연합인 것으로 나타났다.

---

14) 영향력의 방향성은 모두 세 가지로 고려할 수 있다(Colquitt et al., 2018; Yukl, 2002). 가장 일반적인 방식은 하향의 방향성을 들 수 있다. 즉, 하향식 방향성은 조직의 관리자와 리더 등이 하위 직급의 구성원에게 영향을 미치는 방식이다. 이에 더해, 상향식 방향성와 횡적 방향성도 고려할 수 있다. 즉, 하위 직급의 구성원이 조직의 관리자에게 영향을 미치는 영향력의 방향성과 동료 간 영향력을 미치는 방향성을 각각 의미한다.

15) 영향력 전술에 대한 반응은 내면화, 순응, 그리고 저항으로 나타난다(Kelman, 1958; Yukl, 2002). 첫째, 내면화(internalization)는 영향을 받은 당사자가 영향력의 요구 등에 동의할 때 나타나며, 이를 통해 당사자의 태도와 행동 등에 변화가 나타난다. 특히 내면화는 영향력을 행사하는 사람의 제안 등이 영향을 받는 당사자의 가치와 신념 등과 부합할 때 발생하기 때문에 몰입을 기대할 수 있다. 둘째, 순응(compliance)은 당사자가 영향력을 인정하고자 하지만 결과는 양면성을 지니는 특징을 보인다. 특히 영향력에 대한 반응으로 순응을 한 당사자는 행동의 변화만 발생할 뿐, 태도의 변화는 기대하기 어렵다. 즉, 순응의 이유는 영향력을 행사하는 사람으로부터 기대할 수 있는 가시적인 혜택에 기반한다. 셋째, 저항은 리더의 요구 등에 대한 이행을 거부하거나 회피하는 반응으로 이해할 수 있다. 영향에 대한 저항은 리더의 요구가 불합리하거나, 혹은 낮은 직급의 구성원이 권력을 행사하고자 할 때 발생할 수 있다.

표 11-3 영향력 행사를 위한 전술

전 술	내 용
합리적 설득	논리적이고 객관적인 사실을 제공함으로써 상대방에게 영향력을 행사
영감적 호소	상대방의 가치관과 이상을 자극함으로써 감정과 태도의 변화를 촉진
협의	요구사항이나 수행방식 등을 결정할 때 대상자의 참여를 전제로 논의
협력	대상자의 요구사항이 쉽게 이루어지게 하는 시도
아첨(flattery)	영향력 행사에 대해 좋은 감정, 호의, 칭찬 등을 갖도록 활용
개인적 호소	개인적인 관계(예: 충성심과 우정) 등을 통해 활용
교환	대상자에게 요구 수행의 대가로 보상 등을 제공
통지	대상자에게 요구하는 것이 편익 차원에서 의미가 있는지를 설명
압력	위협과 강압 등을 활용
연합	영향력을 행사하는 데 도움이 되는 다른 사람을 영향력 행사 과정에 유인

출처: Colquitt et al.(2018)의 내용을 재정리.

제 3 절 리더십과 관리

리더십의 개념적 정의 등을 살펴본 결과, 리더십은 조직의 공유된 목표를 달성하는 과정에서 구성원에게 협력과 동기 등을 끌어내는 리더의 영향력을 의미할 뿐만 아니라, 집단 활동에 영향력을 행사하는 과정 등으로 정의된다. 또한 리더십은 조직을 운영하고 구성원을 관리하는 데 필요한 능력을 의미한다는 점에서 리더의 경영능력으로도 이해할 수 있다(Yukl, 2002). 이에 따라서 리더십은 관리, 권력, 그리고 통제 등과 유사한 개념으로 이해되는 측면이 있다. 이와 같은 특징 등으로 인해 리더십과 관리(management)를 혼동할 수 있지만, 양자는 명백하게 구분되는 특성을 지닌다(Bennis & Nanus, 1985; Zaleznik, 1977). 코터(Kotter, 1990)는 관리를 공식적인 계획을 수립하고, 해당 계획의 효과적인 수행을 위해 조직구조를 제시하며, 집행 결과를 평가하는 등의 지속성을 확립하는 활동으로 정의한다. 이에 덧붙여, 관리자는 안정적인 조직 운영을 통한 효율성과 성과의 극대화에 초점을 맞춘다(Yukl, 2002). 이에 비해, 리더십은 조직 비전의 변화와 발전, 미래의 방향성 설정, 그리고 구성원의 자발성을 촉진하는 동기부여 등과 연계된다고 주장한다. 즉, 리더십은 창의성과

쇄신성, 그리고 변화 지향성에 더 많은 관심을 둔다는 점에서 관리와 구분되는 특징을 지닌다(김호섭 외, 2011; Yukl, 2002). 따라서 리더십은 업무의 효과적인 수행을 위한 일상적인 활동인 관리와는 구분될 뿐만 아니라, 공식구조에 얽매이지 않는 비공식적 리더의 영향력도 인정된다는 점에서 조직구조의 공식적 영향력만을 의미하는 관리와 구분된다고 주장한다(Robbins & Judge, 2011).[16] 리더십과 관리 간 차이를 베니스와 나누스(Bennis & Nanus, 1985)는 [표 11-4]를 통해 명확히 제시하였다.

리더십과 관리 간 차이점을 좀 더 구체적으로 살펴보면 다음과 같다(Kotter, 1996). 관리는 공식적·위계적·통제 지향적 조직구조를 통해 기획 및 예산관리, 조직화 및 인적·물적 자원의 관리, 그리고 문제 해결 등에 활동의 초점을 맞춘다. 즉, 관리는 조직의 목표 달성을 위한 계획의 수립과 집행에 필요한 자원의 배분, 인적자원 및 조직구조의 합리적 설계를 통한 계획의 효율적인 집행, 그리고 집행 결과에 대한 객관적인 평가를 통한 피드백의 제공 등을 강조하는 활동으로 평가받는다. 이에 비해,

표 11-4 21세기 관리자와 리더의 차이

관리자	리 더
책임수행	혁신 주도
모방	창조
유지	개발
시스템과 구조에 초점	인간에 초점
통제 위주	신뢰에 기초
단기적	장기적
'언제', '어떻게'에 관심	'무엇을', '왜'에 관심
수직적 관점	수평적 관점
현재 상태의 수용	현 상태에 도전
전통적인 충복	독자적 인간
일을 옳게 함	옳은 일을 함

출처: Bennis & Nanus(1985)[강정애 외(2012: 6)에서 재인용].

16) 로스트(Rost, 1991)는 관리를 조직에서 재화와 서비스 등을 생산하고 판매하기 위해 관리자와 부하직원 간에 형성된 권력관계로 정의하는 반면, 리더십은 조직의 변화라는 공동의 목적을 달성하기 위해 리더-부하 간 형성된 다양한 영향력의 관계로 규정했다. 즉, 조직의 변화 등을 위해서는 관리자의 현상 유지적 역할보다는 리더의 변화 지향적 역할의 필요성을 주장함으로써 양자의 차이를 설명했다.

리더십은 조직 운영의 효율성보다는 조직이 나아가야 할 미래의 방향성을 제시하는 데 초점을 맞출 뿐만 아니라, 구성원의 동기부여와 협력 등을 통해 목표의 공유와 비전의 실현, 그리고 변화 지향적인 조직 운영을 가능하게 하는 데 초점을 맞추고 있다(양원동 외, 2014; Yukl, 2002). 이와 같은 특성을 통해 관리는 현상 유지적 · 통제 지향적 활동에 초점을 맞추고 단기적 결과를 창출하는 데 관심을 기울이지만, 리더십은 변화 지향적 · 협력 지향적인 활동을 통해 신뢰를 바탕으로 장기적인 결과에 더 많은 관심을 기울인다(Bennis & Nanus, 2003; Kouzes & Posner, 1990).[17] 코터(Kotter, 1990)는 리더십과 관리 간 차이점을 [표 11-5]와 같이 구체적으로 구분했다.

이와 같은 리더십과 관리의 차별적인 특성을 바탕으로, 리더와 관리자에게 요구하는 각각의 역할에 차이가 있다는 주장이 제기된다(Nanus, 1992). 관리자는 현상의 유지 및 수용, 조직구조 및 체제의 활용, 규정에 따른 의사결정 및 집행, 그리고 통제 및 단기적 시각 등을 선호하는 것으로 나타났다. 이에 비해, 리더는 현상의 변화와 혁신, 구성원의 자발적인 동기부여, 주체적 · 협력적인 의사결정 및 집행, 그리고 신뢰

표 11-5 리더십과 관리의 차이

리더십 변화와 발전의 추구	관리 질서와 일관성 및 안정성 추구
방향 및 비전 설정 - 조직의 비전 설정 - 비전의 구현을 위한 전략 개발	계획 및 예산관리 - 행동지침의 설정 - 계획표 작성 - 자원의 배분
목표 달성을 위한 제휴와 협력 - 목표의 공유 및 의사소통 - 목표 및 비전 달성을 위한 헌신 · 몰입 - 팀 구축	조직화 및 인력관리 - 조직구조 설계 및 인력 배치 - 직무 배치, 권한위임, 책임 부여 등 - 집행 결과를 평가하기 위한 시스템
동기유발 및 의욕(영감)의 고취 - 의욕과 활기의 고취 - 부하에게 자율권 부여 - 미충족된 욕구의 충족	통제 및 문제 해결 - 결과평가를 바탕으로 환류 - 인센티브 제도의 구축

출처: Kotter(1990)에서 재구성.

17) 바스(Bass, 1990) 등은 리더십과 관리를 다른 과정으로 이해하는 데 동의하지만, 리더와 관리자를 서로 다른 유형의 사람들로 가정하지 않는다. 특히 보먼과 브러시(Borman & Brush, 1993)는 관리자의 수행 분야가 리더십의 행동과 밀접하게 중첩된다는 경험적 연구를 제시함으로써 리더십과 관리를 엄격하게 구분하는 접근방법의 어려움을 주장했다(Tett et al., 2000).

및 장기적 시각 등을 더욱 강조하는 것으로 나타났다(Day, 2001). 리더와 관리자의 역할 차이는 궁극적으로 조직 운영의 효과성에 영향을 준다는 점에서 중요한 시사점을 도출할 수 있다. 즉, 조직의 내・외부 환경이 안정적이거나 일상적인 업무만을 수행하는 경우에는 관리자의 역할에만 충실해도 큰 문제가 없지만, 조직의 도전적인 비전 및 목표의 수립과 달성, 창의적・변화 지향적 업무의 수행, 그리고 구성원에 대한 자발적・헌신적 협력 등이 강조될 때에는 리더의 역할이 강조되기 때문이다. 이와 같은 관점에서 관리자는 주어진 업무를 적절하게 처리하는 사람(do things right)이지만, 리더는 변화 및 혁신의 관점에서 옳은 일을 하는 사람(do right things)으로 구분되기도 한다(Bennis & Nanus, 1985).[18] 이에 덧붙여, 리더십의 특징을 좀 더 구체화하기 위해 헤드십(headship)과의 구분을 정리하면 [표 11-6]과 같다(김호섭 외, 2011). 헤드십은 외부에 의해 리더가 임명된 지도자일 때 사용되는 용어로서 임명권자와 부하에 대한 이중적 책임과 의무를 지니는 특징을 지닌다(김원형, 2011: 280).

표 11-6 리더십과 헤드십

리더십	헤드십
상호작용적・자발적・비일상적 발동	일방적・계속적・규칙적 발동
법적 구속력 부재	법적 구속력 존재
공통 감정을 강조하는 인간적 차원의 유인 (계층적 직위에 무관)	권한의 공식적 행사 (계층적 지위에 의존)
공식적・법적 지위, 전문적 능력, 인간적 자질과 특성에서 유래	공식적・법적 지위에서 유래
쌍방향식 의사소통	일방통행식 의사소통
상관과의 심리적 유대감에 의해 추종	강제력 전제/강압적 분위기 (부하들의 만족 여부에서 둔감)
신뢰와 인정 중시	물질적 보상과 처벌에 의존

출처: 김호섭 외(2011: 226).

18) 리더십과 관리를 독립적이고 배타적인 개념으로 이해하는 연구는 리더십과 관리가 동일한 개인에게서 발생하지 못한다고 주장한다(Bennis & Nanus, 1985). 즉, 리더와 관리자에게 조직에서 요구하는 역할과 기능, 그리고 권력 및 권한의 사용 방법 등이 전혀 다르기에 동일 인물이 동시에 리더와 관리자가 될 수 없다고 주장한다. 그러나 이와 같은 주장을 경험적으로 증명한 연구가 제한적이라는 점과 더불어, 실무에서는 리더와 관리자의 명확한 구분이 어렵다는 점에서 비판을 받고 있다(Yukl, 2002).

위에서 논의한 바와 같이, 리더십과 관리는 개념적으로 명확하게 구분되는 특징을 지니고 있다. 그러나 현실에서는 리더와 관리자가 혼용되어서 사용되는 측면이 있을 뿐만 아니라, 실무적으로는 리더와 관리자의 역할 등이 중첩된다는 점에서 두 개념을 실무에서 구분하는 것은 쉬운 일이 아니다. 따라서 리더십과 관리를 이론적으로 구분하는 것은 가능하지만, 조직의 공동 목표를 달성하는 과정에서는 양자의 연계가 전제되어야 조직의 효과성을 증대시킬 수 있다고 주장한다(Robbins & Judge, 2011). 그러나 이와 같은 두 개념을 어떻게 연결하고 통합할 것인가에 대한 방법에 대한 해답의 제시도 매우 어려운 일이라는 주장도 제기된다(Yukl & Lepsinger, 2005).

관리 또는 리더십

정부 A부처의 국장급 개방형 직위에 최근 임용된 민간 IT 분야 출신의 B국장은 정부부처의 리더십에 대해 고민이 많다. 정부로 자리를 옮기기 전에 B국장은 자신이 대표로 재직한 국내 최대 IT 기업을 기업가적 리더십 또는 변혁적 리더십을 통해 운영했다. 즉, 단기적 성과 등에 얽매이지 않고 비전과 미션 등을 제시하고 직원들에게 권한과 책임 등을 부여하는 리더십 유형을 선호했다. 그러나 정부부처의 국장에게 요구하는 것은 적극적인 리더십이기보다는 관리적 능력이라는 생각을 갖기 시작했다. 즉, B국장은 정부의 국장급 관리자에게 단기적 성과와 효과의 창출, 분업화된 직무를 수행하기 위한 전문화된 직무 역량, 그리고 규정과 절차의 철저한 준수 등을 요구한다는 사실을 최근에 들어오면서 알게 되었다. B국장은 이와 같은 관리적 기능을 국장급 관리자에게 요구하면 결과적으로 장기적 목표 수립에 어려움을 겪을 뿐만 아니라, 부서 간 협업 등에도 어려움을 느낄 수밖에 없지만, 현실의 벽은 녹록지 않음을 느끼고 있다.

[질문 1] 정부부처 내 국장급 관리자에게 리더십은 필요하다고 생각하는가? 아니면 단순히 조직 내 관리자의 역할에 충실하게 수행하는 것이 더 현실적이라고 생각하는가?

[질문 2] 정부관료제 내에서 비전과 미션 등을 제시할 뿐만 아니라, 구성원의 동기부여와 능력 극대화 등을 통해 해당 목표를 달성하고자 하는 변혁적 리더십의 구현이 어려운 이유는 무엇인가?

[질문 3] 관리와 리더십의 차이점과 유사점은 무엇인가?

제 4 절 리더십 이해의 활용

조직구성원과 사회구성원으로 삶을 살아가면서 가장 많이 듣는 용어 중의 하나는 리더십일 것이다. 훌륭한 리더십을 바탕으로 조직의 어려움을 극복한 예시 등을 통해 우리는 리더십의 중요성을 직·간접적으로 경험할 수 있으며, 초등학교 반장 선거부터 집단 및 조직의 리더가 왜 중요한지를 깨달으며 성장했는지도 모른다. 우리가 사회생활을 시작한 이후부터 리더십은 빈번하게 접할 수 있는 용어이지만, 리더십을 정의해 보라고 하면 우리는 주저하게 된다. 리더십에 대해 각자 생각하고 있는 정의와 이미지가 다를 뿐 아니라, 리더십을 리더의 특성에 초점을 맞춰야 하는지, 혹은 다른 사람과의 관계에서 형성된 모습을 이야기해야 하는지 등에서 혼란을 겪을 수밖에 없다. 그러나 많은 사람은 리더십을 권력을 소유한 조직의 상급자, 또는 조직 운영에 영향을 미치는 능력자 등으로 정의하면서 리더십을 리더가 갖는 특성으로만 해석하는 경우가 대부분이다. 이처럼 리더십을 리더 개인의 탁월한 능력 등의 단면적 특성만으로 이해하는 것이 타당한 접근방법일까?

리더십의 개념적 정의를 명확하게 이해하는 것은 리더십의 기능, 역할, 중요성 등을 이해하기 위한 첫걸음이다. 리더십은 리더 개인의 특성, 부하－리더 간 관계와 상호작용, 조직 목표를 달성하는 과정의 영향력 등, 다양한 측면을 통해 이해할 수 있다. 즉, 단일의 관점, 예를 들어 리더 자신의 특출한 능력만으로 리더십을 이해하려는 시각보다는 다양한 측면을 함께 고려해서 리더십을 이해하는 접근방법이 더욱 현실적이다. 이를 위해 본 연구는 다양한 학자의 리더십 개념을 제시하였으며, 리더십의 공통요인 등을 추출함으로써 리더십의 구성요소와 특징 등을 논의하였다. 그렇다면 리더십은 왜 중요할까? 리더십은 다양한 요인을 통해 조직의 성과와 변화·발전을 끌어내는 원동력으로 작용한다는 점에 주목할 필요가 있다. 또한 리더십은 조직 운영의 방향성을 설정하고, 구성원의 동기부여와 조직 몰입을 높이며, 조직문화를 변화시킬 수 있다는 점에서 중요하다. 이에 덧붙여, 조직 내에 뛰어난 부하 직원 또는 팔로워가 있다 하더라도 조직을 이끄는 리더십이 명확하게 설정되어 있지 않으면 효과적으로 조직을 운영하거나 목표를 달성하기 어렵기에 리더십은 중요하다. 집단 및 조직의 운영과 관련한 여러 이슈를 오로지 리더십에 의존하는 것은 바람직하지 않지만, 리더십이 명확하게 설정되어 있지 않으면 해당 이슈를 해결하는 것은 불가능하기에 리더십이 중요하다고 할 수 있다.

조직을 운영하고 조직 목표를 달성하는 과정에서 주요 기능을 수행하는 리더십의 근원은 무엇일까? 많은 사람은 리더십이 합법적 · 강압적 · 보상권 권력 등, 공식적 · 조직적 권력에 의해 형성, 유지, 발전된다고 생각한다. 즉, 리더십은 조직 내 특정 직위와 직책을 보유하고 있을 때 리더의 권한과 책임 등이 부여된다고 주장한다. 그러나 리더십은 공식적 · 조직적 권력이 없이도 개인의 전문적 · 준거적 권력 등, 개인적 권력을 통해서도 형성 · 유지 · 발전할 수 있다. 이에 덧붙여, 리더십은 공식적인 지위 등이 없어도 부하와의 신뢰 및 인간관계, 그리고 수평적 관점을 통해 형성할 수 있다. 해당 이유 등으로 리더십은 관리 또는 헤드십과 차이가 발생하며, 리더십을 꼭 공식적인 직위와 직책과 연관시킬 필요가 없음을 확인할 수 있다.

리더십의 개념적인 정의와 구성요소, 그리고 기능과 권력의 유형 등을 모르더라도 우리는 리더십을 몸소 체험하며 살고 있다. 초등학교에 입학한 후, 학급 반장이 누가 되느냐에 따라 리더의 중요성을 의식적 또는 무의식적으로 배우며 자랐고, 리더십만으로 집단과 조직이 운영되는 것이 아니라 리더와 부하와의 관계, 또는 리더십과 팔로워십 간 관계를 통해 조직 목표를 달성하는 것이 훨씬 효과적인 것도 배우며 자랐다. 이에 덧붙여, 산업화 시대에는 효율적인 조직관리 등을 위해 조직적 권력을 차지하고 있는 구성원만이 리더의 역할을 수행한다고 생각했지만, 지식사회 등으로 변화하면서, 또는 전문가와 전문 지식을 강조하는 현상을 보며 개인적 권력도 리더십의 원천으로 작용함을 깨닫게 되었다. 이처럼 리더십을 체계적으로 학습하지는 않았지만 우리는 리더의 역할을 수행하기도 하고, 혹은 팔로워의 역할을 수행하면서 삶을 살고 있다. 리더십은 우리가 집단 및 조직 생활을 하는 동안에 우리와 늘 함께할 것이다. 우리가 리더십을 제대로 이해하고 활용한다면 리더의 역량과 능력을 적절하게 발휘할 수 있게 도움을 줄 뿐 아니라, 팔로워와 조직의 성장과 발전에 긍정적인 결과를 창출하는 데 도움이 될 것으로 기대한다.

Chapter 12

리더십이론

리더십이론은 리더의 개인적 특성 및 행동, 집단 활동 및 과정에 미치는 영향력, 리더-부하 간 관계, 환경과의 상호작용, 그리고 리더십 결과에 대한 요인 등을 주요 주제로 연구했다. 이에 따라서 리더십 연구의 주요 접근방법은 특성이론, 행동이론, 그리고 상황이론 등으로 구분된다(김원형, 2011; 조경호 외, 2014; Yukl, 2002). 리더십 연구의 초기 이론에 속하는 특성이론은 주로 리더 개인이 가지고 있는 특성과 능력 등을 바탕으로 리더의 성과를 연구했으며, 특히 리더와 팔로워(follower)를 구분하는 특성이 무엇인지를 확인하는 데 초점을 맞추었다(김원형, 2011; Bass, 1990). 행동이론은 효과적인 리더십에 영향을 미치는 리더의 행동에는 무엇이 있는지를 연구했지만, 상황이론은 리더의 특성 및 행동에 관한 연구에 상황적 요인을 연계시킴으로써 효과적인 리더십을 연구하고자 했다(조경호 외, 2014). 이후에 리더십 연구는 변혁적 리더십을 비롯해서 서번트 리더십(servant leadership), 윤리적 리더십, 그리고 진정성 리더십(authentic leadership) 등으로 발전했다. 이하에서는 리더십이론의 전통적 접근방법과 현대적 접근방법에 속하는 주요 이론을 논의한다.

제 1 절 리더십이론의 전통적 접근방법

리더십이론의 전통적 접근방법은 특성이론, 행동이론, 그리고 상황이론 등으로 구성된다. 특성이론은 리더 개인이 가지고 있는 주요한 특성, 예를 들어 성격, 동기, 가치, 그리고 능력 등의 개인적 속성이 무엇인지를 파악하는 데 초점을 맞춘다(김원형, 2011; Yukl, 2002). 행동이론은 특성이론의 한계점을 극복하려는 차원에서 등장한 관점이다. 즉, 행동이론은 조직 목표의 달성 등을 위해 필요한 리더의 행태적 능력을 효과적인 리더십의 지표로 분석하는 접근방법이다(정동섭 외, 2015; 조경호 외, 2014). 상황이론은 리더십 과정에 미치는 환경 및 맥락적 요인의 중요성을 강조한다(강정애 외, 2013; Yukl, 2002). 즉, 리더의 특성과 행동보다는 부하의 특징, 과업의 내용과 난이도, 조직의 유형, 그리고 외부 환경 등이 리더십에 미치는 영향 등을 강조한다. 이하에서는 특성이론, 행동이론, 그리고 상황이론 등 리더십이론의 전통적 접근방법에 대해 논의한다.

1. 특성이론

특성이론(trait theory)은 1920년대부터 1950년대 사이에 심리학의 발달, 특히 개인의 성격과 태도 등을 연구하고 측정하는 접근방법이 발전하는 시기에 등장한 리더십 이론의 초기 접근방법으로 이해할 수 있다. 특성이론은 효과적인 리더는 뛰어난 성격과 자질, 그리고 능력 등을 선천적으로 부여받는다고 가정한 후에 해당 요인을 밝히는 데 관심을 두었으며, 이에 따라서 리더십을 특별한 사람이 소유하고 있는 특별한 특성이나 속성 등으로 이해했다(Jago, 1982; Robbins & Judge, 2011; Yukl, 2002). 즉, 특성이론은 뛰어난 리더가 어떤 개인적 특성을 바탕으로 다른 사람과 구분되는지 연구했으며, 특히 리더의 신체적 특징, 사회적 배경, 성격과 지능, 그리고 과업 특성 등을 리더의 주요한 개인적 특성으로 제시했다(Bass, 1990; Stogdill, 1948). 특성이론은 개인의 특성을 연구함으로써 리더의 인적 특성(personal traits)이 리더십 과정에 어떤 영향을 미치는지를 연구하는 데 관심을 기울였다.[1)]

특성이론의 주요 사항을 논의하면 다음과 같다. 먼저, 특성이론에서 논의되는 주요한 인적 특성을 체계적으로 정리한 학자는 스톡딜(Stogdill, 1948; 1974)이다. 스톡딜(Stogdill, 1948)은 1904년부터 1947년 사이에 진행된 리더십의 특성이론 문헌을 분석한 결과, 성공한 리더는 지능, 민감성, 통찰력, 책임감, 주도성, 지속성, 자신감, 그리고 사교성 등의 특성이 일반인보다 월등하다는 사실을 제시했다(김남현, 2015에서 재인용). 이에 덧붙여, 그는 효과적인 리더가 되기 위해서는 해당 특성을 소유하는 것도 중요하지만, 더욱 중요한 것은 개인의 특성과 상황 간 적합성이라고 주장함으로써 상황 요인의 중요성을 강조했다.[2)]

스톡딜(Stogdill, 1974)의 두 번째 연구는 1948년부터 1970년 사이에 발표한 리더십의 특성이론 연구를 분석한 결과를 제시했다. 두 번째 연구에서는 리더십이 대체로 상황 요인에 의해 결정된다고 주장한 첫 번째 연구 결과와는 다르게 개인적 특성과 상황 요인이 리더십의 결정 요인이라고 주장했다.[3)] 이외에도 바너드(Barnard, 1938)는 리더의 주요 특성으로 정력과 인내력, 결단력, 설득력, 책임성, 지적·기술적 능력 등을 제시한 반면, 호건 외(Hogan et al., 1994)는 리더의 Big Five 성격 특성(사회성, 성실성, 호감성, 적응성, 지적 탐구성)이 리더의 효과성에 영향을 미치는 요인이라고 주장했다. 이외의 특성이론 연구에서는 리더의 특성으로 외향성, 자기효능감, 정서적 지능, 개방성, 그리고 성실성 등을 제시했다(Judge et al., 2002; Ng et al., 2008).[4)]

특성이론은 성공적인 리더가 되기 위한 개인적 특성 등을 체계적으로 정리했을 뿐

1) 리더의 개인적 특성을 연구하는 특성적 접근방법은 최근에 이르기까지 활발하게 연구가 진행되고 있으며, 최근의 학자들은 카리스마적 리더십과 비전적 리더십 등에 관심을 기울이고 있다(Bass, 1990; Bennis & Nanus, 1985; Bryman, 1992; Zaleznik, 1977).

2) 상황 요인을 강조함으로써 리더십은 리더-추종자 간 관계에서 기인한다는 점을 주장했으며, 이와 같은 주장을 통해 '리더십 상황'에 대한 연구의 기초를 제공하였다(김남현, 2015)

3) 스톡딜(R. M. Stogdill)은 리더의 개인적 특성이 리더십의 본질인지 여부를 연구했다. 스톡딜(Stogdill, 1974)은 과업 완성을 위한 책임감과 추진력, 목표 추구의 활력과 지속성, 문제 해결에서 모험성과 독창성, 사회적 상황에서의 솔선수범 및 주도성의 발휘, 자신감 및 자기정체감, 의사결정 및 활동의 결과를 수용하려는 자발성, 대인 간의 스트레스 완화를 위한 준비성, 욕구 불만과 지연을 참아내는 수용성, 다른 사람의 행동에 영향을 미치는 능력, 그리고 목표를 위해 사회적 상호작용 시스템을 구조화하는 역량 등을 개인 특성으로 제시했다(김남현, 2015에서 재인용).

4) 김남현(2015)은 리더십의 주요 특성으로 지능(intelligence), 자신감(self-confidence), 결단력(determination), 성실성(integrity), 사교성(sociability) 등을 제시하였다.

만 아니라, 리더와 일반인을 구분하는 기준 등을 제시했다는 점에서 긍정적인 평가를 받는다. 또한 특성이론은 조직 내 특정 직위를 수행하기 위해 구성원이 갖춰야 할 특성 등을 제시했다는 점에서 긍정적인 평가를 받는다(김남현, 2008; 정동섭 외, 2015; Yukl, 2002). 마지막으로, 특성이론은 리더십 과정의 구성요소 중에서 리더의 특성만을 오랫동안 연구함으로써 연구 결과의 신뢰성을 확보하고 있다는 평가도 제시되었다(김남현, 2008). 이와 같은 긍정적인 평가에도 불구하고 리더십의 특성론적 접근방법이 갖는 한계는 다음과 같다.

첫째, 특성이론은 효과적인 리더십을 결정짓는 리더의 구체적인 특성을 합의하는 데 실패했다는 평가, 즉 리더십 특성의 보편성을 확보하지 못했다는 비판을 받는다(김남현, 2008; 이창원 외, 2013; Yukl, 2002). 특성이론은 리더의 다양한 개인적 특성을 제시함으로써 리더십을 연구했지만, 성공한 리더에게 요구되는 공통의 인적 특성(personal traits)을 제시하지 못했다는 비판을 받는다(Kirkpatrick & Locke, 1991; Zaccaro et al., 2004). 이에 덧붙여, 여러 연구에서 주장한 리더십의 특성이 연구자의 주관에 의해 제시된 점에서 연구 결과의 일반성과 보편성을 확보하지 못하는 부분에 비판이 제기된다. 마지막으로, 리더의 특성 중에서 어떤 기준에 의해 가장 효과적인 자질을 선정할 것인지에 대한 합의도 쉽지 않은 문제다.

둘째, 특성이론은 리더의 특성을 통해 리더십을 이해하고자 하지만 리더십은 개인의 특성과 자질로만 구성되지 않는다는 한계가 존재한다. 즉, 리더십을 연구하는 데 리더의 지위와 특성 간 인과관계의 방향성에 대한 합의가 이뤄지지 않은 점, 그리고 상황 요인에 의한 영향력 등을 인정할 때에 특성이론의 주장처럼 리더의 특성만으로 리더십을 이해하는 것은 현실적으로 불가능하다는 비판이 제기된다. 이와 관련하여 스톡딜(Stogdill, 1948)은 리더십을 사회적 상황 속에서 발생하는 리더-부하 간 관계로 이해하는 것이 타당하다는 주장을 제시하였다.

셋째, 리더의 특성과 성과 간 관계에 관한 경험적 연구의 부재다(Northouse, 2007). 리더십의 특성이론은 성공한 리더에게 요구되는 특성을 제시했지만, 개인의 특질과 조직의 결과변수인 성과와 효과성 등과의 관계성에 관한 경험적 연구 결과 등은 제한적이라는 비판이 제기된다(Robbins & Judge, 2011).

넷째, 리더십의 특성론적 접근방법은 성공한 리더에게 요구되는 주요한 특질이 선천적으로 부여된 것으로 가정함에 따라서 리더십 훈련이나 개발 등에는 부합되지 않는 접근방법으로 평가된다(김두현, 2008). 즉, 현대의 리더십이론은 리더의 특성과 자질 등이 교육 및 훈련 등을 통해 후천적으로도 향상될 수 있다는 관점을 채택하고 있다. 그러나 해당 이론은 리더십의 특성이 불변의 선천적인 구조에 의해 결정된다고 가정하기 때문에 리더십 훈련과 개발 등의 무용론으로 연결될 수 있다는 점에서 한계를 지닌다.

2. 행동이론

리더십의 행동이론(behavior theory) 또는 리더십 유형 연구(the style approach)는 리더의 특정 행동 또는 행동 유형에 초점을 맞추는 접근방법, 또는 조직 목표 달성을 위해 구성원의 자발적인 참여를 유도하는 리더의 행태적 능력에 초점을 맞추는 이론이다(김호섭 외, 2020; 조경호 외, 2014). 즉, 행동이론은 리더가 무엇을 하는지, 혹은 리더는 어떻게 행동하는지를 연구하는 데 초점을 두고 있으며, 효과적인 리더와 비효과적인 리더는 행동의 차이가 있음을 전제로 한다(김원형, 2011; Fleishman, 1953; Northouse, 2007). 또한 행동이론은 관찰 가능한 리더십의 행동을 유형화한 후에 해당 리더십 유형과 조직 유효성 간 관계를 연구하는 데 집중했다. 리더십의 행동이론은 리더십에 적절한 사람을 선택하고 교육할 수 있다는 점을 전제한다는 점에서 특성이론과 구분된다(Robbins & Judge, 2011). 그러나 행동이론은 상황적 요인을 고려하지 않은 채 모든 조직에 적용 가능한 보편적 리더십 유형을 연구했다는 점에서 비판을 받고 있다. 이하에서는 오하이오주립대학교 연구, 미시간대학교 연구, 그리고 블레이크와 모튼(Blake & Mouton, 1964; 1978; 1985)의 관리그리드모형 등에 대해 논의한다.

1) 오하이오주립대학교 리더행동 연구

1950년대 스톡딜(R. M. Stogdill), 플레이시맨(E. Fleishman), 그리고 헴필(J. Hemphill) 등은 리더가 집단이나 조직을 운영하고 관리할 때 어떻게 행동하는지를 연구하기 위해 리더의 행동에 관심을 가졌다(Fleishman et al., 1955). 연구진은 리더행동기술설문지(Leader Behavior Description Questionnaire: LBDQ)를 개발한 후, 해당 설문지를 군대와 산업체에 근무하는 직원을 대상으로 지각된 리더의 행동을 측정했다(Hemphill & Coons, 1957). 또한 리더에게는 리더 견해 설문지(Leader Opinion Questionnaire: LOQ)에 답하게 함으로써 리더의 행동 유형이 조직 성과와 구성원의 직무 만족 등에 어떤 영향을 미치는지를 연구했다. 이와 같은 연구를 통해 연구진은 효과적인 리더십 유형을 제시하고자 했다(Fleishman et al., 1955; Stogdill, 1963).

연구진은 LBDQ와 LOQ에서 제시된 응답 결과를 바탕으로 리더의 두 가지 행동 유형을 제시했다. 즉, 리더십 행위의 두 가지 차원을 배려적 행동(consideration)과 구조 주도적 행동(initiating structure)으로 규정했다(Stogdill, 1974). 이와 같은 리더의 배려적 행동과 구조 주도적 행동을 통해 리더의 행동을 유형화하면 [그림 12-1]과 같다.

리더의 행동 유형을 구체적으로 살펴보면 다음과 같다. 배려적 행동 또는 인간적 배려는 리더가 부하를 신뢰하고 우호적인 관계를 통해 업무를 수행하는 행동을 의미한다. 또한 배려적 행동은 리더가 구성원의 감정과 헌신, 그리고 아이디어 등을 존중할 뿐만 아니라, 우호적 · 개방적 관계성을 통해 구성원의 복지, 안녕, 지위, 평등한 대우, 그리고 감정의 보호 등을 강조하는 행동으로 이해된다(정동섭 외, 2015; 조경호 외, 2014; Northouse, 2007). 이와 같은 배려 중심의 리더십은 리더와 부하 간 관계에서 신뢰 및 존경의 관계를 구축하는 데 관심을 기울일 뿐 아니라, 부하의 상황

그림 12-1 리더의 행동자원과 행동 유형

(높음) 배려적 행동 (낮음)	구조 주도적 행동 (낮음)	구조 주도적 행동 (높음)
높음	– 부하에게 업무구조를 적게 강조 – 부하의 욕구 만족에 높은 관심	– 부하에게 업무구조를 높게 강조 – 부하의 욕구 만족에 높은 관심
낮음	– 부하의 업무구조를 적게 강조 – 부하의 욕구 만족에 적은 관심	– 부하에게 업무구조를 높게 강조 – 부하의 욕구 만족에는 적은 관심

출처: 이창원 외(2013: 237) 및 Kreitner & Kinicki(1989: 454)에서 참조.

등을 적극적으로 파악하는 유형으로 평가받는다(하미승, 2018).

이에 비해서, 구조 주도적 행동은 과업 지향적 행동으로 이해된다. 즉, 구조 주도적 행동은 리더가 부하의 역할과 행동 등에 대해서 명확하게 정의함으로써 과업의 효율적인 수행을 돕는 행위를 의미한다(김남현, 2008; 조경호 외, 2011; Robbins & Judge, 2011). 즉, 구조 주도적 행동은 과업설계의 명확성, 과업행위 및 환경의 구체성, 그리고 의사소통의 명료성 등을 강조함으로써 목표의 효과적 달성을 돕는 행위로 이해한다(Stogdill, 1974). 즉, 구조 주도의 리더십은 조직과 구성원 간 공식적 관계와 공식적 권한을 통해서 구성원을 관리함으로써 생산성 향상에는 도움을 주는 반면, 직원의 만족도는 감소하는 결과를 창출한다(김남현, 2018; 하미승, 2018).

오하이오주립대학교의 리더행동이론은 LBDQ, LOQ, 그리고 SBDQ(감독행동 기술 설문지) 등을 통해 리더의 행동을 배려적 행동과 구조 주도적 행동으로 분류했다는 점에서 의미가 있다(Yukl, 2002). 그러나 해당 이론은 설문을 중심으로 리더의 행동을 분류함으로써 연구 결과의 객관성이 낮다는 점, 상황을 고려하지 않은 상태에서 보편적인 리더의 행동을 가정한 점, 그리고 리더의 행동을 두 가지 행동 유형으로 엄격하게 구분했다는 점에서 비판을 받고 있다(김원형, 2011; 이창원 외, 2013; Bass, 1990; Yukl, 2002).

2) 미시간대학교의 리더행동 연구

미시간대학교의 리더행동 연구는 리더의 행동뿐만 아니라, 리더와 집단이 상호작용하는 역동성에 연구의 초점을 맞췄다(Yukl, 2002). 즉, 집단의 성과와 효과성, 그리고 업적 등을 향상시키는 리더의 행동을 주요 연구 대상으로 선정했다(강정애 외, 2013; Katz & Kahn, 1951; Likert, 1961; Robbins & Judge, 2011). 이와 같은 연구 목적을 달성하기 위해 리커트(Likert, 1961) 등의 연구진은 성과의 수준이 상이한 여러 집단의 리더와 구성원을 면접한 후 다음과 같은 두 가지 유형의 리더십 행동을 제시했다(김호섭 외, 2011).

리커트(Rensis Likert) 등의 미시간대학교 연구진은 리더의 행동을 종업원 중심적(employee orientation) 행동과 과업 지향적(production orientation) 행동으로 유형화했다. 즉, 종업원 중심적 또는 관계 중심적 행동은 리더가 종업원에 대해 인간적으로 관심을 두며 그들의 개성을 존중할 뿐만 아니라, 구성원에게 권한을 위임하며 지원적 업무환경 등을 조성하는 것을 의미한다(Bowers & Seashore, 1966). 또한 해당 행동은 구성원 간 차이점을 인정하거나 그들의 욕구에 개인적 관심을 가질 뿐 아니라 구성원의 욕구를 중시하면서 좋은 관계를 형성하는 것을 의미한다(하미승, 2018; Robbins & Judge, 2011). 이에 비해, 과업 지향적 또는 생산 지향적 리더행동은 목표를 주도적으로 수립할 뿐만 아니라, 목표 달성 과정에서 기술적·업무적 측면만을 강조하는 행동을 의미한다(Robbins & Judge, 2011). 또한 과업 지향적 행동은 공식적인 권한의 행사를 통해 구성원에게 업무 수행과 관련한 지침을 하달하고 업무 추진을 독려하는 등의 행동을 의미한다(김호섭 외, 2011; 하미승, 2018).[5] 리커트(Likert, 1961) 등이 제시한 두 개의 리더행동 유형은 단일 연속체의 극단에 위치한 것으로 이해됨으로써, 종업원 중심적 행동이 강하면 상대적으로 과업 지향적 행동은 약하다고 주장했다. 그러나 추후 연구에서는 두 개의 리더행동이 오하이오주립대학교에서 주장한 리더행동 간 관계성과 같이 독립적으로 존재한다고 결론지었다(Kahn, 1956).

미시간대학교의 리더행동에 대한 주요한 연구 결과는 다음과 같다(Likert, 1961; 1967). 이 연구는 리더의 행동 유형에 따라서 집단의 성과와 효과성에 미치는 영향이 다를 것으로 전제했다. 연구 결과, 직무 또는 생산 중심적 리더행동은 단기적 성과에 영향을 주는 반면, 종업원 중심적 리더행동은 장기적 성과와 더 높은 관련성이 있는 것으로 나타났다. 또한 구성원의 만족도와 관련해서는 종업원 중심적 리더행동이 상대적으로 더 큰 만족도를 제공하는 것으로 나타났다(김호섭 외, 2011).

3) 블레이크와 모튼의 리더십 그리드

관리격자모형(management grid model) 또는 리더십 그리드 모형은 두 개의 차원, 즉 '사람에 대한 관심'과 '생산(또는 성과 및 결과)에 대한 관심'이라는 요인을 통해 리더가 어떻게 조직을 도와서 목표를 달성하는지를 설명하는 이론이다(Blake &

5) 리커트(Likert, 1961) 등이 제시한 리더행동의 유형은 오하이오주립대학교 연구진이 제시한 리더의 행동 유형과 유사한 특징을 지닌다. 즉, 종업원 중심적 행동과 과업 지향적 행동의 특징은 각각 배려적 행동과 구조 주도적 행동의 특성과 유사한 것으로 제시된다.

Mouton, 1964; Northouse, 2007).[6] 리더십 그리드 모형의 차원은 미시간대학교의 리더행동 연구진이 논의한 관계 지향성 및 과업 지향성과 유사한 내용으로 구성되어 있다. 즉, 사람에 대한 관심이 높은 리더는 부하와의 관계에서 신뢰와 우호적 분위기 등을 강조하는 반면, 생산에 대한 관심이 높은 리더는 직무 및 과업의 수행을 중요하게 간주하는 행동을 갖는다고 가정한다(이창원 외, 2013; Blake & Mouton, 1964).

리더십 그리드는 사람에 대한 관심과 성과에 대한 관심이라는 차원을 아홉 개의 격자로 계량화해서 리더의 행동 유형을 다섯 개로 구분한 모형을 의미한다([그림 12-2] 참조). 다섯 개의 리더십 모형을 논의하면 다음과 같다(Blake & Mouton, 1964).[7]

첫째, 권한-순응형(authority-compliance) 또는 과업형 모형은 조직 운영 및 관리의 효율성 향상을 위한 수단으로 구성원을 대하는 모형이다. 즉, 해당 모형은 운영 및 관리의 과정에서 인간적 요소가 개입하는 것을 최소화하기 위해 업무의 조건 등을 조정한다. 권한-순응형 모형에 속하는 리더는 통제 지향적 접근을 통해 조직 목표의 수행과 성과에 관심을 기울이는 반면, 구성원의 창의성 등에는 관심을 두지 않은 특성을 보인다(조경호 외, 2014; 하미승, 2018; Northouse, 2007).

둘째, 컨트리클럽형(country club management) 또는 친목형 모형은 과업 수행과 성과에는 관심이 적은 대신에 인간관계에 많은 관심을 기울이는 모형이다(하미승, 2018). 즉, 대인관계를 중시함으로써 구성원의 욕구를 만족시키고 우호적인 분위기를 형성하는 데 초점을 두고 있다. 컨트리클럽형에 속하는 리더는 구성원의 태도와 감정을 중시함에 따라서 긍정적인 분위기 조성에 많은 관심을 기울인다(이창원 외, 2013; 조경호 외, 2014).

셋째, 방관형(impoverished management) 또는 무관심형 모형에 속하는 리더는 과업 수행과 인간관계 형성 등에 관심이 없는 유형으로 분류된다(Northouse, 2007). 해당 모형에 속하는 리더는 과업 수행에 대한 열정이나 능력이 부족할 뿐만 아니라, 구

6) '사람에 대한 관심'은 리더가 구성원에게 더 많은 관심을 보이고 배려를 함으로써 만족을 주는 차원이지만, '생산에 대한 관심'은 구성원이 성과를 향상하도록 하는 차원을 의미한다(하미승, 2018).

7) 블레이크와 맥캔스(Blake & McCanse, 1991)는 기존 리더십 그리드 모형 외에 두 개의 유형을 추가하였다. 즉, 후견저 리더(paternalistic leader)는 리더가 부하 직원을 절대적으로 보살피는 대신 절대적인 충성을 요구하는 유형이며, 또 다른 유형인 기회주의적 리더(opportunistic leader)는 자신의 효용을 극대화하려는 리더이다(하미승, 2018에서 재인용).

성원의 욕구 만족과 인간관계의 형성 등에도 관심이 없는 것이 특징이다(Blake & Mouton, 1964). 블레이크와 맥캔스(Blake & McCanse, 1991)는 방관형 리더는 조직에서 퇴출되지 않을 정도만 과업 수행을 위해 노력한다고 평가했다.

넷째, 팀형(team management) 또는 단합형 모형은 과업 수행과 인간관계를 모두 강조하는 리더십 유형이다(Blake & Mouton, 1964). 해당 모형에 속하는 리더는 참여, 헌신, 팀워크, 상호의존성, 그리고 공동체 의식 등을 강조함으로써 조직 목표 달성을 위해 노력하는 리더십으로 평가받는다(이창원 외, 2013). 또한 팀형 리더는 구성원에게 적극적인 동기부여와 자율성 등을 강조함으로써 성과를 높이는 데 관심을 둔다(하미승, 2018).

다섯째, 중도형(middle of the road management) 모형은 과업 수행과 인간관계 사이에서 균형을 맞춤으로써 조직 목표를 달성하고자 하는 리더십 모형이다(Northouse,

그림 12-2 리더십 그리드

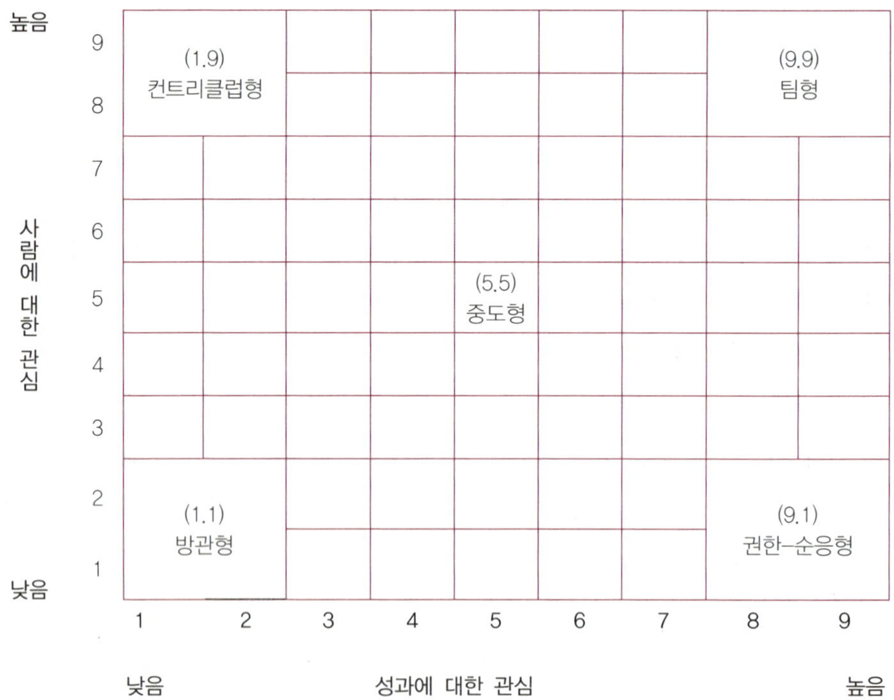

출처: Blake & McCanse(1991: 30).

2007). 해당 유형에 속하는 리더는 리더십 그리드 모형을 구성하고 있는 두 개의 차원 사이에서 균형을 맞추는 것이 가장 효과적인 행동이라고 평가하지만, 적당주의 또는 편의주의적 접근방법이라는 평가도 공존한다(김남현, 2008). 즉, 해당 유형의 리더는 인간적 배려와 성과 중, 어느 쪽에도 최선을 다하지 않는다는 평가를 받는다(하미승, 2018).

4) 행동이론의 한계

리더십의 행동이론 또는 리더십 유형 연구은 특성이론이 가정했던 가정, 즉 리더십은 개인의 선천적인 특질에 의해 결정된다는 시각을 확장시켰다는 점에서 의미를 둘 수 있다. 즉, 행동이론은 리더의 행동 유형을 통해 리더십 연구의 범위를 확장시켰을 뿐만 아니라, 다양한 상황에서 리더가 어떤 행동을 하는지를 연구하고자 했다(김남현, 2008). 이에 덧붙여, 행동이론학파에 속하는 여러 연구의 수행을 통해 리더 행동의 유형을 체계적 · 실증적으로 연구한 점, 그리고 행동이론에서 주장한 두 개의 행동 유형의 조화가 리더십의 핵심이라고 주장한 점도 긍정적인 평가가 가능하다(김남현, 2008). 이와 같은 장점에도 불구하고 행동이론이 갖는 한계를 논의하면 다음과 같다.

첫째, 행동이론은 리더의 행동 유형과 성과가 어떤 관계를 가지고 있는지를 적절하게 제시하지 못한다는 비판을 받는다(김호섭 외, 2011; Bryman, 1992). 행동이론을 연구하는 대부분의 연구에서는 리더의 배려적 행동이 구성원의 만족을 높이는 원인변수로 작동한다는 점에는 합의를 이루고 있지만, 리더의 행동 유형이 성과를 향상시키는지 여부에 관해서는 일관된 연구 결과의 제시가 부족하다는 평가를 받는다(Yukl, 2002).

둘째, 행동이론에 속하는 학파의 연구는 대체로 두 개의 요인에 의해 다양한 리더의 행동을 분류하고자 했다는 비판을 받는다. 즉, 다양한 리더의 행동을 단순하게 두 개의 차원 또는 요인에 의해 설명하는 것은 현실적으로 불가능하다는 비판이 제기된다(이창원 외, 2013; 하미승, 2018). 또한 행동이론에 속하는 세 개의 학파가 대체로 비슷한 차원을 바탕으로 리더의 행동 유형을 분류했다는 점도 리더행동의 다양성을 제한하는 결과를 초래했다고 비판할 수 있다.

셋째, 리더행동에 대한 상황적 요인의 영향력을 간과했다는 비판을 받는다(이창원 외, 2013). 리더의 행동은 상황적 요인 등에 의해 영향을 받을 수 있으나, 행동이론은 리더의 보편적 행동을 연구했다는 점에서 상황 요인의 중요성을 간과했다고 할 수 있다. 즉, 사회적 상황과 구성원의 특성이 다양하지만, 행동이론은 해당 맥락에서 어떤 리더십 유형 또는 리더행동을 선택해야 하는지를 명확하게 설명하지 못하고 있다(하미승, 2018).

3. 상황론적 접근법

리더십의 특성이론과 행동이론은 리더십의 보편성을 연구하는 데 초점을 맞춤으로써 특정 상황에 적합한 리더십 유형을 고려하지 않았다는 비판을 받았다. 따라서 1970년대의 리더십 연구는 특정 상황에 따라서 추구하는 리더의 능력이나 가치가 달라진다는 상황론적 접근방법에 관심을 기울이기 시작했다(김호섭 외, 2011).[8] 즉, 해당 이론은 "다른 상황은 다른 리더십 유형을 요구한다"는 전제를 바탕으로 상황-리더십 유형 간 연계에 초점을 맞추었으며, 어떤 상황에서나 적합한 최선의 리더십 유형이 존재하지 않는다고 주장한다(하미승, 2018; Northouse, 2007). 즉, 유능한 리더는 각기 다른 상황의 요구에 적절하게 대응해야 한다는 주장을 가정하고 있다. 리더십의 상황이론(situational theory)에서 주장하는 상황은 집단 목표의 특성, 집단구조, 구성원의 태도와 욕구, 구성원의 자질과 행동, 발전의 정도, 그리고 외부집단에 의한 기대의 정도 등을 포함한다(김호섭 외, 2011; 이창원 외, 2013; Cartwright & Zander, 1968). 상황론적 접근방법을 통해 리더십을 이해하는 대표적인 학자의 주장을 살펴보면 다음과 같다.

8) 상황론적 리더십은 리더의 역할과 기능, 행동, 그리고 부하와의 관계 등이 고정된 상태에서 결정되기보다는 리더와 구성원, 그리고 집단 등이 처해 있는 상황에 적합한 리더십 형태를 요구한다고 가정한다. 따라서 리더십의 상황이론은 리더십이 상황적 조건에 의해서 결정된다고 주장한다. 즉, 상황이론은 상황의 요구에 적절하게 대응해야 효과적인 리더십이 가능하다고 주장한다. 해당 접근방법은 레딘(Reddin, 1967)의 3-D 관리유형이론(3-D management style theory)을 바탕으로 허쉬와 블랜차드(Hersey & Blanchard, 1969)가 제시하였다(김남현, 2015에서 재인용).

1) 피들러의 상황적합모형

피들러(Fiedler, 1964; 1967)의 상황적합모형(contingency theory) 또는 리더-적합 이론(leader-match theory)은 리더십을 상황에 적절하게 적합시켜야 한다고 주장한다. 즉, 리더는 효과적인 리더십을 위해 상황에 대한 이해가 필요할 뿐만 아니라, 리더의 행동 유형과 상황 간 적절성의 유지가 중요하다고 주장한다(Fiedler & Garcia, 1987).[9] 이와 같은 주장은 리더가 처한 환경에 따라서 리더십의 효과성이 달라질 수 있음을 전제로 한다(조경호 외, 2014).[10] 이와 같은 기본적인 전제 등을 기초로 피들러(Fiedler, 1964)는 LPC(Least Preferred Co-worker) 척도를 통해 리더십 유형을 분류했다. 즉, 상황적합모형은 리더십 유형을 과업 지향(task orientation)과 관계 지향(relationship orientation)으로 구분했다. 즉, 과업 지향적 리더는 목표의 효율적·효과적 달성에 관심을 두는 반면, 관계 지향적 리더는 친밀하고 우호적인 인간관계의 개발 및 형성에 많은 관심을 둔다고 주장했다(Fiedler, 1964).

이와 같은 리더십 유형에 덧붙여, 피들러는 리더십 상황을 세 가지 변수, 즉 리더의 지위 권력(position power), 과업구조(task structure), 그리고 리더-구성원 간 관계(leader-member relation)를 제시했다([그림 12-3] 참조). 해당 변수를 구체적으로 살펴보면 다음과 같다(Fiedler, 1964; 1967; 1993).

첫째, 지위 권력은 리더가 구성원을 지도 및 평가할 뿐만 아니라, 필요에 따라서 상벌을 가할 수 있는 권한의 정도로 정의된다. 이와 같은 지위 권력은 조직 내의 위계구조에 따라서 승진을 할수록 획득하게 되는 합법적 권력을 포함한다(김남현, 2008).

둘째, 과업구조는 과업의 목표와 달성 방법 및 수단, 그리고 성과 기준 등이 명확하게 제시되어 있는 정도를 의미한다. 과업구조의 경우, 과업이 구조화가 되면 될수록 리더에게 더 많은 감독 권한이 부여되는 특징을 지니고 있다.

셋째, 리더-구성원 간 관계는 집단의 구성원이 리더를 지지하고 신뢰하는 정도이

---

9) 피들러(Fiedler, 1965)는 조직의 성공과 실패는 경영과 관리에 의해 결정된다고 주장하였으며, 해당 경영과 관리의 품질은 리더에 의해 결정된다고 주장하였다(하미승, 2018에서 재인용).

10) 피들러(Fiedler, 1964)가 동일한 능력을 가지고 있는 리더라고 하더라도 각각의 리더십 효과성에는 차이가 발생한다는 점, 그리고 동일한 리더라고 하더라도 상황에 따라서 리더십의 효과성에 차이가 발생한다는 점에서 리더십 연구의 상황적합성을 주장했다.

그림 12-3 리더십 상황적합모형

상황의 유리성	호의적 ←——→ 비호의적							
선호되는 리더십 유형	낮은 LPC & 중간 정도의 LPC		높은 LPC					낮은 LPC
1. 리더-구성원 간 관계	좋음				나쁨			
2. 과업구조	구조화		비구조화		구조화		비구조화	
3. 직위 권한	강함	약함	강함	약함	강함	약함	강함	약함
	1	2	3	4	5	6	7	8

출처: Fiedler(1967); 조경호 외(2014); 이창원 외(2013) 등을 참조 후 재작성.

며, 리더-구성원 간 신뢰관계가 형성되면 상황에 대한 통제력이 제고되는 특징을 설명한다.

피들러(Fiedler, 1964)는 위에서 논의한 세 개의 상황 변수를 결합해서 조직 내 상황의 유리성(favorableness)을 설명한다([그림 12-3] 참조). 즉, 상황의 유리성이 가장 높은 경우는 리더-구성원 간 관계가 좋고, 과업구조가 명확하며, 그리고 직위의 권한이 강할 때이며, 이에 비해 상황의 유리성이 가장 나쁜 경우는 반대의 경우로 이해할 수 있다(Fiedler, 1964). 또한 중간 정도의 유리성을 가진 상황은 양 극단의 중간 지점으로 제시했다(이창원 외, 2013; Fiedler, 1967).

피들러의 상황적합모형은 리더십의 효과성을 논의하는 데 상황의 중요성을 제기했다는 점에서 긍정적인 평가를 받는다. 즉, 리더십 유형은 상황의 특수성에 의해 영향을 받지 않을 수 없을 뿐만 아니라, 리더는 모든 상황에서 적합한 리더가 될 수 없다는 점을 확인함으로써 리더십 연구를 발전시켰다는 평가가 가능하다. 이와 같은 긍정적인 평가에도 불구하고, 상황적합모형은 리더십 유형을 과업 지향형과 관계 지향형이라는 단선적인 차원을 통해 분류했다는 점에서 일정 부분 비판을 받고 있다(김호섭 외, 2011).

2) 하우스의 경로-목표모형

동기부여에 관한 기대이론을 바탕으로 개발된 경로-목표모형(path-goal theory)

은 리더가 구성원의 동기를 어떻게 유발시켜 설정된 목표를 달성하게 할 것인가를 주요 연구 주제로 선정했다(House, 1971; House & Dessler, 1974; House & Mitchell, 1974). 즉, 기대이론을 바탕으로 하는 경로-목표모형은 리더가 구성원이 원하는 보상을 획득할 수 있는 경로를 명확하게 함으로써 구성원의 성과와 만족을 향상시킬 수 있다고 전제한다(이창원 외, 2013; Evans, 1970).[11] 또한 경로-목표모형은 상황에 따라서 효과적인 리더행동이 달라질 수 있다고 가정한다(House, 1971). 따라서 경로-목표모형은 리더가 구성원의 요구와 환경 등에 적합한 리더행동을 선택함으로써 그들로 하여금 가장 효과적인 경로를 선택하게끔 도움을 주기 위한 이론 체계로 이해할 수 있다(김남현, 2008).

경로-목표이론은 리더행동 또는 리더의 동기적 기능에 따라서 부하의 동기유발에 다른 영향력을 미친다고 가정한다(House, 1971). 즉, 리더가 부하의 보상을 증가시키거나, 또는 보상을 획득할 수 있는 경로를 부하에게 명확하게 제시하거나 보상

표 12-1 경로-목표모형의 리더행동 유형

유 형	특 징
지시적 리더행동 (directive behavior)	- 부하에게 과업 수행의 구체적인 내용과 수단을 지시 - 과업의 규정, 과업 기간, 업적에 대한 평가 기준 제시 - 업무가 모호하고 복잡할 경우에는 긍정적인 효과를 기대 - 지도, 감독, 통제 등의 속성
후원적 리더행동 (supportive behavior)	- 부하의 복지와 욕구에 관심 - 부하를 인격적으로 대함과 동시에 부하에 대한 지원에 관심 - 업무가 반복적이거나 스트레스를 줄 때 긍정적 효과 기대 - 식부 자체를 도와주거나, 혹은 직무 수행의 환경을 조성
참여적 리더행동 (participative behavior)	- 부하를 의사결정 과정에 참여 - 부하와 상의하고 아이디어 및 의견 등을 적극적으로 수용 - 반복적인 과업 수행 시, 부하의 의사결정 참여는 효과성 증대
성취 지향적 리더행동 (achievement oriented behavior)	- 도전적 과업 목표를 설정하고 성과를 강조 - 부하에게 도전적인 자세를 요구하며 부하를 신뢰 - 높은 성과 수준을 설정하고 지속적인 개선을 추구

출처: 김원형(2011); 조경호 외(2014); 하미승(2018); House & Mitchell(1974) 등을 참조 후 재정리.

11) 경로-목표이론에서 주장하는 목표는 부하 또는 구성원이 바라는 성과를 의미하며, 경로는 목표를 달성하기 위해 제시되는 행동을 의미한다(김원형, 2011). 즉, 리더는 부하들이 목표를 달성할 수 있는 경로를 제공할 때 부하의 만족과 동기 등이 향상된다고 가정한다(김원형, 2011; Evans, 1970).

과정의 장애물을 없애면 부하의 성과를 높일 수 있다고 가정한다(House, 1971). 경로－목표모형의 리더행동은 지시적 행동, 지원적 행동, 참가적 행동, 그리고 성취 지향적 행동으로 구분했다(House & Mitchell, 1974). 경로－목표모형에서 주장하는 각 리더행동의 주요 특징 등은 [표 12－1]에 정리했다.

경로－목표모형에서 원인변수로 제시한 다양한 리더행동은 상황적 조절변수와 매개변수와의 상호작용을 통해 결과변수인 부하의 성과와 만족 등에 영향을 미친다고 가정한다(House & Mitchell, 1974). 경로－목표모형에서의 변수의 특징을 하우스와 미첼(House & Mitchell, 1974)의 연구 결과를 바탕으로 살펴보면 다음과 같다.

첫째, 경로－목표모형은 상황적 조절변수로 부하의 특성과 과업의 특성을 제시한다. 부하의 특성으로 개인의 능력과 권위주의의 정도, 그리고 성격의 내향성 및 외향성 여부 등을 제시한 반면, 과업의 특성으로는 과제의 구조, 작업집단의 성질, 그리고 공식적 권위 체계 등을 제시했다.[12)]

둘째, 경로－목표모형의 매개변수는 브룸(Vroom, 1964)의 기대이론 요소인 부하의 기대와 유인가를 제시했다.[13)] 즉, 경로－목표모형에서는 부하가 노력해서 과제를 성공적으로 수행할 것을 기대한다면, 그리고 과업 수행을 통해 보상을 획득할 수 있으리라 기대한다면 부하는 노력을 기울일 것으로 기대한다. 이와 같은 전제를 바탕으로, 하우스와 미첼(House & Mitchell, 1974)은 리더행동의 효과성은 부하의 기대와 신념에 기반한다고 주장했다.

셋째, 경로－목표모형의 결과변수로는 직무만족도, 리더 수용성, 그리고 동기적 행위 등을 제시했다. 위에서 논의한 경로－목표모형의 변수 간 관계를 제시하면 [그림 12－4]와 같다.

경로－목표모형의 긍정적인 평가를 논의하면 다음과 같다. 첫째, 경로－목표모형은 리더가 부하 및 과업의 특성 등을 고려해서 자신의 리더 행동, 또는 리더십 유형을 선택해야 부하의 직무 만족과 성과 등을 향상시킬 수 있다고 주장한다(Northouse, 2007). 예를 들어, 과업의 성격이나 목적 등이 모호할 경우에는 지시적 리더

12) 경로－목표이론은 원인변수인 네 가지의 리더행동과 조절변수인 부하의 특성과 과제의 특성 간 상황 연계성에 따라서 리더의 효과성이 결정된다고 주장한다(김원형, 2011: 314).

13) 해당 이론에서는 기대를 성과에 대한 확률로, 그리고 유인가를 성과의 바람직한 정도로 정의했다(Vroom, 1964).

그림 12-4 경로-목표모형

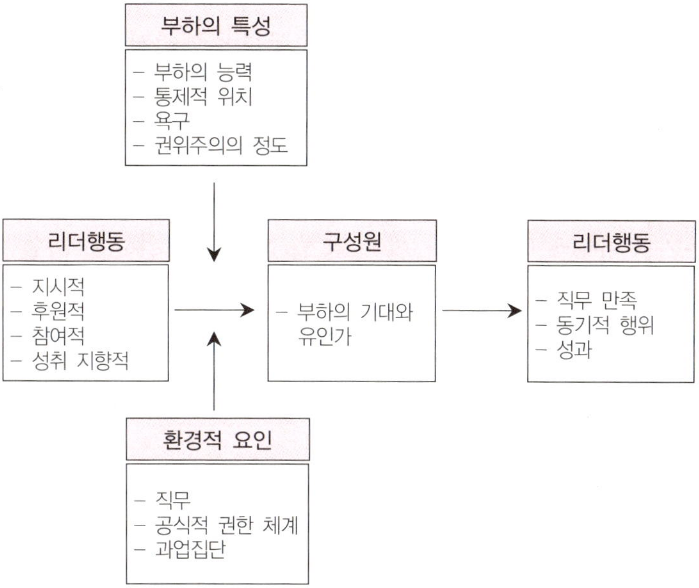

출처: 김원형(2011: 312); 이창원 외(2013: 243); Schermerhorn et al.(2008: 250) 등을 참조 후 작성.

행동이 가장 효과적인 반면, 구성원들이 도전적 과제에 주도적으로 참여하는 특성을 지녔다면 참여적 리더행동이 가장 적합하다고 주장한다(George & Jones, 2007). 즉, 경로-목표모형은 효과적인 리더행동이 상황적 조절변수 등에 의해 영향을 받는다고 주장했으며, 이를 모형으로 구체화한 상황적합적 이론으로 평가받는다(Jermier, 1996).

둘째, 경로-목표모형은 리더십이론에 동기부여이론의 기대이론을 적용시켰다는 점도 긍정적인 평가를 받는다(Northouse, 2007). 즉, 리더가 부하의 동기를 유발시키기 위해 보상 체계와 경로 설정 등을 어떻게 할 것인지를 리더십과 연결시켰다는 점에서 긍정적인 평가를 받는다.

경로-목표모형이 갖는 여러 가지 긍정적인 평가에도 불구하고, 기존 문헌에서는 해당 모형의 제한점을 다음과 같이 논의하고 있다. 첫째, 이 연구모형에는 다양한 변수 간 인과관계, 그리고 매개 및 조절효과를 가정함으로써 연구의 범위가 너무 확대되었으며, 이에 따라서 실증연구의 결과가 부족하거나 특정변수 간 관계성만을 제한적으로 증명하고 있다(Evans, 1996; House & Mitchell, 1974; Indvik, 1985; Schriesheim & Neider, 1996). 특히 경로-목표모형의 주요한 공헌 중 하나인 리더행동과 부하의 동기유발 간 관계를 적절하게 설명하지 못함에 따라서 해당 이론의 기본적인 가정이 비판을 받고 있다(Northouse, 2007).

둘째, 경로-목표모형에서는 리더의 역할을 확장시킴으로써 부하의 의존성을 심화시킬 수 있다는 비판이 제기된다(김남현, 2008). 즉, 해당 모형에서는 리더로 하여금 부하의 동기를 유발하고, 목표의 설정 및 달성 등을 지원하며, 과업 과정에서 장애물을 제거하는 역할을 부여함으로써 '도와주는 리더십(helping leadership)'을 강조하고 있다(Northouse, 2007). 이와 같은 리더-부하 간 관계는 부하의 리더에 대한 의존성을 심화시킴으로써 부하의 자율성과 창조성, 그리고 적극성 등을 훼손할 수 있다고 비판한다(김남현, 2008).

제 2 절 리더십이론의 현대적 접근방법

1980년대 리더십 연구는 합리적 과정 등에 초점을 두기보다는 리더의 감정과 가치관, 또는 영감(inspiration) 등을 강조하는 접근방법에 초점을 맞췄다(이창원 외, 2013; Yukl, 2002). 전통적 접근방법을 통한 리더십 연구는 리더십을 합리적 과정이나 교환 등의 거래(transaction)로 인식한다(Burns, 1978; Robbins & Judge, 2011).[14] 즉, 행동이론 및 상황이론 등은 리더가 부하에게 과업 목표와 직무 역할 등을 명확하게 제시함으로써 목표를 달성할 수 있도록 지도하는 데 초점을 맞추고 있다. 이와 같은 거래적 리더십은 일상적인 성과를 달성하기 위해 성과에 따른 보상 등과 같은 거래를 제공하는 특징을 지닌다(조경호 외, 2014; Schermerhorn et al., 2008).[15] 이에

14) 거래적 리더십은 리더와 구성원이 자신들의 이익을 충족시키기 위한 교환관계에 기반함과 동시에, 부하를 통제함으로써 순응을 끌어내는 리더십을 의미한다(Bass, 1999; Kark & Van Dijk, 2007). 해당 정의 등으로 인해 거래적 리더십과 변혁적 리더십을 양극단에 위치하는 반대의 개념으로 이해하기도 한다. 그러나 두 개의 리더십 유형은 다른 개념이며, 리더가 두 개의 리더십 유형을 동시에 보유할 수 있다고 주장한다(Bass & Avolio, 1993)

15) 거래적 리더십(transactional leadership)은 리더십을 리더와 부하 간 경제적 교환관계 또는 계약적

비해 현대적 접근방법은 리더의 감정, 가치관, 그리고 상징적 행태 등을 강조하는 특징을 지닌다(Robbins & Judge, 2011; Yukl, 2002). 이하에서는 변혁적 리더십, 카리스마적 리더십, 그리고 윤리적 리더십을 중심으로 논의한다.

1. 변혁적 리더십

기존의 리더십이론, 즉 오하이오주립대학교의 행동이론, 피들러의 상황적합모형, 그리고 경로－목표모형 등은 부하의 과업사항과 역할 등을 명확하게 제시함으로써 목표를 달성하게 하는 거래적 리더의 역할을 설명했다(Robbins & Judge, 2011).16) 거래적 리더십은 조직의 안정적 운영과 현상 유지, 그리고 중간관리자의 역할 등을 전제로 리더십을 연구했지만, 환경의 급격한 변화에 적절하게 대응하고 조직의 비전 등을 제시할 수 있는 적극적 리더십 유형이 요구되는 현대에는 적합하지 않은 리더십 패러다임이라는 비판이 제기되었다(이수광, 2010; Kouzes & Posner, 1990; Yukl, 2002). 즉, 현대에 들어오면서 리더－부하 간 관계를 경제적 교환관계로 인식하려는 접근방법에서 벗어나 리더가 비전과 영감을 부하에게 제시할 뿐만 아니라, 지적 자극 등을 통해 동기를 부여하는 변혁적 리더에 대한 관심이 증가했다(Bass, 1985; Burns,

---

거래관계로 이해한다(Burns, 1978; Howell & Higgins, 1990). 즉, 거래적 리더십은 리더가 보상과 인센티브 등을 활용해서 부하의 행동과 동기 등을 유발시킴으로써 목표를 달성한다고 주장한다(신구범, 2009; Bass, 1985; Kuhnert, 1994). 거래적 리더십을 구성하고 있는 하위 개념을 살펴보면 다음과 같다. 첫째, 상황적 보상(contingent reward)은 부하가 과업 등을 성공적으로 수행할 경우, 리더는 성과 등에 대한 규정에 맞게 인센티브와 보상 등을 제공하는 개념이다(Bass, 1985). 따라서 상황적 보상은 리더가 설정한 보상 기준과 부하의 노력 및 성과 등이 교환되는 과정으로 이해할 수 있으며, 조직의 효율적 운영 및 성과 극대화 등에 초점을 맞춘 리더십 유형으로 이해할 수 있다(신구범, 2009; Yukl, 2002). 둘째, 예외에 의한 관리(management by exception)는 리더가 설정한 성과 등을 부하가 만족시키지 못할 때, 리더가 부하에게 교정적(corrective) 비판과 부정적 강화(reinforcement) 등을 행사하는 개입으로 이해할 수 있다(Bass, 1985; Yukl, 2002). 따라서 예외에 의한 관리는 성과 미흡 등의 예외적인 경우에만 발생하는 특징을 지닌다. 해당 접근방법에는 예외에 의한 소극적 관리와 예외에 의한 적극적 관리로 구분된다. 즉, 전자는 성과의 미흡 등이 구체화될 때에만 리더가 개입하는 경우를 의미하며, 이에 비해 후자는 리더가 사전 예방적 조치 등을 통해 부하의 실수 등에 적극적으로 개입하는 경우를 의미한다(Robbins & Judge, 2011).

16) 거래적 리더십은 리더－부하 간 상호거래를 통해 부하를 이끌어 가는 리더십이며, 이에 따라 계약에 기초한 리더십 형태로 이해한다(Burns, 1978). 번스(Burns, 1978)는 리더를 구성원과 자신의 목표에 효과적으로 달성하기 위해 구성원의 동기를 자극하는 사람으로 정의했으며, 이에 따라 리더십을 권력의 행사와 다른 것으로 이해하였다.

1985; Robbins & Judge, 2011).[17] 이하에서는 변혁적 리더십의 개념과 특징, 그리고 하위 요인 등에 대해 논의한다.

변혁적 리더십은 리더와 부하의 동기부여 및 도덕적 수준을 향상시키는 연결고리를 만들어 가는 과정, 또는 부하의 욕구와 내재적 동기를 높임으로써 도덕적 동기를 지향하게 함으로써 부하의 가치 체계를 변화시키는 리더십을 의미한다(Bass, 1985; Burns, 1978).[18] 따라서 변혁적 리더는 자신의 이해관계에 매몰되기보다는 집단의 이익을 위해 영향을 미치는 이타적 리더십을 의미할 뿐만 아니라, 부하의 능력을 극대화함과 동시에 동기를 부여하는 데 관심을 갖는 특징을 지닌다(Bass & Avolio, 1990; Howell & Avolio, 1993).[19] 즉, 변혁적 리더는 부하에게 비전과 영감을 제시하고, 배려적 인간관계를 형성하며, 지적 자극을 제공한다(김원형, 2011; Burns, 1985). 이에 덧붙여, 변혁적 리더는 부하의 개인적 성장과 발전의 필요성을 인정하고, 개인의 사적 이익을 넘어서는 공동의 이해관계에 관심을 갖도록 동기를 부여하며, 부하의 상위 욕구 충족 등에 관심을 기울인다(Bass, 1990; Robbins & Judge, 2011; Yukl & Van Fleet, 1992). 따라서 변혁적 리더십은 부하에게 비전과 영감을 제시하고, 우호적인 인간관계를 형성하며, 지적 자극과 권한위임 등을 제공하는 리더의 유형으로 이해할 수 있다(Bass, 1985). 또한 변혁적 리더십은 리더가 부하에게 새로운 목표와 비전의

17) 거래적 리더십과 변혁적 리더십 간 관계를 설명한 학자를 소개하면 다음과 같다. 거래적 리더십과 변혁적 리더십은 각각 강조하는 요인이 다르지만 두 개의 접근방법을 상호 배타적 · 독립적 개념으로 이해하기보다는 상호보완적인 개념으로 이해하는 것이 바람직하다(Robbins & Judge, 2011). 따라서 변혁적 리더십은 거래적 리더십 위에 구축될 필요성이 있으며, 최고의 리더는 거래적 리더이면서 동시에 변혁적 리더라고 주장한다(Robbins & Judge, 2011). 야마리노(F. J. Yammarino)는 거래적 리더십과 변혁적 리더십은 상호독립적인 연속체라기보다는 단일 선상의 연속체에 위치한다고 주장한다. 즉, 변혁적 리더십, 거래적 리더십, 그리고 자유방임적 리더십을 '효과성–비효과성' 및 '소극성–적극성'이라는 기준을 통해 단일 선상의 연속체에 위치하는 접근방법으로 이해했다(Yammarino, 1993).

18) 변혁적 리더십은 리더가 조직 운영의 비전과 목표를 제시함으로써 부하의 근본적인 가치와 신념, 그리고 태도 등의 변화를 목표로 하는 리더십 유형을 의미한다(Bowditch & Buono, 2005). 즉, 변혁적 리더십은 거래적 리더십 등이 강조하는 경제적 거래 또는 교환 관계에서 벗어나 내재적 동기, 개인의 헌신, 그리고 열정과 비전의 제시 등을 강조하는 변화 지향적 리더십 유형으로 이해된다(이창원 외, 2013; Burns, 1985; Yukl, 2002).

19) 변혁적이지만 비도덕적이고 부정한 방식을 통해 변혁을 시도하는 유형을 '유사(pseudo) 변혁적 리더십'으로 명명하였다(Bass, 1998). 유사 변혁적 리더십은 권력 지향적이고 도덕적 가치를 왜곡하는 리더를 의미한다(Bass & Riggio, 2006). 즉, 해당 리더십 유형은 다른 사람의 이익보다는 자신의 이익을 충족시키려는 자기 지향적 리더십(personalized leadership)이다(Bass & Steidlmeier, 1999).

제시를 통해 동기유발을 촉진할 뿐만 아니라, 지적 자극을 통해 변화를 지향하고 문제 해결의 창의적 방향성을 제시하는 리더십 유형이다(Bass, 1985; Burns, 1978).[20]

위에서 논의한 바와 같이, 변혁적 리더십은 부하의 성과와 그들이 가진 잠재력을 극대화시키는 데 초점을 맞춘 리더십 유형이기 때문에 내재적 가치, 헌신, 그리고 공동의 이익 등과 관련된다. 이와 같은 변혁적 리더십을 측정하기 위해서 바스(Bass, 1985)는 다요인 리더 척도(multi−factor leadership questionnaire: MLQ)를 개발했으며, 요인분석 등을 통해서 이상적 영향력, 개인적 배려, 지적 자극, 그리고 영감에 의한 동기부여 등의 하위 요인을 도출했다(Bass, 1985). 변혁적 리더십을 구성하는 하위 요인을 구체적으로 살펴보면 다음과 같다(Bass, 1985; Burns, 1978; Yukl, 2002).[21]

첫째, 카리스마(charisma) 또는 이상적 영향력(idealized influence)은 리더의 역할 모델과 관련이 있다.[22] 즉, 이상적 영향력을 갖춘 리더는 조직 운영에 필요한 각종 지식과 정보를 소유하고, 목표 달성을 위한 비전과 미션을 제시하며, 부하와의 감정적인 교류 등에 노력함으로써 부하가 자신의 잠재적 영향력을 개발할 수 있도록 지원하는 역할을 수행한다(김호균, 2019). 이에 따라서 이상적 영향력 요인은 부하로 하여금 리더의 비전과 목표를 따르고 공동의 이익에 헌신하게끔 만드는 능력을 가진 사람을 설명할 때 활용된다(Northouse, 2007). 즉, 자신에 대한 신념과 믿음, 그리고 강한 욕구와 자신감을 가진 리더는 조직 운영에 대한 열정과 비전을 제시함으로써 부하로 하여금 동기 및 성과의 향상을 이끌어 내는 특징을 지닌다(강신규, 2001; Pawar & Eastman, 1997). 즉, 변혁적 리더는 부하에게 신뢰와 존경을 받을 뿐만 아니라, 리더의 동일시(identification)를 통해 리더의 지도자적 능력과 역량 등을 인정

20) 변혁적 리더십이 강조하는 부분은 동기부여의 방법, 욕구 수준, 그리고 성과로 구분할 수 있다(나건하 · 민병익, 2019). 즉, 변혁적 리더십은 직무의 가치와 결과에 대한 중요성을 인식시킬 뿐 아니라, 부하의 상위 욕구를 자극함으로써 조직 목표의 달성 과정에서 사적 이익의 감소를 추구한다. 이에 덧붙여, 변혁적 리더십은 조직문화 및 부하의 욕구와 가치의 변화, 그리고 성과 향상의 원인변수로 작용한다(나건하 · 민병익, 2019).

21) 변혁적 리더십을 일반적으로 4개의 하위 차원을 통해 연구하는 것이 일반적이다. 그러나 최병권 외(2017)의 연구에 따르면, 변혁적 리더십은 6개의 하위 차원(예: 비전 정립 및 구체화, 모범적 모델 제시, 집단목표수용 촉진, 고성과 기대, 개별화된 지원, 지적 자극)과 5개 하위 차원(예: 카리스마, 이상화된 영향력, 영감을 통한 동기부여, 지적 자극, 개별적 배려) 등으로 더욱 구체화하는 경향이 있음을 확인하였다.

22) 바스(Bass, 1985)는 카리스마가 변혁적 리더십의 필요조건이기는 하지만 충분조건은 아니라고 주장하였다.

받는 지도자를 의미한다.

둘째, 개인적 배려(individualized consideration)는 부하의 발전과 성장에 관심을 기울일 뿐만 아니라, 부하의 개인적 욕구와 동기의 개인차(individual difference)를 인정함으로써 멘토와 조언자 역할을 수행하는 리더의 특성을 의미한다(김원형, 2011; 김호균, 2019; Northouse, 2007). 이에 덧붙여, 개인적 배려는 부하 개인의 사정과 문제 등에 관심과 애정을 가지며 지원적 분위기를 조성하는 리더십 유형을 의미한다(Rowold & Schlotz, 2009). 따라서 개인적 배려는 관계 지향성, 쌍방향적 의사소통, 그리고 권한위임 등을 통해 리더가 부하에게 지속적인 관심을 기울이고 있음을 전달하는 리더십 유형으로 이해할 수 있다(이창원 외, 2013; Kuh et al., 1995; Yukl, 2002).[23)]

셋째, 지적 자극(intellectual stimulation)은 리더가 부하에게 신념, 가치, 그리고 태도 등의 변화를 요구함으로써 인식과 행태를 변화시킬 뿐만 아니라, 창의적인 사고와 문제 해결방식 등을 창출하는 데 초점을 맞추는 리더십 유형으로 이해할 수 있다(Bass, 1985). 이와 같은 유형의 리더십은 기존의 전통적인 접근방법을 통해 조직을 운영하기보다는 권한위임, 참여 의사결정, 그리고 조직학습 등의 방법을 통해 조직구성원이 스스로 문제를 해결하고 창의적인 사고가 가능하게끔 지원하는 역할을 강조한다(김남현, 2008; Northouse, 2007; Yammarino & Bass, 1990). 따라서 지적 자극을 강조하는 변혁적 리더십은 창의적 · 혁신적인 접근방법과 사고를 강조함과 동시에, 유용하지 않은 관행과 시스템 등을 포기하는 데에도 주저하지 않는 특성을 지닌다(강신규, 2001; Schermerhorn et al., 2008).[24)]

넷째, 영감에 의한 동기부여(inspirational motivation)는 부하에게 공유된 비전과 목표의 달성을 위해 헌신하도록 동기를 유발하는 리더십을 의미한다(Bass, 1985; Northouse, 2007). 즉, 변혁적 리더는 영감적 동기를 통해 부하에게 자신감과 업무의 의미 등을 제시할 뿐만 아니라, 현재의 상태보다는 미래의 비전과 소망 등을 가질 수 있도록 동기를 부여하는 데 초점을 맞춘다(Yukl, 2002). 또한 영감적 리더십(in-

---

23) 변혁적 리더십의 개인적 배려는 두 부분으로 구성된다(Bass, 1985). 즉, 리더는 모든 부하에게 공평한 접근을 통해 동등한 대우를 제공할 수 있는 반면, 부하의 욕구와 능력에 따라서 차별적으로 접근하는 방법을 활용할 수 있다. 이와 같은 접근방법 중에서 후자는 변혁적 리더십이 관심을 기울이는 전략으로 이해할 수 있으며, 특히 이와 같은 시각은 개인적 욕구 차이의 인정 및 개별적 관심을 통한 변화 등이 가능하다고 주장한다.

24) 이에 비해, 거래적 리더십은 리더-부하 교환관계의 반응성을 강조한다(강신규, 2001).

spirational leadership)은 개인의 목표와 이해관계를 뛰어넘어 집단의 목표와 공동의 이익을 추구하게끔 열정과 헌신 등을 강조한다.

위에서 논의한 바와 같이, 변혁적 리더십은 리더와 부하 간 관계에서 발생하는 리더십을 의미한다. 즉, 변혁적 리더십은 열정과 비전을 가진 리더의 자질과 특성, 부하의 욕구와 도덕성, 그리고 리더-부하 간 관계에서 발생하는 상호작용을 통해 리더십을 이해하고자 했다(Bass, 1985; Burn, 1978; Yukl, 2002). 따라서 변혁적 리더십은 리더-부하 간 교환관계에 치중해서 연구를 진행했던 기존의 전통적인 접근방법과는 다르게 부하의 욕구와 성장 등에 대해서도 관심을 기울였다는 점에서 긍정적인 평가를 받는다(Bass, 1985). 이에 덧붙여, 변혁적 리더십은 부하가 개인적 이해관계에만 매몰되지 않고 공동의 이익을 지향하도록 동기를 유발히려 했다는 점에서 도덕 수준의 향상에도 관심을 기울였다는 평가를 받는다(Howell & Avolio, 1992). 변혁적 리더십의 이와 같은 학문적 공헌에도 불구하고, 해당 접근방법은 다음과 같은 이유로 비판을 받는다.

첫째, 변혁적 리더십은 리더십을 개인의 특성과 성향으로 해석하는 접근방법으로 평가받는다(Bryman, 1992). 즉, 변혁적 리더십은 리더의 비전 제시와 동기부여 등의 능력과 자질을 중심으로 리더십을 논의하기 때문에 성격특성이론(trait characterization)이라는 평가를 받는다(김남현, 2008; Yukl, 2002). 이와 같은 변혁적 리더십을 개인의 특성이라는 관점에서 해석한다면 리더십을 선천적인 자질로 해석할 수 있다는 점에서 현대의 일반적인 시각과는 차이가 있다고 비판받는다.

둘째, 변혁적 리더십을 구성하고 있는 네 개의 요인 간 개념의 명확성이 떨어진다는 비판이 제기된다(Bryman, 1992; Tracy & Hinkin, 1998). 즉, 네 개의 하위 요인이 개념적·조작적으로 명확하게 구분되는 요인이 아니라는 비판이 제기되고 있다. 또한 변혁적 리더십의 하위 요인인 카리스마의 차원성과 관련된 논란도 지속되고 있다(Conger & Kanungo, 1998). 즉, 카리스마는 변혁적 리더십을 구성하는 하위 요인이기보다는 독립적인 리더십 유형으로도 연구가 되고 있기 때문에, 변혁적 리더십을 구성하고 있는 하위 요인에 대한 합의가 이뤄지지 않고 있다.

변혁적 리더십은 정부에서 환영받을까?

변혁적 리더십은 민간부문의 리더십을 연구하는 과정에서 처음 논의되었으나, 1990년대 미국의 정부재창조 운동과 신공공관리론이 공공부문에 적용되면서 관심을 받기 시작하였다. 즉, 전통적인 리더십 유형으로는 급격한 행정환경의 변화, 성과와 효율성을 강조하는 국민의 수요, 그리고 무사안일과 복지부동에 익숙한 공무원을 변화시키는 데 한계가 있다고 판단함으로써 변혁적 리더십에 관심을 보이기 시작했다. 그렇다면 변혁적 리더십은 공공부문에서 강조해야 하는 '정답'에 가까운 리더십 유형일까? 공공부문은 효율성과 성과 등의 수단적 가치를 강조해야 하지만, 보다 본질적 가치라고 평가하는 민주성, 대응성, 형평성 등도 고려해야 한다. 즉, 본질적 가치와 규범적 가치도 함께 고려해야 한다는 점에서 변혁적 리더십을 적극적으로 활용하기 어려운 점이 있다. 이에 덧붙여, 정부조직은 상명하복식의 관리와 위계주의적·집단주의적 조직문화 등이 일반적이기 때문에 변혁적 리더십의 효과를 극대화하기에는 현실적인 어려움이 있다. 김호정(2017)이 주장한 바와 같이, 변혁적 리더십을 강조하면 정부가 사회적 복리와 공익에 관한 관심이 줄어들 수 있다는 점, 그리고 변혁적 리더십을 통해 창출한 조직 내 성과가 공익과 상관성이 늘 높지 않을 수 있다는 점 등은 변혁적 리더십을 공공부문에 전면적으로 적용 및 활용하기 어려운 이유일 것이다. 그렇다면 공공부문과 정부조직은 거래적 리더십으로 대표되는 기존 리더십 유형만을 고집할 수 있을까?

2. 카리스마적 리더십

카리스마적 리더십은 개인의 성격, 특성, 그리고 능력 등을 바탕으로 부하에게 근본적인 영향력을 미치는 리더십을 의미한다(House, 1977).[25] 따라서 카리스마적 리더는 선천적으로 부여받은 능력와 자질을 바탕으로 부하들에게 존경과 신뢰를 받을 뿐만 아니라, 부하들의 순응과 복종 등을 끌어낼 수 있는 리더를 의미한다(이창원

25) 리더십 분야에서 카리스마적 리더십을 처음으로 논의한 베버(Weber, 1947)는 카리스마(charisma)를 신이 내려준 은총의 선물로 정의했다. 이와 같은 정의에 따라서 카리스마 리더는 초자연적·초인간적 능력을 바탕으로 일반적인 사람에게 특별한 영향력을 미칠 수 있는 사람으로 정의했다(Yukl, 2002). 베버는 카리스마적 리더십을 이상적인 권력 유형 중 하나로 이해했다(Robbins & Judge, 2011). 베버가 카리스마적 리더십을 사회학적 관점에서 해석했다면, 하우스(House, 1977)는 카리스마적 리더십을 조직행태론의 관점에서 해석했다. 즉, 하우스는 카리스마적 리더십을 리더가 갖는 영웅적 능력으로 정의했다. 즉, 리더는 조직 운영에서 비전과 전략을 가지고 있으며, 이와 같은 비전을 달성하기 위해 위험을 감수할 뿐만 아니라, 부하와의 관계에서도 민감성을 지닌다고 주장한다(Conger & Kaunugo, 1998; House, 1977; House & Howell, 1992). 하우스(House, 1977)는 카리스마적 리더의 성격적 특성, 행동 양식, 그리고 부하에 미치는 영향 등은 관계성을 지닌다고 주장하였다. 따라서 카리스마적 리더십은 변혁적 리더십과 혼용되어 쓰이는 유사 개념으로도 이해할 수 있다.

외, 2013; Yukl, 2002).[26] 또한 카리스마적 리더는 권력욕이 강하고, 자기효능감과 도덕성이 높으며, 리더−부하 간 동일시(identification)를 통해 자신을 모방하게끔 하며 부하와의 정서적 유대관계를 형성한다(김원형, 2011; 조경호 외, 2014; Den Hartog & Koopman, 2001; Rainey, 2003; Yukl, 2002).[27] 마지막으로, 카리스마적 리더십은 개인적 자질, 인력, 능력에 의해 구성원 또는 팔로워에게 영향을 미칠 때 발생하는 유형으로 이해한다(House, 1977).[28]

하우스(House, 1977)는 카리스마적 리더의 특성을 성격적 특성과 행동 양식, 그리

독일의 법률가, 정치학자, 경제학자, 그리고 사회학자인 막스 베버(Max Weber, 1864~1920)는 사회학의 이론 체계 및 공공정책학의 연구에 지대한 영향을 미친 인물로 평가받는다. 종교사회학 연구의 결과물인 『개신교 윤리와 자본주의 정신』에서 베버는 종교가 세계 각 국가의 문화 발전에 영향을 미친 주요한 요인 중에 하나라고 주장했으며, 특히 금욕적 칼뱅주의의 특성이 서구의 합법적 권위, 관료제, 그리고 자본주의 발전에 영향을 줬다고 주장했다. 또한, 베버는 『직업으로서의 정치』에서 국가를 합법적 폭력을 독점하는 독립체로 규정했으며, 사회적 권위의 다양한 측면, 즉 카리스마적 권위, 전통적 권위, 그리고 법적 권위로 범주화하는 결과를 제시했다. 카리스마는 천부적인 것으로서 극소수의 사람에게만 있으며, 이와 같은 비범함을 신뢰하는 추종자가 리더에 복종함으로써 카리스마적 권위가 발생한다(Weber, 1947).

출처: 위키백과(https://ko.wikipedia.org).

---

26) 카리스마적 리더십은 개인의 신비, 매력, 그리고 상징적 조작 등을 통해 형성된다는 점에서 다수의 합의로 형성된 제도와 체제 등에 비해서는 민주성이나 타당성 등이 약하다는 평가를 받는다(하미승, 2018).

27) 하우스(House, 1977)는 카리스마적 리더를 결정하는 요인을 다음과 같이 설명했다. 즉, 리더에 대한 신뢰 및 순응, 리더와 부하의 신념 간 유사성, 부하에 대한 애착, 조직의 목표 등에 대한 부하의 감정적 몰입, 부하의 높은 성과 목표, 그리고 조직의 사명에 기여할 수 있다는 부하의 신념 등을 요인으로 제시했다(House, 1977). 또한 콩거와 카눙고(Conger & Kanungo, 1987)는 비전, 개인적 위험에 대한 감수, 비일상적인 전략, 상황에 대한 평가 능력, 계몽 능력, 자신감, 그리고 개인의 권력 활용 등을 카리스마적 리더의 특성으로 제시했다.

28) 하미승(2018)은 카리스마적 리더의 행동 전략으로 자기 확신, 정신적 신념 확보, 이미지와 상징 관리, 감정적 호소, 모범적 행동 등을 제시하였다. 즉, 카리스마적 리더가 되기 위해서는 미래의 방향성과 자신의 행동 등에 자신감을 가져야 할 뿐 아니라, 자신이 추구하고자 하는 가치와 이념 등을 명확하게 설정하여야 한다. 또한 이미지와 감성적 호소 등도 팔로워에게 성공에 대한 기대감과 긍정적 정서를 창출할 수 있다는 점에서 유용한 전략으로 평가한다.

고 부하와의 관계성을 통해 설명하였다. 즉, 카리스마적 리더는 부하를 지배할 수 있는 자신감이 있으며, 부하가 리더의 이념과 이상 등을 신뢰할 수 있도록 영향을 준다. 또한 카리스마적 리더는 타인이나 부하에게 자신의 영향력을 행사하고자 하는 욕망을 지니고 있으며, 이에 덧붙여 강한 가치관을 보유하고 있는 성격적 특성을 보인다고 주장하였다.

카리스마적 리더십에 대한 개념적 정의 등을 바탕으로 카리스마적 리더의 특징을 논의하면 다음과 같다. 첫째, 카리스마적 리더는 조직 목표 및 운영 등과 관련한 비전을 제시하고 이에 대한 구체적인 전략을 제시한다. 카리스마적 리더는 이상적 수준의 매력적인 비전을 가지고 있으며, 이와 같은 비전의 제시를 통해 자신을 미화시키고 우상화시키는 탁월한 능력을 지닌다(김원형, 2011). 또한 이와 같은 비전을 부하에게 명확하게 설명할 수 있는 능력 등을 통해 부하의 자발적 순응과 충성 등을 이끌어 낸다(Conger & Kanungo, 1987).

둘째, 카리스마적 리더는 개인적 위험을 감수한다(Robbins & Judge, 2011). 카리스마적 리더는 비전의 성취를 위해서는 개인적인 위험 등을 추구할 뿐만 아니라, 비용 및 자기 희생(self-sacrifice) 등을 주저하지 않는 특성이 있다(조경호 외, 2014; Yukl, 2002).

셋째, 카리스마적 리더는 부하의 필요와 요구 등에 대해 민감하게 반응한다(Robbins & Judge, 2011). 카리스마적 리더는 부하의 필요와 감정 등에 민감하게 반응할 뿐만 아니라, 부하에게 모범적인 역할 등을 제시함으로써 부하의 역할모델을 수행한다(김원형, 2011).

넷째, 카리스마적 리더는 관습적인 행동보다는 감정의 자극을 통한 비범한 행동을 한다(김원형, 2011; Robbins & Judge, 2011). 즉, 카리스마적 리더는 규범에 얽매인 행동을 하기보다는 새롭고 비범한 행동을 통해 부하를 자극하는 행동을 한다(Shamir et al., 1993).

다섯째, 카리스마적 리더는 부하가 자신을 신뢰하고 존경할 수 있도록 인상을 관리하거나 높은 성과 목표 등을 제시한다(김원형, 2011). 즉, 카리스마적 리더는 자신의 강력한 권한과 능력, 혹은 부하와의 감성적 연합 등을 위해 상징물 등을 활용한다. 또한 카리스마적 리더는 달성은 가능하지만, 매우 도전적인 목표 등을 제시함으로써 부하들을 자극하는 등의 특성을 갖는다(Bass, 1985).

카리스마적 리더십은 부하의 감정과 행복, 동기부여, 그리고 직무 만족과 성과 등에 영향을 미치는 것으로 나타났다(이창준 · 윤정구, 2007; Howell & Dorfman, 1988; Waldman et al., 1990). 또한 조직 내 최고관리자의 카리스마적 리더십은 경제적 이윤에도 긍정적인 영향을 주는 것으로 나타났다(Harvey et al., 2003). 카리스마적 리더십의 이와 같은 긍정적인 평가에도 불구하고 해당 리더십 유형은 몇 가지 사안에 대해서는 논란이 지속되고 있다.

첫째, 카리스마적 리더의 자질과 능력 등이 선천적인지, 혹은 후천적으로 교육 등을 통해 발휘되는 것인지에 대한 논란이다. 대체로 카리스마는 천부적인 자질로 이해되지만, 해당 리더십 유형은 교육과 훈련을 통해서도 가능하다고 주장한다. 즉, 리더의 낙천주의적 성격과 태도, 부하와의 유대감, 그리고 부하의 감정 등을 유발하는 능력 등은 훈련을 통해 카리스마적 행동으로 발전될 수 있다고 주장한다(Howell & Frost, 1989).

둘째, 카리스마적 리더십의 효과는 상황과 맥락 등을 고려해야 한다(김원형, 2011; Robbins & Judge, 2011). 카리스마적 리더는 불확실성이 낮은 일상적인 상황보다는 불확실한 환경이나 도전적인 맥락에서 상대적으로 효과가 큰 것으로 이해된다. 따라서 카리스마적 리더십은 동일한 상황적 맥락에서 동일하게 적용되기보다는 환경적 영향력을 고려해야 할 필요가 있다.

셋째, 카리스마적 리더는 조직의 최고관리층에 적용이 가능한 리더십 유형으로 평가받는다(Robbins & Judge, 2011). 즉, 카리스마적 리더십의 특징 등을 중간관리층의 리더십에 적용하기가 어려우므로 해당 리더십 유형의 활용이 제한적이라는 평가를 받는다.

정부 내 과장급 관리자의 리더십

정부 A부처의 B국장은 지난 1년여 간 B국의 C과장과 D과장의 상이한 리더십을 바라보며 리더십과 성과 간 관계에 대해 고민하고 있다. 대학 동문이며 행정고시 동기인 C과장과 D과장은 개인의 업무 능력과 부서의 실적은 거의 유사한 것으로 나타나지만, 자신의 부서를 운영하는 스타일은 전혀 다른 특성을 보이고 있다. C과장은 부하에게 더 나은 삶과 국가에 대한 비전을 제시할 뿐만 아니라, 열정적이고 창조적인 모습을 통해 부서 운영의 혁신과 변화를 주도하고 있다. 이에 비해서, D과장은 보상과 경제적 인센티브 등을 바탕으로 부하의 동기와 행동을 유발시키는 접근방법을 채택하고 있다. 이와 같은 각 과장의 리더십 유형을 바라보며 B국장은 자신이 조직행태론 강의 시간에서 배운 변혁적 리더십과 거래적 리더십을 생각하게 되었다. 정부부처의 과장급 관리자 수준에서는 C과장과 같이 카리스마와 리더의 자질 등을 통한 부서의 운영이 더 적절한지, 혹은 D과장과 같이 위계적·업무 중심적 부서 운영이 더 적절한지에 대해 B국장의 고민은 깊어가고 있다.

[질문 1] 정부부처 내 과장급 관리자에게 거래적 리더십과 변혁적 리더십 중, 어느 리더십 유형이 상대적으로 적절한가?

[질문 2] C과장과 D과장의 개인 및 부서 실적, 부서의 분위기, 그리고 구성원의 과장에 대한 평가 등이 유사하다고 가정한다면, A부처의 국장급 이상의 고위관리자들은 어떤 유형의 과장 리더십을 선호할까?

3. 윤리적 리더십

리더십은 리더가 부하와의 관계 형성 및 상호작용 등을 통해 조직 목표를 달성하는 과정으로 이해할 수 있으며, 이에 따라 리더의 윤리성은 리더십 연구의 주요 주제로 구분할 수 있다(오재동 외, 2017; Ciulla, 2004). 리더의 윤리성은 리더의 행동과 가치가 일치할 때 구성원의 인식과 행동에 긍정적인 영향을 미친다는 점에서, 그리고 리더의 행위는 구성원의 행위에 대한 역할모델로 작용한다는 점에서 중요하다(이기현, 2017; Bass, 1985; Bass & Steidlmeier, 1999; Burns, 1978). 따라서 리더의 윤리적 가치는 리더십을 이해하는 데 있어 핵심적 가치라는 주장도 제기되고 있다(Brown & Trevino, 2006; Brown et al., 2005). 이에 덧붙여, 최근 조직 내 리더를 포함한 구성원에게 요구하는 윤리적 기준이 높아짐에 따라 윤리에 기초한 리더행동인 윤리적 리더십(ethical leadership)의 중요성에 관심이 높아지고 있다(변도국 외, 2018; Mayer et al., 2010).

윤리는 그리스어 단어인 'ethos'를 어원으로 하며 '관례, 품행, 인격' 등으로 이해할 수 있으며(정우일 외, 2009), 인간이 지켜야 할 보편적인 도리 또는 개인과 집단이 준수해야 할 도덕적인 규범 등으로 이해할 수 있다(하미승, 2018). 이처럼 윤리는 규범적 · 가치적 특성으로 인해 단일 개념으로 정의하기가 어려우며, 이에 따라 윤리적 리더십의 개념도 접근방법에 따라 다양하게 정의하고 있다(나건하 · 민병익, 2019; Yukl, 2002). 학자별 윤리적 리더십에 대한 개념적 정의를 살펴보면 다음 [표 12-2]

표 12-2 윤리적 리더십의 개념적 정의

학 자	개념적 정의
Covey(1990)	리더의 도덕적·정신적 비전과 사명임과 동시에 목표관, 가치의식, 문화, 그리고 행동의 총합
Brown et al.(2005)	규범적으로 적절한 행동을 보일 뿐 아니라, 양방향 의사소통과 윤리적 의사결정을 통해 구성원에게 윤리적 행동을 촉진하는 리더의 행동
김호정(2013)	정직하고 남을 배려할 줄 알며 공정하고 균형 잡힌 의사결정을 하는 리더의 행동
Quick & Nelson(2012)	자신의 양심과 도덕률을 준수할 뿐 아니라, 조직·부하·이해관계자의 이익을 위해 업무를 공정하게 처리하는 리더행동
박상석(2017)	개인의 행동, 구성원과의 상호작용을 통해 발생하는 윤리규범에 기초한 리더십

와 같다. 윤리적 리더십의 개념적 정의에서 살펴볼 수 있는 바는 리더의 행동, 즉 윤리성을 강조하기 위해 구성원에게 가이드라인을 제시하고, 모범적인 행동을 하며, 비윤리적인 행동을 처벌하는 노력이 중요하다는 점이다(Trevino et al., 2003). 이에 덧붙여, 윤리적 리더십은 윤리적 가치를 기반으로 자발적인 협동행위를 촉진하는 리더행동, 그리고 도덕적 자부심을 가지고 행동하는 리더행동 등을 포함한다.

윤리적 리더십은 개인의 성실성을 주요 특성으로 논의한다(Yukl, 2002). 성실성은 개인의 가치관과 행동 간 일관성과 정직성을 강조할 뿐 아니라, 가치관과 행동의 도덕성이 일관되어야 한다고 주장한다(Becker, 1998; Yukl, 2002). 유클(Yukl, 2002)은 도덕적으로 정당한 행동의 예시로 법규와 기준의 준수, 정보 제공과 답변 과정에서의 솔직함, 약속 준수, 그리고 잘못에 대한 인정과 그에 대한 책임의 수행 등을 제시하였다. 이에 덧붙여, 윤리적 리더십을 논의할 때 리더의 행동도 중요하지만, 리더의 의도도 함께 고려할 필요가 있다고 주장한다. 즉, 윤리적 리더는 악한 마음을 갖고 영향력을 행사하거나 부하와의 관계를 형성하기보다는 모든 사람의 권리를 존중하는 마음을 지녀야 한다(Gini, 1998). 김호섭 외(2020)는 윤리적 리더에게 요구하는 행동을 다음 [표 12-3]과 같이 제시하였다.

표 12-3 윤리적 리더에게 요구하는 행동

- 구성원과 조직에 봉사
- 이해관계자와 균형을 맞추고 통합하는 것을 시도
- 구성원의 요구, 가치, 아이디어가 반영된 것에 기초해서 비전을 개발
- 지지하는 가치에 부합하는 일관성있는 행동
- 개인적 위험을 감수하고 필요한 결정을 수행
- 사건 및 문제 행동에 대한 정보를 시의적절하게 공개
- 보다 좋은 해결책을 찾기 위해 비판적 평가를 독려
- 구성원을 개발하기 위해 코칭, 멘토링, 훈련을 실시

출처: 김호섭 외(2020: 260)를 참조 후 재작성.

위에서 논의한 바와 같이, 리더의 윤리적 가치와 행동은 리더십을 연구하는 데 있어 기본적 요인으로 평가할 수 있다. 이와 같은 특성으로 인해 리더십의 다양한 이론에서는 윤리적 리더십을 강조하거나, 또는 연관성을 찾을 수 있다. 유클(Yukl, 2002)은 변혁적 리더십, 서번트 리더십, 진정성 리더십, 그리고 영적 리더십이 윤리적 리더십과 연관성을 갖는다고 주장하였다.[29] 즉, 변혁적 리더의 기본적인 역할은 윤리적 문제에 대해 부하의 의식을 고취하고 더 높은 수준의 도덕성을 통해 해당 문제를 해결한다는 점에서 윤리적 리더십과 연관성을 갖는다(Burns, 1978). 또한 서번트 리더십(servant leadership)은 부하에 대한 봉사가 리더의 기본적인 책무이며, 윤리적 리더십의 핵심이라고 주장함으로써 윤리적 리더십과의 연관성이 있는 것으로 나타났다(Greenleaf, 1977).[30] 진정성 리더십(authentic leadership)은 진정성 리더가 부하에게 공정성을 강조하고, 높은 수준의 신뢰와 투명성을 강조하며, 부하의 복지 등에 관심을 기울인다는 점에서, 그리고 리더 자신의 자아정체성이 안정적이며 일관적이라는 점에서 윤리적 리더십의 특성과 일정 부분 연결된다(Avolio et al., 2004; Shamir & Eilam, 2005; Yukl, 2002).[31]

---

29) 유클(Yukl, 2002)은 윤리적 리더십과 관련한 리더십이론이 강조하는 가치를 다음과 같이 제시하였다. 즉, 성실성, 이타주의, 겸손, 공감과 치유, 개인적 성장, 공정성과 정의, 그리고 임파워먼트(empowerment) 등이다.

30) 서번트 리더십은 리더 자신이 부하의 성장, 발전, 성공을 우선시함과 동시에, 구성원과의 일체성과 공감대 형성 등을 강조하는 리더십 유형이다. 또한 서번트 리더십은 팔로워의 정서에 관심을 두고 배려함으로써 신뢰를 통해 공동체 의식을 형성하는 데 초점을 맞춘 리더십 유형이다(양지혜 · 김종인, 2017).

31) 진정성 리더십은 리더와 구성원의 긍정적인 자기 계발을 촉진하는 차원에서 자기 인식, 내재화된

리더는 일반적으로 구성원보다 더 많은 권력과 영향력을 지닌다. 따라서 리더는 구성원의 인식과 태도, 그리고 행동에 영향을 미치며, 이와 동시에 그들의 역할모델을 수행한다는 점에서 리더의 윤리성과 윤리적 책임은 매우 중요하다. 이에 덧붙여, 리더의 윤리성은 조직을 운영하는 과정에도 일정한 도움을 준다. 리더가 행위적 측면과 자질적 측면에서 윤리적일 경우, 조직이 지향하는 목표와 가치, 그리고 운영방식에 의미있는 영향력을 행사할 수 있다는 점에서 리더의 윤리적 책임은 더욱 강조해야 할 요인으로 평가한다. 즉, 윤리적 리더십의 원리인 타인 존중, 타인을 위한 봉사, 정의감, 정직성, 그리고 공동체 구축 등이 리더 자신, 구성원, 그리고 조직 운영 등에 적용된다면 리더십의 효과성을 높이는 데 큰 도움이 될 것이다(김남현, 2015).

제 3 절 리더십이론의 활용

리더십은 비전과 목표 달성을 위해 부하에게 영향을 미치는 과정으로 이해할 수 있다. 따라서 리더십은 모든 인간관계, 그리고 집단 · 조직 · 사회 · 국가의 운영에 필요한 사회적 현상으로 이해할 수 있다. 이처럼 우리 생활과 다양한 수준의 조직 운영 등에 직접적인 영향을 미치는 리더십 유형에는 "정답"이 존재할까? 리더십은 어떤 관점과 접근방법을 통해 이해할 때 가장 효과적일까? 리더십이라는 하나의 현상을 이해하는 데 있어 수없이 많은 이론, 학파, 관점이 필요한 이유는 무엇일까?

리더십을 하나의 관점과 접근방법으로 이해하는 것은 거의 불가능하다. 리더십이 의미하는 바가 다양할 뿐 아니라, 다양한 관점을 통해 해당 현상과 과정을 이해하기 때문이다. 리더십을 이해하는 데 있어 여러 어려움이 있음에도 불구하고, 리더십은 특정 기준에 의해 이론적 접근이 이루어지고 있다. 리더십에 대한 초기의 연구는 리더가 갖는 특성, 특히 성격, 태도, 자질, 능력 등에 초점을 맞추었다. 우리가 리더 또는 리더십을 떠올리면 일반인보다 출중한 외모와 능력, 그리고 자질 등을 생각하는

도적적 관점, 정보의 균형적 처리, 그리고 관계적 투명성 등을 더욱 발전시키기 위해 긍정적 심리역량과 도덕적 분위기를 높이려는 리더행동이다(Walumbwa et al., 2008; 김호섭 외, 2020에서 재인용).

것이 일반적이기에 리더십을 특성이론을 통해 접근한 것은 일견 타당하다고 할 수 있다. 그러나 이와 같은 특성이론은 리더십의 근원을 선천적인 것으로만 이해하기 때문에 리더 및 리더십의 특성을 온전히 이해하기에는 제한이 따를 수밖에 없다. 특성이론의 뒤를 이어 등장한 행동이론은 리더행동의 특성을 연구함으로써 리더십이론의 연구 범위를 확장했다는 점에서 긍정적인 평가가 가능하지만, 제한된 기준을 통해 리더십 유형을 주장했다는 점에서, 그리고 상황과 맥락의 영향력을 고려하지 않았다는 점에서 한계를 지닌다. 행동이론의 한계를 극복하기 위해 등장한 상황론적 접근방법은 리더행동과 리더십을 연구하는 과정에 상황적·맥락적 요인을 고려함으로써 보편적·일률적인 리더십 연구의 접근방법을 개선했다는 점에서 긍정적인 평가를 받고 있다.

위에서 논의한 바와 같이, 초기 리더십이론은 리더십을 합리적 교환 등의 거래로 인식하였다. 그렇다면 리더십은 이와 같은 합리적 교환 및 거래의 과정으로만 이해할 수 있을까? 초기 리더십이론의 관점에서 벗어나 현대 리더십이론은 리더의 감정, 가치관, 상징적 행동 등을 중심으로 연구의 범위와 주제를 확장시켰다. 즉, 현대 리더십이론에는 변혁적 리더십, 카리스마적 리더십, 윤리적 리더십, 서번트 리더십, 진정성 리더십, 원칙 중심의 리더십, 비전적(visionary) 리더십, 셀프(self) 리더십 등 특정 상황에 맞는 효과적인 리더십을 발견하기 위한 노력이 진행되고 있다(김호섭 외, 2020). 현대 리더십이론의 주요 특징은 리더를 중심으로 그들의 특성을 분석하려는 노력이 진행될 뿐 아니라, 부하의 자율성을 강조하는 관점이 확대되고 있다는 점이다. 특히 리더십을 연구하면서 부하의 성장과 발전을 위해 애쓰고 그들을 섬기는 리더의 모습, 그리고 리더의 윤리성과 비전 제시 등을 강조하는 관점을 통해 이제는 리더십이 권력과 통제의 관점에서 벗어나야 함을 시사한다고 할 수 있다. 우리는 조직의 리더에게 무엇을 요구하는가? 또한 우리는 리더와 함께 개인의 성장과 발전, 그리고 조직 목표의 달성을 위해 어떤 팔로워십을 요구받고 있을까? 조직생활을 하는 우리에게 끝없이 이어질 리더십 관련 질문이다.

Chapter

13

권력과 조직정치

조직관리는 집단화된 개인들에 대한 통제와 영향을 바탕으로 이루어진다. 그리고 이를 가능하게 하는 것은 권력(power)이다. 모든 조직은 반드시 '이끌고 지시하는 자(리더)'와 '따르고 수행하는 자(팔로워)'로 이루어져 있으며, 이는 조직 내 권력의 배분구조가 불평등한 상태에 있음을 뜻한다. 즉, 조직의 누군가는 타인에 비하여 상대적으로 높은 권력을 보유하게 되고, 이를 기반으로 통제와 영향을 행사할 능력을 보유하거나 또는 실제로 권력을 행사한다. 사실 현실에서 완벽하게 평평하고 평등한 권력구조를 가진 조직은 존재하지 않는다. 비록 어떠한 조직이 구조와 일하는 방식에서 평등주의적 상태를 지향한다고 하더라도, 그 내부에서는 다른 방식의 불균등한 권력구조가 나타나게 될 것이다. 따라서 조직현실과 조직생활은 본질적으로 권력적이며, 이에 권력 개념을 떼어놓고는 조직의 현상을 이해하기 어렵다.

조직의 권력 분배구조가 필연적으로 불평등한 상태에 있다는 점은 또한 구성원으로 하여금 필연적으로 "희소한 권력자원을 두고 이루어지는 경쟁과 투쟁"을 수반한다. 조직 맥락에서 이루어지는 이러한 권력에의 경쟁과 투쟁을 우리는 조직정치(organizational politics)라고 부른다. 조직 내의 구성원은 다른 이들의 보다 높은 공식적 지위와 직급에 오르기 위해서, 또는 자신의 이념과 이해를 조직 내 의사결정에 반영하기 위한 목적 등 다양한 동기에서 조직정치에 참여한다. 조직 내에서 이루어지는 정치가 건강하고 공정할 경우, 이는 조직구성원에게 생동감과 동기를 부여하게 되어 조직의 경쟁력을 증가시키는 동력이 되기도 한다. 반면, 정치가 과잉하여 지나친 수준의 갈등(conflict)으로 비화될 경우, 구성원의 통합과 협업을 저해하여 조직을 약화시키고, 구성원을 이탈시키는 역기능을 가지게 된다. 따라서 조직의 관리자는 조직이 본질적으로 권력적이라는 자각을 바탕으로, 조직정치의 동기, 작동방식, 결과 등을 면밀하게 이해할 필요가 있다. 이 장에서는 이러한 자각을 바탕으로 권력(power)과 조직정치(organizational politics)를 주제로 다룬다.

제 1 절 권 력

1. 권력의 정의

"권력(power)이란 무엇인가?"라는 질문은 매우 오랫동안 지속되어 왔다. 이에 대한 많은 대답들 중에서, 조직의 맥락에서는 대표성이 높은 정의로 미국의 정치학자 로버트 달(Robert Dahl)이 1957년에 제안한, "자신의 의도대로 타인의 행동에 영향을 미칠 수 있도록 보유된 능력"(Dahl, 1957)과 막스 베버(Max Weber)가 제안한 "자신의 의사를 타인의 저항에도 불구하고 관철시킬 수 입장에 있을 가능성"(Weber, 1919) 등을 들 수 있다.

권력에 대한 이들의 정의는 권력이 갖는 속성에 대한 다음과 같은 두 가지 점들을 함의한다.

① 첫째, 권력은 사회적 관계를 전제로 한다. 권력은 자신과 타인 등 복수의 사람들의 존재와 이들 간의 관계를 기반으로 보유되고 발동되기 때문이다. 만약 이 세상에 "나" 외에 아무도 존재하지 않는 상황이 도래한다면, "나"는 통제하거나 영향을 미칠 대상을 완전히 상실하게 된다. 따라서 나의 권력은 소멸하게

된다. 베버는 권력이 내포하고 있는 사회적 관계성을 자신의 정의에 명료하게 표현하고 있다. 가령, "입장에 있을 가능성"이라는 표현이 그것인데, 입장(position)이란 나와 타인 간의 관계 안에서 형성될 수 있는 것이므로 사회적 관계성을 전제로 한다.

② 둘째, 권력은 타인에게 통제와 영향을 미칠 수 있는 능력이자 가능성을 뜻한다. 타인에 대한 통제와 영향은 나의 의사를 타인에게 관철시키거나, 나의 의사대로 타인의 행동을 변화시키는 것을 의미한다. 여기에서 달은 자신의 정의에서 "보유된 능력"이라는 표현을 통해, 권력이 보유되거나 (혹은 상실될 수도 있는) 자원 혹은 소유물이라는 점을 강조하고 있다. 다른 한편, 베버는 "타인의 저항에도 불구하고 관철시킬 수 있는"이라는 표현을 통해 권력이 지닌 '강제성'의 측면을 부각하고 있다.

요컨대, 논의를 요약하자면 권력은 '사회적 관계를 전제'로 하고, '타인에 대한 통제와 영향'을 의미한다고 정리할 수 있다(Salancik & Pfeffer, 1989). 여기에서 이해가 빠른 독자라면, 권력에 대한 이러한 개념 정의가 매우 친숙하다고 느낄 것이라고 생각한다. 바로 권력에 대한 개념 정의가 조직(organization)의 개념과 긴밀하게 맞닿게 되기 때문이다. 개념상 조직은 ① "다수의 사람이 공통의 목적을 달성"하기 위하여, 인위적으로 구성한 ② "사회적 관계구조"이며, 과업을 함께 수행하기 위한 조직관리는 ③ "통제와 영향"을 바탕으로 한다. 조직의 기본 명제에 '사회적 관계'와 '통제와 영향'이 포함된다는 바로 이러한 사실이 민츠버그(H. Mintzberg)와 같은 학자가 조직을 본질적으로 '정치의 장(political arena)'으로 보는 이유를 설명한다. 실제로 조직은 권력 및 권력에의 의지가 맹아하기 용이한 사회적 토양이라고 할 수 있다(Mintzberg, 1985).

그런데 문제가 되는 지점은 조직이 "다수의 사람이 공통의 목적을 달성"하는 것을 지향한다는 것에 있다. 주지한 바대로 조직은 하나의 공식적인 목표를 달성하기 위해 존재한다. 하지만, 조직이 이처럼 하나의 목표를 가진다는 사실이 조직구성원 모두 동일한 이해관계를 가진다는 것을 의미하는 것은 아니다. 조직구성원들은 각자 다양한 가치와 이익을 가지고 있고, 때문에 조직 목표뿐 아니라 자신의 아젠다를 달성하기 위한 권력추구 행동을 수행한다. 그런데 만약 개인의 이러한 개별적인 권력

추구를 조직의 공식적인 목표의 앞에 두게 되면, 조직자원의 사유화와 같은 문제가 발생할 수 있다. 따라서 조직 맥락에서 이루어지는 권력의 추구 및 행사는 그 범위와 영역을 조직의 공식적인 목표 추구를 저해하지 않는 수준에서 다루어져야 할 필요가 있다(Yukl, 2013).

한편, 이해의 지평을 확장하기 위하여, 권력과 유사한 다음과 같은 개념들을 아울러 검토할 수 있다.

첫째, 권력과 유사한 개념으로 권위(authority)가 있다. 베버(Max Weber)의 개념화를 따르자면, 권력이 "상대방의 의사에 반하는 강제성"을 전제로 하는 반면, 권위는 "수용과 순응에 있어서 상대방의 자발성"을 전제로 하는 개념이다. 베버에 따르면, (특히 관료제 조직에서) 우리가 상사의 지시와 명령을 따르는 것은, 상사가 나에게 강제력을 행사하기 때문이 아니다. 우리는 전문성과 연륜을 기반으로 상사에게 부여된 공식적인 직급과 직위가 갖는 권위를 정당하게 받아들이기 때문에 자발적으로 따르는 것이다. 이에 대하여, 권향원(2015)의 예시를 인용하자면, 오케스트라 조직의 단원들은 지휘자가 강제력을 행사하기 때문에 그의 지휘를 따르는 것이 아니다. 단원들은 지휘가자 지니는 음악가로서, 지휘자로서의 전문성과 연륜을 정당하게 받아들이기 때문에 그의 지휘에 따르는 것이다. 이렇게 전문성, 연륜, 그리고 이에 부합하는 리더로서의 역할부여가 서로 맞물리는 조직은 합리성(rationality)에 기반하고 있는 것으로 파악되며, 이 경우 구성원은 리더가 지닌 권력이 아니라 권위에 의해 자발적으로 통제에 따르게 된다.

둘째, 또 다른 유사한 개념으로 권한(jurisdiction)이 있다. 좀 더 명확하게 말하자면, 권한은 권력과 권위가 행사되는 범위를 뜻한다. 권한은 통상 조직의 규정이나 제도로 공식화되는데(Scott, 2003), 역으로 권한이 개인의 권력과 권위를 가늠할 수 있게 하기도 한다. 흔히 권한은 조직 내에서 직위로 인하여 개인에게 부여되는 공식적인 역할구조를 의미하는 경향이 있다(이창원 외, 2012: 265).

셋째, 영향(influence)과 권력을 개념적으로 구분하는 경향도 있다. 권력은 실행되지 않은 잠재적인 능력을 포괄하는 반면, 영향은 이러한 잠재적인 능력의 실행을 강조한다(이창원 외, 2012: 265－266).

2. 권력의 원천

개인(혹은 집단)은 무엇으로부터 권력을 얻는가? 개인이나 집단에게 권력을 부여하는 '권력의 원천', 즉 '권력원'은 다양하다. 권력원에 대한 논의는 학자마다 다양하게 이루어지고 있다. 여기에서는 그간의 논의를 정리하여, ① 직위 및 자리, ② 정보와 전문성, ③ 네트워크, ④ 보상 및 강제, ⑤ 평판 및 준거 등을 중심으로 설명한다 (French & Raven, 1960; Finkelstein, 1992; Fiss, 2006; Fombrun, 1996; Kwon, 2020).

1) 직위 및 자리

직위(position)는 조직에서 개인에게 주어진 역할을 의미하며, 직위에 따라 보유되는 권력의 크고, 작음과 구현방식 등이 달라진다. 예를 들어, 어떠한 개인이 특정 정부부처의 장관이라는 직위를 부여받는다면, 해당 개인은 해당 부처의 사업계획에 관해 최종적으로 결정하는 공식적인 역할을 가지게 된다. 이렇게 부여된 역할은 해당 개인에게 합법적인 권력을 부여하며, 이러한 합법적인 권력은 공식적인 역할 혹은 직위에서 비롯된 것이기 때문에, 조직과 관계된 누구든 싫더라도 반드시 따라야 한다. 이러한 점에서 직위로부터 부여된 합법적인 권력은 조직 내에서 매우 실효적으로 작동한다. 직위가 갖는 이러한 권력적 속성으로 인하여, 역사적으로 한국에서는 직위를 두고 논공행상이 이루어지거나, 정치적인 거래의 대상으로 여겨지는 경우도 적지 않았다. 특히 조직의 보스(boss)가 구성원들의 충성을 이끌어 내기 위해서, 직위를 거래의 대상으로 삼아 경쟁을 유도하는 등의 행태를 보였다. 이에 우리의 일상에서는 기능을 중심으로 한 직위(position)라는 표현보다는 '자리'라는 표현이 좀 더 익숙하다(윤견수, 2015).

합법적 권력의 사용

정부를 하나의 조직으로 보면, 입법부, 사법부, 행정부로 구성된다. 이들 삼부는 각각 서로를 견제할 수 있는 합법적 권력을 보유하고 있다. 일방에 의한 권력 남용을 방지하기 위한 장치다. 최근 ○○○ 국회의장이 노동5법과 기업활력제고법 등 쟁점 법안에 대한 여당과 청와대의 직권 상정 요구를 거부할 수 있는 힘은 국회의장이라 는 직위가 가지는 합법적 권력에서 비롯된다. ○○○ 국회의장은 해당 법안이 국회선진화법이 규정한 국회의장의 직권 상정 요건을 충족시키지 못하기 때문에 이들 법안에 대한 직권 상정은 자신의 권한 밖이라고 밝혔다. 하지만, 국회선진화법상 요건을 확대할 여지도 충분한 것이 사실이다. 결국 국회의장이 청와대와 자신이 속한 여당이 원하는 대로 쟁점 법안을 직권 상정했어도 마찬가지로 합법적 권력을 사용한 셈이다. 이는 합법적 권력이 어떻게 사용되는지에 따라 사회적인 결과가 달라질 수 있음을 시사한다.

2) 정보와 전문성

조직에서 개인이나 집단에게 권력을 부여하는 또 다른 소재는 정보와 전문성이다. 그러나 정보와 전문성이 그 자체로 권력을 부여하는 것은 아니고, 가치 있는 정보와 전문성의 "독점"이 권력원으로서 작용한다고 말하는 것이 보다 정확할 것 같다. 공유된 정보와 전문성은 특별히 권력적이지 않다. 정보와 전문성은 독점되어 있을 때 권력적이다. 실재 조직 내 업무 수행 과정에서 "내"가 중요한 인물로 인정받고, 실효적인 권력을 보유하기 위해서는, 다른 사람들이 나에게 의존할 수 있는 상황을 조성해야 한다. 이때 내가 독자적으로 혹은 독점적으로 보유하고 있는 정보와 전문성은 대체하기 어려운 권력의 원천이다. 가령, 정부부처 내에서 정보부서, 병원에서 마취전문의 등이 독자적인 권력을 갖는 것은 바로 이들이 다른 이들이 보유하지 않은 정보와 전문성을 독점하고 있다는 사실로 설명된다.

그 중에서 정보는 전문성과 달리 오랜 기간 동안 체득되는 것이 아니라, 즉시 공유되거나 이전될 수 있다는 점에서 독점력을 지속하기가 취약하다. 이에 정보적 권력은 특정 정보에 대한 '접근성'을 독점하는 방식으로 작동하거나, 난해한 정보에 대한 '해석력' 혹은 '분석력'과 같은 전문성을 결부하는 방식으로 작동한다. 이러한 접근성과 해석력(혹은 분석력)을 주로 보유하는 구성원은 주로 한 조직의 하부 단위들을 연결시키고 외부와의 연계를 담당하는 역할을 수행하는 자이며, 이들은 상당한 정보적 권력을 갖는 경향이 있다. 우리나라 대통령실의 수석들의 상당한 권력도 정보적 권력의 개념으로 설명할 수 있다. 대통령－외부의 중간에 위치하며, 양편에서 오가는 정보의 흐름을 통제할 수 있기 때문이다.

고위공직자의 투기와 정보적 권력

고위공직자 인사청문회를 보면, 부동산에 대한 '투기' 의혹으로 곤혹을 치르는 이들이 많다. 오랜 기간 관료나 정치인으로 활약하던 인사들의 부동산 '투기'가 왜 문제일까? 더구나 이들이 하면 '투자(investment)'가 아니고 '투기(speculation)'라고 불리는 경향이 있을까? 이들도 같은 인간인 이상, 본인과 가족, 후세의 부(wealth)를 위한 '투자'를 하는 것은 당연하지 않는가?

이들에 대한 비난이 '무엇인가에 투자해서 많은 부를 축적했다는 것' 혹은 '평범한 국민들에게 상대적 박탈감을 준다는 것'에 집중된다면, 그 방향은 잘못된 것이다. 마땅히 분개할 이유도 아니다. 고위공직자가 빈곤에 허덕이길 기대하지 않는 이상….

이들의 '투자'가 문제가 되고 비난을 받는 것은 이들이 바로 '정보적 권력'을 이용해 부를 축적할 가능성이 일반시민들과는 비교할 수 없을 정도로 크다는 데에 있다. 예를 들어, 대형 국책사업이 예정된 부지에 대한 정보는 일반시민들은 접근이 불가능한 반면, 계획에 참여한 공무원들은 접근 가능하다. 고위공직자가 일반시민들보다 깨끗하지 않아서가 문제가 아니라, 본인의 직위와 그로 인한 권력을 이용한 부(富)의 축적이 비난의 본질이다.

전문성은 특정 분야에서의 지식(knowledge)과 기술(skill)로부터 나온다. 특정 인물이 전문적 권력을 가지는지는 특정 분야에 대한 전문적인 학위, 경력이나 그 과정에서의 업적이나 성과, 명성 등 여러 경로를 통해 사전적인 요소를 통해 파악할 수도 있지만, 실제 업무 수행 과정에서 나타날 수 있다. 전문성은 정보와 달리, 개인이 체득한 능력이기 때문에 다른 이들에게 공유되거나 이전되기가 쉽지 않은 특성을 갖는다.

양면적인 공무원의 전문적 권력

특정 분야에 대한 공무원의 전문성을 배가할 필요성이 제기되곤 한다. 최근의 예를 들면, 세월호 참사에서도 재난 대응을 하는 데 지식과 기술을 축적한 공무원이 부족했다는 비난이 있었다. 공무원 전문성 축적의 기회를 없애는 잦은 순환보직의 제한이 주된 문제 해결의 방안으로 제시되곤 한다. 하지만 순환보직의 제한은 공무원의 전문성은 강화할 수는 있을지 몰라도 부정적인 결과를 가져올 위험도 충분하다. 순환보직은 탄력적인 인사관리는 물론 부정부패의 가능성을 줄이는 장점을 가진다. 특정 직위에서 특정 직무에 오랜 동안 종사한 공무원은 전문적 권력을 갖게 되고, 조직은 그의 전문성에 대한 의존성도 높아지며, 외부 이해관계자들은 유착의 대상이 분명해진다. 결국 전문적 권력이 부정부패의 개연성을 높이는 셈이다.

3) 네트워크

네트워크 혹은 사회적 관계망은 개인과 집단에게 권력을 부여하는 강력한 권력원이다. 직위(혹은 자리), 정보, 전문성과 같은 가치 있는 자원들은 결국 사람과 사람을 잇는 네트워크를 타고 이동한다. 따라서 높은 품질의 네트워크는 경쟁력의 원천이며, 일종의 자본력에 해당한다. 잘 알려져 있는 사회적 자본(social capital)과 정치적 자본(political capital)은 이러한 자각에 기반하고 있다고 할 수 있다. 마치 자본주의 사회에서 자본을 보유한 자본가가 그렇지 못한 사람보다 높은 권력과 경쟁력을 갖듯이, 사회와 정치의 영역에서도 네트워크가 자본의 기능을 한다는 것이다.

조직에서도 우월한 네트워크는 권력을 부여한다(Kwon, 2020). 우리는 흔히 조직생활에서 "줄을 선다"는 표현을 쓰는데, 이는 조직 내 권력을 얻기 위해 "일종의 투자로서 유력자와의 네트워크를 구축"하는 전략을 의미한다. 사실 조직 내부에서 가치 있는 네트워크를 구축하는 것이 자신이 권력을 획득하는 데에 유리한 고지를 선점할 수 있도록 하는 동력이 된다는 점은 직관적인 상식이다. 특히 인사, 예산, 정보 등 조직자원을 보유한 사람들과의 네트워크가 실효적이다. 다른 한편, 우리는 또한 흔히 "줄을 댄다"는 표현을 쓴다. 이는 주로 조직 외부에 가치 있는 네트워크를 구축하고 활용하는 행위를 의미하며, 조직 내부에서 자체적으로 확보되기 어려운 자원을 얻어내기 위한 전략에 해당한다. 요컨대, 조직에서 네트워크는 '조직 내부 구성원'과 '조직 외부 환경'의 방향으로 이루어질 수 있다. 그리고 가치 있는 네트워크의 구축 및 활용은 실효적인 권력의 원천의 역할을 한다.

4) 보상 및 강제

보상은 타인에게 보답으로서 어떠한 이득과 급부를 제공할 수 있는 능력을 의미한다. 보상에는 칭찬이나 격려와 같은 무형적 보상뿐만 아니라, 급여나 성과급, 승진, 매력적인 직무 할당 등을 포함한 유형적 보상이 모두 포함된다. 보상적 권력은 합법적 권력을 동반하는 경향이 있다. 예를 들어, 급여나 승진 등을 결정할 수 있는 권한이 있어야 보상적 권력을 가질 수 있다. 또한 보상적 권력은 네트워크나 정보와 같은 다른 권력원을 결부할 때 더욱 강하게 작동할 수 있다. 보상적 권력은 보상을 대가로 해서 타인의 행동이 원하는 방향으로 이뤄지도록 유도한다. 이는 보상적 권력이 효과적으로 사용되기 위해서는 보상이 타인에게 가치가 있어야 함을 의미한다. 예를 들어, 무형적 보상에 대해 전혀 가치를 두지 않는 사람에게 칭찬과 격려만을 제공하며 본인의 의도에 따르게 하는 것은 효과적이기 어렵다. 한편 사용할 수 있는 보상이 희귀할수록 보상적 권력은 커진다. 예를 들어, 잦은 빈도로 누구나 쉽게 사용할 수 있는 칭찬보다는 한정된 직급으로의 승진이라는 보상을 제공할 수 있는 사람의 보상적 권력이 훨씬 크다.

보상적 권력과 낙하산 인사

대통령 선거를 앞두고 각 대선 후보별로 지지하는 인사들이 속속 생겨난다. 선거대책본부에서 각종 직함을 가지고 활발하게 활동한다. 이들은 전문직 종사자, 전직 고위관료, (소위) 시민단체 활동가, 언론인, 연예인 등 다양한 직업을 가진 인사들이다. 경력상 정치 활동과는 무관한 이들도 많다. 이들은 자신이 지지하는 대선 후보의 당선을 위해 열심히 봉사한다. 일부는 자기 본연의 생계 활동도 저버린 채 말이다. 그렇다고 선거대책본부로부터 엄청난 수당을 받는 것도 아닌 듯하다. 이들은 왜 그토록 열심히 봉사할까? 자신의 정치·경제·사회적 신념을 공유하고 있고, 자신의 정책 선호를 반영해 줄 수 있는 후보이기 때문일까? 물론 그럴 수도 있다. 하지만 좀 더 현실적인 이유는 '미래의' 대통령이 가지는 엄청난 보상적 권력 때문일 것이다. 자신들이 지원한 후보가 대통령이 되면, 상당한 유·무형의 보상을 얻을 수 있다. 소위 '낙하산 인사'가 대표적인 예다. 대통령은 정권 창출에 기여한 사람들에게 정부부처의 장은 물론, 공공기관의 주요 요직, 심지어 KT와 POSCO를 포함한 민영화된 공기업의 임원에 이르기까지 '자리'로서 보상을 할 수 있고, 실제 그렇게 해왔다.

강압은 보상과는 반대로 순응을 하지 않을 경우 처벌하거나 위해(危害)를 가할 수 있는 능력을 의미한다. 강압적 권력은 타인으로 하여금 공포나 두려움을 느끼게 함으로써 순응하게 만들며, 사람들이 일상적인 경우에 하지 않았을 행동을 하도록 강제한다. 강압적 권력의 극단적인 예는 북한과 같이 독재자에 의한 물리적 폭력을 동반한 복종의 강요다. 군대에서의 구타, 교사나 부모의 체벌 등도 바로 강압적 권력을 이용한 순응을 유도하는 행태다. 대부분의 조직에서는 물리적 수단이 아니라 미묘한 형태의 강압적 권력이 존재하는 경향이 강하다(이창원 외, 2012: 267－268). 부하에 대해 고함지르기, 징계에 대한 경고, 승진 가능성이 없는 보직으로의 배치, 누구도 꺼려하는 근무지로의 이동 등이 실제 조직에서 더욱 빈번히 사용되는 강압적 권력이다.

청와대 수석의 갑질

○○○ 전 대통령비서실 수석의 행태는 청와대의 관료에 대한 강압적 권력이 오늘날에도 여전히 존재하고 있음을 단적으로 드러냈다. A대 총장을 지낸 ○○○ 전 수석은 2011년부터 2012년까지 A대에 특혜를 주기 위해 담당기관 공무원들에 대한 협박과 위협은 물론, 일종의 '처벌'을 가했다. 자신의 말을 따르지 않는 담당기관 사무관을 5일 만에 지방 국립대로 좌천시켰고, 청와대 담당자를 시켜 담당기관 과장을 협박하고 지방 국립대로 쫓아냈다. ○○○ 전 수석은 이러한 A대 특혜를 위한 부당한 영향력 행사와 뇌물 등의 혐의로 2015년 징역형을 받았다.

5) 평판과 준거

평판(reputation)이란 "개인이 보유하고 있는 이미지(image)이며, 이에 대한 사람들의 평가와 비평"을 의미한다. 로버트 그린(Robert Green, 2010)은 그의 저서 『평판의 법칙(*The 48 Laws of Power*)』에서, 평판은 다른 권력원들의 초석이자 이들이 지속될 수 있도록 하는 동력이라고 언급하고 있다. 어떠한 개인이 아무리 높은 실력과 전문성을 가지고 있더라도, 사회적 이미지이자 인상인 평판을 잘 관리하지 못할 경우 권력의 보유와 유지에 어려움을 겪을 수 있다. 이러한 이유에서 개인은 자신의 경쟁력을 높이기 위하여, 좋은 이미지를 구축하여 관리하기 위한 다양한 전략을 구사할 필요를 갖게 된다. 이는 화법, 의복, 태도 등 외형적인 것부터, 자기관리, 존경할 만한 스토리 구축 등 내용적인 것에 이르기까지 다양한 유형을 가지게 된다. 이렇게 좋은 이미지를 구축하기 위한 전략 및 활동을 인상관리(impression management)라고 부르는데, 현대 조직관리에서 매우 중요한 전략활동으로 인식되고 있다(DuBrin, 2010).

준거(reference)는 "타인이 좋아하고, 존경하고, 따르고, 닮고 싶은 개인적 특성"을 의미한다. 준거적 권력은 타인을 매혹시키고 그들의 존경과 지지를 이끄는 개인적 능력을 의미하는 개념인 카리스마와 유사하다. 현실에서 준거적 권력은 앞서 이야기한 잘 관리된 평판과 인상관리 활동에서 유래하는 경우가 일반적이다. 가령, 인기 있는 정치인들은 저마다 성공의 신화, 역경의 극복과 같은 준거적 스토리를 가지고 있으며, 대중에게 수용도가 높은 이미지를 구축하여 관리하는 모습을 보인다. 이러한 스토리와 이미지는 개인에게 특수한 카리스마를 부여하고, 이를 통해 준거적 권력을 부여하게 되는 것이다. 조직의 관리자 혹은 리더는 자신의 권력을 실효적으로 행사하기 위하여, 준거적 권력의 취득과 운영을 위한 전략을 필요로 한다. 그러나 다른 사람의 '준거 인물'이 되기 위한 개인적 특성은 보편화하기 어려우며, 상황이나 대상에 따라 변하기 때문에 지속적인 진단과 학습이 요청되는 지점이라고 할 수 있다.

3. 자원에 대한 의존성과 권력 정도

권력을 어느 정도 가졌는지를 어떻게 평가할 수 있을까? 이에 대한 명쾌한 답을 구하긴 난해하다. 한 개인(혹은 집단)이 가진 권력을 절대적인 기준으로 측정하기란 사실상 불가능하다. 근본적인 이유는 개념 정의에서 보듯 권력은 상대적인 개념이기 때문이다. 동일한 개인의 권력도 사람마다 시기마다 다르게 인식하기 마련이다.

이러한 속성에 주목해 권력의 정도를 상대적인 차원으로 파악하려는 데에 핵심개념이 '의존성(dependence)'이다. 이 개념을 빌리면, 권력은 한 개인(혹은 집단)의 다른 개인(혹은 집단)에 대한 의존성 때문에 생겨난다(Emerson, 1962: 32). 간단히 설명하면, A가 B에 의존할 것이 많을수록, B는 A에 대한 더 많은 권력을 갖기 마련이라는 것이다.

여기서 특정 개인(혹은 집단)에 대한 의존성 정도는 그 개인(혹은 집단)이 가진 자원의 세 가지 속성에 따라 달라진다(Saunders, 1990). 자원의 희소성(scarcity), 중요성(importance), 대체가능성(substitutability)이 그것이다. 특정 개인(혹은 집단)이 보유한 자원이 희소하거나, 중요하거나, 대체물을 찾기가 어렵다면, 그 자원을 사용하는 개인(혹은 집단)은 자원을 보유한 개인(혹은 집단)에 대한 의존성이 커지게 된다. 바꿔 말하면, 해당 자원을 보유한 개인(혹은 집단)의 권력이 더욱 커질 수밖에 없다.

4. 권력이 조직에 가져오는 결과

한 조직에서, 권력은 긍정적인 결과와 부정적인 결과를 모두 함의한다. 예를 들어, 권력자는 자신이 보유한 권력을 통해 구성원을 독려하여 공동 목표의 달성을 효과적으로 수행할 수 있다. 반면, 권력자의 권력이 과잉하거나 남용될 경우, 개인들의 권력자에 대한 무조건적인 복종, 권력자로부터만 전달되는 일방적인 의사소통, 권력자가 선호하는 제한된 정보의 흐름, 다양성의 상실 등의 문제를 조직에 초래할 가능성이 있다.

과잉한 권력이 남용될 가능성이 있는 이유는, 개인들이 권력에 대한 무비판적인 복종의 행태를 보일 수 있다는 점에 있다. 특히 공식화된 조직의 맥락에서는 상사의 직위나 권위를 당연시하여 복종적인 행태를 보이기 용이한 환경이 조성되어 있다고 할 수 있다. 유명한 심리학 실험연구는 권력에 대한 복종이 얼마나 쉽게 나타나는지를 뒷받침해 준다. 대표적으로 밀그램(Milgram, 1974)의 실험이 있다. 실험은 선생님(T)이 학습자(L)에게 문제를 내고, L이 틀린 답을 말할 때마다 T로 하여금 점차 강한 전기 충격을 주도록 했다. 실험자가 T에게 점차 전기 충격을 높이도록 요구했을 때, T의 역할을 한 상당수의 참가자들은 L이 고통을 호소하고 소리를 지르고 도움을 요청함에도 불구하고 전기 충격의 강도를 높였다. 물론 일부는 전기 충격의 강도가 올라가자 우려를 표시했다. 그러나 일단 실험자가 T의 역할을 하는 참가자들에게 실험 결과에 대한 개인적인 책임은 없으며, 실험의 완수하기 위해서는 그들의 도움이 절실하다고 요청하자 전기 충격의 강도를 높이기를 거부하는 참가자들은 드물었다. 학습 관련 실험 같지만, 사실은 L은 밀그램(Stanley Milgram)이 고용한 연기자로, 실제 전기 충격을 받은 것처럼 연기하고 있었다. 이러한 실험 결과는 비록 타인에게 해를 가하는 그릇된 지시일지라도 권력에 대한 복종이 쉽게 이뤄질 가능성이 있음을 제시했다. 나아가 이는 한 조직이 잘못된 권력에 의해 좌우될 때 사회적으로는 상당히 부정적인 영향을 미칠 수 있음을 시사한다.

조직 내에서의 복종은 이렇게 마취된 채로 발생할 수 있다. 이에 때로는 조직의 "사악한 의사결정"에 대하여서도 구성원들이 윤리가 마취된 채로 동조를 보이고, 죄책감을 느끼지 않는 상황이 발생할 수 있다. 밸푸어와 애덤스(Balfour & Adams, 2014)는 관료화된 조직이 개인의 윤리적 판단을 마취시켜 결국 조직 차원에서 악한 의사결정을 하게 된다는 의미에서 '행정악(administrative evil)'이라는 개념을 제시하였다. 이러한 상황에서, 만약 비윤리적인 리더가 조직 내의 권력을 독점하게 되면, 자신의 원하는 바를 끊임 없이 성취하기 위하여 조직을 수단화하고 사유화하는 문제가 발생할 수 있다는 점을 경계해야 한다.

권력자 측근의 권력 남용

권력을 가진 당사자뿐만 아니라 권력자의 측근도 권력자의 후광에 힘입어 권력을 남용하는 사례가 종종 눈에 띈다. 다음의 신문기사는 그중 하나의 사례다. 사례는 권력 남용은 권력 자체에 있기보다는 무엇보다도 권력에 대한 손쉬운 복종과 이로 인한 견제 부족에 있음을 시사한다.

서울 ○○구의 한 동사무소 7급 공무원이던 ○○○씨는 2007년 하반기 지방공무원 승진심사 대상자였다. 앞서 상반기 근무평정에서 높은 점수를 받은 ○○○씨는 6급 승진을 자신했다. 하지만 그해 8월 구청에 게시된 승진 대상자 명단에서 ○○○씨의 이름은 빠져 있었다. ○○○씨의 탈락엔 뇌물 수수 혐의로 유죄가 확정된 ○○○ 전 구청장의 측근인 ○○○씨의 힘이 작용했다. ○○○ 전 구청장은 2006년 지방선거에서 당선된 뒤 총무과장을 불러 "직원의 승진 · 전보 등 모든 인사를 감사담당관실 ○○○ 계장과 협의할 것"을 지시했다. ○○○씨는 20년 간 공무원 생활을 하면서 ○○○ 전 구청장을 도운 사람이었다.

구청장을 등에 업은 ○○○씨는 인사권을 멋대로 휘둘렀고, 애꿎은 ○○○씨만 피해자가 되었다. ○○○씨는 인사담당자를 불러 ○○○씨의 승진을 보류하고, 결정적인 승진심사 자료인 근무평정 점수를 고칠 것을 요구했다. 인사 담당자는 지시에 따라 6급 승진심사를 받고 있는 다른 공무원을 시켜 정씨의 평정을 조작했다. 그 결과 당초 승진심사 대상자 종합순위 9위로 무난히 승진이 가능했던 ○○○씨는 고배를 마셨다. 대신 점수를 고친 공무원은 순위권 밖이었지만 승진할 수 있었다. 인근 구청으로 전출된 ○○○씨는 나중에 평정 조작 사실을 알고 법원에 소송을 제기했다.

출처: 경향신문(2010.5.21). 근무평정 조작으로 공무원 승진 누락.

제 2 절 조직정치

1. 조직정치의 개념

1) 정 의

조직정치(organizational politics)는 조직구성원들이 조직의 희소한 자원을 취득하기 위하여 타인에게 영향을 주고받는 행위를 의미한다(Brandon & Seldman, 2004; Pfeffer, 1981). 조직정치에 대한 이러한 일반적인 개념 정의에도 다음과 같이 크게 두 가지 관점이 공존한다(Cropanzano et al., 1997: 160–161).

첫째는 좀 더 포괄적인 관점에서의 개념 정의로, 조직정치를 조직 내에서 행해지는 타인에 대한 영향력 행사 과정으로 일반적인 사회적 행동의 하나로 본다(Pfeffer, 1992). 조직구성원들이 조직 목표를 달성하기 위해 노력하도록 영향력을 행사하는 것, 상사가 부하에게 업무 지시를 따르도록 하는 것조차 모두 조직정치에 포함될 수 있다. 이러한 정의에 따르면, 조직정치는 한 조직이 기본적으로 작동하는 현실적인 모습이다.

둘째는 조직정치를 좀 더 협소한 의미로 보는 관점인데, 이는 조직정치를 "조직 내에서 장·단기적인 사적 이익(self-interest)을 얻기 위해 전략적으로 고안된 행동"(Cropanzano et al., 1997: 161)에 한정한다. 조직정치에 관한 연구들이 좀 더 일반적으로 사용하는 개념 정의도 이러한 관점이다. 간단한 예를 들어, 자신이 기획한 사업이 승인되도록 결제라인을 건너뛰고 보고하는 행위, 승진을 도모하기 위해 학연·지연·혈연을 동원해 상사에게 로비하는 행위, 자신을 지지하는 부하에게 승진을 포함한 특혜를 제공하는 행위 등을 모두 조직정치에 포함된다.

첫 번째 관점에서 바라볼 때 조직정치는 가치중립적인 의미다. 조직구성원 간의 일상적으로 상호작용하는 현실 그대로를 의미하기 때문에 긍정적이지도 부정적이지도 않은 개념이다. 이러한 맥락에서 조직이 효율성·생산성만을 추구하고 자신만의 이해관계를 갖지 않는 사람들로 이뤄진다거나 조직 내에 정치가 존재하지 않는 것이 바람직하다고 생각하는 것은 비현실적이다. 반면, 두 번째 관점에서의 조직정치는 부정적인 의미를 내포하는 경향이 있다. 조직구성원이 사적인 이익을 위해, 다른 조직구성원을 이용하고 무언가를 조작하며 배후 조종하는 등 행동을 떠올리기 때문이다. 조직구성원들에게 조직 내에서의 정치적 행동(political behavior)을 설명하라고 요청했을 때, 그들은 부정적인 행동을 열거할 뿐만 아니라 효율성을 저해한다고 인식하는 경향을 보였다는 연구 결과도 있다(Ferris & Kacmar, 1992; Gandz & Murray, 1980).

2) 중요성

주어진 자원은 언제나 희소하기 때문에 이를 둘러싼 경쟁을 수반한다. 정치는 이러한 희소 자원을 둘러싼 경쟁 과정에서 등장하는 행위와 전략을 뜻한다. 앞서 논의한 권력 역시 하나의 희소한 자원이라고 본다면, 권력을 둘러싼 정치도 같은 맥락에서 이해할 수 있다. 그런데 상황에 따라, 경쟁은 갈등으로 비화한다. 이 경우에는 역으로 권력이 갈등을 중재하고 조정하는 역할을 하게 된다. 따라서 권력을 둘러싸고 정치가 이루어지지만, 정치가 갈등으로 변화하면 권력이 중재한다고 말할 수 있다.

조직에서 희소한 지원은 권력만으로 한정되지 않는다. 직위, 권한, 정보, 가치, 이윤, 평판, 인기, 업적 등 다양하고 많은 요소들이 희소한 자원에 해당하기 때문이다. 흔히 조직정치라는 말하면, 권력적인 암투나 배신과 같은 부정적인 이미지가 떠오르게 된다. 그러나 조직이 보유한 이러한 자원들은 언제나 모두에게 충분치 않다. 따라서 조직정치는 늘 필연적인 현실이자 사실이라고 할 수 있다. 그러므로 조직정치에 대한 이해는 조직의 의사결정과 과업 절차이 지닌 특질을 이해하기 위한 필수요소에 해당한다.

2. 조직정치를 촉진하는 요인들

그렇다면 무엇이 조직정치를 촉진하는가? 기존의 학술연구들은 다양한 요인들을 제안하고 있으나, 여기에서는 ① 모호성, ② 희소성, ③ 변동성의 세 가지를 중심으로 논의하겠다.

1) 모호성

첫 번째 요인은 모호성(ambiguity)이다(Fandt & Ferris, 1990; 박지원 · 원숙연, 2013). 조직 내에 존재하는 다양한 형태의 모호성은 구성원으로 하여금 정치적 행동에 뛰어들게 하는 동기로 작동할 수 있다. 가령, 구성원의 역할배분에 대한 조직 규정이 명확하지 않아 모호성이 높은 상황을 가정해보자. 무릇 인간은 최대한의 편익을 취하되, 자신의 마음과 몸이 편한 상태를 선호하기 마련이다. 이때 역할에 대한 규정이 명확하지 않다는 것은, 구성원 각자가 자신이 동원할 수 있는 정치적 수단을 활용하여, 최대한 자신이 적은 업무책임을 담당하되 편익은 극대화하는 방향으로 상황을 이끌어가도록 하는 상황을 조성하게 된다. 반대로 역할에 대한 규정이 명확할수록, 개별적인 정치적 행동은 효과가 떨어지게 된다. 또 다른 예로, 개인에 대한 평가가 모호하게 규정되어 있을 경우, 구성원들은 평가가 자신에게 유리하게 이뤄지도록 정치적으로 행동할 것이다. 다양한 인상관리(impression management) 전략이 이를 위한 대표적인 정치적 행동이다. 조직의 의사결정에서 참여 정도도 구성원의 정치적 행동에 영향을 줄 수 있다(Kwon, 2020). 즉, 상황이 모호할수록 사익을 증진시키거나, 보호하거나, 영향력을 행사할 여지가 증대한다. 협상과 재정의의 여지가 증대하기 때문이다.

2) 희소성

조직구성원의 정치적 행동 참여 정도에 영향을 주는 다음 요인으로 자원의 희소성을 들 수 있다(Daft, 1992). 기존 연구들에 따르면, 조직 내 어떠한 자원이 희소하면 할수록, 조직구성원들의 조직정치 참여동기는 강화되고, 조직정치 활동의 강도도 증대된다(Daskin & Arasli, 2011; Ferris & Buckley, 1990). 조직구성원들이 희소 자원을 확보하기 위해 다양한 형태의 정치적 게임(political games)에 참여해야 하는 상황이 조성되기 때문이다(Poon, 2003). 또한 승진 누락과 같이 희소 자원을 획득할 기회가 부족하다고 인식하는 조직구성원들은 자신들이 정치적 게임에 참여하지 않았기 때문이라고 생각하는 경향도 있다(Poon, 2003).

특히 조직의 자원의 희소한 상태에서, 조직의 자원을 관리하는 리더에게 많은 권한이 부여되어 있을 경우, 리더를 대상으로 한 대인적 조직정치 전략이 증대될 수 있다. 더하여 해당 리더가 특정인을 편애(favoritism)하는 경향성을 크게 가질수록 이러한 대인적 조직정치 전략은 증대하게 된다(Arasli & Tumer, 2008). 편애는 주로 상사들이 특정 부하 직원들만을 호의적으로 대하는 현상을 의미한다. 여기서 중요한 것은 특정 조직구성원들의 성과가 뛰어나서가 아니라 다른 유대관계(tie)로 인해 편애를 받는 상황이 발생할 수 있다는 점이다. 대표적인 예로 학연, 지연, 혈연 등은 이러한 유대관계 형성의 원인이 된다. 조직구성원들은 조직 내 편애 현상을 인식할 때는 네트워킹 등의 전략을 활용하여 좀 더 적극적으로 정치적 행동에 참여할 유인을 가지게 된다. 상사들에게 평가, 인사, 승진, 성과급 등에서의 편애를 받기 위해서다(Arasli & Tumer, 2008). 물론, 편애는 조직정치의 원인이 될 수도 있지만, 조직정치의 결과일 수도 있다.

행정고시 카르텔과 편애

우리나라 관료조직의 행정고시 출신 카르텔은 많은 사회적 병폐를 낳았다. 이들은 소위 '관피아'를 형성해서 전·현직 관료들 간 유착을 통해 공공정책을 사적 이익을 추구하는 도구로 이용하고 있기 때문이다. 예를 들어, 세월호 참사에서 보듯 규제를 무력화한 민관 유착의 연계도 이들 행정고시 출신 카르텔이 중심이었다. 이들은 또한 관료조직을 장악하고, 직무 역량이나 전문성을 갖춘 관료보다는 '행시 출신' 관료에게 인사상의 편애를 제공하는 경향이 있다. 민간경력 채용제도를 포함해 관료조직의 직무 역량과 전문성을 제고하기 위한 여러 제도적인 노력이 뚜렷한 성과를 거두지 못한 이유이기도 하다.

3) 변동성

조직이 높은 변동성 상황에 놓이게 되는 경우, 조직구성원은 높은 조직정치의 동기를 가지게 될 수 있다. 가령, 조직이 조직개편을 진행하고 있거나, 리더십의 교체를 경험하는 것 등을 높은 변동성 상황으로 예시할 수 있겠다. 조직이 이러한 변동을 겪게 되는 경우, 기존에 구축되어 있던 조직 내의 권력구조에도 균열과 변화를 야기할 수 있다. 이러한 상황이 도래하게 되면, 구성원들은 이러한 변동에 적응하기 위하여 자신의 위치를 재정의하고 재구성할 동기를 가지게 된다. 이에 조직정치의 참여 동기가 증대하게 된다. 조직이 높은 변동성에 놓이는 상황은 다양하게 발생할 수 있다. 가령, 외부기술환경의 변동, 조정과 통합, 인사이동, 조직 목표의 변동 등을 들 수 있을 것 같다. 관점에 따라 변동성은 앞서 이야기한 모호성과 서로 높은 관련성을 가진다고 볼 수 있다.

지금까지 조직정치를 촉진하는 요인들을 검토하였다. 이에 대하여, 한편 유의할 것은 이러한 요인들의 증대가 즉시 정치적 행동의 증가로 이어진다고 보는 것은 다소 성급한 가정이라는 점이다. 구성원 개인의 성향에 따라 차이가 나타날 것이기 때문이다. 이에 조직정치 연구자들은 일종의 매개항으로서 다양한 개인적 특성들을 검토하였는데, 여기에서는 그 중 몇 가지를 예시로서 설명하겠다.

첫째, 조직구성원들의 정치적 행동 참여 정도에 영향을 주는 개인적 요인으로 개인의 '내적 통제 위치(internal locus of control)에 대한 믿음의 정도'를 들 수 있다. 이때 "개인이 자신의 삶에 대한 주체적인 결정력을 갖는다"고 믿는 경우, 개인이 '내적 통제 위치에 대한 믿음이 높다'라고 이야기하고, "개인이 자신의 삶이 자신이 아닌 외부적인 요소들에 의해 결정된다"고 믿는 경우, 개인이 '외적 통제 위치에 대한 믿음이 높다'라고 이야기한다(Yukl, 2013). 즉, 내적 통제 위치를 강하게 믿는 사람들은 자신의 삶에서 일어나는 사건들이 자신의 행동에 의해 결정된다고 생각하며, 스스로 자신의 운명에 영향을 미칠 수 있다고 믿는다. 반대로, 외적 통제 위치를 강하게 믿는 사람은 자신의 삶에서 일어나는 사건들이 우연이나 운에 의해 결정된다고 생각하기 때문에, 삶을 개선하기 위해 스스로 할 수 있는 일은 거의 없다고 믿는다. 기존 연구에 따르면, 내적 통제 위치를 강하게 믿는 사람들은 정치적 행동에 참여할 가능성이 높다고 한다(Valle & Perrewe, 2000). 왜냐하면, 자신이 적극적인 정치적 행동을 통해 조직 내에서의 자신의 삶을 개선할 수 있다고 믿기 때문이다.

둘째, 조직구성원들의 자기효능감(self efficacy)도 조직 내 정치적 행동 참여 정도에 영향을 주는 것으로 보고되고 있다(Bandura, 1996; Vecchione & Caprara, 2009). 자기효능감은 개인이 "스스로의 목표 달성을 위해 필요한 활동을 조직하고, 이를 지속할 수 있는 능력을 갖는다는 자신에 대한 믿음"을 의미한다(Bandura, 1977). 기존 연구에 따르면, 조직 내 정치적 행동에 대해 자기효능감이 높은 사람은 자신의 행동이 조직에 영향을 미치는 것을 확신하며, 따라서 정치적 행동에도 적극적인 경향이 있다고 보고되고 있다(Vecchione & Caprara, 2009). 정치적 행동에 대한 자기효능감을 '정치적 자기효능감(political self－efficacy)'이라고 부르는데, 이는 개인의 특징(trait)일 수도 있고, 개인의 조직 내 정치적 경험에서 영향을 받을 수 있다.

셋째, 조직구성원들이 조직에 대해 얼마만큼 투자했는지도 정치적 행동 참여 정도를 좌우할 수 있다. 여기서 투자는 금전적인 측면뿐 아니라 정서적 · 심리적인 측면을 포함한다.[1] 조직에 대한 투자 정도가 높은 구성원들은 그렇지 않은 사람에 비해 정치적 행동에 참여할 가능성이 크다. 조직에 많이 투자한 구성원은 조직에 대한 애착이 높고 걱정도 많은 경향이 있으며, 따라서 조직의 운명에 적극 개입하기를 선호할 것이기 때문이다.

1) 조직에 대한 '투자(investment)'는 거래적인 측면을 강조해 시간, 금전, 노력을 포함한 자원의 투입만을 의미하고, 정서적 · 심리적 측면에서의 애착은 별도로 '헌신(commitment)'이라고 표현하기도 한다. 하지만, 투자와 헌신은 현실적으로 엄밀히 구분하기 어려우며 상호 보완적이다(Romzek, 1990). 따라서 여기서는 편의상 헌신을 포함하는 의미로서 투자라는 용어를 사용한다.

3. 조직정치의 영향 및 관리활동

조직정치는 양날의 칼이다. 우선, 희소한 자원을 두고 이루어지는 경쟁이 건전하고 공정하게 작동하는 경우, 구성원의 역량 강화와 동기부여에 긍정적인 영향을 미칠 수 있고, 집합적으로 조직의 성과도 개선할 수 있으므로 긍정적인 측면이 있다. 다른 한편, 공정함과 공평성이 저해된 상태에서 이루어지는 조직정치는 질투와 박탈감 같은 감정을 초래할 수 있다(Parker et al., 1995). 이는 조직구성원의 협력과 응집을 저해할 수 있다. 또한 조직정치가 과도하게 이루어지고, 조직정치가 조직의 전반적인 운영을 과도하게 좌우할 경우, 조직구성원들은 합리적인 조직 운영에 대하여 의구심과 회의감을 가지게 될 수 있다. 이는 구성원의 조직 몰입, 직무 만족, 직무 성과를 저감하고, 직무 불안, 우울, 스트레스 및 이직 의도를 높이는 동인으로 작용하게 된다(Byrne et al., 2005; Ferris et al., 1989; 1996; Maslyn & Fedor, 1998; Valle & Perrewe, 2000).

따라서 조직관리자는 "적정한 조직정치"에 대한 고민을 진지하게 다룰 필요가 있다. 앞서 주지한 바대로 조직정치는 현실적인 조직의 모습 그대로이다. 그리고 적정하게 이루어질 경우, 조직역량을 강화시키는 동인이 되기도 하나, 악용될 경우 야누스의 얼굴을 들어내며 조직을 파괴할 수 있다는 점에서 "양날의 칼"로서 기능하게 된다. 그렇다면 조직관리자는 마치 자동차를 운전할 때, 가속페달과 브레이크페달을

표 13-1 합리모형(rational model) vs. 정치모형(political model)

조직 특징	합리모형	정치모형
목표/선호	일관되게 설정되어, 자의적으로 변동되지 않음	의사결정에 따라, 참여자에 따라 비일관적으로 변동됨
권력/통제	집권화	분권화
의사결정 과정	질서정연, 논리적, 합리적	갈등적, 비논리적, 비합리적
규칙/규범	최적화의 논리 선호	협상과 타협의 논리 선호
정보	체계성, 포괄성, 정확성	전략성, 선택성, 모호성
결정 방식	결과와 성과를 극대화하는 방식	협상과 이익조정을 목표로 하는 방식
이념	효율과 효과	경쟁과 타협

출처: Vigoda-Gadot & Drory(2006).

통해 속도를 조절하듯, '합리모형'으로서의 조직을 축으로 '정치모형'으로서의 방향성에 대한 속도를 조절할 수 있어야 한다고 본다.

그렇다면 이러한 조절은 어떻게 이루어지는가? 실마리는 조직정치를 촉진하는 요인들로부터 찾을 수 있을 것이다. 촉진요인이란, 뒤집어 적용하면 억제요인으로 기능할 수 있기 때문이다. 가령, 조직이 지니고 있는 모호성, 희소성, 변동성의 특질을 억제하거나, 조직정치에 민감한 특질을 지닌 개인을 인사관리를 통해 잘 다룰 수 있도록 하는 방안을 모색할 수 있겠다. 더하여, 조직 내 조직정치의 상황과 정도에 대한 진단과 분석을 통해, 관리방안의 근거로 삼는 것도 고려해 볼 수 있을 것이다.

종합하면, 조직정치는 현실적인 조직의 모습이기 때문에 그 자체가 조직에 주는 영향을 긍정적 혹은 부정적이라고 평가하기는 어렵다. 다만, 조직구성원들이 조직정치를 부정적으로 인식할 경우 앞서 열거한 대로 다양한 부정적인 영향을 가져 올 수 있다. 따라서 관리자는 조직정치에 대한 면밀한 진단과 분석을 통해, 이를 관리할 수 있어야 한다.

한편 조직정치가 제대로 관리되지 않을 경우, 조직 내에서 구성원들 간의 대립적이고 적대적인 상호작용, 즉 갈등(conflit)으로 이어질 수 있다. 갈등은 때로는 같이 일하기 힘들 정도로 조직에 심각한 문제를 초래하거나, 다양한 관리상의 이슈와 연결될 수 있다. 이에 대해서는 이어지는 장에서 구체적으로 다루도록 한다.

Chapter 14

갈등관리

제 1 절 갈등의 정의와 특성

1. 갈등의 정의

1) 사전적 정의

갈등이란 '칡' 갈(葛)과 '등나무' 등(藤)의 합성어로, 국립국어원 『표준국어대사전』(2016)에 의하면, 칡과 등나무가 서로 얽히는 것과 같이 개인이나 집단 사이에 목표나 이해관계가 달라 서로 적대시하거나 충돌함 또는 그런 상태를 의미한다. 한편, 갈등을 의미하는 영어 단어인 'conflict'는 'con(together: 서로, 함께)'과 'flict(strike: 충돌하다)'의 합성어로, 'strike together(서로 충돌하다)' 또는 'a state of striking together(서로 충돌한 상태)'라는 의미를 가진다. 영어사전에서 갈등이란 "권력, 재산 등에 대한 다툼", "흔히 격렬한 논증을 초래하는 국민, 집단 간 심각한 불일치", "합의를 방

해하는 차이: 아이디어, 감정 등의 불일치" 등으로 정의되고 있다.[1] 이런 맥락에서 갈등이란 사람, 집단, 가치, 아이디어, 목표, 감정, 이해관계 등이 서로 충돌한 상태를 의미한다고 볼 수 있다.

2) 학자들의 정의

갈등의 개념은 학자와 시대에 따라 다양하게 정의되고 있다. 일반적으로 갈등이란 인간의 심리적 대립이나 대립적 행동을 가리키는 개념으로, 조직에서의 갈등은 개인이나 집단 등 행동 주체 간에 표면적·잠재적으로 나타나는 동태적 과정으로서의 대립적 상호작용을 의미한다(김규정, 1984: 452). 마치와 사이먼(March & Simon, 1958: 112)은 갈등을 의사결정과 관련시켜 갈등이란 "의사결정의 표준 메커니즘(standard mechanism)에 장애(breakdown)가 생겨 한 개인 또는 집단이 행동대안을 선택하는 데 곤란을 겪는 상황"으로 정의하고 있다. 마일스(Miles, 1980: 121－122; 이창원 외, 2005: 318)는 갈등을 조직관리적 측면과 관련시켜 "조직의 한 단위나 단위 자체 구성원들의 목표 지향적인 행동이 다른 조직 단위 구성원들의 목표 지향적인 행동과 기대로부터 방해를 받을 때 표현되는 조건"이라고 정의하고 있다.

한편, 과정을 중심으로 갈등을 정의하는 학자들도 있다. 폰디(Pondy, 1967: 296－306)는 갈등을 "① 선행조건의 차이(예: 자원의 부족, 정책 간 차이), ② 관련된 개인들의 정서적 상태(예: 긴장감, 압박감, 증오감, 불안감), ③ 관련된 개인들의 인지적 상태(예: 갈등 상황의 지각 또는 인식), ④ 수동적 저항으로부터 표면적 공격에 이르는 갈등 행태" 중 어느 것으로나 정의할 수 있다고 했다. 폰디(Louis R. Pondy)는 이러한 갈등의 정의(조건, 태도, 인지, 행태)들 중 어느 하나의 정의를 주장하기보다는, 이러한 모든 정의를 포함하는 선후관계에 따라 연속된 일련의 에피소드(episode)로 갈등을 이해해 갈등의 역동적인 과정을 강조했다.[2]

---

1) 'a struggle for power, property, etc.', 'strong disagreement between people, groups, etc., that results in often angry argument', 'a difference that prevents agreement: disagreement between ideas, feelings, etc.'(http://www.merriam－webster.com/dictionary/conflict). 2021년 12월 24일 기준.

2) 폰디는 갈등 에피소드를 잠재적 갈등(latent conflict; 조건), 지각된 갈등(perceived conflict; 인지), 느껴진 갈등(felt conflict; 정서), 명시적 갈등(manifest conflict; 행태), 갈등 여파(conflict aftermath; 조건)의 다섯 단계로 구체화했다. 그러나 모든 갈등 에피소드가 반드시 공개적인 공격까지의 모든 단계를 거치는 것은 아니어서, 잠재적 갈등은 갈등 당사자에 의해 지각되지 않을 수도 있고,

슈미트와 코천(Schmidt & Kochan, 1972: 361−363)은 갈등의 선행조건(precondition)으로 목표 양립 불가능성(incompatibility)의 지각, 관련 단위들을 위한 자원의 이용 가능성(availability), 단위들 간 활동의 상호의존성(interdependence)을 들고,[3] 갈등은 지각된 목표의 양립 불가능성과 지각된 간섭의 기회(perceived opportunity for interference)에 직접적인 영향을 받아 발생되며, 지각된 목표의 양립 불가능성은 특정한 동기(motivational force)에 영향을 받고, 자원의 공유 정도와 활동 단위들의 상호의존성의 정도가 지각된 간섭의 기회에 영향을 미친다고 했다. 이들은 이러한 갈등의 과정을 설명한 후, 갈등의 개념을 "이러한 과정의 명백한 행태적 결과, 즉 실질적인 간섭이나 저지(blocking)"로 정의했다. 토머스(Thomas, 1976: 891)는 갈등을 "한 행동 주체(party)의 관심사를 다른 행동 주체가 좌절시켰거나, 좌절시키려고 하는 것을 인지할 때 시작되는 과정"으로 정의하고 있다.

2. 갈등의 특성

갈등의 개념은 학자와 시대에 따라 다양하게 정의되고 있으나, 여기서는 갈등의 개념을 넓게 정의해, 갈등이란 가치, 목표, 이해관계 등의 차이와 같은 원인과 조건으로 인해 개인, 집단, 또는 조직이 선택이나 행동을 하는 데 곤란을 겪는 역동적인(dynamic) 상호작용 과정으로 정의하기로 한다. 이러한 정의를 토대로 갈등의 특성을 정리하면 다음과 같다.

첫째, 갈등은 보통 둘 이상의 행위 주체 사이에서 발생한다. 갈등에는 한 개인(행위 주체)이 둘 이상의 대안 중에서 하나를 선택할 때 발생하는 개인적 갈등도 있으나, 일반적으로 조직 갈등에는 조직의 문제와 관련된 수많은 이해 관련자들(행위 주체들)이 참여하며, 이러한 행위 주체들은 목표, 가치, 이해관계 등의 차이로 갈등관

만약 지각되더라도 적대행위가 발생하기 전에 갈등이 해결될 수도 있다고 했다.

3) 목표의 양립 불가능성이란 동일한 상황에서 한 단위에 의한 목표 달성이 다른 단위들의 목표 성취를 방해하는 것을 의미한다. 관련 단위들을 위한 자원의 이용 가능성이란 자원의 획득 단계에서 지각된 공동 자원의 의존성이 높을수록 주체들은 그들의 성공(목표 달성)이 서로의 행태에 의존하게 될 것이라 간주하는 경향이 높아지는 것을 의미한다. 단위들 간 활동의 상호의존성이란 활동 단계에서 단위들은 활동의 계획, 수용(compliance), 또는 조정을 위하여 서로에게 의존하게 되는 것을 의미한다(Schmidt & Kochan, 1972: 361).

계에 있게 된다.

둘째, 갈등은 양립 불가능성을 특징으로 한다. 이러한 양립 불가능성은 자원의 부족, 목표의 차이, 인지(지각)의 차이, 이해관계와 선호의 차이 등으로 나타나며, 내부적인 긴장, 증오, 불안감뿐만 아니라 적극적인 대립, 충돌, 방해, 공격, 전쟁과 같은 양립 불가능한 행위로 표출된다.

셋째, 갈등은 다양한 행위 주체들 간 상호작용 과정에서 나타나는 역동적인 과정이다. 이러한 과정에서 잠재되었던 갈등이 새롭게 대두되어 갈등이 재구성되기도 하고, 참여자가 변화하기도 하며, 갈등 관련 집단의 이해관계가 변화되기도 하고, 갈등이 심화 또는 완화되기도 한다. 갈등은 이와 같이 갈등 자체의 성격, 참여자, 이해관계, 강도 등이 갈등 과정에서 역동적으로 변화하는 특성을 갖는다.

제 2 절 갈등에 대한 관점과 갈등의 기능

갈등은 보편적인 현상임에도 불구하고, 근대에 이르기까지 부정적인 것으로 인식되어 갈등의 역기능적인 측면만이 강조되어 왔다. 그러나 최근에는 갈등을 긍정적인 것으로 인식해 순기능을 강조하는 시각도 강조되고 있다.

1. 갈등에 대한 관점

갈등을 바라보는 시각은 다양한데, 로빈스와 저지(Robbins & Judge, 2007: 447－448; 2011: 519－520)는 갈등에 대한 관점의 변화를 전통적 관점, 행태적 또는 인간관계적 관점, 상호작용적 관점의 세 가지로 논의하고 있다.

1) 전통적 관점

전통적 관점(traditional view)에서는 갈등은 나쁜 것이고 조직에 역기능을 초래해 조직의 효과성에 부정적 영향을 미친다고 본다. 갈등은 본질적으로 해로운 것으로 건전한 조직에서는 일종의 질병에 해당하므로, 조직관리자는 갈등이 일어나지 않도록 하고 일어나는 경우에는 신속히 해결해야 한다고 주장한다.

2) 행태적 또는 인간관계적 관점

행태적 또는 인간관계적 관점(behavioral or human relation view)에서는 갈등이란 모든 조직과 집단에서 자연적으로 발생하는 보편적인 현상으로, 모든 조직과 집단은 갈등을 회피할 수 없기 때문에 갈등을 수용해야 한다고 주장한다. 그러나 이 시각에서는 갈등을 능동적으로 추구하거나 조장할 수 있는 아이디어를 제시하고 있지는 않다. 따라서 이 시각에서는 갈등을 불가피한 것으로 수용했으나, 갈등관리의 측면에서 보면 갈등의 해소(resolution of conflict)만을 말하고 있다.

3) 상호작용적 관점

행태적 또는 인간관계적 관점이 갈등을 수용하는 데 그쳤다면, 상호작용적 관점(interactional view)은 어떤 경우에는 갈등을 조장할 필요성도 있다고 주장한다. 갈등이 전혀 없는 조직은 정태적이며 무감각하고 변화와 혁신의 필요성에 대응하지 못할 수 있다. 이러한 경우, 적절한 갈등은 조직에 활력을 불어넣으며 변화와 혁신을 촉진하는 계기가 될 수 있다. 상호작용적 관점에서 갈등이란 전적으로 좋은 것도 나쁜 것도 아니므로, 조직관리자는 갈등의 역기능을 최소화하고 순기능을 최대화하도록 관리해야 한다고 주장한다.

2. 갈등의 기능

일반적으로 갈등의 역기능은 다음과 같이 정리할 수 있다(김규정, 1984: 453). ① 조직의 조정을 어렵게 하고 효과성을 저해한다. ② 갈등이 심화되면 목표 달성에 대한 관심이 줄어든다. ③ 조직구성원이나 하부기관 간에 적대 의식이나 반목이 격화된다. ④ 갈등 관련자의 심리적 · 신체적 안정이 동요된다.

갈등의 순기능은 다음과 같다(Coser, 1956; 박재환 옮김, 1982: 39-47, 49-61,

109－119; 김규정, 1984: 453). ① 적절한 갈등은 조직이나 집단의 결속을 강화하는 기능을 하고, 조직 간 또는 집단 간 갈등은 조직 내 또는 집단 내 응집력을 강화시킨다. ② 갈등은 적대적인 성향들이 자유롭게 표출되게 함으로써 그것의 누적이 가져올 수 있는 사회 기초의 분열을 막는 안전장치의 역할을 한다. ③ 적절한 갈등은 이해 당사자들 간 상호작용으로 그들 간의 관계를 변화시켜 조직구조의 유지, 조정, 적응에 기여할 수 있다. ④ 적절한 갈등은 조직구성원의 잠재적 능력을 발전시키는 계기가 될 수 있다. ⑤ 적절한 갈등은 조직의 발전이나 혁신을 촉진하는 원동력이 될 수 있다.

갈등을 바라보는 시선, 어떻게 달라지고 있나?

최근 갈등에 대한 인식이 바뀌고 있다. 회피해야 하는 것에서 자연스러운 현상으로 보는 사람들이 늘고 있기 때문이다. 그 결과 갈등이 커져 악화되는 것을 막고 갈등이 유리한 성과를 실현하는 데 도움을 주는 구조나 조건을 마련해야 한다는 사회적 합의가 증가하고 있다. 또한 갈등이 수용 한계를 벗어날 정도로 악화되거나 고조되는 것을 방지하는 것뿐만 아니라 이를 통해 발전의 계기로 삼을 수 있도록 갈등을 관리해야 한다는 생각도 늘어나고 있다. 갈등관리에 대한 패러다임에 변화가 생겨나고 있는 셈이다. 특히 공공갈등에 대한 시선이 달라지고 있다. 정책추진 방식이 권위주의적 방식에서 시민참여 방식으로 변했다. 1990년대 지방자치제 실시 이후 정부정책이나 해당 지역 현안 또는 사업에 대한 지역주민들의 참여 욕구가 높아졌기 때문이다. 부정적 시선으로 갈등을 보고 있었다면 생길 수 없는 변화인 셈이다.

그렇다면 갈등관리 패러다임은 어떻게 변화하고 있는 것일까? 1970년대에는 주로 법원의 판단에 의존했다. 그러나 갈등이 복잡화되면서 전문기술적 판단을 요구하는 목소리가 높아지자 1980년대에는 정부 관리들에 의해 행정적으로 결정이 이뤄졌다. 1990년대가 되면서 갈등 해결에 대한 다양한 과학적 기법이 모색되었다. 한층 갈등이 더 복잡해지면서 기술적 방안 도입에 대한 필요성이 대두되었기 때문이다. 2000년대가 시작되면서는 공공갈등 기법들이 좀 더 세련되기 시작했다. 대안적 갈등 해결, 참여적 의사결정 등 갈등 예방 및 해결을 위한 다양한 기법들이 공공갈등에 적용되었기 때문이다. 특히 주민참여를 위한 방안들이 개발되고 활용되면서 공공갈등은 부정적이면서 회피할 대상이 아닌 관리의 대상이라는 인식을 확산시키고 있다.

출처: 서울특별시(2015: 12).

제 3 절 갈등의 유형

갈등의 유형은 매우 다양하게 분류될 수 있다. 공간, 조직의 편익－비용, 행동 주체, 접근과 회피, 순수성, 갈등 원천, 갈등의 진행 과정, 고의성, 정부 등을 기준으로 갈등의 유형을 분류할 수 있다(천대윤, 2010: 65－92). 여기에서는 갈등을 행동 주체 또는 갈등이 일어나는 수준을 기준으로 유형화해 설명하기로 한다. 마치와 사이먼(March & Simon, 1958: 112)은 갈등의 주체 또는 단위를 기준으로 갈등 유형을 개인적 갈등, 조직 갈등, 조직 간의 갈등으로 구분하고 있으며, 특히 조직 갈등인 조직 내의 집단 간 갈등에 중점을 두고 있다. 한편, 고든(Gordon, 1987)은 개인 내 갈등, 개인 간 갈등, 집단 내 갈등, 집단 간 갈등, 조직 내 갈등, 조직 간 갈등으로 구분하고 있다. 이하에서는 이러한 유형 구분을 토대로 크게 개인 갈등과 조직 갈등으로 유형화해 설명하기로 한다.

1. 개인 갈등

개인 갈등이란 개인이 겪는 갈등이다. 마치와 사이먼(March & Simon, 1958: 113)에 의하면, 개인적 갈등이란 결정자로서 개인이 대안 선택에 곤란을 겪는 경우다. 고든(Gordon, 1987)은 개인 갈등을 크게 개인 자신의 내적 갈등인 개인 내 갈등과 개인들 사이에 발생하는 갈등인 개인 간 갈등으로 구분해 설명하고 있다.

1) 개인 내 갈등

개인 내 갈등이란 개인 자신의 내적 갈등으로서 개인 자신이 밖으로 드러내지 않고 내부적으로 겪는 갈등이다(천대윤, 2010: 70). 일반적으로 개인 내 갈등은 좌절 갈등(frustration conflict), 목표 갈등(goal conflict), 역할 갈등(role conflict), 대안 선택으로 인한 갈등 등으로 구분할 수 있다.

(1) 좌절 갈등

좌절은 어떤 동기화된 충동(motivated drive)이 원하는 목표에 이르기 전에 장애물에 의해 저지당할 때 일어난다. 이러한 장애는 외형상으로 나타날 수도 있고 잠재적인 것일 수도 있다. 개인이 좌절감을 느끼게 되면 방어 기제로서 여러 가지 반응 행동을 취하게 된다(오세덕 외, 2007: 241). 좌절에 의한 갈등의 방어 기제로는 좌절을 일으키게 하는 장애물을 적극적으로 제거하려고 하는 공격(aggression), 욕구를 포기해 버리는 철회(withdrawal), 욕구에 대한 미련을 버리지 못하는 집착(fixation), 원래의 욕구 대신 다른 욕구를 성취하는 타협(compromise) 등 네 가지가 일반적이다(김호섭 외, 2011: 214-215).

(2) 목표 갈등

좌절 갈등은 단일 동기가 목표에 도달하기 전에 장애물에 직면한 경우인데 비해, 목표 갈등은 둘 이상의 동기들이 서로 간에 장애가 되는 경우를 말한다(오세덕 외, 2007: 241). 개인의 목표는 긍정적인 측면과 부정적인 측면을 동시에 지니고 있어 상충되는 경우가 많은데, 이러한 두 가지 이상의 상호양립 불가능한 목표 중에서 개인이 어느 것을 선택해야 할지 의사결정을 쉽게 내릴 수 없을 때 발생한다(김호섭 외, 2011: 215). 이러한 목표 갈등을 밀러와 돌라드(Miller & Dollard, 1941)는 목표의 성격과 경쟁 여부에 따라 세 가지 유형으로 구분해 설명하고 있다.

첫째, 접근-접근 갈등(approach-approach conflict)은 개인이 상호배타적인 두 가지 이상의 긍정적인 목표 중에서 어느 하나를 선택해야 할 때 발생하는 갈등이다. 예를 들어, 서로 다른 좋은 조건을 가진 두 개의 직장 중에서 어느 하나를 선택해야 할 때 느끼는 갈등이다.

둘째, 회피-회피 갈등(avoidance-avoidance conflict)은 상호배타적인 두 개 이상의 부정적인 목표 중에서 어느 하나를 선택해야 할 때 발생하는 갈등이다. 예를 들어, 임금이 낮은 직장과 작업환경이 위험한 두 개의 직장 중에서 어느 하나를 선택해야 할 때 느끼는 갈등이다.

셋째, 접근-회피 갈등(approach-avoidance conflict)은 긍정적인 측면과 부정적인 측면을 동시에 가지고 있는 목표를 선택할 때 발생하는 갈등이다. 예를 들어, 임금은 높으나 작업환경이 위험한 직장을 선택할 때 느끼는 갈등이다.

(3) 역할 갈등

역할(role)이란 “집단이나 조직 내에서 특정 직위(position)를 가진 자들이 해야 할 것으로 기대되는 행위”(Schermerhorn Jr., Hunt, & Osborn, 1982: 453)로서 직무 수행에 커다란 영향을 미친다. 그런데 이 같은 역할이 어느 개인에게 복합적으로 부여될 때, 그 개인은 역할 갈등을 느끼게 된다(오세덕 외, 2007: 242). 역할 갈등은 역할 내 갈등(intearole conflict)과 역할 간 갈등(interrole conflict)으로 구분할 수 있다. 역할 내 갈등이란 동일한 역할에 관해 다른 사람들로부터 상충되는 기대를 받게 될 때 느끼는 갈등이다. 예를 들어, 어느 회사의 김과장은 사장으로부터는 부하 직원들을 잘 관리해서 생산성을 높이라는 지시를 받고, 부하 직원으로부터는 급여와 근무환경 등 근무 여건의 개선을 사장에게 이야기해 달라는 건의를 받은 경우 발생한다. 역할 간 갈등은 어느 한 개인이 두 가지 이상의 역할을 동시에 수행함으로 인해 발생하는 갈등이다. 예를 들어, 김교수는 고등학교를 졸업하는 자신의 아들 졸업식에 참석해야 하는데, 동시에 자신이 근무하고 있는 대학교의 제자들 졸업식에도 참여해야 하는 경우에 발생한다.

(4) 대안 선택으로 인한 갈등

마치와 사이먼(March & Simon, 1958: 113－121)은 결정자로서 개인이 대안 선택에 곤란을 겪는 경우를 개인적 갈등이라 했다. 이들은 행동대안의 비수락성(unacceptability), 비비교성(incomparability), 불확실성(uncertainty) 중 하나 이상의 요인이 있을 때 갈등이 발생한다고 봤다. 비수락성이란 개인이 각 대안의 결과와 선호하는 대안도 알고 있으나, 선호하는 대안이 만족 수준을 충족시키지 못할 때 발생하는 갈등이다. 비비교성이란 개인이 각 대안의 결과는 알고 있으나, 최선의 대안이 어느 것인지 비교할 수 없는 경우에 발생하는 갈등이다. 불확실성이란 개인이 대안들이 초래할 결과를 알 수 없을 때 발생하는 갈등이다.[4)]

---

4) 비수락성의 갈등을 해결하려면 새로운 대안을 탐색하거나 목표를 수정해야 한다. 비비교성의 갈등을 해결하려면 대안이 우선순위 선정 기준이나 비교 기준을 명확히 해보고 대안이 세시된 선후관계를 파악한다. 불확실성의 갈등을 해결하려면 대안의 결과를 명확히 예측하기 위한 과학적 분석과 탐색 활동의 증가 또는 결과 예측이 가능한 새로운 대안을 탐색한다.

2) 개인 간 갈등

개인 간 갈등이란 두 명 이상의 사람들 사이에서 추구하는 목표, 가치, 이슈, 행동 등에 불일치가 발생할 때 일어나는 갈등이다. 개인 간에 갈등이 발생하면 개인들 간의 커뮤니케이션이 장애를 받게 되며, 여타 문제 해결을 위한 접근이 방해를 받게 된다(천대윤, 2010: 71-72).

2. 조직 갈등

조직 갈등은 조직이 겪는 갈등으로, 크게 조직 내 갈등과 조직 간 갈등으로 구분할 수 있다. 조직 내 갈등은 조직 내부에서 발생하는 갈등이고, 조직 간 갈등은 조직들 사이에서 발생하는 갈등이다.

1) 조직 내 갈등

마치와 사이먼(March & Simon, 1958: 112)이 말하는 조직 갈등은 조직 내의 갈등으로 조직 내에서 집단이 겪는 갈등이다. 이들은 조직 내 집단 간 갈등은 ① 공동 의사결정의 필요성을 느낌(felt need for joint decision-making), ② 목표의 차이(difference in goals), ③ 현실에 대한 지각의 차이(difference in perceptions of reality)가 있을 때 유발된다고 설명했다(March & Simon, 1958: 113-129). 공동 의사결정의 필요성이란 조직 내 집단들이 공동으로 결정을 내려야 할 필요가 있을 경우 갈등이 존재하게 된다는 것이며, 주요 요인으로는 한정된 자원의 공동 사용이나 스케줄 작성 등을 들 수 있다. 목표의 차이란 조직의 하위 단위 간에 추구하는 목표의 차이가 있으면 갈등이 발생한다는 것이다. 현실에 대한 지각의 차이란 조직의 의사결정의 기저에 흐르고 있는 인식 과정이 상이함으로 인해 동일한 현실 문제를 각각 다르게 인지하게 되고 이로 인해 집단 간 갈등이 발생하게 된다는 것이다(김규정, 1984: 455; 천대윤, 2010: 105-107).

폰디(Pondy, 1967: 296-320)는 조직 내의 하부집단들 간에 발생하는 갈등을 협상적(bargaining) 갈등, 관료제적(bureaucratic) 갈등, 체제적(systemetic) 갈등 등으로 분류하고 있다. 협상적 갈등은 노사 간 갈등과 같이 이해당사자 간 갈등을 말하며, 주로 희소한 자원을 획득하기 위해 서로 경쟁할 때 발생하게 된다. 관료제적 갈등은 계층제의 수직적인 관계 또는 상사와 부하 간의 관계에서 주로 발생하는 갈등으로, 제도적으로 행동을 통제하려고 할 때 그러한 통제에 반발해 발생하는 갈등이 이에 해당한다. 체제적 갈등은 주로 기능적으로 관련된 횡적인 관계의 집단들 간에 발생하는 갈등으로, 동일 작업을 수행하는 집단들 간에 조정이 제대로 되지 않아 발생하는 갈등이 이에 해당한다(천대윤, 2010: 75).5)

2) 조직 간 갈등

조직 간 갈등이란 조직들 간에 발생하는 갈등이다(March & Simon, 1958: 112; Gordon, 1987). 고든(Gordon, 1987)에 의하면, 조직 간 갈등이란 한 조직이 자신의 조직과 상호작용을 하고 있는 공급자, 고객, 경쟁자, 정부기관 등과 겪는 갈등을 말한다(천대윤, 2010: 74).

제임스 가드너 마치(James Gardner March, 1928년~)는 행태론의 개념을 조직 상황에 적용한 것으로 유명한 사회심리학자로, 사이먼(H. A. Simon)과 공저한 『조직론(*Organizations*)』(1958)에서 의사결정이론을 더욱 발전시켜 '제한된 합리성(bounded rationality)'의 모형을 제시했다. 그 밖의 주요 저작으로는 *A Behavioral Theory of the Firm*(1963, 공저), *Handbook of Organizations*(1965, 편저) 등이 있다.

출처: 이종수(2009).

5) 폰디(Pondy, 1969: 499−501)는 또한 의도성 또는 조직에 대한 갈등의 영향을 기준으로 마찰적(frictional) 갈등과 전략적(strategic) 갈등으로 분류하고 있다. 마찰적 갈등이란 조직구조에 변화를 일으키지 않는 미미한 갈등으로서 의도적으로 야기해 발생된 갈등이 아니라 자연발생적으로 일어난 갈등을 말한다. 전략적 갈등이란 의도적으로 갈등을 야기시켜 조직구조에 변화를 초래하는 갈등을 말한다(김규정, 1984: 454; 천대윤, 2010: 89−92).

제 4 절 갈등관리

1. 갈등관리의 정의

갈등은 보편적인 현상으로 모든 조직에는 갈등이 존재하고, 조직의 갈등에 대한 적절한 관리는 조직에 많은 도움을 줄 수 있다. 갈등의 순기능적 측면과 역기능적 측면을 고려할 때, 갈등을 관리한다는 의미는 역기능적인 갈등을 최소화하고 순기능적 갈등을 최대화한다는 의미일 것이다. 이러한 의미에서 버코비치(Bercovitch, 1984: 5-7)는 갈등관리를 "갈등이 확대되어 악화되는 것을 막고 갈등이 유리한 결과를 실현하는 데 도움을 주는 구조나 조건을 마련하는 것"이라고 정의했다. 또한 안광일(1990: 941)은 갈등관리를 "갈등이 확산되거나 악화되는 것을 막고 유익한 결과의 초래가 용이하도록 여건을 마련하려는 갈등 해결방안"으로 정의했고, 임동진(2010: 25)은 "갈등관리는 갈등을 예방하고, 발생한 갈등을 해소시키거나 완화하는 등 갈등의 해결을 용이하게 하며, 갈등의 부정적 효과를 최소화하고, 갈등의 긍정적 효과를 최대화하려는 일체의 활동"으로 정의하고 있다.

한편, 안성민(1999: 147-149)은 갈등관리를 좀 더 구체화해서 "사회구조의 유지·조정 효과와 불확실성의 완화 효과 같은 갈등의 편익이 결정 비용과 조정 비용의 증가와 같은 갈등의 비용을 초과해야 한다"고 설명하고 있다. 갈등의 비용이 갈등의 편익보다 클 경우 갈등은 부정적인 역할을 하게 되므로, 이러한 경우의 전략은 갈등의 최소화 또는 갈등의 억제가 되어야 한다. 반면, 갈등의 편익이 갈등의 비용보다 클 경우에는 갈등 편익의 최대화를 통해 갈등의 긍정적 역할을 활성화하고, 갈등의 비용을 최소화할 수 있는 전략이 요청된다고 했다. 결국 이러한 갈등관리의 개념을 정리해 보면, 갈등관리는 무조건적인 갈등의 제거, 방지, 해소보다는 역기능적 갈등을 해소 혹은 완화시키고, 순기능적 갈등을 조장해 갈등의 가치(순편익)를 증가시키고 비용과 불만족을 감소시키는 것이라 할 수 있다.

2. 갈등관리 방식

전술한 바와 같이, 갈등관리는 갈등의 역기능을 최소화하는 것뿐만 아니라 갈등의 순기능을 최대화하는 것을 포함하기 때문에, 적절한 수준의 갈등을 조장하는 것도 갈등관리의 방식이다. 이러한 맥락에서 여기에서는 갈등관리의 방식을 갈등 예방 전략, 갈등 해결 전략, 갈등 조장 전략으로 구분해서 논의하기로 한다.

1) 갈등 예방 전략

갈등이 비록 발생하지는 않았지만 발생할 가능성이 충분히 있는 역기능적 갈등을 미연에 방지하기 위해서는 다음과 같은 구체적인 방법을 고려할 수 있다(박연호 · 오세덕, 2000: 600; 오세덕 외, 2007: 253-254).

첫째, 현실적이고 구체적인 목표를 조직과 조직 내의 집단에 부여한다.

둘째, 조직구성원 각자가 해야 할 현실적이고 구체적인 작업 목표 · 방법이 규정된 종합적인 업무명세표를 작성한다.

셋째, 조직의 모든 수준에서 의사결정이 이뤄지고 이해되도록 지침을 명시한다.

넷째, 조직 내에 건강하고 순화된 분위기를 조성한다.

다섯째, 정책 · 절차 · 규칙 등을 정형화하고 정책과 집행 과정이 충분한 정보와 동의 하에 이뤄지도록 한다.

여섯째, 갈등 발생에는 사전에 갈등을 알리는 경고 신호가 있기 마련이므로, 이러한 경고 신호를 사전에 포착 · 규명해야 한다.

일곱째, 최고관리자는 평소에 모든 작업집단의 요구에 균형적 자세를 견지해 전문적 조정자로서의 역할을 수행해야 한다.

2) 갈등 해결 전략

조직 내 개인이나 집단 및 조직 간에 어느 정도의 갈등은 불가피하며, 상황에 따라 요구되기도 하지만, 갈등이 지나치게 격화되거나 지속될 때 이는 조직과 개인에게 악영향을 가져올 것임은 자명하다(오세덕 외, 2007: 254). 사이먼(Simon, 1958:

129－130)은 갈등의 일반적 해결방법으로 문제 해결(problem－solving), 설득(persuasion), 교섭(bargaining),[6] 정치(politics) 등 네 가지를 제시했다(김규정, 1984: 457).

첫째, 문제 해결방법은 목표의 합의가 이뤄져 있으며 결정 문제는 합의를 본 기준을 충족시키는 해결책을 밝히는 데 있는 경우 조직의 행동 대응 방법이다. 이러한 문제 해결 과정에서는 정보의 수집이 중요시되고 탐색 행동이 강화되며 새로운 대안을 탐색하는 데 상당한 중점을 둔다.

둘째, 설득은 조직 내의 개별적 목표(하위 목표)는 다르지만 이러한 목표가 확정된 것으로서 인정할 필요가 없다는 것을 전제로 한다. 조직은 공동 목표에 비춰 하위 목표에 대한 의견 대립을 설득을 통해 조정하게 된다. 문제 해결의 경우보다 정보 수집에 덜 의존하게 되며, 하위 목표가 공동 목표와 조화되는가를 검증하는 데 좀 더 중점을 둔다.

셋째, 교섭은 목표에 대한 의견 대립을 움직일 수 없는 것으로서 받아들이고 설득 없이 합의를 추구하는 것이다.

넷째, 정치는 집단 간 이해관계의 대립이 있다는 기본적인 상황은 교섭의 경우와 동일하지만, 교섭의 무대는 참여자에 의해 고정되어 있다고 생각하지 않는다. 세력이 약한 집단은 세력이 강한 집단과의 관계를 쌍무(雙務)적인 것으로 보지 않고, 관계 당사자의 범위를 확대시켜 잠재적인 동맹자를 끌어들이는 기본 전략을 취한다.

이외에도 갈등의 해결방식에 대해서는 학자들의 관점과 강조점에 따라 다양하게 제시되고 있다. 이하에서는 갈등의 해결방식을 갈등 당사자 간 갈등관리 방식[토머스(Thomas, 1979)의 연구], 제3자의 개입에 의한 갈등관리 방식(ADR), 협상(negotiation)으로 구분하여 논의하기로 한다.

---

6) 영어로 bargaining과 negotiation은 모두 협상이라는 용어로 사용되고 있다. 일반적으로 bargaining은 상업적인 거래에서 개인 간의 흥정을 둘러싼 상호작용을 의미하고, negotiation은 복잡한 사회단위, 즉 공공조직, 집단, 국가 등의 주체가 갈등을 해소하기 위해 시도하는 상호작용을 의미한다(이달곤, 2005: 15－16). 이 장의 이하에서는 bargaining과 negotiation의 의미를 엄격하게 구분하지 않고 유사한 개념으로 사용하나, 번역으로 인한 용어상의 혼란을 방지하기 위해 negotiation은 협상으로, bargaining은 교섭으로 번역하기로 한다. 협상에 관한 어의적 의미에 관해서는 루빈과 브라운(Rubin & Brown, 1975: 1－4)의 *The Social Psychology of Bargaining and Negotiation*을 참조하기 바란다.

(1) 갈등 당사자 간 갈등관리 방식[토머스(Thomas, 1979)의 연구]

갈등 당사자 간 갈등관리 방식을 체계화한 연구로는 블레이크와 모튼(Blake & Mouton, 1964)의 연구와 토머스(Thomas, 1979)의 연구를 들 수 있다. 블레이크와 모튼(Blake & Mouton, 1964; 1971)은 승리-패배(win-lose)와 승리-승리(win-win) 전략을 통합한 갈등관리 격자(grid)를 소개하면서 협조(cooperativeness)와 독단(assertiveness)이라는 두 가지 차원에서 후퇴(withdrawal), 완화(smoothing), 타협(compromise), 강제(forcing), 대결 또는 문제 해결(confrontation or problem-solving)이라는 다섯 가지 관리 유형을 제시했다(Bercovitch, 1984: 145).

토머스(Thomas, 1979: 155-157)는 이와 유사하게 협조와 독단이라는 두 가지 차원에서 다섯 가지의 갈등관리 방식을 제시하고 있다. 협조(cooperativeness)는 다른 사람(상대방)의 관심사를 만족시키려는 시도이고, 독단(assertiveness)은 자기 자신의 관심사를 만족시키려는 시도다. 토머스(K. Thomas)는 이러한 두 차원에 의해 경쟁(competing), 수용(accommodating), 타협(compromising), 회피(avoiding), 협력(collaborating)의 다섯 가지 갈등관리 방식을 제시했다([그림 14-1] 참조).

그림 14-1 갈등관리 방식의 2차원 모형

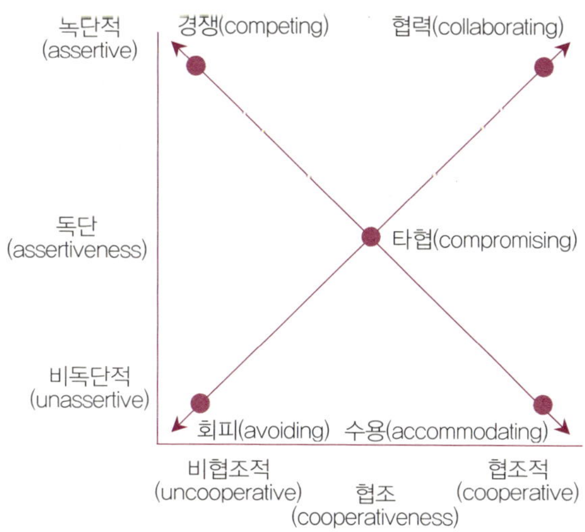

출처: Thomas(1979: 156).

경쟁(독단적, 비협조적)은 일반적으로 논증, 권위, 위협, 물리력 등을 사용해 상대방을 압도함으로써 상대방의 희생 하에 자신의 관심사를 획득하려는 갈등관리 방식이다. 이와 반대로, 수용(비독단적, 협조적)은 자신의 관심사를 무시하고 상대방의 관심사를 만족시키려는 갈등관리 방식이다. 회피(비독단적, 비협조적)는 갈등 이슈로부터 비켜서거나 연기함으로써 양 당사자의 관심사를 무시하는 갈등관리 방식이다. 협력(독단적, 협조적)은 양 당사자들의 관심사를 모두 만족시키려는 갈등관리 방식이다. 타협은 자신의 관심사와 상대방의 관심사를 만족시키려는 시도의 중간적인 영역으로, 상호희생(양보)을 통해 양 당사자의 부분적인 만족을 추구하는 갈등관리 방식이다.7)

(2) 제3자 개입에 의한 갈등관리 방식(ADR)

갈등 당사자 간 갈등의 해결이 어려울 경우 제3자가 개입해 갈등의 해결을 도와주는 갈등관리 방식이 있다. 제3자가 객관적인 입장에서 갈등 상황을 설명하고 당사자들의 양보를 이끌어 내어 당사자 간 자율적인 갈등의 해결을 도와주거나, 이러한 도움에도 불구하고 갈등 해결에 실패할 경우에는 제3자가 직접 갈등 해결방안을 제시해 갈등으로 인한 사회적 비용을 줄이기도 한다. 버코비치(Bercovitch, 1984: 26－28)는 제3자가 갈등 상황에 개입하는 목적을 네 가지로 설명하고 있다.

---

7) 토머스의 갈등관리 방식과 유사한 연구는 많은데, 라힘과 보노마(Rahim & Bonoma, 1979: 1323－1344; Rahim, 1983: 368－376)는 회피(avoiding), 복종(obligation), 타협(compromising), 지배(dominating), 통합(integration)으로, 카스트와 로젠즈윅(Kast & Rosenzweig, 1980: 276－278)은 후퇴(withdrawal), 완화(smoothing), 타협(compromise), 강제(forcing), 대결(confrontation)로, 프루이트와 루빈(Pruitt & Rubin, 1986: 29)은 갈등관리 방식을 무행동(inaction), 양보(yielding), 타협(compromising), 지배(dominating), 문제 해결(porblem solving)로 설명하고 있다. 이러한 연구들의 용어들을 토머스의 갈등관리 방식과 관련해 정리하면 다음과 같다. 회피(avoiding)는 후퇴(withdrawal)와 무행동(inaction)으로, 수용(accommodating)은 복종(obligation), 완화(smoothing), 양보(yielding)로, 경쟁(competing)은 강제(forcing)와 지배(dominating)로, 협력(collaborating)은 통합(integration), 대결(confrontation), 문제 해결(porblem solving)로 설명되고 있다. 이외에도 갈등 당사자 간 갈등관리 방식으로 마치와 사이먼(March & Simon, 1958: 129－131)은 전술한 바와 같이, 문제 해결(problem solving), 설득(persuasion), 교섭(bargaining), 정치(politics)의 네 가지를 제시했고, 로빈스(Robbins, 1998: 444)는 갈등관리 전략으로 문제 해결(problem solving), 상위목표의 설정(superordinate goals), 자원의 확충(expansion of resources), 회피(avoidance), 완화(smoothing), 타협(compromise), 권위적 명령(authorative command), 인적변수의 변경(altering the human variable), 구조변수의 변경(altering the structure variables)의 아홉 가지를 제시하고 있다.

첫째, 제3자는 갈등 당사자들이 상호비난과 변명에서 벗어나 서로 신뢰할 수 있는 분위기를 조성하도록 노력해 갈등 당사자들에게 상호긍정적인 동기를 유발시킨다.

둘째, 제3자는 갈등 과정을 진단·학습·분석하고, 갈등 과정과 관련된 유용한 개념과 모형을 제공해 갈등 당사자들이 갈등의 원인과 핵심 쟁점을 식별하고 태도를 변화하도록 유도한다.

셋째, 제3자는 갈등이 진행되는 과정과 당사자들의 상호작용을 통제해 갈등관리가 건설적인 방향으로 진행되도록 한다. 즉, 제3자는 갈등 과정에서 당사자들의 경솔한 행동과 상호작용을 통제할 수 있는 일정한 기준을 제시하고 가치, 규범, 기준이 재정의될 수 있도록 유도해 갈등이 악의적인 승패 지향으로 흐르는 것을 막아준다.

넷째, 제3자는 효과적인 갈등관리가 될 수 있도록 갈등 당사자들이 믿고 따를 수 있는 의사소통 과정을 확보해 의사소통을 증진시킨다. 대화의 공개성과 의사소통의 증진은 효과적인 갈등관리의 필수 요건이다. 제3자는 대화의 공개성을 확보해 지각된 위협, 위험, 또는 적대적인 평가를 감소시키고 접촉을 유지함으로써 의사소통을 증진시킬 수 있다.

이하에서는 제3자에 의한 갈등관리 방식을 대안적 분쟁 해결(Alternative Dispute Resolution: ADR)을 중심으로 설명하기로 한다(국무조정실, 2016: 110−114; 서울특별시, 2018: 14−20). 대안적 분쟁 해결이란 갈등 당사자들이 법원에 소송을 이미 제기하였거나 법적 소송 의사를 밝힌 상태에서, 소송 결과에 대한 불확실성, 소송 비용, 시간 지연 등을 고려하였을 때, 더 바람직한 해결책을 찾기 위해 시도하는 소송 이외의 대안적인 절차들을 의미한다(국무조정실, 2016: 110). 다시 말해서, 대안적 분쟁 해결은 법적 소송을 제기하지 않고, 갈등 당사자(집단)들이 갈등을 빚고 있는 사안에 대하여 평화적으로 합의를 도출할 수 있도록 돕는 다양한 갈등해결방안을 의미한다(서울특별시, 2018: 14). ADR의 일반적 유형으로는 조정(mediation),[8] 중재(arbitration), 알선 또는 화해(conciliation or accommodation), 사실확인(fact−finding), 약식심리(minitrials) 등이 있다.

---

8) 우리나라 노동법(노동조합 및 노동관계조정법, 1996.12.31 법률 제5244호)에서는 mediation을 조정으로, arbitration을 중재로 사용하고 있다. 학자들 중에서는 mediation을 중재로, arbitration을 조정으로 번역하는 경우도 있으나, 어느 번역이 맞다고 하기는 어렵다. 따라서 여기에서는 번역으로 인한 개념상의 혼란을 막기 위해 현행 노동법상의 번역을 따라 mediation을 조정으로, arbitration을 중재로 번역해 설명하기로 한다.

조정이란 당사자 간 협상으로 갈등을 해결할 수 없는 경우 객관적이고 중립적인 제3자가 갈등 당사자들이 자발적으로 갈등을 해결할 수 있도록 도와주는 갈등 해결 방식이다. 조정자는 객관적이고 중립적인 제3자여야 하며, 조정자가 갈등 당사자 모두 또는 한쪽 당사자와 친분이 있다고 하더라도 모두 동의하면 조정자로서의 역할이 가능하다(서울특별시, 2018: 19).

중재란 갈등 당사자들이 인정한 중립적인 제3자가 갈등 당사자들 각각의 의견이나 주장 등을 자세하게 파악하여, 갈등 당사자들에게 구속력 있는 결정을 내려 줌으로서 해결하는 방식이다. 구속력 있는 결정을 내리기 전에 갈등 당사자들은 객관적, 중립적인 입장에 있는 강제중재자(arbitrator)나 중재위원단(arbitration panel) 앞에서 자신의 주장을 피력하고, 증빙자료를 제시할 수 있는 기회를 가진다. 강제중재자나 중재위원단은 갈등 당사자들과 오랜 시간에 걸쳐 중재를 시도하거나, 쌍방에 대안을 제시할 것을 요구하거나, 쌍방 간의 관계 복원을 시도하지는 않는다. 다만, 당사자들이 자신들의 협상안을 제시할 수 있으며, 이는 강제중재자들의 결정에 참고로 사용된다(서울특별시, 2018: 14).

알선 또는 화해란 갈등 당사자들이 인정한 중립적인 제3자가 갈등 당사자 간 화해를 유도하여 합의가 이루어지게 하는 기법으로, 갈등 당사자들 간의 좋은 관계(positive relationship)의 복원을 전제로 진행된다. 알선자 또는 화해자는 조정자(mediator)들처럼 갈등 당사자들이 스스로 대화를 재개하고, 오해가 있는 부분을 이해하고, 강한 감정을 완화시키며, 상호협력하여 문제를 해결하고 상호신뢰를 쌓을 수 있도록 도와주는 역할을 수행한다. 알선자 또는 화해자는 갈등 당사자 모두가 동의하는 중립적인 회합 장소의 주선, 당사자들 각각이 처음 가지고 있는 생각 전달, 오해가 있는 부분과 상호이해를 같이하는 부분에 대한 사전 파악, 문제 해결을 위한 능력과 의지 등을 확인한다. 알선 또는 화해는 조정촉진(facilitation)이나 조정(mediation) 기법들과 연계하여 사용된다(서울특별시, 2018: 15).

사실확인이란 과학적, 기술적 불확실성에 대한 논란(갈등)을 해소하기 위해 갈등 당사자와 전문가가 함께 사실을 확인하고 해법을 모색하는 방식이다. 주로 노사 간의 갈등에서 사용되는 기법이기는 하지만, 많은 분야의 갈등에 적용되고 있다. 사실확인자들은 갈등의 해소를 위해 대안을 제시하거나 결정을 내리는 것이 금지되어 있으나, 갈등의 요인들을 파악하고 평가하여 보고하는 임무를 수행하며, 경우에 따라서는 강제성을 띠지 않는 대안을 제시할 수 있다. 제시된 대안들은 차후에 있을 협상을 촉진시켜주는 자료로 이용될 수 있다(서울특별시, 2018: 15).

약식심리란 중립적인 제3자가 사건의 사실을 듣고 사건의 공과에 대한 의견을 제시하는 과정으로 조정과 중재의 기술이 가능하며 쟁점이 복잡할 때 적합하다. 갈등 당사자들이 각각 요약 정리된 문서를 상대 갈등 당사자에게 전달함으로써 갈등 해소 과정이 시작된다. 각 집단의 책임자는 갈등 해소를 위한 의지를 가지며, 갈등 사안에 대한 충분한 정보를 가지고 있고, 상대와의 합의 사안들을 최종적으로 결정할 수 있는 권한을 가지고 있어야 한다. 갈등 당사자들은 심리 과정에서 충분히 소명의 기회를 가질 수 있다는 전제를 하고 있으며, 법정에서 진행되는 심리보다는 훨씬 편하고 간단한 과정을 밟으며, 절차나 심리 기간은 갈등 당사자들과의 상의에 의해서 결정하게 된다. 심리를 담당할 제3자는 전직법관 출신이나 법과 관련되어 있는 사람들 중에서 선택되며, 진행 과정을 원활히 하고 각각의 주장을 재정리하여 줌으로써 궁극적으로는 합의안을 도출한다(서울특별시, 2018: 16).

이러한 제3자 개입에 의한 갈등관리 방식은 제3자가 중립성, 전문적 지식, 신뢰성을 확보할 때 더욱 효과적이다(서휘석, 1994: 45-47). 만약 제3자가 편견을 가지고 어떤 행위를 하거나, 또는 갈등 당사자들이 제3자가 편견을 가지고 개입하고 있다는 의심을 하게 된다면 제3자의 개입은 갈등 해결에 도움을 주지 못한다. 또한 제3자의 전문적 지식에 대해 갈등 당사자 모두가 인정한다면 제3자의 개입은 갈등 해결에 도움이 될 것이다. 신뢰성은 제3자에 대한 갈등 당사자들의 믿음을 의미하며, 특히 갈등 당사자들 간 자율적인 갈등 해결이 실패한 경우, 제3자에 대한 신뢰성이 높을 경우 갈등 당사자들이 조정안이나 중재안을 수용할 가능성은 높아진다.

(3) 협 상

이 장에서는 협상(negotiation)을 갈등 당사자 간 갈등관리 방식과 제3자 개입에 의한 갈등관리 방식(ADR)에서 별도로 분리하여 설명하고자 한다. 그 이유는 협상이 양 갈등관리 방식에 모두 포함될 수 있기 때문이다. 먼저, 협상이 어떠한 현상과 활동인가를 구체적으로 규정하는 것은 쉽지 않으며, 학자들 또한 개념적 합의를 보지 못하고 있다(이달곤, 2005: 15). 걸리버(Gulliver, 1979: 35)는 협상을 "서로가 교환 또는 공동이익의 실현에 관한 합의를 도출하기 위하여 상호작용하는 의사결정 과정"이라 보고 있으며, 프루이트와 카르네발레(Pruitt & Carnevale, 1993: 1–2)는 협상을 "둘 이상의 집단이 사회적 충돌을 피하기 위하여 서로의 상반된 이해관계를 해결할 목적으로 토론하는 것"이라 보고 있다.

코딩턴(Coddington, 1966: 522–533; 이달곤, 2005: 16)은 협상을 "경쟁하는 다수의 이해당사자들이 가능한 복수의 대안들 중에서 그들 전체가 갈등을 줄이면서 수용할 수 있는 특정 대안을 찾아가는 동태적인 의사결정"으로 정의하고 있다. 또한 박호숙(1995: 14)은 협상에 대한 다양한 학자들의 개념 정의를 정리하여, 협상을 "어떤 공통된 문제에 대하여, 서로 간의 합의(mutual agreement)를 형성함으로써 서로 상충되는 이익을 조정해 나가는 과정"으로 정의하였다(Rangarajan, 1985: 21–23; Anderson, 1979: 79; Barrett & Fudge, 1981: 21; Mills(ed.), 1990: 21–39, 141–176).

협상은 당사자 간 직접 협상을 하거나 협상 전문가에게 위임 후 진행하는 것이 가능하다. 갈등 당사자 간 직접 협상의 경우 협상은 주고받는 하나의 교환관계로서, 갈등 당사자 간 수용 가능한 행동 대안을 형성하기 위하여 상호간의 입장을 조정하는 과정을 거치게 된다. 협상 전문가에게 협상을 위임하여 진행하는 경우, 협상 위임을 받은 전문가는 의뢰인으로부터 주어진 협상의 범위 내에서 자율적으로 협상에 임하게 된다(서울특별시, 2018: 17).

3) 갈등 조장 전략

갈등 조장 전략이란 갈등의 순기능적 작용을 인정해 조직의 무기력을 해소하고, 창의와 쇄신, 그리고 집단의 응집력을 증진시키기 위해 순기능적인 갈등을 적절히 조성해 조직에 이익과 활력이 되도록 하는 전략이다. 순기능적 갈등의 구체적인 조장 방안을 들면 다음과 같다(박연호 · 오세덕, 2000: 604–606; 이창원 · 최창현, 2005: 343–345; 오세덕 외, 2007: 261–263).

(1) 정보 및 권력의 재분배

표면화된 공식적 및 비공식적 정보 전달 통로를 의식적으로 변경시킴으로써 갈등을 조장할 수 있다. 특정한 의사전달 통로에 통상적으로 포함되던 사람을 의도적으로 소외시키거나, 본래 포함되지 않았던 사람을 새로이 정보 통로에 영입하거나, 또는 비공식적 정보망을 교체하는 것 등이 그 예다. 커뮤니케이션 통로의 변경은 정보의 재분배와 그에 따르는 권력의 재분배를 초래하기 때문에 갈등을 야기할 수 있다. 특히 이 방법은 선례답습주의나 무사안일주의가 만연되고 있을 때 이를 타파하고 조직의 활력을 회복하는 전략으로 유효할 것이다.

(2) 정보 조절

정보량의 조절, 즉 상황에 따라 정보 전달을 억제하거나 지나치게 과다한 정보를 전달함으로써 갈등을 조성할 수 있다. 이러한 방법의 사용으로 모든 의사전달을 무비판적으로 받아들이는 무관심 상태를 타파하고, 조직구성원들의 정체된 행태를 활성화시키고 창의성과 자율성을 일깨워 줄 수 있다(유종해, 2000; 천대윤, 2007: 218).

(3) 제도적 갈등 조장 방안

조직 내의 수평적 분화를 통한 조직구조의 변경이 이러한 방법에 해당한다. 분화된 각 분야는 내적으로 좀 더 동질적이 될 것이나 각 분야 간에는 차이가 심화되어 결국 갈등으로 유도될 것이다. 이외에도 조직의 계층 수를 재설정하거나, 직위 간의 관계를 재설정하는 등 제도적으로 갈등을 조장함으로써 효과적인 경쟁관계를 창출할 수 있다.

(4) 충격요법적 방법

외부 집단의 도전이나 위협을 느끼도록 유도하는 충격요법적 방법도 적절히 사용하면 갈등을 조장할 수 있다. 이 방법은 매너리즘과 무사안일에 빠져 있는 조직구성원들을 긴장시키고 도전에 무감각한 무사안일주의를 타파함으로써 조직을 활성화하는 효과를 가져올 수 있다.

(5) 인사정책적 방법

정체 상태에 있는 단위 부서를 일깨워 편달하는 방법으로 구성원들의 이질화(heterogeneity)를 인사정책적 방법으로 도모할 수 있다. 이는 기존 부서에 그 구성원들과는 전적으로 다른 배경·경험·가치관 등을 가진 구성원을 충원시키는 방법이다. 이 방법은 고정 관념과 경직된 사고 방식, 편협된 가치관, 침체된 지향성과 행태를 불식하는 데 많은 도움을 준다.

(6) 경쟁 상황의 창출

단위 부서들 간에 경쟁 상황을 조성함으로써 갈등을 촉진할 수 있다. 경쟁에서의 이해관계가 제로섬 게임이면 갈등은 더욱 강력할 것이다. 경쟁 상황 창출의 한 예로서, 판매경진대회를 개최해 판매고 신장을 도모하는 경우를 비유적으로 들 수 있다.

제 5 절 갈등관리의 활용

우리는 갈등 없는 세상을 꿈꾸지만, 실제 갈등 없는 세상은 없다. 갈등은 보편적인 현상으로, 우리는 점심으로 자장면을 먹을까? 짬뽕을 먹을까? 갈등하기도 한다. 한 개인도 이러한 갈등을 겪으면서 살아가는데, 다양한 가치관과 이해관계를 가지고 있는 수많은 개인과 집단들로 구성된 조직 및 사회에서 갈등이 발생하는 것은 자연스러운 현상일 것이다.

우리는 흔히 갈등은 나쁜 것이므로 제거되어야 한다는 부정적인 입장을 취하는 경우가 많다. 그러나 갈등이 반드시 나쁜 것만은 아니다. "비온 뒤에 땅이 굳어진다"는 속담처럼, 갈등을 잘 해결하면 엄청난 시너지(synergy) 효과가 발생하여 조직과 사회 및 국가의 화합과 발전을 이룰 수 있다. 한 개인이 역경을 이겨내면 발전하듯이, 조직과 사회 및 국가도 갈등을 잘 해결한다면 이전보다 발전할 수 있을 것이다.

갈등을 관리한다는 것은 역기능적인 갈등을 최소화하고 순기능적 갈등을 최대화한다는 의미이다. 이러한 맥락에서 우리는 갈등의 예방 및 해결 전략과 함께 조장 전략도 살펴보았다. 이러한 갈등관리 전략들은 실제 갈등 현장에서 많이 활용되는 방법들로, 이를 통해 우리는 조직의 결속 강화, 사회의 분열 방지, 조직구조의 유지·조정·적응에 기여, 조직구성원의 잠재적 능력 발전, 조직의 발전이나 혁신 촉진 등을 기대할 수 있을 것이다.

갈등이 조직에 필요한 것인가 아닌가 하는 기준은 일반적으로 갈등이 조직의 목표달성과 성과 증진에 작용하여 이익, 또는 저해 요인이 되었는가의 여부로 결정된다고 할 수 있다. 모든 조직에는 갈등의 최적 수준(optimal level of conflict)이 존재한다. 조직에 갈등이 없다면 정체된 사고방식, 부적절한 의사결정, 독재와 획일주의, 조직의 침체가 발생하여 변화와 개혁 추진 시에 어려움이 있게 되고 환경 변화에 대한 적응력이 낮아져 결국 조직의 성과는 저하된다. 즉, 갈등의 관리에서 조직에 갈등이 거의 없는 상태가 된다면 조직의 생존이 위협받게 되고, 갈등이 너무 많으면 조직 내 큰 혼란이 발생하게 되는 것이다([그림 14-2] 참조). 따라서 조직관리자는 자신의 조직에 적절한 갈등의 수준을 파악하여 알맞은 수준을 유지하도록 관리해야 한다(이창원 외, 2012: 284-285).

그림 14-2 갈등의 수준과 조직체 성과 간의 관계

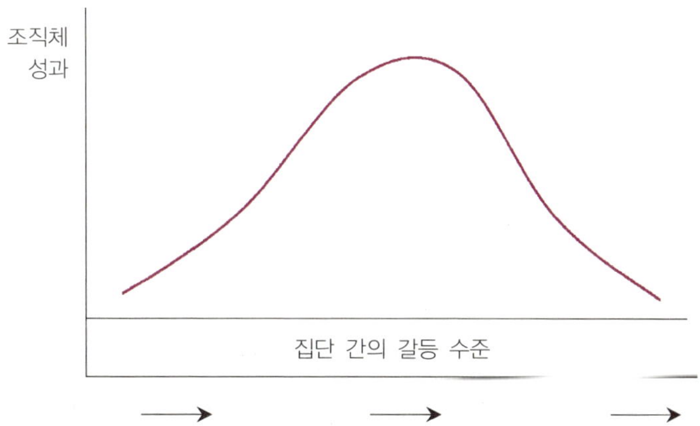

갈등 수준	낮음	이상적	높음
영향	역기능적	순기능적	역기능적
집단 행동	환경 변화 적응력 둔화, 무사안일적, 의욕 상실, 침체적	환경 변화에 신속한 적응력, 창의적, 변화 지향적, 활발한 문제 해결 행동, 적극적 목표 달성 행동	혼란, 분열, 상호조정 결여, 목표의식 결여
성과	낮음	높음	낮음

출처: 이창원 외(2012: 285).

Chapter 15

조직문화

조직문화란, “조직구성원의 태도에 영향을 미치는 공유된 가치, 규범, 의미 체계”를 의미한다. 조직에는 저마다 구성원들이 암묵적으로 공유하거나 당연시하고 있어서 쉽게 바뀌지 않는 관행, 풍토, 그리고 철학이 있는데, 이는 제도와 규정으로 공식화되어 있지 않아도 구성원들의 태도나 일하는 방식에 직·간접적인 영향을 미친다. 조직문화는 이렇게 “조직 내에 깃들어 구성원들의 행태에 영향을 미치는 비가시적인 힘”이라고 정의할 수 있다. 우리는 무의식적 혹은 의식적으로 평가적인 태도로 조직의 조직문화를 언급하곤 한다. 가령, 우리는 흔히 “어떠한 정부기관 A는 다른 기관에 비해 상명하복의 경향성이 강하고 권위적이다”라고 평가하거나, “어떠한 대기업 A는 다른 기업에 비해 상사와 부하 간의 소통이 자유롭고 업무가 자율적이다”라는 해석을 내어 놓는다. 이때 이러한 평가와 해석은 암묵적으로 해당 조직이 고유하게 지니고 있는 조직문화를 지시하고 있다고 할 수 있다. 조직에서 문서로 공식화되거나 물리적인 속성을 갖는 규정, 직무 체계, 업무프로세스, 시설과 설비 등의 인공물(artifacts)을 조직의 하드웨어(hardware)라고 한다면, 조직문화는 구성원의 공유된 가치, 철학, 신념, 관행, 풍토, 습성 등 조직의 소프트웨어(software)에 해당한다.

조직문화는 다음과 같은 몇 가지 속성을 갖는다. ① 첫째, 조직문화는 명문화된 문서로 기록되는 것이 아니라, 사람과 사람의 일하는 방식 속에 행태적 패턴이자 습관으로 깃들여져 있는 것이므로, 주의를 기울여 관찰하지 않으면 눈에 잘 보이지 않는다. 이에 연구자들은 문화를 분석해 내기 위한 설문도구나 참여관찰방법을 위한 개발에 지속적인 노력을 기울여 왔다. ② 둘째, 만약 어떠한 조직문화가 조직 내 구성원들에게 당연시되거나 행태적 습성으로 내재화되는 경우, 이는 내부 구성원들 간에는 잘 의식되지 못한다. 그러나 이러한 내재화로부터 자유로운 외부 관찰자에게는 두드러지는 특징으로 쉽게 관찰되기도 한다. 즉, 조직문화는 내부 구성원과 외부 관찰자 간에 서로 다른 가시성으로 인식된다. 조직이 주로 외부 연구진의 도움을 통해 조직진단을 수행하는 것은 바로 이러한 이유에서 비롯한다.

③ 셋째, 조직은 서로 다른 경험과 역사의 퇴적물이라고 할 수 있다. 그리고 조직문화는 이렇게 서로 다른 경험과 역사에 의해 형성되므로, 만약 어떠한 조직문화가 오랜 시간 동안 농축된 경우 단기간에 인위적인 노력으로 바꾸기가 쉽지 않다. 이를 조직문화가 갖는 제도적인 '경로의존성(path−dependency)'이라고 부른다. ④ 넷째, 동일한 조직구조나 규정을 가지고 있는 조직이라고 하더라도, 반드시 유사한 조직문화를 가지게 되는 것은 아니다. 조직마다 조직구성원 간의 상호작용의 경험과 학습은 서로 다르므로, 조직문화 역시 다르게 형성되기 쉽기 때문이다. 요컨대, 조직문화는 상대성을 특질로 한다. 이를 조직문화를 보는 '문화인류학적 시각'이라고 한다. ⑤ 다섯째, 조직문화가 지닌 상대성에도 불구하고, 환경의 변화에 따라 어떠한 조직문화는 조직에게 강점으로 작용하고, 다른 조직문화는 조직에게 약점으로 작용하는 등 조직문화가 조직의 경쟁력에 영향을 미치게 되기도 한다. 이에 조직의 리더는 환경의 변화를 주의 깊게 관찰하고, 이에 맞추어 조직문화를 변화시키기 위하여 의도적이고 의식적인 노력을 수행하기도 한다. 즉, 조직문화는 조직의 경쟁력에 영향을 미치는 요소로 기능하며, 이를 조직문화를 보는 '기능주의적 시각'이라고 한다.

역사적으로 조직문화에 대한 실무적 관심은 위에서 언급한 속성 중 특히 조직문화의 '기능주의적 시각'에서 비롯하였다(Morgan, 1986). 1970년대 오일쇼크(oil shock) 이후 1980년대에 들어 미국 기업의 성과와 실적이 약세를 면치 못했던 상황에서, 동일한 글로벌 환경에 놓여 있었던 일본 기업이 오히려 고성과를 거두었던 이변적 상황이 경영 실무자와 연구자의 관심을 끌었던 것이 한 배경이다. 이러한 상황에 대한 하나의 설명으로, 일본계 학자인 오우치(Ouchi, 1982)는 일본 기업들이 미국식 경영 기법(A이론)과 일본식 일하는 방식(J이론)을 변증법적으로 서로 조합한 'Z이론(Z-Theory)'을 통해 고성과를 달성하였다고 주장하였다. 여기에서 그는 일본 기업의 조직문화 특질이자 'Z이론'의 구성요소로 "사람(조직원)에 대한 관심", "참여적 의사결정", "종신고용제" 등을 들어, 일본식 경영이 갖는 전략적 우위의 원천을 제안하였다.

물론 조직문화에 대한 관심을 이렇게 실무적이고 기능주의적인 측면에서만 설명하는 것은 지나친 일반화의 오류로부터 자유롭지 않을 것이다. 조직문화는 그 자체로도 우리의 조직에 대한 이해의 스펙트럼을 넓히는 흥미로운 주제라고 할 수 있다. 이 장에서는 조직문화의 개념을 정의, 유형, 쟁점을 중심으로 설명하겠다.

제 1 절 조직문화의 정의와 중요성

1. 조직문화의 정의

이 책에서는 조직문화를 "조직구성원의 태도에 영향을 미치는 공유된 가치, 규범, 의미 체계"로 정의하였으나, 조직문화는 연구자의 관심과 초점에 따라 상당히 다양하게 정의되고 있다.

첫째, "구성원이 자신도 모르게 견지하고 있는 가정"과 같은 "무의식적 측면"에 초점을 두고 있는 샤인(Schein, 1996: 236)의 경우, 조직문화는 "한 집단의 구성원들이 공유하고 당연시하는 일련의 암묵적인 가정(the set of shared, taken-for-granted implicit assumptions)으로, 그 집단이 다양한 환경을 인식하고, 생각하며, 반응하는 방법을 결정"하는 것으로 정의된다. 샤인(E. H. Schein)은 인간의 자극에 대한 반응 및 이에 따르는 학습을 주요 연구주제로 다루어 왔는데, 이러한 이유에서 그에게 문화는 집단이 동일한 자극에 대한 집단적인 반응을 통해 학습을 통해 무의식에 내재된 일종의 행태적 알고리즘(algorithm)으로 이해되었다. 이 경우, 조직문화는 개인의 무의식 속에 깃들어 있는 것으로 파악된다. 이렇게 깃들어 있기 때문에, 그에게 조직

심리학의 점화효과(priming effect)

샤인의 조직문화에 대한 설명은, 심리학의 점화효과(priming effect)를 연상시킨다. 점화효과란, 개인이 학습 과정에서 어떠한 자극에 노출됨으로써 의식적인 지침이나 의도 없이도 뒤따르는 반응에 영향을 받게 되는 현상을 의미한다. 가령, '남성'이라는 단어를 들으면, '여성'이 자연스럽게 떠오르거나, '간호사'라는 단어를 들으면, '의사' 혹은 '환자'라는 단어가 떠오르는 현상을 예시할 수 있겠다. 이러한 점화효과에는 우리의 의식 기저에 있는 어떠한 가정(assumption)의 작용이 영향을 미친다고 할 수 있으며, 이러한 가정들은 대체로 우리가 삶을 통해 경험한 것들이 학습 혹은 사회화를 통해 축적된 것이라고 할 수 있다.

이 경우 샤인은 조직의 구성원들이 집단적인 경험을 통해 유사한 점화효과를 공유하게 될 때, 이들이 유사한 조직문화를 공유한다고 설명하는 것으로 이해된다.

문화는 구성원이 의식하지 못하고, 당연시하며, 비가시적이고, 변화하기 어려운 것으로 이해된다.

샤인에 따르면, 조직문화는 [그림 15-1]과 같이 가시적이고 변화가 용이한 조직의 관행, 제도 등과 서로 다른 층위를 이루며, 무의식에 퇴적되어 구분되는 것으로

그림 15-1 샤인의 조직문화 층위 구조

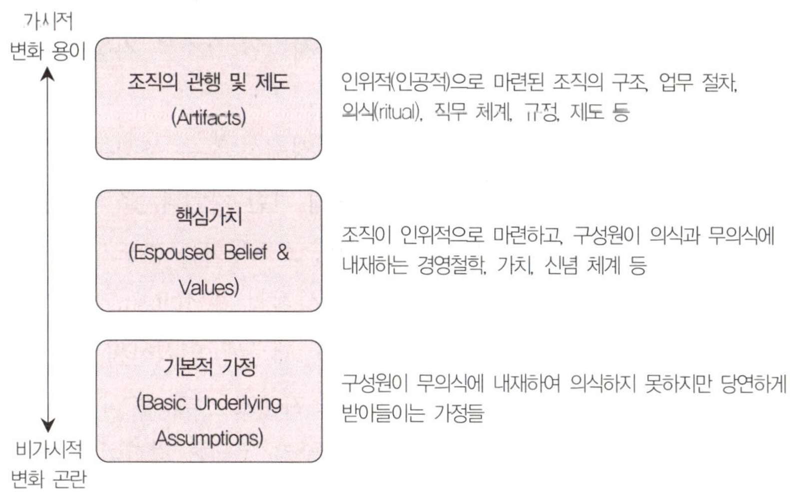

출처: Schein(1985).

개념화되었다. 유사한 맥락에서, 스미르시치(Smircich, 1985: 58)도 "상당히 안정적인 당연시하는 일련의 가정, 공유된 믿음, 의미, 가치(a fairly stable set of taken-for-granted assumptions, shared beliefs, meanings, and value)"라는 정의를 제안하였다.

둘째, 조직구성원의 행태에 영향을 미치지만 비가시적인 속성을 갖는 요소들을 되도록 포괄적으로 제시하여 조직문화에 담는 접근방식을 들 수 있다. 가령, 이러한 접근방식을 따를 때, 조직문화는 믿음, 규범, 가치, 인식, 감정, 행위, 규칙, 관행 등을 다양한 요소들을 포괄하는 개념으로 정의되기도 한다(Alvesson, 2002; Angwin & Vaara, 2005; 조경호 외, 2014). 조경호 외(2014: 240)의 경우, 의식, 의례, 의미, 지식 등까지도 조직문화에 포함하는 데, 이는 앞서 살펴본 샤인이 관례적인 의식과 의례를 '인공적인 조직관행 및 제도(artifacts)'에 포함시킴으로써 기본적 가정으로서의 조직문화와 거리를 두려고 했던 것과 비교할 때 차이를 보인다고 할 수 있다.

한편, 조직문화를 이렇게 포괄적인 범주로 다루다 보면, 다른 개념들과 의미상의 혼동이 되기 십상이다. 가령, 조직정체성(organizational identity)과 조직분위기(organizational climate)는 의미상 조직문화와 유사한 요소를 포함하게 될 수 있다. 개념적으로 조직정체성은 "조직의 특징적인 가치와 성격에 대한 공통적인 이해"(Hatch & Schultz, 1997: 357)를 의미하고, 조직분위기는 "조직의 사건, 행위, 절차에 관한 조직구성원들의 공유된 인식"(Patterson et. al., 2005: 380)을 뜻하는 데, 이는 모두 조직구성원들의 행태에 영향을 미치는 공유되고 비가시적인 요소를 지칭한다는 점에서 조직문화와 흐릿하게 연결된다.

하지만 조직문화는 다음과 같은 측면에서 조직정체성 혹은 조직분위기와는 구분되는 개념이라고 볼 수 있다. 우선, 인식의 주체에 관한 차이이다. 조직정체성과 조직분위기는 조직구성원에 의한 인식에 한정된 반면, 조직문화는 반드시 조직구성원에 의해 인식될 필요는 없다. 오히려 조직문화는 '추상적인 개념(abstraction)'으로 조직구성원의 행태를 제약하지만 그들은 당연시하기 때문에 인식하지 못할 수 있다(Schein, 2010). 또한 연속성과 안정성 측면에서도 차이가 있다. 조직문화는 한 조직의 역사에 기반하고 구성원들이 오랜 기간 집단적으로 공유한 결과이기 때문에 단기적인 조작이 어려운 반면, 연속적이고 안정적인 특성이 있다(Denison, 1996; Schein, 2010). 이에 반해, 조직정체성과 조직분위기는 임시적이고 불안정한 개념으로 조직구성원들에 의해 재정의되고 변화할 수 있다(Denison, 1996; Gioia, Schultz, & Corley,

2000).

이러한 논의들이 함의하는 것은 조직문화를 명료하게 정의하는 것은 매우 어렵다는 점이다. 그럼에도 불구하고, 조직문화가 갖는 몇 가지 주요한 기능적 특질이 있는데, 다음과 같은 것을 들 수 있다.

첫째, 조직문화는 후천적으로 체득되고, 사회적으로 학습된다. 구성원은 다른 구성원들과의 상호작용을 통해 문화적 요소들을 수용하고 내재화한다. 따라서 조직문화는 사회화(socialization)의 산물이다.

둘째, 공유된 조직문화는 조직구성원들에 공유된 정체성, 소속감, 일체감을 부여하는 작용을 한다. 공유된 조직문화를 통해 유사한 행태를 가지게 된 개인들은 서로에 대하여 내집단(in-group)으로서 동질감을 가지게 되기 쉽기 때문이다.

셋째, 조직문화가 지나치게 강화되어, 행태뿐 아니라 사고방식과 무의식까지 동질화되는 경우, 조직 내의 창의성을 저해하고, 다른 문화를 지닌 조직과의 경계선에서 서로 갈등을 유발하게 될 개연성이 증가한다. 즉, 조직문화는 내집단(in-group) 조직구성원들을 서로 응집시키는 작용을 하지만, 과도할 경우 이질성을 포용하지 못하여 창의성을 억누르고, 외집단(out-group)과의 갈등을 유발할 수 있다.

넷째, 조직문화는 구성원 간의 상호작용에서 서로의 행동 패턴에 대한 예측가능성을 높여주기 때문에, 조직 내 의사결정의 효율성을 증대시킬 수 있다. 같은 문화를 공유하고 있는 구성원들은 주어진 상황에 대하여, 유사한 해석과 대처방식을 보이게 될 개연성이 높다. 이에 상호작용과 의사소통에서 발생하는 사회적·심리적 비용, 즉 거래비용(transaction costs)을 감소시키는 효과를 누릴 수 있다. 이는 마치 같은 언어권의 구성원들이 누리는 낮은 거래비용을 연상시킨다. 그러나 이렇게 조직 내 거래비용이 낮을수록, 이질적인 다른 조직문화권과의 거래비용은 비약적으로 증대할 수 있다.

마지막으로, 조직문화는 조직구성원의 행태에 영향을 미치는 요소들 중 가장 기저 혹은 저변에 자리 잡고 있으므로, 가장 포괄적인 영향을 끼친다는 점이다. 공식적인 제도나 규정의 경우, 그것에 저촉되는 당사자와 이해관계자만 영향을 제한적으로 받게 된다. 반면, 조직문화는 조직구성원이라면 누구나 일반적인 영향 하에 놓이게 된다.

2. 조직문화의 중요성

조직문화는 조직의 경쟁력을 증대시키는 이점 혹은 자산이 될 수도 있고, 상황에 따라 문제의 원인이 될 수 있다(Barney, 1986). 그리고 그것이 자산이든 문제의 원인이든, 조직문화는 조직의 성과에 영향을 가진다는 점에서, 실무적인 중요성이 도출된다. 가령, 기술 환경의 변화에 기민하게 대응해야 하는 기술혁신기업(inno-biz)이 둔하고 느린 관료적 문화를 가지고 있다면, 이 기업은 시장에서 오래 생존하지 못할 것이다. 실제 많은 경험적 연구들이 조직문화가 조직 성과와 높은 상관성을 갖는다는 점을 밝히고 있다(Daft, 2007; Marcoulides & Heck, 1993; Ouchi & Wilkins, 1985). 조직문화와 조직 성과 사이에 높인 이러한 유의미한 상관관계는 조직문화가 갖는 중요성을 증언하고 있다.

그런데 이렇게 조직문화가 갖는 성과와의 연관성, 즉 '조직문화의 기능적 측면'을 강조하다보면, 자칫 어떠한 조직문화가 다른 조직문화에 비해 언제나 우월하다는 '절대적 우월성'의 관점에 빠지게 되기 쉽다. 가령, "개방적 조직문화는 패쇄적 조직문화 보다 언제나 우월하다"는 식의 주장이 그것이다. 그러나 조직문화가 갖는 우월성은 절대적인 것이 아니라, 환경의 요구에 대한 부합도(fit)에 따라, 즉 환경과의 부합도에 따라 '상대적'이라고 보는 것이 타당하다. 가령, 개방적 조직문화는 조직이 지나치게 보수화되고 정체된 반면 환경이 빠르게 변화할 때 요청되는 덕목인 반면, 패쇄적 조직문화는 조직이 보안이나 안전을 중시해야 하는 상황에 있거나, 외부로부터 조직자원을 지켜야 하는 상황에 있을 때 요청되는 덕목이라고 할 수 있다. 요컨대, 조직문화의 우월은 환경의 요구에 따른 적응과정에서 변동할 수 있다(Arogyaswamy & Byles, 1987). 한편 조직문화는 공식적인 제도나 규정과는 달리 순발력 있게 변화시키고 적응시키는 것이 쉽지 않다. 주지한 바대로 조직문화는 관성과 경로의존성을 가지기 때문이다. 이에 현대 조직행태론은 조직문화의 효과적인 관리를 위한 이론과 기법을 마련하기 위한 노력을 지속하고 있다.

제 2 절 조직문화의 유형

조직문화는 학자가 강조하는 기준과 속성에 따라 다양하게 유형화된다. 이러한 다양성은 조직문화의 다양한 특질을 이해하도록 하는 유용성을 갖는데, 조직문화의 연구자들은 대체로 두 개의 기준(차원)을 X축과 Y축의 좌표축에 적용하여 네 가지 문화유형을 도출하는 접근방법을 통해 유형을 제시하고 있다. 대표적으로 ① 캐머런과 퀸의 경쟁가치모형, ② 해리슨의 조직문화 유형, ③ 대프트의 환경・전략에 따른 조직문화 유형, ④ 조직문화 프로파일(Organizational Culture Profie: OCP)을 제시하였다.

1. 캐머런과 퀸의 경쟁가치모형

캐머런과 퀸의 경쟁가치모형(competing values model)은 "조직이 조직 내부를 강조하는지 혹은 외부 환경과의 상호작용을 지향하는지"(focus)와 "조직의 업무구조가 통제를 강조하는지 혹은 유연함을 강조하는지"(structure)의 두 가지 기준을 차원으

그림 15-2 경쟁가치모형의 조직문화 유형

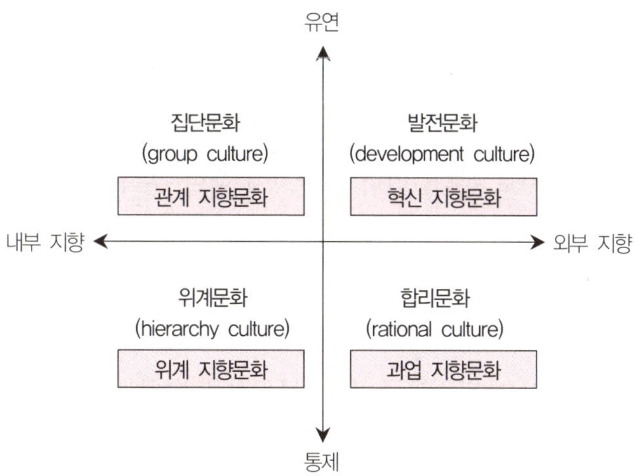

출처: Quinn & Rohrbaugh(1983: 369).

로 하여, 서로 다른 가치를 추구하는 네 가지의 조직문화 유형을 도출하고 있다(Lamond, 2003; Quinn & Rohrbaugh, 1983).

각 유형을 살펴보면 다음과 같다.

첫째, 집단문화(group culture)는 조직의 업무구조가 유연하고 조직 내부를 지향하는 경우 발현되는 것으로 본다. 이는 인간적이고 가족적인 상호작용을 강조하는 조직문화를 의미하며, 구성원들이 서로의 인간관계를 건강하게 유지하는 것에 가치를 둔다. 이러한 집단문화를 가진 조직은 참여, 충성, 신뢰, 팀워크 등을 중시하게 되며, 공유된 문제를 함께 해결하기 위한 협력과 응집에 비중을 둔다.

둘째, 위계문화(hierarch culture)는 조직이 통제를 중시하고 조직 내부를 지향하는 경우 발현되는 것으로 본다. 이때 조직구성원들은 변화보다는 안정을, 불확실성보다는 예측가능성을 강조한다. 위계문화는 전통적인 관료제에서 자주 확인되며, 공식적으로 하달되는 명령과 규칙에 따라, 예측된 절차와 방법을 통해 과업을 수행하는 조직과 부합성이 높은 조직문화이다.

셋째, 발전문화(development culture)는 외부의 변화에 대하여 능동적이고 유연한 적응 및 이를 위한 혁신을 강조한다. 이에 발전문화는 혁신 지향의 문화라고 할 수 있다. 이 경우 조직은 매우 활기와 생동감이 넘치고, 조직은 구성원의 창의력과 동태성을 강조하는 경영의 방향성을 지향하게 된다. 조직과 구성원은 안정보다는 위험을 감수하더라도 혁신과 적응을 지향하는 태도를 견지한다.

넷째, 합리문화(rational culture)는 조직의 업무구조가 일사분란한 통제를 강조하되 조직이 외부를 지향하는 경우를 특질로 한다. 이는 조직의 환경의 부여하는 과제와 도전에 대하여 구성원들이 공통의 과업을 설정하고, 일사분란하게 체계적으로 대응하는 것을 중요한 가치로 본다. 리더가 환경에 대한 분석을 바탕으로 전략적인 계획을 수립하고 지시를 내리면, 구성원들이 전문성을 바탕으로 이를 집행해 가는 접근방식을 예시할 수 있겠다.

경쟁가치모형에 따른 조직문화 유형에서 중요한 점은 한 조직이 이들 네 가지 유형의 어느 하나의 문화를 배타적으로 가진다는 점을 밝히는 것이 아니다. 하나의 조직은 상호 경쟁적인 이러한 문화 유형들을 동시에 가질 수 있으며, 따라서 조직이 처해있는 과업환경에 맞게 이들을 적정 범위 내에서 균형 있게 추구하는 조직에게 효과적이라는 것이 이 모형이 갖는 이론적 주장이자 함의이다. 따라서 경쟁가치모형이라는 용어에 담긴 '경쟁가치(competing values)'란 "하나의 조직 내에서 서로 공존하며 보다 나은 효과성을 위해 경쟁하는 가치들"을 의미하는 개념이라고 할 수 있다.

2. 해리슨의 공식화 · 집권화 기준의 조직문화 유형

해리슨(Harrison, 1972)은 조직문화를 "조직의 집권화 정도가 높은지 혹은 낮은지" 및 "조직의 공식화 정도가 높은지 혹은 낮은지"의 두 가지 기준(차원)을 중심으로 유형화하여 [그림 15-3]과 같이 네 가지의 조직문화를 제안하고 있다.

그림 15-3 해리슨의 조직문화 유형

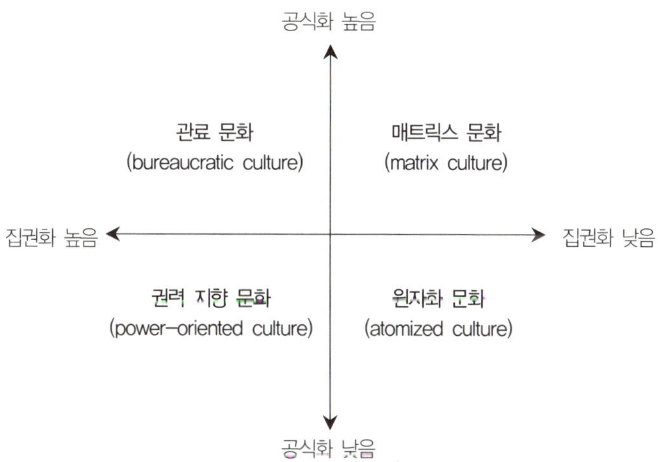

출처: Harrison(1972: 26-42).

첫째, '관료 문화'는 공식화와 집권화가 모두 높은 조직에서 나타나는 조직문화 유형이다. 이 유형에서는 공식적인 규정을 바탕으로 구성원 각자의 역할과 업무 절차가 미리 정의되는 등 전통적인 관료제 조직에서 주로 확인되는 특성이 확인된다. 관료 문화를 가진 조직은 구성원 각자가 규정에 정의된 대로 자신의 역할과 업무를 수행하기 때문에, 안정성과 예측가능성을 담보할 수 있다. 반면, 각자가 자신의 역할과 업무 외의 큰 그림을 파악하지 못하거나 의식적으로 외면함으로써, 조직 전체가 지향하는 목표의식보다는 개별적인 업무 과정에만 매몰되는 문제를 야기할 수 있다. 또한 대인관계가 공식적인 업무 내적인 것으로만 한정되므로, 개인이 고독감과 소외감을 느끼게 되기 쉽다.

둘째, '권력 지향 문화'는 집권화는 높은 반면, 공식화는 낮은 조직에서 나타나는 조직문화 유형이다. 집권화가 높다는 것은 조직의 권력이 상부에 집중되어 있다는 것을 의미하는 데, 조직이 낮은 수준의 공식화를 가지고 있는 경우 이러한 권력의 행사가 규정이나 제도가 아닌 인간적인 판단에 의해 이루어지게 된다. 조직 내에서 상부의 소수가 인간적인 판단에 기반하여 권력을 행사하는 경우, 조직구성원은 이들 소수 실권자에 대한 개인적인 정치와 충성을 지향하는 권력 지향의 행태를 보이게 되기 쉽다.

셋째, '매트릭스 문화'는 공식화는 높은 반면, 집권화는 낮은 조직에서 나타나는 조직문화 유형이다. '매트릭스 문화'는 번역어로 '행렬 문화'라고도 하며, 구성원들의 역할과 업무 수행 절차가 과업(task)을 중심으로 이루어지고, 상부의 소수 실권자가 권력을 독점하기보다는 다수의 전문가들이 과업에 따라 권한을 나누어 갖는 다중심의 분점형 조직구조의 특성을 보인다. 권한을 지닌 전문가들을 중심으로 기능인력들이 다수의 팀을 구성하여 목적을 달성하기 위하여 협업을 진행하기 때문에, 과업과 결과 중심의 자율적인 풍토를 갖는 경우가 일반적이다.

넷째, '원자화 문화' 또는 '핵화 문화'는 집권화와 공식화가 모두 낮은 조직에서 나타나는 조직문화 유형이다. 이 유형에서는 조직 내 구성원 각자가 자신에게 주어진 개별적인 업무에 집중하는 경향성을 보인다. 개인에게 별도의 목표와 과제를 부여하면, 각자가 문제를 해결하는 운영방식의 조직을 상정할 수 있을 것이다. 이 경우 조직이 구성원 간의 협업이나 교류를 반드시 요구하지 않으므로, 이러한 협업과 교류는 구성원 간에 자발적이고 자율적으로 이루어지게 된다.

3. 대프트의 환경 · 전략에 따른 조직문화 유형

대프트(Daft, 2007)는 조직의 문화를 "전략의 초점이 조직의 내부 혹은 외부로 향하고 있는지의 여부"와 "조직환경 요구가 유연성 혹은 안정성 중 어디에 있는지의 여부"의 두 가지 기준(차원)을 바탕으로 네 가지 유형의 조직문화를 제시하고 있다(이창원 외, 2012). 대프트의 조직문화 유형화는 얼핏 앞서 살펴본 캐머런과 퀸의 경쟁가치모형와 유사한 유형화 기준을 바탕으로 하고 있는 것으로 보인다. 그러나 경쟁가치모형에서 '외부 지향'이 "외부로부터 주어진 과업이나 목표에 대한 지향"을 의미하기 때문에, '외부'가 '과업' 혹은 '목표'를 함의하는 반면, 대프트의 조직문화 유형에서 '외부'는 "구조변화 등 조직에게 적응적 압력을 가하는 변화하는 과업환경"을 의미한다. 가령, 대프트의 조직문화 유형에서 '외부'는 "구조조정의 압력을 가하는 환경" 등 조직구조와 일하는 방식 등에 영향을 미치는 압력 요인이라고 할 수 있다.

그림 15-4 대프트의 조직문화 유형

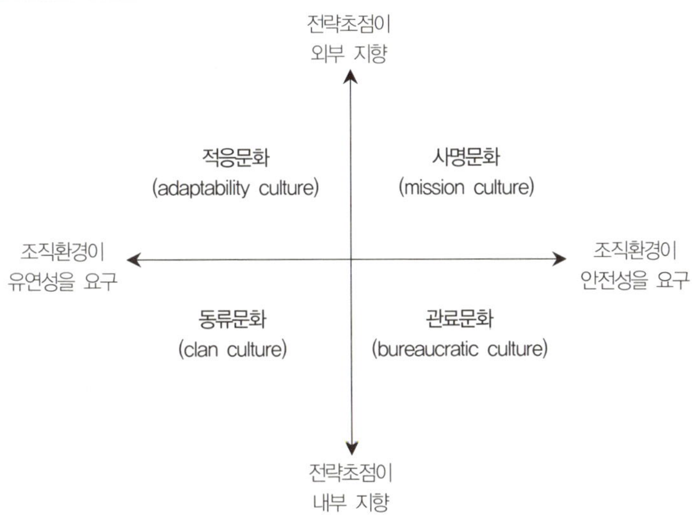

출처: Daft(2007: 245).

우선, 적응문화(adaptability culture)는 조직환경이 유연성을 요구하며 전략의 초점이 외부 지향일 경우로, 외부 환경의 변화에 대한 조직의 적응을 중시한다. 적응문화를 가진 조직은 환경으로부터의 신호를 감지하고 해석해 새로운 대응행위를 만드는 능력에 가치를 두는 경향이 있으며, 혁신, 창의성, 위험 감수 등을 강조한다. 또한 이 조직은 환경에의 수동적인 적응뿐만 아니라 능동적으로 변화를 창출해 가기도 한다.

사명문화(mission culture)는 안정적인 조직환경을 가졌으며 전략의 초점이 외부 지향적인 조직문화다. 통상 주요 외부 고객이 안정적으로 존재하는 조직이 사명문화를 가지는 경향이 있다. 이 조직은 뚜렷한 목표와 비전 제시와 구성원들의 성과 목표 달성, 이를 위한 보상 체계를 강조하는 특징을 가진다.

동류문화(clan culture)는 조직환경이 유연성을 요구하고 전략의 초점이 내부 지향일 경우다. 이 문화를 가진 조직은 구성원들의 개입과 참여, 외부 환경으로부터의 기대 변화에 초점을 둔다. 이 문화는 높은 성과를 창출하기 위한 방법으로 구성원들의 요구 충족을 강조하고, 구성원들의 개입과 참여가 책임감과 소유 의식을 만들고, 이것이 조직에 대한 헌신을 높인다고 여긴다.

관료문화(bureaucratic culture)는 조직환경이 안정성을 요구하고 전략의 초점이 내부 지향적인 문화를 의미한다. 이 문화를 가진 조직은 기존에 정해진 방법, 규칙, 절차에 따른 업무 수행을 강조한다. 관료문화에서 조직구성원들의 몰입 정도는 다소 낮지만, 조직구성원들 간 높은 수준의 일관성, 순응, 협력을 특징으로 하는 경향이 있다.

4. 조직문화 프로파일

지금까지는 두 가지의 기준(차원)에 바탕을 두고 네 가지 유형의 조직문화를 도출한 조직문화 유형들을 검토하였다. 지금까지 검토한 유형들은 연구자가 사전에 기준을 제시하고, 이에 맞추어 조직문화를 제시하는 연역적 접근에 바탕을 두고 있다고 할 수 있다. 다른 한편, 다수의 조직문화들을 수집하고, 이들 간에 상관성이 높은 것들을 함께 묶어 조직문화의 유형을 탐색하는 귀납적 접근에 바탕을 둔 접근도 확인된다. 여기에서는 예시로서 조직문화 연구자들에게 자주 인용되는 '조직문화 프로파일'을 살펴본다.

조직문화 프로파일(organizational culture profile: OCP)은 조직 내부의 구성원들이 어떠한 조직문화를 지향하는지를 측정하기 위하여 개발된 54개의 설문문항도구를 개발하는 과정에서 오라일리(C. O'Reilly)와 동료들에 의해 제안된 조직문화 유형을 지칭한다(O'Reilly et al., 1991: 494-495). 이들은 조직문화에 대한 선행연구들에 대한 포괄적인 리뷰를 바탕으로 54개의 설문문항을 도출하고, 호주의 기업조직 매니저들을 대상으로 배포하여 분석 결과를 취합하였다. 이후, 설문문항이 서로 어떠한 유형으로 구분되는지를 분석하기 위하여, 통계기법인 요인분석(factor analysis)을 통해 [그림 15-5]와 같이 조직문화의 유형을 탐색하여 제시하였다.

그림 15-5 조직문화 프로파일(OCP)의 조직문화 유형

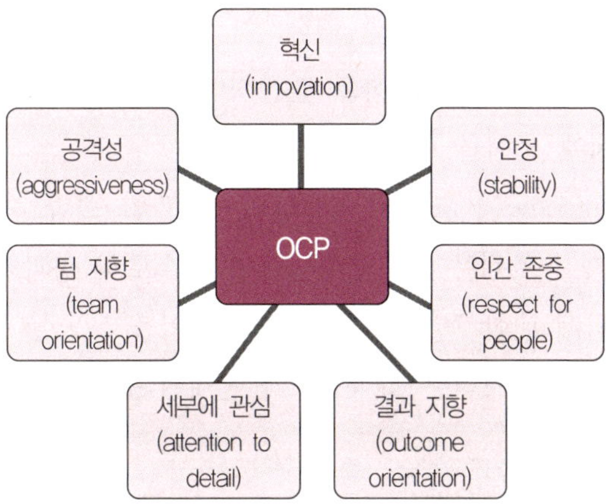

출처: O'Reilly et al.(1991: 505)을 바탕으로 구성

오라일리와 동료들이 조직문화 설문문항을 개발한 본래 목적은 조직문화의 유형에 있지 않았다. 개인의 응답과 전체의 응답평균을 비교하여, 개인과 조직 간의 정합성(person-organization fit)을 확인하는 목적에서 개발되었기 때문이다. 그러나 아이러니하게도, 오늘날 조직문화 프로파일은 조직문화 유형화 모델의 하나로 인식되는 경향을 보인다. 조직문화 유형화 모델은 다음과 같은 일곱 가지 조직문화 유형을 제시하고 있다.

우선, 혁신문화(innovative culture)는 유연하고 적응적이며, 새로운 아이디어를 강조한다. 혁신문화를 가진 조직은 직함과 직위 등 구성원들을 분리하는 요소들이 경시되고 수평적인 위계(flat hierarchy)를 특징으로 하는 경향이 있다.

안정적인 문화(stable culture)는 구성원 간의 상호작용에서의 예측 가능성을 강조하고, 규칙 지향적이며 관료적인 것을 특징으로 한다. 안정적인 문화를 가진 조직은

높은 수준의 효율성을 위해 구성원들의 노력을 조정하고 결집하는 것을 목적으로 하는 경향이 있다. 조직을 둘러싼 환경이 안정적일 경우, 이러한 문화는 조직이 일정한 수준의 성과를 안정적으로 산출하는 데에 도움이 될 수 있다. 하지만, 조직환경이 급변하고 역동적일 경우, 이 조직은 빠르게 대처하고 적응하지 못함으로써 비효율적일 수밖에 없다.

인간존중 문화(respect–for–people culture)는 공정성, 지원, 인권 존중 등 인간 지향(people–oriented)의 가치를 강조한다. 인간 존중 문화를 가진 조직은 인간을 가장 중요한 자원으로 취급한다. 이를 위해, 이 조직은 공정한 절차와 관리 방식을 마련해 놓고, 구성원들이 즐겁게 일하고 인간적인 삶을 영위하며 존중과 존엄을 가진 존재로 다루는 데에 초점을 둔다.

결과 지향 문화(outcome–oriented culture)는 성과와 결과, 이를 위한 행동을 강조한다. 이 문화를 가진 조직은 조직구성원들이 스스로의 성과와 성공에 대한 책임을 지도록 하며, 성과에 대한 보상 체계를 이용해 이를 유도한다. 이 조직은 연공서열이나 충성도에 따른 보상보다는 성과지표와 연계된 보상 체계를 마련해 놓는 경향이 있다.

세부에 대한 관심을 두는 문화(attention–to–detail culture)는 세심함 혹은 세부사항에 대한 주의를 기울일 것을 강조한다. 이 문화를 가진 조직은 고객들의 세세한 요구사항에 대한 정보를 체계적으로 관리하고, 이를 조직 운영에 반영하는 경향이 있다. 다양한 고객들의 개별적인 요구에 주의를 기울이고 이를 반영하는 시설, 설비, 서비스를 마련하는 호텔을 이러한 문화를 가지 대표적인 조직의 예로 들 수 있다.

팀 지향 문화(team–oriented culture)는 팀 구성원 간의 협력과 상호 보완적인 역할을 강조한다. 이 문화를 가진 조직은 팀 구성원을 고정적으로 운영하는 경향이 있으며, 동료, 관리자와 긍정적인 관계를 형성하고 있는 경향이 있다.

공격적인 문화(aggressive culture)는 경쟁력(competitiveness)을 강조한다. 이 조직은 경쟁자보다 높은 수준의 성과를 내고 압도하는 데에 가치를 둔다. 그 결과, 이 조직은 경쟁하는 조직과 소송이나 분쟁에 빈번히 휘말리는 경향이 있다.

제 3 절 조직문화에 대한 주요 쟁점

조직문화는 구성원의 태도에 영향을 미친다. 그리고 구성원의 태도는 변화와 성과를 유발하는 동인이다. 따라서 구성원의 태도를 긍정적인 것으로 변화시키기 위해서는 조직문화 역시 기능적으로 경쟁력 있고, 바람직한 것으로 점검되고 관리될 필요가 있다. 이는 다음과 같은 쟁점과 연계된다.

1. 조직문화의 형성, 유지, 변화

우선적인 쟁점은 "어떻게 바람직한 조직문화를 형성하고 유지할 것인지"의 문제와 연계된다. 가장 우선적인 대답은 조직 설립자의 가치, 선호, 지향성이 조직문화의 형성에 큰 영향을 미치므로, 조직의 경영철학, 비전-미션 등 핵심가치, 각종 제도, 인사 규정 등을 구축할 때, 바람직한 조직문화의 형성을 위한 고려를 면밀하게 수행해야 한다는 것이다. 그리고 이러한 요소들이 조직구성원들에게 잘 수용되도록, 소통하고 공유하기 위한 적극적인 노력을 기울일 필요가 있다(Schein, 2010).

그런데 조직문화의 형성이 반드시 이러한 하향식 방식에 의하여 결정되는 것은 아니다. 구성원 간의 상호작용에서 발생하는 다이내믹스, 중간관리자의 의사소통 및 일하는 방식 등 다양한 조직 내부의 요인들이 복합적으로 작용하기 때문에, 조직 설립자가 의도한 조직문화가 조직에 반드시 뿌리 내리게 될 것이라고 보장할 수는 없기 때문이다. 따라서 조직구성원은 조직에 현재 깃들여져 있는 조직문화가 성공적인 것인지 혹은 경쟁력이 있는지에 대하여 지속적으로 학습을 수행하고, 개선을 위한 노력을 기울일 필요가 있다. 이러한 학습을 통해 적합한 가치와 선호가 선택되고 새로운 구성원들에게 전수됨으로써 바람직한 조직문화가 유지될 수 있다. 뿐만 아니라, 이러한 학습은 바람직하지 않은 조직문화가 보수화되고 관성화되는 것을 경계하는 역할을 한다. 즉, 조직문화는 끊임없는 검토, 학습, 적응적 변화의 대상이라고 할 수 있다.

그런데 조직문화의 이러한 변화 가능성에 대해서는 두 가지 엇갈린 관점이 존재하며 쟁점을 야기한다.

하나의 관점은 조직문화는 쉽게 조작하고 관리할 수 있는 대상이 아니며 쉽게 변화하지도 않는다는 것이다(Wilson, 2000). 이 관점에 따르면, 조직문화는 낮은 수준의 변동성 혹은 변화가능성을 갖으므로 관리의 대상으로 보기 어려우며, 이에 일종의 주어진 환경으로 받아들여야 한다고 파악된다. 이 관점에 따르면, 수많은 조직에 대한 통·폐합이나 개혁이 쉽게 성공을 거두지 못하는 근본 이유가 바로 쉽게 변화하지 않는 조직문화의 속성 때문인 것으로 이해된다.

다른 하나의 관점은 조직문화는 조작 가능하고 관리할 수 있는 대상이라는 것이다. 조직문화는 생각만큼 딱딱하고 완고하지 않으며, 여러 가지 조작과 행동을 통해 인위적으로 조직문화를 관리한 조직이 그렇지 않은 조직에 비해 조직 성과가 높았다는 경험적 연구들이 이러한 관점을 지지하고 있다(예: Kotter & Heskett, 1992).

조직문화와 변화에 대한 저항

2015년 1월 인사혁신처는 한 5급 사무관을 3급 부이사관으로 파격적인 발탁 승진을 단행할 예정이었다. 해당 승진 대상자의 반응은 어땠을까? 흔쾌히 받아들이기는커녕, 발탁 승진을 거부했다. 더 많은 권한을 가질 수 있고, 보수도 많아지는 데에도 불구하고 그는 왜 승진을 거부했을까? 여러 가지 이유를 생각해 볼 수 있지만, 조직문화의 측면에서 추측해 볼 수 있다. 전통적으로 공무원 조직은 계급구조의 한 단계씩, 그것도 연공서열에 따라 승진하는 위계문화가 지배적이다. 이를 무시하고, 발탁 승진을 받아들였다가는 조직구성원들과의 위화감과 갈등으로 제대로 업무 수행이 어려울 뿐만 아니라, 소위 '왕따'로 전락할 우려가 크다. 조직문화로 인해 조직혁신을 위한 노력이 쉽게 좌절될 수 있음을 보여주는 사례다.

조직문화의 변화에 대한 또 다른 관점은 사실 조직문화는 변화가능하나, 한 번 형성된 조직문화는 구성원들의 선택으로 인하여 보수성을 갖게 되어 잘 변화하지 않는다고 설명한다. 이러한 현상을 잘 설명해주는 이론적 틀은 '매력–선발–감소 체계(attraction–selection–attrition framework)'이다(Judge & Cable, 1997; O'Reilly et al., 1991).[1] 이에 따르면, 새로운 구성원들이 자신이 선호하는 조직문화를 가진 조직에 끌림을 느껴 지원하게 되는 데, 이를 매력(attraction)이라고 한다. 이러한 매력은 조

1) 매력–선발–감소 체계(ASA)는 제2장 성격에서도 설명하고 있다.

직의 기존 조직문화와 부합도가 높은 유사한 사람들을 불러 모으는 효과를 가지게 된다. 이 경우 조직문화에 잘 어울리지 않는 개인은 마치 백조 사이의 검은오리처럼 조직에 잘 동화되거나 섞이지 못하여, 조직을 떠나는 선택을 하게 되는 데, 이를 선발(selction)과 감소(attrition)라고 한다. 이렇게 매력－선발－감소가 지속적으로 이루어지게 되면, 결국 기존의 조직문화가 보수화되거나 심지어 강화되는 효과를 가지게 된다.

2. 단일 vs. 다수의 조직문화

앞선 정의에서 보면, 한 조직은 단일의 조직문화를 갖는 것으로 가정된다. 하지만 이는 현실의 조직을 과도하게 단순화한 혐의가 있다. 조직에는 조직구성원들이 모두 공유하고 있고, 이들의 행동 방식을 공통으로 지배하는 반드시 단일의 조직문화만 존재하는 것은 아니다. 하나의 조직 내에도 다양한 문화가 존재하기 마련이다. 부서, 직종, 직무 특성, 기능, 지리상의 위치 등 한 조직 내의 하부 단위별로 각기 독특한 문화가 형성될 수 있다. 이를 하위문화(subculture)라고 부른다(Hofstede, 1998; Schein, 2010). 예를 들어, 동일 부처 내에서도 정책부서, 집행부서, 지원부서 간 혹은 관리직과 실무직 간에는 상이한 문하가 존재할 수 있다(이창길, 2007). 그리고 하위문화는 부서별, 집단별로 차별적인 작용을 가함으로써 집합적인 조직효과성에 영향을 미칠 수 있다. 예를 들어, 경험적 연구들은 조직구성원의 하위문화에 대한 인식은 조직 몰입(organizational commitment)에 영향을 미칠 수 있으며(Lok et al., 2005), 하위문화에 따라 조직 몰입, 직무 몰입, 직무 만족이 달라질 수 있다고 보고하고 있다(이창길, 2007).

다른 한편, 하위문화는 조직 내 갈등을 일으키는 원천이 되기도 한다(Hofstede, 1998). 다음 사례에서 보듯, 서로 이질적인 문화를 가진 조직이 통합된 이후 통합 전 조직을 중심으로 한 하위문화 간의 갈등이 대표적인 예다. 나아가 하위문화 중 일부는 조직 내 반문화(counterculture)를 형성하고, 구성원들이 공유하는 것과는 다른 가치를 추구함으로써 조직 전체에 부정적인 영향을 줄 수 있다(Kerr & Slocum, 2005).

따라서 조직의 관리자는 조직문화를 점검하고 진단하는 경우, 조직문화에 대한 단일성의 가정을 경계해야 한다. 우리가 일상적으로 이야기할 때에는 어떤 조직의 조직문화는 이러이러하다고 일반화하여 이야기하는 경우가 많다. 그러나 실제 조직의 운영에서는 이러한 일반화가 선입견의 함정에 빠지게 만들 수 있다는 점을 경계하고, 앞서 논의하였던 다양한 진단모형들을 입체적으로 사용하여 활용할 필요가 있다고 할 수 있다.

하위문화 간의 갈등

1990년대 경제기획원과 재무부가 통합되어 재정경제원이 탄생했다. 기존 경제기획원과 재무부는 다음과 같이 각기 상이한 조직문화를 가지고 있었다. 이러한 이질적인 문화는 통합 재정경제원 내에서 하위문화를 형성했고, 인사, 정책 대응, 일상 근무생활 등에서 충돌하는 원인으로 작용했다.

모체조직		경제기획원	재무부
지배 은유		“대학원 세미나실”	“아전사령부”
문화적 요소	핵심 가치	‘이상’, ‘개인’	‘현실’, ‘집단’
	의사소통	‘자유토론’	‘정보교류 단절’
	상하관계	‘희미한 계급 의식’	‘엄격한 위계질서’
	의사결정 인사 관행	‘상징적 기획라인 우대’, ‘엘리트 라인 중심’	‘순환보직’, ‘개방성’, ‘장기보직’, ‘폐쇄성’

출처: 최성욱(2001: 26).

이는 비단 이미 사라진 재정경제원만의 이야기는 아니다. 정권이 바뀔 때마다 혹은 주요 사건 · 사고가 발생할 때마다 쉽게 조직 개편을 실시하는 관행을 신중하게 재고해야 하는 이유 가운데 하나가 바로 하위문화 간의 충돌 때문이다. 상이하게 발전한 조직문화가 하위문화로 고착되어 갈등을 일으킬 때, 조직 개편이 애초에 기대했던 시너지 효과를 얻지 못할 수 있다.

참고문헌

국내 문헌

강신규(2001). 리더십 유형에 대한 종업원의 지각이 조직몰입에 미치는 영향에 관한 실증 연구: 변혁적 리더십과 거래적 리더십을 중심으로. 배재대학교 대학원 박사학위 논문.

강정애・이상욱・이상호・이호선・차동욱(옮김)(2013). 『현대조직의 리더십 이론』. 서울: 시그마프레스.

강종혁(2010). 조직문화의 인식 차이에 따른 직무 스트레스 요인에 관한 연구. 『한국 사회와 행정연구』 21(2): 141-164.

국립국어원(2016). 『표준국어대사전』.

국무조정실(2016). 『공공기관의 갈등관리 매뉴얼』.

국승오(2008). 학교장의 변혁적 리더십과 서번트 리더십이 교사의 효능감과 조직몰입에 미치는 영향. 공주대학교 박사학위 논문.

권향원(2015). 관료제의 이론적-철학적 변호: 반관료주의(신자유주의) 행정개혁 담론의 극복과 제언. 『정부학연구』 21(1): 41-82.

김규정(1984). 『행정학원론』. 서울: 법문사.

김남현(2008). 『리더십: 이론, 응용, 비판, 측정, 사례』. 서울: 경문사.

______(2015). 『리더십: 이론과 실제』. 서울: 경문사.

김병섭(1995). 경찰공무원의 심리적 탈진 원인분석. 『한국행정학보』 29(2): 449-467.

김병섭・박광국・조경호(2008). 『휴먼조직론』. 서울: 대영문화사.

김상아・조영일(2013). 조직의 복리후생제도가 조직구성원의 직무만족 및 조직몰입에 미치는 영향: 법정복리후생과 자발적 복리후생. 『경영관리연구』 6(2): 1-13.

김성국(2010). 『조직과 인간행동』. 서울: 명경사.

김영재・김재구・이동명(2011). 『조직행동론』. 서울: 무역경영사.

김영평(2002). 정책갈등의 양상과 갈등 관련자의 윤리적 대응. 『정부학연구』 8(2): 113-143.

김원형(2011). 『조직심리와 행동의 이해』. 서울: 시그마프레스.

김전수(2015). 소방공무원의 직무 스트레스 유발 요인과 조직 내 신뢰가 직무 열의, 조직몰입에 미치는 영향에 관한 연구. 국민대학교 박사학위 논문.
김정인(2021). 포스트 코로나 시대, 신규임용 공무원의 조기퇴직 관리방안. 『한국인사행정학보』 20(1): 221-240.
______(2014). 남을 것인가? 떠날 것인가?: 직무동기와 직무소진이 이직 의도에 미치는 영향 연구. 『행정논총』 52(2): 257-286.
김호균(2019). 적극행정과 공공가치(pubic values)의 실현: 조직문화와 리더십 이론을 중심으로. 『한국인사행정학회보』 18(4): 257-271.
김호섭 · 김판석 · 유홍림 · 김대건(2011). 『행정과 조직행태』. 서울: 대영문화사.
김호섭 · 김판석 · 이창원 · 강제상 · 류홍림 · 박통희(2001). 『조직 행태의 이해』. 서울: 대영문화사.
김호섭 · 유홍림 · 김대건 · 심동철(2020). 『행정과 조직행태』(개정판). 경기도 고양: 대영문화사.
김호정(2013). 공공조직의 윤리적 리더십. 『한국조직학회보』 10(2): 29-58.
______(2017). 21세기 공공부문 리더십의 변화: 이론적 성찰과 전망. 『한국행정학보』 51(1): 117-143.
나건하 · 민병익(2019). 변혁적, 윤리적 리더십이 조직유효성에 미치는 연구: 상사신뢰의 매개효과. 『지방정부연구』 23(3): 79-113.
남진영(2011). 병원 원무행정 근무자의 직무소진이 직무만족과 이직 의도에 미치는 영향. 연세대학교 보건대학원 석사학위 논문.
동아일보(2019). 교사 성과급 갈등 다시 불붙나…교사 96.2% 반대. 2019년 4월 30일자.
두산백과(2015). 동기.
라광현 · 이윤호(2011). 교정공무원의 이직 의도에 영향을 미치는 요인에 관한 연구. 『한국범죄학』 5(1): 43-73.
박계홍 · 박하진 · 유승동(2014). 『조직행동론』. 서울: 형설출판사.
박근우(2012). 호텔 근로자의 직무소진과 조직 성과에서 사회적 지원의 조절 효과에 관한 연구. 『관광 · 레저 연구』 24(3): 401-421.
박미선(2008). 사회복지직공무원의 소진에 관한 연구: 자기존중감, 통제 위치 중심으로. 『한국지역사회복지학』 25: 153-176.
박상석(2017). 최고경영자(CEO)의 윤리적 리더십 선행요인과 조직성과. 충북대학교 박사학위 논문.
박순애(2006). 공무원의 직무 동기와 조직 행태: 직무몰입과 탈진에 미치는 영향 요인을 중심으로. 『한국행정연구』 15(1): 203-236.
박연호(2000). 『조직행동론』. 서울: 박영사.
박연호 · 오세덕(2000). 『현대조직관리론』. 서울: 법문사.
박오수(2014). 『조직행동』. 서울: 경문사.
박원진 · 전주상(2015). 직무스트레스 요인이 이직 의도에 미치는 영향: 장례지도사를 대상으로. 『한국사회와 행정연구』 25(4): 183-201.
박지원 · 원숙연(2013). 조직정치 인식(perception of organizational politics)과 그 영향 요인: 중

앙정부 공무원의 인식을 중심으로 한 시론적 연구. 『한국행정학보』 47(4): 93-120.
박호숙(1994). 정책갈등과 지방의회의 조정역할: 인주공단 설립 결정 사례. 고려대대학원 박사학위 논문.
백기복(2014). 『조직행동연구』. 서울: 창민사.
변도국 · 서려나 · 이수진(2018). 윤리적 리더십과 구성원의 직무수행 간의 연구: 전반적 조직공정성 인식과 LMX 매개효과. 『대한경영학회지』 31(10): 1877-1902.
서울특별시(2015). 『상생의 힘 갈등관리백서 2014』.
______(2018). 『2018 갈등관리 매뉴얼』.
서휘석(1994). 환경위험시설 입지갈등에 관한 연구: 동양화학과 화성사업소 사례를 중심으로. 고려대대학원 박사학위 논문.
성희자 · 권현수(2013). 사회복지 전담공무원의 직무 긴장, 소진, 이직 의도와의 관계: 민간부문 사회복지사화의 비교를 중심으로. 『사회과학연구』 24(3): 361-383.
송민혜(2010). 지방공무원의 감정노동과 직무 만족에 관한 연구. 건국대학교 대학원 석사학위 논문.
송영선 · 이희수(2009). 조직문화 유형과 학습조직 수준 및 조직효과성 관계. 『인력개발연구』 11(2): 115-151.
신구범(2009). 서번트 리더십, 변혁적 리더십과 거래적 리더십 간의 관계에 관한 실증분석. 『인적자원관리연구』 16(1): 87-101.
신유근(1996). 『현대경영학』. 서울: 다산출판사.
아시아경제(2021). "철밥통? 언제든 이직하죠"…'MZ 세대 공무원' 정년 꿈? '글쎄'. 2021년 6월 17일자.
아카데미 생명과학사전(2003). 『아카데미 생명과학사전』. 서울: 아카데미 서적.
안광일(1990). 노사갈등관리로서의 정부중재에 관한 연구. 『한국행정학보』 24(2): 941-958.
안상준 · 박경록 · 서규훈(2013). 『리더십 핵심이론과 실무』. 서울: 동방의 빛.
안성민(1999). 갈등관리의 제도화. 『한국행정학회 동계학술대회 발표논문집: 밀레니엄 전환기 행정(학)의 회고와 전망』. pp.145-157.
안해균(1983). 『현대행정학』. 서울: 다산출판사.
양원동 · 이택호 · 허철선(2014). 『리더십의 이해』. 고양: 코아비즈.
양지숙 · 이수연 · 금현섭(2011). 장애인 근로자의 직무 스트레스와 직무 만족: 사회적 지원의 효용성을 중심으로. 『한국사회와 행정연구』 21(4): 25-47.
양지혜 · 김종인(2017). 상사의 서번트 리더십이 조직시민행동에 미치는 영향: 일의 의미의 매개효과. 『전략경영연구』 20(1): 31-53.
염영배 · 장인봉(2012). 지방자치단체 복지전담공무원 직무소진과 직무 관련 요인의 관계에 관한 실증분석. 『한국정책연구』 12(4): 343-363.
오성길(2012). 직무소진이 조직몰입과 이직 의도에 미치는 영향 연구: 직무 만족의 조절 효과를 중심으로. 숭실대학교 대학원 석사학위 논문.
오세덕 · 여윤환(2000). 『현대행정관리론』. 서울: 동림사.

오세덕 · 이명제 · 강제상 · 임영제(2007). 『행정관리론』. 서울: 대영문화사.
______(2019). 『조직론』. 서울: 윤성사.
오재동 · 정동영 · 최상한(2017). 윤리적 리더십이 직무만족과 직무성과에 미치는 영향 정서적 몰입의 매개효과를 중심으로. 『지방정부연구』 21(3): 207-232.
옥원호 · 김석용(2001). 지방공무원의 직무 스트레스와 직무 만족 및 조직몰입에 관한 연구. 『한국행정학보』 35(4): 355-373.
유민봉(2015). 『한국행정학』. 서울: 박영사.
유민봉 · 홍혜승 · 박윤(2012). 심리적 계약 위반이 이직 의도 및 동기부여에 미치는 영향: 직장 가족주의 성향의 조절 효과. 『행정논총』 50(4): 135-162.
유종해(2000). 『현대조직관리』. 서울: 박영사.
윤견수(2015). 한국 공직문화의 원형: 자리문화. 『한국행정학보』 49(4): 1-28.
은재호 · 권향원 · 조훈 · 김기형 · 조한범 · 이호령(2018). 『대북정책 맞춤형 공공토의 모델 개발』. 한국행정연구원.
이강훈(2008). 비간부 경찰공무원의 이직 의도에 대한 직무 관련 태도의 영향에 관한 연구. 『한국경호경비학회지』 16: 189-208.
이근주(2005). PSM과 공무원의 업무 성과. 『한국사회와 행정연구』 16(1): 81-104.
이근주 · 이혜윤(2007). 보상 유형에 대한 차별적 기대가 공무원의 성과에 미치는 영향에 관한 연구. 『한국행정학보』 41(2): 117-140.
이기현(2017). 리더의 동기성향이 윤리적 리더십에 미치는 영향. 『대한경영학회지』 30(6): 953-973.
이달곤(2005). 『협상론』. 서울: 법문사.
이데일리(2020). 선별진료소 근무한 모든 공무원 비상근무수당 받아…평일 대체휴무도 가능. 2020년 7월 6일자.
이선우 · 김기형 · 윤성복 · 이강원 · 장원경(2017). 『국민참여 기반의 공정 · 투명한 갈등해결 시스템 용역』. 한국갈등학회(국무조정실 연구보고서).
이수광(2010). 변혁적 리더십과 거래적 리더십이 조직시민행동에 미치는 영향과 과정에 관한 연구: 자기효능감과 공정성 지각의 매개 효과를 중심으로. 『관광연구저널』 24(1): 21-34.
이영균 · 최인숙(2013). 사회복지 전담공무원의 이직 의도에 관한 분석. 『한국공공관리학보』 27(3): 123-144.
이용규 · 두춘원(2018). 리더십의 유형이 지방공무원의 직무만족과 조직몰입에 미치는 영향에 관한 연구: 성별과 연령 집단간 차이를 중심으로. 『한국공공관리학보』 32(1): 1-23.
이인석(2014). 『조직행동이론』. 서울: 시그마프레스.
이재용 · 조정화 · 김영재(2013). 리더십의 유형에 따른 근로자의 직무만족이 결과행위에 미치는 영향에 관한 연구. 『경영논총』 34: 127-143.
이종수(2009). 『행정학사전』. 서울: 대영문화사.
이창길(2007). 중앙부처 하위조직문화가 공무원의 행태에 미치는 영향 분석: 혁신문화와 집단문화를 중심으로. 『한국사회와 행정연구』 18(2): 51-74.

이창원 · 명승환 · 임영제(2004). 『정보사회와 현대조직』. 서울: 대영문화사.
이창원 · 최창현(2005). 『새조직론』. 서울: 대영문화사.
이창원 · 최창현 · 최천근(2012, 2013). 『새조직론』. 서울: 대영문화사.
이투데이(2019). "공직, 비전 없다"…과장급 공무원들 '이직 도미노'. 2019년 9월 30일자.
이형렬 · 송경민(2010). 여성사회복지 전담공무원의 소진에 영향을 미치는 요인. 『GRI 연구논총』 12(2): 177-200.
이환범 · 이수창(2006). 경찰공무원의 직무 스트레스, 직무 만족, 조직몰입과 이직 의도 간의 관계에 관한 연구. 『한국조직학회보』 3(2): 83-101.
인벤(2020). 천태만상 게이머 세계, '동기부여'는 어떻게? 2020년 8월 11일자.
인사혁신처(2015). 『2015년 통계연보』.
______(2020a). 『2019년 행정부 국가공무원 인사통계』.
______(2020b). 『2020 인사혁신통계연보』.
______(2021). 『2021 인사혁신통계연보』.
임동진(2010). 『중앙정부의 공공갈등관리 실태분석 및 효과적인 갈등관리 방안 연구』. 한국행정연구원.
임운식 · 김무형(2011). 조직정치 지각이 경찰공무원의 직무소진에 미치는 영향. 『치안정책연구』 25(2): 181-210.
장철영 · 권영주(2006). 사회적 지원의 직무 스트레스 조절 효과에 관한 연구: 교육공무원들의 심리적 탈진을 중심으로. 『한국사회와 행정연구』 17(3): 157-180.
전기석 · 윤만영 · 이만희(2019). 조직구성원이 인식하는 카리스마적 리더십행동 및 특성에 관한 탐색연구. 『리더십연구』 10(2): 113-143.
전대성(2019). 상관리더십에 대한 인식이 조직몰입과 직무만족에 미치는 영향: 직무스트레스의 조절효과를 중심으로. 『한국인사행정학회보』 18(3): 129-156.
정동섭 · 송경수 · 류태(2015). 『창조경영을 위한 조직행동』. 서울: 탑북스.
정우일 · 박선경 · 양승범(2009). 『리더와 리더십』. 서울: 박영사.
정정길(1989). 『정책학원론』. 서울: 대명출판사.
정정길 · 최종원 · 이시원 · 정준금 · 정광호(2010). 『정책학원론』. 서울: 대명출판사.
조경호 · 이석환 · 이정욱 · 조윤직 · 주효진 · 최상옥 · 최성욱(2014). 『공공조직행태론』. 서울: 대영문화사.
조석준(1977, 1993). 『조직론』. 서울: 법문사.
채종헌(2017). 『공론화 절차 활성화를 통한 정책수용성 제고 및 사회통합 증진에 관한 연구』. 한국행정연구원 연구보고서.
천대윤(2010). 『갈등관리와 협상전략론』. 성남: 선학사.
최도림 · 권향원 · 박정민(2016). 공무원이 지각하는 상사의 윤리적 리더십이 구성원의 직무만족과 조직몰입에 미치는 영향: 윤리풍토의 매개효과. 『한국인사행정학회』 15(2): 173-201.
최병권 · 문형구 · 주영란 · 정재식(2017). 변혁적 · 거래적 리더십의 국내 연구동향과 향후 연구방향. 『인사조직연구』 25(2): 69-127.

최성욱(2001). 정부조직 개편에 있어 문화통합 논리의 모색. 『한국정책학회보』 10(3): 17-40.
최현아 · 김태영(2010). 사내 커뮤니케이션: 성과를 키우는 비밀무기. 『동아비즈니스리뷰』 제61호(2010년 7월 Issue 2).
특수교육학 용어사전(2009). 각성.
파이낸셜뉴스(2021). 기업 90% “MZ세대에 동기부여하기 어렵다.” 2021년 9월 23일자.
하미승(2015). 『조직학: 철학과 새 이론 탐색』. 서울: 탑북스.
______(2018). 『리더십: 이론과 개발』. 서울: 윤성사.
한겨레(2012). 토끼 역량 끌어내려면 ‘공정룰’ 필수. 2012년 12월 5일자.
한국기업교육학회(2010). 『HRD 용어사전』. 중앙경제.
한국심리학회(2014). 『심리학용어사전』.
한국행정학회 행정학전자사전특별위원회(2020). 『행정학 용어사전』. 서울: 박영사.
한봉주(2008). 조직문화와 리더십이 조직몰입과 직무만족에 미치는 영향: A사 사례를 중심으로. 한국행정학회 하계학술대회 발표 논문.
행정학용어 표준화연구회(2010). 『이해하기 쉽게 쓴 행정학 용어사전』. 새정보미디어.
헤럴드경제(2021). ‘코로나 탓’ 일 그만둔 보건소 공무원 지난해에만 470여 명. 2021년 10월 17일자.
황대규 · 박상진 · 이광희 · 이철기(2011). 『조직행동의 이해: 통합적 접근법』. 서울: 박영사.
황인희 · 이영호(2012). 경찰공무원의 직무 스트레스 및 외상 스트레스가 소진에 미치는 영향. 『한국심리학회지』 31(4): 1115-1138.
황춘호 · 김성훈(2019). 대기업 사무직 근로자의 조직몰입과 이직의도에 영향을 미치는 직무만족 요인: 밀레니얼 세대의 특성을 중심으로. 『대한경영학회지』 32(12): 2085-2105.

국외 문헌

Adams, G. B., & Balfour, D. L.(2014). *Unmasking Administrative Evil*. Routledge.
Adams, J. S.(1963). Towards An Understanding of Inequality. *Journal of Abnormal and Normal Social Psychology* 67: 422-436.
______(1965). Inequality in Social Exchange. *In Advances in Experimental Psychology*. L. Berkowitz(ed.), New York: Academic Press. pp.267-299.
Alderfer, C. P.(1969). An Empirical Test of a New Theory of Human Needs. *Organizational Behaviour and Human Performance* 4(2): 142-175.
______(1972). *Existence, relatedness, and grwoth human needs in organizational settings*. New York: Free Press.
Allen, N. J. & Meyer, J. P.(1991). A Three-Component Conceptualization of Organizational Commitment. *Human Resource Management Review* 1(1): 61-89.
Allison, G. T.(1971). *Essence of Decision: Explaining the Cuban Missile Crisis*. Boston: Little, Brown and Company.

Allport, G.(1961). *Pattern and Growth in Personality.* New York: Holt.

Alonso, P. & Lewis, G. B.(2001). Public Service Motivation and Job performance: Evidence from the Federal Sector. *American Review of Public Administration* 31(4): 363-380.

Alutto, J., Hrebiak, L., & Alonso, R.(1973). On Operationalizing the Concept of Commitment. *Social Forces* 51(4): 448-454.

Alvesson, M.(2002). *Understanding Organizational Culture.* London: Sage Publications.

Anderson, J. E.(1979). *Public Policy-Making*(2nd ed.). New York: Holt, Rinegart and Winston.

Anderson, T. P.(1994). Creating Measures of Dysfunctional Office and Organizational Politics: The DOOP and Short-form DOOP Scales Psychology. *Journal of Human Behavior* 31: 24-34.

Angwin, D. & Vaara, E.(2005). Introduction to the Special Issue. 'Connectivity' in Merging Organizations: Beyond Traditional Cultural Perspectives. *Organization Studies* 26(10): 1445-1453.

Arasli, H. & Tumer, M.(2008). Nepotism, Favoritism and Cronyism: A Study of Their Effects on Job Stress and Job Satisfaction in the Banking Industry of North Cyprus. *Social Behavior and Personality* 36(9): 1237-1250.

Arogyaswamy, B. & Byles, C. H.(1987). Organizational Culture: Internal and External Fits. *Journal of Management* 13: 647-658.

Arvey, R. D., Bouchard, T. J., Sega, N. L., & Abraham, L. M.(1989). Job satisfaction: Environmental and generic components. *Journal of Applied Psychology* 74: 187-192.

Avolio, B. J., Gardner, W. L., Walumbwa, F. O., Luthans, F., & Mayo, D. R.(2004). Unlocking the mask: A look at the process by which authentic leaders impact follower attitudes and behaviors. *Leadership Quarterly* 15: 801-823.

Bandura, A.(1977). Self-efficacy: Toward a unifying theory of behavioral change. *Psychological Review* 84(2): 191-215.

______(1996). *Self-efficacy: The Exercise of Control.* New York: Worth Publishers.

Barnard, C. I.(1938). *The Functions of the Executive.* Cambridge, MA: Harvard University Press.

Barney, J. B.(1986). Organizational Culture: Can It Be a Source of Sustained Competitive Advantage? *Academy of Management Review* 11: 656-665.

Barrett, S. & Fudge, C.(1981). Examining the Policy-Action Relationship. In Barrett, S. & Fudge, C.(eds.), *Policy and Action.* London: Methuen.

Barrick, M. R. & Mount, M. K.(1993). Autonomy as a Moderator of the Relationships between the Big Five Personality Dimensions and Job Performance. *Journal of Applied Psychology.*

Barton, J. & Folkard, S.(1991). The Response of Day and Night Nurses to their Work Schedules. *Journal of Occupational Psychology* 64: 207-218.

Bass, B. M.(1960). *Leadership, psychology, and organizational behavior.* New York: Harper.

______(1985). *Leadership and performance beyond expectations.* New York: Free Press.

______(1990). *Bass and Stogdill's handbook of leadership: A survey of theory and research.* New York: Free Press.

______(1998). The ethics of transformational leadership. In J. Ciulla(ed.), *Ethics: The heart of leadership.* Westport, CT: Praeger.

______(1999). Two decades of research and development in transformational leadership. *European Journal of Work and Organizational Psychology* 8(1): 9-32.

Bass, B. M., & Avolio, B. J.(1990). The implications of transactional and transformational leadership for individual, team, organizational development. *Research in Organizational Change and Development* 4: 231-272.

______(1994). Transformational leadership: A response to critiques. In M. M. Chemers & R. Ayman(ed.), *Leadership theory and research: Perspectives and directions.* San Diego, CA: Academic Press.

Bass, B. M., & Riggio, R. E.(2006). *Transformational Leadership*(2nd ed.). Mahwah, NJ: Lawrence Erlbaum.

Bass, B. M., & Steidlmeier, P.(1999). Ethics, character, and authentic transformational leadership. *Leadership Quarterly* 10: 181-127.

Bavelas, A. & Barrett, D.(1951). An Experimental Approach to Organizational Communication. *Personnel* 27(5): 366-370.

Becker, H. S.(1960). Notes on the Concept of Commitment. *American Journal of Sociology* 6.

Becker, T. E.(1998). Integrity in organizations: Beyond honesty and conscientiousness. *Academy of Management Review* 23: 154-161.

Becker, T. E. & Billings, R. S.(1993). Profiles in commitment: An empirical test. *Journal of Organizational Behavior* 14: 177-190.

Bellė, N.(2015). Performance-Related Pay and the Crowding-Out of Motivation in the Public Sector: A Randomized Field Experiment. *Public Administration Review* 75(2): 230-241.

Benabou, R. & Tirole, J.(2003). Intrinsic and Extrinsic Motivation. *The Review of Economic Studies* 70(3): 489-520.

Bennis, W. G.(1959). Leadership theory and administrative behavior: The problem of authority. *Administrative Science Quarterly* 4: 259-260.

Bennis, W. G. & Nanus, B.(1985). *Leaders: The strategies for taking charge.* New York: Harper & Row.

Bercovitch, J.(1984). *Social Conflict and Third Parties: Strategies of Conflict Resolution.* Boulder, Colorado: Westview Press.

Berlo, D.(1960). *The Process of Communication.* New York: Holt, Rinehart and Winston Inc.

Blake, R. R. & McCanse, A. A.(1991). *Leadership dilemma: Grid solutions.* Houston, TX: Gulf.

Blake, R. R. & Mouton, J. S.(1964, 1978, 1985). *The Managerial Grid III.* Houston, TX: Gulf.

Blau, G.(1993). Further exploring the relationship between job search and voluntary individual turnover. *Personnel Psychology* 46: 313-330.

Blau, P. M.(1964). *Exchange and Power in Social Life*. New York: John Wiley & Sons.

Bluedorn, A. C.(1982). A unified model of turnover from organizations. *Human Relations* 35: 135-153.

Borman, W. C. & Brush, D. H.(1993). More progress toward a taxonomy of managerial performance requirements. *Human Performance* 6: 1-21.

Bowditch, J. L. & Buono, A. F.(2005). *A primer on organizational behavior*. New York: John Wiley & Sons.

Bowman, J. S.(2010). The Success of Failure: The Paradox of Performance Pay. *Review of Public Personnel Administration* 30(1): 70-88.

Braybrook, D. & Lindblom, C. E.(1963). *A Strategy of Decision*. New York: Free Press.

Brehm, J. & Gates, S.(1997). *Working, Shirking, and Sabotage: Bureaucratic Response to a Democratic Public*. Ann Arbor: University of Michigan Press.

Brief, A. P., Burke, M. J., George, J. M., Robbinson, B., & Webster, J.(1988). Should negative affectivity remain an unmeasured variable in the study of job stress? *Journal of Applied Psychology* 73: 193-198.

Bright, L.(2008). Does Public Service Motivation Really Make a Difference on the Job Satisfaction and Turnover Intentions of Public Employees? *The American Review of Public Administration* 38(2): 149-166.

Brown, M. E., & Trevino, L. L.(2006). Ethical leadership: A review and future directions. *Leadership Quarterly* 17: 595-616.

Brown, M. E., Trevino, L. L., & Harrison, D. A.(2005). Ethical leadership: A social learning perspective for construct development and testing. *Organizational Behavior and Human Decision Process* 97: 117-134.

Bryman, A.(1992). *Charisma and leadership in organizations*. London: Sage.

Buchanan, J. M. & Bush, W. C.(1974). Political Constraints on Contractual Redistribution. *American Economic Review* 64(2): 153-157.

Burgess, R. L.(1968). Communication Networks: An Experimental Reevaluation. *Journal of Experimental Social Psychology* 4.

Burns, J. M.(1978). *Leadership*. New York: Harper & Row.

Byrne, Z. S., Kacmar, C., Stoner, J., & Hochwarter, W. A.(2005). The Relationship Between Perceptions of Politics and Depressed Mood at Work: Unique Moderators Across Three Levels. *Journal of Occupational Health Psychology* 10(4): 330-343.

Cacioppo, R. & Mock, P.(1984). A Comparison of the Quality of Work Experience Government and Private Organization. *Human Relations* 37(11): 923-940.

Caldwell, D. F., & O'Reilly, C. A.(1990). Measuring person-job fit with a profile-comparison process. *Journal of Applied Psychology* 75: 648-657.

Cammann, C., Fichman, M., Jenkins, D., & Klesh, J.(1979). *The Michigan Organizational Assessment Questionnaire*. Unpublished Manuscript. Ann Arbor: University of Michigan.

Cartwright, D. & Zander, A.(1968). *Group dynamics research and theory.* New York: Harper & Row.

Cattell, R. B.(1973). *Personality and Mood by Questionnaire.* San Francisco: Jossey-Bass.

Ciulla, J.(2004). Ethics and leadership effectiveness. In J. Antonakis, A. T. Cianciolo, & R. J. Stemberg(ed.), *The nature of leadership.* Thousand Oaks, CA: SAGE.

Clegg, S. & Dunkerley, D.(1980). *Organizations, Class, and Control.* London: Routledge & Kegan Paul.

Coddington, A.(1966). A Theory of the Bargaining Process: Comment Reply. *American Economic Review* 56(3): 522-533.

Cohen, A.(2003). *Multiple Commitments in the Workplace: An Integrative Approach.* Mahwah, NJ: Erlbaum.

Cohen, M., March, J., & Olsen, J.(1972). A Garbage Can Model of Organizational Choice. *Administrative Science Quarterly* 17(1): 1-25.

Colquitt, J. A., Lepine, J. A., & Wesson, M. J.(2011). *Organizational Behavior.* New York: McGraw-Hill.

______(2018). *Organizational behavior: Improving performance and commitment in the workplace* (6th ed.). New York: McGraw-Hill.

Conger, J. A. & Kanungo, R. N.(1998). *Charismatic leadership in organizations.* Thousand Oaks, CA: Sage.

Cook, J. D., Hepworth, S. J., Wall, T. D., & Warr, P. B.(1981). *The experience of work.* New York: Academic Press.

Cooper, C. L. & Cartwright, S.(1994). Healthy mind; healthy organization: A proactive approach to occupational stress. *Human Relations* 47: 455-471.

Cordes, C. L. & Dougherty, T. W.(1993). A Review and an Integration of Research on Job Burnout. *Academy of Management Review* 18(4): 621-656.

Coser, L. A.(1956). *The Functions of Social Conflict.* Free Press; 박재환 옮김(1982). 『갈등의 사회적 기능』. 서울: 한길사.

Covey, S. R.(1990). *Principled-centered leadership.* New York: Fireside.

Crewson, P. E.(1995). A Comparative Analysis of Public and Private Sector Entrant Quality. *American Journal of Political Science* 39(3): 628-639.

Cropanzano, R., Howes, J. C., Grandey, A. A., & Toth, P.(1997). The Relationship of Organizational Politics and Support to Work Behaviors, Attitudes, and Stress. *Journal of Organizational Behavior* 18: 159-180.

Cyert, R. & March, J.(1963). A *Behavioral Theory of the Firm.* Englewood Cliffs, NJ: Prentice-Hall.

Daft, R. L.(1992). *Organization Theory and Design.* St Paul, MN: West Publishing.

______(2007). *Understanding the Theory and Design of Organizations*. Thomson.

Dahl, R. A.(1957). The concept of power. *Behavioral Science* 2(3): 201-215.

Dahrendorf, R.(1959). *Class and Class Conflict in Industrial Society*. Stanford CA: Stanford University Press.

Daskin, M. & Arasli, H.(2011). *Organizational Politics Game Behind the Front Door*. Lambert Academic Publishing.

Dawis, R. V.(1991). Vocational interests, values, and preferences. in *Handbook of Industrial and Organizational Psychology* Vol.2(Ed. M. D. Dunnette & L. M. Hough). Palo Alto, CA: Consulting Psychological Press.

Day, D. V.(2001). Assessment of leadership outcomes. In S. Zaccaro & R. Klimoski(eds.), *The nature of organizational leadership: Understanding the performance imperatives confronting today's leaders*(pp.384-412). San Francisco: Jossey-Bass.

Day, D. V. & Lord, R. C.(1988). Executive leadership and organizational performance: Suggestions for new theory and methodology. *Journal of Management* 14: 453-464.

Deci, E. L.(1975). *Intrinsic Motivation*. New York: Plenum Press.

Deci, E. L. & Ryan, R. M.(1985). *Intrinsic motivation and self-determination in human behavior*. New York: Plenum Press.

Deci, E. L., Ryan, R. M., & Koestner, R.(2001). The pervasive negative effects of rewards on intrinsic motivation: Response to Cameron. *Review of Educational Research* 71(1): 43-51.

Den Hartog, D. N. & Koopman, P. L.(2001). Leadership in organizations. In N. Anderson, D. S. Ones, H. K. Sinangil, & C. Viswesvaran(eds.), *Handbook of industrial, work, and organizational psychology* 2: 166-187. London: Sage.

Denison, D. R.(1996). What Is the Difference Between Organizational Culture and Organizational Climate? A Native's Point of View on a Decade of Paradigm Wars. *Academy of Management Review* 21(3): 619-654.

Densten, I. L.(2001). Re-thinking burnout. *Journal of Organizational Behavior* 22: 833-847.

Diestal, S., Wegge, J., & Schmidt, K. H.(2014). The impact of social context on the relationship between job satisfaction and absenteeism: The role of different foci of job satisfaction work-unit absenteeism. *Academy of Management Journal* 57(2): 353-382.

Dineen, B. R., Noe, R. A., Shaw, J. D. Duffy, M. K., & Wiethoff, C.(2007). Level and dispersion of satisfaction in teams: Using foci and social context to explain the satisfaction-absenteeism relationship. *Academy of Management Journal* 50: 623-643.

Dinh, J. E., Lord, R. G., Gardner, W. L., Meuser, J. D., Liden, R. C., & Hu, J.(2014). Leadership theory and research in the new millennium: Current theoretical trends and changing perspectives. *The Leadership Quarterly* 25(1): 36-62.

Direnzo, M. S. & Greenhaus, J. H.(2011). Job Search and Voluntary Turnover in a Boundaryless world: a Control Theory Perspective. *Academy of Management Review* 36(3): 567-589.

Drath, W. H. & Palus, C. J.(1994). *Making common sense: Leadership as meaning-making in a community of practice.* Greensboro, NC: Center for Creative Leadership.

Dror, Y.(1968). *Public Policymaking Reexamined.* San Francisco: Chandler.

DuBrin, A. J.(2010). Impression management in the workplace: Research, theory and practice: Routledge.

Eagly, A. H. & Chaiken, S.(1993). *The Psychology of Attitudes.* Fort Worth, TX: Harcourt, Brace, & Jovanovich.

Eberhardt, B. J. & Shani, A. B.(1984). The effects of full-time versus part-time employment status on attitudes toward specific organizational characteristics and overall job satisfaction. *Academy of Management Journal* 27: 893-900.

Eccles, J. S. & Wigfield, A.(2002). Motivational Beliefs, Values, and Goals. *Annual Review of Psychology* 53: 109-132.

Edwards, J. R.(1991). Person-job fit: A conceptual integration, literature review, and methodological critique. In C. L. Cooper & I. T. Robertson(eds.), *International review of industrial and organizational psychology*(pp.283-357). Chichester, UK: Wiley.

Emerson, R. M.(1962). Power-Dependence Relations. *American Sociological Review* 27: 31-40.

Endler, N. S. & Magnusson, D.(1976). Toward an Interactional Psychology of Personality. *Psychological Bulletin* 83: 956-974.

Etzioni, A.(1967). Mixed-Scanning: A 'Third' Approach to Decision-Making. *Public Administration Review* 27(6): 385-392.

______(1968). *The Active Society.* New York: The Free Press.

Evans, M. G.(1970). The effects of supervisory behavior on the path-goal relationship. *Organizational Behavior and Human Performance* 15: 277-298.

______(1996). R. J. House's A path-goal theory of leader effectiveness. *Leadership Quarterly* 7: 305-309.

Fandt, P. M. & Ferris, G. R.(1990). The Management of Information and Impressions: When Employees Behave Opportunistically. *Organizational Behavior and Human Decision Processes* 45: 140-158.

Farber, B. A.(2000). Treatment Strategies for Different Types of Teacher Burnout. *J Clin Psychol* 56(5): 675-689.

Farrell, D. & Stamm, C. L.(1988). Meta-analysis of the correlates of employee *absence. Human Relations* 41: 211-227.

Ferris, G. R. & Buckley, M. R.(1990). Performance Evaluation in High Technology Firms: Process and Politics. In L. R. Gomez-Mejia & M. E. Lawless(eds.), *Organization Issues in High Technology Management*(pp.243-263). Greenwich, CT: JAI Press.

Ferris, G. R. & Kacmar, K. M.(1992). Perceptions of organizational politics. *Journal of Management* 18: 93-116.

Ferris, G. R., Frink, D. D., Bhawuk, D. P., Zhou, J., & Gilmore, D. C.(1996). Reactions of Diverse Groups to Politics in the Workplace. *Journal of Management* 22: 23-44.

Fiedler, F.(1965). Engineer the job to fit the manager. *Harvard Business Review* 43(5): 115-122.

Fiedler, F. E.(1964). A contingency model of leadership effectiveness. In L. Berkowitz(eds.), *Advances in experimental social psychology* 1: 149-190. New York: Academic Press.

______(1967). A *theory of leadership effectiveness*. New York: McGraw-Hill.

______(1993). The leadership situation and the black box in contingency theories. In M. M. Chemers & R. Ayman(eds.), *Leadership, theory and research: Perspectives and directions*(pp. 1-28). New York: Academic Press.

Fiedler, F. E. & Garcia, J. E.(1987). *New approaches to leadership: Cognitive resources and organizational performance*. New York: John Wiley.

Finkelstein, S.(1992). Power in Top Management Teams: Dimensions, Measurement, and Validation. *The Academy of Management Journal* 35(3): 505-538.

Fishbein, M.(1979). A theory of reasonal action: Some applications and implications. In H. Howe & M. Page(eds.), *Nebraska symposium on motivation*(pp.65-116). Lincoln: University of Nebraska.

Fisher, A. B.(1974). *Small Group Decision Making*. New York: McGraw-Hill.

Fleishman, E. A.(1953). The description of supervisory behavior. *Personnel Psychology* 37: 1-6.

Fleishman, E. A., Burtt, H. E., & Harris, E. F.(1955). *Leadership and supervision in industry*. Columbus, OH: Bureau of Education Research, Ohio State University.

Fombrun, C. J.(1996). Reputation. Boston, MA: Harvard Business School Press.

French, J. & Raven, B.(1959). The Bases of Social Power. In Dorwin Cartwright(ed.), *Studies in Social Power*. Ann Arbor, MI: Research Center for Group Dynamics, Institute for Social Reseaches, University of Michigan Bress.

Frey, B. S.(1997). *Not Just for the Money: An Economic Theory of Personal Motivation*. Brookfield, VT: Edward Elgar.

Gagne, M. & Deci, E. L.(2005). Self-Determination Theory and Work Motivation. *Journal of Organizational Behavior* 26(4): 331-362.

Gandz, J. & Murray, V. V.(1980). The Experience of Workplace Politics. *Academy of Managment Journal* 23.

George, J. M. & Jones, G. R.(2007). *Understanding and Managing Organizational behavior*. Upper Saddle River, NJ: Prentice-Hall.

______(2012). *Understanding and Managing Organizational Behavior*. Boston: Pearson.

Gibb, C. A.(1974). Leadership-psychological aspect. In D. L. Sills(ed.), *International Encyclopedia of the Social Science*. New York: The Macmillan Company.

Giberson, R. R., Resick, C. J., & Dickson, M. W.(2005). Embedding leader characteristics: An examination of homogeneity of personality and values in organizations. *Journal of Applied*

Psychology 90: 1002-1010.

Gibson, J. L., Ivancevich, J. M., & Donnelly, J. H.(1991). *Organizations, Behavior, Structure,* Process. Dallas, TX: Business Publications.

Gini, A.(1998). Moral leadership and business ethics. In J. B. Ciulla(ed.), *Ethics, the heart of leadership.* Westport, CT: Greenwood Publishing.

Gioia, D. A., Schultz, M. & Corley, K. G.(2000). Organizational Identity, Image, and Adaptive Instability. *Academy of Management Review* 25(1): 63-81.

Goff, S. J., Mount, M. K., & Jamison, R. L.(1990). Employer supported child care, work/family conflict, and absenteeism: A field study. *Personnel Psychology* 43: 794-809.

Golembiewski, R. T.(1989). A note on Leiter's study: Highlighting two models of burnout. *Group & Organization Studies* 14: 5-13.

Goodsell, C. T.(1985). *The Case for Bureaucracy: A Public Administration Polemic.* Chatham, NJ: Chatham House.

Gordon, J. R.(1987). *Organizational Behavior.* Boston: Allyn and Bacon.

Gortner, H. F., Mahler, J., & Nicholson, J. B.(1997). *Organization Theory: A Public Perspective.* Ch. 1. Harcourt Brace.

Greene, R.(2010). *The 48 Laws of Power*(Vol.1). Profile Books.

Greenleaf, R. K.(1977). *Servant leadership: A journey into the nature of legitimate power and greatness.* Mahwah, NJ: Paulist Press.

Griffin, R. W. & Moorhead, G.(2008). *Organizational behavior: Managing people and organizations.* South-Western College Pub.

Guetzkow, H.(1965). Communication in Organization. In James G. March(ed.), *Handbook of Organization.* Chicago: Rand McNally.

Gulliver, P. H.(1979). *Dispute and Negotiation: A Cross-Cultural Perspective.* New York: Academic Press.

Guo, W., Li, T., & Wu, N.(2005). Empirical study on the effects of leader's verbal communication style on employee's job satisfaction. *Journal of Human Resource and Sustainability Studies* 3(4): 211-227.

Habermas, J.(2006). Religion in the public sphere. *European Journal of philosophy* 14(1): 1-25.

Hackett, R. D. & Guion, R. M.(1985). A reevaluation of the absenteeism-job satisfaction relationship. *Organizational Behavior and Human Decision Processes* 35: 340-381.

Hackman, J. R. & Oldham, G. R.(1975). Development of the Job Diagnostic Survey. *Journal of Applied Psychology* 60: 159-170.

______(1976). Motivation through the design of work: Test of a theory. *Organizational Behavior and Human Performance* 16: 250-279.

______(1980). *Work redesign.* Reading, MA: Addison-Wesley.

Hall, R. H.(1991). *Organizations: Structures, Processes, and Outcomes.* London: Prentice-Hall.

Hampson, S. E. & Goldberg, L. R.(2006). A First Large Cohort Study of Personality Trait Stability Over the 40 Years Between Elementary School and Midlife. *Journal of Personality and Social Psychology* 763-779.

Hanisch, K. A.(1992). The Job Descriptive Index revisited: Questions about the question mark. *Journal of Applied Psychology* 77: 377-382.

Harmon, M. M. & Mayer, R. T.(1986). *Organization Theory for Public Administration*. Boston: Little, Brown.

Harris, K. J. et al.(2007). The Impact of Political Skill on Impression Management Effectiveness. *Journal of Applied Psychology* 92: 278-285.

Hassan, S.(2013). The Importance of Role Clarification in Workgroups: Effects on Perceived Role Clarity, Work Satisfaction, and Turnover Rates. *Public Administration Review* 73(5): 716-725.

Hatch, M. J. & Schultz, M.(1997). Relations Between Organizational Culture, Identity and Image. *European Journal of Marketing* 31(5/6): 356-365.

Hellriegel, D. & Slocumm, J. W.(1986). *Organizational Behavior*. St. Paul: West Publishing Co.

______(2011). *Principles of Organizational Behavior*. MA: Cengage Learning.

Hemphill, J. K. & Coons, A. E.(1957). Development of the leader behavior description questionnaire, In. R. M. Stogdill & A. E. Coons(eds.), *Leader behavior: Its description and measurement*(pp.6-38). Columbus, OH: Bureau of Business Research, Ohio State University.

Hersey, P., & Blanchard, K. H.(1969). Life-cycle theory of leadership. *Training and Development Journal* 23: 26-34.

Herzberg, F.(1966). *Work and the nature of man*. New York: New American Library.

______(1987). One More Time: How Do You Motivate Employees? *Harvard Business Review* 65 (5): 109-120.

Herzberg, F., Mausner, B., & Snyderman, B. B.(1959). *The Motivation to Work*(2nd ed.). New York: John Wiley and Sons.

Hickson, D. J., Hinings, C. R., Lee, C. A., Schneck, R. S., & Pennings, J. M.(1971). A strategic contingencies theory of intra-organizational power. *Administrative Science Quarterly* 24: 89-106.

Hill, L. B.(1992). *The State of Public Bureaucracy*. Armonk. New York: M. E. Sharp.

Hobfoll, S. & Vaux, A.(1993). Social support: Social resources and social context. In L. Goldberger & S. Breznitz(eds.), *Handbook of stress: Theoretical and clinical aspects*(2nd ed., pp.685-705). New York: Free Press.

Hofstede, G.(1998). Attitudes, Values and Organizational Culture: Disentangling the Concepts. *Organization Studies* 19(3): 477-492.

______(2001). *Culture's Consequences: Comparing Values, Behaviors, Institutions, and Organizations across Nations*. Thousand Oaks, CA: Sage.

Hofstede, Geert 외 지음, 차재호·나은영 편역(2014). 『세계의 문화와 조직: 정신의 소프트웨어』. 서울: 학지사.

Hogan, R. J., Curphy, G. J., & Hogan, J.(1994). What we know about personality: Leadership and effectiveness. *American Psychologist* 49: 493-504.

Hoppock, R.(1935). *Job Satisfaction*. New York: Harper & Law.

Houkes, I., Janssen P. M, Jonge, J. D., & Bakke, A. B.(2003). Specific determinants of intrinsic work motivation, emotional exhaustion and turnover intention: A multisample longitudinal study. *Journal of Occupational and Organizational Psychology* 76(4): 427-450.

House, J. D.(1972). *What the employee thinks*. Cambridge: Harvard University Press.

House, R. J.(1971). A path-goal theory of leader effectiveness. *Administrative Science Quarterly* 16: 321-328.

______(1977). A 1976 theory of charismatic leadership. In J. G. Hunt & L. L. Larson(eds.), *Leadership: The cutting edge*(pp.189-207). Carbondale: Southern Illinois University Press.

House, R. J. & Dessler, G.(1974). The path-goal theory of leadership: Some post hoc and a priori test. In J. Hunt & L. Larson(eds.), *Contingency approaches in leadership*(pp.29-55). Carbondale: Southern Illinois University Press.

House, R. J., Hanges, P. J., Javidan, M., Dorfman, P. W., & Gupta, V., & Associates(2004). *Culture, Leadership, and Organization: The GLOBE Study of 62 Societies*. Thousand Oaks, CA: Sage.

House, R. J. & Howell, J. M.(1992). Personality and charismatic leadership. *Leadership Quarterly* 3: 81-108.

House, R. J. & Mitchell, R. R.(1974). Path-goal theory of leadership. *Journal of Contemporary Business* 3: 81-97.

Howell, J. M. & Avolio, B. J.(1992). The ethics of charismatic leadership: Submission or liberation? *Academy of Management Executive* 6: 43-54.

Howell, J. M. & Higgins, C. A.(1990). Champions of technological innovation. *Administrative Science Quarterly* 3: 317-341.

HR Institute(2005). 『전략구상력 트레이닝』(김영철 옮김). 서울: 일빛.

Huitt, W.(2003). *The Affective System*. Valdosta, GA: Valdosta State University.

______(2011). *Motivation to learn: An overview*. Valdosta, GA: Valdosta State University.

Hulin, C. L., Roznowski, M., & Hachiya, D.(1985). Alternaitve opportunities and withdrawl decisions: Empirical and theoretical discrepancies and an integration. *Psychological Bulletin* 97: 233-250.

Hurrell, J. J., Murphy, L. R., Sauter, S. L., & Cooper, C. L.(1988). *Occupational Stress: Issues and Developments in Research*. Taylor & Francis Ltd.

Iaffaldano, M. T. & Muchinsky, P. M.(1985). Job satisfaction and job performance: A meta-analysis. *Psychological Bulletin* 97: 251-273.

Indvik, J.(1985). A path-goal theory investigation of superior subordinate relationship. Unpublished doctoral dissertation. Madison, WI: University of Wisconsin.

Ironson, G. H., Smith, P. C., Brannick, M. T., Gibson, W. M., & Paul, K. B.(1989). Constitution of a Job in General Scale: A comparison of global, composite, and specific measures. *Journal of Applied Psychology* 74: 193-200.

Isaacson, Walter(2011). *Steve Jobs*. NY: Simon & Schuster.

Jackofsky, E. F.(1984). Turnover and Job Performance: An Integrated Process Model. *Academy of Management Review* 9(1): 74-83.

Jackofsky, E. F. & Peters, L. H.(1987). Part-time versus full-time employment status differences: A replication and extension. *Journal of Occupational Behavior* 8: 1-9.

Jackson, S. E. & Maslach, C.(1982). After-effects of job-related stress: Families as victims. *Journal of Occupational Behaviour* 3: 63-77.

Jackson, S. E. & Schuler, R. S.(1985). A meta-analysis and conceptual critique of research on role ambiguity and role conflict in work settings. *Organizational Behavior and Human Decision Processes* 36: 16-78.

Jackson, S. E., Schwab, R. L., & Schuler, R. S.(1986). Toward an understanding of the burnout phenomenon. *Journal of Applied Psychology* 71: 630-640.

Jacob, R. & Solomon, T.(1977). Strategies for enhancing the prediction of job performance from job satisfaction. *Journal of Applied Psychology* 67: 417-421.

Jacobs, T. O.(1970). *Leadership and exchange in formal organizations*. Alexander, VA: Human Resources Research Organizations.

Jacobs, T. O. & Jaques, E.(1990). Military executive leadership. In K. E. Clark & M. B. Clark (eds.), *Measures of leadership*(pp.281-295). West Orange, NJ: Leadership Library of America.

Jago, A. G.(1982). Leadership: Perspectives in theory and research. *Management Science* 28: 315-336.

Jermier, J. M.(1996). The path-goal theory of leadership: A subtextual analysis. *Leadership Quarterly* 7: 311-316.

Jex, S. M. & Beehr, T. A.(1991). Emerging theoretical and methodological issues in the study of work-related stress: A study of nurses. *Journal of Organizational Behavior* 13: 449-464.

Jex, S. M. & Britt, T.(2008). *Organizational psychology: A scientist-practitioner approach*. New York: John Wiley.

Johnson, J. J., & Cullen, J. B.(2002). Trust in cross-cultural relationships. In M. J. Gannon & K. L. Newman(ed.), *Blackwell Handbook of Cross-Cultural Management*. Malden, MA: Blackwell.

Jones, B., Flynn, D. M., & Kelloway, E. K.(1995). Perception of support from the organization in relation to work stress, satisfaction, and commitment. In S. L. Sauter & L. R. Murphy(eds.), *Organizational risk factors for job stress*(pp.41-52). Washington, DC: American Psychological Association.

Judge, T. A., Bono, J. E., Ilies, R., & Gerhardt, M. W.(2002). Personality and leadership: A qualitative and quantitative review. *Journal of Applied Psychology* 87: 765-780.

Judge, T. A. & Cable, D. M.(1997). Applicant Personality, Organizational Culture, and Organization Attraction. *Personnel Psychology* 50: 359-394.

Judge, T. A., Piccolo, R. F., Podsakoff, N. P., Shaw, J. C., & Rich, B. L.(2010). The relationship between pay and job satisfaction: A meta-analysis of the literature. *Journal of Vocational Behavior* 77: 157-167.

Judge, T. A., Thorensen, C. J., Bono, J. E., & Patton, G. K.(2001). The job satisfaction-job performance relationship: A qualitative and quantitative review. *Psychological Bulletin* 127: 376-407.

Jurkiewicz, C. L., Massey, T. K., & Brown, R. G.(1998). Motivation in Public and Private Organizations: A Comparative Study. *Public Productivity & Management Review* 21(2): 230-250.

Kahn, R. L.(1956). The prediction of productivity. *Journal of Social Issues* 12: 41-49.

______(1978). Job Burnout: Prevention and Remedies. *Public Welfare* 36: 61-63.

Kahn, R. L., Wolfe, D. M., Quinn, R. P., Snoek, J. D., & Rosenthal, R. A.(1964). *Organizational stress: Studies in role conflict and ambiguity.* New York: Wiley.

Karasek, R. A.(1979). Job demands, job decision latitude, and mental strain: Implications for job redesign. *Administrative Science Quarterly* 24: 285-307.

Kark, R., & Van Dijk, D.(2007). Motivation to lead, motivation to follow: The role of the self-regulatory focus in leadership processes. *Management Review* 32(2): 500-528.

Kast, F. E. & Rosenzweig, J. E.(1980). *Organization and Management.* McGraw-Hill.

Katz, D. & Kahn, R. L.(1951). Human organization and worker motivation. In L. R. Tripp(eds.), *Industrial productivity*(pp.146-171). Madison, WI: Industrial Relations Research Association.

______(1966). *The Social Psychology of Organizations.* New York: John Wiley & Sons.

______(1978). *The social psychology of organization.* New York: John Wiley & Sons.

Keenan, A. & Newton, T. J.(1984). Frustration in organizations: Relationships to role stress, climate, and psychological strain. *Journal of Occupational Psychology* 57: 57-65.

Kellough, J. E. & Lu, H.(1993). The paradox of merit pay in the public sector: Persistence of a problematic procedure. *Review of Public Personnel Administration* 13(2): 45-64.

Kelman, H. C.(1958). Compliance, identifiaction, and internalization: Three processes of attitude change. *Journal of Conflict Resolution* 2: 51-56.

Kerr, J. & Slocum, J. W., Jr.(2005). Managing Corporate Culture through Reward Systems. *Academy of Management Executive* 19: 130-138.

Kilpatrick, F., Cummings, M., & Jennings, K.(1964). *Source Book of a Study of Occupational Values and the Image of the Federal Service.* Washington: The Brooking Institution.

King, L. A. & King, D. W.(1990). Role conflict and role ambiguity: A critical assessment of construct validity. *Psychological Bulletin* 107: 48-64.

Kinicki, A. J. & Fugate, M.(2012). *Organizational Behavior*. NY: McGraw-Hill.

Kinicik, A. J., McKee-Ryan, F. M., Schriesheim, C. A., & Carson, K. P.(2002). Assessing the construct validity of the Job Descriptive Index: A review and meta-analysis. *Journal of Applied Psychology* 87: 14-32.

Kirkman, B. L., & Shapiro, D. L.(2001). The impact of cultural values on job satisfaction and organizational commitment in self-mamaging work teams: The mediating role of employee resistance. *Academy of Management Journal* 44(3): 557-569.

Kleinginna, Jr., P., & Kleinginna A.(1981). A categorized list of emotion definitions, with suggestions for a consensual definition. *Motivation and Emotion* 5: 345-379.

Kohler, S. S. & Mathieu, J. E.(1993). Individual characteristics, work perceptions, and affective reactions influences on differentiated absence criteria. *Journal of Organizational Behavior* 14: 515-530.

Koontz, H. & O'Donnell, C.(1964). *Principles of management: An analysis of managerial functions*. New York: McGraw-Hill.

Kotter, J. P.(1996). *Leading change*. Boston: Harvard Business School Press.

______(1990). *A force for change: How leadership differs from management*. New York: Free Press.

Kotter, J. P. & Heskett, J. L.(1992). *Corporate Culture and Performance*. New York: The Free Press.

Kouzes, J. M. & Posner, B. Z.(1990). *The leadership challenge*. San Francisco: Jossey-Bass.

Kreitner, R. & Kinicki, A.(1989). *Organizational Behavior*. Homewood, IL: Irwin.

______(2008). *Organizational Behavior*. New York: McGraw-Hill.

Kuhnert, K. W.(1994). Transforming leadership: Developing people through delegation. In B. M. Bass & B. J. Avolio(eds.), *Improving organizational effectiveness through transformational leadership*(pp.10-25). Thousand Oaks. CA: Sage.

Kuh, W. L., Steers, R. M., & Tergorg, J. R.(1995). The effects of transformational leadership on teacher attitudes and student performance in Singapore. *Journal of Organizational Behavior* 16: 319-333.

Kwon, H. W.(2020). Performance Appraisal Politics in the Public Sector: The Effects of Political Skill and Social Similarity on Performance Rating. *Public Personnel Management* 49(2): 239-261.

Laird, D. A. & Laird, E. C.(1956). *The new psychology for leadership*. New York: McGraw-Hill.

Lamond, D.(2003). The Value of Quinn's Competing Values Model in an Australian Context. *Journal of Managerial Psychology* 18: 46-59.

Lasswell, H. D.(1956). *The Decision Process. Seven Categories of Functional Analysis*. College Park: University of Maryland Press.

Leavitt, H. J.(1951). Some Effects of Certain Communication Patterns on Group Performance. *Journal of Abnormal and Social Psycholoty* 46: 38-50.

Lewin, K.(1951). Formalization and Progress in Psychology. In D. Cartwright(ed.), *Field Theory in Social Science*. New York: Harper.

Lewis, G. B.(1990). In search of Machiavellian Milquetoasts: Comparing Attitudes of Bureaucrats and Ordinary People. *Public Administration Review* 50(2): 220-227.

Lewis, S. N. & Cooper, C. L.(1987). Stress in two-earner couples and stage in the life-cycle. *Journal of Occupational Psychology* 60: 289-303.

Likert, R.(1961). *New Patterns of Management*. New York: McGraw-Hill.

______(1967). *The human organization: Its management and value*. New York: McGraw-Hill.

Lindblom, C. E.(1959). The Science of Muddling Through. *Public Administration Review* 19 (Spring): 79-88.

Lind, E. A., & Tyler, T. R.(1988). *The social psychology of procedural justice*. Springer Science & Business Media.

Locke, E. A.(1976). The nature and causes of job satisfaction. *Handbook of Industrial and Organizational Psychology* 1: 1297-1343.

Lok, P., Westwood, R., & Crawford, J.(2005). Perceptions of Organisational Subculture and Their Significance for Organizational Commitment. *Applied Psychology: An International Review* 54: 490-514.

Luftman, J. N. et al.(2004). *Managing the Information Technology Resource*. New Jersey: Pearson Education.

Male, B. D. & May, D.(1997). Stress, burnout and workload in teachers of children with special educational needs. *British Journal of Special Education* 24(3): 133-140.

March, J. G. & Simon, H. A.(1958). *Organizations*. New York: Wiley.

Marcoulides, G. A. & Heck, R. H.(1993). Organizational Culture and Performance: Proposing and Testing a Model. *Organizational Science* 4: 209-225.

Maslach, C. & Jackson, S. E.(1981). The Measurement of Experienced Burnout. *Journal of Occupational Behavior* 2: 99-113.

Maslach, C. & Schaufeli, W. B.(1993). Historical and conceptual development of burnout. In Schaufeli et al(eds.), *Professional burnout: Recent developments in theory and research*(pp. 1-18). Washington, D.C.: Taylor and Francis.

Maslow, A. H.(1943). A theory of human motivation. *Psychological Review* 50(4): 370-396.

Maslyn, J. M. & Fedor, D. B.(1998). Perceptions of Politics: Does Measuring Different Loci Matter? *Journal of Applied Psychology* 84: 645-653.

Mayer, D. M., Kuenzi, M., Greenbaum, R. L.(2010). Examining the link between ethical leadership and employee misconduct: The mediating role of ethical climate. *Journal of Business Ethics* 95: 7-16.

McGuire, W. J.(1974). Psychological Motives and Communication Gratification(pp.167-196). In Eds J. G. Blumler & C. Katz. *The Uses of Mass Communications: Current Perspectives on Gratifications Research*. CA: Sage, Beverly Hills.

McShane, S. & Von Glinow, M. A.(2012). *Organizational Behavior*. New York: McGraw-Hill.

Merriam-Webster(2016). http://www.merriam-webster.com/dictionary/conflict

Meyer, J. P. & Allen, N. J.(1997). *Commitment in the workplace: Theory, research, and application*. Thousand Oaks, CA: Sage.

Miles, R. R.(1980). *Macro Organizational Behavior*. Santa Monica, CA: Goodyear.

Milgram, S.(1974). *Obedience to Authority*. New York: Harper & Row.

Miller, J.(2003). Critical Incident Stress debriefing and Social Work: Expanding the Frame. *Journal of Social Service Research* 30(2): 7-25.

Miller, N. E. & Dollard, J.(1941). *Social Learning and Imitation*. New Haven.

Mills, M. K.(ed.)(1990). *Conflict Resolution and Public Policy*. New York: Greenwood Press.

Mintzberg, H.(1985). The Organization as Political Arena. *Journal of Management Studies* 22: 134-154.

Mobley, W. H., Griffeth, R. W., Hand, H. H., & Meglino, B. M.(1979). Review and conceptual analysis of the employee turnover process. *Psychological Bulletin* 86: 493-522.

Morgan, G.(1986). *Images of Organization*. Sage.

Mowday, R. T., Steers, R. M., & Porter, L. W.(1979). The Measurement of Organizational Commitment. *Journal of Vocational Behavior* 14: 224-247.

Moyle, P.(1995). The role of negative affectivity in the stress process: Tests of alternative models. *Journal of Organizational Behavior* 16: 647-668.

Moynihan, D. P. DeLeire, T., & Enami, K.(2015). A Life Worth Living: Evidence on the Relationship Between Prosocial Values and Happiness. *American Review of Public Administration* 45(3): 311-326.

Moynihan, D. P. & Pandey, S. K.(2007). The role of organizations in fostering public service motivation. *Public Administration Review* 67: 40-53.

Munchinsky, P. M.(2012). *Psychology applied to work: An introduction to industrial and psychology*. Summerfield, NC: Hypergraphis Press, Inc.

Naff, K. C. & Crum, J.(1999). Working for America: Does public service motivation make a difference? *Review of Public Personnel Administration* 19: 5-15.

Nanus, B.(1992). *Visionary Leadership*. San Francisco: Jossey-Bass.

Nelson, D. L. & Quick, J. C.(2011). *Organizational Behavior: Science, the Real World, and You*. OH: South-Western Cengage Learning.

Netemeyer, R. G., & Maxham, J. G.(2007). Employee versus supervisor ratings of performance in the retail customer service sector: Differences in predictive validity for customer outcomes. *Journal of Retailing* 83(1): 131-145.

Ng, K., Ang, S., & Chan, K.(2008). Personality and leader effectiveness: A moderated mediation model of leadership self-efficacy, job demands, and job autonomy. *Journal of Applied Psychology* 93: 733-743.

Nigro, L., Nigro, F., & Kellough, J. E.(2007). *The new public personnel administration*(6th ed.). Thomson Wadsworth.

Niu, H. J.(2014). Is innovation behavior congenital? Enhancing job satisfaction as a moderator. *Personnel Review* 43(2): 288-302.

Northouse, P. G.(2007). *Leadership: Theory and practice*. London: SAGE.

O'Connor, E. J., Peters, L. H., Pooyan, A., Weekley, J., Frank, B., & Erenkrantz, B.(1984). Situational constraint effects on performance, affective reactions, and turnover: A field replication and extension. *Journal of Applied Psychology* 663-672.

O'Connor, E. J., Peters, L. H., Rudolf, C. J., & Pooyan, A.(1982). Situational constraints and employee affective reactions: A partial field replication. *Group & Organizational Studies* 7: 417-428.

O'Reilly, C. A.(1989). Corporations, Culture, and Commitment: Motivation and Social Control in Organizations. *California Management Review* 314: 9-25.

O'Reilly, C. A., Chatman, J. A., & Caldwell, D. F.(1991). People and Organizational Culture: A Profile Comparison Approach to Assessing Person-Organization Fit. *Academy of Management Journal* 34: 487-516.

Oliver, R.(1974). Expectancy Theory Predictions of Salesmen's Performance. *Journal of Marketing Research* 11: 243-253.

Organ, D. W.(1988). *Organizational citizenship behavior: The good soldier syndrome*. Lexington, MA: D. C. Health and Company.

Organ, D. W. & Ryan, K.(1995). A meta-analytic review of attitudinal and dispositional predictors of organizational citizenship behavior. *Personnel Psychology* 48: 775-802.

Ouchi, W. G.(1981). Organizational paradigms: A commentary on Japanese management and Theory Z organizations. *Organizational Dynamics* 9(4): 36-43.

Ouchi, W. G. & Wilkins., A. L.(1985). Organizational Culture. *Annual Review of Sociology* 11: 457-483.

Parker, C. P., Dipboye, R. L., & Jackson, S. L.(1995). Perceptions of Organizational Politics: An Investigation of Antecedents and Consequences. *Journal of Management* 21: 891-912.

Parker, D. F. & DeCotiis, T. A.(1983). Organizational Determinants of Job Stress, *Organizational Behavior and Human Performance* 32(2): 160-177.

Patchen, M.(1974). The locus and basis of influence on organizational decisions. *Organizational Behavior and Human Performance* 11: 195-221.

Patterson, M. G., West, M. A., Shackleton, V. J., Dawson, J. F., Lawthom, R., Maitlis, S., Robinson, D. L., & Wallace, A. M.(2005). Validating the Organizational Climate Measure:

Links to Managerial Practices, Productivity and Innovation. *Journal of Organizational Behavior* 26(4): 379-408.

Pawar, B. S. & Eastman, K. K.(1997). The nature and implications of contextual influences on transformational leadership: A conceptual examination. *Academy of Management Review* 22: 80-109.

Perry, J. L.(1996). Measuring public service motivation: An assessment of construct reliability and validity. *Journal of Public Administration Research and Theory* 1: 5-22.

Perry, J. L., Engbers, T. A., & Jun, S. Y.(2009). Back to the Future? Performance. Related Pay, Empirical Research, and the Perils of Persistence. *Public Administration Review* 69(1): 39-51.

Perry, J. L. & Wise, L. R.(1990). Motivational Bases of Public Service. *Public Administration Review* 50: 367-373.

Peters, L. H. & O'Connor, E. J.(1980). Situational constraints and work outcomes: The influences of a frequently overlooked construct. *Academy of Management Review* 5: 391-397.

______(1988). Measuring work obstacles: Procedures, issues, and implications. In F. D. Schoorman & B. Schneider(eds.), *Facilitating work group effectiveness*(pp.105-123). Lexington, MA: Lexington Books.

Peters, L. H., O'Connor, E. J., & Rudolf, C. J.(1980). The behavioral and affective consequences of performance-relevant situational variables. *Organizational Behavior and Human Performance* 25: 79-96.

Petty, M. M., McGee, G. W., Cavender, J. W.(1984). A meta-analysis of the relationship between individual job satisfaction and individual performance. *Academy of Management Review* 9: 712-721.

Pfeffer, J.(1992). *Managing with Power: Politics and Influence in Organizations*. Boston: Harvard Business School Press.

Pierce, J. L. & Newstrom, J. W.(1982). Employee response to flexible work schedules: An inter-organization, inter-system comparison. *Journal of Management* 8: 9-25.

Pitts, D., Marvel, J., & Fernandez, S.(2011). So Hard to Say Goodbye? Turnover Intention among U.S. Federal Employees. *Public Administration Review* 71(5): 751-760.

Pondy, L. R.(1967). Organizational Conflicts: Concepts and Models. *Administrative Science Quarterly* 12(2): 296-320.

______(1969). Varieties of Organizational Conflicts. *Administrative Science Quarterly* 14(4): 499-501.

Poon, J. M. L.(2003). Situational Antecedents and Outcomes of Organizational Politics Perceptions. *Journal of Managerial Psychology* 18: 138-155.

Porter, L. W. & Lawler, E. E.(1968). *Managerial attitudes and performance*. Homewood, IL: Dorsey Press and Richard D. Irwin.

Poter, L. W. & Steers, R. M.(1973). Organizational, work, and personal factors in employee turnover and absenteeism. *Psychological Bulletin* 80(2): 151-176.

Porter, L. W., Steers, R. M., Mowday, R. T., & Boulian, P. V.(1974). Organizational Commitment, Job Satisfaction & Turnover among Psychiatric Technicians. *Journal of Applied Psychology* 57: 603-609.

Price, J. L.(1977). *The Study of Turnover*. Ames: Iowa State University Press.

Pruitt, D. G. & Carnevale, P. J.(1993). *Negotiation in Social Conflict*. Buckingham MK: Open University Press.

Pruitt, D. G. & Rubin, J. Z.(1986). *Social Conflict-Escalation, Stalemate and Settlement*. New York: Newbery Award Records.

Quick, J. C. & Nelson, D.(2012). *Principles of organizational behavior: Realities and challenges*. South-Western College Publishing: International ed of 8th revised edition.

Quinn, R. E. & Rohrbaugh, J.(1983). A Spatial Model of Effectiveness Criteria: Towards a Competing Values Approach to Organizational Analysis. *Management Science* 29(3): 363-377.

Rahim, M. A.(1983). A Measure of Styles of Handling Interpersonal Conflict. *Academy of Management Journal* 26: 368-376.

Rahim, M. A. & Bonoma, T. V.(1979). Managing Organizational Conflict: A Model for Diagnonis and Intervention. *Psychological Reports* 44: 1323-1344.

Rainey, H. G.(1982). Reward Preferences Among Public and Private Managers: In Search of the Service Ethics. *American Review of Public Administration* 16: 288-302.

______(2003). *Understanding and Managing Public Organizations*. San Francisco: Jossey-Bass.

Rangarajan, L. N.(1985). *The Limitation of Conflict: A Theory of Bargaining and Negotiation*. New York: St. Martin's Press.

Rauch, C. F. & Behling, O.(1984). Functionalism: Basis for an alternative approach to the study of leadership. In J. G. Hunt, D. M. Hosking, C. A. Schriesheim, & R. Steart(eds.), *Leaders and managers: International perspectives on managerial behavior and leadership*(pp.45-62). Elmsford, New York: Pergamon Press.

Raven, B. H.(1965). Social influence and power. In I. D. Steiner & M. Fishbein(eds.), *Current Studies in Social Psychology*(pp.371-381). New York: Holt, Rinehart & Winston.

Reddin, W. J.(1967). The 3-D management style theory. *Training and Development Journal* April: 8-17.

Redfield, C. E.(1958). *Communication in Management: The Theory and Practice of Administrative Communication*. Chicago: University of Chicago Press.

Rice, R. W., Frone, M. R., & McFarlin, D. B.(1992). Work-nonwork conflict and the perceived quality of life. *Journal of Organizational Behavior* 13: 155-168.

Rice, R. W., Phillips, S. M., & McFarlin, D. B.(1990). Multiple discrepancies and pay satisfaction. *Journal of Applied Psychology* 75: 386-393.

Robbins, S. P.(1998). *Organizational Behavior*(8th ed.). New Jersey: Prentice Hall Upper Saddle River.

______(2005). *Organizational Behavior*. NJ: Prentice-Hall.

Robbins, S. P. & Judge, T. A.(2007, 2011). *Organizational Behavior*. Upper Saddle River. NJ: Pearson Prentice-Hall.

______(2008, 2013). *Organizational Behavior*. Englewood Cliffs, NJ: Prentice-Hall.

Roberts, B. W., Walton, K. E., & Viechtbauer, W.(2006). Patterns of Mean-Level Change in Personality Traits across the Life Course: A Meta-Analysis of Longitudinal Studies. *Psychological Bulletin* 132: 1-25.

Roethlisberger, F. J., & Dickson, W. J.(1939). *Management and the worker*. Cambridge: Harvard University Press.

Rogers, E. M.(1973). *Communication Strategies for Family Planning*. New York: The Free Press.

Romzek, B. S.(1990). Employee Investment and Commitment: The Ties That Bind. *Public Administration Review* 50(3): 374-382.

Ronen, S. & Primps, S. B.(1981). The compressed work week as organizational change: Behavioral and attitudinal outcomes. *Academy of Management Review* 6: 61-74.

Rost, J. C.(1991). *Leadership for the Twenty-first Century*. Westport, CT: Greenwood.

Rotter, J. B.(1966). Generalized expectancies for internal versus external control of reinforcement. *Psychological Monographs* 80(1): 609.

Rowold, J. & Schlotz, W.(2009). Transformational and transactional leadership and followers' chronic stress. *Leadership Review* 9: 35-48.

Rubenzer, S. J., Faschingbauer, T. R., & Ones, O. S.(2000). Assessing the U.S. Presidents Using the Revised Neo Personality Inventory. *Assessment* 7(4): 403-419.

Rubin, J. Z. & Brown, B. R.(1975). *The Social Psychology of Bargaining and Negotiation*. New York: Academic Press.

Ryan, R. M. & Deci, E. L.(2000a). Self-determination theory and the facilitation of intrinsic motivation, social development, and well-being. *American Psychologist* 55: 68-78.

______(2000b). Intrinsic and extrinsic motivations: Classic definitions and new directions. *Contemporary educational psychology* 25(1): 54-67.

Rynes, S. L., Gerhart, B., & Parks, L.(2005). Personnel psychology: Performance evaluation and pay for performance. *Annu. Rev. Psychol* 56: 571-600.

Samantrai, K.(1992). Factors in decision to leave: Retaining Social Workers with MSWs in public child welfare. *Social Work* 37: 454-458.

Saunders, C.(1990). The Strategic Contingencies Theory of Power: Multiple Perspectives. *Journal of Management Studies* 21(1): 1-18.

Schaubroeck, J, Ganster, D. C., & Jones, J. R.(1998). Organization and Occupation Influences in the Attraction-Selection-Attrition Process. *Journal of Applied Psychology* 83: 869-891.

Schaubroeck, J., Ganster, D. C., & Kemmerer, B. E.(1994). Job complexity, "type A" behavior, and cardiovascular disorder: A prospective study. *Academy of Management Journal* 37: 426-439.

Schein, E. H.(1985). Organizational Culture and Leadership: A Dynamic View. San Francisco: Jossey-Bass.

______(1992). *Organizational culture and leadership*. San Francisco: Jossey-Bass.

______(2010). *Organizational Culture and Leadership*. San Francisco: Jossey-Bass.

Schermerhorn Jr., John R., Hunt, J. G., & Osborn, R. N.(1982). *Managing Organization Behavior*. New York: John Wiley and Sons Inc.

______(2008). *Organizational behavior*. Hoboken, NJ: John Wiley & Sons, Inc.

Schleicher, D. J., Hansen, S. D., & Fox, K. E.(2011). Job attitudes and work values. In S. Zedeck(eds.), APA *Handbook of Industrial and Organizational Psychology* 3: 137-190. Washington, DC: American Psychological Association.

Schmidt, S. M. & Kochan, T. A.(1972). Conflict: Toward conceptual clarity. *Administrative Science Quartely* 17(3): 359-370.

Schnake, M.(1991). Organizational citizenship: A review, proposed model, and research agenda. *Human Relations* 44: 735-759.

Schneider, B. & Dachler, H. P.(1978). A note on the stability of the Job Descriptive Index. *Journal of Applied Psychology* 63: 650-653.

Schneider, B.(1987). The People Make the Place. *Personnel Psychology* 40: 437-453.

Scholl, R. W.(2002). *Motivation: Expectancy Theory*. The University of Rhode Island.

Schramm, W.(1971). The Nature of Communication between Humans, In W. Shramm & D. Roberts(eds.), *The Precess of Effects of Mass Communication*. Chicage: University of Illinois.

Schriesheim, C. A. & Neider, L. L.(1996). Path-goal leadership theory: The long and winding road. *Leadership Quarterly* 7: 317-321.

Scott, P. G. & Pandey, S. K.(2005). Red tape and public service motivation: Findings from a national survey of managers in state health and human services agencies. *Review of Public Personnel Administration* 25: 155-180.

Scott, W. G. & Mitchell, T. R.(1976). *Organizational theory: a structural and behavioral analysis*. Illinios: Irwin.

Scott, W. R.(2003). *Organizations: Rational, Natural, and Open Systems*. NJ: Prentice Hall.

Selye, H.(1976). *The Stress of Life*. New York: McGraw-Hill.

Selznick, P.(1957). *Leadership in Administration*. New York: Harper & Law.

Shamir, B., & Eilam, G.(2005). What's your story? A life stories approach to authentic leadership. *Leadership Quarterly* 16(3): 395-417.

Shamir, B., House, R. J., & Arthur, M. B.(1993). The motivational effects of charismatic leadership: A self-concept based theory. *Organizational Science* 4: 577-594.

Shannon, C. E. & Weaver, W.(1949). *A Mathematical Model of Communication.* Urbana, IL: University of Illionis Press.

Simon, H. A.(1957a). *Model of Man.* New York: Wiley.

______(1957b). *Administrative Behavior.* New York: Macmillan.

______(1960). *The New Science of Management Decision.* New York: Harper & Row.

______(1964). *Administrative Behavior: A Study of Decision-Making Processes in Administrative Organization.* New York: The Macmillan Company.

______(1972). Theories of Bounded Rationality. In C. B. McGuige & Roy Radner(eds.), *Decision and Organization.* Amsterdam: North-Holland. pp.161-176.

Smircich, L.(1985). Is Organizational Culture a Paradigm for Understanding Organizations and Ourselves? In P. J. Frost et al.(eds.). *Organizational Culture.* Beverly Hills: Sage.

Smith, C. A., Organ, D. W., & Near, J. P.(1983). Organizational citizenship behavior: Its nature and antecedents. *Journal of Applied Psychology* 68: 653-663.

Smith, P. C., Kendall, L. M., & Hulin, C. L.(1969). *Measurement of satisfaction in work and retirement.* Chicago: Rand McNally.

Spector, P. E.(1982). Behavior in organizations as a function of employees' locus of control. *Psychological Bulletin* 91: 482-497.

______(1985). Measurement of human service staff satisfaction: Development of the Job Satisfaction Survey. *American Journal of Community Psychology* 13: 693-713.

______(1997). *Job satisfaction: Application, assessment, causes, and consequences.* Thousand Oaks, CA: Sage.

Spector, P. E. Dwyer, D. J., & Jex, S. M.(1988). Relation of job stressor to affective, health, and performance outcomes: A comparison of multiple data sources. *Journal of Applied Psychology* 73: 11-19.

Spector, P. E. & Jex, S. M.(1991). Relations of job characteristics from multiple data sources with employee affect, absence, turnover intentions, and health. *Journal of Applied Psychology* 76: 46-53.

Staw, B. M., & Ross, J.(1985). Stability in the Midst of Change: A Dispositional Approach to Job Attitudes. *Journal of Applied Psychology* 70: 469-480.

Steel, R. P.(2002). Turnover Theory at the Empirical Interface: Problems of Fit and Function. *Academy of Management Review.* 27(3): 346-360.

______(2012). *Motivation: Theory and Applied.* Boston, MA: Pearson Learning Solutions.

Steers, R. M. & Rhodes, S.(1978). Major influences on employee attendance: A process model. *Journal of Applied Psychology* 63: 391-407.

Stiglitz, J. E.(1999). On Liberty, the Right to Know, and Public Discourse: The Role. Globalizing rights. *The Oxford Amnesty Lectures*, 2003.

Stogdill, R. M.(1948). Personal factors associated with leadership: A survey of the literature.

Journal of Personality 25: 35-71.
______(1963). *Manual for the leader behavior description questionnaire form XII.* Columbus: Ohio State University, Bureau of Business Research.
______(1974). *Handbook of leadership: A survey of theory and research.* New York: Free Press.
Sutherland, V. J. & Cooper, C. L.(1988). Sources of work stress. In Hurrell, J. J. et al.(ed.), *Occupational Stress: Issues and Developments in Research*(pp.3-40). New York: Taylor & Francis.
Tam, T. S. K. & Mong, L. P. K.(2005). Job Stress, Perceived Inequity and Burnout among School Social Workers in Hong Kong. *International Social Work* 48(4): 467-483.
Tannenbaum, R. & Weschler, I. R., & Massarik, F.(1961). *Leadership and organization: A behavioral science approach.* Whitefish, MT: Literary Licensing, LLC.
Taylor, F. W.(1911). *The principles of scientific management.* New York: Harper.
Tett, R. P., Guterman, H., Bleir, A., & Murphy, P.(2000). Development and content validation of hyperdimensional: taxonomy of managerial competence. *Human Performance* 13: 205-251.
Tett, R. P. & Meyer, J. P.(1993). Job satisfaction, organizational commitment, turnover intention, and turnover: Path analysis based on meta-analytic findings. *Personnel Psychology* 46: 259-293.
Thomas, K.(1979). Organizational Conflict. In Kerr, S.(ed.), *Organizational Behavior*(pp.151-181). New York: John Wiley & Sons.
Thompson, J. D.(1967). *Organizations in action: Social science bases of administration.* New York: McGraw-Hill.
Travers, C. J. & Cooper, C. L.(1996). *Teacher under Pressure: Stress in The Teaching Profession.* New York: Routledge.
Trevino, L. T., Brown, M., & Hartman, L. P.(2003). A qualitative investigation of perceived ethical leadership: Perceptions from inside and outside the executive suite. *Human Relations* 55: 5-37.
Trice, H. M. & Beyer, J. M.(1986). Charisma and its routinization in two social movement orgnaizations. In L. L. Cummings & B. M. Staw(eds.), *Research in Organization Behavior* (pp.113-164). Greenwich, CT: JAI Press.
Um, M. & Harrison, D. F.(1998). Role stress, burnout, mediators, and job satisfaction: A stress-strain-outcome model and an empirical test. *Oxford Journals* 22(2): 100-115.
Valle, M. & Perrewe, P. L.(2000). Do Politics Perceptions Related to Political Behaviors? Test of an Implicit Assumption and Expanded Model. *Human Relations* 53: 359-386.
Van Eerde, W. & Thierry, H.(1999). Vroom's Expectancy Models and Work-Related Criteria: A Meta-Analysis. *Journal of Applied Psychology* 81(5): 575-589.
Vardaman, G. T. & Halterman, C. C.(1968). *Managerial Control through Communication.* New York: Wiley.
Vecchione, M. & Caprara, G. V.(2009). Personality Determinants of Political Participation: The

Contribution of Traits and Self-efficacy Beliefs. *Personality and Individual Differences* 46: 487-492.

Vigoda-Gadot, E., & Drory, A.(eds.)(2006). Handbook of organizational politics. Edward Elgar Publishing.

Vigoda-Gadot, E. & Meisler, G.(2010). Emotions in management and the management of emotions: The impact of emotional intelligence and organizational politics on public sector employee. *Public Administration Review* 70(1): 72-86.

Visser, P. S. & Krosnick, J. A.(1998). Development of Attitude Strength over the Life Cycles: Surge and Decline. *Journal of Personality and Social Psychology* 75(6): 1389-1410.

Vroom, V. H.(1964). *Work and Motivation*. New York: Wiley.

Vroom, V. H., & Jago, A. G.(2007). The role of situation in leadership. *The American Psychologist* 62: 17-24.

Waddell, F. T.(1983). Factors affecting choice, satisfaction, and success in female self-employed. *Journal of Vocational Behavior* 23: 292-304.

Wagner, J. A. & Hollenbeck, J. R.(1992). *Management of Organization Behavior*. Prentice-Hall Inc.

Walumbwa, F. O., Avolio, B. J., Gardner, W. L., Wernsing, T. S., & Peterson, S. J.(2008). Authentic leadership: Development and validation of a theory-based measure? *Journal of Management* 34: 89-126.

Warner, W. L., Van Riper, P. P., Martin, N. H., & Collins, O. F.(1963). *The American Federal Executive: A Study of the Social and Personal Characteristics of the Civilian and Military Leaders of the United States Federal Government*. New Heaven and London, Yale University Press.

Watson, D., Pennebaker, J. W., & Folger, R.(1986). Beyond negative affectivity: Measuring stress and satisfaction in the workplace. *Journal of Occupational Behavior Management* 8: 141-157.

Weber, M(1919, 2015). "Politics as Vocation" in Weber's Rationalism and Modern Society. Edited and Translated by Tony Waters and Dagmar Waters, New York: Palgrave Macmillan, 2015. pp.129-198.

______(1949). *The Theory of Social and Economic Organizations*(translated by T. Parsons). New York: Free Press.

Weiss, D. J., Dawis, R. V., England, G. W., & Lofquist, L. H.(1967). *Manual for the Minnesota Satisfaction Questionnaire*. Minneapolis: Industrial Relations Center. University of Minnesota.

Weiss, H. M.(2002). Deconstructing job satisfaction: Separating evaluations, beliefs, and affective experiences. *Human Resource Management Review* 12: 173-194.

Wilensky, H. L.(1967). *Organizational Intelligence: Knowledge & Policy in Government and Industry*. New York: Basic Books.

Williams, L. J. & Anderson, S. E.(1991). Job satisfaction and organizational commitment as predictors of organizational citizenship and in-role behaviors. *Journal of Management* 17: 601-617.

Willis, J. & Todorow, A.(2006). First Impressions: Making Up Your Mind after a 100ms Exposure to a Face, *Psychological Science* 17(7): 592-598.

Wilson, J.(1991). *Bureaucracy: What Government Agencies Do And Why They Do It*. Basic Books.

Woodward, C.(2003). Reduce staff turnover, increase profit. *Club Industry* 9(5): 21-27.

Wynen, J., Beeck, S., & Hondeghem, A.(2013). Interorganizational mobility within the U.S. federal government: Examining the effect of individual and organizational factors. *Public Administration Review* 73(6): 869-881.

Yammarino, F. J.(1993). Transforming leadership studies: Bernard Bass' leadership and performance beyond expectation. *Leadership Quarterly* 4: 379-382.

Yammarino, F. J. & Bass, B. M.(1990). Transformational leadership and multiple levels of analysis. *Human Relations* 43: 975-995.

Yukl, G. A.(2002). *Leadership in organizations*(5th ed.). Upper Saddle River, NJ: Prentice-Hall.

______(2013). *Leadership in Organizations*. UK: Pearson.

Yukl, G. A., Chavez, C., & Seifert, C. F.(2005). Assessing the construct validity and utility of two new influence tactics. *Journal of Organizational Behavior* 26: 705-725.

Yukl, G. A. & Falbe, C. M.(1990). Influence tactics in upward, downward, and lateral influence attempts. *Journal of Applied Psychology* 75: 132-140.

Yukl, G. A. & Lepsinger, R.(2005). *Flexible leadership: Creating value by balancing multiple challenges and choices*. San Francisco: Jossey-Bass.

Yukl, G. A. & Van Fleet, D. D.(1992). Theory and research on leadership in organizations. In M. D. Dunnette & L. M. Hough(eds.), *Handbook of industrial and organizational psychology*(pp.147-197). Palo Alto, CA: Consulting Psychologists Press.

Zaleznik, A.(1977). Managers and leaders: Are they different? *Harvard Business Review* 55(5): 67-78.

Zarccaro, S. J., Kemp, C., & Bader, P.(2004). Leader traits and attributes. In J. Antonakis, A. T. Cianciolo, & R. J. Sternberg(eds.), *The nature of leadershp*(pp.101-124). Thousand Oaks, CA: Sage.

찾아보기

인명 색인

사항 색인

ㄹ

ㅁ

ㅂ

ㅅ

ㅇ

ㅈ

ㅊ

ㅋ

ㅌ

저자 소개

진종순(陳鍾淳)

고려대학교와 미국 University of Southern California(USC)에서 행정학 석사를, 미국 American University에서 행정학 박사학위를 취득한 후, 현재 명지대학교 사회과학대학 행정학과 교수로 재직하고 있다. 일본 쓰쿠바(筑波)대학교 교환연구원, 미국 Transnational Crime and Corruption Center(TraCCC) research scholar, 한국행정연구원 부연구위원, 인천대학교 사회과학대학 행정학과 조교수, 2021년 한국인사행정학회 회장을 역임하였으며, 5급, 7급, 9급 국가공무원 공채 면접위원과 출제위원으로 활동했다. 주요 저서 및 논문으로는 『공공조직론』(2017), 『행정의 책임과 통제』(공저, 2020), "The role of assessment centers in job satisfaction and organizational commitment: A case of the Korean government"(2016), "Bureaucratic accountability and disaster response"(2017) 등이 있다.

김기형(金起亨)

성균관대학교에서 행정학 석사를, 고려대학교에서 행정학 박사학위를 취득한 후, 현재 숭실대학교 사회과학대학 행정학부 교수로 재직하고 있다. 한국행정학회 대외협력 이사, 한국정책학회 총무 이사, 한국정책분석평가학회 연구위원장, 한국인사행정학회 교육위원장, 한국갈등학회 갈등관리대상 위원장, 통일부 갈등관리심의위원회 위원, 국민권익위원회 민원상담협의회 위원, 5·7·9급 국가·지방공무원 공채시험 출제·선정·면접·채점위원, 행정안전부 지방공기업 평가위원 등으로 활동했다. 주요 논문으로는 "근로자녀장려세제의 확대에 따른 국세청의 특별민원 관리방안에 관한 연구"(2020), "공공갈등관리시스템의 개선방안에 관한 연구"(2019), "공직 전문성 강화를 위한 공직분류체계 개선방안에 관한 연구"(2018) 등이 있다.

조태준(趙兌濬)

중앙대학교와 미국 University of Southern California(USC)에서 행정학 석사를, 미국 뉴욕주립대학교(SUNY at Albany)에서 행정학 박사학위를 취득하고 현재 상명대학교 행정학부 부교수로 재직 중이다. 한국행정연구원 부연구위원, 인사혁신처·기상청 자체평가위원, 행정안전부 정부혁신평가단 위원, 5·7·9급 국가공무원 공개경쟁채용시험 출제·선정·검토·면접·채점위원, 서울특별시 정보공개심의회 위원 등으로 활동하였다. 한국인사행정학회 회장·연구부회장·연구위원장·편집위원장, 한국조직학회 기획부회장, 한국정책학회 총무위원장, 한국행정학회 공적인사혁신특별위원장 등으로 학회 활동을 하였다. 주요 저서 및 논문으로는 『미래 서울 행정: 경계가 허물어진 미래, 뉴거버넌스 시대가 열린다』(공저, 2021), 『새 한국정부론』(공저, 2019), "전문직공무원의 성과에 관한 연구: 전문직공무원과 일반공무원의 인식비교를 중심으로"(공저, 2021), "공직의 전문성 강화를 위한 탐색적 고찰: 전문직공무원 제도를 중심으로"(2020) 등이 있다.

김정인(金貞忍)

서울대학교 행정대학원과 미국 University of Southern California(USC)에서 행정학 및 정책학 석사를, 미국 University of Georgia에서 행정학 박사학위를 취득한 후, 한국인적자원연구센터에서 선임연구원을 거쳐 현재 수원대학교 행정학과 부교수로 재직하고 있다. 한국행정학회, 서울행정학회, 한국인사행정학회 등에서 활동하고 있으며, 주요 연구 관심 분야는 인사정책, 조직관리, 조직행태 등이 있다. 대표적인 논문으로는 "Strategic Human Resource Practices: Introducing Alternatives for Organizational Performance Improvement in the Public Sector"(*Public Administration Review*, 2010) 등이 있으며, 이 밖에도 국내·외 다수의 논문이 있다.

권향원(權享遠)

서울대학교에서 행정학 석사를, 미국 University of Southern California(USC)에서 박사를 취득한 후, 한국행정연구원을 거쳐 현재 아주대학교 사회과학대학 행정학과 교수로 재직하고 있다. 국무총리실 국정과제자문단 자문위원, 문화재청·통일부 자체평가위원, 산업부·환경부 기타공공기관평가위원, 민주평통·행정안전부·식약처·통계청·국토부 자문위원, 국토교통부 규제혁신심의회 위원 등을 역임했으며, 인사처 국가공무원 출제위원과 면접위원으로 활동했다. 한국행정학회 편집위원, 서울행정학회 편집이사, 한국정책학회 연구이사, 정책분석평가학회 편집위원, 한국조직학회 이사, 한국서비스경영학회 이사, 한국지역정보화학회 이사 등 학회에서의 역할을 수행하였다. 저역서로는 『현대국가의 행정학』(공저, 2021), 『윤리역량』(공역, 2018), 『제도와 행위』(공저, 2016), 『행정학: 해석, 비판, 그리고 사회적 구성』(공역, 2015) 등이 있다. 조직전략, 정부혁신, 행정이론과 철학, 신기술 정책 분야의 연구를 지속해 왔으며, 미국인사행정학회(PPM)의 최우수 논문상(2021), 한국학술원 우수도서상(2019), 대한민국학술원 우수 학술도서상(2016), 세종도서 학술부문 우수도서상(2015), 미국행정학회 신진학자상(Asian Junior Scholar Award)(2012) 등의 수상내역이 있다.

개정판

조직행태론

사람, 관리, 그리고 행정

펴낸날 제1판 제1쇄 2016년 3월 10일
제2판 제1쇄 2022년 2월 23일
지은이 진종순 · 김기형 · 조태준 · 김정인 · 권향원
펴낸이 임춘환
펴낸곳 도서출판 대영문화사
주소 (본사) 사무실: 경기도 고양시 일산서구 주화로 70
우신프라자 307호 (우 10387)
(본사) 물류센터: 경기도 고양시 일산서구 덕산로
107번길 68-50 (우 10205)
등록 1975년 12월 26일 제3-16호
전화 (031) 913-3062, (031) 914-3884~5
팩스 (031) 913-3839
홈페이지 http://www.dymbook.co.kr

ISBN 978-89-7644-856-9
값 29,000원